衛生管理 下

第1種用

受験から実務まで

中央労働災害防止協会

序

　昭和47年に制定された労働安全衛生法は，その後，数回にわたり大きな改正が行われています。近年では平成17年に過重労働・メンタルヘルス対策としての医師による面接指導制度の導入や事業者による自主的な安全衛生活動の促進のための危険性・有害性の調査の努力義務化などの改正が，また平成26年にはストレスチェック制度の創設や化学物質管理のあり方の見直し等に関する改正が行われました。さらに，働き方改革の関連法により，平成31年から産業保健機能の強化等の見直しが行われています。

　職場における衛生管理は，この労働安全衛生法を基礎として行う必要があり，各職場で衛生管理の担い手である衛生管理者が確実に業務を遂行していくうえで，労働安全衛生法，労働基準法等及びそれらに基づく政省令に関する知識が不可欠であることは申し上げるまでもありません。

　本書は，第一種衛生管理者免許の試験科目である「関係法令」に関する参考書となるように工夫するとともに，併せて，免許取得後に日常の衛生管理業務に役立てていただくために，膨大かつ複雑な労働安全衛生法令のうち，知っておかなければならない衛生管理に係る部分について，基本的事項を網羅し，特に重要な指針等を参考資料として加え，分かりやすく整理したものです。

　本書が第一種衛生管理者免許試験を受験しようとする方をはじめ広く関係者に活用され，労働災害の防止に大いに役立つことを願っています。

　令和6年2月

中央労働災害防止協会

目　　　次

Ⅱ　労働基準法

本書の活用にあたって

1　法令の基礎知識

（1）　法律，政令及び省令

　国民を代表する機関である国会が制定した「法律」と，法律の委任を受けて内閣が制定した「政令」，及び厚生労働省など専門の行政機関が制定した「省令」などの命令をあわせて一般に「法令」と呼んでいる。

　労働安全衛生に関する法律として，昭和47年に労働基準法（昭和22年制定）から分離独立する形で「労働安全衛生法」が制定されている。（詳細は，労働安全衛生法の「制定の趣旨及び改正の経緯」（19ページ）及び労働基準法の「制定の趣旨及び改正の経緯」（413ページ）を参照。）

　また，労働安全衛生法とは別に，「じん肺法」，「作業環境測定法」及び「炭鉱災害による一酸化炭素中毒症に関する特別措置法」などが定められている。

　国民の権利や義務に関わる事項については，例えば技術的なことなどについても法律に定めることが理想的である。しかし，日々変化する社会情勢，進歩する技術に関する事項をその都度法律で定めていたのでは変化に対応することはできない。むしろそうした専門的，技術的な事項については，それぞれ専門の行政機関に任せることが適当である。

　そのため，法律を実施するための規定や，法律の規定を補完あるいは具体化したり，より詳細に解釈する権限が行政機関に与えられている。これを「法律」による「命令」への「委任」と言い，内閣（内閣総理大臣とその他の国務大臣で組織され，国の行政権を担当する最高の合議機関）の定める命令を「政令」，行政機関の長である大臣が定める「命令」を「省令」（厚生労働大臣が定める命令は「厚生労働省令」）と呼んでいる。

（2）　労働安全衛生関係法令における政令と省令

　労働安全衛生法関係法令において，政令としては「労働安全衛生法施行令」が制定されており，労働安全衛生法の各条に定められた規定の適用範囲，用語の定義などを定めている。

　また，労働安全衛生法関係法令における省令には，すべての事業場に適用される事項の詳細等を定める「労働安全衛生規則」と，特定の設備や，特定の業務等を行う事業場だけに適用される「特別規則」がある。

　「特別規則」としては，「有機溶剤中毒予防規則」，「鉛中毒予防規則」，「四アルキ

ル鉛中毒予防規則」,「特定化学物質障害予防規則」,「高気圧作業安全衛生規則」,「電離放射線障害防止規則」,「酸素欠乏症等防止規則」,「粉じん障害防止規則」,「石綿障害予防規則」,「事務所衛生基準規則」,「機械等検定規則」などが定められている。

（3） 告示，公示及び通達

　法律，政令及び省令について，さらに詳細な事項について具体的に定めて国民に知らせることを「告示」あるいは「公示」という。

　技術基準などは一般に告示（労働安全衛生法の場合は「厚生労働省告示」）として公表される。

　また，「指針」などは一般に公示として公表される。

　さらに，法令，告示や公示に関して，上級の行政機関が下級の機関に対し（例えば厚生労働省労働基準局長が都道府県労働局長に対し）て，法令の内容を解説するとか，指示を与えるために発する通知を「通達」という。通達は法令ではないが，法令を正しく理解するためには「通達」も知る必要がある。法令や告示等の内容を解説する通達は「解釈例規」として公表されている。

2　本書の構成

　本書においては，「労働安全衛生法」及び「労働基準法」の項目について，次のように構成して，関連する政令及び省令（規則）をあわせて掲載している。

	法　律
	政　令
	省　令 （規　則）

また，政令及び省令については，下表のように略して表記している。

法　　律	政令又は省令名	略　　称
労働安全衛生法 （略称：安衛法）	労 働 安 全 衛 生 法 施 行 令	施　行　令
	労 働 安 全 衛 生 規 則	安　衛　則
	労働安全衛生法及びこれに基づく命令に係る登録及び指定に関する省令	登 録 省 令
労 働 基 準 法 （略称：労基法）	労働基準法第37条第1項の時間外及び休日の割増賃金に係る率の最低限度を定める政令	割増賃金政令
	労 働 基 準 法 施 行 規 則	労　基　則
	年 少 者 労 働 基 準 規 則	年　少　則
	女 性 労 働 基 準 規 則	女　性　則

【　例　】

「衛生管理者」を例にとると，労働安全衛生法第12条において衛生管理者について規定し，労働安全衛生法施行令において衛生管理者を選任すべき事業場は常時50人以上の労働者を使用する事業場と定め，さらに詳細な事項について労働安全衛生規則の関係条文で規定している。

（衛生管理者）

第12条　事業者は，(1)政令で定める規模の事業場ごとに，都道府県労働局長の免許を受けた者その他厚生労働省令で定める資格を有する者のうちから，(2)厚生労働省令で定めるところにより，当該事業場の業務の区分に応じて，衛生管理者を選任し，その者に第10条第1項各号の業務（第25条の2第2項の規定により技術的事項を管理する者を選任した場合においては，同条第1項各号の措置に該当するものを除く。）のうち衛生に係る技術的事項を管理させなければならない。

②　前条第2項の規定は，衛生管理者について準用する。

（注）上記の下線は編者が付したものであり，原文にはありません。

上記の下線（1）の「政令で定める規模の事業場」とは施行令第4条に次のように定められている。

（衛生管理者を選任すべき事業場）

第4条　法第12条第1項の政令で定める規模の事業場は，常時50人以上の労働者を使用する事業場とする。

　また，下線（2）の「厚生労働省令で定めるところにより，・・・衛生管理者を選任し」の部分については，安衛則第7条から同則第12条にかけて，衛生管理者の選任等について詳細が規定されている。

┌─ 安　衛　則 ──────────────────────────────────────┐

（衛生管理者の選任）

第7条　法第12条第1項の規定による衛生管理者の選任は，次に定めるところにより行わなければならない。

　1　衛生管理者を選任すべき事由が発生した日から14日以内に選任すること。

　2　その事業場に専属の者を選任すること。ただし，2人以上の衛生管理者を選任する場合において，当該衛生管理者の中に第10条第3号に掲げる者がいるときは，当該者のうち1人については，この限りでない。

　3　次に掲げる業種の区分に応じ，それぞれに掲げる者のうちから選任すること。

　　イ　農林畜水産業，鉱業，建設業，製造業（物の加工業を含む。），電気業，ガス業，水道業，熱供給業，運送業，自動車整備業，機械修理業，医療業及び清掃業　第1種衛生管理者免許若しくは衛生工学衛生管理者免許を有する者又は第10条各号に掲げる者

　　ロ　その他の業種　第1種衛生管理者免許，第2種衛生管理者免許若しくは衛生工学衛生管理者免許を有する者又は第10条各号に掲げる者

　4　次の表の上欄〈編注・左欄〉に掲げる事業場の規模に応じて，同表の下欄〈編注・右欄〉に掲げる数以上の衛生管理者を選任すること。

事業場の規模（常時使用する労働者数）	衛生管理者数
50人以上200人以下	1人
200人を超え500人以下	2人
500人を超え1,000人以下	3人
1,000人を超え2,000人以下	4人
2,000人を超え3,000人以下	5人
3,000人を超える場合	6人

　5　次に掲げる事業場にあつては，衛生管理者のうち少なくとも1人を専任の衛生管理者とすること。

　　イ　常時1,000人を超える労働者を使用する事業場

ロ　常時500人を超える労働者を使用する事業場で，坑内労働又は労働基準法施行
　　　規則（昭和22年厚生省令第23号）第18条各号に掲げる業務に常時30人以上の労
　　　働者を従事させるもの
　6　常時500人を超える労働者を使用する事業場で，坑内労働又は労働基準法施行規
　　　則第18条第1号，第3号から第5号まで若しくは第9号に掲げる業務に常時30人
　　　以上の労働者を従事させるものにあつては，衛生管理者のうち1人を衛生工学衛
　　　生管理者免許を受けた者のうちから選任すること。
②　第2条第2項及び第3条の規定は，衛生管理者について準用する。
（衛生管理者の選任の特例）
第8条　事業者は，前条第1項の規定により衛生管理者を選任することができないや
　　むを得ない事由がある場合で，所轄都道府県労働局長の許可を受けたときは，同項
　　の規定によらないことができる。
（共同の衛生管理者の選任）
第9条　都道府県労働局長は，必要であると認めるときは，地方労働審議会の議を経
　　て，衛生管理者を選任することを要しない二以上の事業場で，同一の地域にあるも
　　のについて，共同して衛生管理者を選任すべきことを勧告することができる。
（衛生管理者の資格）
第10条　法第12条第1項の厚生労働省令で定める資格を有する者は，次のとおりとする。
　1　医師
　2　歯科医師
　3　労働衛生コンサルタント
　4　前三号に掲げる者のほか，厚生労働大臣の定める者
（衛生管理者の定期巡視及び権限の付与）
第11条　衛生管理者は，少なくとも毎週1回作業場等を巡視し，設備，作業方法又は
　　衛生状態に有害のおそれがあるときは，直ちに，労働者の健康障害を防止するため
　　必要な措置を講じなければならない。
②　事業者は，衛生管理者に対し，衛生に関する措置をなし得る権限を与えなければ
　　ならない。
（衛生工学に関する事項の管理）
第12条　事業者は，第7条第1項第6号の規定により選任した衛生管理者に，法第10
　　条第1項各号の業務のうち衛生に係る技術的事項で衛生工学に関するものを管理さ
　　せなければならない。

3　本書の活用方法

　　本書の「労働安全衛生法関係厚生労働省令」の各項目については，第一種衛生管
　理者免許試験受験者のみならず，衛生管理者免許取得後の実務に当たって必要な条

文を抜粋して解説している。

　これにより，本書は「法令編」として，第一種衛生管理者免許の受験時はもとより，当該資格取得後も，目次の項目を参照して，適宜，事典的な活用ができるように工夫している。

　本書に収録した関係諸法令は，令和5年12月31日までに公布されたものである。
　また，施行日が令和6年4月1日以前のものについては，本文に改正を加えた。なお，施行日が同年4月2日以降のものについては，本文に直接改正を加えず，改正分を点線で囲むなどして掲載した。

I 労働安全衛生法関係法令

1 労働安全衛生法

（昭和47.6.8法律第57号）

（最終改正：令和4.6.17法律第68号）

1 制定の趣旨及び改正の経緯

　昭和47年に従来労働基準法の一つの章として規定されていた安全衛生に係る規定を独立させ，労働安全衛生法が制定，公布された。この労働安全衛生法は労働条件の最低基準を定めている労働基準法と相まって，

　①　事業場内における安全衛生管理の責任体制の明確化

　②　危害防止基準の確立

　③　事業者の自主的安全衛生活動の促進

等の措置を講ずる等の総合的，計画的な対策を推進することにより，労働者の安全と健康を確保し，さらに快適な作業環境の形成を促進することを目的とした。

　その後，六価クロム，塩化ビニル等による職業がん等の重篤な職業病の発生が注目され，大きな社会問題になったことにかんがみ，昭和52年に一部改正され，

　①　化学物質についての有害性調査

　②　化学物質による労働者の健康障害を防止するための指針

　③　疫学的調査

に関する規定などが整備された。

　さらに，中小規模事業場における安全衛生活動の低調，高齢化社会の進展に伴う高年齢者の労働災害の増加，高血圧症，心疾患等の有所見率の上昇，技術革新の進展，就業形態の多様化等による労働者の心の健康問題等に対応するため，昭和63年に一部改正され，安全衛生推進者等，健康教育等に関する規定などが整備された。

　そして，平成4年の改正においては，建設業，中でも中小規模の建設現場での労働災害の多発に対処するため，店社安全管理制度の創設，元方事業者等の措置の充実などの規定が加えられた。また，労働態様の変化に対応し，誰もが働きやすい職場環境が形成されるよう，規定の整備が図られ，これにあわせて法の「目的」中の「快適な作業環境の形成と促進」が「快適な職場環境の形成を促進」に改正された。

　さらに，平成8年には，労働者の健康確保対策の充実強化を目的とした改正が行われた。この改正は，健康診断における有所見率が上昇し，3人に1人が何らかの所見を有している状況となっていること，ストレス等を感じる労働者が増加していること

等を踏まえたものであり，その内容は以下のとおりである。

① 健康確保体制の整備

労働者の健康確保における産業医の役割の増大等を踏まえ，産業医についての専門性の確保を図るとともに，小規模事業場の労働者の健康確保に対し，国の援助を行う。

② 労働者の健康管理

健康診断の結果に基づく措置が適切に実施されるよう医師等からの意見の聴取，健康診断結果に基づき事業者が講ずべき措置に関する指針の策定を行うとともに，健康診断の結果の通知，医師や保健婦・保健士（現・保健師）による保健指導を実施し，労働者の自主的な健康管理の努力を促進する。

平成11年には，労働安全衛生法及び作業環境測定法の一部改正が行われ，深夜業に従事する労働者の健康確保と化学物質等による労働者の健康障害を防止するための対策の充実を図られた。その内容は以下のとおりである。

① 深夜業に従事する労働者の健康管理の充実

イ 深夜業に従事する労働者が自発的に受診した健康診断の結果（有所見の場合）に基づき，事業者が労働者の健康保持に必要な措置について，医師から意見聴取することを義務付ける。

ロ イの意見を勘案し，必要な場合，事業者が作業の転換等の適切な措置を講ずることを義務付けるとともに，事業者が講ずる措置の例示として，深夜業の回数の減少を加える。

ハ イの健康診断の結果に基づき，事業者は特に健康の保持に努める必要がある労働者に対し，医師，保健婦（現・保健師）等による保健指導を行うように努めることとする。

② 化学物質等による労働者の健康障害を防止するための措置の充実

イ 労働者の健康障害を生ずるおそれのある化学物質等の譲渡・提供者が，譲渡・提供先に化学物質等安全データシート（MSDS，現・SDS）を交付することを義務付けるなど有害性等の情報提供等の充実を図る。

ロ 労働大臣は，化学物質等による労働者の健康障害の防止のために事業者が講ずべき措置に関する指針を公表し，これに従い必要な指導，援助を行うことができることとする。

平成15年には，検査機関，研修等の「指定制度」を「登録制度」に変更するため，労働安全衛生法，作業環境測定法等の一部改正が行われた。その主な内容は以下のとおりである。

① 「労働安全衛生法」の一部改正

　　製造時等検査，性能検査，個別検定，型式検定，技能講習及び教習について，指定機関による実施から，登録機関による実施に改める。

② 「作業環境測定法」の一部改正

　　作業環境測定士に係る講習及び研修について，指定機関による実施から，登録機関による実施に改める。

　また，平成17年には，職場における労働者の安全と健康の確保を一層推進するため，労働安全衛生法，労働安全衛生法施行令，労働安全衛生規則及び関係規則等の改正が行われた。その主な事項は次のとおりである。

① 長時間労働者への医師による面接指導の実施

② 特殊健康診断結果の労働者への通知

③ 危険性・有害性等の調査（リスクアセスメント）及び必要な措置の実施

④ 認定事業者に対する計画届の免除

⑤ 安全管理者の資格要件の見直し

⑥ 安全衛生管理体制の強化

⑦ 製造業の元方事業者による作業間の連絡調整の実施

⑧ 化学設備の清掃等の作業の注文者による文書等の交付

⑨ 化学物質等の表示・文書交付制度の改善

⑩ 有害物ばく露作業報告の創設

⑪ 免許・技能講習制度の見直し

　平成26年には，化学物質による健康被害が問題となった胆管がん事案の発生や，精神障害等に係る労災認定件数の増加など，社会情勢の変化や労働災害の動向に即応し，労働者の安全と健康の確保対策を一層充実するための改正が行われた。主な改正事項は次のとおりである。

① 化学物質のリスクアセスメントの実施

② ストレスチェック及び面接指導の実施

③ 受動喫煙防止措置の努力義務化

④ 重大な労働災害を繰り返す企業への対応

⑤ 第88条第1項に基づく届出の廃止

⑥ 電動ファン付き呼吸用保護具の型式検定

⑦ 外国に立地する検査機関の登録

　さらに働く人が多様な働き方を選択できる社会を実現する働き方改革を総合的に推進するため，長時間労働の是正，多様で柔軟な働き方の実現，雇用形態にかかわらない公正な待遇の確保等のための措置を講じることを目的に，「働き方改革を推進するための関係法律の整備に関する法律」（平成30年法律第71号）が平成30年7月6日に公布された。これにより労働安全衛生法等が改正され，長時間労働やメンタルヘルス不調などにより健康リスクを抱える労働者の健康を確保するため，産業医・産業保健機能が強化された（平成31年4月1日施行）。

　主な改正事項は以下のとおりである。
　①　産業医の活動環境の整備
　②　労働者に対する健康相談体制の整備
　③　労働者の健康情報の適正な取扱いを推進

　労働安全衛生法関係法令のうち，労働衛生に係る法令の関係を示すと下図のようになる。

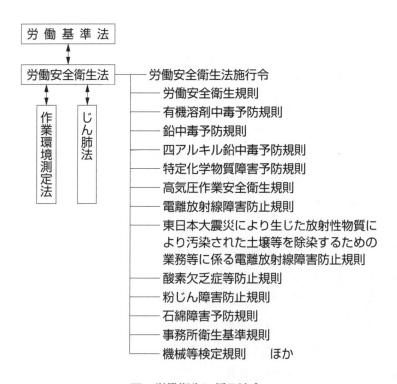

図　労働衛生に係る法令

② 労働衛生関係主要条項

1 第1章 総則関係

(1) 目的

（目的）
第1条 この法律は，労働基準法（昭和22年法律第49号）と相まつて，労働災害の防止のための危害防止基準の確立，責任体制の明確化及び自主的活動の促進の措置を講ずる等その防止に関する総合的計画的な対策を推進することにより職場における労働者の安全と健康を確保するとともに，快適な職場環境の形成を促進することを目的とする。

(2) 定義

（定義）
第2条 この法律において，次の各号に掲げる用語の意義は，それぞれ当該各号に定めるところによる。

1 労働災害 労働者の就業に係る建設物，設備，原材料，ガス，蒸気，粉じん等により，又は作業行動その他業務に起因して，労働者が負傷し，疾病にかかり，又は死亡することをいう。

2 労働者 労働基準法第9条に規定する労働者（同居の親族のみを使用する事業又は事務所に使用される者及び家事使用人を除く。）をいう。

3 事業者 事業を行う者で，労働者を使用するものをいう。

3の2 化学物質 元素及び化合物をいう。

4 作業環境測定 作業環境の実態をは握するため空気環境その他の作業環境について行うデザイン，サンプリング及び分析（解析を含む。）をいう。

(3) 事業者等の責務

（事業者等の責務）
第3条 事業者は，単にこの法律で定める労働災害の防止のための最低基準を守るだけでなく，快適な職場環境の実現と労働条件の改善を通じて職場における労働者の安全と健康を確保するようにしなければならない。また，事業者は，

国が実施する労働災害の防止に関する施策に協力するようにしなければならない。

② 　機械，器具その他の設備を設計し，製造し，若しくは輸入する者，原材料を製造し，若しくは輸入する者又は建設物を建設し，若しくは設計する者は，これらの物の設計，製造，輸入又は建設に際して，これらの物が使用されることによる労働災害の発生の防止に資するように努めなければならない。

③ 　建設工事の注文者等仕事を他人に請け負わせる者は，施工方法，工期等について，安全で衛生的な作業の遂行をそこなうおそれのある条件を附さないように配慮しなければならない。

（4）　労働者の協力

第4条　労働者は，労働災害を防止するため必要な事項を守るほか，事業者その他の関係者が実施する労働災害の防止に関する措置に協力するように努めなければならない。

（5）　事業者に関する規定の適用

（事業者に関する規定の適用）

第5条　二以上の建設業に属する事業の事業者が，一の場所において行われる当該事業の仕事を共同連帯して請け負つた場合においては，厚生労働省令で定めるところにより，そのうちの１人を代表者として定め，これを都道府県労働局長に届け出なければならない。

② 　前項の規定による届出がないときは，都道府県労働局長が代表者を指名する。

③ 　前二項の代表者の変更は，都道府県労働局長に届け出なければ，その効力を生じない。

④ 　第１項に規定する場合においては，当該事業を同項又は第２項の代表者のみの事業と，当該代表者のみを当該事業の事業者と，当該事業の仕事に従事する労働者を当該代表者のみが使用する労働者とそれぞれみなして，この法律を適用する。

2　第2章　労働災害防止計画関係

（労働災害防止計画の策定）

第6条　厚生労働大臣は，労働政策審議会の意見をきいて，労働災害の防止のための主要な対策に関する事項その他労働災害の防止に関し重要な事項を定めた計画（以下「労働災害防止計画」という。）を策定しなければならない。

3　第3章　安全衛生管理体制関係
（1）　総括安全衛生管理者

（総括安全衛生管理者）

第10条　事業者は，政令で定める規模の事業場ごとに，厚生労働省令で定めるところにより，総括安全衛生管理者を選任し，その者に安全管理者，衛生管理者又は第25条の2第2項の規定により技術的事項を管理する者の指揮をさせるとともに，次の業務を統括管理させなければならない。

　1　労働者の危険又は健康障害を防止するための措置に関すること。

　2　労働者の安全又は衛生のための教育の実施に関すること。

　3　健康診断の実施その他健康の保持増進のための措置に関すること。

　4　労働災害の原因の調査及び再発防止対策に関すること。

　5　前各号に掲げるもののほか，労働災害を防止するため必要な業務で，厚生労働省令で定めるもの

②　総括安全衛生管理者は，当該事業場においてその事業の実施を統括管理する者をもつて充てなければならない。

③　都道府県労働局長は，労働災害を防止するため必要があると認めるときは，総括安全衛生管理者の業務の執行について事業者に勧告することができる。

┌----施 行 令--┐

（総括安全衛生管理者を選任すべき事業場）

第2条　労働安全衛生法（以下「法」という。）第10条第1項の政令で定める規模の事業場は，次の各号に掲げる業種の区分に応じ，常時当該各号に掲げる数以上の労働者を使用する事業場とする。

　1　林業，鉱業，建設業，運送業及び清掃業　100人

└--┘

2　製造業（物の加工業を含む。），電気業，ガス業，熱供給業，水道業，通信業，各種商品卸売業，家具・建具・じゅう器等卸売業，各種商品小売業，家具・建具・じゅう器小売業，燃料小売業，旅館業，ゴルフ場業，自動車整備業及び機械修理業　300人

3　その他の業種　1,000人

安　衛　則

（総括安全衛生管理者の選任）

第2条　法第10条第1項の規定による総括安全衛生管理者の選任は，総括安全衛生管理者を選任すべき事由が発生した日から14日以内に行なわなければならない。

②　事業者は，総括安全衛生管理者を選任したときは，遅滞なく，様式第3号による報告書を，当該事業場の所在地を管轄する労働基準監督署長（以下「所轄労働基準監督署長」という。）に提出しなければならない。

（総括安全衛生管理者の代理者）

第3条　事業者は，総括安全衛生管理者が旅行，疾病，事故その他やむを得ない事由によつて職務を行なうことができないときは，代理者を選任しなければならない。

（総括安全衛生管理者が統括管理する業務）

第3条の2　法第10条第1項第5号の厚生労働省令で定める業務は，次のとおりとする。

1　安全衛生に関する方針の表明に関すること。

2　法第28条の2第1項又は第57条の3第1項及び第2項の危険性又は有害性等の調査及びその結果に基づき講ずる措置に関すること。

3　安全衛生に関する計画の作成，実施，評価及び改善に関すること。

（2）　衛生管理者

（安全管理者）

第11条　事業者は，政令で定める業種及び規模の事業場ごとに，厚生労働省令で定める資格を有する者のうちから，厚生労働省令で定めるところにより，安全管理者を選任し，その者に前条第1項各号の業務（第25条の2第2項の規定により技術的事項を管理する者を選任した場合においては，同条第1項各号の措置に該当するものを除く。）のうち安全に係る技術的事項を管理させなければならない。

②　労働基準監督署長は，労働災害を防止するため必要があると認めるときは，事業者に対し，安全管理者の増員又は解任を命ずることができる。

（衛生管理者）

第12条 事業者は，政令で定める規模の事業場ごとに，都道府県労働局長の免許を受けた者その他厚生労働省令で定める資格を有する者のうちから，厚生労働省令で定めるところにより，当該事業場の業務の区分に応じて，衛生管理者を選任し，その者に第10条第1項各号の業務（第25条の2第2項の規定により技術的事項を管理する者を選任した場合においては，同条第1項各号の措置に該当するものを除く。）のうち衛生に係る技術的事項を管理させなければならない。

② 前条第2項の規定は，衛生管理者について準用する。

─施 行 令─

（衛生管理者を選任すべき事業場）

第4条 法第12条第1項の政令で定める規模の事業場は，常時50人以上の労働者を使用する事業場とする。

─安 衛 則─

（衛生管理者の選任）

第7条 法第12条第1項の規定による衛生管理者の選任は，次に定めるところにより行わなければならない。

1 衛生管理者を選任すべき事由が発生した日から14日以内に選任すること。

2 その事業場に専属の者を選任すること。ただし，2人以上の衛生管理者を選任する場合において，当該衛生管理者の中に第10条第3号に掲げる者がいるときは，当該者のうち1人については，この限りでない。

3 次に掲げる業種の区分に応じ，それぞれに掲げる者のうちから選任すること。

　イ　農林畜水産業，鉱業，建設業，製造業（物の加工業を含む。），電気業，ガス業，水道業，熱供給業，運送業，自動車整備業，機械修理業，医療業及び清掃業　第一種衛生管理者免許若しくは衛生工学衛生管理者免許を有する者又は第10条各号に掲げる者

　ロ　その他の業種　第一種衛生管理者免許，第二種衛生管理者免許若しくは衛生工学衛生管理者免許を有する者又は第10条各号に掲げる者

4 次の表の上欄〈編注・左欄〉に掲げる事業場の規模に応じて，同表の下欄〈編注・右欄〉に掲げる数以上の衛生管理者を選任すること。

事業場の規模（常時使用する労働者数）	衛生管理者数
50人以上200人以下	1人
200人を超え500人以下	2人
500人を超え1,000人以下	3人

1,000人を超え2,000人以下	4人
2,000人を超え3,000人以下	5人
3,000人を超える場合	6人

　5　次に掲げる事業場にあつては，衛生管理者のうち少なくとも１人を専任の衛生管理者とすること。

　　イ　常時1,000人を超える労働者を使用する事業場

　　ロ　常時500人を超える労働者を使用する事業場で，坑内労働又は労働基準法施行規則（昭和22年厚生省令第23号）第18条各号に掲げる業務に常時30人以上の労働者を従事させるもの

　6　常時500人を超える労働者を使用する事業場で，坑内労働又は労働基準法施行規則第18条第１号，第３号から第５号まで若しくは第９号に掲げる業務に常時30人以上の労働者を従事させるものにあつては，衛生管理者のうち１人を衛生工学衛生管理者免許を受けた者のうちから選任すること。

②　第２条第２項及び第３条の規定は，衛生管理者について準用する。

（衛生管理者の選任の特例）

第８条　事業者は，前条第１項の規定により衛生管理者を選任することができないやむを得ない事由がある場合で，所轄都道府県労働局長の許可を受けたときは，同項の規定によらないことができる。

（共同の衛生管理者の選任）

第９条　都道府県労働局長は，必要であると認めるときは，地方労働審議会の議を経て，衛生管理者を選任することを要しない二以上の事業場で，同一の地域にあるものについて，共同して衛生管理者を選任すべきことを勧告することができる。

（衛生管理者の資格）

第10条　法第12条第１項の厚生労働省令で定める資格を有する者は，次のとおりとする。

　1　医師

　2　歯科医師

　3　労働衛生コンサルタント

　4　前三号に掲げる者のほか，厚生労働大臣の定める者

（衛生管理者の定期巡視及び権限の付与）

第11条　衛生管理者は，少なくとも毎週１回作業場等を巡視し，設備，作業方法又は衛生状態に有害のおそれがあるときは，直ちに，労働者の健康障害を防止するため必要な措置を講じなければならない。

②　事業者は，衛生管理者に対し，衛生に関する措置をなし得る権限を与えなければならない。

（衛生工学に関する事項の管理）

第12条　事業者は，第７条第１項第６号の規定により選任した衛生管理者に，法第10

条第1項各号の業務のうち衛生に係る技術的事項で衛生工学に関するものを管理させなければならない。

(注) 「③ 衛生管理者規程」(167ページから171ページ)参照。

(3) 安全衛生推進者等

(安全衛生推進者等)

第12条の2 事業者は,第11条第1項の事業場及び前条第1項の事業場以外の事業場で,厚生労働省令で定める規模のものごとに,厚生労働省令で定めるところにより,安全衛生推進者(第11条第1項の政令で定める業種以外の業種の事業場にあつては,衛生推進者)を選任し,その者に第10条第1項各号の業務(第25条の2第2項の規定により技術的事項を管理する者を選任した場合においては,同条第1項各号の措置に該当するものを除くものとし,第11条第1項の政令で定める業種以外の業種の事業場にあつては,衛生に係る業務に限る。)を担当させなければならない。

----- 安 衛 則 -----

(安全衛生推進者等を選任すべき事業場)

第12条の2 法第12条の2の厚生労働省令で定める規模の事業場は,常時10人以上50人未満の労働者を使用する事業場とする。

(安全衛生推進者等の選任)

第12条の3 法第12条の2の規定による安全衛生推進者又は衛生推進者(以下「安全衛生推進者等」という。)の選任は,都道府県労働局長の登録を受けた者が行う講習を修了した者その他法第10条第1項各号の業務(衛生推進者にあつては,衛生に係る業務に限る。)を担当するため必要な能力を有すると認められる者のうちから,次に定めるところにより行わなければならない。

1 安全衛生推進者等を選任すべき事由が発生した日から14日以内に選任すること。

2 その事業場に専属の者を選任すること。ただし,労働安全コンサルタント,労働衛生コンサルタントその他厚生労働大臣が定める者のうちから選任するときは,この限りでない。

② 次に掲げる者は,前項の講習の講習科目(安全衛生推進者に係るものに限る。)のうち厚生労働大臣が定めるものの免除を受けることができる。

1 第5条各号に掲げる者

2 第10条各号に掲げる者

（安全衛生推進者等の氏名の周知）

第12条の４　事業者は，安全衛生推進者等を選任したときは，当該安全衛生推進者等の氏名を作業場の見やすい箇所に掲示する等により関係労働者に周知させなければならない。

（化学物質管理者が管理する事項等）

第12条の５　事業者は，法第57条の３第１項の危険性又は有害性等の調査（主として一般消費者の生活の用に供される製品に係るものを除く。以下「リスクアセスメント」という。）をしなければならない令第18条各号に掲げる物及び法第57条の２第１項に規定する通知対象物（以下「リスクアセスメント対象物」という。）を製造し，又は取り扱う事業場ごとに，化学物質管理者を選任し，その者に当該事業場における次に掲げる化学物質の管理に係る技術的事項を管理させなければならない。ただし，法第57条第１項の規定による表示（表示する事項及び標識に関することに限る。），同条第２項の規定による文書の交付及び法第57条の２第１項の規定による通知（通知する事項に関することに限る。）（以下この条において「表示等」という。）並びに第７号に掲げる事項（表示等に係るものに限る。以下この条において「教育管理」という。）を，当該事業場以外の事業場（以下この項において「他の事業場」という。）において行つている場合においては，表示等及び教育管理に係る技術的事項については，他の事業場において選任した化学物質管理者に管理させなければならない。

1　法第57条第１項の規定による表示，同条第２項の規定による文書及び法第57条の２第１項の規定による通知に関すること。

2　リスクアセスメントの実施に関すること。

3　第577条の２第１項及び第２項の措置その他法第57条の３第２項の措置の内容及びその実施に関すること。

4　リスクアセスメント対象物を原因とする労働災害が発生した場合の対応に関すること。

5　第34条の２の８第１項各号の規定によるリスクアセスメントの結果の記録の作成及び保存並びにその周知に関すること。

6　第577条の２第11項の規定による記録の作成及び保存並びにその周知に関すること。

7　第１号から第４号までの事項の管理を実施するに当たつての労働者に対する必要な教育に関すること。

②　事業者は，リスクアセスメント対象物の譲渡又は提供を行う事業場（前項のリスクアセスメント対象物を製造し，又は取り扱う事業場を除く。）ごとに，化学物質管理者を選任し，その者に当該事業場における表示等及び教育管理に係る技術的事項を管理させなければならない。ただし，表示等及び教育管理を，当該事業場以外の事業場（以下この項において「他の事業場」という。）において行つている場合にお

いては，表示等及び教育管理に係る技術的事項については，他の事業場において選任した化学物質管理者に管理させなければならない。

③ 前二項の規定による化学物質管理者の選任は，次に定めるところにより行わなければならない。

　1　化学物質管理者を選任すべき事由が発生した日から14日以内に選任すること。

　2　次に掲げる事業場の区分に応じ，それぞれに掲げる者のうちから選任すること。

　　イ　リスクアセスメント対象物を製造している事業場　厚生労働大臣が定める化学物質の管理に関する講習を修了した者又はこれと同等以上の能力を有すると認められる者

　　ロ　イに掲げる事業場以外の事業場　イに定める者のほか，第1項各号の事項を担当するために必要な能力を有すると認められる者

④ 事業者は，化学物質管理者を選任したときは，当該化学物質管理者に対し，第1項各号に掲げる事項をなし得る権限を与えなければならない。

⑤ 事業者は，化学物質管理者を選任したときは，当該化学物質管理者の氏名を事業場の見やすい箇所に掲示すること等により関係労働者に周知させなければならない。

（保護具着用管理責任者の選任等）

第12条の6　化学物質管理者を選任した事業者は，リスクアセスメントの結果に基づく措置として，労働者に保護具を使用させるときは，保護具着用管理責任者を選任し，次に掲げる事項を管理させなければならない。

　1　保護具の適正な選択に関すること。

　2　労働者の保護具の適正な使用に関すること。

　3　保護具の保守管理に関すること。

② 前項の規定による保護具着用管理責任者の選任は，次に定めるところにより行わなければならない。

　1　保護具着用管理責任者を選任すべき事由が発生した日から14日以内に選任すること。

　2　保護具に関する知識及び経験を有すると認められる者のうちから選任すること。

③ 事業者は，保護具着用管理責任者を選任したときは，当該保護具着用管理責任者に対し，第1項に掲げる業務をなし得る権限を与えなければならない。

④ 事業者は，保護具着用管理責任者を選任したときは，当該保護具着用管理責任者の氏名を事業場の見やすい箇所に掲示すること等により関係労働者に周知させなければならない。

（4）産業医

（産業医等）

第13条 事業者は，政令で定める規模の事業場ごとに，厚生労働省令で定めるところにより，医師のうちから産業医を選任し，その者に労働者の健康管理その他の厚生労働省令で定める事項（以下「労働者の健康管理等」という。）を行わせなければならない。

② 産業医は，労働者の健康管理等を行うのに必要な医学に関する知識について厚生労働省令で定める要件を備えた者でなければならない。

③ 産業医は，労働者の健康管理等を行うのに必要な医学に関する知識に基づいて，誠実にその職務を行わなければならない。

④ 産業医を選任した事業者は，産業医に対し，厚生労働省令で定めるところにより，労働者の労働時間に関する情報その他の産業医が労働者の健康管理等を適切に行うために必要な情報として厚生労働省令で定めるものを提供しなければならない。

⑤ 産業医は，労働者の健康を確保するため必要があると認めるときは，事業者に対し，労働者の健康管理等について必要な勧告をすることができる。この場合において，事業者は，当該勧告を尊重しなければならない。

⑥ 事業者は，前項の勧告を受けたときは，厚生労働省令で定めるところにより，当該勧告の内容その他の厚生労働省令で定める事項を衛生委員会又は安全衛生委員会に報告しなければならない。

第13条の2 事業者は，前条第1項の事業場以外の事業場については，労働者の健康管理等を行うのに必要な医学に関する知識を有する医師その他厚生労働省令で定める者に労働者の健康管理等の全部又は一部を行わせるように努めなければならない。

② 前条第4項の規定は，前項に規定する者に労働者の健康管理等の全部又は一部を行わせる事業者について準用する。この場合において，同条第4項中「提供しなければ」とあるのは，「提供するように努めなければ」と読み替えるものとする。

第13条の3 事業者は，産業医又は前条第1項に規定する者による労働者の健康管理等の適切な実施を図るため，産業医又は同項に規定する者が労働者からの健康相談に応じ，適切に対応するために必要な体制の整備その他の必要な措置を講ずるように努めなければならない

┌─── 施 行 令 ───────────────────────────────┐

（産業医を選任すべき事業場）

第5条 法第13条第1項の政令で定める規模の事業場は，常時50人以上の労働者を使用する事業場とする。

└───┘

┌─── 安 衛 則 ───────────────────────────────┐

（産業医の選任等）

第13条 法第13条第1項の規定による産業医の選任は，次に定めるところにより行わなければならない。

1 産業医を選任すべき事由が発生した日から14日以内に選任すること。

2 次に掲げる者（イ及びロにあつては，事業場の運営について利害関係を有しない者を除く。）以外の者のうちから選任すること。

　イ 事業者が法人の場合にあつては当該法人の代表者

　ロ 事業者が法人でない場合にあつては事業を営む個人

　ハ 事業場においてその事業の実施を統括管理する者

3 常時1,000人以上の労働者を使用する事業場又は次に掲げる業務に常時500人以上の労働者を従事させる事業場にあつては，その事業場に専属の者を選任すること。

　イ 多量の高熱物体を取り扱う業務及び著しく暑熱な場所における業務

　ロ 多量の低温物体を取り扱う業務及び著しく寒冷な場所における業務

　ハ ラジウム放射線，エックス線その他の有害放射線にさらされる業務

　ニ 土石，獣毛等のじんあい又は粉末を著しく飛散する場所における業務

　ホ 異常気圧下における業務

　ヘ さく岩機，鋲打機等の使用によつて，身体に著しい振動を与える業務

　ト 重量物の取扱い等重激な業務

　チ ボイラー製造等強烈な騒音を発する場所における業務

　リ 坑内における業務

　ヌ 深夜業を含む業務

　ル 水銀，砒素，黄りん，弗化水素酸，塩酸，硝酸，硫酸，青酸，か性アルカリ，石炭酸その他これらに準ずる有害物を取り扱う業務

　ヲ 鉛，水銀，クロム，砒素，黄りん，弗化水素，塩素，塩酸，硝酸，亜硫酸，硫酸，一酸化炭素，二硫化炭素，青酸，ベンゼン，アニリンその他これらに準ずる有害物のガス，蒸気又は粉じんを発散する場所における業務

　ワ 病原体によつて汚染のおそれが著しい業務

　カ その他厚生労働大臣が定める業務

4 常時3,000人をこえる労働者を使用する事業場にあつては，2人以上の産業医を選任すること。

└───┘

②　第２条第２項の規定は，産業医について準用する。ただし，学校保健安全法（昭和33年法律第56号）第23条（就学前の子どもに関する教育，保育等の総合的な提供の推進に関する法律（平成18年法律第77号。以下この項及び第44条の２第１項において「認定こども園法」という。）第27条において準用する場合を含む。）の規定により任命し，又は委嘱された学校医で，当該学校（同条において準用する場合にあつては，認定こども園法第２条第７項に規定する幼保連携型認定こども園）において産業医の職務を行うこととされたものについては，この限りでない。

③　第８条の規定は，産業医について準用する。この場合において，同条中「前条第１項」とあるのは，「第13条第１項」と読み替えるものとする。

④　事業者は，産業医が辞任したとき又は産業医を解任したときは，遅滞なく，その旨及びその理由を衛生委員会又は安全衛生委員会に報告しなければならない。

（産業医及び産業歯科医の職務等）

第14条　法第13条第１項の厚生労働省令で定める事項は，次に掲げる事項で医学に関する専門的知識を必要とするものとする。

　1　健康診断の実施及びその結果に基づく労働者の健康を保持するための措置に関すること。

　2　法第66条の８第１項，第66条の８の２第１項及び第66条の８の４第１項に規定する面接指導並びに法第66条の９に規定する必要な措置の実施並びにこれらの結果に基づく労働者の健康を保持するための措置に関すること。

　3　法第66条の10第１項に規定する心理的な負担の程度を把握するための検査の実施並びに同条第３項に規定する面接指導の実施及びその結果に基づく労働者の健康を保持するための措置に関すること。

　4　作業環境の維持管理に関すること。

　5　作業の管理に関すること。

　6　前各号に掲げるもののほか，労働者の健康管理に関すること。

　7　健康教育，健康相談その他労働者の健康の保持増進を図るための措置に関すること。

　8　衛生教育に関すること。

　9　労働者の健康障害の原因の調査及び再発防止のための措置に関すること。

②　法第13条第２項の厚生労働省令で定める要件を備えた者は，次のとおりとする。

　1　法第13条第１項に規定する労働者の健康管理等（以下「労働者の健康管理等」という。）を行うのに必要な医学に関する知識についての研修であつて厚生労働大臣の指定する者（法人に限る。）が行うものを修了した者

　2　産業医の養成等を行うことを目的とする医学の正規の課程を設置している産業医科大学その他の大学であつて厚生労働大臣が指定するものにおいて当該課程を修めて卒業した者であつて，その大学が行う実習を履修したもの

　3　労働衛生コンサルタント試験に合格した者で，その試験の区分が保健衛生であ

るもの

4 学校教育法による大学において労働衛生に関する科目を担当する教授，准教授又は講師（常時勤務する者に限る。）の職にあり，又はあつた者

5 前各号に掲げる者のほか，厚生労働大臣が定める者

③ 産業医は，第１項各号に掲げる事項について，総括安全衛生管理者に対して勧告し，又は衛生管理者に対して指導し，若しくは助言することができる。

④ 事業者は，産業医が法第13条第５項の規定による勧告をしたこと又は前項の規定による勧告，指導若しくは助言をしたことを理由として，産業医に対し，解任その他不利益な取扱いをしないようにしなければならない。

⑤ 事業者は，令第22条第３項の業務に常時50人以上の労働者を従事させる事業場については，第１項各号に掲げる事項のうち当該労働者の歯又はその支持組織に関する事項について，適時，歯科医師の意見を聴くようにしなければならない。

⑥ 前項の事業場の労働者に対して法第66条第３項の健康診断を行なつた歯科医師は，当該事業場の事業者又は総括安全衛生管理者に対し，当該労働者の健康障害（歯又はその支持組織に関するものに限る。）を防止するため必要な事項を勧告することができる。

⑦ 産業医は，労働者の健康管理等を行うために必要な医学に関する知識及び能力の維持向上に努めなければならない。

（産業医に対する情報の提供）

第14条の2 法第13条第４項の厚生労働省令で定める情報は，次に掲げる情報とする。

1 法第66条の５第１項，第66条の８第５項（法第66条の８の２第２項又は第66条の８の４第２項において読み替えて準用する場合を含む。）又は第66条の10第６項の規定により既に講じた措置又は講じようとする措置の内容に関する情報（これらの措置を講じない場合にあつては，その旨及びその理由）

2 第52条の２第１項，第52条の７の２第１項又は第52条の７の４第１項の超えた時間が１月当たり80時間を超えた労働者の氏名及び当該労働者に係る当該超えた時間に関する情報

3 前二号に掲げるもののほか，労働者の業務に関する情報であつて産業医が労働者の健康管理等を適切に行うために必要と認めるもの

② 法第13条第４項の規定による情報の提供は，次の各号に掲げる情報の区分に応じ，当該各号に定めるところにより行うものとする。

1 前項第１号に掲げる情報 法第66条の４，第66条の８第４項（法第66条の８の２第２項又は第66条の８の４第２項において準用する場合を含む。）又は第66条の10第５項の規定による医師又は歯科医師からの意見聴取を行つた後，遅滞なく提供すること。

2 前項第２号に掲げる情報 第52条の２第２項（第52条の７の２第２項又は第52条の７の４第２項において準用する場合を含む。）の規定により同号の超えた時間

の算定を行つた後，速やかに提供すること。

　　3　前項第3号に掲げる情報　産業医から当該情報の提供を求められた後，速やか
　　に提供すること。

（産業医による勧告等）

第14条の3　産業医は，法第13条第5項の勧告をしようとするときは，あらかじめ，
当該勧告の内容について，事業者の意見を求めるものとする。

②　事業者は，法第13条第5項の勧告を受けたときは，次に掲げる事項を記録し，こ
れを3年間保存しなければならない。

　　1　当該勧告の内容

　　2　当該勧告を踏まえて講じた措置の内容（措置を講じない場合にあつては，その
　　旨及びその理由）

③　法第13条第6項の規定による報告は，同条第5項の勧告を受けた後遅滞なく行う
ものとする。

④　法第13条第6項の厚生労働省令で定める事項は，次に掲げる事項とする。

　　1　当該勧告の内容

　　2　当該勧告を踏まえて講じた措置又は講じようとする措置の内容（措置を講じな
　　い場合にあつては，その旨及びその理由）

（産業医に対する権限の付与等）

第14条の4　事業者は，産業医に対し，第14条第1項各号に掲げる事項をなし得る権
限を与えなければならない。

②　前項の権限には，第14条第1項各号に掲げる事項に係る次に掲げる事項に関する
権限が含まれるものとする。

　　1　事業者又は総括安全衛生管理者に対して意見を述べること。

　　2　第14条第1項各号に掲げる事項を実施するために必要な情報を労働者から収集
　　すること。

　　3　労働者の健康を確保するため緊急の必要がある場合において，労働者に対して
　　必要な措置をとるべきことを指示すること。

（産業医の定期巡視）

第15条　産業医は，少なくとも毎月1回（産業医が，事業者から，毎月1回以上，次
に掲げる情報の提供を受けている場合であって，事業者の同意を得ているときは，
少なくとも2月に1回）作業場等を巡視し，作業方法又は衛生状態に有害のおそれ
があるときは，直ちに，労働者の健康障害を防止するため必要な措置を講じなけれ
ばならない。

　　1　第11条第1項の規定により衛生管理者が行う巡視の結果

　　2　前号に掲げるもののほか，労働者の健康障害を防止し，又は労働者の健康を保
　　持するために必要な情報であつて，衛生委員会又は安全衛生委員会における調査
　　審議を経て事業者が産業医に提供することとしたもの

（産業医を選任すべき事業場以外の事業場の労働者の健康管理等）

第15条の２　法第13条の２第１項の厚生労働省令で定める者は，労働者の健康管理等を行うのに必要な知識を有する保健師とする。

②　事業者は，法第13条第１項の事業場以外の事業場について，法第13条の２第１項に規定する者に労働者の健康管理等の全部又は一部を行わせるに当たつては，労働者の健康管理等を行う同項に規定する医師の選任，国が法第19条の３に規定する援助として行う労働者の健康管理等に係る業務についての相談その他の必要な援助の事業の利用等に努めるものとする。

③　第14条の２第１項の規定は法第13条の２第２項において準用する法第13条第４項の厚生労働省令で定める情報について，第14条の２第２項の規定は法第13条の２第２項において準用する法第13条第４項の規定による情報の提供について，それぞれ準用する。

（5）　作業主任者

（作業主任者）

第14条　事業者は，高圧室内作業その他の労働災害を防止するための管理を必要とする作業で，政令で定めるものについては，都道府県労働局長の免許を受けた者又は都道府県労働局長の登録を受けた者が行う技能講習を修了した者のうちから，厚生労働省令で定めるところにより，当該作業の区分に応じて，作業主任者を選任し，その者に当該作業に従事する労働者の指揮その他の厚生労働省令で定める事項を行わせなければならない。

------施　行　令------

（作業主任者を選任すべき作業）

第６条　法第14条の政令で定める作業は，次のとおりとする。

1　高圧室内作業（潜函工法その他の圧気工法により，大気圧を超える気圧下の作業室又はシヤフトの内部において行う作業に限る。）

（第２号から第４号　略）

5　別表第２第１号又は第３号に掲げる放射線業務に係る作業（医療用又は波高値による定格管電圧が1,000キロボルト以上のエツクス線を発生させる装置（同表第２号の装置を除く。以下「エツクス線装置」という。）を使用するものを除く。）

5の2　ガンマ線照射装置を用いて行う透過写真の撮影の作業

（第６号から第17号　略）

18　別表第３に掲げる特定化学物質を製造し，又は取り扱う作業（試験研究のため取り扱う作業及び同表第２号3の3，11の2，13の2，15，15の2，18の2から

18の4まで，19の2から19の4まで，22の2から22の5まで，23の2，33の2若しくは34の3に掲げる物又は同号37に掲げる物で同号3の3，11の2，13の2，15，15の2，18の2から18の4まで，19の2から19の4まで，22の2から22の5まで，23の2，33の2若しくは34の3に係るものを製造し，又は取り扱う作業で厚生労働省令で定めるものを除く。）

19　別表第4第1号から第10号までに掲げる鉛業務（遠隔操作によつて行う隔離室におけるものを除く。）に係る作業

20　別表第5第1号から第6号まで又は第8号に掲げる四アルキル鉛等業務（遠隔操作によつて行う隔離室におけるものを除くものとし，同表第6号に掲げる業務にあつては，ドラム缶その他の容器の積卸しの業務に限る。）に係る作業

21　別表第6に掲げる酸素欠乏危険場所における作業

22　屋内作業場又はタンク，船倉若しくは坑の内部その他の厚生労働省令で定める場所において別表第6の2に掲げる有機溶剤（当該有機溶剤と当該有機溶剤以外の物との混合物で，当該有機溶剤を当該混合物の重量の5パーセントを超えて含有するものを含む。第21条第10号及び第22条第1項第6号において同じ。）を製造し，又は取り扱う業務で，厚生労働省令で定めるものに係る作業

23　石綿若しくは石綿をその重量の0.1パーセントを超えて含有する製剤その他の物（以下「石綿等」という。）を取り扱う作業（試験研究のため取り扱う作業を除く。）又は石綿等を試験研究のため製造する作業若しくは第16条第1項第4号イからハまでに掲げる石綿で同号の厚生労働省令で定めるもの若しくはこれらの石綿をその重量の0.1パーセントを超えて含有する製剤その他の物（以下「石綿分析用試料等」という。）を製造する作業

別表第2　放射線業務（第6条，第21条，第22条関係）
①　エックス線装置の使用又はエックス線の発生を伴う当該装置の検査の業務
②　サイクロトロン，ベータトロンその他の荷電粒子を加速する装置の使用又は電離放射線（アルフア線，重陽子線，陽子線，ベータ線，電子線，中性子線，ガンマ線及びエックス線をいう。第5号において同じ。）の発生を伴う当該装置の検査の業務
③　エックス線管若しくはケノトロンのガス抜き又はエックス線の発生を伴うこれらの検査の業務
④　厚生労働省令で定める放射性物質を装備している機器の取扱いの業務
⑤　前号に規定する放射性物質又は当該放射性物質若しくは第2号に規定する装置から発生した電離放射線によつて汚染された物の取扱いの業務
⑥　原子炉の運転の業務
⑦　坑内における核原料物質（原子力基本法（昭和30年法律第186号）第3条第3号に規定する核原料物質をいう。）の掘採の業務

別表第3　特定化学物質（第6条，第15条，第17条，第18条，第18条の2，第21条，第22条関係）

① 第1類物質

1　ジクロルベンジジン及びその塩

2　アルフア-ナフチルアミン及びその塩

3　塩素化ビフエニル（別名 PCB）

4　オルト-トリジン及びその塩

5　ジアニシジン及びその塩

6　ベリリウム及びその化合物

7　ベンゾトリクロリド

8　1から6までに掲げる物をその重量の1パーセントを超えて含有し，又は7に掲げる物をその重量の0.5パーセントを超えて含有する製剤その他の物（合金にあつては，ベリリウムをその重量の3パーセントを超えて含有するものに限る。）

② 第2類物質

1　アクリルアミド

2　アクリロニトリル

3　アルキル水銀化合物（アルキル基がメチル基又はエチル基である物に限る。）

3の2　インジウム化合物

3の3　エチルベンゼン

4　エチレンイミン

5　エチレンオキシド

6　塩化ビニル

7　塩素

8　オーラミン

8の2　オルト-トルイジン

9　オルト-フタロジニトリル

10　カドミウム及びその化合物

11　クロム酸及びその塩

11の2　クロロホルム

12　クロロメチルメチルエーテル

13　五酸化バナジウム

13の2　コバルト及びその無機化合物

14　コールタール

15　酸化プロピレン

15の2　三酸化二アンチモン

16　シアン化カリウム

17　シアン化水素

18　シアン化ナトリウム

18の2　四塩化炭素

18の3　1・4-ジオキサン

18の4　1・2-ジクロロエタン（別名二塩化エチレン）

19　3・3'-ジクロロ-4・4'-ジアミノジフエニルメタン

19の2　1・2-ジクロロプロパン

19の3　ジクロロメタン（別名二塩化メチレン）

19の4　ジメチル-2・2-ジクロロビニルホスフェイト（別名DDVP）

19の5　1・1-ジメチルヒドラジン

20　臭化メチル

21　重クロム酸及びその塩

22　水銀及びその無機化合物（硫化水銀を除く。）

22の2　スチレン

22の3　1・1・2・2-テトラクロロエタン（別名四塩化アセチレン）

22の4　テトラクロロエチレン（別名パークロルエチレン）

22の5　トリクロロエチレン

23　トリレンジイソシアネート

23の2　ナフタレン

23の3　ニツケル化合物（24に掲げる物を除き，粉状の物に限る。）

24　ニツケルカルボニル

25　ニトログリコール

26　パラ-ジメチルアミノアゾベンゼン

27　パラ-ニトロクロルベンゼン

27の2　砒素及びその化合物（アルシン及び砒化ガリウムを除く。）

28　弗化水素

29　ベーター-プロピオラクトン

30　ベンゼン

31　ペンタクロルフエノール（別名PCP）及びそのナトリウム塩

31の2　ホルムアルデヒド

32　マゼンタ

33　マンガン及びその化合物

33の2　メチルイソブチルケトン

34　沃化メチル

34の2　溶接ヒューム

34の3　リフラクトリーセラミックファイバー

35　硫化水素

36　硫酸ジメチル

37　1から36までに掲げる物を含有する製剤その他の物で，厚生労働省令で定めるもの

③　第3類物質

1　アンモニア

2　一酸化炭素

3　塩化水素

4　硝酸

5　二酸化硫黄

6　フエノール

7　ホスゲン

8　硫酸

9　1から8までに掲げる物を含有する製剤その他の物で，厚生労働省令で定めるもの

別表第4　鉛業務（第6条，第21条，第22条関係）

① 鉛の製錬又は精錬を行なう工程における焙焼，焼結，溶鉱又は鉛等若しくは焼結鉱等の取扱いの業務（鉛又は鉛合金を溶融するかま，るつぼ等の容量の合計が50リットルをこえない作業場における450度以下の温度による鉛又は鉛合金の溶融又は鋳造の業務を除く。次号から第7号まで，第12号及び第16号において同じ。）

② 銅又は亜鉛の製錬又は精錬を行なう工程における溶鉱（鉛を3パーセント以上含有する原料を取り扱うものに限る。），当該溶鉱に連続して行なう転炉による溶融又は煙灰若しくは電解スライム（銅又は亜鉛の製錬又は精錬を行なう工程において生ずるものに限る。）の取扱いの業務

③ 鉛蓄電池又は鉛蓄電池の部品を製造し，修理し，又は解体する工程において鉛等の溶融，鋳造，粉砕，混合，ふるい分け，練粉，充てん，乾燥，加工，組立て，溶接，溶断，切断若しくは運搬をし，又は粉状の鉛等をホツパー，容器等に入れ，若しくはこれらから取り出す業務

④ 電線又はケーブルを製造する工程における鉛の溶融，被鉛，剥鉛又は被鉛した電線若しくはケーブルの加硫若しくは加工の業務

⑤ 鉛合金を製造し，又は鉛若しくは鉛合金の製品（鉛蓄電池及び鉛蓄電池の部品を除く。）を製造し，修理し，若しくは解体する工程における鉛若しくは鉛合金の溶融，鋳造，溶接，溶断，切断若しくは加工又は鉛快削鋼を製造する工程における鉛の鋳込の業務

⑥ 鉛化合物（酸化鉛，水酸化鉛その他の厚生労働大臣が指定する物に限る。以下この表において同じ。）を製造する工程において鉛等の溶融，鋳造，粉砕，混合，空冷のための攪拌，ふるい分け，煆焼，焼成，乾燥若しくは運搬をし，又は粉状の鉛等をホツパー，容器等に入れ，若しくはこれらから取り出す業務

⑦ 鉛ライニングの業務（仕上げの業務を含む。）

⑧ 鉛ライニングを施し，又は含鉛塗料を塗布した物の破砕，溶接，溶断，切断，鋲打ち（加熱して行なう鋲打ちに限る。），加熱，圧延又は含鉛塗料のかき落しの業務

⑨ 鉛装置の内部における業務

⑩ 鉛装置の破砕，溶接，溶断又は切断の業務（前号に掲げる業務を除く。）

⑪　転写紙を製造する工程における鉛等の粉まき又は粉払いの業務

⑫　ゴム若しくは合成樹脂の製品，含鉛塗料又は鉛化合物を含有する絵具，釉薬，農薬，ガラス，接着剤等を製造する工程における鉛等の溶融，鋳込，粉砕，混合若しくはふるい分け又は被鉛若しくは剥鉛の業務

⑬　自然換気が不十分な場所におけるはんだ付けの業務（臨時に行なう業務を除く。次号から第16号までにおいて同じ。）

⑭　鉛化合物を含有する釉薬を用いて行なう施釉又は当該施釉を行なつた物の焼成の業務

⑮　鉛化合物を含有する絵具を用いて行なう絵付け又は当該絵付けを行なつた物の焼成の業務（筆若しくはスタンプによる絵付け又は局所排気装置若しくは排気筒が設けられている焼成窯による焼成の業務で，厚生労働省令で定めるものを除く。）

⑯　溶融した鉛を用いて行なう金属の焼入れ若しくは焼戻し又は当該焼入れ若しくは焼戻しをした金属のサンドバスの業務

⑰　動力を用いて印刷する工程における活字の文選，植字又は解版の業務

⑱　前各号に掲げる業務を行なう作業場所における清掃の業務（第9号に掲げる業務を除く。）

備考

1　「鉛等」とは，鉛，鉛合金及び鉛化合物並びにこれらと他の物との混合物（焼結鉱，煙灰，電解スライム及び鉱さいを除く。）をいう。

2　「焼結鉱等」とは，鉛の製錬又は精錬を行なう工程において生ずる焼結鉱，煙灰，電解スライム及び鉱さい並びに銅又は亜鉛の製錬又は精錬を行なう工程において生ずる煙灰及び電解スライムをいう。

3　「鉛合金」とは，鉛と鉛以外の金属との合金で，鉛を当該合金の重量の10パーセント以上含有するものをいう。

4　「含鉛塗料」とは，鉛化合物を含有する塗料をいう。

5　「鉛装置」とは，粉状の鉛等又は焼結鉱等が内部に付着し，又はたい積している炉，煙道，粉砕機，乾燥器，除じん装置その他の装置をいう。

別表第5　四アルキル鉛等業務（第6条，第22条関係）

①　四アルキル鉛（四メチル鉛，四エチル鉛，一メチル・三エチル鉛，二メチル・二エチル鉛及び三メチル・一エチル鉛並びにこれらを含有するアンチノック剤をいう。以下同じ。）を製造する業務（四アルキル鉛が生成する工程以後の工程に係るものに限る。）

②　四アルキル鉛をガソリンに混入する業務（四アルキル鉛をストレージタンクに注入する業務を含む。）

③　前二号に掲げる業務に用いる機械又は装置の修理，改造，分解，解体，破壊又は移動を行なう業務（次号に掲げる業務に該当するものを除く。）

④　四アルキル鉛及び加鉛ガソリン（四アルキル鉛を含有するガソリンをいう。）（以

下「四アルキル鉛等」という。）によりその内部が汚染されており，又は汚染され
ているおそれのあるタンクその他の設備の内部における業務

⑤　四アルキル鉛等を含有する残さい物（廃液を含む。以下同じ。）を取り扱う業務

⑥　四アルキル鉛が入つているドラムかんその他の容器を取り扱う業務

⑦　四アルキル鉛を用いて研究を行なう業務

⑧　四アルキル鉛等により汚染されており，又は汚染されているおそれのある物又
は場所の汚染を除去する業務（第２号又は第４号に掲げる業務に該当するものを
除く。）

別表第６　酸素欠乏危険場所（第６条，第21条関係）

①　次の地層に接し，又は通ずる井戸等（井戸，井筒，たて坑，ずい道，潜函，ピ
ットその他これらに類するものをいう。次号において同じ。）の内部（次号に掲げ
る場所を除く。）

　　イ　上層に不透水層がある砂れき層のうち含水若しくは湧水がなく，又は少ない
　　　部分

　　ロ　第１鉄塩類又は第１マンガン塩類を含有している地層

　　ハ　メタン，エタン又はブタンを含有する地層

　　ニ　炭酸水を湧出しており，又は湧出するおそれのある地層

　　ホ　腐泥層

②　長期間使用されていない井戸等の内部

③　ケーブル，ガス管その他地下に敷設される物を収容するための暗きよ，マンホ
ール又はピットの内部

③の２　雨水，河川の流水又は湧水が滞留しており，又は滞留したことのある槽，
暗きよ，マンホール又はピットの内部

③の３　海水が滞留しており，若しくは滞留したことのある熱交換器，管，暗きよ，
マンホール，溝若しくはピット（以下この号において「熱交換器等」という。）又
は海水を相当期間入れてあり，若しくは入れたことのある熱交換器等の内部

④　相当期間密閉されていた鋼製のボイラー，タンク，反応塔，船倉その他その内
壁が酸化されやすい施設（その内壁がステンレス鋼製のもの又はその内壁の酸化
を防止するために必要な措置が講ぜられているものを除く。）の内部

⑤　石炭，亜炭，硫化鉱，鋼材，くず鉄，原木，チツプ，乾性油，魚油その他空気中の
酸素を吸収する物質を入れてあるタンク，船倉，ホツパーその他の貯蔵施設の内部

⑥　天井，床若しくは周壁又は格納物が乾性油を含むペイントで塗装され，そのペ
イントが乾燥する前に密閉された地下室，倉庫，タンク，船倉その他通風が不十
分な施設の内部

⑦　穀物若しくは飼料の貯蔵，果菜の熟成，種子の発芽又はきのこ類の栽培のため
に使用しているサイロ，むろ，倉庫，船倉又はピットの内部

⑧　しようゆ，酒類，もろみ，酵母その他発酵する物を入れてあり，又は入れたこ
とのあるタンク，むろ又は醸造槽の内部

⑨ し尿，腐泥，汚水，パルプ液その他腐敗し，又は分解しやすい物質を入れてあり，又は入れたことのあるタンク，船倉，槽，管，暗きょ，マンホール，溝又はピットの内部

⑩ ドライアイスを使用して冷蔵，冷凍又は水セメントのあく抜きを行つている冷蔵庫，冷凍庫，保冷貨車，保冷貨物自動車，船倉又は冷凍コンテナーの内部

⑪ ヘリウム，アルゴン，窒素，フロン，炭酸ガスその他不活性の気体を入れてあり，又は入れたことのあるボイラー，タンク，反応塔，船倉その他の施設の内部

⑫ 前各号に掲げる場所のほか，厚生労働大臣が定める場所

別表第6の2　有機溶剤（第6条，第21条，第22条関係）

① アセトン

② イソブチルアルコール

③ イソプロピルアルコール

④ イソペンチルアルコール（別名イソアミルアルコール）

⑤ エチルエーテル

⑥ エチレングリコールモノエチルエーテル（別名セロソルブ）

⑦ エチレングリコールモノエチルエーテルアセテート（別名セロソルブアセテート）

⑧ エチレングリコールモノ−ノルマル−ブチルエーテル（別名ブチルセロソルブ）

⑨ エチレングリコールモノメチルエーテル（別名メチルセロソルブ）

⑩ オルト−ジクロルベンゼン

⑪ キシレン

⑫ クレゾール

⑬ クロルベンゼン

⑭ 削除

⑮ 酢酸イソブチル

⑯ 酢酸イソプロピル

⑰ 酢酸イソペンチル（別名酢酸イソアミル）

⑱ 酢酸エチル

⑲ 酢酸ノルマル−ブチル

⑳ 酢酸ノルマル−プロピル

㉑ 酢酸ノルマル−ペンチル（別名酢酸ノルマル−アミル）

㉒ 酢酸メチル

㉓ 削除

㉔ シクロヘキサノール

㉕ シクロヘキサノン

㉖ 削除

㉗ 削除

㉘ 1・2−ジクロルエチレン（別名二塩化アセチレン）

㉙ 削除

㉚ N・N–ジメチルホルムアミド
㉛ 削除
㉜ 削除
㉝ 削除
㉞ テトラヒドロフラン
㉟ 1・1・1–トリクロルエタン
㊱ 削除
㊲ トルエン
㊳ 二硫化炭素
㊴ ノルマルヘキサン
㊵ 1–ブタノール
㊶ 2–ブタノール
㊷ メタノール
㊸ 削除
㊹ メチルエチルケトン
㊺ メチルシクロヘキサノール
㊻ メチルシクロヘキサノン
㊼ メチル–ノルマル–ブチルケトン
㊽ ガソリン
㊾ コールタールナフサ（ソルベントナフサを含む。）
㊿ 石油エーテル
(51) 石油ナフサ
(52) 石油ベンジン
(53) テレビン油
(54) ミネラルスピリット（ミネラルシンナー，ペトロリウムスピリット，ホワイトスピリット及びミネラルターペンを含む。）
(55) 前各号に掲げる物のみから成る混合物

安　衛　則

（作業主任者の選任）

第16条　法第14条の規定による作業主任者の選任は，別表第1の上欄〈編注・左欄〉に掲げる作業の区分に応じて，同表の中欄に掲げる資格を有する者のうちから行なうものとし，その作業主任者の名称は，同表の下欄〈編注・右欄〉に掲げるとおりとする。

（第2項　略）

（作業主任者の職務の分担）

第17条　事業者は，別表第1の上欄〈編注・左欄〉に掲げる一の作業を同一の場所で行なう場合において，当該作業に係る作業主任者を2人以上選任したときは，それ

ぞれの作業主任者の職務の分担を定めなければならない。

（作業主任者の氏名等の周知）

第18条　事業者は，作業主任者を選任したときは，当該作業主任者の氏名及びその者に行なわせる事項を作業場の見やすい箇所に掲示する等により関係労働者に周知させなければならない。

別表第1　（第16条，第17条関係）

作　業　の　区　分	資格を有する者	名　　称
令第6条第1号の作業	高圧室内作業主任者免許を受けた者	高圧室内作業主任者
（略）		
令第6条第5号の作業	エツクス線作業主任者免許を受けた者	エツクス線作業主任者
令第6条第5号の2の作業	ガンマ線透過写真撮影作業主任者免許を受けた者	ガンマ線透過写真撮影作業主任者
（略）		
令第6条第18号の作業のうち，次の二項に掲げる作業以外の作業	特定化学物質及び四アルキル鉛等作業主任者技能講習（講習科目を次項の金属アーク溶接等作業に係るものに限定したもの（以下「金属アーク溶接等作業主任者限定技能講習」という。）を除く。令第6条第20号の作業の項において同じ。）を修了した者	特定化学物質作業主任者
令第6条第18号の作業のうち，金属をアーク溶接する作業，アークを用いて金属を溶断し，又はガウジングする作業その他の溶接ヒュームを製造し，又は取り扱う作業	特定化学物質及び四アルキル鉛等作業主任者技能講習（金属アーク溶接等作業主任者限定技能講習を含む。）を修了した者	金属アーク溶接等作業主任者
令第6条第18号の作業のうち，特別有機溶剤又は令別表第3第2号37に掲げる物で特別有機溶剤に係るものを製造し，又は取り扱う作業	有機溶剤作業主任者技能講習を修了した者	特定化学物質作業主任者（特別有機溶剤等関係）

令第6条第19号の作業	鉛作業主任者技能講習を修了した者	鉛作業主任者
令第6条第20号の作業	特定化学物質及び四アルキル鉛等作業主任者技能講習を修了した者	四アルキル鉛等作業主任者
令第6条第21号の作業のうち，次の項に掲げる作業以外の作業	酸素欠乏危険作業主任者技能講習又は酸素欠乏・硫化水素危険作業主任者技能講習を修了した者	酸素欠乏危険作業主任者
令第6条第21号の作業のうち，令別表第6第3号の3，第9号又は第12号に掲げる酸素欠乏危険場所（同号に掲げる場所にあつては，酸素欠乏症にかかるおそれ及び硫化水素中毒にかかるおそれのある場所として厚生労働大臣が定める場所に限る。）における作業	酸素欠乏・硫化水素危険作業主任者技能講習を修了した者	
令第6条第22号の作業	有機溶剤作業主任者技能講習を修了した者	有機溶剤作業主任者
令第6条第23号の作業	石綿作業主任者技能講習を修了した者	石綿作業主任者

（6） 統括安全衛生責任者

（統括安全衛生責任者）

第15条 事業者で，一の場所において行う事業の仕事の一部を請負人に請け負わせているもの（当該事業の仕事の一部を請け負わせる契約が二以上あるため，その者が二以上あることとなるときは，当該請負契約のうちの最も先次の請負契約における注文者とする。以下「元方事業者」という。）のうち，建設業その他政令で定める業種に属する事業（以下「特定事業」という。）を行う者（以下「特定元方事業者」という。）は，その労働者及びその請負人（元方事業者の当該事業の仕事が数次の請負契約によつて行われるときは，当該請負人の請負契約の後次のすべての請負契約の当事者である請負人を含む。以下「関係請負人」という。）の労働者が当該場所において作業を行うときは，これらの労働者の作業が同一の場所において行われることによつて生ずる労働災害を防止するため，統括安全衛生責任者を選任し，その者に元方安全衛生管理者の指揮

をさせるとともに，第30条第1項各号の事項を統括管理させなければならない。ただし，これらの労働者の数が政令で定める数未満であるときは，この限りでない。

②　統括安全衛生責任者は，当該場所においてその事業の実施を統括管理する者をもつて充てなければならない。

③　第30条第4項の場合において，同項のすべての労働者の数が政令で定める数以上であるときは，当該指名された事業者は，これらの労働者に関し，これらの労働者の作業が同一の場所において行われることによつて生ずる労働災害を防止するため，統括安全衛生責任者を選任し，その者に元方安全衛生管理者の指揮をさせるとともに，同条第1項各号の事項を統括管理させなければならない。この場合においては，当該指名された事業者及び当該指名された事業者以外の事業者については，第1項の規定は，適用しない。

④　第1項又は前項に定めるもののほか，第25条の2第1項に規定する仕事が数次の請負契約によつて行われる場合においては，第1項又は前項の規定により統括安全衛生責任者を選任した事業者は，統括安全衛生責任者に第30条の3第5項において準用する第25条の2第2項の規定により技術的事項を管理する者の指揮をさせるとともに，同条第1項各号の措置を統括管理させなければならない。

⑤　第10条第3項の規定は，統括安全衛生責任者の業務の執行について準用する。この場合において，同項中「事業者」とあるのは，「当該統括安全衛生責任者を選任した事業者」と読み替えるものとする。

------施　行　令------

（統括安全衛生責任者を選任すべき業種等）
第7条　法第15条第1項の政令で定める業種は，造船業とする。

②　法第15条第1項ただし書及び第3項の政令で定める労働者の数は，次の各号に掲げる仕事の区分に応じ，当該各号に定める数とする。

1　ずい道等の建設の仕事，橋梁の建設の仕事（作業場所が狭いこと等により安全な作業の遂行が損なわれるおそれのある場所として厚生労働省令で定める場所において行われるものに限る。）又は圧気工法による作業を行う仕事　常時30人

2　前号に掲げる仕事以外の仕事　常時50人

（7） 元方安全衛生管理者

（元方安全衛生管理者）

第15条の2 前条第1項又は第3項の規定により統括安全衛生責任者を選任した事業者で，建設業その他政令で定める業種に属する事業を行うものは，厚生労働省令で定める資格を有する者のうちから，厚生労働省令で定めるところにより，元方安全衛生管理者を選任し，その者に第30条第1項各号の事項のうち技術的事項を管理させなければならない。

② 第11条第2項の規定は，元方安全衛生管理者について準用する。この場合において，同項中「事業者」とあるのは，「当該元方安全衛生管理者を選任した事業者」と読み替えるものとする。

-----安 衛 則-----

（元方安全衛生管理者の選任）

第18条の3 法第15条の2第1項の規定による元方安全衛生管理者の選任は，その事業場に専属の者を選任して行わなければならない。

（元方安全衛生管理者の資格）

第18条の4 法第15条の2第1項の厚生労働省令で定める資格を有する者は，次のとおりとする。

　　1　学校教育法による大学又は高等専門学校における理科系統の正規の課程を修めて卒業した者で，その後3年以上建設工事の施工における安全衛生の実務に従事した経験を有するもの

　　2　学校教育法による高等学校又は中等教育学校において理科系統の正規の学科を修めて卒業した者で，その後5年以上建設工事の施工における安全衛生の実務に従事した経験を有するもの

　　3　前二号に掲げる者のほか，厚生労働大臣が定める者

（権限の付与）

第18条の5 事業者は，元方安全衛生管理者に対し，その労働者及び関係請負人の労働者の作業が同一場所において行われることによつて生ずる労働災害を防止するため必要な措置をなし得る権限を与えなければならない。

（8） 店社安全衛生管理者

（店社安全衛生管理者）

第15条の3 建設業に属する事業の元方事業者は，その労働者及び関係請負人の

労働者が一の場所（これらの労働者の数が厚生労働省令で定める数未満である場所及び第15条第１項又は第３項の規定により統括安全衛生責任者を選任しなければならない場所を除く。）において作業を行うときは，当該場所において行われる仕事に係る請負契約を締結している事業場ごとに，これらの労働者の作業が同一の場所で行われることによつて生ずる労働災害を防止するため，厚生労働省令で定める資格を有する者のうちから，厚生労働省令で定めるところにより，店社安全衛生管理者を選任し，その者に，当該事業場で締結している当該請負契約に係る仕事を行う場所における第30条第１項各号の事項を担当する者に対する指導その他厚生労働省令で定める事項を行わせなければならない。

②　第30条第４項の場合において，同項のすべての労働者の数が厚生労働省令で定める数以上であるとき（第15条第１項又は第３項の規定により統括安全衛生責任者を選任しなければならないときを除く。）は，当該指名された事業者で建設業に属する事業の仕事を行うものは，当該場所において行われる仕事に係る請負契約を締結している事業場ごとに，これらの労働者に関し，これらの労働者の作業が同一の場所で行われることによつて生ずる労働災害を防止するため，厚生労働省令で定める資格を有する者のうちから，厚生労働省令で定めるところにより，店社安全衛生管理者を選任し，その者に，当該事業場で締結している当該請負契約に係る仕事を行う場所における第30条第１項各号の事項を担当する者に対する指導その他厚生労働省令で定める事項を行わせなければならない。この場合においては，当該指名された事業者及び当該指名された事業者以外の事業者については，前項の規定は適用しない。

安　衛　則

（店社安全衛生管理者の選任に係る労働者数等）

第18条の６　法第15条の３第１項及び第２項の厚生労働省令で定める労働者の数は，次の各号の仕事の区分に応じ，当該各号に定める数とする。

　　1　令第７条第２項第１号の仕事及び主要構造部が鉄骨造又は鉄骨鉄筋コンクリート造である建築物の建設の仕事　常時20人

　　2　前号の仕事以外の仕事　常時50人

②　建設業に属する事業の仕事を行う事業者であつて，法第15条第２項に規定するところにより，当該仕事を行う場所において，統括安全衛生責任者の職務を行う者を選任し，並びにその者に同条第１項又は第３項及び同条第４項の指揮及び統括管理をさせ，並びに法第15条の２第１項の資格を有する者のうちから元方安全衛生管理者の職務を行う者を選任し，及びその者に同項の事項を管理させているもの（法第

15条の3第1項又は第2項の規定により店社安全衛生管理者を選任しなければならない事業者に限る。）は，当該場所において同条第1項又は第2項の規定により店社安全衛生管理者を選任し，その者に同条第1項又は第2項の事項を行わせているものとする。

（店社安全衛生管理者の資格）

第18条の7 法第15条の3第1項及び第2項の厚生労働省令で定める資格を有する者は，次のとおりとする。

1 学校教育法による大学又は高等専門学校を卒業した者（大学改革支援・学位授与機構により学士の学位を授与された者若しくはこれと同等以上の学力を有すると認められる者又は専門職大学前期課程を修了した者を含む。別表第5第1号の表及び別表第5第1号の2の表において同じ。）で，その後3年以上建設工事の施工における安全衛生の実務に従事した経験を有するもの

2 学校教育法による高等学校又は中等教育学校を卒業した者（学校教育法施行規則（昭和22年文部省令第11号）第150条に規定する者又はこれと同等以上の学力を有すると認められる者を含む。別表第5第1号の表及び第1号の2の表において同じ。）で，その後5年以上建設工事の施工における安全衛生の実務に従事した経験を有するもの

3 8年以上建設工事の施工における安全衛生の実務に従事した経験を有する者

4 前三号に掲げる者のほか，厚生労働大臣が定める者

（店社安全衛生管理者の職務）

第18条の8 法第15条の3第1項及び第2項の厚生労働省令で定める事項は，次のとおりとする。

1 少なくとも毎月1回法第15条の3第1項又は第2項の労働者が作業を行う場所を巡視すること。

2 法第15条の3第1項又は第2項の労働者の作業の種類その他作業の実施の状況を把握すること。

3 法第30条第1項第1号の協議組織の会議に随時参加すること。

4 法第30条第1項第5号の計画に関し同号の措置が講ぜられていることについて確認すること。

（統括安全衛生責任者等の代理者）

第20条 第3条の規定は，統括安全衛生責任者，元方安全衛生管理者，店社安全衛生管理者及び安全衛生責任者について準用する。

（9） 安全衛生責任者

（安全衛生責任者）

第16条 第15条第1項又は第3項の場合において，これらの規定により統括安全

安全衛生責任者を選任すべき事業者以外の請負人で，当該仕事を自ら行うものは安全衛生責任者を選任し，その者に統括安全衛生責任者との連絡その他の厚生労働省令で定める事項を行わせなければならない。

②　前項の規定により安全衛生責任者を選任した請負人は，同項の事業者に対し，遅滞なく，その旨を通報しなければならない。

---安　衛　則---

（安全衛生責任者の職務）

第19条　法第16条第1項の厚生労働省令で定める事項は，次のとおりとする。

1　統括安全衛生責任者との連絡

2　統括安全衛生責任者から連絡を受けた事項の関係者への連絡

3　前号の統括安全衛生責任者からの連絡に係る事項のうち当該請負人に係るものの実施についての管理

4　当該請負人がその労働者の作業の実施に関し計画を作成する場合における当該計画と特定元方事業者が作成する法第30条第1項第5号の計画との整合性の確保を図るための統括安全衛生責任者との調整

5　当該請負人の労働者の行う作業及び当該労働者以外の者の行う作業によつて生ずる法第15条第1項の労働災害に係る危険の有無の確認

6　当該請負人がその仕事の一部を他の請負人に請け負わせている場合における当該他の請負人の安全衛生責任者との作業間の連絡及び調整

（統括安全衛生責任者等の代理者）

第20条　第3条の規定は，統括安全衛生責任者，元方安全衛生管理者，店社安全衛生管理者及び安全衛生責任者について準用する。

(10)　衛生委員会

（安全委員会）

第17条　（第1項及び第2項　略）

③　安全委員会の議長は，第1号の委員がなるものとする。

④　事業者は，第1号の委員以外の委員の半数については，当該事業場に労働者の過半数で組織する労働組合があるときにおいてはその労働組合，労働者の過半数で組織する労働組合がないときにおいては労働者の過半数を代表する者の推薦に基づき指名しなければならない。

⑤　前二項の規定は，当該事業場の労働者の過半数で組織する労働組合との間における労働協約に別段の定めがあるときは，その限度において適用しない。

（衛生委員会）

第18条　事業者は，政令で定める規模の事業場ごとに，次の事項を調査審議させ，事業者に対し意見を述べさせるため，衛生委員会を設けなければならない。

1　労働者の健康障害を防止するための基本となるべき対策に関すること。

2　労働者の健康の保持増進を図るための基本となるべき対策に関すること。

3　労働災害の原因及び再発防止対策で，衛生に係るものに関すること。

4　前三号に掲げるもののほか，労働者の健康障害の防止及び健康の保持増進に関する重要事項

②　衛生委員会の委員は，次の者をもつて構成する。ただし，第1号の者である委員は，1人とする。

1　総括安全衛生管理者又は総括安全衛生管理者以外の者で当該事業場においてその事業の実施を統括管理するもの若しくはこれに準ずる者のうちから事業者が指名した者

2　衛生管理者のうちから事業者が指名した者

3　産業医のうちから事業者が指名した者

4　当該事業場の労働者で，衛生に関し経験を有するもののうちから事業者が指名した者

③　事業者は，当該事業場の労働者で，作業環境測定を実施している作業環境測定士であるものを衛生委員会の委員として指名することができる。

④　前条第3項から第5項までの規定は，衛生委員会について準用する。この場合において，同条第3項及び第4項中「第1号の委員」とあるのは，「第18条第2項第1号の者である委員」と読み替えるものとする。

施　行　令

（衛生委員会を設けるべき事業場）

第9条　法第18条第1項の政令で定める規模の事業場は，常時50人以上の労働者を使用する事業場とする。

安　衛　則

（衛生委員会の付議事項）

第22条　法第18条第1項第4号の労働者の健康障害の防止及び健康の保持増進に関する重要事項には，次の事項が含まれるものとする。

1　衛生に関する規程の作成に関すること。

2　法第28条の2第1項又は第57条の3第1項及び第2項の危険性又は有害性等の調査及びその結果に基づき講ずる措置のうち，衛生に係るものに関すること。

3　安全衛生に関する計画（衛生に係る部分に限る。）の作成，実施，評価及び改善に関すること。

4　衛生教育の実施計画の作成に関すること。

5　法第57条の４第１項及び第57条の５第１項の規定により行われる有害性の調査並びにその結果に対する対策の樹立に関すること。

6　法第65条第１項又は第５項の規定により行われる作業環境測定の結果及びその結果の評価に基づく対策の樹立に関すること。

7　定期に行われる健康診断，法第66条第４項の規定による指示を受けて行われる臨時の健康診断，法第66条の２の自ら受けた健康診断及び法に基づく他の省令の規定に基づいて行われる医師の診断，診察又は処置の結果並びにその結果に対する対策の樹立に関すること。

8　労働者の健康の保持増進を図るため必要な措置の実施計画の作成に関すること。

9　長時間にわたる労働による労働者の健康障害の防止を図るための対策の樹立に関すること。

10　労働者の精神的健康の保持増進を図るための対策の樹立に関すること。

11　第577条の２第１項，第２項及び第８項の規定により講ずる措置に関すること並びに同条第３項及び第４項の医師又は歯科医師による健康診断の実施に関すること。

12　厚生労働大臣，都道府県労働局長，労働基準監督署長，労働基準監督官又は労働衛生専門官から文書により命令，指示，勧告又は指導を受けた事項のうち，労働者の健康障害の防止に関すること。

（委員会の会議）

第23条　事業者は，安全委員会，衛生委員会又は安全衛生委員会（以下「委員会」という。）を毎月１回以上開催するようにしなければならない。

②　前項に定めるもののほか，委員会の運営について必要な事項は，委員会が定める。

③　事業者は，委員会の開催の都度，遅滞なく，委員会における議事の概要を次に掲げるいずれかの方法によつて労働者に周知させなければならない。

1　常時各作業場の見やすい場所に掲示し，又は備え付けること。

2　書面を労働者に交付すること。

3　事業者の使用に係る電子計算機に備えられたファイル又は電磁的記録媒体（電磁的記録（電子的方式，磁気的方式その他人の知覚によつては認識することができない方式で作られる記録であつて，電子計算機による情報処理の用に供されるものをいう。以下同じ。）に係る記録媒体をいう。以下同じ。）をもつて調製するファイルに記録し，かつ，各作業場に労働者が当該記録の内容を常時確認できる機器を設置すること。

④　事業者は，委員会の開催の都度，次に掲げる事項を記録し，これを３年間保存しなければならない。

1 委員会の意見及び当該意見を踏まえて講じた措置の内容

2 前号に掲げるもののほか，委員会における議事で重要なもの

⑤ 産業医は，衛生委員会又は安全衛生委員会に対して労働者の健康を確保する観点から必要な調査審議を求めることができる

（関係労働者の意見の聴取）

第23条の2 委員会を設けている事業者以外の事業者は，安全又は衛生に関する事項について，関係労働者の意見を聴くための機会を設けるようにしなければならない。

(11) 安全衛生委員会

（安全衛生委員会）

第19条 事業者は，第17条及び前条の規定により安全委員会及び衛生委員会を設けなければならないときは，それぞれの委員会の設置に代えて，安全衛生委員会を設置することができる。

② 安全衛生委員会の委員は，次の者をもつて構成する。ただし，第1号の者である委員は，1人とする。

1 総括安全衛生管理者又は総括安全衛生管理者以外の者で当該事業場においてその事業の実施を統括管理するもの若しくはこれに準ずる者のうちから事業者が指名した者

2 安全管理者及び衛生管理者のうちから事業者が指名した者

3 産業医のうちから事業者が指名した者

4 当該事業場の労働者で，安全に関し経験を有するもののうちから事業者が指名した者

5 当該事業場の労働者で，衛生に関し経験を有するもののうちから事業者が指名した者

③ 事業者は，当該事業場の労働者で，作業環境測定を実施している作業環境測定士であるものを安全衛生委員会の委員として指名することができる。

④ 第17条第3項から第5項までの規定は，安全衛生委員会について準用する。この場合において，同条第3項及び第4項中「第1号の委員」とあるのは，「第19条第2項第1号の者である委員」と読み替えるものとする。

（12） 安全管理者等に対する教育等

（安全管理者等に対する教育等）

第19条の2 事業者は，事業場における安全衛生の水準の向上を図るため，安全管理者，衛生管理者，安全衛生推進者，衛生推進者その他労働災害の防止のための業務に従事する者に対し，これらの者が従事する業務に関する能力の向上を図るための教育，講習等を行い，又はこれらを受ける機会を与えるように努めなければならない。

② 厚生労働大臣は，前項の教育，講習等の適切かつ有効な実施を図るため必要な指針を公表するものとする。

③ 厚生労働大臣は，前項の指針に従い，事業者又はその団体に対し，必要な指導等を行うことができる。

------安 衛 則------

第24条 法第19条の2第2項の規定による指針の公表は，当該指針の名称及び趣旨を官報に掲載するとともに，当該指針を厚生労働省労働基準局及び都道府県労働局において閲覧に供することにより行うものとする。

4 第4章 労働者の危険又は健康障害を防止するための措置関係

（1） 事業者の講ずべき措置等

第22条 事業者は，次の健康障害を防止するため必要な措置を講じなければならない。

1 原材料，ガス，蒸気，粉じん，酸素欠乏空気，病原体等による健康障害

2 放射線，高温，低温，超音波，騒音，振動，異常気圧等による健康障害

3 計器監視，精密工作等の作業による健康障害

4 排気，排液又は残さい物による健康障害

第23条 事業者は，労働者を就業させる建設物その他の作業場について，通路，床面，階段等の保全並びに換気，採光，照明，保温，防湿，休養，避難及び清潔に必要な措置その他労働者の健康，風紀及び生命の保持のため必要な措置を講じなければならない。

第24条 事業者は，労働者の作業行動から生ずる労働災害を防止するため必要な

措置を講じなければならない。

第25条　事業者は，労働災害発生の急迫した危険があるときは，直ちに作業を中止し，労働者を作業場から退避させる等必要な措置を講じなければならない。

第25条の2　建設業その他政令で定める業種に属する事業の仕事で，政令で定めるものを行う事業者は，爆発，火災等が生じたことに伴い労働者の救護に関する措置がとられる場合における労働災害の発生を防止するため，次の措置を講じなければならない。

　　1　労働者の救護に関し必要な機械等の備付け及び管理を行うこと。

　　2　労働者の救護に関し必要な事項についての訓練を行うこと。

　　3　前二号に掲げるもののほか，爆発，火災等に備えて，労働者の救護に関し必要な事項を行うこと。

②　前項に規定する事業者は，厚生労働省令で定める資格を有する者のうちから，厚生労働省令で定めるところにより，同項各号の措置のうち技術的事項を管理する者を選任し，その者に当該技術的事項を管理させなければならない。

第26条　労働者は，事業者が第20条から第25条まで及び前条第1項の規定に基づき講ずる措置に応じて，必要な事項を守らなければならない。

第27条　第20条から第25条まで及び第25条の2第1項の規定により事業者が講ずべき措置及び前条の規定により労働者が守らなければならない事項は，厚生労働省令で定める。

②　前項の厚生労働省令を定めるに当たつては，公害（環境基本法（平成5年法律第91号）第2条第3項に規定する公害をいう。）その他一般公衆の災害で，労働災害と密接に関連するものの防止に関する法令の趣旨に反しないように配慮しなければならない。

　施　行　令

（法第25条の2第1項の政令で定める仕事）

第9条の2　法第25条の2第1項の政令で定める仕事は，次のとおりとする。

　　1　ずい道等の建設の仕事で，出入口からの距離が1,000メートル以上の場所において作業を行うこととなるもの及び深さが50メートル以上となるたて坑（通路として用いられるものに限る。）の掘削を伴うもの

　　2　圧気工法による作業を行う仕事で，ゲージ圧力0.1メガパスカル以上で行うこととなるもの

------安 衛 則------

（救護に関し必要な機械等）

第24条の３　法第25条の２第１項に規定する事業者（以下この章において「事業者」という。）は，次の各号に掲げる機械，器具その他の設備（以下「機械等」という。）を備え付けなければならない。ただし，メタン又は硫化水素が発生するおそれのないときは，第２号に掲げるメタン又は硫化水素に係る測定器具については，この限りでない。

1　空気呼吸器又は酸素呼吸器（第３項において「空気呼吸器等」という。）

2　メタン，硫化水素，一酸化炭素及び酸素の濃度を測定するため必要な測定器具

3　懐中電燈等の携帯用照明器具

4　前三号に掲げるもののほか，労働者の救護に関し必要な機械等

②　事業者は，前項の機械等については，次の各号の区分に応じ，当該各号に掲げる時までに備え付けなければならない。

1　令第９条の２第１号に掲げる仕事　出入口からの距離が1,000メートルの場所において作業を行うこととなる時又はたて坑（通路として用いられるものに限る。）の深さが50メートルとなる時

2　令第９条の２第２号に掲げる仕事　ゲージ圧力が0.1メガパスカルの圧気工法による作業を行うこととなる時

③　事業者は，第１項の機械等については，常時有効に保持するとともに，空気呼吸器等については，常時清潔に保持しなければならない。

（救護に関する訓練）

第24条の４　事業者は，次に掲げる事項についての訓練を行わなければならない。

1　前条第１項の機械等の使用方法に関すること。

2　救急そ生の方法その他の救急処置に関すること。

3　前二号に掲げるもののほか，安全な救護の方法に関すること。

②　事業者は，前項の訓練については，前条第２項各号の区分に応じ，当該各号に掲げる時までに１回，及びその後１年以内ごとに１回行わなければならない。

③　事業者は，第１項の訓練を行つたときは，次の事項を記録し，これを３年間保存しなければならない。

1　実施年月日

2　訓練を受けた者の氏名

3　訓練の内容

（救護の安全に関する規程）

第24条の５　事業者は，第24条の３第２項各号の区分に応じ，当該各号に掲げる時までに，労働者の救護の安全に関し次の事項を定めなければならない。

1　救護に関する組織に関すること。

2　救護に関し必要な機械等の点検及び整備に関すること。

3　救護に関する訓練の実施に関すること。

4　前三号に掲げるもののほか，救護の安全に関すること。

（人員の確認）

第24条の6　事業者は，第24条の3第2項各号の区分に応じ，当該各号に掲げる時までに，ずい道等（ずい道及びたて坑以外の坑（採石法（昭和25年法律第291号）第2条に規定する岩石の採取のためのものを除く。）をいう。以下同じ。）の内部又は高圧室内（潜かん工法その他の圧気工法による作業を行うための大気圧を超える気圧下の作業室又はシヤフトの内部をいう。）において作業を行う労働者の人数及び氏名を常時確認することができる措置を講じなければならない。

（救護に関する技術的事項を管理する者の選任）

第24条の7　法第25条の2第2項の規定による救護に関する技術的事項を管理する者の選任は，次に定めるところにより行わなければならない。

1　第24条の3第2項各号の区分に応じ，当該各号に掲げる時までに選任すること。

2　その事業場に専属の者を選任すること。

②　第3条及び第8条の規定は，救護に関する技術的事項を管理する者について準用する。この場合において，同条中「前条第1項」とあるのは「第24条の7第1項第2号」と，「同項」とあるのは「同号」と読み替えるものとする。

（救護に関する技術的事項を管理する者の資格）

第24条の8　法第25条の2第2項の厚生労働省令で定める資格を有する者は，次の各号の区分に応じ，当該各号に掲げる者で，厚生労働大臣の定める研修を修了したものとする。

1　令第9条の2第1号に掲げる仕事　3年以上ずい道等の建設の仕事に従事した経験を有する者

2　令第9条の2第2号に掲げる仕事　3年以上圧気工法による作業を行う仕事に従事した経験を有する者

（権限の付与）

第24条の9　事業者は，救護に関する技術的事項を管理する者に対し，労働者の救護の安全に関し必要な措置をなし得る権限を与えなければならない。

（2）　技術上の指針等の公表等について

（技術上の指針等の公表等）

第28条　厚生労働大臣は，第20条から第25条まで及び第25条の2第1項の規定により事業者が講ずべき措置の適切かつ有効な実施を図るため必要な業種又は作業ごとの技術上の指針を公表するものとする。

②　厚生労働大臣は，前項の技術上の指針を定めるに当たつては，中高年齢者に関して，特に配慮するものとする。

③　厚生労働大臣は，次の化学物質で厚生労働大臣が定めるものを製造し，又は取り扱う事業者が当該化学物質による労働者の健康障害を防止するための指針を公表するものとする。

　　1　第57条の4第4項の規定による勧告又は第57条の5第1項の規定による指示に係る化学物質

　　2　前号に掲げる化学物質以外の化学物質で，がんその他の重度の健康障害を労働者に生ずるおそれのあるもの

④　厚生労働大臣は，第1項又は前項の規定により，技術上の指針又は労働者の健康障害を防止するための指針を公表した場合において必要があると認めるときは，事業者又はその団体に対し，当該技術上の指針又は労働者の健康障害を防止するための指針に関し必要な指導等を行うことができる。

----安　衛　則----

第24条の10　第24条の規定は，法第28条第1項又は第3項の規定による技術上の指針又は労働者の健康障害を防止するための指針の公表について準用する。

（3）　事業者の行うべき調査等

（事業者の行うべき調査等）

第28条の2　事業者は，厚生労働省令で定めるところにより，建設物，設備，原材料，ガス，蒸気，粉じん等による，又は作業行動その他業務に起因する危険性又は有害性等（第57条第1項の政令で定める物及び第57条の2第1項に規定する通知対象物による危険性又は有害性等を除く。）を調査し，その結果に基づいて，この法律又はこれに基づく命令の規定による措置を講ずるほか，労働者の危険又は健康障害を防止するため必要な措置を講ずるように努めなければならない。ただし，当該調査のうち，化学物質，化学物質を含有する製剤その他の物で労働者の危険又は健康障害を生ずるおそれのあるものに係るもの以外のものについては，製造業その他厚生労働省令で定める業種に属する事業者に限る。

②　厚生労働大臣は，前条第1項及び第3項に定めるもののほか，前項の措置に関して，その適切かつ有効な実施を図るため必要な指針を公表するものとする。

③　厚生労働大臣は，前項の指針に従い，事業者又はその団体に対し，必要な指

導，援助等を行うことができる。

安 衛 則

（危険性又は有害性等の調査）

第24条の11 法第28条の2第1項の危険性又は有害性等の調査は，次に掲げる時期に行うものとする。

1 建設物を設置し，移転し，変更し，又は解体するとき。

2 設備，原材料等を新規に採用し，又は変更するとき。

3 作業方法又は作業手順を新規に採用し，又は変更するとき。

4 前三号に掲げるもののほか，建設物，設備，原材料，ガス，蒸気，粉じん等による，又は作業行動その他業務に起因する危険性又は有害性等について変化が生じ，又は生ずるおそれがあるとき。

② 法第28条の2第1項ただし書の厚生労働省令で定める業種は，令第2条第1号に掲げる業種及び同条第2号に掲げる業種（製造業を除く。）とする。

（指針の公表）

第24条の12 第24条の規定は，法第28条の2第2項の規定による指針の公表について準用する。

（機械に関する危険性等の通知）

第24条の13 労働者に危険を及ぼし，又は労働者の健康障害をその使用により生ずるおそれのある機械（以下単に「機械」という。）を譲渡し，又は貸与する者（次項において「機械譲渡者等」という。）は，文書の交付等により当該機械に関する次に掲げる事項を，当該機械の譲渡又は貸与を受ける相手方の事業者（次項において「相手方事業者」という。）に通知するよう努めなければならない。

1 型式，製造番号その他の機械を特定するために必要な事項

2 機械のうち，労働者に危険を及ぼし，又は労働者の健康障害をその使用により生ずるおそれのある箇所に関する事項

3 機械に係る作業のうち，前号の箇所に起因する危険又は健康障害を生ずるおそれのある作業に関する事項

4 前号の作業ごとに生ずるおそれのある危険又は健康障害のうち最も重大なものに関する事項

5 前各号に掲げるもののほか，その他参考となる事項

② 厚生労働大臣は，相手方事業者の法第28条の2第1項の調査及び同項の措置の適切かつ有効な実施を図ることを目的として機械譲渡者等が行う前項の通知を促進するため必要な指針を公表することができる。

（危険有害化学物質等に関する危険性又は有害性等の表示等）

第24条の14 化学物質，化学物質を含有する製剤その他の労働者に対する危険又は健康障害を生ずるおそれのある物で厚生労働大臣が定めるもの（令第18条各号及び令

別表第3第1号に掲げる物を除く。次項及び第24条の16において「危険有害化学物質等」という。）を容器に入れ，又は包装して，譲渡し，又は提供する者は，その容器又は包装（容器に入れ，かつ，包装して，譲渡し，又は提供するときにあつては，その容器）に次に掲げるものを表示するように努めなければならない。

1　次に掲げる事項
　イ　名称
　ロ　人体に及ぼす作用
　ハ　貯蔵又は取扱い上の注意
　ニ　表示をする者の氏名（法人にあつては，その名称），住所及び電話番号
　ホ　注意喚起語
　ヘ　安定性及び反応性

2　当該物を取り扱う労働者に注意を喚起するための標章で厚生労働大臣が定めるもの

②　危険有害化学物質等を前項に規定する方法以外の方法により譲渡し，又は提供する者は，同項各号の事項を記載した文書を，譲渡し，又は提供する相手方に交付するよう努めなければならない。

第24条の15　特定危険有害化学物質等（化学物質，化学物質を含有する製剤その他の労働者に対する危険又は健康障害を生ずるおそれのある物で厚生労働大臣が定めるもの（法第57条の2第1項に規定する通知対象物を除く。）をいう。以下この条及び次条において同じ。）を譲渡し，又は提供する者は，特定危険有害化学物質等に関する次に掲げる事項（前条第2項に規定する者にあつては，同条第1項に規定する事項を除く。）を，文書若しくは磁気ディスク，光ディスクその他の記録媒体の交付，ファクシミリ装置を用いた送信若しくは電子メールの送信又は当該事項が記載されたホームページのアドレス（二次元コードその他のこれに代わるものを含む。）及び当該アドレスに係るホームページの閲覧を求める旨の伝達により，譲渡し，又は提供する相手方の事業者に通知し，当該相手方が閲覧できるように努めなければならない。

1　名称
2　成分及びその含有量
3　物理的及び化学的性質
4　人体に及ぼす作用
5　貯蔵又は取扱い上の注意
6　流出その他の事故が発生した場合において講ずべき応急の措置
7　通知を行う者の氏名（法人にあつては，その名称），住所及び電話番号
8　危険性又は有害性の要約
9　安定性及び反応性
10　想定される用途及び当該用途における使用上の注意

11　適用される法令

12　その他参考となる事項

②　特定危険有害化学物質等を譲渡し，又は提供する者は，前項第４号の事項について，直近の確認を行つた日から起算して５年以内ごとに１回，最新の科学的知見に基づき，変更を行う必要性の有無を確認し，変更を行う必要があると認めるときは，当該確認をした日から１年以内に，当該事項に変更を行うように努めなければならない。

③　特定危険有害化学物質等を譲渡し，又は提供する者は，第１項の規定により通知した事項に変更を行う必要が生じたときは，文書若しくは磁気ディスク，光ディスクその他の記録媒体の交付，ファクシミリ装置を用いた送信若しくは電子メールの送信又は当該事項が記載されたホームページのアドレス（二次元コードその他のこれに代わるものを含む。）及び当該アドレスに係るホームページの閲覧を求める旨の伝達により，変更後の同項各号の事項を，速やかに，譲渡し，又は提供した相手方の事業者に通知し，当該相手方が閲覧できるように努めなければならない。

第24条の16　厚生労働大臣は，危険有害化学物質等又は特定危険有害化学物質等の譲渡又は提供を受ける相手方の事業者の法第28条の２第１項の調査及び同項の措置の適切かつ有効な実施を図ることを目的として危険有害化学物質等又は特定危険有害化学物質等を譲渡し，又は提供する者が行う前二条の規定による表示又は通知を促進するため必要な指針を公表することができる。

（4）　元方事業者の講ずべき措置等

（元方事業者の講ずべき措置等）

第29条　元方事業者は，関係請負人及び関係請負人の労働者が，当該仕事に関し，この法律又はこれに基づく命令の規定に違反しないよう必要な指導を行なわなければならない。

②　元方事業者は，関係請負人又は関係請負人の労働者が，当該仕事に関し，この法律又はこれに基づく命令の規定に違反していると認めるときは，是正のため必要な指示を行なわなければならない。

③　前項の指示を受けた関係請負人又はその労働者は，当該指示に従わなければならない。

（5）　特定元方事業者等の講ずべき措置

（特定元方事業者等の講ずべき措置）

第30条　特定元方事業者は，その労働者及び関係請負人の労働者の作業が同一の場所において行われることによつて生ずる労働災害を防止するため，次の事項に関する必要な措置を講じなければならない。

1　協議組織の設置及び運営を行うこと。

2　作業間の連絡及び調整を行うこと。

3　作業場所を巡視すること。

4　関係請負人が行う労働者の安全又は衛生のための教育に対する指導及び援助を行うこと。

5　仕事を行う場所が仕事ごとに異なることを常態とする業種で，厚生労働省令で定めるものに属する事業を行う特定元方事業者にあつては，仕事の工程に関する計画及び作業場所における機械，設備等の配置に関する計画を作成するとともに，当該機械，設備等を使用する作業に関し関係請負人がこの法律又はこれに基づく命令の規定に基づき講ずべき措置についての指導を行うこと。

6　前各号に掲げるもののほか，当該労働災害を防止するため必要な事項

②　特定事業の仕事の発注者（注文者のうち，その仕事を他の者から請け負わないで注文している者をいう。以下同じ。）で，特定元方事業者以外のものは，一の場所において行なわれる特定事業の仕事を二以上の請負人に請け負わせている場合において，当該場所において当該仕事に係る二以上の請負人の労働者が作業を行なうときは，厚生労働省令で定めるところにより，請負人で当該仕事を自ら行なう事業者であるもののうちから，前項に規定する措置を講ずべき者として1人を指名しなければならない。一の場所において行なわれる特定事業の仕事の全部を請け負つた者で，特定元方事業者以外のもののうち，当該仕事を二以上の請負人に請け負わせている者についても，同様とする。

③　前項の規定による指名がされないときは，同項の指名は，労働基準監督署長がする。

④　第2項又は前項の規定による指名がされたときは，当該指名された事業者は，当該場所において当該仕事の作業に従事するすべての労働者に関し，第1項に規定する措置を講じなければならない。この場合においては，当該指名さ

れた事業者及び当該指名された事業者以外の事業者については，第１項の規定は，適用しない。

第30条の２　製造業その他政令で定める業種に属する事業（特定事業を除く。）の元方事業者は，その労働者及び関係請負人の労働者の作業が同一の場所において行われることによつて生ずる労働災害を防止するため，作業間の連絡及び調整を行うことに関する措置その他必要な措置を講じなければならない。

②　前条第２項の規定は，前項に規定する事業の仕事の発注者について準用する。この場合において，同条第２項中「特定元方事業者」とあるのは「元方事業者」と，「特定事業の仕事を二以上」とあるのは「仕事を二以上」と，「前項」とあるのは「次条第１項」と，「特定事業の仕事の全部」とあるのは「仕事の全部」と読み替えるものとする。

③　前項において準用する前条第２項の規定による指名がされないときは，同項の指名は，労働基準監督署長がする。

④　第２項において準用する前条第２項又は前項の規定による指名がされたときは，当該指名された事業者は，当該場所において当該仕事の作業に従事するすべての労働者に関し，第１項に規定する措置を講じなければならない。この場合においては，当該指名された事業者及び当該指名された事業者以外の事業者については，同項の規定は，適用しない。

第30条の３　第25条の２第１項に規定する仕事が数次の請負契約によつて行われる場合（第４項の場合を除く。）においては，元方事業者は，当該場所において当該仕事の作業に従事するすべての労働者に関し，同条第１項各号の措置を講じなければならない。この場合においては，当該元方事業者及び当該元方事業者以外の事業者については，同項の規定は，適用しない。

②　第30条第２項の規定は，第25条の２第１項に規定する仕事の発注者について準用する。この場合において，第30条第２項中「特定元方事業者」とあるのは「元方事業者」と，「特定事業の仕事を二以上」とあるのは「仕事を二以上」と，「前項に規定する措置」とあるのは「第25条の２第１項各号の措置」と，「特定事業の仕事の全部」とあるのは「仕事の全部」と読み替えるものとする。

③　前項において準用する第30条第２項の規定による指名がされないときは，同項の指名は，労働基準監督署長がする。

④　第２項において準用する第30条第２項又は前項の規定による指名がされたときは，当該指名された事業者は，当該場所において当該仕事の作業に従事するすべての労働者に関し，第25条の２第１項各号の措置を講じなければならな

い。この場合においては，当該指名された事業者及び当該指名された事業者以外の事業者については，同項の規定は，適用しない。

⑤　第25条の2第2項の規定は，第1項に規定する元方事業者及び前項の指名された事業者について準用する。この場合においては，当該元方事業者及び当該指名された事業者並びに当該元方事業者及び当該指名された事業者以外の事業者については，同条第2項の規定は，適用しない。

安　衛　則

（協議組織の設置及び運営）

第635条　特定元方事業者（法第15条第1項の特定元方事業者をいう。以下同じ。）は，法第30条第1項第1号の協議組織の設置及び運営については，次に定めるところによらなければならない。

　1　特定元方事業者及びすべての関係請負人が参加する協議組織を設置すること。

　2　当該協議組織の会議を定期的に開催すること。

②　関係請負人は，前項の規定により特定元方事業者が設置する協議組織に参加しなければならない。

（作業間の連絡及び調整）

第636条　特定元方事業者は，法第30条第1項第2号の作業間の連絡及び調整については，随時，特定元方事業者と関係請負人との間及び関係請負人相互間における連絡及び調整を行なわなければならない。

（作業場所の巡視）

第637条　特定元方事業者は，法第30条第1項第3号の規定による巡視については，毎作業日に少なくとも1回，これを行なわなければならない。

②　関係請負人は，前項の規定により特定元方事業者が行なう巡視を拒み，妨げ，又は忌避してはならない。

（教育に対する指導及び援助）

第638条　特定元方事業者は，法第30条第1項第4号の教育に対する指導及び援助については，当該教育を行なう場所の提供，当該教育に使用する資料の提供等の措置を講じなければならない。

（法第30条第1項第5号の厚生労働省令で定める業種）

第638条の2　法第30条第1項第5号の厚生労働省令で定める業種は，建設業とする。

（事故現場等の標識の統一等）

第640条　特定元方事業者は，その労働者及び関係請負人の労働者の作業が同一の場所において行われる場合において，当該場所に次の各号に掲げる事故現場等があるときは，当該事故現場等を表示する標識を統一的に定め，これを関係請負人に周知させなければならない。

1　有機則第27条第2項本文（特化則第38条の8において準用する場合を含む。以下同じ。）の規定により労働者を立ち入らせてはならない事故現場

2　高圧則第1条の2第4号の作業室又は同条第5号の気こう室

3　電離則第3条第1項の区域，電離則第15条第1項の室，電離則第18条第1項本文の規定により労働者を立ち入らせてはならない場所又は電離則第42条第1項の区域

4　酸素欠乏症等防止規則（昭和47年労働省令第42号。以下「酸欠則」という。）第9条第1項の酸素欠乏危険場所又は酸欠則第14条第1項の規定により労働者を退避させなければならない場所

②　特定元方事業者及び関係請負人は，当該場所において自ら行なう作業に係る前項各号に掲げる事故現場等を，同項の規定により統一的に定められた標識と同一のものによつて明示しなければならない。

③　特定元方事業者及び関係請負人は，その労働者のうち必要がある者以外の者を第1項各号に掲げる事故現場等に立ち入らせてはならない。

（有機溶剤等の容器の集積箇所の統一）

第641条　特定元方事業者は，その労働者及び関係請負人の労働者の作業が同一の場所において行われる場合において，当該場所に次の容器が集積されるとき（第2号に掲げる容器については，屋外に集積されるときに限る。）は，当該容器を集積する箇所を統一的に定め，これを関係請負人に周知させなければならない。

1　有機溶剤等（有機則第1条第1項第2号の有機溶剤等をいう。以下同じ。）又は特別有機溶剤等（特化則第2条第1項第3号の3の特別有機溶剤等をいう。以下同じ。）を入れてある容器

2　有機溶剤等又は特別有機溶剤等を入れてあつた空容器で有機溶剤又は特別有機溶剤（特化則第2条第1項第3号の2の特別有機溶剤をいう。以下同じ。）の蒸気が発散するおそれのあるもの

②　特定元方事業者及び関係請負人は，当該場所に前項の容器を集積するとき（同項第2号に掲げる容器については，屋外に集積するときに限る。）は，同項の規定により統一的に定められた箇所に集積しなければならない。

（警報の統一等）

第642条　特定元方事業者は，その労働者及び関係請負人の労働者の作業が同一の場所において行なわれるときには，次の場合に行なう警報を統一的に定め，これを関係請負人に周知させなければならない。

1　当該場所にあるエツクス線装置（令第6条第5号のエツクス線装置をいう。以下同じ。）に電力が供給されている場合

2　当該場所にある電離則第2条第2項に規定する放射性物質を装備している機器により照射が行なわれている場合

（第3号から第5号　略）

②　特定元方事業者及び関係請負人は，当該場所において，エックス線装置に電力を供給する場合，前項第2号の機器により照射を行なう場合又は発破を行なう場合は，同項の規定により統一的に定められた警報を行なわなければならない。当該場所において，火災が発生したこと又は土砂の崩壊，出水若しくはなだれが発生したこと若しくはこれらが発生するおそれのあることを知つたときも，同様とする。

③　特定元方事業者及び関係請負人は，第1項第3号から第5号までに掲げる場合において，前項の規定により警報が行なわれたときは，危険がある区域にいるその労働者のうち必要がある者以外の者を退避させなければならない。

（特定元方事業者の指名）

第643条　法第30条第2項の規定による指名は，次の者について，あらかじめその者の同意を得て行わなければならない。

　1　法第30条第2項の場所において特定事業（法第15条第1項の特定事業をいう。）の仕事を自ら行う請負人で，建築工事における躯体工事等当該仕事の主要な部分を請け負つたもの（当該仕事の主要な部分が数次の請負契約によつて行われることにより当該請負人が二以上あるときは，これらの請負人のうち，最も先次の請負契約の当事者である者）

　2　前号の者が二以上あるときは，これらの者が互選した者

②　法第30条第2項の規定により特定元方事業者を指名しなければならない発注者（同項の発注者をいう。）又は請負人は，同項の規定による指名ができないときは，遅滞なく，その旨を当該場所を管轄する労働基準監督署長に届け出なければならない。

（作業間の連絡及び調整）

第643条の2　第636条の規定は，法第30条の2第1項の元方事業者（次条から第643条の6までにおいて「元方事業者」という。）について準用する。この場合において，第636条中「第30条第1項第2号」とあるのは，「第30条の2第1項」と読み替えるものとする。

（クレーン等の運転についての合図の統一）

第643条の3　第639条第1項の規定は，元方事業者について準用する。

②　第639条第2項の規定は，元方事業者及び関係請負人について準用する。

（事故現場の標識の統一等）

第643条の4　元方事業者は，その労働者及び関係請負人の労働者の作業が同一の場所において行われる場合において，当該場所に次の各号に掲げる事故現場等があるときは，当該事故現場等を表示する標識を統一的に定め，これを関係請負人に周知させなければならない。

　1　有機則第27条第2項本文の規定により労働者を立ち入らせてはならない事故現場

　2　電離則第3条第1項の区域，電離則第15条第1項の室，電離則第18条第1項本文の規定により労働者を立ち入らせてはならない場所又は電離則第42条第1項の

区域

3 酸欠則第9条第1項の酸素欠乏危険場所又は酸欠則第14条第1項の規定により労働者を退避させなければならない場所

② 元方事業者及び関係請負人は，当該場所において自ら行う作業に係る前項各号に掲げる事故現場等を，同項の規定により統一的に定められた標識と同一のものによつて明示しなければならない。

③ 元方事業者及び関係請負人は，その労働者のうち必要がある者以外の者を第1項各号に掲げる事故現場等に立ち入らせてはならない。

（有機溶剤等の容器の集積箇所の統一）

第643条の5 第641条第1項の規定は，元方事業者について準用する。

② 第641条第2項の規定は，元方事業者及び関係請負人について準用する。

（警報の統一等）

第643条の6 元方事業者は，その労働者及び関係請負人の労働者の作業が同一の場所において行われるときには，次の場合に行う警報を統一的に定め，これを関係請負人に周知させなければならない。

1 当該場所にあるエックス線装置に電力が供給されている場合

2 当該場所にある電離則第2条第2項に規定する放射性物質を装備している機器により照射が行われている場合

3 当該場所において火災が発生した場合

② 元方事業者及び関係請負人は，当該場所において，エックス線装置に電力を供給する場合又は前項第2号の機器により照射を行う場合は，同項の規定により統一的に定められた警報を行わなければならない。当該場所において，火災が発生したこと又は火災が発生するおそれのあることを知つたときも，同様とする。

③ 元方事業者及び関係請負人は，第1項第3号に掲げる場合において，前項の規定により警報が行われたときは，危険がある区域にいるその労働者のうち必要がある者以外の者を退避させなければならない。

（法第30条の2第1項の元方事業者の指名）

第643条の7 第643条の規定は，法第30条の2第2項において準用する法第30条第2項の規定による指名について準用する。この場合において，第643条第1項第1号中「第30条第2項の場所」とあるのは「第30条の2第2項において準用する法第30条第2項の場所」と，「特定事業（法第15条第1項の特定事業をいう。）の仕事」とあるのは「法第30条の2第1項に規定する事業の仕事」と，「建築工事における躯体工事等当該仕事」とあるのは「当該仕事」と，同条第2項中「特定元方事業者」とあるのは「元方事業者」と読み替えるものとする。

（法第30条の3第1項の元方事業者の指名）

第643条の8 第643条の規定は，法第30条の3第2項において準用する法第30条第2項の規定による指名について準用する。この場合において，第643条第1項第1号中

「第30条第2項の場所」とあるのは「第30条の3第2項において準用する法第30条第2項の場所」と，「特定事業（法第15条第1項の特定事業をいう。）の仕事」とあるのは「法第25条の2第1項に規定する仕事」と，「建築工事における躯体工事等」とあるのは「ずい道等の建設の仕事における掘削工事等」と，同条第2項中「特定元方事業者」とあるのは「元方事業者」と読み替えるものとする。

（救護に関する技術的事項を管理する者）

第643条の9　第24条の7及び第24条の9の規定は，法第30条の3第5項において準用する法第25条の2第2項の救護に関する技術的事項を管理する者について準用する。

②　法第30条の3第5項において準用する法第25条の2第2項の厚生労働省令で定める資格を有する者は，第24条の8に規定する者とする。

（報告）

第664条　特定元方事業者（法第30条第2項又は第3項の規定により指名された事業者を除く。）は，その労働者及び関係請負人の労働者の作業が同一の場所において行われるときは，当該作業の開始後，遅滞なく，次の事項を当該場所を管轄する労働基準監督署長に報告しなければならない。

1　事業の種類並びに当該事業場の名称及び所在地
2　関係請負人の事業の種類並びに当該事業場の名称及び所在地
3　法第15条の規定により統括安全衛生責任者を選任しなければならないときは，その旨及び統括安全衛生責任者の氏名
4　法第15条の2の規定により元方安全衛生管理者を選任しなければならないときは，その旨及び元方安全衛生管理者の氏名
5　法第15条の3の規定により店社安全衛生管理者を選任しなければならないときは，その旨及び店社安全衛生管理者の氏名（第18条の6第2項の事業者にあつては，統括安全衛生責任者の職務を行う者及び元方安全衛生管理者の職務を行う者の氏名）

②　前項の規定は，法第30条第2項の規定により指名された事業者について準用する。この場合において，前項中「当該作業の開始後」とあるのは，「指名された後」と読み替えるものとする。

（6）　注文者の講ずべき措置

（注文者の講ずべき措置）

第31条　特定事業の仕事を自ら行う注文者は，建設物，設備又は原材料（以下「建設物等」という。）を，当該仕事を行う場所においてその請負人（当該仕事が数次の請負契約によつて行われるときは，当該請負人の請負契約の後次のすべての請負契約の当事者である請負人を含む。第31条の4において同じ。）の労

働者に使用させるときは，当該建設物等について，当該労働者の労働災害を防止するため必要な措置を講じなければならない。

② 前項の規定は，当該事業の仕事が数次の請負契約によつて行なわれることにより同一の建設物等について同項の措置を講ずべき注文者が二以上あることとなるときは，後次の請負契約の当事者である注文者については，適用しない。

第31条の2 化学物質，化学物質を含有する製剤その他の物を製造し，又は取り扱う設備で政令で定めるものの改造その他の厚生労働省令で定める作業に係る仕事の注文者は，当該物について，当該仕事に係る請負人の労働者の労働災害を防止するため必要な措置を講じなければならない。

施 行 令

（法第31条の2の政令で定める設備）

第9条の3 法第31条の2の政令で定める設備は，次のとおりとする。

1 化学設備（別表第1に掲げる危険物（火薬類取締法第2条第1項に規定する火薬類を除く。）を製造し，若しくは取り扱い，又はシクロヘキサノール，クレオソート油，アニリンその他の引火点が65度以上の物を引火点以上の温度で製造し，若しくは取り扱う設備で，移動式以外のものをいい，アセチレン溶接装置，ガス集合溶接装置及び乾燥設備を除く。第15条第1項第5号において同じ。）及びその附属設備

2 前号に掲げるもののほか，法第57条の2第1項に規定する通知対象物質を製造し，又は取り扱う設備（移動式以外のものに限る。）及びその附属設備

安 衛 則

（局所排気装置についての措置）

第658条 注文者は，法第31条第1項の場合において，請負人の労働者に局所排気装置を使用させるとき（有機則第5条若しくは第6条第2項（特化則第38条の8においてこれらの規定を準用する場合を含む。）又は粉じん則第4条若しくは第27条第1項ただし書の規定により請負人が局所排気装置を設けなければならない場合に限る。）は，当該局所排気装置の性能については，有機則第16条（特化則第38条の8において準用する場合を含む。）又は粉じん則第11条に規定する基準に適合するものとしなければならない。

（プッシュプル型換気装置についての措置）

第658条の2 注文者は，法第31条第1項の場合において，請負人の労働者にプッシュプル型換気装置を使用させるとき（有機則第5条若しくは第6条第2項（特化則第38条の8においてこれらの規定を準用する場合を含む。）又は粉じん則第4条若しくは第27条第1項ただし書の規定により請負人がプッシュプル型換気装置を設けなけ

ればならない場合に限る。）は，当該プッシュプル型換気装置の性能については，有機則第16条の２（特化則第38条の８において準用する場合を含む。）又は粉じん則第11条に規定する基準に適合するものとしなければならない。

（全体換気装置についての措置）

第659条　注文者は，法第31条第１項の場合において，請負人の労働者に全体換気装置を使用させるとき（有機則第６条第１項，第８条第２項，第９条第１項，第10条又は第11条（特化則第38条の８においてこれらの規定を準用する場合を含む。）の規定により請負人が全体換気装置を設けなければならない場合に限る。）であるときは，当該全体換気装置の性能については，有機則第17条（特化則第38条の８において準用する場合を含む。）に規定する基準に適合するものとしなければならない。

（圧気工法に用いる設備についての措置）

第660条　注文者は，法第31条第１項の場合において，請負人の労働者に潜函工法その他の圧気工法に用いる設備で，その作業室の内部の圧力が大気圧を超えるものを使用させるときは，当該設備を，高圧則第４条から第７条の３まで及び第21条第２項に規定する基準に適合するものとしなければならない。

（エックス線装置についての措置）

第661条　注文者は，法第31条第１項の場合において，請負人の労働者に令第13条第３項第22号のエックス線装置を使用させるときは，当該エックス線装置については法第42条の規定に基づき厚生労働大臣が定める規格に適合するものとしなければならない。

（ガンマ線照射装置についての措置）

第662条　注文者は，法第31条第１項の場合において，請負人の労働者に令第13条第３項第23号のガンマ線照射装置を使用させるときは，当該ガンマ線照射装置については法第42条の規定に基づき厚生労働大臣が定める規格でガンマ線照射装置に係るものに適合するものとしなければならない。

（令第９条の３第２号の厚生労働省令で定める第２類物質）

第662条の２　令第９条の３第２号の厚生労働省令で定めるものは，特化則第２条第３号に規定する特定第２類物質とする。

（法第31条の２の厚生労働省令で定める作業）

第662条の３　法第31条の２の厚生労働省令で定める作業は，同条に規定する設備の改造，修理，清掃等で，当該設備を分解する作業又は当該設備の内部に立ち入る作業とする。

（文書の交付等）

第662条の４　法第31条の２の注文者（その仕事を他の者から請け負わないで注文している者に限る。）は，次の事項を記載した文書（その作成に代えて電磁的記録の作成がされている場合における当該電磁的記録を含む。次項において同じ。）を作成し，これをその請負人に交付しなければならない。

　　1　法第31条の2に規定する物の危険性及び有害性

　　2　当該仕事の作業において注意すべき安全又は衛生に関する事項

　　3　当該仕事の作業について講じた安全又は衛生を確保するための措置

　　4　当該物の流出その他の事故が発生した場合において講ずべき応急の措置

②　前項の注文者(その仕事を他の者から請け負わないで注文している者を除く。)は，同項又はこの項の規定により交付を受けた文書の写しをその請負人に交付しなければならない。

③　前二項の規定による交付は，請負人が前条の作業を開始する時までに行わなければならない。

（7）　請負人の講ずべき措置等について

（請負人の講ずべき措置等）

第32条　第30条第1項又は第4項の場合において，同条第1項に規定する措置を講ずべき事業者以外の請負人で，当該仕事を自ら行うものは，これらの規定により講ぜられる措置に応じて，必要な措置を講じなければならない。

②　第30条の2第1項又は第4項の場合において，同条第1項に規定する措置を講ずべき事業者以外の請負人で，当該仕事を自ら行うものは，これらの規定により講ぜられる措置に応じて，必要な措置を講じなければならない。

③　第30条の3第1項又は第4項の場合において，第25条の2第1項各号の措置を講ずべき事業者以外の請負人で，当該仕事を自ら行うものは，第30条の3第1項又は第4項の規定により講ぜられる措置に応じて，必要な措置を講じなければならない。

④　第31条第1項の場合において，当該建設物等を使用する労働者に係る事業者である請負人は，同項の規定により講ぜられる措置に応じて，必要な措置を講じなければならない。

⑤　第31条の2の場合において，同条に規定する仕事に係る請負人は，同条の規定により講ぜられる措置に応じて，必要な措置を講じなければならない。

⑥　第30条第1項若しくは第4項，第30条の2第1項若しくは第4項，第30条の3第1項若しくは第4項，第31条第1項又は第31条の2の場合において，労働者は，これらの規定又は前各項の規定により講ぜられる措置に応じて，必要な事項を守らなければならない。

⑦　第1項から第5項までの請負人及び前項の労働者は，第30条第1項の特定元方事業者等，第30条の2第1項若しくは第30条の3第1項の元方事業者等，第

31条第１項若しくは第31条の２の注文者又は第１項から第５項までの請負人が第30条第１項若しくは第４項，第30条の２第１項若しくは第４項，第30条の３第１項若しくは第４項，第31条第１項，第31条の２又は第１項から第５項までの規定に基づく措置の実施を確保するためにする指示に従わなければならない。

---安　衛　則---

（法第32条第３項の請負人の義務）

第662条の９　法第32条第３項の請負人は，法第30条の３第１項又は第４項の規定による措置を講ずべき元方事業者又は指名された事業者が行う労働者の救護に関し必要な事項についての訓練に協力しなければならない。

（法第32条第４項の請負人の義務）

第663条　法第32条第４項の請負人は，第644条から第662条までに規定する措置が講じられていないことを知つたときは，速やかにその旨を注文者に申し出なければならない。

②　法第32条第４項の請負人は，注文者が第644条から第662条までに規定する措置を講ずるために行う点検，補修その他の措置を拒み，妨げ，又は忌避してはならない。

（法第32条第５項の請負人の義務）

第663条の２　法第32条第５項の請負人は，第662条の４第１項又は第２項に規定する措置が講じられていないことを知つたときは，速やかにその旨を注文者に申し出なければならない。

（8）　建築物貸与者の講ずべき措置

（建築物貸与者の講ずべき措置）

第34条　建築物で，政令で定めるものを他の事業者に貸与する者（以下「建築物貸与者」という。）は，当該建築物の貸与を受けた事業者の事業に係る当該建築物による労働災害を防止するため必要な措置を講じなければならない。ただし，当該建築物の全部を一の事業者に貸与するときは，この限りでない。

---施　行　令---

（法第34条の政令で定める建築物）

第11条　法第34条の政令で定める建築物は，事務所又は工場の用に供される建築物とする。

┌───┐
安 衛 則

(貸与建築物の有効維持)

第672条 建築物貸与者は，工場の用に供される建築物で，次の各号のいずれかの装置を設けたものを貸与する場合において，当該建築物の貸与を受けた二以上の事業者が当該装置の全部又は一部を共用することとなるときは，その共用部分の機能を有効に保持するため，点検，補修等の必要な措置を講じなければならない。

1　局所排気装置

2　プッシュプル型換気装置

3　全体換気装置

4　排気処理装置

5　排液処理装置

(貸与建築物の給水設備)

第673条 建築物貸与者は，工場の用に供される建築物で飲用又は食器洗浄用の水を供給する設備を設けたものを貸与するときは，当該設備を，水道法第3条第9項に規定する給水装置又は同法第4条の水質基準に適合する水を供給することができる設備としなければならない。

(貸与建築物の排水設備)

第674条 建築物貸与者は，工場の用に供される建築物で排水に関する設備を設けたものを貸与するときは，当該設備の正常な機能が阻害されることにより汚水の漏水等が生じないよう，補修その他の必要な措置を講じなければならない。

(貸与建築物の清掃等)

第675条 建築物貸与者は，工場の用に供される建築物を貸与するときは，当該建築物の清潔を保持するため，当該建築物の貸与を受けた事業者との協議等により，清掃及びねずみ，昆虫等の防除に係る措置として，次の各号に掲げる措置が講じられるようにしなければならない。

1　日常行う清掃のほか，大掃除を，6月以内ごとに1回，定期に，統一的に行うこと。

2　ねずみ，昆虫等の発生場所，生息場所及び侵入経路並びにねずみ，昆虫等による被害の状況について，6月以内ごとに1回，定期に，統一的に調査を実施し，当該調査の結果に基づき，ねずみ，昆虫等の発生を防止するため必要な措置を講ずること。

3　ねずみ，昆虫等の防除のため殺そ剤又は殺虫剤を使用する場合は，医薬品，医療機器等の品質，有効性及び安全性の確保等に関する法律第14条又は第19条の2の規定による承認を受けた医薬品又は医薬部外品を用いること。

(便宜の供与)

第676条 建築物貸与者は，当該建築物の貸与を受けた事業者から，局所排気装置，騒音防止のための障壁その他労働災害を防止するため必要な設備の設置について，当
└───┘

該設備の設置に伴う建築物の変更の承認，当該設備の設置の工事に必要な施設の利用等の便宜の供与を求められたときは，これを供与するようにしなければならない。

（貸与建築物の便所）

第677条　建築物貸与者は，貸与する建築物に設ける便所で当該建築物の貸与を受けた二以上の事業者が共用するものについては，第628条第１項各号及び第628条の２に規定する基準に適合するものとするようにしなければならない。この場合において，労働者の数に応じて設けるべき便房等については，当該便所を共用する事業者の労働者数を合算した数に基づいて設けるものとする。

（警報及び標識の統一）

第678条　建築物貸与者は，貸与する建築物において火災の発生，特に有害な化学物質の漏えい等の非常の事態が発生したときに用いる警報を，あらかじめ統一的に定め，これを当該建築物の貸与を受けた事業者に周知させなければならない。

②　建築物貸与者は，工場の用に供される建築物を貸与する場合において，当該建築物の内部に第640条第１項第１号，第３号又は第４号に掲げる事故現場等があるときは，当該事故現場等を表示する標識を統一的に定め，これを当該建築物の貸与を受けた事業者に周知させなければならない。

5　第5章　機械等並びに危険物及び有害物に関する規制

第1節　機械等に関する規制関係

（1）　譲渡等の制限等

（譲渡等の制限等）

第42条　特定機械等以外の機械等で，別表第２に掲げるものその他危険若しくは有害な作業を必要とするもの，危険な場所において使用するもの又は危険若しくは健康障害を防止するため使用するもののうち，政令で定めるものは，厚生労働大臣が定める規格又は安全装置を具備しなければ，譲渡し，貸与し，又は設置してはならない。

別表第2　（第42条関係）

　（第１号から第７号　略）

　8　防じんマスク

　9　防毒マスク

　（第10号から第15号　略）

　16　電動ファン付き呼吸用保護具

┌─施　行　令─────────────────────

（厚生労働大臣が定める規格又は安全装置を具備すべき機械等）

第13条　法別表第2第2号の政令で定める圧力容器は，第2種圧力容器（船舶安全法の適用を受ける船舶に用いられるもの，自動車用燃料装置に用いられるもの及び電気事業法，高圧ガス保安法又はガス事業法の適用を受けるものを除く。）とする。

（第2項　略）

③　法第42条の政令で定める機械等は，次に掲げる機械等（本邦の地域内で使用されないことが明らかな場合を除く。）とする。

（第1号から第19号　略）

20　再圧室

21　潜水器

22　波高値による定格管電圧が10キロボルト以上のエックス線装置（エックス線又はエックス線装置の研究又は教育のため，使用のつど組み立てるもの及び医薬品，医療機器等の品質，有効性及び安全性の確保等に関する法律（昭和35年法律第145号）第2条第4項に規定する医療機器で，厚生労働大臣が定めるものを除く。）

23　ガンマ線照射装置（医薬品，医療機器等の品質，有効性及び安全性の確保等に関する法律第2条第4項に規定する医療機器で，厚生労働大臣が定めるものを除く。）

（第24号から第28号　略）

29　チエーンソー（内燃機関を内蔵するものであつて，排気量が40立方センチメートル以上のものに限る。）

（第30号から第34号　略）

（第4項　略）

⑤　次の表〈編注・一部略〉の上欄〈編注・左欄〉に掲げる機械等には，それぞれ同表の下欄〈編注・右欄〉に掲げる機械等を含まないものとする。

法別表第2第8号に掲げる防じんマスク	ろ過材又は面体を有していない防じんマスク
法別表第2第9号に掲げる防毒マスク	ハロゲンガス用又は有機ガス用防毒マスクその他厚生労働省令で定めるもの以外の防毒マスク
法別表第2第16号に掲げる電動ファン付き呼吸用保護具	ハロゲンガス用又は有機ガス用の防毒機能を有する電動ファン付き呼吸用保護具その他厚生労働省令で定めるもの以外の防毒機能を有する電動ファン付き呼吸用保護具

―――安 衛 則―――

（規格を具備すべき防毒マスク）

第26条　令第13条第5項の厚生労働省令で定める防毒マスクは，次のとおりとする。

1　一酸化炭素用防毒マスク

2　アンモニア用防毒マスク

3　亜硫酸ガス用防毒マスク

（規格を具備すべき防毒機能を有する電動ファン付き呼吸用保護具）

第26条の2　令第13条第5項の厚生労働省令で定める防毒機能を有する電動ファン付き呼吸用保護具は，次のとおりとする。

1　アンモニア用の防毒機能を有する電動ファン付き呼吸用保護具

2　亜硫酸ガス用の防毒機能を有する電動ファン付き呼吸用保護具

（規格に適合した機械等の使用）

第27条　事業者は，法別表第2に掲げる機械等及び令第13条第3項各号に掲げる機械等については，法第42条の厚生労働大臣が定める規格又は安全装置を具備したものでなければ，使用してはならない。

第43条の2　厚生労働大臣又は都道府県労働局長は，第42条の機械等を製造し，又は輸入した者が，当該機械等で，次の各号のいずれかに該当するものを譲渡し，又は貸与した場合には，その者に対し，当該機械等の回収又は改善を図ること，当該機械等を使用している者へ厚生労働省令で定める事項を通知することその他当該機械等が使用されることによる労働災害を防止するため必要な措置を講ずることを命ずることができる。

（第1号　略）

2　第44条の2第3項に規定する型式検定に合格した型式の機械等で，第42条の厚生労働大臣が定める規格又は安全装置（第4号において「規格等」という。）を具備していないもの

3　第44条の2第6項の規定に違反して，同条第5項の表示が付され，又はこれと紛らわしい表示が付された機械等

4　第44条の2第1項の機械等以外の機械等で，規格等を具備していないもの

―――安 衛 則―――

（通知すべき事項）

第27条の2　法第43条の2の厚生労働省令で定める事項は，次のとおりとする。

1 通知の対象である機械等であることを識別できる事項
2 機械等が法第43条の2各号のいずれかに該当することを示す事実

（2） 型式検定について

（型式検定）

第44条の2 第42条の機械等のうち，別表第4に掲げる機械等で政令で定めるものを製造し，又は輸入した者は，厚生労働省令で定めるところにより，厚生労働大臣の登録を受けた者（以下「登録型式検定機関」という。）が行う当該機械等の型式についての検定を受けなければならない。ただし，当該機械等のうち輸入された機械等で，その型式について次項の検定が行われた機械等に該当するものは，この限りでない。

② 前項に定めるもののほか，次に掲げる場合には，外国において同項本文の機械等を製造した者（以下この項及び第44条の4において「外国製造者」という。）は，厚生労働省令で定めるところにより，当該機械等の型式について，自ら登録型式検定機関が行う検定を受けることができる。

1 当該機械等を本邦に輸出しようとするとき。
2 当該機械等を輸入した者が外国製造者以外の者（以下この号において単に「他の者」という。）である場合において，当該外国製造者が当該他の者について前項の検定が行われることを希望しないとき。

③ 登録型式検定機関は，前二項の検定（以下「型式検定」という。）を受けようとする者から申請があつた場合には，当該申請に係る型式の機械等の構造並びに当該機械等を製造し，及び検査する設備等が厚生労働省令で定める基準に適合していると認めるときでなければ，当該型式を型式検定に合格させてはならない。

④ 登録型式検定機関は，型式検定に合格した型式について，型式検定合格証を申請者に交付する。

⑤ 型式検定を受けた者は，当該型式検定に合格した型式の機械等を本邦において製造し，又は本邦に輸入したときは，当該機械等に，厚生労働省令で定めるところにより，型式検定に合格した型式の機械等である旨の表示を付さなければならない。型式検定に合格した型式の機械等を本邦に輸入した者（当該型式検定を受けた者以外の者に限る。）についても，同様とする。

⑥ 型式検定に合格した型式の機械等以外の機械等には，前項の表示を付し，又

はこれと紛らわしい表示を付してはならない。

⑦　第1項本文の機械等で，第5項の表示が付されていないものは，使用してはならない。

別表第4（第44条の2関係）

（第1号から第4号　略）

5　防じんマスク

6　防毒マスク

（第7号から第12号　略）

13　電動ファン付き呼吸用保護具

・・・施　行　令・・・

（型式検定を受けるべき機械等）

第14条の2　法第44条の2第1項の政令で定める機械等は，次に掲げる機械等（本邦の地域内で使用されないことが明らかな場合を除く。）とする。

（第1号から第4号　略）

5　防じんマスク（ろ過材及び面体を有するものに限る。）

6　防毒マスク（ハロゲンガス用又は有機ガス用のものその他厚生労働省令で定めるものに限る。）

（第7号から第12号　略）

13　防じん機能を有する電動ファン付き呼吸用保護具

14　防毒機能を有する電動ファン付き呼吸用保護具（ハロゲンガス用又は有機ガス用のものその他厚生労働省令で定めるものに限る。）

・・・安　衛　則・・・

（型式検定を受けるべき防毒マスク）

第29条の2　令第14条の2第6号の厚生労働省令で定める防毒マスクは，次のとおりとする。

1　一酸化炭素用防毒マスク

2　アンモニア用防毒マスク

3　亜硫酸ガス用防毒マスク

（型式検定を受けるべき防毒機能を有する電動ファン付き呼吸用保護具）

第29条の3　令第14条の2第14号の厚生労働省令で定める防毒機能を有する電動ファン付き呼吸用保護具は，次のとおりとする。

1　アンモニア用の防毒機能を有する電動ファン付き呼吸用保護具

2　亜硫酸ガス用の防毒機能を有する電動ファン付き呼吸用保護具

（3） 型式検定合格証の有効期間等

（型式検定合格証の有効期間等）

第44条の3 型式検定合格証の有効期間（次項の規定により型式検定合格証の有効期間が更新されたときにあつては，当該更新された型式検定合格証の有効期間）は，前条第1項本文の機械等の種類に応じて，厚生労働省令で定める期間とする。

② 型式検定合格証の有効期間の更新を受けようとする者は，厚生労働省令で定めるところにより，型式検定を受けなければならない。

（4） 型式検定合格証の失効

（型式検定合格証の失効）

第44条の4 厚生労働大臣は，次の各号のいずれかに該当する場合には，当該各号の機械等に係る型式検定合格証（第2号にあつては，当該外国製造者が受けた型式検定合格証）の効力を失わせることができる。

1 型式検定に合格した型式の機械等の構造又は当該機械等を製造し，若しくは検査する設備等が第44条の2第3項の厚生労働省令で定める基準に適合していないと認められるとき。

2 型式検定を受けた外国製造者が，当該型式検定に合格した型式の機械等以外の機械等で本邦に輸入されたものに，第44条の2第5項の表示を付し，又はこれと紛らわしい表示を付しているとき。

3 厚生労働大臣が型式検定に合格した型式の機械等の構造並びに当該機械等を製造し，及び検査する設備等に関し労働者の安全と健康を確保するため必要があると認めてその職員をして当該型式検定を受けた外国製造者の事業場又は当該型式検定に係る機械等若しくは設備等の所在すると認める場所において，関係者に質問をさせ，又は当該機械等若しくは設備等その他の物件についての検査をさせようとした場合において，その質問に対して陳述がされず，若しくは虚偽の陳述がされ，又はその検査が拒まれ，妨げられ，若しくは忌避されたとき。

（5） 定期自主検査

（定期自主検査）

第45条 事業者は，ボイラーその他の機械等で，政令で定めるものについて，厚生労働省令で定めるところにより，定期に自主検査を行ない，及びその結果を記録しておかなければならない。

② 事業者は，前項の機械等で政令で定めるものについて同項の規定による自主検査のうち厚生労働省令で定める自主検査（以下「特定自主検査」という。）を行うときは，その使用する労働者で厚生労働省令で定める資格を有するもの又は第54条の3第1項に規定する登録を受け，他人の求めに応じて当該機械等について特定自主検査を行う者（以下「検査業者」という。）に実施させなければならない。

③ 厚生労働大臣は，第1項の規定による自主検査の適切かつ有効な実施を図るため必要な自主検査指針を公表するものとする。

④ 厚生労働大臣は，前項の自主検査指針を公表した場合において必要があると認めるときは，事業者若しくは検査業者又はこれらの団体に対し，当該自主検査指針に関し必要な指導等を行うことができる。

---施 行 令---

（定期に自主検査を行うべき機械等）

第15条 法第45条第1項の政令で定める機械等は，次のとおりとする。

（第1号から第8号 略）

9 局所排気装置，プッシュプル型換気装置，除じん装置，排ガス処理装置及び排液処理装置で，厚生労働省令で定めるもの

10 特定化学設備（別表第3第2号に掲げる第2類物質のうち厚生労働省令で定めるもの又は同表第3号に掲げる第3類物質を製造し，又は取り扱う設備で，移動式以外のものをいう。）及びその附属設備

11 ガンマ線照射装置で，透過写真の撮影に用いられるもの

（第2項 略）

---安 衛 則---

（自主検査指針の公表）

第29条の3 第24条の規定は，法第45条第3項の規定による自主検査指針の公表について準用する。

第2節　危険物及び有害物に関する規制関係

（1）　製造等の禁止

（製造等の禁止）

第55条　黄りんマッチ，ベンジジン，ベンジジンを含有する製剤その他の労働者に重度の健康障害を生ずる物で，政令で定めるものは，製造し，輸入し，譲渡し，提供し，又は使用してはならない。ただし，試験研究のため製造し，輸入し，又は使用する場合で，政令で定める要件に該当するときは，この限りでない。

┌----施　行　令--
│
│ **（製造等が禁止される有害物等）**
│
│ 第16条　法第55条の政令で定める物は，次のとおりとする。
│ 　1　黄りんマッチ
│ 　2　ベンジジン及びその塩
│ 　3　4-アミノジフエニル及びその塩
│ 　4　石綿（次に掲げる物で厚生労働省令で定めるものを除く。）
│ 　　イ　石綿の分析のための試料の用に供される石綿
│ 　　ロ　石綿の使用状況の調査に関する知識又は技能の習得のための教育の用に供される石綿
│ 　　ハ　イ又はロに掲げる物の原料又は材料として使用される石綿
│ 　5　4-ニトロジフエニル及びその塩
│ 　6　ビス（クロロメチル）エーテル
│ 　7　ベーターナフチルアミン及びその塩
│ 　8　ベンゼンを含有するゴムのりで，その含有するベンゼンの容量が当該ゴムのりの溶剤（希釈剤を含む。）の5パーセントを超えるもの
│ 　9　第2号，第3号若しくは第5号から第7号までに掲げる物をその重量の1パーセントを超えて含有し，又は第4号に掲げる物をその重量の0.1パーセントを超えて含有する製剤その他の物
│ ②　法第55条ただし書の政令で定める要件は，次のとおりとする。
│ 　1　製造，輸入又は使用について，厚生労働省令で定めるところにより，あらかじめ，都道府県労働局長の許可を受けること。この場合において，輸入貿易管理令（昭和24年政令第414号）第9条第1項の規定による輸入割当てを受けるべき物の輸入については，同項の輸入割当てを受けたことを証する書面を提出しなければならない。
│ 　2　厚生労働大臣が定める基準に従つて製造し，又は使用すること。
│
└--

（2）　製造の許可

（製造の許可）

第56条　ジクロルベンジジン，ジクロルベンジジンを含有する製剤その他の労働者に重度の健康障害を生ずるおそれのある物で，政令で定めるものを製造しようとする者は，厚生労働省令で定めるところにより，あらかじめ，厚生労働大臣の許可を受けなければならない。

②　厚生労働大臣は，前項の許可の申請があつた場合には，その申請を審査し，製造設備，作業方法等が厚生労働大臣の定める基準に適合していると認めるときでなければ，同項の許可をしてはならない。

③　第1項の許可を受けた者（以下「製造者」という。）は，その製造設備を，前項の基準に適合するように維持しなければならない。

④　製造者は，第2項の基準に適合する作業方法に従つて第1項の物を製造しなければならない。

⑤　厚生労働大臣は，製造者の製造設備又は作業方法が第2項の基準に適合していないと認めるときは，当該基準に適合するように製造設備を修理し，改造し，若しくは移転し，又は当該基準に適合する作業方法に従つて第1項の物を製造すべきことを命ずることができる。

⑥　厚生労働大臣は，製造者がこの法律若しくはこれに基づく命令の規定又はこれらの規定に基づく処分に違反したときは，第1項の許可を取り消すことができる。

┌--施　行　令--

（製造の許可を受けるべき有害物）

第17条　法第56条第1項の政令で定める物は，別表第3第1号に掲げる第1類物質及び石綿分析用試料等とする。

└--

（3）　表示等

（表示等）

第57条　爆発性の物，発火性の物，引火性の物その他の労働者に危険を生ずるおそれのある物若しくはベンゼン，ベンゼンを含有する製剤その他の労働者に健康障害を生ずるおそれのある物で政令で定めるもの又は前条第1項の物を容器

に入れ，又は包装して，譲渡し，又は提供する者は，厚生労働省令で定めるところにより，その容器又は包装（容器に入れ，かつ，包装して，譲渡し，又は提供するときにあつては，その容器）に次に掲げるものを表示しなければならない。ただし，その容器又は包装のうち，主として一般消費者の生活の用に供するためのものについては，この限りでない。

1　次に掲げる事項

　　イ　名称

　　ロ　人体に及ぼす作用

　　ハ　貯蔵又は取扱い上の注意

　　ニ　イからハまでに掲げるもののほか，厚生労働省令で定める事項

2　当該物を取り扱う労働者に注意を喚起するための標章で厚生労働大臣が定めるもの

②　前項の政令で定める物又は前条第1項の物を前項に規定する方法以外の方法により譲渡し，又は提供する者は，厚生労働省令で定めるところにより，同項各号の事項を記載した文書を，譲渡し，又は提供する相手方に交付しなければならない。

┌─施　行　令─────────────────────────────┐

（名称等を表示すべき危険物及び有害物）

第18条　法第57条第1項の政令で定める物は，次のとおりとする。

1　別表第9に掲げる物（アルミニウム，イットリウム，インジウム，カドミウム，銀，クロム，コバルト，すず，タリウム，タングステン，タンタル，銅，鉛，ニッケル，白金，ハフニウム，フェロバナジウム，マンガン，モリブデン又はロジウムにあつては，粉状のものに限る。）

2　別表第9に掲げる物を含有する製剤その他の物で，厚生労働省令で定めるもの

3　別表第3第1号1から7までに掲げる物を含有する製剤その他の物（同号8に掲げる物を除く。）で，厚生労働省令で定めるもの

令和5年8月30日政令第265号の改正により，令和7年4月1日より第18条が次のとおりとなる。

（名称等を表示すべき危険物及び有害物）

第18条　法第57条第1項の政令で定める物は，次のとおりとする。

1　別表第9に掲げる物（アルミニウム，イットリウム，インジウム，カドミウム，銀，クロム，コバルト，すず，タリウム，タングステン，タンタル，銅，鉛，ニッケル，ハフニウム，マンガン又はロジウムにあつては，粉状のものに限る。）

2　国が行う化学品の分類（産業標準化法（昭和24年法律第185号）に基づく日本産業規格Z

7252（GHSに基づく化学品の分類方法）に定める方法による化学物質の危険性及び有害性の分類をいう。）の結果，危険性又は有害性があるものと令和3年3月31日までに区分された物（次条第2号において「特定危険性有害性区分物質」という。）のうち，次に掲げる物以外のもので厚生労働省令で定めるもの

イ　別表第3第1号1から7までに掲げる物

ロ　前号に掲げる物

ハ　危険性があるものと区分されていない物であつて，粉じんの吸入によりじん肺その他の呼吸器の健康障害を生ずる有害性のみがあるものと区分されたもの

3　前二号に掲げる物を含有する製剤その他の物（前二号に掲げる物の含有量が厚生労働大臣の定める基準未満であるものを除く。）

4　別表第3第1号1から7までに掲げる物を含有する製剤その他の物（同号8に掲げる物を除く。）で，厚生労働省令で定めるもの

安　衛　則

（名称等を表示すべき危険物及び有害物）

第30条　令第18条第2号の厚生労働省令で定める物は，別表第2の上欄〈編注・左欄〉に掲げる物を含有する製剤その他の物（同欄に掲げる物の含有量が同表の中欄に定める値である物並びに四アルキル鉛を含有する製剤その他の物（加鉛ガソリンに限る。）及びニトログリセリンを含有する製剤その他の物（98パーセント以上の不揮発性で水に溶けない鈍感剤で鈍性化した物であつて，ニトログリセリンの含有量が1パーセント未満のものに限る。）を除く。）とする。ただし，運搬中及び貯蔵中において固体以外の状態にならず，かつ，粉状にならない物（次の各号のいずれかに該当するものを除く。）を除く。

1　危険物（令別表第1に掲げる危険物をいう。以下同じ。）

2　危険物以外の可燃性の物等爆発又は火災の原因となるおそれのある物

3　酸化カルシウム，水酸化ナトリウム等を含有する製剤その他の物であつて皮膚に対して腐食の危険を生ずるもの

別表第2（第30条関係，第34条の2関係）

物	第30条に規定する含有量（重量パーセント）	第34条の2に規定する含有量（重量パーセント）
アクリルアミド	0.1パーセント未満	0.1パーセント未満
アクリル酸	1パーセント未満	1パーセント未満
アクリル酸エチル	1パーセント未満	0.1パーセント未満
（以下略）		

第31条　令第18条第3号の厚生労働省令で定める物は，次に掲げる物とする。ただし，前条ただし書の物を除く。

1 ジクロルベンジジン及びその塩を含有する製剤その他の物で，ジクロルベンジジン及びその塩の含有量が重量の0.1パーセント以上1パーセント以下であるもの

2 アルフアーナフチルアミン及びその塩を含有する製剤その他の物で，アルフアーナフチルアミン及びその塩の含有量が重量の1パーセントであるもの

3 塩素化ビフエニル（別名PCB）を含有する製剤その他の物で，塩素化ビフエニルの含有量が重量の0.1パーセント以上1パーセント以下であるもの

4 オルトートリジン及びその塩を含有する製剤その他の物で，オルトートリジン及びその塩の含有量が重量の1パーセントであるもの

5 ジアニシジン及びその塩を含有する製剤その他の物で，ジアニシジン及びその塩の含有量が重量の1パーセントであるもの

6 ベリリウム及びその化合物を含有する製剤その他の物で，ベリリウム及びその化合物の含有量が重量の0.1パーセント以上1パーセント以下（合金にあつては，0.1パーセント以上3パーセント以下）であるもの

7 ベンゾトリクロリドを含有する製剤その他の物で，ベンゾトリクロリドの含有量が重量の0.1パーセント以上0.5パーセント以下であるもの

（名称等の表示）

第32条 法第57条第1項の規定による表示は，当該容器又は包装に，同項各号に掲げるもの（以下この条において「表示事項等」という。）を印刷し，又は表示事項等を印刷した票箋を貼り付けて行わなければならない。ただし，当該容器又は包装に表示事項等の全てを印刷し，又は表示事項等のすべてを印刷した票箋を貼り付けることが困難なときは，表示事項等のうち同項第1号ロからニまで及び同項第2号に掲げるものについては，これらを印刷した票箋を容器又は包装に結びつけることにより表示することができる。

第33条 法第57条第1項第1号ニの厚生労働省令で定める事項は，次のとおりとする。

1 法第57条第1項の規定による表示をする者の氏名(法人にあつては，その名称)，住所及び電話番号

2 注意喚起語

3 安定性及び反応性

第33条の2 事業者は，令第17条に規定する物又は令第18条各号に掲げる物を容器に入れ，又は包装して保管するとき（法第57条第1項の規定による表示がされた容器又は包装により保管するときを除く。）は，当該物の名称及び人体に及ぼす作用について，当該物の保管に用いる容器又は包装への表示，文書の交付その他の方法により，当該物を取り扱う者に，明示しなければならない。

令和5年9月29日厚生労働省令第121号の改正により，令和7年4月1日より第30条・第31条が次のとおりとなる。

第30条 令第18条第2号の厚生労働省令で定める物は，別表第2の物の欄に掲げる物とする。ただし，運搬中及び貯蔵中において固体以外の状態にならず，かつ，粉状にならない物（次

の各号のいずれかに該当するものを除く。）を除く。

（第1号から第3号 略）

第31条 令第18条第4号の厚生労働省令で定める物は，次に掲げる物とする。ただし，前条ただし書の物を除く。

（第1号から第7号 略）

（4） 文書の交付等

（文書の交付等）

第57条の2 労働者に危険若しくは健康障害を生ずるおそれのある物で政令で定めるもの又は第56条第1項の物（以下この条及び次条第1項において「通知対象物」という。）を譲渡し，又は提供する者は，文書の交付その他厚生労働省令で定める方法により通知対象物に関する次の事項（前条第2項に規定する者にあつては，同項に規定する事項を除く。）を，譲渡し，又は提供する相手方に通知しなければならない。ただし，主として一般消費者の生活の用に供される製品として通知対象物を譲渡し，又は提供する場合については，この限りでない。

1 名称

2 成分及びその含有量

3 物理的及び化学的性質

4 人体に及ぼす作用

5 貯蔵又は取扱い上の注意

6 流出その他の事故が発生した場合において講ずべき応急の措置

7 前各号に掲げるもののほか，厚生労働省令で定める事項

② 通知対象物を譲渡し，又は提供する者は，前項の規定により通知した事項に変更を行う必要が生じたときは，文書の交付その他厚生労働省令で定める方法により，変更後の同項各号の事項を，速やかに，譲渡し，又は提供した相手方に通知するよう努めなければならない。

③ 前二項に定めるもののほか，前二項の通知に関し必要な事項は，厚生労働省令で定める。

施 行 令

（名称等を通知すべき危険物及び有害物）

第18条の2 法第57条の2第1項の政令で定める物は，次のとおりとする。

1　別表第9に掲げる物
2　別表第9に掲げる物を含有する製剤その他の物で，厚生労働省令で定めるもの
3　別表第3第1号1から7までに掲げる物を含有する製剤その他の物（同号8に掲げる物を除く。）で，厚生労働省令で定めるもの

別表第9　名称等を表示し、又は通知すべき危険物及び有害物（第18条，第18条の2関係）
1　アクリルアミド
2　アクリル酸
3　アクリル酸エチル
（第4号から第632号　略）
633　ロテノン

> 令和5年8月30日政令第265号の改正により，令和7年4月1日より第18条の2が次のとおりとなる。
>
> **（名称等を通知すべき危険物及び有害物）**
> **第18条の2**　法第57条の2第1項の政令で定める物は，次のとおりとする。
>   1　別表第9に掲げる物
>   2　特定危険性有害性区分物質のうち，次に掲げる物以外のもので厚生労働省令で定めるもの
>   イ　別表第3第1号1から7までに掲げる物
>   ロ　前号に掲げる物
>   ハ　危険性があるものと区分されていない物であつて，粉じんの吸入によりじん肺その他の呼吸器の健康障害を生ずる有害性のみがあるものと区分されたもの
>   3　前二号に掲げる物を含有する製剤その他の物（前二号に掲げる物の含有量が厚生労働大臣の定める基準未満であるものを除く。）
>   4　別表第3第1号1から7までに掲げる物を含有する製剤その他の物（同号8に掲げる物を除く。）で，厚生労働省令で定めるもの
>
> **別表第9　名称等を表示し，又は通知すべき危険物及び有害物**（第18条，第18条の2関係）
>   1　アリル水銀化合物
>   2　アルキルアルミニウム化合物
>   3　アルキル水銀化合物
>   （第4号から第32号　略）
>   33　ロジウム及びその化合物

-- 安　衛　則 --

（文書の交付）
第34条　法第57条第2項の規定による文書は，同条第1項に規定する方法以外の方法

により譲渡し，又は提供する際に交付しなければならない。ただし，継続的に又は反復して譲渡し，又は提供する場合において，既に当該文書の交付がなされているときは，この限りでない。

（名称等を通知すべき危険物及び有害物）

第34条の2　令第18条の2第2号の厚生労働省令で定める物は，別表第2の上欄〈編注・左欄〉に掲げる物を含有する製剤その他の物（同欄に掲げる物の含有量が同表の下欄〈編注・右欄〉に定める値である物及びニトログリセリンを含有する製剤その他の物（98パーセント以上の不揮発性で水に溶けない鈍感剤で鈍性化した物であつて，ニトログリセリンの含有量が0.1パーセント未満のものに限る。）を除く。）とする。

（別表第2，86ページ参照）

第34条の2の2　令第18条の2第3号の厚生労働省令で定める物は，次に掲げる物とする。

1　ジクロルベンジジン及びその塩を含有する製剤その他の物で，ジクロルベンジジン及びその塩の含有量が重量の0.1パーセント以上1パーセント以下であるもの

2　アルフア-ナフチルアミン及びその塩を含有する製剤その他の物で，アルフア-ナフチルアミン及びその塩の含有量が重量の1パーセントであるもの

3　塩素化ビフエニル（別名PCB）を含有する製剤その他の物で，塩素化ビフエニルの含有量が重量の0.1パーセント以上1パーセント以下であるもの

4　オルト-トリジン及びその塩を含有する製剤その他の物で，オルト-トリジン及びその塩の含有量が重量の0.1パーセント以上1パーセント以下であるもの

5　ジアニシジン及びその塩を含有する製剤その他の物で，ジアニシジン及びその塩の含有量が重量の0.1パーセント以上1パーセント以下であるもの

6　ベリリウム及びその化合物を含有する製剤その他の物で，ベリリウム及びその化合物の含有量が重量の0.1パーセント以上1パーセント以下（合金にあつては，0.1パーセント以上3パーセント以下）であるもの

7　ベンゾトリクロリドを含有する製剤その他の物で，ベンゾトリクロリドの含有量が重量の0.1パーセント以上0.5パーセント以下であるもの

令和5年9月29日厚生労働省令第121号の改正により，令和7年4月1日より第34条の2および第34条の2の2が次のとおりとなる。

第34条の2　令第18条の2第2号の厚生労働省令で定める物は，別表第2の物の欄に掲げる物とする。

第34条の2の2　令第18条の2第4号の厚生労働省令で定める物は，次に掲げる物とする。

（第1号から第7号　略）

（名称等の通知）

第34条の2の3　法第57条の2第1項及び第2項の厚生労働省令で定める方法は，磁気ディスク，光ディスクその他の記録媒体の交付，ファクシミリ装置を用いた送信

若しくは電子メールの送信又は当該事項が記載されたホームページのアドレス（二次元コードその他のこれに代わるものを含む。）及び当該アドレスに係るホームページの閲覧を求める旨の伝達とする。

第34条の2の4　法第57条の2第1項第7号の厚生労働省令で定める事項は，次のとおりとする。

1　法第57条の2第1項の規定による通知を行う者の氏名（法人にあつては，その名称），住所及び電話番号

2　危険性又は有害性の要約

3　安定性及び反応性

4　想定される用途及び当該用途における使用上の注意

5　適用される法令

6　その他参考となる次項

第34条の2の5　法第57条の2第1項の規定による通知は，同項の通知対象物を譲渡し，又は提供する時までに行わなければならない。ただし，継続的に又は反復して譲渡し，又は提供する場合において，既に当該通知が行われているときは，この限りでない。

②　法第57条の2第1項の通知対象物を譲渡し，又は提供する者は，同項第4号の事項について，直近の確認を行つた日から起算して5年以内ごとに1回，最新の科学的知見に基づき，変更を行う必要性の有無を確認し，変更を行う必要があると認めるときは，当該確認をした日から1年以内に，当該事項に変更を行わなければならない。

③　前項の者は，同項の規定により法第57条の2第1項第4号の事項に変更を行つたときは，変更後の同号の事項を，適切な時期に，譲渡し，又は提供した相手方の事業者に通知するものとし，文書若しくは磁気ディスク，光ディスクその他の記録媒体の交付，ファクシミリ装置を用いた送信若しくは電子メールの送信又は当該次項が記載されたホームページのアドレス（二次元コードその他のこれに代わるものを含む。）及び当該アドレスに係るホームページの閲覧を求める旨の伝達により，変更後の当該事項を，当該相手方の事業者が閲覧できるようにしなければならない。

第34条の2の6　法第57条の2第1項第2号の事項のうち，成分の含有量については，令別表第3第1号1から7までに掲げる物及び令別表第9に掲げる物ごとに重量パーセントを通知しなければならない。

令和5年9月29日厚生労働省令第121号の改正により，令和7年4月1日より同条が次のとおりとなる。

第34条の2の6　法第57条の2第1項第2号の事項のうち，成分の含有量については，令第18条の2第1号及び第2号に掲げる物並びに令別表第3第1号1から7までに掲げる物及び令別表第9に掲げる物ごとに重量パーセントを通知しなければならない。

②　前項の規定にかかわらず，1・4−ジクロロ−2−ブテン，鉛，1・3−ブタジエン，1・3−プロパン

スルトン，硫酸ジエチル，令別表第3に掲げる物，令別表第4第6号に規定する鉛化合物，令別表第5第1号に規定する四アルキル鉛及び令別表第6の2に掲げる物以外の物であつて，当該物の成分の含有量について重量パーセントの通知をすることにより，契約又は交渉に関し，事業者の財産上の利益を不当に害するおそれがあるものについては，その旨を明らかにした上で，重量パーセントの通知を，10パーセント未満の端数を切り捨てた数値と当該端数を切り上げた数値との範囲をもつて行うことができる。この場合において，当該物を譲渡し，又は提供する相手方の事業者の求めがあるときは，成分の含有量に係る秘密が保全されることを条件に，当該相手方の事業場におけるリスクアセスメントの実施に必要な範囲内において，当該物の成分の含有量について，より詳細な内容を通知しなければならない。

（5）　調査対象物の危険性又は有害性等の調査

（第57条第1項の政令で定める物及び通知対象物について事業者が行うべき調査等）

第57条の3　事業者は，厚生労働省令で定めるところにより，第57条第1項の政令で定める物及び通知対象物による危険性又は有害性等を調査しなければならない。

②　事業者は，前項の調査の結果に基づいて，この法律又はこれに基づく命令の規定による措置を講ずるほか，労働者の危険又は健康障害を防止するため必要な措置を講ずるように努めなければならない。

③　厚生労働大臣は，第28条第1項及び第3項に定めるもののほか，前二項の措置に関して，その適切かつ有効な実施を図るため必要な指針を公表するものとする。

④　厚生労働大臣は，前項の指針に従い，事業者又はその団体に対し，必要な指導，援助等を行うことができる。

------安　衛　則------
（リスクアセスメントの実施時期等）

第34条の2の7　リスクアセスメントは，次に掲げる時期に行うものとする。
　1　リスクアセスメント対象物を原材料等として新規に採用し，又は変更するとき。
　2　リスクアセスメント対象物を製造し，又は取り扱う業務に係る作業の方法又は手順を新規に採用し，又は変更するとき。
　3　前二号に掲げるもののほか，リスクアセスメント対象物による危険性又は有害性等について変化が生じ，又は生ずるおそれがあるとき。

②　リスクアセスメントは，リスクアセスメント対象物を製造し，又は取り扱う業務

ごとに，次に掲げるいずれかの方法（リスクアセスメントのうち危険性に係るものにあつては，第1号又は第3号（第1号に係る部分に限る。）に掲げる方法に限る。）により，又はこれらの方法の併用により行わなければならない。

1　当該リスクアセスメント対象物が当該業務に従事する労働者に危険を及ぼし，又は当該リスクアセスメント対象物により当該労働者の健康障害を生ずるおそれの程度及び当該危険又は健康障害の程度を考慮する方法

2　当該業務に従事する労働者が当該リスクアセスメント対象物にさらされる程度及び当該リスクアセスメント対象物の有害性の程度を考慮する方法

3　前二号に掲げる方法に準ずる方法

（リスクアセスメントの結果等の記録及び保存並びに周知）

第34条の2の8　事業者は，リスクアセスメントを行つたときは，次に掲げる事項について，記録を作成し，次にリスクアセスメントを行うまでの期間（リスクアセスメントを行つた日から起算して3年以内に当該リスクアセスメント対象物についてリスクアセスメントを行つたときは，3年間）保存するとともに，当該事項を，リスクアセスメント対象物を製造し，又は取り扱う業務に従事する労働者に周知させなければならない。

1　当該リスクアセスメント対象物の名称

2　当該業務の内容

3　当該リスクアセスメントの結果

4　当該リスクアセスメントの結果に基づき事業者が講ずる労働者の危険又は健康障害を防止するため必要な措置の内容

②　前項の規定による周知は，次に掲げるいずれかの方法により行うものとする。

1　当該リスクアセスメント対象物を製造し，又は取り扱う各作業場の見やすい場所に常時掲示し，又は備え付けること。

2　書面を，当該リスクアセスメント対象物を製造し，又は取り扱う業務に従事する労働者に交付すること。

3　事業者の使用に係る電子計算機に備えられたファイル又は電磁的記録媒体をもつて調製するファイルに記録し，かつ，当該リスクアセスメント対象物を製造し，又は取り扱う各作業場に，当該リスクアセスメント対象物を製造し，又は取り扱う業務に従事する労働者が当該記録の内容を常時確認できる機器を設置すること。

（指針の公表）

第34条の2の9　第24条の規定は，法第57条の3第3項の規定による指針の公表について準用する。

（改善の指示等）

第34条の2の10　労働基準監督署長は，化学物質による労働災害が発生した，又はそのおそれがある事業場の事業者に対し，当該事業場において化学物質の管理が適切

に行われていない疑いがあると認めるときは，当該事業場における化学物質の管理の状況について改善すべき旨を指示することができる。

② 前項の指示を受けた事業者は，遅滞なく，事業場における化学物質の管理について必要な知識及び技能を有する者として厚生労働大臣が定めるもの（以下この条において「化学物質管理専門家」という。）から，当該事業場における化学物質の管理の状況についての確認及び当該事業場が実施し得る望ましい改善措置に関する助言を受けなければならない。

③ 前項の確認及び助言を求められた化学物質管理専門家は，同項の事業者に対し，当該事業場における化学物質の管理の状況についての確認結果及び当該事業場が実施し得る望ましい改善措置に関する助言について，速やかに，書面により通知しなければならない。

④ 事業者は，前項の通知を受けた後，1月以内に，当該通知の内容を踏まえた改善措置を実施するための計画を作成するとともに，当該計画作成後，速やかに，当該計画に従い必要な改善措置を実施しなければならない。

⑤ 事業者は，前項の計画を作成後，遅滞なく，当該計画の内容について，第3項の通知及び前項の計画の写しを添えて，改善計画報告書（様式第4号）により，所轄労働基準監督署長に報告しなければならない。

⑥ 事業者は，第4項の規定に基づき実施した改善措置の記録を作成し，当該記録について，第3項の通知及び第4項の計画とともに3年間保存しなければならない。

（6） 化学物質の有害性の調査

（化学物質の有害性の調査）

第57条の4 化学物質による労働者の健康障害を防止するため，既存の化学物質として政令で定める化学物質（第3項の規定によりその名称が公表された化学物質を含む。）以外の化学物質（以下この条において「新規化学物質」という。）を製造し，又は輸入しようとする事業者は，あらかじめ，厚生労働省令で定めるところにより，厚生労働大臣の定める基準に従つて有害性の調査（当該新規化学物質が労働者の健康に与える影響についての調査をいう。以下この条において同じ。）を行い，当該新規化学物質の名称，有害性の調査の結果その他の事項を厚生労働大臣に届け出なければならない。ただし，次の各号のいずれかに該当するときその他政令で定める場合は，この限りでない。

1 当該新規化学物質に関し，厚生労働省令で定めるところにより，当該新規化学物質について予定されている製造又は取扱いの方法等からみて労働者が当該新規化学物質にさらされるおそれがない旨の厚生労働大臣の確認を受け

たとき。

2 　当該新規化学物質に関し，厚生労働省令で定めるところにより，既に得られている知見等に基づき厚生労働省令で定める有害性がない旨の厚生労働大臣の確認を受けたとき。

3 　当該新規化学物質を試験研究のため製造し，又は輸入しようとするとき。

4 　当該新規化学物質が主として一般消費者の生活の用に供される製品（当該新規化学物質を含有する製品を含む。）として輸入される場合で，厚生労働省令で定めるとき。

② 　有害性の調査を行つた事業者は，その結果に基づいて，当該新規化学物質による労働者の健康障害を防止するため必要な措置を速やかに講じなければならない。

③ 　厚生労働大臣は，第１項の規定による届出があつた場合（同項第２号の規定による確認をした場合を含む。）には，厚生労働省令で定めるところにより，当該新規化学物質の名称を公表するものとする。

④ 　厚生労働大臣は，第１項の規定による届出があつた場合には，厚生労働省令で定めるところにより，有害性の調査の結果について学識経験者の意見を聴き，当該届出に係る化学物質による労働者の健康障害を防止するため必要があると認めるときは，届出をした事業者に対し，施設又は設備の設置又は整備，保護具の備付けその他の措置を講ずべきことを勧告することができる。

⑤ 　前項の規定により有害性の調査の結果について意見を求められた学識経験者は，当該有害性の調査の結果に関して知り得た秘密を漏らしてはならない。ただし，労働者の健康障害を防止するためやむを得ないときは，この限りでない。

---施　行　令----

（法第57条の４第１項の政令で定める化学物質）

第18条の３　法第57条の４第１項の政令で定める化学物質は，次のとおりとする。

1 　元素

2 　天然に産出される化学物質

3 　放射性物質

4 　附則第９条の２の規定により厚生労働大臣がその名称等を公表した化学物質

（法第57条の４第１項ただし書の政令で定める場合）

第18条の４　法第57条の４第１項ただし書の政令で定める場合は，同項に規定する新規化学物質（以下この条において「新規化学物質」という。）を製造し，又は輸入しようとする事業者が，厚生労働省令で定めるところにより，一の事業場における１

年間の製造量又は輸入量（当該新規化学物質を製造し，及び輸入しようとする事業者にあつては，これらを合計した量）が100キログラム以下である旨の厚生労働大臣の確認を受けた場合において，その確認を受けたところに従つて当該新規化学物質を製造し，又は輸入しようとするときとする。

安　衛　則

（有害性の調査）

第34条の３　法第57条の４第１項の規定による有害性の調査は，次に定めるところにより行わなければならない。

　１　変異原性試験，化学物質のがん原性に関し変異原性試験と同等以上の知見を得ることができる試験又はがん原性試験のうちいずれかの試験を行うこと。

　２　組織，設備等に関し有害性の調査を適正に行うため必要な技術的基礎を有すると認められる試験施設等において行うこと。

②　前項第２号の試験施設等が具備すべき組織，設備等に関する基準は，厚生労働大臣が定める。

（新規化学物質の名称，有害性の調査の結果等の届出）

第34条の４　法第57条の４第１項の規定による届出をしようとする者は，様式第４号の３による届書に，当該届出に係る同項に規定する新規化学物質（以下この節において「新規化学物質」という。）について行つた前条第１項に規定する有害性の調査の結果を示す書面，当該有害性の調査が同条第２項の厚生労働大臣が定める基準を具備している試験施設等において行われたことを証する書面及び当該新規化学物質について予定されている製造又は取扱いの方法を記載した書面を添えて，厚生労働大臣に提出しなければならない。

（労働者が新規化学物質にさらされるおそれがない旨の厚生労働大臣の確認の申請等）

第34条の５　法第57条の４第１項第１号の確認を受けようとする者は，当該確認に基づき最初に新規化学物質を製造し，又は輸入する日の30日前までに様式第４号の４による申請書に，当該新規化学物質について予定されている製造又は取扱いの方法を記載した書面を添えて，厚生労働大臣に提出しなければならない。

第34条の６　前条の確認を受けた事業者は，同条の申請書又は書面に記載された事項に変更を生じたときは，遅滞なく，文書で，その旨を厚生労働大臣に届け出なければならない。

第34条の７　厚生労働大臣は，法第57条の４第１項第１号の確認をした後において，前条の規定による届出その他の資料により労働者が新規化学物質にさらされるおそれがあると認めるに至つたときは，遅滞なく，当該確認を取り消し，その旨を当該確認に係る事業者に通知するものとする。

（新規化学物質の有害性がない旨の厚生労働大臣の確認の申請）

第34条の8　法第57条の4第1項第2号の確認を受けようとする者は，当該確認に基づき最初に新規化学物質を製造し，又は輸入する日の30日前までに様式第4号の4による申請書に，当該新規化学物質に関し既に得られている次条の有害性がない旨の知見等を示す書面を添えて，厚生労働大臣に提出しなければならない。

（法第57条の3第1項第2号の厚生労働省令で定める有害性）

第34条の9　法第57条の4第1項第2号の厚生労働省令で定める有害性は，がん原性とする。

（少量新規化学物質の製造又は輸入に係る厚生労働大臣の確認の申請等）

第34条の10　令第18条の4の確認を受けようとする者は，当該確認に基づき最初に新規化学物質を製造し，又は輸入する日の30日前までに様式第4号の4による申請書を厚生労働大臣に提出しなければならない。

第34条の11　令第18条の4の確認は，2年を限り有効とする。

（通知）

第34条の12　厚生労働大臣は，第34条の5，第34条の8及び第34条の10の申請書を受理したときは，遅滞なく，審査を行い，その結果を申請者に通知するものとする。

（法第57条の4第1項第4号の厚生労働省令で定めるとき）

第34条の13　法第57条の4第1項第4号の厚生労働省令で定めるときは，本邦の地域内において労働者に小分け，詰め替え等の作業を行わせないとき等労働者が新規化学物質にさらされるおそれがないときとする。

（新規化学物質の名称の公表）

第34条の14　法第57条の4第3項の規定による新規化学物質の名称の公表は，同条第1項の規定による届出の受理又は同項第2号の確認をした後1年以内に（当該新規化学物質に関して特許法（昭和34年法律第121号）第36条第1項の規定による願書の提出がなされている場合にあつては，同法第64条第1項の規定による出願公開又は同法第66条第3項の規定による特許公報への掲載がなされた後速やかに），次項に定めるところにより行うものとする。

②　新規化学物質の名称の公表は，3月以内ごとに1回，定期に，官報に掲載することにより行うものとする。

（学識経験者からの意見聴取）

第34条の15　厚生労働大臣は，法第57条の4第4項の規定により学識経験者の意見を聴くときは，速やかに，次条の変異原性試験等結果検討委員候補者名簿に記載されている者のうちから，検討すべき内容に応じて，検討委員を指名し，その者の意見を聴くものとする。

（変異原性試験等結果検討委員候補者名簿）

第34条の16　厚生労働大臣は，化学物質の有害性の調査について高度の専門的知識を有する者のうちから，変異原性試験等結果検討委員候補者を委嘱して変異原性試験

等結果検討委員候補者名簿を作成し，これを公表するものとする。

（労働政策審議会への報告）

第34条の17　厚生労働大臣は，法第57条の４第４項の規定により新規化学物質の有害性の調査の結果について学識経験者の意見を聴いたときは，その内容を，同条第３項の規定による当該新規化学物質の名称の公表後１年以内に，労働政策審議会に報告するものとする。

第57条の５　厚生労働大臣は，化学物質で，がんその他の重度の健康障害を労働者に生ずるおそれのあるものについて，当該化学物質による労働者の健康障害を防止するため必要があると認めるときは，厚生労働省令で定めるところにより，当該化学物質を製造し，輸入し，又は使用している事業者その他厚生労働省令で定める事業者に対し，政令で定める有害性の調査（当該化学物質が労働者の健康障害に及ぼす影響についての調査をいう。）を行い，その結果を報告すべきことを指示することができる。

②　前項の規定による指示は，化学物質についての有害性の調査に関する技術水準，調査を実施する機関の整備状況，当該事業者の調査の能力等を総合的に考慮し，厚生労働大臣の定める基準に従つて行うものとする。

③　厚生労働大臣は，第１項の規定による指示を行おうとするときは，あらかじめ，厚生労働省令で定めるところにより，学識経験者の意見を聴かなければならない。

④　第１項の規定による有害性の調査を行つた事業者は，その結果に基づいて，当該化学物質による労働者の健康障害を防止するため必要な措置を速やかに講じなければならない。

⑤　第３項の規定により第１項の規定による指示について意見を求められた学識経験者は，当該指示に関して知り得た秘密を漏らしてはならない。ただし，労働者の健康障害を防止するためやむを得ないときは，この限りでない。

┌─**施　行　令**─────────────────────────┐

（法第57条の５第１項の政令で定める有害性の調査）

第18条の５　法第57条の５第１項の政令で定める有害性の調査は，実験動物を用いて吸入投与，経口投与等の方法により行うがん原性の調査とする。

└────────────────────────────────┘

安 衛 則

（化学物質の有害性の調査の指示）

第34条の18　法第57条の５第１項の規定による指示は，同項に規定する有害性の調査を行うべき化学物質の名称，当該調査を行うべき理由，当該調査の方法その他必要な事項を記載した文書により行うものとする。

（法第57条の５第１項の厚生労働省令で定める事業者）

第34条の19　法第57条の５第１項の厚生労働省令で定める事業者は，がんその他の重度の健康障害を労働者に生ずるおそれのある化学物質を製造し，輸入し，又は使用したことのある事業者とする。

（準用）

第34条の20　第34条の15及び第34条の16の規定は，法第57条の５第３項の規定により学識経験者の意見を聴く場合に準用する。この場合において，これらの規定中「変異原性試験等結果検討委員候補者名簿」とあるのは「がん原性試験指示検討委員候補者名簿」と，第34条の16中「変異原性試験等結果検討委員候補者」とあるのは「がん原性試験指示検討委員候補者」と読み替えるものとする。

（労働政策審議会への報告）

第34条の21　厚生労働大臣は，法第57条の５第１項の規定による指示に基づき化学物質の有害性の調査の結果について事業者から報告を受けたときは，その内容を当該報告を受けた後１年以内に労働政策審議会に報告するものとする。

（7）　国の援助等

（国の援助等）

第58条　国は，前二条の規定による有害性の調査の適切な実施に資するため，化学物質について，有害性の調査を実施する施設の整備，資料の提供その他必要な援助に努めるほか，自ら有害性の調査を実施するよう努めるものとする。

6　第6章　労働者の就業に当たっての措置関係

（1）　安全衛生教育

（安全衛生教育）

第59条　事業者は，労働者を雇い入れたときは，当該労働者に対し，厚生労働省令で定めるところにより，その従事する業務に関する安全又は衛生のための教育を行なわなければならない。

② 前項の規定は，労働者の作業内容を変更したときについて準用する。

③ 事業者は，危険又は有害な業務で，厚生労働省令で定めるものに労働者をつかせるときは，厚生労働省令で定めるところにより，当該業務に関する安全又は衛生のための特別の教育を行なわなければならない。

------安　衛　則------

（雇入れ時等の教育）

第35条　事業者は，労働者を雇い入れ，又は労働者の作業内容を変更したときは，当該労働者に対し，遅滞なく，次の事項のうち当該労働者が従事する業務に関する安全又は衛生のため必要な事項について，教育を行わなければならない。

　1　機械等，原材料等の危険性又は有害性及びこれらの取扱い方法に関すること。

　2　安全装置，有害物抑制装置又は保護具の性能及びこれらの取扱い方法に関すること。

　3　作業手順に関すること。

　4　作業開始時の点検に関すること。

　5　当該業務に関して発生するおそれのある疾病の原因及び予防に関すること。

　6　整理，整頓及び清潔の保持に関すること。

　7　事故時等における応急措置及び退避に関すること。

　8　前各号に掲げるもののほか，当該業務に関する安全又は衛生のために必要な事項

② 事業者は，前項各号に掲げる事項の全部又は一部に関し十分な知識及び技能を有していると認められる労働者については，当該事項についての教育を省略することができる。

（特別教育を必要とする業務）

第36条　法第59条第3項の厚生労働省令で定める危険又は有害な業務は，次のとおりとする。

（第1号から第7号の2　略）

　8　チエーンソーを用いて行う立木の伐木，かかり木の処理又は造材の業務

（第9号から第20号　略）

20の2　作業室及び気こう室へ送気するための空気圧縮機を運転する業務

　21　高圧室内作業に係る作業室への送気の調節を行うためのバルブ又はコックを操作する業務

　22　気こう室への送気又は気こう室からの排気の調整を行うためのバルブ又はコックを操作する業務

　23　潜水作業者への送気の調節を行うためのバルブ又はコックを操作する業務

　24　再圧室を操作する業務

24の2　高圧室内作業に係る業務

25　令別表第5に掲げる四アルキル鉛等業務

26　令別表第6に掲げる酸素欠乏危険場所における作業に係る業務

（第27号　略）

28　エックス線装置又はガンマ線照射装置を用いて行う透過写真の撮影の業務

28の2　加工施設（核原料物質，核燃料物質及び原子炉の規制に関する法律（昭和32年法律第166号）第13条第2項第2号に規定する加工施設をいう。），再処理施設（同法第44条第2項第2号に規定する再処理施設をいう。）又は使用施設等（同法第52条第2項第10号に規定する使用施設等（核原料物質，核燃料物質及び原子炉の規制に関する法律施行令（昭和32年政令第324号）第41条に規定する核燃料物質の使用施設等に限る。）をいう。）の管理区域（電離放射線障害防止規則（昭和47年労働省令第41号。以下「電離則」という。）第3条第1項に規定する管理区域をいう。次号において同じ。）内において核燃料物質（原子力基本法（昭和30年法律第186号）第3条第2号に規定する核燃料物質をいう。次号において同じ。）若しくは使用済燃料（核原料物質，核燃料物質及び原子炉の規制に関する法律第2条第10項に規定する使用済燃料をいう。次号において同じ。）又はこれらによつて汚染された物（原子核分裂生成物を含む。次号において同じ。）を取り扱う業務

28の3　原子炉施設（核原料物質，核燃料物質及び原子炉の規制に関する法律第23条第2項第5号に規定する試験研究用等原子炉施設及び同法第43条の3の5第2項第5号に規定する発電用原子炉施設をいう。）の管理区域内において，核燃料物質若しくは使用済燃料又はこれらによつて汚染された物を取り扱う業務

28の4　東日本大震災により生じた放射性物質により汚染された土壌等を除染するための業務等に係る電離放射線障害防止規則（平成23年厚生労働省令第152号。以下「除染則」という。）第2条第7項第2号イ又はロに掲げる物その他の事故由来放射性物質（平成23年3月11日に発生した東北地方太平洋沖地震に伴う原子力発電所の事故により当該原子力発電所から放出された放射性物質をいう。）により汚染された物であつて，電離則第2条第2項に規定するものの処分の業務

28の5　電離則第7条の2第3項の特例緊急作業に係る業務

29　粉じん障害防止規則（昭和54年労働省令第18号。以下「粉じん則」という。）第2条第1項第3号の特定粉じん作業（設備による注水又は注油をしながら行う粉じん則第3条各号に掲げる作業に該当するものを除く。）に係る業務

（第30号から第33号　略）

34　ダイオキシン類対策特別措置法施行令（平成11年政令第433号）別表第1第5号に掲げる廃棄物焼却炉を有する廃棄物の焼却施設（第90条第5号の4を除き，以下「廃棄物の焼却施設」という。）においてばいじん及び焼却灰その他の燃え殻を取り扱う業務（第36号に掲げる業務を除く。）

35　廃棄物の焼却施設に設置された廃棄物焼却炉，集じん機等の設備の保守点検等の業務

36　廃棄物の焼却施設に設置された廃棄物焼却炉，集じん機等の設備の解体等の業務及びこれに伴うばいじん及び焼却灰その他の燃え殻を取り扱う業務

37　石綿障害予防規則（平成17年厚生労働省令第21号。以下「石綿則」という。）第4条第1項に掲げる作業に係る業務

38　除染則第2条第7項の除染等業務及び同条第8項の特定線量下業務

（第39号～第41号　略）

（特別教育の科目の省略）

第37条　事業者は，法第59条第3項の特別の教育（以下「特別教育」という。）の科目の全部又は一部について十分な知識及び技能を有していると認められる労働者については，当該科目についての特別教育を省略することができる。

（特別教育の記録の保存）

第38条　事業者は，特別教育を行なつたときは，当該特別教育の受講者，科目等の記録を作成して，これを3年間保存しておかなければならない。

（特別教育の細目）

第39条　前二条及び第592条の7に定めるもののほか，第36条第1号から第13号まで，第27号，第30号から第36号まで及び第39号から第41号までに掲げる業務に係る特別教育の実施について必要な事項は，厚生労働大臣が定める。

第60条　事業者は，その事業場の業種が政令で定めるものに該当するときは，新たに職務につくこととなつた職長その他の作業中の労働者を直接指導又は監督する者（作業主任者を除く。）に対し，次の事項について，厚生労働省令で定めるところにより，安全又は衛生のための教育を行なわなければならない。

1　作業方法の決定及び労働者の配置に関すること。

2　労働者に対する指導又は監督の方法に関すること。

3　前二号に掲げるもののほか，労働災害を防止するため必要な事項で，厚生労働省令で定めるもの

施　行　令

（職長等の教育を行うべき業種）

第19条　法第60条の政令で定める業種は，次のとおりとする。

1　建設業

2　製造業。ただし，次に掲げるものを除く。

イ　たばこ製造業

ロ　繊維工業（紡績業及び染色整理業を除く。）

ハ　衣服その他の繊維製品製造業

ニ　紙加工品製造業（セロファン製造業を除く。）

3　電気業

4　ガス業

5　自動車整備業

6　機械修理業

---- 安　衛　則 ----

（職長等の教育）

第40条　法第60条第3号の厚生労働省令で定める事項は，次のとおりとする。

1　法第28条の2第1項又は第57条の3第1項及び第2項の危険性又は有害性等の調査及びその結果に基づき講ずる措置に関すること。

2　異常時等における措置に関すること。

3　その他現場監督者として行うべき労働災害防止活動に関すること。

② 法第60条の安全又は衛生のための教育は，次の表の上欄〈編注・左欄〉に掲げる事項について，同表の下欄〈編注・右欄〉に掲げる時間以上行わなければならないものとする。

事　　　　　項	時　　間
法第60条第1号に掲げる事項 1　作業手順の定め方 2　労働者の適正な配置の方法	2時間
法第60条第2号に掲げる事項 1　指導及び教育の方法 2　作業中における監督及び指示の方法	2.5時間
前項第1号に掲げる事項 1　危険性又は有害性等の調査の方法 2　危険性又は有害性等の調査の結果に基づき講ずる措置 3　設備，作業等の具体的な改善の方法	4時間
前項第2号に掲げる事項 1　異常時における措置 2　災害発生時における措置	1.5時間
前項第3号に掲げる事項 1　作業に係る設備及び作業場所の保守管理の方法 2　労働災害防止についての関心の保持及び労働者の創意工夫を引き出す方法	2時間

③ 事業者は，前項の表の上欄〈編注・左欄〉に掲げる事項の全部又は一部について十分な知識及び技能を有していると認められる者については，当該事項に関する教

育を省略することができる。

第60条の2　事業者は，前二条に定めるもののほか，その事業場における安全衛生の水準の向上を図るため，危険又は有害な業務に現に就いている者に対し，その従事する業務に関する安全又は衛生のための教育を行うように努めなければならない。

②　厚生労働大臣は，前項の教育の適切かつ有効な実施を図るため必要な指針を公表するものとする。

③　厚生労働大臣は，前項の指針に従い，事業者又はその団体に対し，必要な指導等を行うことができる。

安　衛　則

（指針の公表）

第40条の2　第24条の規定は，法第60条の2第2項の規定による指針の公表について準用する。

（2）　就業制限

（就業制限）

第61条　事業者は，クレーンの運転その他の業務で，政令で定めるものについては，都道府県労働局長の当該業務に係る免許を受けた者又は都道府県労働局長の登録を受けた者が行う当該業務に係る技能講習を修了した者その他厚生労働省令で定める資格を有する者でなければ，当該業務に就かせてはならない。

②　前項の規定により当該業務につくことができる者以外の者は，当該業務を行なつてはならない。

③　第1項の規定により当該業務につくことができる者は，当該業務に従事するときは，これに係る免許証その他その資格を証する書面を携帯していなければならない。

④　職業能力開発促進法（昭和44年法律第64号）第24条第1項（同法第27条の2第2項において準用する場合を含む。）の認定に係る職業訓練を受ける労働者について必要がある場合においては，その必要の限度で，前三項の規定について，厚生労働省令で別段の定めをすることができる。

---施 行 令---

（就業制限に係る業務）

第20条　法第61条第1項の政令で定める業務は，次のとおりとする。

（第1号から第8号　略）

9　潜水器を用い，かつ，空気圧縮機若しくは手押しポンプによる送気又はボンベからの給気を受けて，水中において行う業務

（第10号から第16号　略）

---安 衛 則---

（就業制限についての資格）

第41条　法第61条第1項に規定する業務につくことができる者は，別表第3の上欄〈編注・左欄〉に掲げる業務の区分に応じて，それぞれ，同表の下欄〈編注・右欄〉に掲げる者とする。

別表第3（第41条関係）（抜粋）

業 務 の 区 分	業務につくことができる者
令第20条第9号の業務	潜水士免許を受けた者

（3）　中高年齢者等についての配慮

（中高年齢者等についての配慮）

第62条　事業者は，中高年齢者その他労働災害の防止上その就業に当たつて特に配慮を必要とする者については，これらの者の心身の条件に応じて適正な配置を行なうように努めなければならない。

（4）　国の援助

（国の援助）

第63条　国は，事業者が行なう安全又は衛生のための教育の効果的実施を図るため，指導員の養成及び資質の向上のための措置，教育指導方法の整備及び普及，教育資料の提供その他必要な施策の充実に努めるものとする。

7 第7章 健康の保持増進関係

（1） 作業環境測定

（作業環境測定）

第65条 事業者は，有害な業務を行う屋内作業場その他の作業場で，政令で定めるものについて，厚生労働省令で定めるところにより，必要な作業環境測定を行い，及びその結果を記録しておかなければならない。

② 前項の規定による作業環境測定は，厚生労働大臣の定める作業環境測定基準に従つて行わなければならない。

③ 厚生労働大臣は，第1項の規定による作業環境測定の適切かつ有効な実施を図るため必要な作業環境測定指針を公表するものとする。

④ 厚生労働大臣は，前項の作業環境測定指針を公表した場合において必要があると認めるときは，事業者若しくは作業環境測定機関又はこれらの団体に対し，当該作業環境測定指針に関し必要な指導等を行うことができる。

⑤ 都道府県労働局長は，作業環境の改善により労働者の健康を保持する必要があると認めるときは，労働衛生指導医の意見に基づき，厚生労働省令で定めるところにより，事業者に対し，作業環境測定の実施その他必要な事項を指示することができる。

┈┈施　行　令┈┈

（作業環境測定を行うべき作業場）

第21条 法第65条第1項の政令で定める作業場は，次のとおりとする。

1 土石，岩石，鉱物，金属又は炭素の粉じんを著しく発散する屋内作業場で，厚生労働省令で定めるもの

2 暑熱，寒冷又は多湿の屋内作業場で，厚生労働省令で定めるもの

3 著しい騒音を発する屋内作業場で，厚生労働省令で定めるもの

4 坑内の作業場で，厚生労働省令で定めるもの

5 中央管理方式の空気調和設備（空気を浄化し，その温度，湿度及び流量を調節して供給することができる設備をいう。）を設けている建築物の室で，事務所の用に供されるもの

6 別表第2に掲げる放射線業務を行う作業場で，厚生労働省令で定めるもの

7 別表第3第1号若しくは第2号に掲げる特定化学物質（同号34の2に掲げる物及び同号37に掲げる物で同号34の2に係るものを除く。）を製造し，若しくは取り扱う屋内作業場（同号3の3，11の2，13の2，15，15の2，18の2から18の4

まで，19の2から19の4まで，22の2から22の5まで，23の2，33の2若しくは34の3に掲げる物又は同号37に掲げる物で同号3の3，11の2，13の2，15，15の2，18の2から18の4まで，19の2から19の4まで，22の2から22の5まで，23の2，33の2若しくは34の3に係るものを製造し，又は取り扱う作業で厚生労働省令で定めるものを行うものを除く。），石綿等を取り扱い，若しくは試験研究のため製造する屋内作業場若しくは石綿分析用試料等を製造する屋内作業場又はコークス炉上において若しくはコークス炉に接してコークス製造の作業を行う場合の当該作業場

8　別表第4第1号から第8号まで，第10号又は第16号に掲げる鉛業務（遠隔操作によつて行う隔離室におけるものを除く。）を行う屋内作業場

9　別表第6に掲げる酸素欠乏危険場所において作業を行う場合の当該作業場

10　別表第6の2に掲げる有機溶剤を製造し，又は取り扱う業務で厚生労働省令で定めるものを行う屋内作業場

安　衛　則

（作業環境測定指針の公表）

第42条の2　第24条の規定は，法第65条第3項の規定による作業環境測定指針の公表について準用する。

（作業環境測定の指示）

第42条の3　法第65条第5項の規定による指示は，作業環境測定を実施すべき作業場その他必要な事項を記載した文書により行うものとする。

（2）　作業環境測定の結果の評価等

（作業環境測定の結果の評価等）

第65条の2　事業者は，前条第1項又は第5項の規定による作業環境測定の結果の評価に基づいて，労働者の健康を保持するため必要があると認められるときは，厚生労働省令で定めるところにより，施設又は設備の設置又は整備，健康診断の実施その他の適切な措置を講じなければならない。

②　事業者は，前項の評価を行うに当たつては，厚生労働省令で定めるところにより，厚生労働大臣の定める作業環境評価基準に従つて行わなければならない。

③　事業者は，前項の規定による作業環境測定の結果の評価を行つたときは，厚生労働省令で定めるところにより，その結果を記録しておかなければならない。

（3） 作業の管理

（作業の管理）
第65条の3　事業者は，労働者の健康に配慮して，労働者の従事する作業を適切に管理するように努めなければならない。

（4） 作業時間の制限

（作業時間の制限）
第65条の4　事業者は，潜水業務その他の健康障害を生ずるおそれのある業務で，厚生労働省令で定めるものに従事させる労働者については，厚生労働省令で定める作業時間についての基準に違反して，当該業務に従事させてはならない。

（5） 健康診断

（健康診断）
第66条　事業者は，労働者に対し，厚生労働省令で定めるところにより，医師による健康診断（第66条の10第1項に規定する検査を除く。以下この条及び次条において同じ。）を行わなければならない。
②　事業者は，有害な業務で，政令で定めるものに従事する労働者に対し，厚生労働省令で定めるところにより，医師による特別の項目についての健康診断を行なわなければならない。有害な業務で，政令で定めるものに従事させたことのある労働者で，現に使用しているものについても，同様とする。
③　事業者は，有害な業務で，政令で定めるものに従事する労働者に対し，厚生労働省令で定めるところにより，歯科医師による健康診断を行なわなければならない。
④　都道府県労働局長は，労働者の健康を保持するため必要があると認めるときは，労働衛生指導医の意見に基づき，厚生労働省令で定めるところにより，事業者に対し，臨時の健康診断の実施その他必要な事項を指示することができる。
⑤　労働者は，前各項の規定により事業者が行なう健康診断を受けなければならない。ただし，事業者の指定した医師又は歯科医師が行なう健康診断を受ける

ことを希望しない場合において，他の医師又は歯科医師の行なうこれらの規定
による健康診断に相当する健康診断を受け，その結果を証明する書面を事業者
に提出したときは，この限りでない。

（自発的健康診断の結果の提出）

第66条の2　午後10時から午前5時まで（厚生労働大臣が必要であると認める場
合においては，その定める地域又は期間については午後11時から午前6時まで）
の間における業務（以下「深夜業」という。）に従事する労働者であつて，そ
の深夜業の回数その他の事項が深夜業に従事する労働者の健康の保持を考慮し
て厚生労働省令で定める要件に該当するものは，厚生労働省令で定めるところ
により，自ら受けた健康診断（前条第5項ただし書の規定による健康診断を除
く。）の結果を証明する書面を事業者に提出することができる。

（健康診断の結果の記録）

第66条の3　事業者は，厚生労働省令で定めるところにより，第66条第1項から
第4項まで及び第5項ただし書並びに前条の規定による健康診断の結果を記録
しておかなければならない。

（健康診断の結果についての医師等からの意見聴取）

第66条の4　事業者は，第66条第1項から第4項まで若しくは第5項ただし書又
は第66条の2の規定による健康診断の結果（当該健康診断の項目に異常の所見
があると診断された労働者に係るものに限る。）に基づき，当該労働者の健康
を保持するために必要な措置について，厚生労働省令で定めるところにより，
医師又は歯科医師の意見を聴かなければならない。

（健康診断実施後の措置）

第66条の5　事業者は，前条の規定による医師又は歯科医師の意見を勘案し，そ
の必要があると認めるときは，当該労働者の実情を考慮して，就業場所の変更，
作業の転換，労働時間の短縮，深夜業の回数の減少等の措置を講ずるほか，作
業環境測定の実施，施設又は設備の設置又は整備，当該医師又は歯科医師の意
見の衛生委員会若しくは安全衛生委員会又は労働時間等設定改善委員会（労働
時間等の設定の改善に関する特別措置法（平成4年法律第90号）第7条に規定
する労働時間等設定改善委員会をいう。以下同じ。）への報告その他の適切な
措置を講じなければならない。

②　厚生労働大臣は，前項の規定により事業者が講ずべき措置の適切かつ有効な
実施を図るため必要な指針を公表するものとする。

③　厚生労働大臣は，前項の指針を公表した場合において必要があると認めると

きは，事業者又はその団体に対し，当該指針に関し必要な指導等を行うことができる。

（健康診断の結果の通知）

第66条の6 事業者は，第66条第1項から第4項までの規定により行う健康診断を受けた労働者に対し，厚生労働省令で定めるところにより，当該健康診断の結果を通知しなければならない。

（保健指導等）

第66条の7 事業者は，第66条第1項の規定による健康診断若しくは当該健康診断に係る同条第5項ただし書の規定による健康診断又は第66条の2の規定による健康診断の結果，特に健康の保持に努める必要があると認める労働者に対し，医師又は保健師による保健指導を行うように努めなければならない。

② 労働者は，前条の規定により通知された健康診断の結果及び前項の規定による保健指導を利用して，その健康の保持に努めるものとする。

（面接指導等）

第66条の8 事業者は，その労働時間の状況その他の事項が労働者の健康の保持を考慮して厚生労働省令で定める要件に該当する労働者（次条第1項に規定する者及び第66条の8の4第1項に規定する者を除く。以下この条において同じ。）に対し，厚生労働省令で定めるところにより，医師による面接指導（問診その他の方法により心身の状況を把握し，これに応じて面接により必要な指導を行うことをいう。以下同じ。）を行わなければならない。

② 労働者は，前項の規定により事業者が行う面接指導を受けなければならない。ただし，事業者の指定した医師が行う面接指導を受けることを希望しない場合において，他の医師の行う同項の規定による面接指導に相当する面接指導を受け，その結果を証明する書面を事業者に提出したときは，この限りでない。

③ 事業者は，厚生労働省令で定めるところにより，第1項及び前項ただし書の規定による面接指導の結果を記録しておかなければならない。

④ 事業者は，第1項又は第2項ただし書の規定による面接指導の結果に基づき，当該労働者の健康を保持するために必要な措置について，厚生労働省令で定めるところにより，医師の意見を聴かなければならない。

⑤ 事業者は，前項の規定による医師の意見を勘案し，その必要があると認めるときは，当該労働者の実情を考慮して，就業場所の変更，作業の転換，労働時間の短縮，深夜業の回数の減少等の措置を講ずるほか，当該医師の意見の衛生委員会若しくは安全衛生委員会又は労働時間等設定改善委員会への報告その他

の適切な措置を講じなければならない。

第66条の8の2　事業者は，その労働時間が労働者の健康の保持を考慮して厚生労働省令で定める時間を超える労働者（労働基準法第36条第11項に規定する業務に従事する者（同法第41条各号に掲げる者及び第66条の8の4第1項に規定する者を除く。）に限る。）に対し，厚生労働省令で定めるところにより，医師による面接指導を行わなければならない。

②　前条第2項から第5項までの規定は，前項の事業者及び労働者について準用する。この場合において，同条第5項中「作業の転換」とあるのは，「職務内容の変更，有給休暇（労働基準法第39条の規定による有給休暇を除く。）の付与」と読み替えるものとする。

第66条の8の3　事業者は，第66条の8第1項又は前条第1項の規定による面接指導を実施するため，厚生労働省令で定める方法により，労働者（次条第1項に規定する者を除く。）の労働時間の状況を把握しなければならない。

第66条の8の4　事業者は，労働基準法第41条の2第1項の規定により労働する労働者であつて，その健康管理時間（同項第3号に規定する健康管理時間をいう。）が当該労働者の健康の保持を考慮して厚生労働省令で定める時間を超えるものに対し，厚生労働省令で定めるところにより，医師による面接指導を行わなければならない。

②　第66条の8第2項から第5項までの規定は，前項の事業者及び労働者について準用する。この場合において，同条第5項中「就業場所の変更，作業の転換，労働時間の短縮，深夜業の回数の減少等」とあるのは，「職務内容の変更，有給休暇（労働基準法第39条の規定による有給休暇を除く。）の付与，健康管理時間（第66条の8の4第1項に規定する健康管理時間をいう。）が短縮されるための配慮等」と読み替えるものとする。

第66条の9　事業者は，第66条の8第1項，第66条の8の2第1項又は前条第1項の規定により面接指導を行う労働者以外の労働者であつて健康への配慮が必要なものについては，厚生労働省令で定めるところにより，必要な措置を講ずるように努めなければならない。

╷--- 施　行　令 ---------------------------------------
╷
╷**（健康診断を行うべき有害な業務）**
╷
╷**第22条**　法第66条第2項前段の政令で定める有害な業務は，次のとおりとする。
╷
╷　1　第6条第1号に掲げる作業に係る業務及び第20条第9号に掲げる業務
╷

2　別表第2に掲げる放射線業務

3　別表第3第1号若しくは第2号に掲げる特定化学物質（同号5及び31の2に掲げる物並びに同号37に掲げる物で同号5又は31の2に係るものを除く。）を製造し，若しくは取り扱う業務（同号8若しくは32に掲げる物又は同号37に掲げる物で同号8若しくは32に係るものを製造する事業場以外の事業場においてこれらの物を取り扱う業務及び同号3の3，11の2，13の2，15，15の2，18の2から18の4まで，19の2から19の4まで，22の2から22の5まで，23の2，33の2若しくは34の3に掲げる物又は同号37に掲げる物で同号3の3，11の2，13の2，15，15の2，18の2から18の4まで，19の2から19の4まで，22の2から22の5まで，23の2，33の2若しくは34の3に係るものを製造し，又は取り扱う業務で厚生労働省令で定めるものを除く。），第16条第1項各号に掲げる物（同項第4号に掲げる物及び同項第9号に掲げる物で同項第4号に係るものを除く。）を試験研究のため製造し，若しくは使用する業務又は石綿等の取扱い若しくは試験研究のための製造若しくは石綿分析用試料等の製造に伴い石綿の粉じんを発散する場所における業務

4　別表第4に掲げる鉛業務（遠隔操作によつて行う隔離室におけるものを除く。）

5　別表第5に掲げる四アルキル鉛等業務（遠隔操作によつて行う隔離室におけるものを除く。）

6　屋内作業場又はタンク，船倉若しくは坑の内部その他の厚生労働省令で定める場所において別表第6の2に掲げる有機溶剤を製造し，又は取り扱う業務で，厚生労働省令で定めるもの

（別表第2～6の2，38～45ページ参照）

②　法第66条第2項後段の政令で定める有害な業務は，次の物を製造し，若しくは取り扱う業務（第11号若しくは第22号に掲げる物又は第24号に掲げる物で第11号若しくは第22号に係るものを製造する事業場以外の事業場においてこれらの物を取り扱う業務，第12号若しくは第16号に掲げる物又は第24号に掲げる物で第12号若しくは第16号に係るものを鉱石から製造する事業場以外の事業場においてこれらの物を取り扱う業務及び第9号の2，第13号の2，第14号の2，第14号の3，第15号の2から第15号の4まで，第16号の2若しくは第22号の2に掲げる物又は第24号に掲げる物で第9号の2，第13号の2，第14号の2，第14号の3，第15号の2から第15号の4まで，第16号の2若しくは第22号の2に係るものを製造し，又は取り扱う業務で厚生労働省令で定めるものを除く。）又は石綿等の製造若しくは取扱いに伴い石綿の粉じんを発散する場所における業務とする。

1　ベンジジン及びその塩

1の2　ビス（クロロメチル）エーテル

2　ベーターナフチルアミン及びその塩

3　ジクロルベンジジン及びその塩

4　アルフアーナフチルアミン及びその塩

　　5　オルト-トリジン及びその塩

　　6　ジアニシジン及びその塩

　　7　ベリリウム及びその化合物

　　8　ベンゾトリクロリド

　　9　インジウム化合物

　　9の2　エチルベンゼン

　　9の3　エチレンイミン

　10　塩化ビニル

　11　オーラミン

　11の2　オルト-トルイジン

　12　クロム酸及びその塩

　13　クロロメチルメチルエーテル

　13の2　コバルト及びその無機化合物

　14　コールタール

　14の2　酸化プロピレン

　14の3　三酸化二アンチモン

　15　3・3'-ジクロロ-4・4'-ジアミノジフェニルメタン

　15の2　1・2-ジクロロプロパン

　15の3　ジクロロメタン（別名二塩化メチレン）

　15の4　ジメチル-2・2-ジクロロビニルホスフェイト（別名DDVP）

　15の5　1・1-ジメチルヒドラジン

　16　重クロム酸及びその塩

　16の2　ナフタレン

　17　ニッケル化合物（次号に掲げる物を除き，粉状の物に限る。）

　18　ニッケルカルボニル

　19　パラ-ジメチルアミノアゾベンゼン

　19の2　砒素及びその化合物（アルシン及び砒化ガリウムを除く。）

　20　ベーター-プロピオラクトン

　21　ベンゼン

　22　マゼンタ

　22の2　リフラクトリーセラミックファイバー

　23　第1号から第7号までに掲げる物をその重量の1パーセントを超えて含有し，
　　　又は第8号に掲げる物をその重量の0.5パーセントを超えて含有する製剤その他の
　　　物（合金にあつては，ベリリウムをその重量の3パーセントを超えて含有するも
　　　のに限る。）

　24　第9号から第22号の2までに掲げる物を含有する製剤その他の物で，厚生労働
　　　省令で定めるもの

③　法第66条第3項の政令で定める有害な業務は，塩酸，硝酸，硫酸，亜硫酸，弗化

水素，黄りんその他歯又はその支持組織に有害な物のガス，蒸気又は粉じんを発散する場所における業務とする。

---安 衛 則---

（雇入時の健康診断）

第43条 事業者は，常時使用する労働者を雇い入れるときは，当該労働者に対し，次の項目について医師による健康診断を行わなければならない。ただし，医師による健康診断を受けた後，3月を経過しない者を雇い入れる場合において，その者が当該健康診断の結果を証明する書面を提出したときは，当該健康診断の項目に相当する項目については，この限りでない。

1 　既往歴及び業務歴の調査
2 　自覚症状及び他覚症状の有無の検査
3 　身長，体重，腹囲，視力及び聴力（1,000ヘルツ及び4,000ヘルツの音に係る聴力をいう。次条第1項第3号において同じ。）の検査
4 　胸部エックス線検査
5 　血圧の測定
6 　血色素量及び赤血球数の検査（次条第1項第6号において「貧血検査」という。）
7 　血清グルタミックオキサロアセチックトランスアミナーゼ（GOT），血清グルタミックピルビックトランスアミナーゼ（GPT）及びガンマーグルタミルトランスペプチダーゼ（γ-GTP）の検査（次条第1項第7号において「肝機能検査」という。）
8 　低比重リポ蛋白コレステロール（LDL コレステロール），高比重リポ蛋白コレステロール（HDL コレステロール）及び血清トリグリセライドの量の検査（次条第1項第8号において「血中脂質検査」という。）
9 　血糖検査
10　尿中の糖及び蛋白の有無の検査（次条第1項第10号において「尿検査」という。）
11　心電図検査

（定期健康診断）

第44条 事業者は，常時使用する労働者（第45条第1項に規定する労働者を除く。）に対し，1年以内ごとに1回，定期に，次の項目について医師による健康診断を行わなければならない。

1 　既往歴及び業務歴の調査
2 　自覚症状及び他覚症状の有無の検査
3 　身長，体重，腹囲，視力及び聴力の検査
4 　胸部エックス線検査及び喀痰検査
5 　血圧の測定
6 　貧血検査
7 　肝機能検査

   8　血中脂質検査

   9　血糖検査

  10　尿検査

  11　心電図検査

② 第1項第3号，第4号，第6号から第9号まで及び第11号に掲げる項目については，厚生労働大臣が定める基準に基づき，医師が必要でないと認めるときは，省略することができる。

③ 第1項の健康診断は，前条，第45条の2又は法第66条第2項前段の健康診断を受けた者（前条ただし書に規定する書面を提出した者を含む。）については，当該健康診断の実施の日から1年間に限り，その者が受けた当該健康診断の項目に相当する項目を省略して行うことができる。

④ 第1項第3号に掲げる項目（聴力の検査に限る。）は，45歳未満の者（35歳及び40歳の者を除く。）については，同項の規定にかかわらず，医師が適当と認める聴力（1,000ヘルツ又は4,000ヘルツの音に係る聴力を除く。）の検査をもつて代えることができる。

（満15歳以下の者の健康診断の特例）

第44条の2　事業者は，前二条の健康診断を行おうとする日の属する年度（4月1日から翌年3月31日までをいう。以下この条において同じ。）において満15歳以下の年齢に達する者で，当該年度において学校保健安全法第11条又は第13条（認定こども園法第27条において準用する場合を含む。）の規定による健康診断を受けたもの又は受けることが予定されているものについては，前二条の規定にかかわらず，これらの規定による健康診断（学校教育法による中学校若しくはこれに準ずる学校若しくは義務教育学校を卒業した者又は中等教育学校の前期課程を修了した者に係る第43条の健康診断を除く。）を行わないことができる。

② 前二条の健康診断を行おうとする日の属する年度において満15歳以下の年齢に達する者で，前項に規定する者以外のものについては，医師が必要でないと認めるときは，当該健康診断の項目の全部又は一部を省略することができる。

（特定業務従事者の健康診断）

第45条　事業者は，第13条第1項第3号に掲げる業務に常時従事する労働者に対し，当該業務への配置替えの際及び6月以内ごとに1回，定期に，第44条第1項各号に掲げる項目について医師による健康診断を行わなければならない。この場合において，同項第4号の項目については，1年以内ごとに1回，定期に，行えば足りるものとする。

② 前項の健康診断（定期のものに限る。）は，前回の健康診断において第44条第1項第6号から第9号まで及び第11号に掲げる項目について健康診断を受けた者については，前項の規定にかかわらず，医師が必要でないと認めるときは，当該項目の全部又は一部を省略して行うことができる。

③ 第44条第2項及び第3項の規定は，第1項の健康診断について準用する。この場

合において，同条第3項中「1年間」とあるのは，「6月間」と読み替えるものとする。

④ 第1項の健康診断（定期のものに限る。）の項目のうち第44条第1項第3号に掲げる項目（聴力の検査に限る。）は，前回の健康診断において当該項目について健康診断を受けた者又は45歳未満の者（35歳及び40歳の者を除く。）については，第1項の規定にかかわらず，医師が適当と認める聴力（1,000ヘルツ又は4,000ヘルツの音に係る聴力を除く。）の検査をもつて代えることができる。

（海外派遣労働者の健康診断）

第45条の2　事業者は，労働者を本邦外の地域に6月以上派遣しようとするときは，あらかじめ，当該労働者に対し，第44条第1項各号に掲げる項目及び厚生労働大臣が定める項目のうち医師が必要であると認める項目について，医師による健康診断を行わなければならない。

② 事業者は，本邦外の地域に6月以上派遣した労働者を本邦の地域内における業務に就かせるとき（一時的に就かせるときを除く。）は，当該労働者に対し，第44条第1項各号に掲げる項目及び厚生労働大臣が定める項目のうち医師が必要であると認める項目について，医師による健康診断を行わなければならない。

③ 第1項の健康診断は，第43条，第44条，前条又は法第66条第2項前段の健康診断を受けた者（第43条第1項ただし書に規定する書面を提出した者を含む。）については，当該健康診断の実施の日から6月間に限り，その者が受けた当該健康診断の項目に相当する項目を省略して行うことができる。

④ 第44条第2項の規定は，第1項及び第2項の健康診断について準用する。この場合において，同条第2項中「，第4号，第6号から第9号まで及び第11号」とあるのは，「及び第4号」と読み替えるものとする。

第46条　削除

（給食従業員の検便）

第47条　事業者は，事業に附属する食堂又は炊事場における給食の業務に従事する労働者に対し，その雇入れの際又は当該業務への配置替えの際，検便による健康診断を行なわなければならない。

（歯科医師による健康診断）

第48条　事業者は，令第22条第3項の業務に常時従事する労働者に対し，その雇入れの際，当該業務への配置替えの際及び当該業務についた後6月以内ごとに1回，定期に，歯科医師による健康診断を行なわなければならない。

（健康診断の指示）

第49条　法第66条第4項の規定による指示は，実施すべき健康診断の項目，健康診断を受けるべき労働者の範囲その他必要な事項を記載した文書により行なうものとする。

（労働者の希望する医師等による健康診断の証明）

第50条　法第66条第5項ただし書の書面は，当該労働者の受けた健康診断の項目ごとに，その結果を記載したものでなければならない。

（自発的健康診断）

第50条の2 法第66条の2の厚生労働省令で定める要件は，常時使用され，同条の自ら受けた健康診断を受けた日前6月間を平均して1月当たり4回以上同条の深夜業に従事したこととする。

第50条の3 前条で定める要件に該当する労働者は，第44条第1項各号に掲げる項目の全部又は一部について，自ら受けた医師による健康診断の結果を証明する書面を事業者に提出することができる。ただし，当該健康診断を受けた日から3月を経過したときは，この限りでない。

第50条の4 法第66条の2の書面は，当該労働者の受けた健康診断の項目ごとに，その結果を記載したものでなければならない。

（健康診断結果の記録の作成）

第51条 事業者は，第43条，第44条若しくは第45条から第48条までの健康診断若しくは法第66条第4項の規定による指示を受けて行つた健康診断（同条第5項ただし書の場合において当該労働者が受けた健康診断を含む。次条において「第43条等の健康診断」という。）又は法第66条の2の自ら受けた健康診断の結果に基づき，健康診断個人票（様式第5号）を作成して，これを5年間保存しなければならない。

（健康診断の結果についての医師等からの意見聴取）

第51条の2 第43条等の健康診断の結果に基づく法第66条の4の規定による医師又は歯科医師からの意見聴取は，次に定めるところにより行わなければならない。

　1　第43条等の健康診断が行われた日（法第66条第5項ただし書の場合にあつては，当該労働者が健康診断の結果を証明する書面を事業者に提出した日）から3月以内に行うこと。

　2　聴取した医師又は歯科医師の意見を健康診断個人票に記載すること。

② 法第66条の2の自ら受けた健康診断の結果に基づく法第66条の4の規定による医師からの意見聴取は，次に定めるところにより行わなければならない。

　1　当該健康診断の結果を証明する書面が事業者に提出された日から2月以内に行うこと。

　2　聴取した医師の意見を健康診断個人票に記載すること。

③ 事業者は，医師又は歯科医師から，前二項の意見聴取を行う上で必要となる労働者の業務に関する情報を求められたときは，速やかに，これを提供しなければならない。

（指針の公表）

第51条の3 第24条の規定は，法第66条の5第2項の規定による指針の公表について準用する。

（健康診断の結果の通知）

第51条の4 事業者は，法第66条第4項又は第43条，第44条若しくは第45条から第48条までの健康診断を受けた労働者に対し，遅滞なく，当該健康診断の結果を通知しなければならない。

（健康診断結果報告）

第52条　常時50人以上の労働者を使用する事業者は，第44条又は第45条の健康診断（定期のものに限る。）を行つたときは，遅滞なく，定期健康診断結果報告書（様式第6号）を所轄労働基準監督署長に提出しなければならない。

②　事業者は，第48条の健康診断（定期のものに限る。）を行つたときは，遅滞なく，有害な業務に係る歯科健康診断結果報告書（様式第6号の2）を所轄労働基準監督署長に提出しなければならない。

（面接指導の対象となる労働者の要件等）

第52条の2　法第66条の8第1項の厚生労働省令で定める要件は，休憩時間を除き1週間当たり40時間を超えて労働させた場合におけるその超えた時間が1月当たり80時間を超え，かつ，疲労の蓄積が認められる者であることとする。ただし，次項の期日前1月以内に法第66条の8第1項又は第66条の8の2第1項に規定する面接指導を受けた労働者その他これに類する労働者であつて法第66条の8第1項に規定する面接指導（以下この節において「法第66条の8の面接指導」という。）を受ける必要がないと医師が認めたものを除く。

②　前項の超えた時間の算定は，毎月1回以上，一定の期日を定めて行わなければならない。

③　事業者は，第1項の超えた時間の算定を行つたときは，速やかに，同項の超えた時間が1月当たり80時間を超えた労働者に対し，当該労働者に係る当該超えた時間に関する情報を通知しなければならない。

（面接指導の実施方法等）

第52条の3　法第66条の8の面接指導は，前条第1項の要件に該当する労働者の申出により行うものとする。

②　前項の申出は，前条第2項の期日後，遅滞なく，行うものとする。

③　事業者は，労働者から第1項の申出があつたときは，遅滞なく，法第66条の8の面接指導を行わなければならない。

④　産業医は，前条第1項の要件に該当する労働者に対して，第1項の申出を行うよう勧奨することができる。

（面接指導における確認事項）

第52条の4　医師は，法第66条の8の面接指導を行うに当たつては，前条第1項の申出を行つた労働者に対し，次に掲げる事項について確認を行うものとする。

　1　当該労働者の勤務の状況

　2　当該労働者の疲労の蓄積の状況

　3　前号に掲げるもののほか，当該労働者の心身の状況

（労働者の希望する医師による面接指導の証明）

第52条の5　法第66条の8第2項ただし書の書面は，当該労働者の受けた法第66条の8の面接指導について，次に掲げる事項を記載したものでなければならない。

　1　実施年月日

2　当該労働者の氏名

3　法第66条の8の面接指導を行つた医師の氏名

4　当該労働者の疲労の蓄積の状況

5　前号に掲げるもののほか，当該労働者の心身の状況

（面接指導結果の記録の作成）

第52条の6　事業者は，法第66条の8の面接指導（法第66条の8第2項ただし書の場合において当該労働者が受けたものを含む。次条において同じ。）の結果に基づき，当該法第66条の8の面接指導の結果の記録を作成して，これを5年間保存しなければならない。

②　前項の記録は，前条各号に掲げる事項及び法第66条の8第4項の規定による医師の意見を記載したものでなければならない。

（面接指導の結果についての医師からの意見聴取）

第52条の7　法第66条の8の面接指導の結果に基づく法第66条の8第4項の規定による医師からの意見聴取は，当該法第66条の8の面接指導が行われた後（同条第2項ただし書の場合にあつては，当該労働者が当該法第66条の8の面接指導の結果を証明する書面を事業者に提出した後），遅滞なく行わなければならない。

（法第66条の8の2第1項の厚生労働省令で定める時間等）

第52条の7の2　法第66条の8の2第1項の厚生労働省令で定める時間は，休憩時間を除き1週間当たり40時間を超えて労働させた場合におけるその超えた時間について，1月当たり100時間とする。

②　第52条の2第2項，第52条の3第1項及び第52条の4から前条までの規定は，法第66条の8の2第1項に規定する面接指導について準用する。この場合において，第52条の2第2項中「前項」とあるのは「第52条の7の2第1項」と，第52条の3第1項中「前条第1項の要件に該当する労働者の申出により」とあるのは「前条第2項の期日後，遅滞なく」と，第52条の4中「前条第1項の申出を行つた労働者」とあるのは「労働者」と読み替えるものとする。

（法第66条の8の3の厚生労働省令で定める方法等）

第52条の7の3　法第66条の8の3の厚生労働省令で定める方法は，タイムカードによる記録，パーソナルコンピュータ等の電子計算機の使用時間の記録等の客観的な方法その他の適切な方法とする。

②　事業者は，前項に規定する方法により把握した労働時間の状況の記録を作成し，3年間保存するための必要な措置を講じなければならない。

（法第66条の8の4第1項の厚生労働省令で定める時間等）

第52条の7の4　法第66条の8の4第1項の厚生労働省令で定める時間は，一週間当たりの健康管理時間（労働基準法（昭和22年法律第49号）第41条の2第1項第3号に規定する健康管理時間をいう。）が40時間を超えた場合におけるその超えた時間について，一月当たり100時間とする。

②　第52条の2第2項，第52条の3第1項及び第52条の4から第52条の7までの規定

は，法第66条の8の4第1項に規定する面接指導について準用する。この場合にお
いて，第52条の2第2項中「前項」とあるのは「第52条の7の4第1項」と，第52
条の3第1項中「前条第1項の要件に該当する労働者の申出により」とあるのは「前
条第2項の期日後，遅滞なく，」と，第52条の4中「前条第1項の申出を行つた労働
者」とあるのは「労働者」と読み替えるものとする。

（法第66条の9の必要な措置の実施）

第52条の8　法第66条の9の必要な措置は，法第66条の8の面接指導の実施又は法第
66条の8の面接指導に準ずる措置（第3項に該当する者にあつては，法第66条の8
の4第1項に規定する面接指導の実施）とする。

②　労働基準法（昭和22年法律第49号）第41条の2第1項の規定により労働する労働
者以外の労働者に対して行う法第66条の9の必要な措置は，事業場において定めら
れた当該必要な措置の実施に関する基準に該当する者に対して行うものとする。

③　労働基準法第41条の2第1項の規定により労働する労働者に対して行う法第66条
の9の必要な措置は，当該労働者の申出により行うものとする。

（6）　心理的な負担の程度を把握するための検査等

（心理的な負担の程度を把握するための検査等）

第66条の10　事業者は，労働者に対し，厚生労働省令で定めるところにより，医
師，保健師その他の厚生労働省令で定める者（以下この条において「医師等」
という。）による心理的な負担の程度を把握するための検査を行わなければな
らない。

②　事業者は，前項の規定により行う検査を受けた労働者に対し，厚生労働省令
で定めるところにより，当該検査を行つた医師等から当該検査の結果が通知さ
れるようにしなければならない。この場合において，当該医師等は，あらかじ
め当該検査を受けた労働者の同意を得ないで，当該労働者の検査の結果を事業
者に提供してはならない。

③　事業者は，前項の規定による通知を受けた労働者であつて，心理的な負担の
程度が労働者の健康の保持を考慮して厚生労働省令で定める要件に該当するも
のが医師による面接指導を受けることを希望する旨を申し出たときは，当該申
出をした労働者に対し，厚生労働省令で定めるところにより，医師による面接
指導を行わなければならない。この場合において，事業者は，労働者が当該申
出をしたことを理由として，当該労働者に対し，不利益な取扱いをしてはなら
ない。

④　事業者は，厚生労働省令で定めるところにより，前項の規定による面接指導

の結果を記録しておかなければならない。

⑤ 事業者は、第３項の規定による面接指導の結果に基づき、当該労働者の健康を保持するために必要な措置について、厚生労働省令で定めるところにより、医師の意見を聴かなければならない。

⑥ 事業者は、前項の規定による医師の意見を勘案し、その必要があると認めるときは、当該労働者の実情を考慮して、就業場所の変更、作業の転換、労働時間の短縮、深夜業の回数の減少等の措置を講ずるほか、当該医師の意見の衛生委員会若しくは安全衛生委員会又は労働時間等設定改善委員会への報告その他の適切な措置を講じなければならない。

⑦ 厚生労働大臣は、前項の規定により事業者が講ずべき措置の適切かつ有効な実施を図るため必要な指針を公表するものとする。

⑧ 厚生労働大臣は、前項の指針を公表した場合において必要があると認めるときは、事業者又はその団体に対し、当該指針に関し必要な指導等を行うことができる。

⑨ 国は、心理的な負担の程度が労働者の健康の保持に及ぼす影響に関する医師等に対する研修を実施するよう努めるとともに、第２項の規定により通知された検査の結果を利用する労働者に対する健康相談の実施その他の当該労働者の健康の保持増進を図ることを促進するための措置を講ずるよう努めるものとする。

安 衛 則

（心理的な負担の程度を把握するための検査の実施方法）

第52条の９　事業者は、常時使用する労働者に対し、１年以内ごとに１回、定期に、次に掲げる事項について法第66条の10第１項に規定する心理的な負担の程度を把握するための検査（以下この節において「検査」という。）を行わなければならない。

　　１　職場における当該労働者の心理的な負担の原因に関する項目

　　２　当該労働者の心理的な負担による心身の自覚症状に関する項目

　　３　職場における他の労働者による当該労働者への支援に関する項目

（検査の実施者等）

第52条の10　法第66条の10第１項の厚生労働省令で定める者は、次に掲げる者（以下この節において「医師等」という。）とする。

　　１　医師

　　２　保健師

　　３　検査を行うために必要な知識についての研修であつて厚生労働大臣が定めるも

のを修了した歯科医師，看護師，精神保健福祉士又は公認心理師

② 検査を受ける労働者について解雇，昇進又は異動に関して直接の権限を持つ監督的地位にある者は，検査の実施の事務に従事してはならない。

（検査結果等の記録の作成等）

第52条の11　事業者は，第52条の13第2項に規定する場合を除き，検査を行つた医師等による当該検査の結果の記録の作成の事務及び当該検査の実施の事務に従事した者による当該記録の保存の事務が適切に行われるよう，必要な措置を講じなければならない。

（検査結果の通知）

第52条の12　事業者は，検査を受けた労働者に対し，当該検査を行つた医師等から，遅滞なく，当該検査の結果が通知されるようにしなければならない。

（労働者の同意の取得等）

第52条の13　法第66条の10第2項後段の規定による労働者の同意の取得は，書面又は電磁的記録によらなければならない。

② 事業者は，前項の規定により検査を受けた労働者の同意を得て，当該検査を行つた医師等から当該労働者の検査の結果の提供を受けた場合には，当該検査の結果に基づき，当該検査の結果の記録を作成して，これを5年間保存しなければならない

（検査結果の集団ごとの分析等）

第52条の14　事業者は，検査を行つた場合は，当該検査を行つた医師等に，当該検査の結果を当該事業場の当該部署に所属する労働者の集団その他の一定規模の集団ごとに集計させ，その結果について分析させるよう努めなければならない。

② 事業者は，前項の分析の結果を勘案し，その必要があると認めるときは，当該集団の労働者の実情を考慮して，当該集団の労働者の心理的な負担を軽減するための適切な措置を講ずるよう努めなければならない。

（面接指導の対象となる労働者の要件）

第52条の15　法第66条の10第3項の厚生労働省令で定める要件は，検査の結果，心理的な負担の程度が高い者であつて，同項に規定する面接指導（以下この節において「面接指導」という。）を受ける必要があると当該検査を行つた医師等が認めたものであることとする。

（面接指導の実施方法等）

第52条の16　法第66条の10第3項の規定による申出（以下この条及び次条において「申出」という。）は，前条の要件に該当する労働者が検査の結果の通知を受けた後，遅滞なく行うものとする。

② 事業者は，前条の要件に該当する労働者から申出があつたときは，遅滞なく，面接指導を行わなければならない。

③ 検査を行つた医師等は，前条の要件に該当する労働者に対して，申出を行うよう勧奨することができる。

（面接指導における確認事項）

第52条の17 医師は，面接指導を行うに当たつては，申出を行つた労働者に対し，第52条の9各号に掲げる事項のほか，次に掲げる事項について確認を行うものとする。

1 当該労働者の勤務の状況

2 当該労働者の心理的な負担の状況

3 前号に掲げるもののほか，当該労働者の心身の状況

（面接指導結果の記録の作成）

第52条の18 事業者は，面接指導の結果に基づき，当該面接指導の結果の記録を作成して，これを5年間保存しなければならない。

② 前項の記録は，前条各号に掲げる事項のほか，次に掲げる事項を記載したものでなければならない。

1 実施年月日

2 当該労働者の氏名

3 面接指導を行つた医師の氏名

4 法第66条の10第5項の規定による医師の意見

（面接指導の結果についての医師からの意見聴取）

第52条の19 面接指導の結果に基づく法第66条の10第5項の規定による医師からの意見聴取は，面接指導が行われた後，遅滞なく行わなければならない。

（指針の公表）

第52条の20 第24条の規定は，法第66条の10第7項の規定による指針の公表について準用する。

（検査及び面接指導結果の報告）

第52条の21 常時50人以上の労働者を使用する事業者は，1年以内ごとに1回，定期に，心理的な負担の程度を把握するための検査結果等報告書（様式第6号の3）を所轄労働基準監督署長に提出しなければならない。

（7） 健康管理手帳について

（健康管理手帳）

第67条 都道府県労働局長は，がんその他の重度の健康障害を生ずるおそれのある業務で，政令で定めるものに従事していた者のうち，厚生労働省令で定める要件に該当する者に対し，離職の際に又は離職の後に，当該業務に係る健康管理手帳を交付するものとする。ただし，現に当該業務に係る健康管理手帳を所持している者については，この限りでない。

② 政府は，健康管理手帳を所持している者に対する健康診断に関し，厚生労働省令で定めるところにより，必要な措置を行なう。

③ 健康管理手帳の交付を受けた者は，当該健康管理手帳を他人に譲渡し，又は貸与してはならない。

④ 健康管理手帳の様式その他健康管理手帳について必要な事項は，厚生労働省令で定める。

＝＝施 行 令＝＝

（健康管理手帳を交付する業務）

第23条 法第67条第1項の政令で定める業務は，次のとおりとする。

1 ベンジジン及びその塩（これらの物をその重量の1パーセントを超えて含有する製剤その他の物を含む。）を製造し，又は取り扱う業務

2 ベーターナフチルアミン及びその塩（これらの物をその重量の1パーセントを超えて含有する製剤その他の物を含む。）を製造し，又は取り扱う業務

3 粉じん作業（じん肺法（昭和35年法律第30号）第2条第1項第3号に規定する粉じん作業をいう。）に係る業務

4 クロム酸及び重クロム酸並びにこれらの塩（これらの物をその重量の1パーセントを超えて含有する製剤その他の物を含む。）を製造し，又は取り扱う業務（これらの物を鉱石から製造する事業場以外の事業場における業務を除く。）

5 無機砒素化合物（アルシン及び砒化ガリウムを除く。）を製造する工程において粉砕をし，三酸化砒素を製造する工程において焙焼若しくは精製を行い，又は砒素をその重量の3パーセントを超えて含有する鉱石をポット法若しくはグリナワルド法により製錬する業務

6 コークス又は製鉄用発生炉ガスを製造する業務（コークス炉上において若しくはコークス炉に接して又はガス発生炉上において行う業務に限る。）

7 ビス（クロロメチル）エーテル（これをその重量の1パーセントを超えて含有する製剤その他の物を含む。）を製造し，又は取り扱う業務

8 ベリリウム及びその化合物（これらの物をその重量の1パーセントを超えて含有する製剤その他の物（合金にあつては，ベリリウムをその重量の3パーセントを超えて含有するものに限る。）を含む。）を製造し，又は取り扱う業務（これらの物のうち粉状の物以外の物を取り扱う業務を除く。）

9 ベンゾトリクロリドを製造し，又は取り扱う業務（太陽光線により塩素化反応をさせることによりベンゾトリクロリドを製造する事業場における業務に限る。）

10 塩化ビニルを重合する業務又は密閉されていない遠心分離機を用いてポリ塩化ビニル（塩化ビニルの共重合体を含む。）の懸濁液から水を分離する業務

11 石綿等の製造又は取扱いに伴い石綿の粉じんを発散する場所における業務

12 ジアニシジン及びその塩（これらの物をその重量の1パーセントを超えて含有する製剤その他の物を含む。）を製造し，又は取り扱う業務

13 1・2-ジクロロプロパン（これをその重量の1パーセントを超えて含有する製剤

その他の物を含む。）を取り扱う業務（厚生労働省令で定める場所における印刷機その他の設備の清掃の業務に限る。）

14　オルトートルイジン（これをその重量の1パーセントを超えて含有する製剤その他の物を含む。）を製造し，又は取り扱う業務

15　3・3'ジクロロ-4・4'-ジアミノジフェニルメタン（これをその重量の1パーセントを超えて含有する製剤その他の物を含む。）を製造し，又は取り扱う業務

---安　衛　則---

（令第23条第13号の厚生労働省令で定める場所）

第52条の22　令第23条第13号の厚生労働省令で定める場所は，屋内作業場等（屋内作業場及び有機溶剤中毒予防規則（昭和47年労働省令第36号。以下「有機則」という。）第1条第2項各号に掲げる場所をいう。）とする。

（健康管理手帳の交付）

第53条　法第67条第1項の厚生労働省令で定める要件に該当する者は，労働基準法の施行の日以降において，次の表の上欄〈編注・左欄〉に掲げる業務に従事し，その従事した業務に応じて，離職の際に又は離職の後に，それぞれ，同表の下欄〈編注・右欄〉に掲げる要件に該当する者その他厚生労働大臣が定める要件に該当する者とする。

業　務	要　件
令第23条第1号，第2号又は第12号の業務	当該業務に3月以上従事した経験を有すること。
令第23条第3号の業務	じん肺法（昭和35年法律第30号）第13条第2項（同法第15条第3項，第16条第2項及び第16条の2第2項において準用する場合を含む。）の規定により決定されたじん肺管理区分が管理2又は管理3であること。
令第23条第4号の業務	当該業務に4年以上従事した経験を有すること。
令第23条第5号の業務	当該業務に5年以上従事した経験を有すること。
令第23条第6号の業務	当該業務に5年以上従事した経験を有すること。
令第23条第7号の業務	当該業務に3年以上従事した経験を有すること。
令第23条第8号の業務	両肺野にベリリウムによるび慢性の結節性陰影があること。
令第23条第9号の業務	当該業務に3年以上従事した経験を有すること。
令第23条第10号の業務	当該業務に4年以上従事した経験を有すること。

令第23条第11号の業務（石綿等（令第6条第23号に規定する石綿等をいう。以下同じ。）を製造し，又は取り扱う業務に限る。）	次のいずれかに該当すること。 1　両肺野に石綿による不整形陰影があり，又は石綿による胸膜肥厚があること。 2　石綿等の製造作業，石綿等が使用されている保温材，耐火被覆材等の張付け，補修若しくは除去の作業，石綿等の吹付けの作業又は石綿等が吹き付けられた建築物，工作物等の解体，破砕等の作業（吹き付けられた石綿等の除去の作業を含む。）に1年以上従事した経験を有し，かつ，初めて石綿等の粉じんにばく露した日から10年以上を経過していること。 3　石綿等を取り扱う作業（前号の作業を除く。）に10年以上従事した経験を有していること。 4　前二号に掲げる要件に準ずるものとして厚生労働大臣が定める要件に該当すること。
令第23条第11号の業務（石綿等を製造し，又は取り扱う業務を除く。）	両肺野に石綿による不整形陰影があり，又は石綿による胸膜肥厚があること。
令第23条第13号の業務	当該業務に2年以上従事した経験を有すること。
令第23条第14号の業務	当該業務に5年以上従事した経験を有すること。
令第23条第15号の業務	当該業務に2年以上従事した経験を有すること。

②　健康管理手帳（以下「手帳」という。）の交付は，前項に規定する要件に該当する者の申請に基づいて，所轄都道府県労働局長（離職の後に同項に規定する要件に該当する者にあつては，その者の住所を管轄する都道府県労働局長）が行うものとする。

③　前項の申請をしようとする者は，健康管理手帳交付申請書（様式第7号）に第1項の要件に該当する事実を証する書類（当該書類がない場合には，当該事実についての申立て書）（令第23条第8号又は第11号の業務に係る前項の申請（同号の業務に係るものについては，第1項の表令第23条第11号の業務（石綿等（令第6条第23号に規定する石綿等をいう。以下同じ。）を製造し，又は取り扱う業務に限る。）の項第2号から第4号までの要件に該当することを理由とするものを除く。）をしようとする者にあつては，胸部のエックス線直接撮影又は特殊なエックス線撮影による写真を含む。）を添えて，所轄都道府県労働局長（離職の後に第1項の要件に該当する者にあつては，その者の住所を管轄する都道府県労働局長）に提出しなければならない。

（手帳の様式）

第54条　手帳は，様式第8号による。

（受診の勧告）

第55条　都道府県労働局長は，手帳を交付するときは，当該手帳の交付を受ける者に

対し，厚生労働大臣が定める健康診断を受けることを勧告するものとする。

第56条　都道府県労働局長は，前条の勧告をするときは，手帳の交付を受ける者に対し，その者が受ける健康診断の回数，方法その他当該健康診断を受けることについて必要な事項を通知するものとする。

（手帳の提出等）

第57条　手帳の交付を受けた者（以下「手帳所持者」という。）は，第55条の勧告に係る健康診断（以下この条において「健康診断」という。）を受けるときは，手帳を当該健康診断を行なう医療機関に提出しなければならない。

②　前項の医療機関は，手帳所持者に対し健康診断を行なつたときは，その結果をその者の手帳に記載しなければならない。

③　第1項の医療機関は，手帳所持者に対し健康診断を行つたときは，遅滞なく，様式第9号による報告書を当該医療機関の所在地を管轄する都道府県労働局長に提出しなければならない。

（手帳の書替え）

第58条　手帳所持者は，氏名又は住所を変更したときは，30日以内に，健康管理手帳書替申請書（様式第10号）に手帳を添えてその者の住所を管轄する都道府県労働局長に提出し，手帳の書替えを受けなければならない。

（手帳の再交付）

第59条　手帳所持者は，手帳を滅失し，又は損傷したときは，健康管理手帳再交付申請書（様式第10号）をその者の住所を管轄する都道府県労働局長に提出し，手帳の再交付を受けなければならない。

②　手帳を損傷した者が前項の申請をするときは，当該申請書にその手帳を添えなければならない。

③　手帳所持者は，手帳の再交付を受けた後，滅失した手帳を発見したときは，速やかに，これを第1項の都道府県労働局長に返還しなければならない。

（手帳の返還）

第60条　手帳所持者が死亡したときは，当該手帳所持者の相続人又は法定代理人は，遅滞なく，手帳をその者の住所を管轄する都道府県労働局長に返還しなければならない。

（8）　病者の就業禁止

（病者の就業禁止）

第68条　事業者は，伝染性の疾病その他の疾病で，厚生労働省令で定めるものにかかつた労働者については，厚生労働省令で定めるところにより，その就業を禁止しなければならない。

┌─安　衛　則─────────────────────────────────┐

第61条　事業者は，次の各号のいずれかに該当する者については，その就業を禁止しなければならない。ただし，第1号に掲げる者について伝染予防の措置をした場合は，この限りでない。

　　1　病毒伝ぱのおそれのある伝染性の疾病にかかつた者

　　2　心臓，腎臓，肺等の疾病で労働のため病勢が著しく増悪するおそれのあるものにかかつた者

　　3　前各号に準ずる疾病で厚生労働大臣が定めるものにかかつた者

②　事業者は，前項の規定により，就業を禁止しようとするときは，あらかじめ，産業医その他専門の医師の意見をきかなければならない。

└─────────────────────────────────────┘

（9）　受動喫煙の防止

┌─────────────────────────────────────┐

（受動喫煙の防止）

第68条の2　事業者は，室内又はこれに準ずる環境における労働者の受動喫煙（健康増進法（平成14年法律第103号）第28条第3号に規定する受動喫煙をいう。第71条第1項において同じ。）を防止するため，当該事業者及び事業場の実情に応じ適切な措置を講ずるよう努めるものとする。

└─────────────────────────────────────┘

（10）　健康教育等

┌─────────────────────────────────────┐

（健康教育等）

第69条　事業者は，労働者に対する健康教育及び健康相談その他労働者の健康の保持増進を図るため必要な措置を継続的かつ計画的に講ずるように努めなければならない。

②　労働者は，前項の事業者が講ずる措置を利用して，その健康の保持増進に努めるものとする。

└─────────────────────────────────────┘

（11）　体育活動等についての便宜供与等

┌─────────────────────────────────────┐

（体育活動等についての便宜供与等）

第70条　事業者は，前条第1項に定めるもののほか，労働者の健康の保持増進を図るため，体育活動，レクリエーションその他の活動についての便宜を供与す

└─────────────────────────────────────┘

る等必要な措置を講ずるように努めなければならない。

(12) 健康の保持増進のための指針の公表等

（健康の保持増進のための指針の公表等）

第70条の2 厚生労働大臣は，第69条第1項の事業者が講ずべき健康の保持増進のための措置に関して，その適切かつ有効な実施を図るため必要な指針を公表するものとする。

② 厚生労働大臣は，前項の指針に従い，事業者又はその団体に対し，必要な指導等を行うことができる。

（健康診査等指針との調和）

第70条の3 第66条第1項の厚生労働省令，第66条の5第2項の指針，第66条の6の厚生労働省令及び前条第1項の指針は，健康増進法（平成14年法律第103号）第9条第1項に規定する健康診査等指針と調和が保たれたものでなければならない。

---- 安 衛 則 ----

第61条の2 第24条の規定は，法第70条の2第1項の規定による指針の公表について準用する。

(13) 国の援助

（国の援助）

第71条 国は，労働者の健康の保持増進に関する措置の適切かつ有効な実施を図るため，必要な資料の提供，作業環境測定及び健康診断の実施の促進，受動喫煙の防止のための設備の設置の促進，事業場における健康教育等に関する指導員の確保及び資質の向上の促進その他の必要な援助に努めるものとする。

② 国は，前項の援助を行うに当たつては，中小企業者に対し，特別の配慮をするものとする。

8 第7章の2 快適な職場環境の形成のための措置

(1) 事業者の講ずる措置

（事業者の講ずる措置）

第71条の2 事業者は，事業場における安全衛生の水準の向上を図るため，次の措置を継続的かつ計画的に講ずることにより，快適な職場環境を形成するように努めなければならない。

1 作業環境を快適な状態に維持管理するための措置

2 労働者の従事する作業について，その方法を改善するための措置

3 作業に従事することによる労働者の疲労を回復するための施設又は設備の設置又は整備

4 前三号に掲げるもののほか，快適な職場環境を形成するため必要な措置

---

(2) 快適な職場環境の形成のための指針の公表等

（快適な職場環境の形成のための指針の公表等）

第71条の3 厚生労働大臣は，前条の事業者が講ずべき快適な職場環境の形成のための措置に関して，その適切かつ有効な実施を図るため必要な指針を公表するものとする。

② 厚生労働大臣は，前項の指針に従い，事業者又はその団体に対し，必要な指導等を行うことができる。

---

(3) 国の援助

（国の援助）

第71条の4 国は，事業者が講ずる快適な職場環境を形成するための措置の適切かつ有効な実施に資するため，金融上の措置，技術上の助言，資料の提供その他の必要な援助に努めるものとする。

---- 安 衛 則 ----

第61条の3 都道府県労働局長は，事業者が快適な職場環境の形成のための措置の実施に関し必要な計画を作成し，提出した場合において，当該計画が法第71条の3の指

針に照らして適切なものであると認めるときは，その旨の認定をすることができる。

② 都道府県労働局長は，法第71条の４の援助を行うに当たつては，前項の認定を受けた事業者に対し，特別の配慮をするものとする。

9 第8章 免許等関係

（1） 免許

（免許）

第72条 第12条第１項，第14条又は第61条第１項の免許（以下「免許」という。）は，第75条第１項の免許試験に合格した者その他厚生労働省令で定める資格を有する者に対し，免許証を交付して行う。

② 次の各号のいずれかに該当する者には，免許を与えない。

1 第74条第２項（第３号を除く。）の規定により免許を取り消され，その取消しの日から起算して１年を経過しない者

2 前号に掲げる者のほか，免許の種類に応じて，厚生労働省令で定める者

③ 第61条第１項の免許については，心身の障害により当該免許に係る業務を適正に行うことができない者として厚生労働省令で定めるものには，同項の免許を与えないことがある。

④ 都道府県労働局長は，前項の規定により第61条第１項の免許を与えないこととするときは，あらかじめ，当該免許を申請した者にその旨を通知し，その求めがあつたときは，都道府県労働局長の指定する職員にその意見を聴取させなければならない。

第73条 免許には，有効期間を設けることができる。

② 都道府県労働局長は，免許の有効期間の更新の申請があつた場合には，当該免許を受けた者が厚生労働省令で定める要件に該当するときでなければ，当該免許の有効期間を更新してはならない。

------ 安 衛 則 ------

（免許を受けることができる者）

第62条 法第12条第１項，第14条又は第61条第１項の免許（以下「免許」という。）を受けることができる者は，別表第４の上欄〈編注・左欄〉に掲げる免許の種類に応じて，同表の下欄〈編注・右欄〉に掲げる者とする。

（免許の重複取得の禁止）

第64条 免許を現に受けている者は，当該免許と同一の種類の免許を重ねて受けることができない。（以下 略）

（免許証の再交付又は書替え）

第67条 免許証の交付を受けた者で，当該免許に係る業務に現に就いているもの又は就こうとするものは，これを滅失し，又は損傷したときは，免許証再交付申請書（様式第12号）を免許証の交付を受けた都道府県労働局長又はその者の住所を管轄する都道府県労働局長に提出し，免許証の再交付を受けなければならない。

② 前項に規定する者は，氏名を変更したときは，免許証書替申請書（様式第12号）を免許証の交付を受けた都道府県労働局長又はその者の住所を管轄する都道府県労働局長に提出し，免許証の書替えを受けなければならない。

別表第4（第62条関係）

第一種衛生管理者免許	1 第一種衛生管理者免許試験に合格した者 2 学校教育法による大学又は高等専門学校において，医学に関する課程を修めて卒業した者（大学改革支援・学位授与機構により学士の学位を授与された者（当該課程を修めた者に限る。）又はこれと同等以上の学力を有すると認められる者を含む。） 3 学校教育法による大学において，保健衛生に関する学科を専攻して卒業した者（大学改革支援・学位授与機構により学士の学位を授与された者（当該学科を専攻した者に限る。）若しくはこれと同等以上の学力を有すると認められる者又は当該学科を専攻して専門職大学前期課程を修了した者を含む。）で労働衛生に関する講座又は学科目を修めたもの 4 その他厚生労働大臣が定める者
第二種衛生管理者免許	1 第二種衛生管理者免許試験に合格した者 2 その他厚生労働大臣が定める者
衛生工学衛生管理者免許	1 学校教育法による大学又は高等専門学校において，工学又は理学に関する課程を修めて卒業した者（大学改革支援・学位授与機構により学士の学位を授与された者（当該課程を修めた者に限る。）若しくはこれと同等以上の学力を有すると認められる者又は当該課程を修めて専門職大学前期課程を修了した者を含む。）で，都道府県労働局長の登録を受けた者が行う衛生工学衛生管理者講習を修了したもの 2 その他厚生労働大臣が定める者
高圧室内作業主任者免許	1 高圧室内業務に2年以上従事した者であつて，高圧室内作業主任者免許試験に合格したもの 2 高圧則第47条第2号に掲げる者
（中略）	

エックス線作業主任者免許	1 エックス線作業主任者免許試験に合格した者 2 電離則第48条各号に掲げる者
ガンマ線透過写真撮影作業主任者免許	1 ガンマ線透過写真撮影作業主任者免許試験に合格した者 2 電離則第52条の4各号に掲げる者
（中略）	
潜水士免許	1 潜水士免許試験に合格した者 2 高圧則第52条第2号に掲げる者

（2） 免許の取消し等

（免許の取消し等）

第74条 都道府県労働局長は，免許を受けた者が第72条第2項第2号に該当するに至つたときは，その免許を取り消さなければならない。

② 都道府県労働局長は，免許を受けた者が次の各号のいずれかに該当するに至つたときは，その免許を取り消し，又は期間（第1号，第2号，第4号又は第5号に該当する場合にあつては，6月を超えない範囲内の期間）を定めてその免許の効力を停止することができる。

1 故意又は重大な過失により，当該免許に係る業務について重大な事故を発生させたとき。

2 当該免許に係る業務について，この法律又はこれに基づく命令の規定に違反したとき。

3 当該免許が第61条第1項の免許である場合にあつては，第72条第3項に規定する厚生労働省令で定める者となつたとき。

4 第110条第1項の条件に違反したとき。

5 前各号に掲げる場合のほか，免許の種類に応じて，厚生労働省令で定めるとき。

③ 前項第3号に該当し，同項の規定により免許を取り消された者であつても，その者がその取消しの理由となつた事項に該当しなくなつたとき，その他その後の事情により再び免許を与えるのが適当であると認められるに至つたときは，再免許を与えることができる。

（厚生労働省令への委任）

第74条の2 前三条に定めるもののほか，免許証の交付の手続その他免許に関し

て必要な事項は，厚生労働省令で定める。

安　衛　則

（免許の取消し等）

第66条　法第74条第2項第5号の厚生労働省令で定めるときは，次のとおりとする。

　1　当該免許試験の受験についての不正その他の不正の行為があつたとき。

　2　免許証を他人に譲渡し，又は貸与したとき。

　3　免許を受けた者から当該免許の取消しの申請があつたとき。

第67条の2　免許を受けた者は，当該免許の取消しの申請をしようとするときは，免許取消申請書（様式第13号）を免許証の交付を受けた都道府県労働局長又はその者の住所を管轄する都道府県労働局長に提出しなければならない。

（免許証の返還）

第68条　法第74条の規定により免許の取消しの処分を受けた者は，遅滞なく，免許の取消しをした都道府県労働局長に免許証を返還しなければならない。

②　前項の規定により免許証の返還を受けた都道府県労働局長は，当該免許証に当該取消しに係る免許と異なる種類の免許に係る事項が記載されているときは，当該免許証から当該取消しに係る免許に係る事項を抹消して，免許証の再交付を行うものとする。

（3）　免許試験

（免許試験）

第75条　免許試験は，厚生労働省令で定める区分ごとに，都道府県労働局長が行う。

②　前項の免許試験（以下「免許試験」という。）は，学科試験及び実技試験又はこれらのいずれかによつて行う。

③　都道府県労働局長は，厚生労働省令で定めるところにより，都道府県労働局長の登録を受けた者が行う教習を修了した者でその修了した日から起算して1年を経過しないものその他厚生労働省令で定める資格を有する者に対し，前項の学科試験又は実技試験の全部又は一部を免除することができる。

④　前項の教習（以下「教習」という。）は，別表第17に掲げる区分ごとに行う。

⑤　免許試験の受験資格，試験科目及び受験手続並びに教習の受講手続その他免許試験の実施について必要な事項は，厚生労働省令で定める。

安 衛 則

（免許試験）

第69条　法第75条第1項の厚生労働省令で定める免許試験の区分は，次のとおりとする。

　　1　第一種衛生管理者免許試験

　　1の2　第二種衛生管理者免許試験

　　2　高圧室内作業主任者免許試験

　　（第3号から第7号　略）

　　8　エックス線作業主任者免許試験

　　8の2　ガンマ線透過写真撮影作業主任者免許試験

　　（第9号から第15号　略）

　　16　潜水士免許試験

（受験資格，試験科目等）

第70条　前条第1号，第1号の2，第3号，第4号，第9号及び第10号の免許試験の受験資格及び試験科目並びにこれらの免許試験について法第75条第3項の規定により試験科目の免除を受けることができる者及び免除する試験科目は，別表第5のとおりとする。

（受験手続）

第71条　免許試験を受けようとする者は，免許試験受験申請書（様式第14号）を都道府県労働局長（指定試験機関が行う免許試験を受けようとする者にあつては，指定試験機関）に提出しなければならない。

（合格の通知）

第71条の2　都道府県労働局長又は指定試験機関は，免許試験に合格した者に対し，その旨を書面により通知するものとする。

（免許試験の細目）

第72条　前三条に定めるもののほか，第69条第1号，第1号の2，第3号，第4号，第9号及び第10号に掲げる免許試験の実施について必要な事項は，厚生労働大臣が定める。

別表第5　（第70条関係）

　　1　第一種衛生管理者免許試験

受験資格	試験科目	試験科目の免除を受けることができる者	免除する試験科目
1　学校教育法による大学又は高等専門学校を卒業した者で，その後1年以上労働衛生の実務に従事した経験を有するもの 2　学校教育法による高等学校又は中等教育学校を卒業した者で，その後3年以上労働衛生の実務に従事した	学科試験 イ　労働衛生 ロ　労働生理 ハ　関係法令	1　受験資格の欄第3号に掲げる者 2　第二種衛生管理者免許を受けた者	労働生理

経験を有するもの 3 船員法（昭和22年法律第100号）第82条の2第3項の衛生管理者適任証書の交付を受けた者で，その後1年以上労働衛生の実務に従事した経験を有するもの 4 その他厚生労働大臣が定める者		

1の2 第二種衛生管理者免許試験

受験資格	試験科目	試験科目の免除を受けることができる者	免除する試験科目
1 学校教育法による大学又は高等専門学校を卒業した者で，その後1年以上労働衛生の実務に従事した経験を有するもの 2 学校教育法による高等学校又は中等教育学校を卒業した者で，その後3年以上労働衛生の実務に従事した経験を有するもの 3 船員法第82条の2第3項の衛生管理者適任証書の交付を受けた者で，その後1年以上労働衛生の実務に従事した経験を有するもの 4 その他厚生労働大臣が定める者	学科試験 イ 労働衛生 ロ 労働生理 ハ 関係法令	受験資格の欄第3号に掲げる者	労働生理

（第2号から第5号 略）

（4） 指定試験機関の指定

（指定試験機関の指定）

第75条の2 厚生労働大臣は，厚生労働省令で定めるところにより，厚生労働大臣の指定する者（以下「指定試験機関」という。）に前条第1項の規定により都道府県労働局長が行う免許試験の実施に関する事務（以下「試験事務」という。）の全部又は一部を行わせることができる。

② 前項の規定による指定（以下第75条の12までにおいて「指定」という。）は，試験事務を行おうとする者の申請により行う。

③ 都道府県労働局長は，第1項の規定により指定試験機関が試験事務の全部又は一部を行うこととされたときは，当該試験事務の全部又は一部を行わないも

のとする。

（5） 技能講習

（技能講習）

第76条 第14条又は第61条第1項の技能講習（以下「技能講習」という。）は，別表第18〈編注・略〉に掲げる区分ごとに，学科講習又は実技講習によつて行う。

② 技能講習を行なつた者は，当該技能講習を修了した者に対し，厚生労働省令で定めるところにより，技能講習修了証を交付しなければならない。

③ 技能講習の受講資格及び受講手続その他技能講習の実施について必要な事項は，厚生労働省令で定める。

------ 安 衛 則 ------

（受講手続）

第80条 技能講習を受けようとする者は，技能講習受講申込書（様式第15号）を当該技能講習を行う登録教習機関に提出しなければならない。

（技能講習修了証の交付）

第81条 技能講習を行つた登録教習機関は，当該講習を修了した者に対し，遅滞なく，技能講習修了証（様式第17号）を交付しなければならない。

（技能講習修了証の再交付等）

第82条 技能講習修了証の交付を受けた者で，当該技能講習に係る業務に現に就いているもの又は就こうとするものは，これを滅失し，又は損傷したときは，第3項に規定する場合を除き，技能講習修了証再交付申込書（様式第18号）を技能講習修了証の交付を受けた登録教習機関に提出し，技能講習修了証の再交付を受けなければならない。

② 前項に規定する者は，氏名を変更したときは，第3項に規定する場合を除き，技能講習修了証書替申込書（様式第18号）を技能講習修了証の交付を受けた登録教習機関に提出し，技能講習修了証の書替えを受けなければならない。

③ 第1項に規定する者は，技能講習修了証の交付を受けた登録教習機関が当該技能講習の業務を廃止した場合（当該登録を取り消された場合及び当該登録がその効力を失つた場合を含む。）及び労働安全衛生法及びこれに基づく命令に係る登録及び指定に関する省令（昭和47年労働省令第44号）第24条第1項ただし書に規定する場合に，これを滅失し，若しくは損傷したとき又は氏名を変更したときは，技能講習修了証明書交付申込書（様式第18号）を同項ただし書に規定する厚生労働大臣が指定する機関に提出し，当該技能講習を修了したことを証する書面の交付を受けなければならない。

④ 前項の場合において，厚生労働大臣が指定する機関は，同項の書面の交付を申し込んだ者が同項に規定する技能講習以外の技能講習を修了しているときは，当該技能講習を行つた登録教習機関からその者の当該技能講習の修了に係る情報の提供を受けて，その者に対して，同項の書面に当該技能講習を修了した旨を記載して交付することができる。

10　第9章　事業場の安全又は衛生に関する改善措置等関係
第1節　特別安全衛生改善計画及び安全衛生改善計画
（1）　特別安全衛生改善計画及び安全衛生改善計画

（特別安全衛生改善計画）

第78条　厚生労働大臣は，重大な労働災害として厚生労働省令で定めるもの（以下この条において「重大な労働災害」という。）が発生した場合において，重大な労働災害の再発を防止するため必要がある場合として厚生労働省令で定める場合に該当すると認めるときは，厚生労働省令で定めるところにより，事業者に対し，その事業場の安全又は衛生に関する改善計画（以下「特別安全衛生改善計画」という。）を作成し，これを厚生労働大臣に提出すべきことを指示することができる。

② 事業者は，特別安全衛生改善計画を作成しようとする場合には，当該事業場に労働者の過半数で組織する労働組合があるときにおいてはその労働組合，労働者の過半数で組織する労働組合がないときにおいては労働者の過半数を代表する者の意見を聴かなければならない。

③ 第1項の事業者及びその労働者は，特別安全衛生改善計画を守らなければならない。

④ 厚生労働大臣は，特別安全衛生改善計画が重大な労働災害の再発の防止を図る上で適切でないと認めるときは，厚生労働省令で定めるところにより，事業者に対し，当該特別安全衛生改善計画を変更すべきことを指示することができる。

⑤ 厚生労働大臣は，第1項若しくは前項の規定による指示を受けた事業者がその指示に従わなかつた場合又は特別安全衛生改善計画を作成した事業者が当該特別安全衛生改善計画を守つていないと認める場合において，重大な労働災害が再発するおそれがあると認めるときは，当該事業者に対し，重大な労働災害

の再発の防止に関し必要な措置をとるべきことを勧告することができる。

⑥　厚生労働大臣は，前項の規定による勧告を受けた事業者がこれに従わなかつたときは，その旨を公表することができる。

（安全衛生改善計画）

第79条　都道府県労働局長は，事業場の施設その他の事項について，労働災害の防止を図るため総合的な改善措置を講ずる必要があると認めるとき（前条第１項の規定により厚生労働大臣が同項の厚生労働省令で定める場合に該当すると認めるときを除く。）は，厚生労働省令で定めるところにより，事業者に対し，当該事業場の安全又は衛生に関する改善計画（以下「安全衛生改善計画」という。）を作成すべきことを指示することができる。

②　前条第２項及び第３項の規定は，安全衛生改善計画について準用する。この場合において，同項中「第１項」とあるのは，「次条第１項」と読み替えるものとする。

------安　衛　則------

（特別安全衛生改善計画の作成の指示等）

第84条　法第78条第１項の厚生労働省令で定める重大な労働災害は，労働災害のうち，次の各号のいずれかに該当するものとする。

１　労働者が死亡したもの

２　労働者が負傷し，又は疾病にかかつたことにより，労働者災害補償保険法施行規則（昭和30年労働省令第22号）別表第１第１級の項から第７級の項までの身体障害欄に掲げる障害のいずれかに該当する障害が生じたもの又は生じるおそれのあるもの

②　法第78条第１項の厚生労働省令で定める場合は，次の各号のいずれにも該当する場合とする。

１　前項の重大な労働災害（以下この条において「重大な労働災害」という。）を発生させた事業者が，当該重大な労働災害を発生させた日から起算して３年以内に，当該重大な労働災害が発生した事業場以外の事業場において，当該重大な労働災害と再発を防止するための措置が同様である重大な労働災害を発生させた場合

２　前号の事業者が発生させた重大な労働災害及び当該重大な労働災害と再発を防止するための措置が同様である重大な労働災害が，いずれも当該事業者が法，じん肺法若しくは作業環境測定法（昭和50年法律第28号）若しくはこれらに基づく命令の規定又は労働基準法第36条第６項第１号，第62条第１項若しくは第２項，第63条，第64条の２若しくは第64条の３第１項若しくは第２項若しくはこれらの規定に基づく命令の規定に違反して発生させたものである場合

③　法第78条第１項の規定による指示は，厚生労働大臣が，特別安全衛生改善計画作成指示書（様式第19号）により行うものとする。

④　法第78条第１項の規定により特別安全衛生改善計画（同項に規定する特別安全衛生改善計画をいう。以下この条及び次条において同じ。）の作成を指示された事業者は，特別安全衛生改善計画作成指示書に記載された提出期限までに次に掲げる事項を記載した特別安全衛生改善計画を作成し，厚生労働大臣に提出しなければならない。

１　氏名又は名称及び住所並びに法人にあつては，その代表者の氏名

２　計画の対象とする事業場

３　計画の期間及び実施体制

４　当該事業者が発生させた重大な労働災害及び当該重大な労働災害と再発を防止するための措置が同様である重大な労働災害の再発を防止するための措置

５　前各号に掲げるもののほか，前号の重大な労働災害の再発を防止するため必要な事項

⑤　特別安全衛生改善計画には，法第78条第２項に規定する意見が記載された書類を添付しなければならない。

（特別安全衛生改善計画の変更の指示等）

第84条の２　法第78条第４項の規定による変更の指示は，厚生労働大臣が，特別安全衛生改善計画変更指示書（様式第19号の２）により行うものとする。

②　法第78条第４項の規定により特別安全衛生改善計画の変更を指示された事業者は，特別安全衛生改善計画変更指示書に記載された提出期限までに特別安全衛生改善計画を変更し，特別安全衛生改善計画変更届（様式第19号の３）により，これを厚生労働大臣に提出しなければならない。

（安全衛生改善計画の作成の指示）

第84条の３　法第79条第１項の規定による指示は，所轄都道府県労働局長が，安全衛生改善計画作成指示書（様式第19号の４）により行うものとする。

（2）　安全衛生診断

（安全衛生診断）

第80条　厚生労働大臣は，第78条第１項又は第４項の規定による指示をした場合において，専門的な助言を必要とすると認めるときは，当該事業者に対し，労働安全コンサルタント又は労働衛生コンサルタントによる安全又は衛生に係る診断を受け，かつ，特別安全衛生改善計画の作成又は変更について，これらの者の意見を聴くべきことを勧奨することができる。

②　前項の規定は，都道府県労働局長が前条第１項の規定による指示をした場合

について準用する。この場合において，前項中「作成又は変更」とあるのは，「作成」と読み替えるものとする。

第2節　労働安全コンサルタント及び労働衛生コンサルタント

（1）業務

（業務）

第81条　（第1項　略）

②　労働衛生コンサルタントは，労働衛生コンサルタントの名称を用いて，他人の求めに応じ報酬を得て，労働者の衛生の水準の向上を図るため，事業場の衛生についての診断及びこれに基づく指導を行なうことを業とする。

（登録）

第84条　労働安全コンサルタント試験又は労働衛生コンサルタント試験に合格した者は，厚生労働省に備える労働安全コンサルタント名簿又は労働衛生コンサルタント名簿に，氏名，事務所の所在地その他厚生労働省令で定める事項の登録を受けて，労働安全コンサルタント又は労働衛生コンサルタントとなることができる。

（第2項　略）

（登録の取消し）

第85条　（第1項　略）

②　厚生労働大臣は，コンサルタントが第86条の規定に違反したときは，その登録を取り消すことができる。

（義務）

第86条　（第1項　略）

②　コンサルタントは，その業務に関して知り得た秘密を漏らし，又は盗用してはならない。コンサルタントでなくなつた後においても，同様とする。

11　第10章　監督等関係

（1）計画の届出等

（計画の届出等）

第88条　事業者は，機械等で，危険若しくは有害な作業を必要とするもの，危険

な場所において使用するもの又は危険若しくは健康障害を防止するため使用するもののうち，厚生労働省令で定めるものを設置し，若しくは移転し，又はこれらの主要構造部分を変更しようとするときは，その計画を当該工事の開始の日の30日前までに，厚生労働省令で定めるところにより，労働基準監督署長に届け出なければならない。ただし，第28条の2第1項に規定する措置その他の厚生労働省令で定める措置を講じているものとして，厚生労働省令で定めるところにより労働基準監督署長が認定した事業者については，この限りでない。

② 事業者は，建設業に属する事業の仕事のうち重大な労働災害を生ずるおそれがある特に大規模な仕事で，厚生労働省令で定めるものを開始しようとするときは，その計画を当該仕事の開始の日の30日前までに，厚生労働省令で定めるところにより，厚生労働大臣に届け出なければならない。

③ 事業者は，建設業その他政令で定める業種に属する事業の仕事（建設業に属する事業にあつては，前項の厚生労働省令で定める仕事を除く。）で，厚生労働省令で定めるものを開始しようとするときは，その計画を当該仕事の開始の日の14日前までに，厚生労働省令で定めるところにより，労働基準監督署長に届け出なければならない。

④ 事業者は，第1項の規定による届出に係る工事のうち厚生労働省令で定める工事の計画，第2項の厚生労働省令で定める仕事の計画又は前項の規定による届出に係る仕事のうち厚生労働省令で定める仕事の計画を作成するときは，当該工事に係る建設物若しくは機械等又は当該仕事から生ずる労働災害の防止を図るため，厚生労働省令で定める資格を有する者を参画させなければならない。

⑤ 前三項の規定（前項の規定のうち，第1項の規定による届出に係る部分を除く。）は，当該仕事が数次の請負契約によつて行われる場合において，当該仕事を自ら行う発注者がいるときは当該発注者以外の事業者，当該仕事を自ら行う発注者がいないときは元請負人以外の事業者については，適用しない。

⑥ 労働基準監督署長は第1項又は第3項の規定による届出があつた場合において，厚生労働大臣は第2項の規定による届出があつた場合において，それぞれ当該届出に係る事項がこの法律又はこれに基づく命令の規定に違反すると認めるときは，当該届出をした事業者に対し，その届出に係る工事若しくは仕事の開始を差し止め，又は当該計画を変更すべきことを命ずることができる。

⑦ 厚生労働大臣又は労働基準監督署長は，前項の規定による命令（第2項又は第3項の規定による届出をした事業者に対するものに限る。）をした場合にお

いて，必要があると認めるときは，当該命令に係る仕事の発注者（当該仕事を自ら行う者を除く。）に対し，労働災害の防止に関する事項について必要な勧告又は要請を行うことができる。

---施 行 令---

（計画の届出をすべき業種）

第24条　法第88条第３項の政令で定める業種は，土石採取業とする。

---安 衛 則---

（計画の届出をすべき機械等）

第85条　法第88条第１項の厚生労働省令で定める機械等は，法に基づく他の省令に定めるもののほか，別表第７の上欄〈編注・左欄〉に掲げる機械等とする。ただし，別表第７の上欄に掲げる機械等で次の各号のいずれかに該当するものを除く。

　1　機械集材装置，運材索道（架線，搬器，支柱及びこれらに附属する物により構成され，原木又は薪炭材を一定の区間空中において運搬する設備をいう。以下同じ。），架設通路及び足場以外の機械等（法第37条第１項の特定機械等及び令第６条第14号の型枠支保工（以下「型枠支保工」という。）を除く。）で，６月未満の期間で廃止するもの

　2　機械集材装置，運材索道，架設通路又は足場で，組立てから解体までの期間が60日未満のもの

　（別表第７，147ページ参照）

（計画の届出等）

第86条　事業者は，別表第７の上欄〈編注・左欄〉に掲げる機械等を設置し，若しくは移転し，又はこれらの主要構造部分を変更しようとするときは，法第88条第１項の規定により，様式第20号による届書に，当該機械等の種類に応じて同表の中欄に掲げる事項を記載した書面及び同表の下欄〈編注・右欄〉に掲げる図面等を添えて，所轄労働基準監督署長に提出しなければならない。

②　特定化学物質障害予防規則（昭和47年労働省令第39号。以下「特化則」という。）第49条第１項の規定による申請をした者が行う別表第７の16の項から20の３の項までの上欄〈編注・左欄〉に掲げる機械等の設置については，法第88条第１項の規定による届出は要しないものとする。

③　石綿則第47条第１項又は第48条の３第１項の規定による申請をした者が行う別表第７の25の項の上欄〈編注・左欄〉に掲げる機械等の設置については，法第88条第１項の規定による届出は要しないものとする。

（法第88条第１項ただし書の厚生労働省令で定める措置）

第87条　法第88条第１項ただし書の厚生労働省令で定める措置は，次に掲げる措置と

する。

1　法第28条の2第1項又は第57条の3第1項及び第2項の危険性又は有害性等の調査及びその結果に基づき講ずる措置

2　前号に掲げるもののほか，第24条の2の指針に従つて事業者が行う自主的活動

（認定の単位）

第87条の2　法第88条第1項ただし書の規定による認定（次条から第88条までにおいて「認定」という。）は，事業場ごとに，所轄労働基準監督署長が行う。

（欠格事項）

第87条の3　次のいずれかに該当する者は，認定を受けることができない。

1　法又は法に基づく命令の規定（認定を受けようとする事業場に係るものに限る。）に違反して，罰金以上の刑に処せられ，その執行を終わり，又は執行を受けることがなくなつた日から起算して2年を経過しない者

2　認定を受けようとする事業場について第87条の9の規定により認定を取り消され，その取消しの日から起算して2年を経過しない者

3　法人で，その業務を行う役員のうちに前二号のいずれかに該当する者があるもの

（認定の基準）

第87条の4　所轄労働基準監督署長は，認定を受けようとする事業場が次に掲げる要件のすべてに適合しているときは，認定を行わなければならない。

1　第87条の措置を適切に実施していること。

2　労働災害の発生率が，当該事業場の属する業種における平均的な労働災害の発生率を下回つていると認められること。

3　申請の日前1年間に労働者が死亡する労働災害その他の重大な労働災害が発生していないこと。

（認定の申請）

第87条の5　認定の申請をしようとする事業者は，認定を受けようとする事業場ごとに，計画届免除認定申請書（様式第20号の2）に次に掲げる書面を添えて，所轄労働基準監督署長に提出しなければならない。

1　第87条の3各号に該当しないことを説明した書面

2　第87条の措置の実施状況について，申請の日前3月以内に2人以上の安全に関して優れた識見を有する者又は衛生に関して優れた識見を有する者による評価を受け，当該措置を適切に実施していると評価されたことを証する書面及び当該評価の概要を記載した書面

3　前号の評価について，1人以上の安全に関して優れた識見を有する者及び1人以上の衛生に関して優れた識見を有する者による監査を受けたことを証する書面

4　前条第2号及び第3号に掲げる要件に該当することを証する書面（当該書面がない場合には，当該事実についての申立書）

②　前項第2号及び第3号の安全に関して優れた識見を有する者とは，次のいずれかに該当する者であつて認定の実施について利害関係を有しないものをいう。

1 労働安全コンサルタントとして3年以上その業務に従事した経験を有する者で，第24条の2の指針に従つて事業者が行う自主的活動の実施状況についての評価を3件以上行つたもの

2 前号に掲げる者と同等以上の能力を有すると認められる者

③ 第1項第2号及び第3号の衛生に関して優れた識見を有する者とは，次のいずれかに該当する者であつて認定の実施について利害関係を有しないものをいう。

1 労働衛生コンサルタントとして3年以上その業務に従事した経験を有する者で，第24条の2の指針に従つて事業者が行う自主的活動の実施状況についての評価を3件以上行つたもの

2 前号に掲げる者と同等以上の能力を有すると認められる者

④ 所轄労働基準監督署長は，認定をしたときは，様式第20号の3による認定証を交付するものとする。

（認定の更新）

第87条の6 認定は，3年ごとにその更新を受けなければ，その期間の経過によつて，その効力を失う。

② 第87条の3，第87条の4及び前条第1項から第3項までの規定は，前項の認定の更新について準用する。

（実施状況等の報告）

第87条の7 認定を受けた事業者は，認定に係る事業場（次条において「認定事業場」という。）ごとに，1年以内ごとに1回，実施状況等報告書（様式第20号の4）に第87条の措置の実施状況について行つた監査の結果を記載した書面を添えて，所轄労働基準監督署長に提出しなければならない。

（措置の停止）

第87条の8 認定を受けた事業者は，認定事業場において第87条の措置を行わなくなつたときは，遅滞なく，その旨を所轄労働基準監督署長に届け出なければならない。

（認定の取消し）

第87条の9 所轄労働基準監督署長は，認定を受けた事業者が次のいずれかに該当するに至つたときは，その認定を取り消すことができる。

1 第87条の3第1号又は第3号に該当するに至つたとき。

2 第87条の4第1号又は第2号に適合しなくなつたと認めるとき。

3 第87条の4第3号に掲げる労働災害を発生させたとき。

4 第87条の7の規定に違反して，同条の報告書及び書面を提出せず，又は虚偽の記載をしてこれらを提出したとき。

5 不正の手段により認定又はその更新を受けたとき。

（建設業の特例）

第88条 第87条の2の規定にかかわらず，建設業に属する事業の仕事を行う事業者については，当該仕事の請負契約を締結している事業場ごとに認定を行う。

② 前項の認定についての次の表の上欄〈編注・左欄〉に掲げる規定の適用について

は，これらの規定中同表の中欄に掲げる字句は，それぞれ同表の下欄〈編注・右欄〉に掲げる字句に読み替えるものとする。

第87条の3 第1号	事業場	建設業に属する事業の仕事に係る請負契約を締結している事業場及び当該事業場において締結した請負契約に係る仕事を行う事業場（以下「店社等」という。）
第87条の4	事業場が	店社等が
	当該事業場の属する業種	建設業
第87条の7	認定に係る事業場（次条において「認定事業場」という。）	認定に係る店社等
第87条の8	認定事業場	認定に係る店社等

（仕事の範囲）

第89条　法第88条第2項の厚生労働省令で定める仕事は，次のとおりとする。

（第1号から第5号　略）

6　ゲージ圧力が0.3メガパスカル以上の圧気工法による作業を行う仕事

第90条　法第88条第3項の厚生労働省令で定める仕事は，次のとおりとする。

（第1号から第4号　略）

5　圧気工法による作業を行う仕事

5の2　建築物，工作物又は船舶（鋼製の船舶に限る。次号において同じ。）に吹き付けられている石綿等（石綿等が使用されている仕上げ用塗り材を除く。）の除去，封じ込め又は囲い込みの作業を行う仕事

5の3　建築物，工作物又は船舶に張り付けられている石綿等が使用されている保温材，耐火被覆材（耐火性能を有する被覆材をいう。）等の除去，封じ込め又は囲い込みの作業（石綿等の粉じんを著しく発散するおそれのあるものに限る。）を行う仕事

5の4　ダイオキシン類対策特別措置法施行令別表第1第5号に掲げる廃棄物焼却炉（火格子面積が2平方メートル以上又は焼却能力が1時間当たり200キログラム以上のものに限る。）を有する廃棄物の焼却施設に設置された廃棄物焼却炉，集じん機等の設備の解体等の仕事

（第6号から第7号　略）

（建設業に係る計画の届出）

第91条　建設業に属する事業の仕事について法第88条第2項の規定による届出をしようとする者は，様式第21号による届書に次の書類及び圧気工法による作業を行う仕事に係る場合にあつては圧気工法作業摘要書（様式第21号の2）を添えて厚生労働大臣に提出しなければならない。ただし，圧気工法作業摘要書を提出する場合にお

いては，次の書類の記載事項のうち圧気工法作業摘要書の記載事項と重複する部分の記入は，要しないものとする。

1　仕事を行う場所の周囲の状況及び四隣との関係を示す図面

2　建設等をしようとする建設物等の概要を示す図面

3　工事用の機械，設備，建設物等の配置を示す図面

4　工法の概要を示す書面又は図面

5　労働災害を防止するための方法及び設備の概要を示す書面又は図面

6　工程表

②　前項の規定は，法第88条第3項の規定による届出について準用する。この場合において，同項中「厚生労働大臣」とあるのは，「所轄労働基準監督署長」と読み替えるものとする。

（土石採取業に係る計画の届出）

第92条　土石採取業に属する事業の仕事について法第88条第3項の規定による届出をしようとする者は，様式第21号による届書に次の書類を添えて所轄労働基準監督署長に提出しなければならない。

1　仕事を行う場所の周囲の状況及び四隣との関係を示す図面

2　機械，設備，建設物等の配置を示す図面

3　採取の方法を示す書面又は図面

4　労働災害を防止するための方法及び設備の概要を示す書面又は図面

（資格を有する者の参画に係る工事又は仕事の範囲）

第92条の2　（第1項　略）

②　法第88条第4項の厚生労働省令で定める仕事は，第90条第1号から第5号までに掲げる仕事（同条第1号から第3号までに掲げる仕事にあつては，建設の仕事に限る。）とする。

（計画の作成に参画する者の資格）

第92条の3　法第88条第4項の厚生労働省令で定める資格を有する者は，別表第9の上欄〈編注・左欄〉に掲げる工事又は仕事の区分に応じて，同表の下欄〈編注・右欄〉に掲げる者とする。

別表第7（第85条，第86条関係）

機械等の種類	事　　項	図　面　等
（略）		
13　有機則第5条又は第6条（特化則第38条の8においてこれらの規定を準用する場合を含む。）	1　有機溶剤業務（有機則第1条第1項第6号に掲げる有機溶剤業務をいう。以下この項において同じ。）の概要 2　有機溶剤（令別表第6の2に掲げる有機溶剤をいう。以下この項において同じ。）の蒸気の	1　設備等の図面 2　有機溶剤業務を行う作業場所の図面 3　局所排気装置にあつては局所排気装置摘要書（様式第25号） 4　プッシュプル型換気装置にあつてはプッシュプル型換気装置

の有機溶剤の蒸気の発散源を密閉する設備，局所排気装置，プッシュプル型換気装置又は全体換気装置（移動式のものを除く。）	発散源となる機械又は設備の概要 3　有機溶剤の蒸気の発散の抑制の方法 4　有機溶剤の蒸気の発散源を密閉する設備にあつては，密閉の方式及び当該設備の主要部分の構造の概要 5　全体換気装置にあつては，型式，当該装置の主要部分の構造の概要及びその機能	摘要書（様式第26号）
14　鉛則第2条，第5条から第15条まで及び第17条から第20条までに規定する鉛等又は焼結鉱等の粉じんの発散源を密閉する設備，局所排気装置又はプッシュプル型換気装置	1　鉛業務（鉛則第1条第5号に掲げる鉛業務をいう。以下この項において同じ。）の概要 2　鉛等（鉛則第1条第1号に掲げる鉛等をいう。以下この項において同じ。）又は焼結鉱等（同条第2号に掲げる焼結鉱等をいう。以下この項において同じ。）の粉じんの発散源となる機械又は設備の概要 3　鉛等又は焼結鉱等の粉じんの発散の抑制の方法 4　鉛等又は焼結鉱等の粉じんの発散源を密閉する設備にあつては，密閉の方法及び当該設備の主要構造部分の構造の概要	1　設備等の図面 2　鉛業務を行う作業場所の図面 3　局所排気装置にあつては局所排気装置摘要書（様式第25号） 4　プッシュプル型換気装置にあつてはプッシュプル型換気装置摘要書（様式第26号）
15　令別表第5第2号に掲げる業務（以下この項において「業務」という。）に用いる機械又は装置	1　業務の概要 2　四アルキル鉛（令別表第5第1号の四アルキル鉛をいう。以下この項において同じ。）の蒸気の発散源となる機械又は設備の概要 3　四アルキル鉛を混入するガソリンの取扱量 4　業務に用いる機械又は装置の型式並びにその主要部分の構造の概要及び機能 5　保護具，消毒薬等の備付け状況 6　洗身設備の概要	1　業務に用いる機械又は装置の図面 2　業務を行う作業場所の図面

16 特化則第2条第1項第1号に掲げる第1類物質（以下この項において「第1類物質」という。）又は特化則第4条第1項の特定第2類物質等（以下この項において「特定第2類物質等」という。）を製造する設備	1　第1類物質又は特定第2類物質等を製造する業務の概要 2　主要構造部分の構造の概要 3　密閉の方式及び労働者に当該物質を取り扱わせるときは健康障害防止の措置の概要	1　周囲の状況及び四隣との関係を示す図面 2　第1類物質又は特定第2類物質等を製造する設備を設置する建築物の構造 3　第1類物質又は特定第2類物質等を製造する設備の配置の状況を示す図面 4　局所排気装置が設置されている場合にあつては，局所排気装置摘要書（様式第25号） 5　プッシュプル型換気装置が設置されている場合にあつてはプッシュプル型換気装置摘要書（様式第26号）
17 令第9条の3第2号の特定化学設備（以下この項において「特定化学設備」という。）及びその附属設備	1　特定第2類物質（特化則第2条第1項第3号に掲げる特定第2類物質をいう。以下この項及び次項において同じ。）又は第3類物質（令別表第3第3号に掲げる物をいう。）を製造し，又は取り扱う業務の概要 2　主要構造部分の構造の概要 3　附属設備の構造の概要	1　周囲の状況及び四隣との関係を示す図面 2　特定化学設備を設置する建築物の構造 3　特定化学設備及びその附属設備の配置状況を示す図面 4　局所排気装置が設置されている場合にあつては，局所排気装置摘要書（様式第25号） 5　プッシュプル型換気装置が設置されている場合にあつてはプッシュプル型換気装置摘要書（様式第26号）
18 特定第2類物質又は特化則第2条第1項第5号に掲げる管理第2類物質（以下この項において「管理第2類物質」という。）のガス，蒸気又は粉じんが発散する屋内作業場に設ける発散抑	1　特定第2類物質又は管理第2類物質を製造し，又は取り扱う業務の概要 2　特定第2類物質又は管理第2類物質のガス，蒸気又は粉じんの発散源を密閉する設備にあつては，密閉の方式，主要構造部分の構造の概要及びその機能 3　全体換気装置にあつては，型式，主要構造部分の構造の概要及びその機能	1　周囲の状況及び四隣との関係を示す図面 2　作業場所の全体を示す図面 3　特定第2類物質又は管理第2類物質のガス，蒸気又は粉じんの発散源を密閉する設備又は全体換気装置の図面 4　局所排気装置が設置されている場合にあつては，局所排気装置摘要書（様式第25号） 5　プッシュプル型換気装置が設置されている場合にあつてはプッシュプル型換気装置摘要書（様式第26号）

制の設備（特化則第2条の2第2号又は第4号から第8号までに掲げる業務のみに係るものを除く。）		
19　特化則第10条第1項の排ガス処理装置であつて，アクロレインに係るもの	1　アクロレインを製造し，又は取り扱う業務の概要 2　排気の処理方式及び処理能力 3　主要構造部分の構造の概要	1　周囲の状況及び四隣との関係を示す図面 2　排ガス処理装置の構造の図面 3　局所排気装置が設置されている場合にあつては，局所排気装置摘要書（様式第25号） 4　プッシュプル型換気装置が設置されている場合にあつてはプッシュプル型換気装置摘要書（様式第26号）
20　特化則第11条第1項の排液処理装置	1　排液処理の業務の概要 2　排液の処理方式及び処理能力 3　主要構造部分の構造の概要	1　周囲の状況及び四隣との関係を示す図面 2　排液処理装置の構造の図面 3　局所排気装置が設置されている場合にあつては，局所排気装置摘要書（様式第25号） 4　プッシュプル型換気装置が設置されている場合にあつてはプッシュプル型換気装置摘要書（様式第26号）
20の2　特化則第38条の17第1項の1・3-ブタジエン等（以下この項において「1・3-ブタジエン等」という。）に係る発散抑制の設備（屋外に設置されるものを除く。）	1　1・3-ブタジエン等を製造し，若しくは取り扱う設備から試料を採取し，又は当該設備の保守点検を行う作業の概要 2　1・3-ブタジエン等のガスの発散源を密閉する設備にあつては，密閉の方式，主要構造部分の構造の概要及びその機能 3　全体換気装置にあつては，型式，主要構造部分の構造の概要及びその機能	1　周囲の状況及び四隣との関係を示す図面 2　作業場所の全体を示す図面 3　1・3-ブタジエン等のガスの発散源を密閉する設備又は全体換気装置の図面 4　局所排気装置が設置されている場合にあつては，局所排気装置摘要書（様式第25号） 5　プッシュプル型換気装置が設置されている場合にあつてはプッシュプル型換気装置摘要書（様式第26号）

20の3　特化則第38条の18第1項の硫酸ジエチル等（以下この項において「硫酸ジエチル等」という。）に係る発散抑制の設備（屋外に設置されるものを除く。）	1　硫酸ジエチル等を触媒として取り扱う作業の概要 2　硫酸ジエチル等の蒸気の発散源を密閉する設備にあつては，密閉の方式，主要構造部分の構造の概要及びその機能 3　全体換気装置にあつては，型式，主要構造部分の構造の概要及びその機能	1　周囲の状況及び四隣との関係を示す図面 2　作業場所の全体を示す図面 3　硫酸ジエチル等の蒸気の発散源を密閉する設備又は全体換気装置の図面 4　局所排気装置が設置されている場合にあつては，局所排気装置摘要書（様式第25号） 5　プッシュプル型換気装置が設置されている場合にあつてはプッシュプル型換気装置摘要書（様式第26号）
20の4　特化則第38条の19の1・3-プロパンスルトン等（以下この項において「1・3-プロパンスルトン等」という。）を製造し，又は取り扱う設備及びその附属設備	1　1・3-プロパンスルトン等を製造し，又は取り扱う業務の概要 2　主要構造部分の構造の概要 3　附属設備の構造の概要 4　密閉の方式及び労働者に当該物質を取り扱わせるときは健康障害防止の措置の概要	1　周囲の状況及び四隣との関係を示す図面 2　1・3-プロパンスルトン等を製造し，又は取り扱う設備を設置する建築物の構造 3　1・3-プロパンスルトン等を製造し，又は取り扱う設備及びその附属設備の配置状況を示す図面 4　1・3-プロパンスルトン等を製造し，又は取り扱う設備及びその付属設備の図面
21　電離則第15条第1項の放射線装置（放射性同位元素等による放射線障害の防止に関する法律（昭和32年法律第167号）第12条の5第2項に規定する表示付認証機器又は同条第3項に規定する表示付特定認証機器を除く。以下この項において同じ。）	放射線装置を用いる業務，製品及び作業工程の概要	1　管理区域を示す図面 2　放射線装置摘要書（様式第27号）

22　事務所衛生基準規則（昭和47年労働省令第43号）第5条の空気調和設備又は機械換気設備で中央管理方式のもの	1　空気の処理方法 　イ　空気の浄化方法 　ロ　減湿・与湿方法 　ハ　加湿方法 　ニ　冷却方法 2　換気能力 3　送風機又は排風機の種類及び能力 4　主要構造部分の構造 5　空気の供給又は排気の系統 6　設備点検の要領	中欄に掲げる事項が書面により明示できないときは，当該事項に係る構造図，配管の配置図等の図面
23　粉じん則別表第2第6号及び第8号に掲げる特定粉じん発生源を有する機械又は設備並びに同表第14号の型ばらし装置	1　粉じん作業（粉じん則第2条第1項第1号の粉じん作業をいう。以下同じ。）の概要 2　機械又は設備の種類，名称，能力，台数及び粉じんの飛散を防止する方法 3　粉じんの飛散を防止する方法として粉じんの発生源を密閉する設備によるときは，密閉の方式，主要構造部分の構造の概要及びその機能 4　前号の方法及び局所排気装置により粉じんの飛散を防止する方法以外の方法によるときは，粉じんの飛散を防止するための設備の型式，主要構造部分の構造の概要及びその能力	1　周囲の状況及び四隣との関係を示す図面 2　作業場における主要な機械又は設備の配置を示す図面 3　局所排気装置以外の粉じんの飛散を防止するための設備の構造を示す図面
24　粉じん則第4条又は第27条第1項ただし書の規定により設ける局所排気装置又はプッシュプル型換気装置	粉じん作業の概要	1　周囲の状況及び四隣との関係を示す図面 2　作業場における主要な機械又は設備の配置を示す図面 3　局所排気装置にあつては局所排気装置摘要書（様式第25号） 4　プッシュプル型換気装置にあつてはプッシュプル型換気装置摘要書（様式第26号）
25　石綿等の粉じんが発散する屋内作業場に設ける発散抑制の設備	1　石綿等を取り扱い，若しくは試験研究のため製造する業務又は石綿分析用試料等（令第6条第23号に規定する石綿分析用試料等をいう。）を製造する業務の概要	1　周囲の状況及び四隣との関係を示す図面 2　作業場所の全体を示す図面 3　石綿等の粉じんの発散源を密閉する設備又は全体換気装置の図面

| | 2 石綿等の粉じんの発散源を密閉する設備にあつては，密閉の方式，主要構造部分の構造の概要及びその機能
3 全体換気装置にあつては，型式，主要構造部分の構造の概要及びその機能 | 4 局所排気装置が設置されている場合にあつては，局所排気装置摘要書（様式第25号）
5 プッシュプル型換気装置が設置されている場合にあつてはプッシュプル型換気装置摘要書（様式第26号） |

別表第9（第92条の3関係）

工事又は仕事の区分	資　　　　　　格
（略）	
第89条第2号から第6号までに掲げる仕事及び第90条第1号から第5号までに掲げる仕事（同条第1号に掲げる仕事にあつてはダムの建設の仕事に，同条第2号，第2号の2及び第3号に掲げる仕事にあつては建設の仕事に限る。）	1 次のイからハまでのいずれにも該当する者 　イ 次のいずれかに該当すること。 　　(1) 学校教育法による大学又は高等専門学校において理科系統の正規の課程を修めて卒業し，その後10年以上土木工事の設計監理又は施工管理の実務に従事した経験を有すること。 　　(2) 学校教育法による高等学校又は中等教育学校において理科系統の正規の学科を修めて卒業し，その後15年以上土木工事の設計監理又は施工管理の実務に従事した経験を有すること。 　　(3) 技術士法（昭和58年法律第25号）第4条第1項に規定する第二次試験で建設部門に係るものに合格したこと。 　　(4) 建設業法施行令第34条に規定する一級土木施工管理技術検定に合格したこと。 　ロ 次に掲げる仕事の区分に応じ，それぞれに掲げる仕事の設計監理又は施工管理の実務に3年以上従事した経験を有すること。 　　((1)から(3)及び(5)　略) 　　(4) 第89条第6号及び第90条第5号の仕事　圧気工法による作業を行う仕事 　ハ 建設工事における安全衛生の実務に3年以上従事した経験を有すること又は厚生労働大臣の登録を受けた者が行う研修を修了したこと。 2 労働安全コンサルタント試験に合格した者で，その試験の区分が土木であるもの 3 その他厚生労働大臣が定める者

（2）　都道府県労働局長の審査等

（都道府県労働局長の審査等）

第89条の2　都道府県労働局長は，第88条第1項又は第3項の規定による届出があつた計画のうち，前条第1項の高度の技術的検討を要するものに準ずるものとして当該計画に係る建設物若しくは機械等又は仕事の規模その他の事項を勘案して厚生労働省令で定めるものについて審査をすることができる。ただし，当該計画のうち，当該審査と同等の技術的検討を行つたと認められるものとして厚生労働省令で定めるものについては，当該審査を行わないものとする。

②　前条第2項から第5項までの規定は，前項の審査について準用する。

----安　衛　則----

（計画の範囲）

第94条の2　法第89条の2第1項の厚生労働省令で定める計画は，次の仕事の計画とする。

（第1号から第5号　略）

6　ゲージ圧力が0.2メガパスカル以上の圧気工法による作業を行う仕事であつて，次のいずれかに該当するもの

イ　当該作業が地質が軟弱である場所において行われるもの

ロ　当該作業を行う場所に近接する場所で当該作業と同時期に掘削の作業が行われるもの

（3）　労働基準監督署長及び労働基準監督官

（労働基準監督署長及び労働基準監督官）

第90条　労働基準監督署長及び労働基準監督官は，厚生労働省令で定めるところにより，この法律の施行に関する事務をつかさどる。

----安　衛　則----

（労働基準監督署長及び労働基準監督官）

第95条　労働基準監督署長は，都道府県労働局長の指揮監督を受けて，法に基づく省令に定めるもののほか，法の施行に関する事務をつかさどる。

②　労働基準監督官は，上司の命を受けて，法に基づく立入検査，司法警察員の職務その他の法の施行に関する事務をつかさどる。

③ 法第91条第3項の証票は，労働基準法施行規則様式第18号によるものとする。

（4） 労働基準監督官の権限

（労働基準監督官の権限）

第91条　労働基準監督官は，この法律を施行するため必要があると認めるときは，事業場に立ち入り，関係者に質問し，帳簿，書類その他の物件を検査し，若しくは作業環境測定を行い，又は検査に必要な限度において無償で製品，原材料若しくは器具を収去することができる。

② 医師である労働基準監督官は，第68条の疾病にかかつた疑いのある労働者の検診を行なうことができる。

③ 前二項の場合において，労働基準監督官は，その身分を示す証票を携帯し，関係者に提示しなければならない。

④ 第1項の規定による立入検査の権限は，犯罪捜査のために認められたものと解釈してはならない。

第92条　労働基準監督官は，この法律の規定に違反する罪について，刑事訴訟法（昭和23年法律第131号）の規定による司法警察員の職務を行なう。

（5） 産業安全専門官及び労働衛生専門官

（産業安全専門官及び労働衛生専門官）

第93条　厚生労働省，都道府県労働局及び労働基準監督署に，産業安全専門官及び労働衛生専門官を置く。

（第2項　略）

③ 労働衛生専門官は，第56条第1項の許可，第57条の4第4項の規定による勧告，第57条の5第1項の規定による指示，第65条の規定による作業環境測定についての専門技術的事項，特別安全衛生改善計画，安全衛生改善計画及び届出に関する事務並びに労働災害の原因の調査その他特に専門的知識を必要とする事務で，衛生に係るものをつかさどるほか，事業者，労働者その他の関係者に対し，労働者の健康障害を防止するため必要な事項及び労働者の健康の保持増進を図るため必要な事項について指導及び援助を行う。

④ 前三項に定めるもののほか，産業安全専門官及び労働衛生専門官について必要な事項は，厚生労働省令で定める。

（6）　産業安全専門官及び労働衛生専門官の権限

（産業安全専門官及び労働衛生専門官の権限）

第94条　産業安全専門官又は労働衛生専門官は，前条第2項又は第3項の規定による事務を行うため必要があると認めるときは，事業場に立ち入り，関係者に質問し，帳簿，書類その他の物件を検査し，若しくは作業環境測定を行い，又は検査に必要な限度において無償で製品，原材料若しくは器具を収去することができる。

②　第91条第3項及び第4項の規定は，前項の規定による立入検査について準用する。

（7）　労働者の申告

（労働者の申告）

第97条　労働者は，事業場にこの法律又はこれに基づく命令の規定に違反する事実があるときは，その事実を都道府県労働局長，労働基準監督署長又は労働基準監督官に申告して是正のため適当な措置をとるように求めることができる。

②　事業者は，前項の申告をしたことを理由として，労働者に対し，解雇その他不利益な取扱いをしてはならない。

（8）　使用停止命令等

（使用停止命令等）

第98条　都道府県労働局長又は労働基準監督署長は，第20条から第25条まで，第25条の2第1項，第30条の3第1項若しくは第4項，第31条第1項，第31条の2，第33条第1項又は第34条の規定に違反する事実があるときは，その違反した事業者，注文者，機械等貸与者又は建築物貸与者に対し，作業の全部又は一部の停止，建設物等の全部又は一部の使用の停止又は変更その他労働災害を防止するため必要な事項を命ずることができる。

②　都道府県労働局長又は労働基準監督署長は，前項の規定により命じた事項について必要な事項を労働者，請負人又は建築物の貸与を受けている者に命ずることができる。

③　労働基準監督官は，前二項の場合において，労働者に急迫した危険があるときは，これらの項の都道府県労働局長又は労働基準監督署長の権限を即時に行うことができる。

④　都道府県労働局長又は労働基準監督署長は，請負契約によつて行われる仕事について第1項の規定による命令をした場合において，必要があると認めるときは，当該仕事の注文者（当該仕事が数次の請負契約によつて行われるときは，当該注文者の請負契約の先次のすべての請負契約の当事者である注文者を含み，当該命令を受けた注文者を除く。）に対し，当該違反する事実に関して，労働災害を防止するため必要な事項について勧告又は要請を行うことができる。

第99条　都道府県労働局長又は労働基準監督署長は，前条第1項の場合以外の場合において，労働災害発生の急迫した危険があり，かつ，緊急の必要があるときは，必要な限度において，事業者に対し，作業の全部又は一部の一時停止，建設物等の全部又は一部の使用の一時停止その他当該労働災害を防止するため必要な応急の措置を講ずることを命ずることができる。

②　都道府県労働局長又は労働基準監督署長は，前項の規定により命じた事項について必要な事項を労働者に命ずることができる。

（9）　講習の指示

（講習の指示）

第99条の2　都道府県労働局長は，労働災害が発生した場合において，その再発を防止するため必要があると認めるときは，当該労働災害に係る事業者に対し，期間を定めて，当該労働災害が発生した事業場の総括安全衛生管理者，安全管理者，衛生管理者，統括安全衛生責任者その他労働災害の防止のための業務に従事する者（次項において「労働災害防止業務従事者」という。）に都道府県労働局長の指定する者が行う講習を受けさせるよう指示することができる。

②　前項の規定による指示を受けた事業者は，労働災害防止業務従事者に同項の講習を受けさせなければならない。

③　前二項に定めるもののほか，講習の科目その他第1項の講習について必要な事項は，厚生労働省令で定める。

第99条の3　都道府県労働局長は，第61条第1項の規定により同項に規定する業務に就くことができる者が，当該業務について，この法律又はこれに基づく命

令の規定に違反して労働災害を発生させた場合において，その再発を防止するため必要があると認めるときは，その者に対し，期間を定めて，都道府県労働局長の指定する者が行う講習を受けるよう指示することができる。

② 前条第3項の規定は，前項の講習について準用する。

登録省令

（指定）

第68条 法第99条の2第1項の指定（以下この章において単に「指定」という。）は，次の各号に掲げる者の区分に応じて定める同項の講習を行おうとする者（法人に限る。）の申請により行う。

1 法第99条の2第1項に規定する労働災害防止業務従事者（次号及び第3号に掲げる者を除く。） 総括安全衛生管理者等に対する講習

2 安全管理者，衛生管理者，安全衛生推進者その他事業場における労働災害防止のための業務に従事する者であつて，法第10条第1項各号の業務のうち安全若しくは衛生に係る技術的事項を管理するもの又は当該業務を担当するもの 安全管理者等に対する講習

3 統括安全衛生責任者，元方安全衛生管理者，店社安全衛生管理者，安全衛生責任者その他法第15条第1項に規定する特定元方事業者の労働者及び同項に規定する関係請負人の労働者の作業が同一の場所において行われることによつて発生する労働災害を防止するための業務に従事する者 統括安全衛生責任者等に対する講習

② 指定を受けようとする者は，次の事項を記載した申請書を，当該者が総括安全衛生管理者等に対する講習，安全管理者等に対する講習又は統括安全衛生責任者等に対する講習（以下この章において「労働災害防止業務従事者講習」という。）を行おうとする場所を管轄する都道府県労働局長（以下この章において「所轄都道府県労働局長」という。）に提出しなければならない。

1 名称及び住所

2 労働災害防止業務従事者講習の業務を行おうとする事務所の名称及び所在地

3 総括安全衛生管理者等に対する講習，安全管理者等に対する講習又は統括安全衛生責任者等に対する講習の別

4 労働災害防止業務従事者講習を開始しようとする年月日

③ 前項の申請書には，次に掲げる書類を添えなければならない。

1 定款又は寄附行為及び登記事項証明書

2 申請の日を含む事業年度の前事業年度における財産目録及び貸借対照表

3 申請の日を含む事業年度及び翌事業年度における事業計画書及び収支予算書

4 役員の氏名及び略歴を記載した書面

5 次条第1項各号の要件に適合していることを証するに足りる書類

（指定基準）

第69条　都道府県労働局長は，前条の規定により申請があつた場合において，当該申請が次の各号に適合していると認めるときでなければ，指定をしてはならない。

　1　職員，設備，労働災害防止業務従事者講習の業務の実施の方法その他の事項が，労働災害防止業務従事者講習の適正かつ確実な実施に適合したものであること。

　2　経理的及び技術的な基礎が，労働災害防止業務従事者講習の業務の適正かつ確実な実施に足るものであること。

　3　労働災害防止業務従事者講習が次に掲げる講習科目について，厚生労働大臣が定めるところにより行われるものであること。

　　イ　事業場の安全衛生に関する管理に係る問題点及びその対策

　　ロ　事業場の安全衛生に関する管理の方法

　　ハ　安全衛生関係法令

　　ニ　労働災害の事例及びその防止対策

　4　労働災害防止業務従事者講習の講師が，次のいずれかに該当する者であること。

　　イ　労働安全コンサルタント試験に合格した者

　　ロ　学校教育法における大学又は高等専門学校を卒業した者であつて，その後7年以上産業安全の実務に従事した経験を有するもの

　　ハ　学校教育法における高等学校を卒業した者であつて，その後10年以上産業安全の実務に従事した経験を有するもの

（第2項　略）

(10)　報告等

（報告等）

第100条　厚生労働大臣，都道府県労働局長又は労働基準監督署長は，この法律を施行するため必要があると認めるときは，厚生労働省令で定めるところにより，事業者，労働者，機械等貸与者，建築物貸与者又はコンサルタントに対し，必要な事項を報告させ，又は出頭を命ずることができる。

②　厚生労働大臣，都道府県労働局長又は労働基準監督署長は，この法律を施行するため必要があると認めるときは，厚生労働省令で定めるところにより，登録製造時等検査機関等に対し，必要な事項を報告させることができる。

③　労働基準監督官は，この法律を施行するため必要があると認めるときは，事業者又は労働者に対し，必要な事項を報告させ，又は出頭を命ずることができる。

┌─ 安 衛 則 ─────────────────────────────

（有害物ばく露作業報告）

第95条の6　事業者は，労働者に健康障害を生ずるおそれのある物で厚生労働大臣が定めるものを製造し，又は取り扱う作業場において，労働者を当該物のガス，蒸気又は粉じんにばく露するおそれのある作業に従事させたときは，厚生労働大臣の定めるところにより，当該物のばく露の防止に関し必要な事項について，様式第21号の7による報告書を所轄労働基準監督署長に提出しなければならない。

（労働者死傷病報告）

第97条　事業者は，労働者が労働災害その他就業中又は事業場内若しくはその附属建設物内における負傷，窒息又は急性中毒により死亡し，又は休業したときは，遅滞なく，様式第23号による報告書を所轄労働基準監督署長に提出しなければならない。

②　前項の場合において，休業の日数が4日に満たないときは，事業者は，同項の規定にかかわらず，1月から3月まで，4月から6月まで，7月から9月まで及び10月から12月までの期間における当該事実について，様式第24号による報告書をそれぞれの期間における最後の月の翌月末日までに，所轄労働基準監督署長に提出しなければならない。

（疾病の報告）

第97条の2　事業者は，化学物質又は化学物質を含有する製剤を製造し，又は取り扱う業務を行う事業場において，1年以内に2人以上の労働者が同種のがんに罹患したことを把握したときは，当該罹患が業務に起因するかどうかについて，遅滞なく，医師の意見を聴かなければならない。

②　事業者は，前項の医師が，同項の罹患が業務に起因するものと疑われると判断したときは，遅滞なく，次に掲げる事項について，所轄都道府県労働局長に報告しなければならない。

　1　がんに罹患した労働者が当該事業場で従事した業務において製造し，又は取り扱つた化学物質の名称（化学物質を含有する製剤にあつては，当該製剤が含有する化学物質の名称）

　2　がんに罹患した労働者が当該事業場において従事していた業務の内容及び当該業務に従事していた期間

　3　がんに罹患した労働者の年齢及び性別

（報告）

第98条　厚生労働大臣，都道府県労働局長又は労働基準監督署長は，法第100条第1項の規定により，事業者，労働者，機械等貸与者又は建築物貸与者に対し，必要な事項を報告させ，又は出頭を命ずるときは，次の事項を通知するものとする。

　1　報告をさせ，又は出頭を命ずる理由

　2　出頭を命ずる場合には，聴取しようとする事項

（様式の任意性）

第100条　法に基づく省令に定める様式（様式第3号，様式第6号，様式第11号，様式

第12号，様式第21号の2の2，様式第21号の7，様式第23号，有機溶剤中毒予防規則（昭和47年労働省令第36号。以下「有機則」という。）様式第3号の2，鉛中毒予防規則（昭和47年労働省令第37号。以下「鉛則」という。）様式第3号，四アルキル鉛中毒予防規則（昭和47年労働省令第38号。以下「四アルキル則」という。）様式第3号，特化則様式第3号，高気圧作業安全衛生規則（昭和47年労働省令第40号。以下「高圧則」という。）様式第2号，電離則様式第2号，石綿則様式第3号及び除染則様式第3号を除く。）は，必要な事項の最少限度を記載すべきことを定めるものであつて，これと異なる様式を用いることを妨げるものではない。

12　第11章　雑則関係

（1）　法令等の周知

（法令等の周知）

第101条　事業者は，この法律及びこれに基づく命令の要旨を常時各作業場の見やすい場所に掲示し，又は備え付けることその他の厚生労働省令で定める方法により，労働者に周知させなければならない。

②　産業医を選任した事業者は，その事業場における産業医の業務の内容その他の産業医の業務に関する事項で厚生労働省令で定めるものを，常時各作業場の見やすい場所に掲示し，又は備え付けることその他の厚生労働省令で定める方法により，労働者に周知させなければならない。

③　前項の規定は，第13条の2第1項に規定する者に労働者の健康管理等の全部又は一部を行わせる事業者について準用する。この場合において，前項中「周知させなければ」とあるのは，「周知させるように努めなければ」と読み替えるものとする。

④　事業者は，第57条の2第1項又は第2項の規定により通知された事項を，化学物質，化学物質を含有する製剤その他の物で当該通知された事項に係るものを取り扱う各作業場の見やすい場所に常時掲示し，又は備え付けることその他の厚生労働省令で定める方法により，当該物を取り扱う労働者に周知させなければならない。

安衛則

（法令等の周知の方法等）

第98条の2　法第101条第1項及び第2項（同条第3項において準用する場合を含

む。次項において同じ。）の厚生労働省令で定める方法は，第23条第3項各号
に掲げる方法とする。

② 法第101条第2項の厚生労働省令で定める事項は，次のとおりとする。

　1 事業場における産業医（法第101条第3項において準用する場合にあつて
は，法第13条の2第1項に規定する者。以下この項において同じ。）の業務
の具体的な内容

　2 産業医に対する健康相談の申出の方法

　3 産業医による労働者の心身の状態に関する情報の取扱いの方法

③ 法第101条第4項の厚生労働省令で定める方法は，次に掲げる方法とする

　1 通知された事項に係る物を取り扱う各作業場の見やすい場所に常時掲示し，又
は備え付けること。

　2 書面を，通知された事項に係る物を取り扱う労働者に交付すること。

　3 事業者の使用に係る電子計算機に備えられたファイル又は電磁的記録媒体をも
つて調製するファイルに記録し，かつ，通知された事項に係る物を取り扱う各作
業場に当該物を取り扱う労働者が当該記録の内容を常時確認できる機器を設置す
ること。

（2） 書類の保存等

（書類の保存等）

第103条　事業者は，厚生労働省令で定めるところにより，この法律又はこれに
基づく命令の規定に基づいて作成した書類（次項及び第3項の帳簿を除く。）
を，保存しなければならない。

（第2項及び第3項　略）

（3） 健康診断に関する秘密の保持

（心身の状態に関する情報の取扱い）

第104条　事業者は，この法律又はこれに基づく命令の規定による措置の実施に
関し，労働者の心身の状態に関する情報を収集し，保管し，又は使用するに当
たつては，労働者の健康の確保に必要な範囲内で労働者の心身の状態に関する
情報を収集し，並びに当該収集の目的の範囲内でこれを保管し，及び使用しな
ければならない。ただし，本人の同意がある場合その他正当な事由がある場合
は，この限りでない。

② 事業者は，労働者の心身の状態に関する情報を適正に管理するために必要な

措置を講じなければならない。

③　厚生労働大臣は，前二項の規定により事業者が講ずべき措置の適切かつ有効な実施を図るため必要な指針を公表するものとする。

④　厚生労働大臣は，前項の指針を公表した場合において必要があると認めるときは，事業者又はその団体に対し，当該指針に関し必要な指導等を行うことができる。

（健康診断等に関する秘密の保持）

第105条　第65条の２第１項及び第66条第１項から第４項までの規定による健康診断，第66条の８第１項，第66条の８の２第１項及び第66条の８の４第１項の規定による面接指導，第66条の10第１項の規定による検査又は同条第３項の規定による面接指導の実施の事務に従事した者は，その実施に関して知り得た労働者の秘密を漏らしてはならない。

（4）　疫学的調査等

（疫学的調査等）

第108条の２　厚生労働大臣は，労働者がさらされる化学物質等又は労働者の従事する作業と労働者の疾病との相関関係をは握するため必要があると認めるときは，疫学的調査その他の調査（以下この条において「疫学的調査等」という。）を行うことができる。

②　厚生労働大臣は，疫学的調査等の実施に関する事務の全部又は一部を，疫学的調査等について専門的知識を有する者に委託することができる。

③　厚生労働大臣又は前項の規定による委託を受けた者は，疫学的調査等の実施に関し必要があると認めるときは，事業者，労働者その他の関係者に対し，質問し，又は必要な報告若しくは書類の提出を求めることができる。

④　第２項の規定により厚生労働大臣が委託した疫学的調査等の実施の事務に従事した者は，その実施に関して知り得た秘密を漏らしてはならない。ただし，労働者の健康障害を防止するためやむを得ないときは，この限りでない。

－－安　衛　則－－

（疫学的調査等の結果の労働政策審議会への報告）

第98条の４　厚生労働大臣は，法第108条の２第１項に基づき同項の疫学的調査等を行つたときは，その結果について当該疫学的調査等の終了後１年以内に労働政策審議

会に報告するものとする。

（5） 審査請求

（審査請求）

第111条　第38条の検査，性能検査，個別検定又は型式検定の結果についての処分については，審査請求をすることができない。

②　指定試験機関が行う試験事務に係る処分若しくはその不作為，指定コンサルタント試験機関が行うコンサルタント試験事務に係る処分若しくはその不作為又は指定登録機関が行う登録事務に係る処分若しくはその不作為については，厚生労働大臣に対し，審査請求をすることができる。この場合において，厚生労働大臣は，行政不服審査法（平成26年法律第68号）第25条第2項及び第3項，第46条第1項及び第2項，第47条並びに第49条第3項の規定の運用については，指定試験機関，指定コンサルタント試験機関又は指定登録機関の上級行政庁とみなす。

（6） 手数料

（手数料）

第112条　次の者は，政令で定めるところにより，手数料を国（指定試験機関が行う免許試験を受けようとする者にあつては指定試験機関，指定コンサルタント試験機関が行う労働安全コンサルタント試験又は労働衛生コンサルタント試験を受けようとする者にあつては指定コンサルタント試験機関，指定登録機関が行う登録を受けようとする者にあつては指定登録機関）に納付しなければならない。

1　免許を受けようとする者

1の2　第14条，第61条第1項又は第75条第3項の登録の更新を受けようとする者

2　技能講習（登録教習機関が行うものを除く。）を受けようとする者

（第3号から第6号　略）

7　個別検定（登録個別検定機関が行うものを除く。）を受けようとする者

7の2　型式検定（登録型式検定機関が行うものを除く。）を受けようとする者

8　第56条第1項の許可を受けようとする者

9　第72条第1項の免許証の再交付又は書替えを受けようとする者

10　免許の有効期間の更新を受けようとする者

11　免許試験を受けようとする者

12　労働安全コンサルタント試験又は労働衛生コンサルタント試験を受けようとする者

13　第84条第1項の登録を受けようとする者

②　前項の規定により指定試験機関，指定コンサルタント試験機関又は指定登録機関に納められた手数料は，それぞれ，指定試験機関，指定コンサルタント試験機関又は指定登録機関の収入とする。

（7）　公示

（公示）

第112条の2　厚生労働大臣は，次の場合には，厚生労働省令で定めるところにより，その旨を官報で告示しなければならない。

（第1号及び第3号から第10号　略）

2　第44条の4の規定により型式検定合格証の効力を失わせたとき。

（第2項　略）

（8）　鉱山に関する特例

（鉱山に関する特例）

第114条　鉱山保安法（昭和24年法律第70号）第2条第2項及び第4項の規定による鉱山における保安（衛生に関する通気及び災害時の救護を含む。次条第1項において同じ。）については，第2章中「厚生労働大臣」とあるのは「経済産業大臣」と，「労働政策審議会」とあるのは「中央鉱山保安協議会」とする。

②　鉱山保安法第2条第2項及び第4項の規定による鉱山に関しては，第3章中「総括安全衛生管理者」とあるのは「総括衛生管理者」と，「安全衛生推進者」とあるのは「衛生推進者」とする。

（9）　適用除外

（適用除外）

第115条　この法律（第2章の規定を除く。）は，鉱山保安法第2条第2項及び第

4項の規定による鉱山における保安については，適用しない。

② この法律は，船員法（昭和22年法律第100号）の適用を受ける船員については，適用しない。

13 第12章 罰 則

第122条 法人の代表者又は法人若しくは人の代理人，使用人その他の従業者が，その法人又は人の業務に関して，第116条，第117条，第119条又は第120条の違反行為をしたときは，行為者を罰するほか，その法人又は人に対しても，各本条の罰金刑を科する。

③ 衛生管理者規程

（昭和47. 9. 30労働省告示第94号）

（最終改正：平成26. 3. 31厚生労働省告示第165号）

労働安全衛生規則（昭和47年労働省令第32号）第10条第3号，第72条，別表第4及び別表第5第1号の規定に基づき，衛生管理者規程を次のように定め，昭和47年10月1日から適用する。

（衛生管理者の資格）

第1条 労働安全衛生規則（以下「安衛則」という。）第10条第4号の厚生労働大臣が定める者は，次のとおりとする。

1 教育職員免許法（昭和24年法律第147号）第4条の規定に基づく保健体育若しくは保健の教科についての中学校教諭免許状若しくは高等学校教諭免許状又は養護教諭免許状を有する者で，学校教育法（昭和22年法律第26号）第1条の学校に在職するもの（常時勤務に服する者に限る。）

2 学校教育法による大学又は高等専門学校において保健体育に関する科目を担当する教授，准教授又は講師（常時勤務に服する者に限る。）

（第一種衛生管理者免許を受けることができる者）

第2条 安衛則別表第4第一種衛生管理者免許の項第4号の厚生労働大臣が定める者は，次のとおりとする。

1 保健師助産師看護師法（昭和23年法律第203号）第7条の規定により保健師免許を受けた者（同法第51条第3項の規定により当該免許を受けた者を除く。）

2 医師法（昭和23年法律第201号）第11条第2号及び第3号に掲げる者

3 歯科医師法（昭和23年法律第202号）第11条各号に掲げる者

4 薬剤師法（昭和35年法律第146号）第2条の規定により薬剤師の免許を受けた者

5 前各号に掲げる者と同等以上の能力を有すると認められる者

（衛生工学衛生管理者に係る講習）

第3条 安衛則別表第4衛生工学衛生管理者免許の項第1号の都道府県労働局長の登録を受けた者が行う衛生工学衛生管理者講習は，次の各号に定めるところにより行われる講習とする。

1 次の表の上欄〈編注・左欄〉に掲げる講習科目に応じ，それぞれ同表の中欄に掲げる範囲について同表の下欄〈編注・右欄〉に掲げる講習時間以上行われるものであること。

講習科目	範　　　囲	講習時間
労働基準法	労働基準法（昭和22年法律第49号）及びこれに基づく命令中の関係条項	2時間
労働安全衛生法（関係法令を含む。）	労働安全衛生法（昭和47年法律第57号），作業環境測定法（昭和50年法律第28号）及びじん肺法（昭和35年法律第30号）並びにこれらに基づく命令中の関係条項	6時間
労働衛生工学に関する知識	作業環境に関する基礎知識　作業環境改善の具体的進め方　局所排気装置，全体換気装置，廃液処理装置その他の設備に関する基礎知識　作業環境測定の方法及びその評価　保護具に関する基礎知識及びその保守管理　事業場における安全衛生の水準の向上を図ることを目的として事業者が一連の過程を定めて行う自主的活動（危険性又は有害性等の調査及びその結果に基づき講ずる措置を含む。）	14時間
職業性疾病の管理に関する知識	職業性疾病に関する基礎知識　職業性疾病の発生事例及びその対策　健康管理の進め方　職業性疾病に関する教育の方法	6時間
労働生理に関する知識	人体の組織及び機能　疲労及びその予防　職業適性	2時間

2　前号に定めるもののほか，修了試験の実施その他必要な事項について，厚生労働省労働基準局長の定めるところにより行われるものであること。

（衛生工学衛生管理者免許を受けることができる者）

第4条　安衛則別表第4衛生工学衛生管理者免許の項第2号の厚生労働大臣が定める者は，次の各号に掲げる者で，労働安全衛生法及びこれに基づく命令に係る登録及び指定に関する省令（昭和47年労働省令第44号）第1条の2第1項の規定により都道府県労働局長の登録を受けた者が行う衛生工学衛生管理者講習を修了したものとする。

1　労働安全衛生法第83条第1項の労働衛生コンサルタント試験に合格した者

2　安衛則別表第4第一種衛生管理者免許の項第1号及び第3号に掲げる者

3　作業環境測定法第5条に規定する作業環境測定士となる資格を有する者

（講習科目の受講の一部免除）

第4条の2　次の表の上欄〈編注・左欄〉に掲げる者は，第3条第1号に規定する講習科目のうち，それぞれ同表の下欄〈編注・右欄〉に掲げるものについて受講の免除を受けることができる。

受講の免除を受けることができる者	講　習　科　目
前条第1号に掲げる者で，その試験の区分が保健衛生であるもの	労働安全衛生法（関係法令を含む。） 職業性疾病の管理に関する知識 労働生理に関する知識
前条第1号に掲げる者で，その試験の区分が労働衛生工学であるもの	労働安全衛生法（関係法令を含む。） 労働衛生工学に関する知識
前条第2号に掲げる者	労働基準法 労働安全衛生法（関係法令を含む。） 労働生理に関する知識
前条第3号に掲げる者	労働安全衛生法（関係法令を含む。） 労働衛生工学に関する知識

（免許試験の受験資格）

第5条　安衛則別表第5第1号の表受験資格の欄第4号及び同表第1号の2の表受験資格の欄第4号の厚生労働大臣が定める者は，次のとおりとする。

1　職業能力開発促進法施行規則（昭和44年労働省令第24号）第9条に定める専門課程又は同令第36条の2第2項に定める特定専門課程の高度職業訓練のうち同令別表第6に定めるところにより行われるもの（職業能力開発促進法施行規則等の一部を改正する省令（平成5年労働省令第1号。以下「平成5年改正省令」という。）による改正前の職業能力開発促進法施行規則（以下「旧能開法規則」という。）別表第3の2に定めるところにより行われる専門課程の養成訓練並びに職業訓練法施行規則及び雇用保険法施行規則の一部を改正する省令（昭和60年労働省令第23号）による改正前の職業訓練法施行規則（以下「訓練法規則」という。）別表第1の専門訓練課程及び職業訓練法の一部を改正する法律（昭和53年法律第40号）による改正前の職業訓練法（以下「旧訓練法」という。）第9条第1項の特別高等訓練課程の養成訓練を含む。）を修了した者で，その後1年以上労働衛生の実務に従事した経験を有するもの

2　職業能力開発促進法施行規則第9条に定める応用課程の高度職業訓練のうち同令別表第7に定めるところにより行われるものを修了した者で，その後1年以上労働衛生の実務に従事した経験を有するもの

3　職業能力開発促進法施行規則第9条に定める普通課程の普通職業訓練のうち同令別表第2に定めるところにより行われるもの（旧能開法規則別表第3に定めるところにより行われる普通課程の養成訓練並びに訓練法規則別表第1の普通訓練

課程及び旧訓練法第9条第1項の高等訓練課程の養成訓練を含む。）を修了した者で，その後3年以上労働衛生の実務に従事した経験を有するもの

4　職業訓練法施行規則の一部を改正する省令（昭和53年労働省令第37号）附則第2条第1項に規定する専修訓練課程の普通職業訓練（平成5年改正省令による改正前の同項に規定する専修訓練課程及び旧訓練法第9条第1項の専修訓練課程の養成訓練を含む。）を修了した者で，その後4年以上労働衛生の実務に従事した経験を有するもの

5　10年以上労働衛生の実務に従事した経験を有する者

6　前各号に掲げる者と同等以上の能力を有すると認められる者

（第一種衛生管理者免許試験）

第6条　第一種衛生管理者免許試験（以下この条において「免許試験」という。）は，次の表の上欄〈編注・左欄〉に掲げる科目に応じ，それぞれ同表の下欄〈編注・右欄〉に掲げる範囲について筆記試験によつて行う。

試験科目	範　　　囲
労働衛生	衛生管理体制　作業環境要素　職業性疾病　作業環境管理　作業管理　健康管理　メンタルヘルス対策　健康の保持増進対策　労働衛生教育　労働衛生管理統計　救急処置　事業場における安全衛生の水準の向上を図ることを目的として事業者が一連の過程を定めて行う自主的活動（危険性又は有害性等の調査及びその結果に基づき講ずる措置を含む。）
労働生理	人体の組織及び機能　環境条件による人体の機能の変化　労働による人体の機能の変化　疲労及びその予防　職業適性
関係法令	労働基準法，労働安全衛生法，作業環境測定法及びじん肺法並びにこれらに基づく命令中の関係条項

②　免許試験の試験時間は，全科目を通じて3時間とする。

③　前二項に定めるもののほか，免許試験の実施について必要な事項は，厚生労働省労働基準局長の定めるところによる。

（第二種衛生管理者免許試験）

第7条　第二種衛生管理者免許試験は，次の表の上欄〈編注・左欄〉に掲げる科目に応じ，それぞれ同表の下欄〈編注・右欄〉に掲げる範囲について筆記試験によつて行う。

試験科目	範　　　囲
労働衛生	衛生管理体制　作業環境要素（有害業務に係るものを除く。）　作業環境管理（有害業務に係るものを除く。）　作業管理（有害業務に係るものを除く。）　健康管理（有害業務に係るものを除く。）　メンタルヘル

	ス対策　健康の保持増進対策　労働衛生教育　労働衛生管理統計　救急処置　有害業務に係る労働衛生概論　事業場における安全衛生の水準の向上を図ることを目的として事業者が一連の過程を定めて行う自主的活動
労働生理	人体の組織及び機能　環境条件による人体の機能の変化　労働による人体の機能の変化　疲労及びその予防　職業適性
関係法令	労働基準法及び労働安全衛生法並びにこれらに基づく命令中の関係条項（有害業務に係るものを除く。）

② 　前条第2項及び第3項の規定は，前項の免許試験について準用する。

（第二種衛生管理者免許を受けた者に関する特例）

第8条　第二種衛生管理者免許を受けた者に対する第一種衛生管理者免許試験は，第6条の規定にかかわらず，次の表の上欄〈編注・左欄〉に掲げる科目に応じ，それぞれ同表の下欄〈編注・右欄〉に掲げる範囲について筆記試験によつて行う。

試験科目	範　　　囲
労働衛生	作業環境要素（有害業務に係るものに限る。）　職業性疾病　作業環境管理（有害業務に係るものに限る。）　作業管理（有害業務に係るものに限る。）　健康管理（有害業務に係るものに限る。）
関係法令	労働基準法及び労働安全衛生法並びにこれらに基づく命令中の関係条項（有害業務に係るものに限る。）　作業環境測定法及びじん肺法並びにこれらに基づく命令中の関係条項

② 　前項の免許試験は，全科目を通じて2時間とする。

③ 　第6条第3項の規定は，第1項の免許試験について準用する。

　　　前　文（昭和60・9・30労働省告示第62号）抄

昭和60年10月1日から適用する。

（中略）

　　　附　則（昭和63・9・1労働省告示第74号）

この告示は，昭和64年10月1日から適用する。ただし，第1条の改正規定は，昭和64年4月1日から適用する。

（中略）

　　　附　則（平成25・1・9厚生労働省告示第1号）抄

平成25年4月1日から適用する。

　　　改正文（平成26・3・31厚生労働省告示第165号）抄

平成26年4月1日から適用する。

2　労働安全衛生法関係厚生労働省令

1　労働安全衛生規則（第３編）

（昭和47. 9. 30労働省令第32号）

（最終改正：令和5. 12. 27厚生労働省令第165号）

　この規則のうち第３編は，主に法第22条〜第27条に基づき，有害な作業環境，保護具等，その他について一般的な衛生基準を規定しており，その構成は，次のとおりである。

1　第1章　有害な作業環境関係

　有害物等についての原則的な除去方法等及び有害な作業環境の測定等が定められており，その概要は次のとおりである。

（1）　有害原因の除去（第576条）

　有害物を取り扱い，ガス，蒸気又は粉じんを発散し，有害な光線又は超音波にさらされ，騒音又は振動を発し，病原体によって汚染される等有害な作業場においては，その原因を除去するため，代替物の使用，作業の方法又は機械等の改善等必要な措置を講じなければならない。

（2）　ガス等の発散の抑制等（第577条）

　ガス，蒸気又は粉じんを発散する屋内作業場においては，空気中のガス，蒸気又は粉じんの含有濃度が有害な程度にならないようにするため，密閉設備，局所排気装置

又は全体換気装置を設けるなど必要な措置を講じなければならない。

（3）ばく露の程度の低減等（第577条の2，第577条の3）

リスクアセスメント対象物のばく露について，必要な低減措置を講じ，ばく露の程度を最小限度にするとともに，ばく露低減措置の内容について，労働者の意見を聴く機会を設け，作業記録を3年間（がん原性物質の場合は30年間）保存しなければならない。

リスクアセスメント対象物のうち，一定程度のばく露に抑えることで労働者に健康障害を生じるおそれがない物として厚生労働大臣が定めるものについては，ばく露濃度を一定の基準値以下とする。また，ばく露低減措置について，労働者の意見を聴き必要があると認めるとき，及び一定の濃度基準値を超えてばく露したときは健康診断を実施するとともに，診断結果に基づく措置を講じ，その記録を5年間（がん原性物質の場合は30年間）保存しなければならない。

また，リスクアセスメント対象物以外の化学物質についても，リスクアセスメント対象物と同様に必要な措置を講じ，ばく露を最小限度にするよう努めなければならない。

（4）内燃機関の使用禁止（第578条）

坑，井筒，潜函，タンク又は船倉の内部その他の場所で，自然換気が不十分なところにおいては，換気をする時以外は，内燃機関を有する機械を使用してはならない。

（5）排気の処理（第579条）

有害物を含む排気を排出する局所排気装置その他の設備については，有害物の種類に応じて，吸収，燃焼，集じん等による排気処理装置を設けなければならない。

（6）排液の処理（第580条）

有害物を含む排液については，有害物の種類に応じて，中和，沈でん，ろ過その他の有効な方式によって処理した後に排出しなければならない。

（7）病原体の処理（第581条）

病原体により汚染された排気，排液又は廃棄物については，消毒，殺菌等適切な処理をした後に，排出し，又は廃棄しなければならない。

（8）粉じんの飛散の防止（第582条）

粉じんを著しく飛散する屋外又は坑内の作業場においては，注水その他の粉じんの飛散を防止するため必要な措置を講じなければならない。

（9）坑内の炭酸ガス濃度の基準（第583条）

空気呼吸器，酸素呼吸器又はホースマスクを使用して，人命救助又は危害防止に関する作業をさせるとき以外は，坑内の作業場における炭酸ガス濃度を，1.5パーセン

ト以下としなければならない。

（10）　**騒音を発する場所の明示等**（第583条の２）

強烈な騒音を発する屋内作業場における業務に労働者を従事させるときは，当該屋内作業場が強烈な騒音を発する場所であることを標識によって明示する等の措置を講ずるものとする。

（11）　**騒音の伝ぱの防止**（第584条）

強烈な騒音を発する屋内作業場においては，その伝ぱを防ぐため，隔壁を設ける等必要な措置を講じなければならない。

（12）　**立入禁止等**（第585条）

次の場所には，関係者以外の者が立ち入ることを禁止し，その旨を見やすい箇所に表示しなければならない。また，当該場所の周囲で作業に従事する者は，みだりに立ち入ってはならない。

① 　多量の高熱物体を取り扱う場所又は著しく暑熱な場所

② 　多量の低温物体を取り扱う場所又は著しく寒冷な場所

③ 　有害な光線又は超音波にさらされる場所

④ 　炭酸ガス濃度が1.5パーセントを超える場所，酸素濃度が18パーセントに満たない場所又は硫化水素濃度が100万分の10を超える場所

⑤ 　ガス，蒸気又は粉じんを発散する有害な場所

⑥ 　有害物を取り扱う場所

⑦ 　病原体による汚染のおそれの著しい場所

（13）　**表示等**（第586条）

有害物，病原体又はこれらによって汚染された物を，一定の場所に集積し，その旨を見やすい箇所に表示しなければならない。

（14）　**騒音の測定等**（第588条，第590条，第591条）

次の屋内作業場については，６月以内ごとに１回，定期的に等価騒音レベルの測定を実施し，所定事項について記録し，これを３年間保存しなければならない。

① 　鋲打ち機，はつり機，鋳物の型込機等圧縮空気により駆動される機械又は器具を取り扱う業務を行う屋内作業場

② 　ロール機，圧延機等による金属の圧延，伸線，ひずみ取り又は板曲げの業務を行う屋内作業場

③ 　動力により駆動されるハンマーを用いる金属の鍛造又は成型の業務を行う屋内作業場

④ 　タンブラーによる金属製品の研ま又は砂落しの業務を行う屋内作業場

1 労働安全衛生規則（第3編）

⑤ 動力によりチェーン等を用いてドラムかんを洗浄する業務を行う屋内作業場

⑥ ドラムバーカーにより，木材を削皮する業務を行う屋内作業場

⑦ チッパーによりチップする業務を行う屋内作業場

⑧ 多筒抄紙機により紙を抄（す）く業務を行う屋内作業場

⑨ 厚生労働大臣が定める屋内作業場

また，これらの屋内作業場の施設若しくは設備を変更し，又は当該屋内作業場における作業工程若しくは作業方法を変更した場合には，遅滞なく，等価騒音レベルを測定しなければならない。

(15) 坑内の炭酸ガス濃度の測定（第589条，第592条）

炭酸ガスが停滞し，又は停滞するおそれのある坑内の作業場については，1月以内ごとに1回，定期的に炭酸ガスの濃度の測定を実施し，所定事項について記録し，これを3年間保存しなければならない。

2 第1章の2 廃棄物の焼却施設に係る作業関係

廃棄物の焼却施設におけるダイオキシン類の濃度等の測定及び作業方法等について定められており，その概要は次のとおりである。

下記（2）〜（4）の事項においては，これら作業の一部を請負人に請け負わせるときは，当該請負人に対し，必要な作業等についての周知が求められる。

(1) ダイオキシン類の濃度及び含有率の測定（第592条の2）

廃棄物焼却施設における焼却炉等の運転及び保守点検等の業務を行う作業場については，6月以内ごとに1回，定期的に空気中のダイオキシン類の濃度を測定しなければならない。

また，焼却炉，集じん機等の設備の解体等の作業を行うときは，作業開始前に，これら設備の内部に付着した物に含まれるダイオキシン類の含有率を測定しなければならない。

(2) 付着物の除去（第592条の3）

焼却炉，集じん機等の設備の解体等の作業を行うときは，これら設備の内部に付着したダイオキシン類を含む物を除去してから作業を行わなければならない。

(3) ダイオキシン類を含む物の発散源の湿潤化（第592条の4）

焼却炉等の運転及び解体等の作業を行うときは，当該作業を行う作業場におけるダイオキシン類を含む物の発散源を湿潤な状態のものとしなければならない。

(4) 保護具（第592条の5）

焼却炉等の運転，保守点検，解体等の作業を行うときは，前記（1）によるダイオ

175

キシン類の濃度及び含有率の測定の結果に応じて，当該作業に従事する労働者に保護衣，保護眼鏡，呼吸用保護具など適切な保護具を使用させなければならない。

（5）　作業指揮者（第592条の6）

事業者は，焼却炉等の運転，保守点検，解体等の作業を行うときは，作業指揮者を定め，その者に当該作業を指揮させるとともに，次の措置が上記の規定に適合して講じられているかどうかについて点検させなければならない。

① 解体作業における設備の解体前の付着物の除去

② 焼却炉等の運転及び解体等の作業におけるダイオキシン類を含む物の発散源の湿潤化

③ ダイオキシン類の濃度及び含有率の測定の結果に応じた適切な保護具の使用

（6）　特別の教育（第592条の7）

焼却炉等の運転，保守点検，解体等の作業に労働者を就かせる場合には，次の事項について特別の教育をしなければならない。

① ダイオキシン類の有害性

② 作業の方法及び事故の場合の措置

③ 作業開始時の設備の点検

④ 保護具の使用方法

⑤ その他ダイオキシン類のばく露の防止に関し必要な事項

（7）掲示（第592条の8）

事業者は，焼却炉等の運転，保守点検，解体等の業務に労働者を就かせるときは，次の事項を，見やすい箇所に掲示しなければならない。

① 焼却炉等の運転，保守点検，解体等の業務に係る作業を行う作業場である旨

② ダイオキシン類により生ずるおそれのある疾病の種類及びその症状

③ ダイオキシン類の取扱い上の注意事項

④ 焼却炉等の運転，保守点検，解体等の業務に係る作業を行う場合においては適切な保護具を使用しなければならない旨及び使用すべき保護具

3　第2章　保護具等関係

有害物等によるガス，蒸気又は粉じんを防護するための方法の一つとしての保護具等について定められており，その概要は次のとおりである。

下記（1）～（3）の事項においては，これら業務の一部を請負人に請け負わせるときは，適切な保護具を使用する必要がある旨の周知が求められる。

（1）　呼吸用保護具等（第593条）

著しく暑熱又は寒冷な場所における業務，多量の高熱物体，低温物体又は有害物を取り扱う業務，有害な光線にさらされる業務，ガス，蒸気又は粉じんを発散する有害な場所における業務，病原体による汚染のおそれの著しい業務その他有害な業務においては，保護衣，保護眼鏡，呼吸用保護具等適切な保護具を備えなければならない。

（2）皮膚障害等防止用の保護具（第594条，第594条の2，第594条の3）

皮膚や眼に障害を与える物を取り扱う業務又は有害物が皮膚から吸収され，若しくは侵入して，健康障害若しくは感染を起こすおそれのある業務においては，塗布剤，不浸透性の保護衣，保護手袋，履物，保護眼鏡等適切な保護具を備えなければならない。

皮膚や眼に健康障害を生ずるおそれのある皮膚等障害化学物質等を製造又は取り扱う業務においては，不浸透性の保護衣，保護手袋，履物又は保護眼鏡等適切な保護具を使用させなければならない。

皮膚や眼に健康障害を生ずるおそれがないことが明らかなものを除く化学物質又は化学物質を含有する製剤を製造又は取り扱う業務においては，保護衣，保護手袋，履物又は保護眼鏡等適切な保護具を使用させるよう努めなければならない。

（3）　騒音障害防止用の保護具（第595条）

強烈な騒音を発する場所における業務においては，当該業務に従事する労働者に使用させるために，耳栓その他の保護具を備えなければならない。

また，上記の労働者に耳栓その他の保護具の使用を命じたときは，遅滞なく，当該保護具を使用しなければならない旨を，作業中の労働者が容易に知ることができるよう，見やすい場所に掲示しなければならない。

（4）　保護具の数等（第596条）

（1）から（3）までの保護具については，同時に就業する労働者の人数と同数以上を備え，常時有効かつ清潔に保持しなければならない。

（5）　労働者の使用義務（第597条）

（1）から（3）までの業務に従事する労働者は，事業者からその業務に必要な保護具の使用を命じられたときは，その保護具を使用しなければならない。

（6）　専用の保護具等（第598条）

保護具又は器具の使用によって，労働者に疾病感染のおそれがあるときは，各人専用のものを備え，又は疾病感染を予防する措置を講じなければならない。

4　第3章　気積及び換気関係

屋内作業場等における気積及び換気について定められており，その概要は次のとおりである。

（1）　気積（第600条）

労働者を常時就業させる屋内作業場の気積を，設備の占める容積及び床面から4メートルを超える高さにある空間を除き，労働者1人について，10立方メートル以上としなければならない。

（2）　換気（第601条）

換気が十分行われる性能を有する設備を設けたとき以外は，労働者を常時就業させる屋内作業場においては，窓その他の開口部の直接外気に向かって開放することができる部分の面積が，常時床面積の20分の1以上になるようにしなければならない。なお，屋内作業場の気温が10度以下であるときは，換気に際し，労働者を毎秒1メートル以上の気流にさらしてはならない。

（3）　坑内の通気設備（第602条）

自然換気により衛生上必要な分量の空気が供給される坑内の作業場以外の坑内の作業場においては，衛生上必要な分量の空気を坑内に送給するために，通気設備を設けなければならない。

（4）　坑内の通気量の測定（第603条）

通気設備の設けられている坑内の作業場については，半月以内ごとに1回，定期的に通気量の測定を実施し，所定事項について記録し，これを3年間保存しなければならない。

5　第4章　採光及び照明関係

作業面の照度，まぶしくない採光について定められており，その内容は次のとおりである。

（1）　照度（第604条）

感光材料を取り扱う作業場，坑内の作業場，その他特殊な作業を行う作業場以外の作業場については，労働者を常時就業させる場所の作業面の照度を，右の表の基準に適合させなければならない。

作業の区分	基　　準
精密な作業	300ルクス以上
普通の作業	150ルクス以上
粗な作業	70ルクス以上

（2）　採光及び照明（第605条）

採光及び照明については，明暗の対照が著しくなく，かつ，まぶしさを生じさせない方法によらなければならない。また，労働者を常時就業させる場所の照明設備につ

いては，6月以内ごとに1回，定期的に点検しなければならない。

6 第5章 温度及び湿度関係

屋内作業場等における温度及び湿度について定められており，その概要は次のとおりである。

（1） 温湿度調節（第606条）

暑熱，寒冷又は多湿の屋内作業場で，有害のおそれがあるものについては，冷房，暖房，通風等適当な温湿度調節の措置を講じなければならない。

（2） 気温，湿度等の測定（第587条，第607条）

次の屋内作業場については，半月以内ごとに1回，定期的に気温，湿度及びふく射熱（ふく射熱については①から⑧までの屋内作業場に限る。）の測定を実施し，所定事項について記録し，これを3年間保存しなければならない。

① 溶鉱炉，平炉，転炉，又は電気炉により鉱物又は金属を製錬し，又は精錬する業務を行う屋内作業場

② キュポラ，るつぼ等により鉱物，金属又はガラスを溶解する業務を行う屋内作業場

③ 焼鈍炉，均熱炉，焼入炉，加熱炉等により鉱物，金属又はガラスを加熱する業務を行う屋内作業場

④ 陶磁器，レンガ等を焼成する業務を行う屋内作業場

⑤ 鉱物の焙焼（ばい）又は焼結の業務を行う屋内作業場

⑥ 加熱された金属の運搬又は圧延，鍛造，焼入，伸線等の加工の業務を行う屋内作業場

⑦ 溶融金属の運搬又は鋳込みの業務を行う屋内作業場

⑧ 溶融ガラスからガラス製品を成型する業務を行う屋内作業場

⑨ 加硫がまによりゴムを加硫する業務を行う屋内作業場

⑩ 熱源を用いる乾燥室により物を乾燥する業務を行う屋内作業場

⑪ 多量の液体空気，ドライアイス等を取り扱う業務を行う屋内作業場

⑫ 冷蔵庫，製氷庫，貯氷庫又は冷凍庫等で，労働者がその内部で作業を行うもの

⑬ 多量の蒸気を使用する染色槽（そう）により染色する業務を行う屋内作業場

⑭ 多量の蒸気を使用する金属又は非金属の洗浄又はめっきの業務を行う屋内作業場

⑮ 紡績又は織布の業務を行う屋内作業場で，給湿を行うもの

⑯ 厚生労働大臣が定める屋内作業場

（3）　ふく射熱からの保護（第608条）

屋内作業場に多量の熱を放散する溶融炉等があるときは，加熱された空気を直接屋外に排出し，又はその放射するふく射熱から作業従事者を保護する措置を講じなければならない。

（4）　加熱された炉の修理（第609条）

加熱された炉の修理に際しては，適当に冷却した後でなければ，作業従事者をその内部に入らせてはならない。

（5）　給湿（第610条）

作業の性質上給湿を行うときは，有害にならない限度においてこれを行い，噴霧には清浄な水を用いなければならない。

（6）　坑内の気温（第611条）

高温による健康障害を防止するため必要な措置を講じて人命救助又は危害防止に関する作業をさせるとき以外は，坑内における気温を37度以下としなければならない。

（7）　坑内の気温測定等（第589条，第612条）

気温が28度を超え，又は超えるおそれのある坑内の作業場については，半月以内ごとに1回，定期的に気温の測定を実施し，所定事項について記録し，これを3年間保存しなければならない。

7　第6章　休養関係

事業場の休憩設備等について定められており，その概要は次のとおりである。

（1）　休憩設備（第613条）

すべての事業場には労働者が有効に利用することができる休憩の設備を設けるように努めなければならない。

（2）　有害作業場の休憩設備（第614条）

坑内等特殊な作業場で設置できないやむを得ない事由がある場合以外は，著しく暑熱，寒冷又は多湿の作業場，有害なガス，蒸気又は粉じんを発散する作業場等においては，作業場外に休憩の設備を設けなければならない。

（3）　立業のためのいす（第615条）

持続的立業に従事する労働者が就業中しばしばすわることのできる機会のあるときは，いすを備えなければならない。

（4）　睡眠及び仮眠の設備（第616条）

夜間に労働者に睡眠を与える必要があるとき，又は労働者が就業の途中に仮眠することのできる機会があるときは，寝具，かやその他必要な用品を備え，疾病感染を予

防する措置を講じた適当な睡眠又は仮眠の場所を，男性用と女性用に区別して設けなければならない。

（5）　発汗作業に関する措置（第617条）

多量の発汗を伴う作業場においては，労働者に与えるために，塩及び飲料水を備えなければならない。

（6）　休養室等（第618条）

常時50人以上又は常時女性30人以上の労働者を使用するときは，労働者がが床することのできる休養室又は休養所を，男性用と女性用に区別して設けなければならない。

8　第7章　清潔関係

事業場の清潔保持について定められており，その概要は次のとおりである。

（1）　清掃等の実施（第619条）

① 日常行う清掃のほか，大掃除を，6月以内ごとに1回，定期に，統一的に行うこと。

② ねずみ，昆虫等の発生場所，生息場所及び侵入経路並びにねずみ，昆虫等による被害の状況について，6月以内ごとに1回，定期に，統一的に調査を実施し，当該調査の結果に基づき，ねずみ，昆虫等の発生を防止するため必要な措置を講ずること。

③ ねずみ，昆虫等の防除のため殺そ剤又は殺虫剤を使用する場合は，医薬品，医療機器等の品質，有効性及び安全性の確保等に関する法律第14条又は第19条の2の規定による承認を受けた医薬品又は医薬部外品を用いること。

（2）　労働者の清潔保持義務（第620条）

労働者は，作業場の清潔に注意し，廃棄物を定められた場所以外の場所にすてないようにしなければならない。

（3）　汚染床等の洗浄（第622条）

有害物，腐敗しやすい物又は悪臭のある物による汚染のおそれがある床及び周壁を，必要に応じ，洗浄しなければならない。

（4）　床の構造等（第623条）

（3）の床及び周壁並びに水その他の液体を多量に使用することにより湿潤のおそれがある作業場の床及び周壁を，不浸透性の材料で塗装し，排水に便利な構造としなければならない。

（5）　汚物の処理（第624条）

汚物を，一定の場所において露出しないように処理しなければならない。また，病原体による汚染のおそれがある床，周壁，容器等を，必要に応じ，消毒しなければならない。

（6）　洗浄設備等（第625条）

身体又は被服を汚染するおそれのある業務に労働者を従事させるときは，必要な用具を備えた洗眼，洗身，若しくはうがいの設備，更衣設備，又は洗たくのための設備を設けなければならない。

（7）　被服の乾燥設備（第626条）

労働者の被服が著しく湿潤する作業場においては，被服の乾燥設備を設けなければならない。

（8）　給水（第627条）

労働者の飲用に供する水その他の飲料を，十分供給するようにするとともに，飲用水，食器の洗浄水は，規定の水質基準を保たなければならない。また，有害物，汚水等によって水が汚染されないように，適当な汚染防止の措置を講じなければならない。

（9）　便所（第628条）

坑内等特殊な作業場で設置できないやむを得ない事由がある場合で，適当な数の便所又は便器を備えたとき以外は，次に定めるところにより便所を設けるとともに，便所及び便器を清潔に保ち，汚物を適当に処理しなければならない。

①　男性用と女性用に区別すること。

②　男性用大便所の便房の数は，次の表の左欄に掲げる同時に就業する男性労働者の数に応じて，同表の右欄に掲げる数以上とすること。

同時に就業する男性労働者の数	便房の数
60人以内	1
60人超	1に，同時に就業する男性労働者の数が60人を超える60人又はその端数を増すごとに1を加えた数

③　男性用小便所の箇所数は，次の表の左欄に掲げる同時に就業する男性労働者の数に応じて，同表の右欄に掲げる数以上とすること。

同時に就業する男性労働者の数	箇所数
30人以内	1
30人超	1に，同時に就業する男性労働者の数が30人を超える30人又はその端数を増すごとに1を加えた数

④　女性用便所の便房の数は，次の表の左欄に掲げる同時に就業する女性労働者の数に応じて，同表の右欄に掲げる数以上とすること。

同時に就業する女性労働者の数	便房の数
20人以内	1
20人超	1に，同時に就業する女性労働者の数が20人を超える20人又はその端数を増すごとに1を加えた数

⑤　便池は，汚物が土中に浸透しない構造とすること。

⑥　流出する清浄な水を十分に供給する手洗い設備を設けること。

(10)　独立個室型の便所※の特例（第628条の2）

（9）の①から④にかかわらず，同時に就業する労働者の数が常時10人以内である場合は，独立個室型の便所を設けることで足りるものとする。

　独立個室型の便所を設ける場合（上記により独立個室型の便所を設ける場合を除く。）は，次に定めるところにより便所を設けなければならない。便池は，汚物が土中に浸透しない構造とし，流出する清浄な水を十分に供給する手洗い設備を設けること。

※　「独立個室型の便所」とは，男性用と女性用に区別しない四方を壁等で囲まれた1個の便房により構成される便所をいう。

①　独立個室型の便所を除き，男性用と女性用に区別すること。

②　男性用大便所の便房の数は，次の表の左欄に掲げる同時に就業する男性労働者の数に応じて，同表の右欄に掲げる数以上とすること。

同時に就業する男性労働者の数	便房の数
設ける独立個室型の便所の数に10を乗じて得た数以下	1
設ける独立個室型の便所の数に10を乗じて得た数を超える数	1に，設ける独立個室型の便所の数に10を乗じて得た数を同時に就業する男性労働者の数から減じて得た数が60人を超える60人又はその端数を増すごとに1を加えた数

③　男性用小便所の箇所数は，次の表の左欄に掲げる同時に就業する男性労働者の数に応じて，同表の右欄に掲げる数以上とすること。

同時に就業する男性労働者の数	箇所数
設ける独立個室型の便所の数に10を乗じて得た数以下	1

設ける独立個室型の便所の数に10を乗じて得た数を超える数	1に，設ける独立個室型の便所の数に10を乗じて得た数を同時に就業する男性労働者の数から減じて得た数が30人を超える30人又はその端数を増すごとに1を加えた数

④　女性用便所の便房の数は，次の表の左欄に掲げる同時に就業する女性労働者の数に応じて，同表の右欄に掲げる数以上とすること。

同時に就業する女性労働者の数	便房の数
設ける独立個室型の便所の数に10を乗じて得た数以下	1

設ける独立個室型の便所の数に10を乗じて得た数を超える数	1に，設ける独立個室型の便所の数に10を乗じて得た数を同時に就業する女性労働者の数から減じて得た数が20人を超える20人又はその端数を増すごとに1を加えた数

9　第8章　食堂及び炊事場関係

食堂及び炊事場を設ける場合について定められており，その概要は次のとおりである。

（1）　食堂（第629条）

7の（2）の有害作業場においては，作業場外に適当な食事の設備を設けなければならない。

（2）　食堂及び炊事場（第630条）

事業場に附属する食堂又は炊事場については，次に定めるところによらなければならない。

①　食堂と炊事場とは区別して設け，採光及び換気が十分であって，そうじに便利な構造とすること。

②　食堂の床面積は，食事の際の1人について，1平方メートル以上とすること。

③　食堂には，食卓及び労働者が食事をするためのいす（坐食の場合を除く）を設けること。

④　便所及び廃物だめから適当な距離にある場所に設けること。

⑤　食器，食品材料等の消毒の設備を設けること。

⑥　食器，食品材料及び調味料の保存のために適切な設備を設けること。

⑦　はえ，その他のこん虫，ねずみ，犬，猫等の害を防ぐための設備を設けること。

⑧ 飲用及び洗浄のために，清浄な水を十分に備えること。

⑨ 炊事場の床は，不浸透性の材料で造り，洗浄及び排水に便利な構造とすること。

⑩ 汚水及び廃物は，炊事場外において露出しないように処理し，沈でん槽を設けて排出する等有害とならないようにすること。

⑪ 炊事従業員専用の休憩室及び便所を設けること。

⑫ 炊事従業員には，炊事に不適当な伝染性の疾病にかかっている者を従事させないこと。

⑬ 炊事従業員には，炊事専用の清潔な作業衣を使用させること。

⑭ 炊事場には，炊事従業員以外の者をみだりに出入りさせないこと。

⑮ 炊事場には，炊事場専用の履物を備え，土足のまま立ち入らせないこと。

（3） 栄養の確保及び向上（第631条）

給食を行うときは，給食に関し，栄養の確保及び向上に必要な措置を講ずるように努めなければならない。

（4） 栄養士（第632条）

1回100食以上又は1日250食以上の給食を行うときは，栄養士を置くように努めなければならない。また，栄養士が，食品材料の調査，栄養指導等を衛生管理者及び給食関係者と協力して行うようにさせなければならない。

10 第9章 救急用具関係

救急用具等の備付けについて定められており，その概要は次のとおりである。

（1） 救急用具（第633条）

負傷者の手当に必要な清潔に保った救急用具及び材料を備え，その備付け場所及び使用方法を周知させなければならない。

（2） 救急用具の内容（第634条）

令和3年12月の改正により削除。

② 有機溶剤中毒予防規則

（昭和47. 9. 30労働省令第36号）
（最終改正：令和5. 12. 27厚生労働省令第165号）

　有機溶剤は，比較的古くから産業界のあらゆる分野で利用されてきたが，昭和34年東京都内の家内工業及び一部の零細企業において，ヘップサンダル等の接着剤にベンゼンを溶剤としたゴムのりを使用していたために，多数のベンゼン中毒が発生した。

　この中毒事件を契機として，労働省（当時）では「ベンゼンを含有するゴムのり」の製造，販売等を禁止するとともに，さらに，昭和35年10月13日に広く産業界で使われ，毒性の明らかな有機溶剤51種類を対象として，有機溶剤中毒予防規則を制定，公布し，翌年1月1日に施行した。

　その後，昭和47年には，労働安全衛生法の制定を機会に，従来の有機溶剤中毒予防規則の内容に検討を加え，当時，ひろく溶剤として使用されはじめ，中毒事件のあった1・1・1-トリクロルエタンを第2種有機溶剤として追加し，一部の有機溶剤の名称を整理するとともに，局所排気装置の定期自主検査の実施，雇入れの際並びに配置替えの際の健康診断の実施について規制する等により，有機溶剤中毒の予防をいっそう効果的にすることとなり，同年10月1日から新たな有機溶剤中毒予防規則として施行されてきた。

　なお，この規則制定のきっかけとなったベンゼンは，血液のがんともいわれる白血病になるおそれがあること，さらには，1971年（昭和46年）ILOの第56回総会において採択された「ベンゼンから生ずる中毒の危害に対する保護に関する条約」により，ベンゼンを溶剤として使用することが禁止されていること等により，昭和50年10月1日からは特定化学物質等障害予防規則により規制されることとなったため，同日付けをもってこの規則から削除された。

　この間，有機溶剤の新しい利用開発，大量使用等の傾向がたかまり，また，有機溶剤中毒は一向に減少の傾向をしめさないため，昭和53年8月及び10月にその規制内容が大幅に改正された。

　また，昭和63年9月に，作業環境測定の結果の評価及びそれに基づく措置の義務付け，平成元年6月に，健康診断の項目の改正が行われ，平成9年3月には，事業者が有機溶剤業務に労働者を従事させるときに設けなければならないこととされている設備の一つとして，プッシュプル型換気装置を認めること等の改正が行われた。

　さらに，平成24年4月には，多様な発散防止抑制措置の導入及び作業環境測定の評価結果等の労働者への周知等について改正が行われた。

　平成26年には，労働安全衛生法施行令別表第６の２の改正に伴い，クロロホルム等10物質が削除される等の改正が行われた。

　令和４年５月31日（厚生労働省令第91号）に，労働安全衛生規則及び有機溶剤中毒予防規則等の特別規則が改正され，新たな化学物質規制の制度（化学物質の自主的管理）が導入されることとなった（施行日は，令和５年４月１日又は令和６年４月１日（一部は公布日））。

　この規則の構成は次のとおりであり，また，その適用は次ページの表のようになっている。

　　第１章　総則（第１条―第４条の２）

　　第２章　設備（第５条―第13条の３）

　　第３章　換気装置の性能等（第14条―第18条の３）

　　第４章　管理（第19条―第27条）

　　第５章　測定（第28条―第28条の４）

　　第６章　健康診断（第29条―第31条）

　　第７章　保護具（第32条―第34条）

　　第８章　有機溶剤の貯蔵及び空容器の処理（第35条・第36条）

　　第９章　有機溶剤作業主任者技能講習（第37条）

　　附　　則

1　第1章　総則関係

（1）　定義等（第1条）

有機溶剤中毒予防規則の適用等を明らかにするため，次のとおり定義されている。

① 　有機溶剤とは，労働安全衛生法施行令（以下「令」という。）別表第６の２に掲げる有機溶剤（44～45ページ参照）をいう。

② 　有機溶剤等とは，有機溶剤と有機溶剤含有物（有機溶剤と有機溶剤以外の物との混合物で，有機溶剤を当該混合物の重量の５パーセントを超えて含有するもの。）をいう。

③ 　第１種有機溶剤等とは，有機溶剤等のうち次に掲げる物をいう。

　　イ 　令別表第６の２第28号又は第38号に掲げる物（44～45ページ参照）

　　ロ 　イに掲げる物のみから成る混合物

　　ハ 　イに掲げる物と当該物以外の物との混合物で，イに掲げる物を当該混合物の重量の５パーセントを超えて含有するもの

④ 　第２種有機溶剤等とは，有機溶剤等のうち次に掲げる物をいう。

物 質 / 規制内容等			有機則条文	第1種有機溶剤	第2種有機溶剤	第3種有機溶剤
				1・2-ジクロルエチレン，二硫化炭素（2種）	アセトン，イソブチルアルコール，イソプロピルアルコール，イソペンチルアルコール，エチルエーテル，エチレングリコールモノエチルエーテル，エチレングリコールモノエチルエーテルアセテート，エチレングリコールモノ-ノルマル-ブチルエーテル，エチレングリコールモノメチルエーテル，オルト-ジクロルベンゼン，キシレン，クレゾール，クロルベンゼン，酢酸イソブチル，酢酸イソプロピル，酢酸イソペンチル，酢酸エチル，酢酸ノルマル-ブチル，酢酸ノルマル-プロピル，酢酸ノルマル-ペンチル，酢酸メチル，シクロヘキサノール，シクロヘキサノン，N・N-ジメチルホルムアミド，テトラヒドロフラン，1・1・1-トリクロルエタン，トルエン，ノルマルヘキサン，1-ブタノール，2-ブタノール，メタノール，メチルエチルケトン，メチルシクロヘキサノール，メチルシクロヘキサノン，メチル-ノルマル-ブチルケトン（35種）	ガソリン，コールタールナフサ，石油エーテル，石油ナフサ，石油ベンジン，テレビン油，ミネラルスピリット（7種）
設備	屋内作業場等のうちタンク等の内部以外の場所	密　閉　装　置	5	○ ┐	○ ┐	──
		局 所 排 気 装 置		○ ┤のいずれか	○ ┤のいずれか	──
		プッシュプル型換気装置		○ ┘	○ ┘	──
		全 体 換 気 装 置		×	×	──
	タンク等の内部	吹付け作業	密　閉　装　置	6—① ②	○ ┐	○ ┐	○ ┐
			局 所 排 気 装 置		○ ┤のいずれか	○ ┤のいずれか	○ ┤のいずれか
			プッシュプル型換気装置		○ ┘	○ ┘	○ ┘
			全 体 換 気 装 置		×	×	×
		吹付けの作業以外の作業	密　閉　装　置	6—① ②	○ ┐	○ ┐	○ ┐
			局 所 排 気 装 置		○ ┤のいずれか	○ ┤のいずれか	○ ┤
			プッシュプル型換気装置		○ ┘	○ ┘	○ ┤のいずれか
			全 体 換 気 装 置		×	×	○ ┘
管理	作 業 主 任 者 の 選 任		19	○	○	○
	定期自主検査及びその記録		20, 20の2, 21	○	○	○
	点　　　　　検		22	○	○	○
	補　　　　　修		23	○	○	○
	掲　　　　　示		24	○	○	○
	区　分　表　示		25	○赤	○黄	○青
測定	測定，評価及びその記録		28, 28の2	○	○	×
その他	健　康　診　断		29	○	○	○（タンク等の内部に限る）
	貯　　　　　蔵		35	○	○	○
	空 容 器 の 処 理		36	○	○	○
	計 画 の 届 出		安衛則	○	○	○
	表　　　　　示		安衛法57	○	○	○

　イ　令別表第6の2第1号から第13号まで，第15号から第22号まで，第24号，第25号，第30号，第34号，第35号，第37号，第39号から第42号まで又は第44号から第47号までに掲げる物（44～45ページ参照）

　ロ　イに掲げる物のみから成る混合物

　ハ　イに掲げる物と当該物以外の物との混合物で，イに掲げる物又は③のイに掲げる物を当該混合物の重量の5パーセントを超えて含有するもの（③のハに掲げる物を除く。）

⑤　第3種有機溶剤等とは，有機溶剤等のうち第1種有機溶剤等及び第2種有機溶剤等以外の物をいう。

⑥　有機溶剤業務とは，次に掲げる業務をいう。

　イ　有機溶剤等を製造する工程における有機溶剤等のろ過，混合，攪拌(かくはん)，加熱又は容器若しくは設備への注入の業務

　ロ　染料，医薬品，農薬，化学繊維，合成樹脂，有機顔料，油脂，香料，甘味料，火薬，写真薬品，ゴム若しくは可塑剤又はこれらのものの中間体を製造する工程における有機溶剤等のろ過，混合，攪拌(かくはん)又は加熱の業務

　ハ　有機溶剤含有物を用いて行う印刷の業務

　ニ　有機溶剤含有物を用いて行う文字の書込み又は描画の業務

　ホ　有機溶剤等を用いて行うつや出し，防水その他物の面の加工の業務

　ヘ　接着のためにする有機溶剤等の塗布の業務

　ト　接着のために有機溶剤等を塗布された物の接着の業務

　チ　有機溶剤等を用いて行う洗浄又は払しょくの業務

　リ　有機溶剤含有物を用いて行う塗装の業務

　ヌ　有機溶剤等が付着している物の乾燥の業務

　ル　有機溶剤等を用いて行う試験又は研究の業務

　ヲ　有機溶剤等を入れたことのあるタンクの内部における業務

⑦　この規則は，「屋内作業場等」において有機溶剤業務を行う場合に適用され，屋内作業場等とは屋内作業場又は次の場所をいう。

　イ　船舶の内部

　ロ　車両の内部

　ハ　タンクの内部

　ニ　ピットの内部

　ホ　坑の内部

　ヘ　ずい道の内部

　　ト　暗きょ又はマンホールの内部

　　チ　箱桁(げた)の内部

　　リ　ダクトの内部

　　ヌ　水管の内部

　　ル　屋内作業場及びイからヌに掲げる場所のほか，通風が不十分な場所

　⑧　タンク等の内部とは次の場所が該当する。

　　イ　通風が不十分な屋内作業場

　　ロ　通風が不十分な船舶の内部

　　ハ　通風が不十分な車両の内部

　　ニ　⑦のハからルまでに掲げる場所

（2）　適用の除外（第2条・第3条・第4条の2）

　有機溶剤業務を行っていても有機溶剤等の許容消費量を超えなければ，この規則の大部分又は一部分について適用が除外される。許容消費量は，タンク等の内部以外の場所では1時間値で，またタンク等の内部では1日量で表されている。これらの計算は，有機溶剤等の区分による係数に作業場の気積を乗じて得た値とする。

　なお，規則の大部分についての適用が除外される場合は，経常的に許容消費量を超えない場合であって，所轄労働基準監督署長の認定を必要とする。

　有機溶剤に係る業務（一部を除く）について，事業場における化学物質の管理について必要な知識・技能を有する化学物質管理専門家が専属で配置され必要な事項を管理し，過去3年間に化学物質等による休業4日以上の死傷災害が発生していないなど，所定の事項に該当すると所轄都道府県労働局長が認定したときは，一部の規定を除きこの規則の適用が除外される。

2　第2章　設備関係

　有機溶剤等業務を行う設備については，それぞれの態様に応じた設備の要件が定められており，その概要は次のとおりである。

（1）　第1種有機溶剤等又は第2種有機溶剤等に係る設備（第5条）

　屋内作業場等において第1種有機溶剤等又は第2種有機溶剤等に係る有機溶剤業務に労働者を従事させる場合は，当該業務を行う作業場所に，密閉設備，局所排気装置又はプッシュプル型換気装置を設けなければならない。

（2）　第3種有機溶剤等に係る設備（第6条）

　①　タンク等の内部において，第3種有機溶剤等に係る有機溶剤業務に労働者を従
　　事させる場合は，その有機溶剤業務を行う作業場所に，密閉設備，局所排気装置，

プッシュプル型換気装置又は全体換気装置を設けなければならない。

② タンク等の内部において第3種有機溶剤等に係る有機溶剤業務のうちで吹付けによるものに労働者を従事させるときは，その有機溶剤業務を行う作業場所に密閉設備，局所排気装置又はプッシュプル型換気装置を設けなければならない。

（3） 屋内作業場の周壁が開放されている場合の適用除外（第7条）

周壁の2側面以上，かつ，周壁の面積の半分以上が直接外気に向かって開放されていて，その屋内作業場に通風を阻害する壁，つい立その他の物がない場合には，（1）の設備の設置についての適用が除外される。

（4） 臨時に有機溶剤業務を行う場合の適用除外等（第8条）

① 屋内作業場等のうちタンク等の内部以外の場所において臨時に有機溶剤業務を行う場合は，（1）の設備の設置についての適用が除外される。

② タンク等の内部において臨時に有機溶剤業務を行う場合において，全体換気装置を設けた場合は，密閉設備，局所排気装置及びプッシュプル型換気装置を設けないことができる。

（5） 短時間有機溶剤業務を行う場合の設備の特例（第9条）

① 屋内作業場等のうちタンク等の内部以外の場所における有機溶剤業務に要する時間が短時間であり，かつ，全体換気装置を設けたときは，密閉設備，局所排気装置及びプッシュプル型換気装置を設けないことができる。

② タンク等の内部における有機溶剤業務に要する時間が短時間であり，かつ，送気マスクを備えたときは，密閉設備，局所排気装置，プッシュプル型換気装置及び全体換気装置を設けないことができる。

（6） 局所排気装置等の設置が困難な場合における設備の特例（第10条）

屋内作業場等の壁，床又は天井についての有機溶剤業務を行う場合において，有機溶剤の発散面が広いため，密閉設備，局所排気装置又はプッシュプル型換気装置を設けることが困難であり，かつ，全体換気装置を設けたときは，これらの設備を設けないことができる。

（7） 他の屋内作業場から隔離されている屋内作業場における設備の特例（第11条）

屋内作業場において，反応槽その他の有機溶剤業務を行う設備が常置されており，他の屋内作業場から隔離され，かつ，労働者が常時立ち入る必要のない場合において，全体換気装置を設けたときは，密閉設備，局所排気装置及びプッシュプル型換気装置を設けないことができる。

（8） 代替設備の設置に伴う設備の特例（第12条）

蒸気を拡散させない等の代替設備を設けた場合には，密閉設備，局所排気装置，プッ

シュプル型換気装置及び全体換気装置を設けないことができる。

（9）　労働基準監督署長の許可に係る設備の特例（第13条—第13条の3）

　有機溶剤の発散面が広いため，密閉設備，局所排気装置又はプッシュプル型換気装置を設けることが困難なときは，所轄労働基準監督署長の設備についての設置免除の許可を受けた場合はこれらの設備を設けないことができる。

　また，発散防止抑制措置により作業場の作業環境測定の結果が第1管理区分となるときは，所轄労働基準監督署長の許可を受けて，当該措置を講ずることにより，局所排気装置等を設けないことができる。

　その際，当該許可を受けるため，当該措置に係る有機溶剤の濃度測定を行うときは，所定の措置を講じた上で，局所排気装置等を設けないことができる。

3　第3章　換気装置の性能等関係

　局所排気装置等については適正な機能を保持するため具備すべき要件が定められており，その概要は次のとおりである。

（1）　局所排気装置のフード等（第14条）

局所排気装置のフードについては次の定めによる。

①　有機溶剤の蒸気の発散源ごとに設けられていること。

②　外付け式フードにあっては，発散源にできるだけ近い位置に設けられていること。

③　作業方法，有機溶剤の蒸気の発散状況及び比重等からみて，有機溶剤の蒸気を吸引するのに適した型式及び大きさのものであること。

　局所排気装置のダクトについては，長さができるだけ短く，ベンドの数ができるだけ少ないものとしなければならない。

（2）　排風機等（第15条）

　局所排気装置の排風機は，空気清浄装置が設けられているときは，吸引された有機溶剤の蒸気等による爆発のおそれがなく，かつ，ファンの腐食のおそれがないときを除き，空気清浄後の空気が通る位置に，全体換気装置の送風機又は排風機は，有機溶剤の蒸気の発散源に近い位置に設けなければならない。

（3）　排気口（第15条の2）

　局所排気装置，プッシュプル型換気装置，全体換気装置又は排気管等の排気口は直接外気に向かって開放しなければならない。また，空気清浄装置を設けていない屋内作業場に設けた局所排気装置若しくはプッシュプル型換気装置又は排気管等の排気口の高さは屋根から1.5m以上としなければならない。ただし，排気口から排出される有機溶剤の濃度が厚生労働大臣が定める濃度に満たない場合はこの限りでない。

（4）　局所排気装置の性能（第16条）

性能については，設備の特例を認めた一部の場合を除き，フードの型式に応じて制御風速は次のとおりでなければならない。

型　　　　　式		制御風速（メートル／秒）
囲　い　式　フ　ー　ド		0.4
外付け式フード	側方吸引型	0.5
	下方吸引型	0.5
	上方吸引型	1.0

（5）　プッシュプル型換気装置の性能等（第16条の2）

プッシュプル型換気装置については，厚生労働大臣が定める構造及び性能を有するものでなければならない。

（6）　全体換気装置の性能（第17条）

全体換気装置の性能については1分間当たりの換気量（Q：単位 m^3）が次のとおり定められている。その計算方法は，有機溶剤等の区分に応じて定められている係数に，1時間当たりの有機溶剤等の消費量（W：単位 g）を乗じたものである。なお，1時間当たりの有機溶剤等の消費量は，業務に応じて定めている。

第1種有機溶剤等　　Q＝0.3W

第2種有機溶剤等　　Q＝0.04W

第3種有機溶剤等　　Q＝0.01W

（7）　換気装置の稼働（第18条）

局所排気装置，プッシュプル型換気装置及び全体換気装置は，作業中はそれぞれの性能として規定されている制御風速，要件又は換気量以上で稼働させ，また，これらを有効に稼働させるために妨害気流の排除等の措置を行わなければならない。

（8）　局所排気装置の稼働の特例（第18条の2）

過去1年6月間，局所排気装置に係る作業場について，法令に基づく作業環境測定を行い，その測定の評価が第一管理区分に区分されることが継続した場合であって，（9）の許可を受けるために当該作業場の有機溶剤の濃度の測定を行うときは，次の措置を講じた上で，局所排気装置の性能として規定されている制御風速未満の制御風速で稼働させることができる。

①　必要な能力を有すると認められる者のうちから確認者を選任し，その者にあらかじめ次の事項を確認させること。

　　イ　当該制御風速で局所排気装置を稼働させた場合に，制御風速が安定していること。

ロ　当該制御風速で局所排気装置を稼働させた場合に，局所排気装置のフードの開口面から最も離れた位置において，有機溶剤の蒸気を吸引できること。

②　有機溶剤業務に従事する労働者に送気マスク，有機ガス用防毒マスク又は有機ガス用の防毒機能を有する電動ファン付き呼吸用保護具を使用させること。これら業務の一部を請負人に請け負わせるときは，当該請負人に対し，労働者と同様の防毒マスクの使用についての周知が求められる。

（9）　局所排気装置の稼働の特例許可（第18条の３）

（8）により局所排気装置をその性能として規定されている制御風速未満の制御風速で稼働させた場合であっても，作業場の有機溶剤の濃度の測定の結果が第一管理区分に区分されたときは，所轄労働基準監督署長の許可を受けて，局所排気装置を当該制御風速で稼働させることができる。

4　第4章　管理関係

有機溶剤中毒を防止するためには，日常の作業についての適正な管理が必要であり，その概要は次のとおりである。

（1）　有機溶剤作業主任者の選任及び職務（第19条・第19条の２）

屋内作業場等において有機溶剤業務を行う場合には，適用除外に該当する場合と試験又は研究の業務を行う場合を除き，有機溶剤作業主任者技能講習修了者のうちから，有機溶剤作業主任者を選任し，次の職務を行わせなければならない。

①　作業に従事する労働者が有機溶剤により汚染され，又はこれを吸入しないように，作業の方法を決定し，労働者を指揮すること。

②　局所排気装置，プッシュプル型換気装置又は全体換気装置を１月を超えない期間ごとに点検すること。

③　保護具の使用状況を監視すること。

④　タンクの内部において有機溶剤業務に労働者が従事するときは，（6）に定める措置が講じられていることを確認すること。

（2）　局所排気装置，プッシュプル型換気装置の定期自主検査（第20条・第20条の２・第21条・第23条）

局所排気装置，プッシュプル型換気装置については，１年以内ごとに１回，所定の事項について，定期に自主検査を行い，その結果を記録し，３年間保存しなければならない。また，自主検査の結果，異常を認めた場合は，直ちに補修等の措置を講じなければならない。

（3） 点検，補修（第22条・第23条）

局所排気装置，プッシュプル型換気装置をはじめて使用するとき，又は分解して改造若しくは修理を行ったときは，所定の事項について点検を行い，異常を認めた場合には，直ちに補修等の措置を講じなければならない。

（4） 掲示（第24条）

屋内作業場等において労働者を有機溶剤業務に従事させる場合は，有機溶剤等に関する次の事項を掲示しなければならない。

① 有機溶剤により生ずるおそれのある疾病の種類及びその症状

② 取扱い上の注意事項

③ 中毒発生時の応急処置

④ 一定の場所にあっては，有効な呼吸用保護具の使用の旨及び使用すべき呼吸用保護具

（5） 有機溶剤等の区分の表示（第25条）

屋内作業場等において，労働者を有機溶剤業務に従事させる場合は，有機溶剤等の区分を次のように色分け及び色分け以外の方法により見やすい場所に表示しなければならない。

第1種有機溶剤等　赤

第2種有機溶剤等　黄

第3種有機溶剤等　青

（6） タンク内作業（第26条）

タンクの内部において有機溶剤業務に労働者を従事させるときは，次の措置を講じなければならない。これら業務の一部を請負人に請け負わせるときは，当該請負人に対し，次の措置についての周知・配慮が求められる。

① 作業開始前にタンクのマンホールその他有機溶剤等が流入するおそれのない開口部を全て開放すること。

② 事故が発生したときの退避設備又は器具等を整備すること。

その他作業後の身体汚染除去，有機溶剤を入れたことのあるタンクにおける作業開始前の措置について規定している。

（7） 事故の場合の退避等（第27条）

一定の事故が発生した場合，直ちに作業を中止し，作業従事者を退避させなければならない。

5　第5章　測定関係

（1）　測定（第28条）

　第1種有機溶剤及び第2種有機溶剤に係る有機溶剤業務を行う屋内作業場については，6月以内ごとに1回，空気中の有機溶剤の濃度を定期的に測定し，所定の事項について記録し，3年間保存しなければならない。

（2）　測定結果の評価（第28条の2）

　（1）の作業環境測定を行ったときは，その都度，速やかに，作業環境評価基準に従って，作業環境の管理の状態に応じ，第1管理区分，第2管理区分又は第3管理区分に区分することにより当該測定の結果の評価を行い，所定の事項を記録し，3年間保存しなければならない。

（3）　評価の結果に基づく措置（第28条の3・第28条の3の2・第28条の3の3・第28条の4）

① 　評価の結果，第3管理区分に区分された場所については，直ちに，施設，設備，作業工程又は作業方法の点検を行い，その結果に基づき，施設又は設備の設置又は整備，作業工程又は作業方法の改善その他作業環境を改善するため必要な措置等を講じ，管理区分が第1管理区分又は第2管理区分となるようにし，その効果を確認するため，有機溶剤の濃度を測定し，及びその結果の評価を行わなければならない。

② 　評価の結果，第2管理区分に区分された場所については，施設，設備，作業工程又は作業方法の点検を行い，その結果に基づき，施設又は設備の設置又は整備，作業工程又は作業方法の改善その他作業環境を改善するため必要な措置を講ずるよう努めなければならない。

③ 　第2管理区分又は第3管理区分である場合に，作業環境を改善するために講ずる措置及び作業環境の評価結果（管理区分）を，常時各作業場の見やすい場所に掲示する等により，労働者に周知させなければならない。

④ 　評価の結果，第3管理区分に区分された場所については，必要な能力を有する作業環境管理専門家の意見を聴くとともに，直ちに，第1管理区分又は第2管理区分とするために必要な措置を講じなければならない。また，第1管理区分又は第2管理区分と評価されるまでの間においても必要な措置を講じるとともに，遅滞なく，第3管理区分措置状況届を所轄労働基準監督署長に提出しなければならない。

6　第6章　健康診断関係

（1）　健康診断（第29条・第30条）

　屋内作業場等（第3種有機溶剤等にあっては，タンク等の内部に限る。）における有機溶剤業務に常時従事する労働者については，雇入れの際，当該業務への配置替えの際及びその後6月以内ごとに1回，定期に，所定の項目について健康診断を行わなければならない。

　なお，その項目には，医師が必要と認める場合も含め，有機溶剤等の区分にかかわらず行われなければならないものと，有機溶剤等の区分に応じ，行わなければならないものがある。

　また，健康診断の結果を記録し，これを5年間保存しなければならない。

　上記の有機溶剤に係る業務が行われる場所について，連続した直近の3回の作業環境測定の評価結果が第1管理区分で，かつ，連続した直近の3回の上記健康診断結果で新たに異常所見が認められなかった労働者については，1年以内ごとに1回，定期に健康診断を行えば足りる。ただし，直近の健康診断実施後に作業方法を変更（軽微なものを除く。）した場合は除かれる。

（2）　健康診断の結果についての医師からの意見聴取（第30条の2）

　有機溶剤等健康診断の結果に基づく法第66条の4の規定による医師からの意見聴取は，次に定めるところにより行わなければならない。

　なお，事業者は，医師から，意見聴取を行う上で必要となる労働者の業務に関する情報を求められたときは，速やかに，これを提供しなければならない。

　①　有機溶剤等健康診断が行われた日（法第66条第5項ただし書の場合にあっては，当該労働者が健康診断の結果を証明する書面を事業者に提出した日）から3月以内に行うこと。

　②　聴取した医師の意見を有機溶剤等健康診断個人票に記載すること。

（3）　健康診断の結果の通知（第30条の2の2）

　健康診断を行ったときは，当該労働者に対し，遅滞なく，健康診断の結果を通知しなければならない。

（4）　健康診断結果報告（第30条の3）

　健康診断を行ったときは，遅滞なく，有機溶剤等健康診断結果報告書を所轄労働基準監督署長に提出しなければならない。

（5）　緊急診断（第30条の4）

　労働者が有機溶剤により著しく汚染され，又はこれを多量に吸入したときは，速やかに，医師による診察又は処置を受けさせなければならない。有機溶剤業務の一部を

請負人に請け負わせ労働者と同様の状況にあるときは，当該請負人に対し，医師による診察又は処置についての周知が求められる。

7　第7章　保護具関係

（1）　送気マスクの使用（第32条）

次の業務に労働者を従事させる場合は，送気マスクを使用させなければならない。次の業務の一部を請負人に請け負わせるときは，当該請負人に対し，労働者と同様のマスクの使用についての周知が求められる。

①　有機溶剤等を入れたことのあるタンクの内部における業務

②　有機溶剤業務に要する時間が短時間であり，かつ，密閉設備，局所排気装置，プッシュプル型換気装置及び全体換気装置を設けないで行うタンク等の内部における業務

（2）　呼吸用保護具の使用（第33条）

次の業務に労働者を従事させる場合は，送気マスク，有機ガス用防毒マスク又は有機ガス用の防毒機能を有する電動ファン付き呼吸用保護具を使用させなければならない。次の業務の一部を請負人に請け負わせるときは，当該請負人に対し，労働者と同様のマスクの使用についての周知が求められる。

①　全体換気装置を設けて第3種有機溶剤等に係る有機溶剤業務を行うタンク等の内部における業務

②　密閉設備，局所排気装置及びプッシュプル型換気装置を設けないで臨時に有機溶剤業務を行うタンク等の内部における業務

③　密閉設備及び局所排気装置を設けないで短時間吹付けによる有機溶剤業務を行う屋内作業場等のうちタンク等の内部以外の場所における業務

④　有機溶剤の発散面が広く，密閉設備，局所排気装置又はプッシュプル型換気装置を設けることが困難なため，全体換気装置を設けて壁，床又は天井について有機溶剤業務を行う屋内作業場等における業務

⑤　有機溶剤業務を行うための設備が常置されており，他の作業場から隔離され，かつ，労働者が常時立ち入る必要がない屋内作業場において密閉設備，局所排気装置及びプッシュプル型換気装置を設けないで行う業務

⑥　プッシュプル型換気装置を設け，ブース内の気流を乱すおそれのある形状を有するものについて有機溶剤業務を行う屋内作業場等における業務

⑦　屋内作業等において密閉設備を開く業務

（3） 保護具の数等（第33条の2）

保護具は同時に就業する労働者の人数と同数以上備え，常時有効かつ清潔に保持しなければならない。

8 第8章 有機溶剤の貯蔵及び空容器の処理関係

（1） 有機溶剤等の貯蔵（第35条）

有機溶剤等を屋内に貯蔵する場合には，蓋又は栓をした堅固な容器に入れ，貯蔵場所には，関係者以外は立ち入ることができない設備及び蒸気を屋外に排出させる設備を設けなければならない。

（2） 空容器の処理（第36条）

有機溶剤等を入れてあった空容器で有機溶剤の蒸気が発散するおそれのある容器については，その容器を密閉するか又は屋外の一定の場所に集積しておかなければならない。

9 第9章 有機溶剤作業主任者技能講習関係（第37条）

有機溶剤作業主任者技能講習は，都道府県労働局長又はその登録する登録教習機関が行い，有機溶剤に係る次の科目について行う。

① 健康障害及びその予防措置に関する知識
② 作業環境の改善方法に関する知識
③ 保護具に関する知識
④ 関係法令

③　鉛中毒予防規則

（昭和47.9.30労働省令第37号）
（最終改正：令和5.12.27厚生労働省令第165号）

　鉛は，銅，錫などとともに人類が古くから用いてきた有用な金属であり，加工しやすいこと，腐蝕に強いこと，合金にしやすいことなど便利な性質をもっているので，従来から多方面にわたって利用されてきた。しかしながら，その反面，これらの製造や使用などの段階で鉛中毒が発生することも古くから知られている。

　このような事態に対処するため，労働省（当時）では，去る昭和42年に鉛中毒予防規則を制定し施行してきたが，その後における鉛中毒の発生状況や鉛業務の拡大などからみて，鉛の発散抑制措置，除じん処理さらには健康管理措置などの一層の強化を図ることが必要と考えられ，昭和47年6月の労働安全衛生法の制定を機に，従来の規制内容を大幅に改正し，新たに鉛中毒予防規則を制定した。

　その後，昭和63年9月に，作業環境測定の結果の評価及びそれに基づく措置の義務付け，平成元年6月に，健康診断の項目の改正が行われた。

　さらに，平成24年4月には，多様な発散防止抑制措置の導入及び作業環境測定の評価結果等の労働者への周知等について改正が行われた。

　令和4年5月31日（厚生労働省令第91号）に，労働安全衛生規則及び有機溶剤中毒予防規則等の特別規則が改正され，新たな化学物質規制の制度（化学物質の自主的管理）が導入されることとなった（施行日は，令和5年4月1日又は令和6年4月1日（一部は公布日））。

　この規則の構成は次のとおりである。また，この規則で規制されている鉛中毒予防措置等を次ページの表に示す。

第1章　総則（第1条―第4条）
第2章　設備（第5条―第23条の3）
第3章　換気装置の構造，性能等（第24条―第32条）
第4章　管理
　第1節　鉛作業主任者等（第33条―第38条）
　第2節　業務の管理（第39条―第42条）
　第3節　貯蔵等（第43条・第44条）
　第4節　清潔の保持等（第45条―第51条の2）
第5章　測定（第52条―第52条の4）
第6章　健康管理（第53条―第57条）

鉛業務と設備等（列区分：鉛則1条［イ～ト］、令別表4第8、同左第9、同左第10、同左第11、鉛則1条［チ～ヲ］、令別表4第17、鉛則1条［ワ］）

設備等 ＼ 作業	イ 鉛の製錬、精錬	ロ 銅等の製錬、精錬	ハ 鉛蓄電池	ニ 電線等	ホ 鉛合金等	ヘ 鉛化合物	ト 鉛ライニング	含鉛塗料のかき落し等	鉛装置内業務	鉛装置の解体	転写紙	チ 含鉛塗料等	リ はんだ付け	ヌ 釉薬	ル 絵付け	ヲ 焼入れ等	文選・植字	ワ 清掃
焙焼	⊗																	
焼結	⊗																	
溶鉱	⊗	⊗																
転炉		⊗																
溶融	●	⊗	●	○	●	●	○					⊗				●		
鋳造（込）	●		●		●	●					○							
焼成	⊗					⊗												
粉砕	●	●	●			●						●						
破砕	●								○		○							
混合	●	●	●			●						●						
ふるい分け	●	●	●			●						●						
容器詰め	●	●	●			●												
加工			○		○													
組立て			○															
溶接			○		○		○	○		○								
溶断			○		○		○	○		○								
切断			○		○													
錬粉			●			●						●						
煆焼						⊗												
攪拌						●												
溶着								○										
溶射								○										
蒸着								○										
仕上げ								●										
加熱									○									
圧延									○									
粉まき等											●							
はんだ付け													○*					
施釉														○				
絵付け															○			
作業主任者	×	×	×	×	×	×	×	×	×									
測定及び評価	×	×	×	×	×	×	×		×								×	
健康診断	①	①	①	①	①	①	①	①	①	①	①	②	②	②	②	①	②	①

（左側区分：焙焼～絵付けの行は「局所排気装置又はプッシュプル型換気装置及び用後処理装置」に係る。）

（注）1　⊗印は，当該装置及び当該装置に設置を規定した局所排気装置又はプッシュプル型換気装置に用後処理装置の設置を規定しているもの。
　　　2　●印は，当該作業場に局所排気装置又はプッシュプル型換気装置及び用後処理装置の設置を規定しているもの。
　　　3　○印は，当該作業場に局所排気装置又はプッシュプル型換気装置の設置を規定しているもの。（但し，はんだ付け業務＊については全体換気装置も可。）
　　　4　×印は，選任，実施について規定しているもの。
　　　5　健康診断欄については，①は6か月以内ごとに1回，②は1年以内ごとに1回定期に実施する必要があることを示したものである。

201

第7章　保護具等（第58条・第59条）

第8章　鉛作業主任者技能講習（第60条）

附　則

1　第1章　総則関係

（1）　定義（第1条）

鉛中毒予防規則の適用等を明らかにするために次のとおり定義されている。

①　鉛等とは，鉛，鉛合金及び鉛化合物並びにこれらと他の物との混合物（焼結鉱，煙灰，電解スライム及び鉱さいを除く。）をいう。

②　焼結鉱等とは，鉛の製錬又は精錬を行う工程において生ずる焼結鉱，煙灰，電解スライム及び鉱さい並びに銅又は亜鉛の製錬又は精錬を行う工程において生ずる煙灰及び電解スライムをいう。

③　鉛合金とは，鉛と鉛以外の金属との合金であって，鉛を当該合金の重量の10パーセント以上含有するものをいう。

④　鉛化合物とは酸化鉛，水酸化鉛，塩化鉛，炭酸鉛，珪酸鉛，硫酸鉛，クロム酸鉛，チタン酸鉛，硼酸鉛，砒酸鉛，硝酸鉛，酢酸鉛，ステアリン酸鉛をいう。

⑤　鉛業務とは次の業務をいう。

　イ　鉛の製錬又は精錬を行う工程における焙焼，焼結，溶鉱又は鉛等若しくは焼結鉱等の取扱いの業務

　ロ　銅又は亜鉛の製錬又は精錬を行う工程における溶鉱（鉛を3パーセント以上含有する原料を取り扱うものに限る。），当該溶鉱に連続して行う転炉による溶融又は煙灰若しくは電解スライム（銅又は亜鉛の製錬又は精錬を行う工程において生ずるものに限る。）の取扱いの業務

　ハ　鉛蓄電池又は鉛蓄電池の部品を製造し，修理し，又は解体する工程において鉛等の溶融，鋳造，粉砕，混合，ふるい分け，練粉，充塡，乾燥，加工，組立て，溶接，溶断，切断，若しくは運搬をし，又は粉状の鉛等をホッパー，容器等に入れ，若しくはこれらから取り出す業務

　ニ　電線又はケーブルを製造する工程における鉛の溶融，被鉛，剥鉛又は被鉛した電線若しくはケーブルの加硫若しくは加工の業務

　ホ　鉛合金を製造し，又は鉛若しくは鉛合金の製品（鉛蓄電池及び鉛蓄電池の部品を除く。）を製造し，修理し，若しくは解体する工程における鉛若しくは鉛合金の溶融，鋳造，溶接，溶断，切断若しくは加工又は鉛快削鋼を製造する工程における鉛の鋳込みの業務

　ヘ　鉛化合物を製造する工程において鉛等の溶融，鋳造，粉砕，混合，空冷のための攪拌（かくはん），ふるい分け，煆焼（か），焼成，乾燥若しくは運搬をし，又は粉状の鉛等をホッパー，容器等に入れ，若しくはこれらから取り出す業務

　ト　仕上げの業務を含む鉛ライニングの業務

　チ　ゴム若しくは合成樹脂の製品，含鉛塗料又は鉛化合物を含有する絵具，釉薬（ゆう），農薬，ガラス，接着剤等を製造する工程における鉛等の溶融，鋳込，粉砕，混合若しくはふるい分け又は被鉛若しくは剥鉛（はく）の業務

　リ　自然換気が不十分な場所におけるはんだ付けの業務

　ヌ　鉛化合物を含有する釉薬（ゆう）を用いて行う施釉（ゆう）又はその施釉（ゆう）を行った物の焼成の業務

　ル　鉛化合物を含有する絵具を用いて行う絵付け又は当該絵付けを行った物の焼成の業務

　ヲ　溶融した鉛を用いて行う金属の焼入れ若しくは焼戻し又は当該焼入れ若しくは焼戻しをした金属のサンドバスの業務

　ワ　イ〜ヲ，カ，タ〜ソに掲げる業務を行う作業場所における清掃の業務

　カ　鉛ライニングを施し，又は含鉛塗料を塗布した物の破砕，溶接，溶断，切断，加熱して行う鋲（びょう）打ち，加熱，圧延又は含鉛塗料のかき落しの業務

　ヨ　鉛装置の内部における業務

　タ　鉛装置の破砕，溶接，溶断又は切断の業務（ヨに掲げる業務を除く。）

　レ　転写紙を製造する工程における鉛等の粉まき又は粉払いの業務

　ソ　動力を用いて印刷する工程における活字の文選，植字又は解版の業務

（2）　この規則の適用除外（第2条—第4条）

次の鉛業務は，この規則の一部が適用除外される。

①　鉛又は鉛合金を溶融するかま，るつぼの容量の合計が，50リットルを超えない作業場における450度以下の温度による鉛又は鉛合金の溶融又は鋳造の業務

②　臨時に行う（1）の⑤のリからヲまでに掲げる業務又はこれらの業務を行う作業場所における清掃の業務

③　遠隔操作によって行う隔離室における業務

④　（1）の⑤のルの業務のうち筆若しくはスタンプによる絵付けの業務で労働者が鉛等によって汚染されることにより健康障害を生ずるおそれが少ないと労働基準監督署長が認定した業務又はこの規則の第3章に規定する構造及び性能を有する局所排気装置若しくは排気筒が設けられている焼成窯による焼成の業務

⑤　（1）の⑤のイからチ，ヌ及びタの業務で，事業場における化学物質の管理につ

いて必要な知識・技能を有する化学物質管理専門家が専属で配置され必要な事項を管理し，過去３年間に化学物質等による休業４日以上の死傷災害が発生していないなど，所定の事項に該当すると所轄都道府県労働局長が認定したとき

2　第2章　設備関係

鉛業務を行う設備については，それぞれの態様に応じ衛生的な環境を維持するための設備の要件が定められており，その概要は次のとおりである。

（1）　鉛製錬等に係る設備（第5条）

1の（1）の⑤のイの鉛業務に労働者を従事させる場合は，次の措置を講じなければならない。

① 焙焼，焼結，溶鉱又は鉛等若しくは焼結鉱等の溶融，鋳造若しくは焼成を行う作業場所に，局所排気装置又はプッシュプル型換気装置を設けること。

② 湿式以外の方法によって，鉛等又は焼結鉱等の破砕，粉砕，混合又はふるい分けを行う屋内の作業場所に，鉛等又は焼結鉱等の粉じんの発散源を密閉する設備，局所排気装置又はプッシュプル型換気装置を設けること。

③ 湿式以外の方法によって，粉状の鉛等又は焼結鉱等をホッパー，粉砕機，容器等に入れ，又はこれらから取り出す業務を行う屋内の作業場所に，局所排気装置又はプッシュプル型換気装置を設け，及び容器等からこぼれる粉状の鉛等又は焼結鉱等を受けるための設備を設けること。

④ 煙灰，電解スライム又は鉱さいを一時ためておく場合は，そのための場所を設け，又はこれらを入れるための容器を備えること。

⑤ 鉛等又は焼結鉱等の溶融又は鋳造を行う作業場所に，浮渣を入れるための容器を備えること。

（2）　銅製錬等に係る設備（第6条）

1の（1）の⑤のロの鉛業務に労働者を従事させる場合は，次の措置を講じなければならない。

① 溶鉱，転炉又は電解スライムの溶融炉による溶融又は煙灰の焼成を行う作業場所に局所排気装置又はプッシュプル型換気装置を設けること。

② 湿式以外の方法によって，煙灰又は電解スライムの粉砕，混合又はふるい分けを行う屋内作業場所に煙灰又は電解スライムの粉じんの発散源を密閉する設備，局所排気装置又はプッシュプル型換気装置を設けること。

③ 湿式以外の方法によって，煙灰又は電解スライムをホッパー，粉砕機，容器等に入れ，又はこれらから取り出す業務を行う屋内作業場所に，局所排気装置又は

プッシュプル型換気装置を設け，及び容器等からこぼれる煙灰又は電解スライムを受けるための設備を設けること。

④ 煙灰又は電解スライムを一時ためておく場合は，そのための場所を設け，又はこれらを入れるための容器を備えること。

⑤ 電解スライムの溶融炉による溶融を行う作業場所に浮渣を入れるための容器を備えること。

（3） 鉛蓄電池の製造等に係る設備（第7条）

1の（1）の⑤のハの鉛業務に労働者を従事させる場合は，次の措置を講じなければならない。

① 鉛等の溶融，鋳造，加工，組立て，溶接若しくは溶断又は極板の切断を行う屋内作業場所に，局所排気装置又はプッシュプル型換気装置を設けること。

② 湿式以外の方法による鉛等の粉砕，混合若しくはふるい分け又は練粉を行う屋内作業場所に，鉛等の粉じんの発散源を密閉する設備，局所排気装置又はプッシュプル型換気装置を設けること。

③ 湿式以外の方法によって，粉状の鉛等をホッパー，容器等に入れ，又はこれらから取り出す業務を行う屋内作業場所に，局所排気装置又はプッシュプル型換気装置を設け，及び容器等からこぼれる粉状の鉛等を受けるための設備を設けること。

④ 鉛粉の製造のために鉛等の粉砕を行う作業場所を，それ以外の業務を行う屋内作業場所から隔離すること。

⑤ 溶融した鉛又は鉛合金が飛散するおそれがある自動鋳造機には，溶融した鉛又は鉛合金が飛散しないように覆い等を設けること。

⑥ 鉛等の練粉を充填する作業台又は鉛等の練粉を充填した極板をつるして運搬する設備に，鉛等の練粉が床にこぼれないように受樋，受箱等を設けること。

⑦ 人力によって粉状の鉛等を運搬する容器については，運搬する労働者が鉛等によって汚染されないように持手若しくは車を設け，又はその容器を積む車を備えること。

⑧ 屋内の作業場所の床は，真空そうじ機を用いて，又は水洗によって容易にそうじできる構造のものとすること。

⑨ 鉛等又は焼結鉱等の溶融又は鋳造を行う作業場所に，浮渣を入れるための容器を備えること。

（4） 電線等の製造に係る設備（第8条）

1の（1）の⑤のニの鉛業務のうち鉛の溶融の業務に労働者を従事させる場合は，次の措置を講じなければならない。

① 鉛の溶融を行う屋内の作業場所に，局所排気装置又はプッシュプル型換気装置を設け，及び浮渣を入れるための容器を備えること。

② 屋内の作業場所の床は，真空そうじ機を用いて，又は水洗によって容易にそうじできる構造のものとすること。

（5） 鉛合金の製造等に係る設備（第9条）

1の（1）の⑤のホの鉛業務に労働者を従事させる場合は，次の措置を講じなければならない。

① 鉛若しくは鉛合金の溶融，鋳造，溶接，溶断若しくは動力による切断若しくは加工又は鉛快削鋼の鋳込を行う屋内作業場所に，局所排気装置又はプッシュプル型換気装置を設けること。

② 鉛又は鉛合金の切りくずを一時ためておくときは，そのための場所を設け，又はこれらを入れるための容器を備えること。

③ 鉛等又は焼結鉱等の溶融又は鋳造を行う作業場所に，浮渣を入れるための容器を備えること。

④ 溶融した鉛又は鉛合金が飛散するおそれのある自動鋳造機には，溶融した鉛又は鉛合金が飛散しないように覆い等を設けること。

⑤ 屋内作業場所の床は，真空そうじ機を用いて，又は水洗によって容易にそうじできる構造のものとすること。

（6） 鉛化合物の製造に係る設備（第10条）

1の（1）の⑤のへの鉛業務に労働者を従事させる場合は，次の措置を講じなければならない。

① 鉛等の溶融，鋳造，煆焼又は焼成を行う屋内作業場所に，局所排気装置又はプッシュプル型換気装置を設けること。

② 鉛等の空冷のための攪拌を行う作業場所に，鉛等の粉じんの発散源を密閉する設備，局所排気装置又はプッシュプル型換気装置を設けること。

③ 鉛等又は焼結鉱等の溶融又は鋳造を行う作業場所に浮渣を入れるための容器を備えること。

④ 湿式以外の方法による鉛等の粉砕，混合若しくはふるい分け又は練粉を行う屋内作業場所に，鉛等の粉じんの発散源を密閉する設備，局所排気装置又はプッシュプル型換気装置を設けること。

⑤ 湿式以外の方法によって，粉状の鉛等をホッパー，容器等に入れ，又はこれらから取り出す業務を行う屋内作業場所に，局所排気装置又はプッシュプル型換気装置を設け，及び容器等からこぼれる粉状の鉛等を受けるための設備を設けること。

⑥　人力によって粉状の鉛等を運搬する容器については，運搬する労働者が鉛等によって汚染されないように持手若しくは車を設け，又はその容器を積む車を備えること。

⑦　屋内の作業場所の床は真空そうじ機を用いて，又は水洗によって容易にそうじできる構造のものとすること。

（7）　鉛ライニングに係る設備（第11条）

1の(1)の⑤のトの鉛業務に労働者を従事させる場合は，次の措置を講じなければならない。

①　鉛等の溶融，溶接，溶断，溶着，溶射若しくは蒸着又は鉛ライニングを施した物の仕上げを行う屋内作業場所に，局所排気装置又はプッシュプル型換気装置を設けること。

②　鉛等の溶融を行う作業場所に，浮渣（さ）を入れるための容器を備えること。

（8）　鉛ライニングを施した物の溶接等に係る設備（第12条）

1の(1)の⑤のカの鉛業務に労働者を従事させる場合は，次の措置を講じなければならない。

①　鉛ライニングを施し，又は含鉛塗料を塗布した物の溶接，溶断，加熱又は圧延を行う屋内作業場所に，局所排気装置又はプッシュプル型換気装置を設けること。

②　鉛ライニングを施し，又は含鉛塗料を塗布した物の破砕を湿式以外の方法によって行う屋内作業場所に，鉛等の粉じんの発散源を密閉する設備，局所排気装置又はプッシュプル型換気装置を設けること。

（9）　鉛装置等の破砕等に係る設備（第13条）

屋内作業場で1の(1)の⑤のタの鉛業務のうち鉛装置の破砕，溶接又は溶断の業務に労働者を従事させる場合は，その業務を行う作業場所に，局所排気装置又はプッシュプル型換気装置を設けなければならない。

（10）　転写紙の製造に係る設備（第14条）

1の(1)の⑤のレの鉛業務に労働者を従事させる場合は，その業務を行う作業場所に，局所排気装置又はプッシュプル型換気装置を設けなければならない。

（11）　含鉛塗料等の製造に係る設備（第15条）

1の(1)の⑤のチの鉛業務に労働者を従事させる場合は，次の措置を講じなければならない。

①　鉛等の溶融又は鋳込を行う屋内作業場所に，局所排気装置又はプッシュプル型換気装置を設け，及び浮渣（さ）を入れるための容器を備えること。

②　鉛等の粉砕を行う作業場所を，それ以外の業務を行う屋内作業場所から隔離すること。

③　湿式以外の方法による鉛等の粉砕，混合若しくはふるい分け又は練粉を行う屋内作業場所に，鉛等の粉じんの発散源を密閉する設備，局所排気装置又はプッシュプル型換気装置を設けること。

(12)　**はんだ付けに係る設備**（第16条）

屋内作業場で1の（1）の⑤のリの鉛業務に労働者を従事させる場合は，その業務を行う作業場所に，局所排気装置，プッシュプル型換気装置又は全体換気装置を設けなければならない。

(13)　**施釉に係る設備**（第17条）

屋内作業場で1の（1）の⑤のヌの鉛業務のうちふりかけ又は吹付けによる施釉の業務に労働者を従事させる場合は，その作業を行う作業場所に，局所排気装置又はプッシュプル型換気装置を設けなければならない。

(14)　**絵付けに係る設備**（第18条）

屋内作業場で1の（1）の⑤のルの鉛業務のうち吹付け又は蒔絵による絵付けの業務に労働者を従事させる場合は，その作業を行う作業場所に，局所排気装置又はプッシュプル型換気装置を設けなければならない。

(15)　**焼入れに係る設備**（第19条）

1の（1）の⑤のヲの鉛業務のうち焼入れ又は焼戻しの業務に労働者を従事させる場合は，その場所に，局所排気装置又はプッシュプル型換気装置を設け，及び浮渣を入れるための容器を設けること。

(16)　**コンベヤー**（第20条）

屋内作業場で粉状の鉛等又は焼結鉱等の運搬の鉛業務の用に供するコンベヤーについては，次の措置を講じなければならない。

①　コンベヤーへの送給の箇所及びコンベヤーの連絡の箇所に，鉛等又は焼結鉱等の粉じんの発散源を密閉する設備，局所排気装置又はプッシュプル型換気装置を設けること。

②　バケットコンベヤーには，その上方，下方及び側方に覆いを設けること。

(17)　**乾燥設備**（第21条）

粉状の鉛等の乾燥の鉛業務の用に供する乾燥室又は乾燥器については，次の措置を講じなければならない。

①　鉛等の粉じんが屋内に漏えいするおそれがないものとすること。

②　乾燥室の床，周壁及びたなは，真空そうじ機を用いて，又は水洗によって容易

にそうじできる構造のものとする。

(18) ろ過集じん方式の集じん装置（第22条）

粉状の鉛等又は焼結鉱等に係るろ過式集じん（除じん）装置については，作業場から隔離された場所で労働者が常時立ち入る必要がないところに設けるものを除き，次の措置を講じなければならない。

① ろ材に覆いを設けること。

② 排気口は，屋外に設けること。

③ ろ材に付着した粉状の鉛等又は焼結鉱等を覆いをしたまま払い落とすための設備を設けること。

(19) 局所排気装置等の特例（第23条―第23条の3）

（1）から（16）までの規定に該当する業務であって，次のいずれかに該当する場合には，局所排気装置，プッシュプル型換気装置及び全体換気装置を設けなくてもよい。

① 労働者が常時立ち入る必要がなく，他の屋内作業場から隔離されている屋内作業場の内部における業務

② 出張して行い，又は臨時に行う業務

③ 側面の面積の半分以上が開放されている屋内作業場における鉛等又は焼結鉱等の溶融又は鋳造の業務

④ 450度以下の温度において行う鉛又は鉛合金の溶融又は鋳造（1の（1）の⑤のイ，ハ，ホ，へに掲げる鉛業務のうち鉛又は鉛合金の溶融又は鋳造の業務を除く。）の業務

⑤ 作業場所に排気筒を設け，又は溶融した鉛若しくは鉛合金の表面を石灰等で覆って行う溶融の業務

また，発散防止抑制措置を講ずることにより，鉛業務を行う作業場の作業環境測定の結果が第1管理区分となるときは，所轄労働基準監督署長の許可を受けて，局所排気装置等を設けないことができる。

その際，当該許可を受けるため，鉛の濃度の測定を行うときは，所定の措置を講じた上で局所排気装置を設けないことができる。

3 第3章 換気装置の構造，性能等関係

局所排気装置等については適正な機能を保持するため具備すべき要件が定められているが，その概要は次のとおりである。

（1） フード（第24条）

局所排気装置又は排気筒のフードについては，次の定めによる。

① 鉛等又は焼結鉱等の蒸気又は粉じんの発散源ごとに設けること。

② 作業方法及び鉛等又は焼結鉱等の粉じん等の発散の状況に応じ，これらを吸引するのに最も適した型式及び大きさのものであること。

③ 外付け式又はレシーバー式のフードは，発散源にできるだけ近い位置であること。

④ 湿式以外の方法による鉛等の粉砕，混合，ふるい分け等の特に多量に粉じんを発散する特定の作業場所に設けるフードは，作業方法上これらの型式のものとすることが著しく困難であるときを除き，囲い式とすること。

（2）　ダクト（第25条）

移動式のものを除く局所排気装置のダクトについては，次の定めによる。

① 長さができるだけ短く，ベンドの数ができるだけ少ないものであること。

② 接続部の内面に突起物がないこと。

③ 適当な箇所にそうじ口が設けられている等そうじしやすい構造であること。

（3）　除じん装置（第26条・第27条）

粉じん等を発散する鉛業務についての局所排気装置，プッシュプル型換気装置，炉等から排気される鉛を含有する気体を排出する設備には，ろ過除じん方式の除じん装置又はこれと同等以上の性能を有する除じん装置を設け，また必要に応じて，粒径の大きい粉じんを除去するための前置き除じん装置を設けなければならない。なお，鉛又は鉛合金を溶融するかま，るつぼ等の容量の合計が50リットル以下，排気される鉛の濃度が1立方メートル当たり0.15ミリグラム以下である場合は設けなくてもよい。

（4）　ファン，排気口（第28条・第29条）

除じん装置が設けられている局所排気装置のファンについては，除じんした後の空気が通る位置に設け，全体換気装置のファン又は開口部については，鉛等の蒸気又は粉じんの発生源にできるだけ近い位置に設けなければならない。

また，局所排気装置，プッシュプル型換気装置，全体換気装置又は排気筒の排気口については，屋外に設けなければならない。

（5）　局所排気装置等の性能（第30条）

局所排気装置又は排気筒については，そのフードの外側における鉛の濃度を，空気1立方メートル当たり0.05ミリグラムを超えないものとする能力を有するものを使用しなければならない。

（6）　プッシュプル型換気装置の性能等（第30条の2）

プッシュプル型換気装置は，厚生労働大臣が定める構造及び性能を有するものでなければならない。

（7） 全体換気装置の性能（第31条）

全体換気装置については，自然換気が不十分な屋内作業場ではんだ付けをする作業に従事する労働者1人当たり100立方メートル毎時以上の換気能力を有するものでなければならない。

（8） 換気装置の稼動（第32条）

局所排気装置，プッシュプル型換気装置，全体換気装置又は排気筒を設けたときは，労働者が鉛業務に従事する間，それらの装置を厚生労働大臣が定める要件を満たすように稼動させなければならない。

4 第4章 管理関係

鉛中毒を防止するためには，日常の作業についての適正な管理が必要であり，これについての規定の概要は次のとおりである。鉛業務の一部を請負人に請け負わせるときは，当該請負人に対し，必要な事項についての周知が求められる。

（1） 鉛作業主任者（第33条・第34条）

鉛業務のうち1の(1)の⑤のイからト及びカからタまでの鉛業務を行う場合は，作業場ごとに鉛作業主任者技能講習修了者のうちから，鉛作業主任者を選任し，次の事項を行わせなければならない。

① 鉛業務に従事する労働者の身体ができるだけ鉛等又は焼結鉱等により汚染されないように労働者を指揮すること。

② 鉛業務に従事する労働者の身体が鉛等又は焼結鉱等によって著しく汚染されたことを発見した場合は，速やかに，汚染を除去させること。

③ 局所排気装置，プッシュプル型換気装置，全体換気装置，排気筒及び除じん装置を毎週1回以上点検すること。

④ 労働衛生保護具等の使用状況を監視すること。

⑤ 1の(1)の⑤のヨの鉛業務に労働者が従事する場合は，次ページ(7)の措置が講じられていることを確認する。

（2） 局所排気装置等の定期自主検査（第35条・第36条・第38条）

局所排気装置，プッシュプル型換気装置及び除じん装置については1年以内ごとに1回，定期に，所定の事項について，自主検査を行い，その結果を記録し，3年間保存しなければならない。

また，自主検査の結果，異常を認めた場合は，直ちに補修等の措置を講じなければならない。

（3）　点検（第37条・第38条）

局所排気装置，プッシュプル型換気装置若しくは除じん装置をはじめて使用するとき，又は分解して改造若しくは修理を行ったときは，所定の事項について点検を行い，異常を認めた場合には，補修等の措置を講じなければならない。

（4）　ホッパーの下方における作業（第39条）

粉状の鉛等又は焼結鉱等をホッパーに入れる作業を行う場合において，当該ホッパーの下方の場所に粉状の鉛等又は焼結鉱等がこぼれるおそれのあるときは，有効な呼吸用保護具を使用させる場合を除いて，その場所において，労働者を作業させてはならない。

（5）　含鉛塗料のかき落し（第40条）

鉛業務のうち含鉛塗料を塗布した物の含鉛塗料のかき落しの業務に労働者を従事させるときは，著しく困難な場合を除き，湿式により，かき落した含鉛塗料は，速やかに，取り除かなければならない。

（6）　鉛化合物のかき出し（第41条）

鉛化合物の焼成炉からのかき出しの鉛業務に労働者を従事させるときは，鉛化合物を受けるためのホッパー又は容器は，焼成炉のかき出し口に接近させ，かき出しには，長い柄の用具を用いなければならない。

（7）　鉛装置の内部における業務（第42条）

鉛装置の内部における業務に労働者を従事させるときは，次の措置を講じなければならない。

①　作業開始前に，鉛装置とそれ以外の装置で稼働させるものとの接続箇所を確実に遮断すること。

②　作業開始前に鉛装置の内部を十分に換気すること。

③　鉛装置の内部に付着し，又はたい積している粉状の鉛等又は焼結鉱等を湿らせる等によりこれらの粉じんの発散を防止すること。

④　作業終了後，速やかに，労働者に洗身をさせること。

（8）　貯蔵及び空の容器等の処理（第43条・第44条）

粉状の鉛等を屋内に貯蔵するときは，粉状の鉛等がこぼれたり，粉じんが発散しないよう容器等に収納し，粉状の鉛等がこぼれたときは速やかに，真空掃除機又は水洗によって掃除しなければならない。また，粉状の鉛等を入れてあった空の容器等については，粉じんの発散を防止するための措置を講じなければならない。

（9）　清潔の保持等（第45条—第51条の２）

　清潔の保持のために，鉛作業以外の場所に一定の要件を具備した休憩室の設置，作業衣等の保管設備の設置，洗身設備の設置，鉛業務を行う屋内作業場等についての毎日１回以上の掃除の実施，手洗い用溶液の備付け，作業衣の汚染除去の措置，鉛業務を行う屋内作業場所での飲食，喫煙の禁止について定められている。

　また，鉛業務に労働者を従事させるときは，鉛業務を行う作業場である旨や鉛により生ずるおそれのある疾病の種類及びその症状，所定の場所にあっては，有効な保護具を使用しなければならない旨及び使用すべき保護具等，所定の事項を見やすい箇所に掲示しなければならない。

5　第5章　測定関係

（1）　測定（第52条）

　鉛業務のうち労働安全衛生法施行令別表第４第１号から第８号まで，第10号又は第16号の業務（41〜42ページ参照）を行う作業場所については，１年以内ごとに１回，定期的に鉛の濃度の測定を実施し，所定の事項について記録し，３年間保存しなければならない。

（2）　測定結果の評価（第52条の２）

　測定を行ったときは，その都度，速やかに，作業環境評価基準に従って，作業環境の管理の状態に応じ，第１管理区分，第２管理区分又は第３管理区分に区分することにより当該測定の結果の評価を行い，所定の事項を記録し，３年間保存しなければならない。

（3）　評価の結果に基づく措置（第52条の３—第52条の４）

① 　評価の結果，第３管理区分に区分された場所については，直ちに，施設，設備，作業工程又は作業方法の点検を行い，その結果に基づき，施設又は設備の設置又は整備，作業工程又は作業方法の改善その他作業環境を改善するため必要な措置等を講じ，管理区分が第１管理区分又は第２管理区分となるようにし，その効果を確認するため，鉛の濃度を測定し，及びその結果の評価を行わなければならない。

② 　評価の結果，第２管理区分に区分された場所については，施設，設備，作業工程又は作業方法の点検を行い，その結果に基づき，施設又は設備の設置又は整備，作業工程又は作業方法の改善その他作業環境を改善するため必要な措置を講ずるよう努めなければならない。

③ 　第２管理区分又は第３管理区分である場合に，作業環境を改善するために講ず

る措置及び作業環境の評価結果（管理区分）を，常時各作業場の見やすい場所に掲示する等により，労働者に周知させなければならない。

④ 評価の結果，第3管理区分に区分された場所については，必要な能力を有する作業環境管理専門家の意見を聴くとともに，直ちに，第1管理区分又は第2管理区分とするために必要な措置を講じなければならない。また，第1管理区分又は第2管理区分と評価されるまでの間においても必要な措置を講じるとともに，遅滞なく，第3管理区分措置状況届を所轄労働基準監督署長に提出しなければならない。

6 第6章 健康管理関係

（1） 健康診断（第53条・第54条）

鉛業務に従事する労働者については，雇入れの際，当該業務へ配置替えの際，及びその後6月以内ごと（一部の鉛業務については1年以内ごと）に1回，定期的に所定の項目について健康診断を行わなければならない。

なお，その項目には，医師の判断により，追加的に行うもの，省略できるものがある。

また，健康診断の結果を記録し，これを5年間保存しなければならない。

上記の鉛業務が行われる場所について，連続した直近の3回の作業環境測定の評価結果が第1管理区分で，かつ，連続した直近の3回の上記健康診断結果で新たに異常所見が認められなかった労働者については，1年以内ごとに1回，定期に健康診断を行えば足りる。ただし，直近の健康診断実施後に作業方法を変更（軽微なものを除く。）した場合は除かれる。

（2） 健康診断の結果についての医師からの意見聴取（第54条の2）

鉛健康診断の結果に基づく法第66条の4の規定による医師からの意見聴取は，次に定めるところにより行わなければならない。

なお，事業者は，医師から，意見聴取を行う上で必要となる労働者の業務に関する情報を求められたときは，速やかに，これを提供しなければならない。

① 鉛健康診断が行われた日（法第66条第5項ただし書の場合にあっては，当該労働者が健康診断の結果を証明する書面を事業者に提出した日）から3月以内に行うこと。

② 聴取した医師の意見を鉛健康診断個人票に記載すること。

（3） 健康診断の結果の通知（第54条の3）

健康診断を行ったときは，当該労働者に対し，遅滞なく，健康診断の結果を通知し

なければならない。

（4）　鉛健康診断結果報告（第55条）

健康診断を行ったときは，遅滞なく，鉛健康診断結果報告書を所轄労働基準監督署長に提出しなければならない。

（5）　診断（第56条）

労働者を鉛業務に従事させている期間又は鉛業務に従事させなくなってから4週間以内に，腹部の疝痛，四肢の伸筋麻痺若しくは知覚異常，蒼白，関節痛若しくは筋肉痛が認められ，又はこれらの病状を訴える労働者に，速やかに，医師による診断を受けさせなければならない。鉛業務の一部を請け負わせる請負人に対しても，同様の病状があるときは，速やかに医師による診断を受ける必要がある旨の周知が求められる。

（6）　鉛中毒にかかっている者等の就業禁止（第57条）

鉛中毒にかかっている労働者及び健康診断又は（5）の診断の結果，鉛業務に従事することが健康の保持のために適当でないと医師が認めた労働者を，医師が必要と認める期間，鉛業務に従事させてはならない。鉛業務の一部を請け負わせる請負人に対しても，同様に適当でないと医師が認めたときは，医師が必要と認める期間，当該業務への就業禁止の周知が求められる。

7　第7章　保護具等関係

（1）　呼吸用保護具等（第58条）

①　鉛装置の内部における業務に労働者を従事させるときは，有効な呼吸用保護具及び化学防護衣類を使用させなければならない。

②　①の業務以外の業務で，次のいずれかに該当するものに労働者を従事させるときは，有効な呼吸用保護具を使用させなければならない。

　イ　1の（1）の⑤のイ，ロ，若しくはへに掲げる鉛業務又はこれらの業務を行う作業場所における清掃の業務

　ロ　湿式以外の方法による1の（1）の⑤のカに掲げる鉛業務のうち，含鉛塗料を塗布した物の含鉛塗料のかき落しの業務

　ハ　1の（1）の⑤のヲのサンドバスの業務のうち砂のかき上げ又は砂の取替えの業務

　ニ　乾燥室の内部における業務

　ホ　ろ過集じん方式の集じん装置のろ材の取替えの業務

　ヘ　発散防止抑制措置に係る鉛業務

③　①，②の業務以外の業務で，次のいずれかに該当するものに労働者を従事させるときは，業務を行う作業場所に有効な局所排気装置，プッシュプル型換気装置，全体換気装置又は排気筒を設け，これらを稼働させるときを除き，有効な呼吸用保護具を使用させなければならない。

　　イ　屋内作業場以外の作業場における鉛等の破砕，溶接，溶断，溶着又は溶射の鉛業務

　　ロ　2の(19)の①から③までのいずれかに該当する鉛業務

　　ハ　船舶，タンク等の内部その他の場所で自然換気が不十分なところにおける鉛業務

④　労働者にホースマスクを使用させるときは，当該ホースマスクの空気の取入口を有害な空気がない場所に置かなければならない。

なお，①～④の業務の一部を請負人に請け負わせるときは，当該請負人に対しても，必要な保護具の使用についての周知が求められる。

（2）　作業衣（第59条）

一定の鉛業務であって，粉状の鉛等を取り扱う業務については，化学防護衣類を着用させるときを除き，その業務に従事させる労働者に作業衣を着用させなければならない。当該業務の一部を請負人に請け負わせるときは，当該請負人に対しても，必要な保護具の使用についての周知が求められる。

8　第8章　鉛作業主任者技能講習関係

鉛作業主任者の技能講習は，都道府県労働局長又はその登録する登録教習機関が行い，鉛に係る次の科目について行う。

①　健康障害及びその予防措置に関する知識

②　作業環境の改善方法に関する知識

③　労働衛生保護具に関する知識

④　関係法令

④ 四アルキル鉛中毒予防規則

（昭和47.9.30労働省令第38号）

（最終改正：令和5.4.3厚生労働省令第66号）

　四アルキル鉛は，ガソリンエンジンのノッキングを防止するための添加剤として開発された物質であるが，その有害性はきわめて高いものである。わが国では，第2次世界大戦終戦後，四アルキル鉛の製造と石油精製とは禁止されたが，昭和24年に石油精製工場の操業が許可されるに及んで，四エチル鉛の輸入も予想されたため，昭和26年5月に四エチル鉛危害防止規則が公布施行され，その後，タンク内作業における措置基準を規定する必要を認め，昭和35年3月所要の基準が整備された。

　昭和35年頃，四エチル鉛のほかに四メチル鉛が同様にアンチノック剤として実用化の段階に入り，四エチル鉛と混合し又は単独に用いられるようになったため，従来の規則にこの物質を追加し，昭和36年5月，四エチル鉛等危害防止規則が施行された。

　昭和42年10月，死亡者8名，中毒者7名を出した「ぼすとん丸事件」が発生したが，これは四エチル鉛等によって汚染した場所の清掃の業務であって，この種の事故に対する規制が不十分であることが明らかとなったことから，これを機に，規則の全面的な改正が行われ，四アルキル鉛中毒予防規則として昭和43年4月に施行された。

　昭和47年に労働安全衛生法が制定されたのに伴い，規制の内容に検討が加えられ，四アルキル鉛等作業主任者の資格の変更，特別教育の実施，雇入れの際並びに配置替えの際の健康診断の実施等の規定が整備された。

　平成17年11月の労働安全衛生法の改正で，特定化学物質等作業主任者技能講習と四アルキル鉛等作業主任者技能講習を統合し，特定化学物質及び四アルキル鉛等作業主任者技能講習として平成18年4月に施行された。

　令和4年5月31日（厚生労働省令第91号）に，労働安全衛生規則及び有機溶剤中毒予防規則等の特別規則が改正され，新たな化学物質規制の制度（化学物質の自主的管理）が導入されることとなった（施行日は，令和5年4月1日又は令和6年4月1日（一部は公布日））。

　この規則の構成は，次のとおりであり，また，この規則で規制されている四アルキル鉛中毒予防措置等を次ページの表に示す。

　第1章　総則（第1条）

　第2章　四アルキル鉛等業務に係る措置（第2条—第21条の2）

　第3章　健康管理（第22条—第26条）

　第4章　特定化学物質及び四アルキル鉛等作業主任者技能講習（第27条）

規制内容等＼業務	設備（装置等の密閉構造）	3側面開放	作業場所の隔離	不浸透性の床	専用の洗面設備・洗浄用灯油槽・シャワー	専用の休憩室	更衣室ロッカー	ドラフト	囲い式又はブース式局所排気装置	換気装置	退避用設備及び器具	作業方法	送風マスク	防毒マスク	保護前掛	保護衣	保護手袋	保護長靴	帽子	作業主任者の選任	薬品等の備付け	洗身	立入禁止	特別教育	掲示	健康診断及び記録並びに報告	技能講習	容器等	計画の届出	タンク内業務	事故報告
混入	○	○	○	○	○	○	○					①ドラム缶中の四アルキル鉛は，残らず吸引すること。②吸引後のドラム缶は直ちに密栓し，その外部の汚染を除去すること。		○	○	○	○	○		○	○	○	○	○	○	○	○		○		○
装置等の修理等												作業のはじめに，四アルキル鉛等の汚染を除去すること。この場合汚染除去業務に係る措置をとること。		○		○	○			○	○	○							○		○
タンク内										○	○	①タンク内部洗浄等の事前措置をとること。②監督者を配置すること。③換気装置を作業前及び作業中稼働すること。④換気効果を確認すること。	○							○	○	○	○							○	○
残さい物の取扱い												①残さい物の廃棄は，焼却等によること。②廃液の廃棄は希釈その他の方法により十分除毒した後処理すること。			○	○	○			○	○	○	○	○	○	○	○				
ドラム缶等の取扱い												作業のはじめにドラム缶等容器及びこれらが置いてある場所を点検すること。		○	○	○	○			○		○（手洗いで可）	○	○	○	○	○				○
研究								○								○	○					○（手洗いで可）	○	○		○					○
汚染除去　通気不十分な場所										○	○	①監督者を配置すること。②換気装置を作業前及び作業中稼働すること。	○							○	○	○	○	○	○	○					○
汚染除去　上記以外の場所												③作業終了後，汚染除去の確認をすること。		○備付							○	○	○								
加鉛ガソリンの使用										○						○									○						○

附　則

1　第1章　総則関係

（1）　定義（第1条）

四アルキル鉛中毒予防規則の適用等を明らかにするため次のとおり定義されている。

① 四アルキル鉛とは，四メチル鉛，四エチル鉛，一メチル・三エチル鉛，二メチル・二エチル鉛及び三メチル・一エチル鉛並びにこれらを含有するアンチノック剤である。

② 加鉛ガソリンとは，四アルキル鉛を含有するガソリンをいう。

③ 四アルキル鉛等とは，四アルキル鉛及び加鉛ガソリンをいう。

④ タンクとは，四アルキル鉛等により，その内部が汚染されており，又は汚染されているおそれがあるタンクその他の設備をいう。

⑤ 四アルキル鉛等業務とは，労働安全衛生法施行令別表第5に掲げられている業務をいう。

⑥ 装置等とは，四アルキル鉛を製造する業務又はガソリンに混入する業務に用いる機械又は装置をいう。

2　第2章　四アルキル鉛等業務に係る措置関係

四アルキル鉛等業務を行うためには，それぞれの態様に応じて措置が定められているが，その概要は次のとおりである。当該業務の一部を請負人に請け負わせるときは，当該請負人に対しても，それぞれの態様に応じて必要な事項についての周知が求められる。

（1）　四アルキル鉛の製造に係る措置（第2条）

四アルキル鉛を製造する業務に労働者を従事させる場合は，密閉式の構造とすることが作業の性質上著しく困難である場合で，囲い式フードの局所排気装置を設け，作業中に稼働させる場合を除き，装置等を密閉式の構造とすること，また作業場所以外の場所に，休憩室及び作業に従事する労働者の専用に供するための洗面設備，洗浄用灯油槽，シャワー（又は浴槽）を設けること等の措置を講じなければならない。

（2）　四アルキル鉛の混入に係る措置（第4条）

四アルキル鉛をガソリンに混入する業務に労働者を従事させる場合は，装置等を作業に従事する労働者が四アルキル鉛によって汚染され，又はその蒸気を吸入するおそれがない構造とすること等の措置を講じなければならない。

（3）　装置等の修理等に係る措置（第５条）

　四アルキル鉛を製造又は混入した装置等の修理等に労働者を従事させる場合は，作業のはじめに装置等の汚染を除去し，作業に従事する労働者に不浸透性の保護前掛，保護手袋及び保護長靴並びに有機ガス用防毒マスク又は有機ガス用の防毒機能を有する電動ファン付き呼吸用保護具を使用させる措置を講じなければならない。

（4）　タンク内業務に係る措置（第６条・第７条）

　四アルキル鉛用及び加鉛ガソリン用のタンクの内部における業務に労働者を従事させる場合は，次の措置を講じなければならない。

①　四アルキル鉛等をタンクから排出し，かつ，四アルキル鉛等がタンクの内部に流入しない措置がとられていること。

②　タンク内をガソリン，灯油等を用いて洗浄し，除毒剤を用いて除毒し，水又は水蒸気を用いて洗浄した後，これらに用いたものをタンクから排出すること。

③　タンク内を十分換気すること。

④　避難設備又は器具を備えること。

⑤　監視人を置くこと。

⑥　作業，作業を行うための措置に係る作業等に従事する労働者に不浸透性の保護衣，保護手袋及び保護長靴並びに有機ガス用防毒マスク又は有機ガス用の防毒機能を有する電動ファン付き呼吸用保護具を使用させること。

⑦　以上のほか，加鉛ガソリン用タンク内作業を行う場合は，（③の換気目標）ガソリンの濃度が0.1ミリグラム毎リットル以下になるまで換気すること。

（5）　残さい物の取扱いに係る措置（第８条）

　四アルキル鉛等を含有する残さい物等を取り扱う業務に労働者を従事させる場合は，次の措置を講じなければならない。

①　残さい物を一時ためておく容器は，蓋又は栓をした堅固な容器を用いること。

②　残さい物を廃棄するときは，除毒剤を十分注いだ後露出しないように処理すること。

③　廃液を一時ためておくときは，堅固な容器又はピットを用い，廃液を廃棄するときは，希釈その他の方法により十分除毒した後処理すること。

④　作業に従事する労働者に不浸透性の保護衣，保護手袋及び保護長靴を使用させること。

（6）　ドラム缶等の取扱いに係る措置（第９条）

　四アルキル鉛が入っているドラム缶等を取り扱う業務に労働者を従事させる場合は，次の措置を講じなければならない。

① 作業のはじめに，ドラム缶等及びこれらを置いてある場所を点検すること。

② 点検を行う労働者に不浸透性の保護衣，保護手袋及び保護長靴を使用させ，並びに有機ガス用防毒マスク又は有機ガス用の防毒機能を有する電動ファン付き呼吸用保護具を携帯させること。

③ 取扱い労働者に不浸透性の保護手袋を使用させること。

（7） 研究に係る措置（第10条）

四アルキル鉛を用いて行う研究の業務に労働者を従事させる場合は，蒸気の発生源ごとにドラフトを設け，作業に従事する労働者に不浸透性の保護前掛け及び保護手袋を使用させる措置を講じなければならない。

（8） 汚染除去に係る措置（第11条）

自然換気の不十分なところにおいて四アルキル鉛等の汚染を除去する業務に労働者を従事させる場合は，次の措置を講じなければならない。

① 地下室，船倉，ピット内部等であって自然換気の不十分なところにおいては，

 イ 退避設備又は器具を備えること。

 ロ 作業場所を十分換気すること。

 ハ 監視人を置くこと。

 ニ 作業に従事する労働者に不浸透性の保護衣，保護手袋，保護長靴及び帽子並びに送風マスク，有機ガス用防毒マスク又は有機ガス用の防毒機能を有する電動ファン付き呼吸用保護具を使用させること。

② ①以外のところにおいては，

 イ 作業場所に有機ガス用防毒マスク又は有機ガス用の防毒機能を有する電動ファン付き呼吸用保護具を備えること。

 ロ 作業に従事する労働者に不浸透性の保護衣，保護手袋及び保護長靴を使用させること。

③ 汚染除去作業を終了しようとするときに，四アルキル鉛の濃度測定等により当該汚染が除去されたことを確認すること。

（9） 加鉛ガソリンの使用に係る措置（第12条・第13条）

① 加鉛ガソリンを洗浄用その他内燃機関の燃料用以外の用途に使用する業務に労働者を従事させる場合は，作業場所に囲い式フードの局所排気装置を設け，かつ，作業中これを作動させること。

② 労働者に加鉛ガソリンを用いて手足等を洗わせてはならないこと。

（10） 四アルキル鉛等作業主任者の選任及び職務（第14条・第15条）

四アルキル鉛を用いて研究を行う業務以外の四アルキル鉛等業務を行う場合は，作

業場所ごとに特定化学物質及び四アルキル鉛等作業主任者技能講習（金属アーク溶接等作業主任者限定技能講習を除く。）を修了した者のうちから，四アルキル鉛等作業主任者を選任し，作業の方法を決定し，労働者を指揮する等の職務を行わせなければならない。

(11) 薬品等の備付け（第17条）

四アルキル鉛等業務を行う場所ごとに，洗身用過マンガン酸カリウム溶液並びに洗浄用灯油及び石けん等の薬品等を備えなければならない。

(12) 立入禁止（第19条）

四アルキル鉛等業務を行う作業場所又は四アルキル鉛を入れたタンク，ドラム缶等がある場所への関係労働者以外の労働者の立入りを禁止し，かつ，その旨を見やすい箇所に表示しなければならない。

(13) 事故の場合の退避等（第20条）

次の場合は，直ちに作業を中止し，労働者を退避させなければならない。

① 装置等が故障等によりその機能を失った場合

② 換気装置が作業中故障等によりその機能を失った場合

③ 四アルキル鉛が漏れ，又はこぼれた場合

④ ①〜③に掲げる場合のほか，作業場所等が四アルキル鉛又はその蒸気により著しく汚染される事態が生じた場合

(14) 特別の教育（第21条）

四アルキル鉛等業務に労働者を就かせる場合には，作業の方法や保護具の使用方法等について特別の教育をしなければならない。

(15) 掲示（第21条の2）

四アルキル鉛業務に労働者を従事させるときは，四アルキル鉛業務を行う作業場である旨や四アルキル鉛により生ずるおそれのある疾病の種類及びその症状，一定の業務又は作業場においては，有効な保護具を使用しなければならない旨及び使用すべき保護具等，所定の事項を見やすい箇所に掲示しなければならない。

3 第3章 健康管理関係

(1) 四アルキル鉛等健康診断（第22条・第23条）

四アルキル鉛等業務に従事する労働者については，雇入れの際，当該業務へ配置替えの際及びその後は6月以内ごとに1回，所定の項目について健康診断を行い，結果を記録し，これを5年間保存しなければならない。

上記の四アルキル鉛業務で直近の健康診断実施後に作業方法を変更（軽微なものを

除く。）していないときは，直近の連続した３回の上記健康診断結果で新たに異常所見が認められなかった労働者については，１年以内ごとに１回，定期に健康診断を行えば足りる。

（2） 診断（第25条）

次のいずれかに該当する労働者に対しては遅滞なく医師の診断を受けさせ，診断の結果異常が認められなかった者にも，その後２週間は医師の観察を受けさせなければならない。

① 身体が四アルキル鉛等により汚染された者

② 四アルキル鉛等を飲み込んだ者

③ 四アルキル鉛の蒸気を吸入し，又は加鉛ガソリンの蒸気を多量に吸入した者

④ 四アルキル鉛等業務に従事した労働者であって，四アルキル鉛中毒予防規則第22条第１号（いらいら，不眠，悪夢，食欲不振等）の症状が認められ，又は当該症状を訴えた者

なお，四アルキル鉛等業務の一部を請け負わせる請負人に対しても，労働者と同様に医師の診断等を受ける必要ある旨の周知が求められる。

（3） 就業禁止（第26条）

次の者を四アルキル鉛等業務に従事させてはならない。

① 四アルキル鉛中毒にかかっている労働者

② （1），（2）の結果，四アルキル鉛等業務に従事することが健康の保持のために適当でないと医師が診断した労働者

なお，四アルキル鉛等業務の一部を請け負わせる請負人に対しても，①又は②の場合は，当該業務への就業禁止の周知が求められる。

4　第４章　特定化学物質及び四アルキル鉛等作業主任者技能講習関係（第27条）

特定化学物質及び四アルキル鉛等作業主任者技能講習（金属アーク溶接等作業主任者限定技能講習を除く。）は，都道府県労働局長又はその登録する登録教習機関が行い，特定化学物質及び四アルキル鉛に係る次の科目について行う。

① 健康障害及びその予防措置に関する知識

② 作業環境の改善方法に関する知識

③ 保護具に関する知識

④ 関係法令

5　特定化学物質障害予防規則

（昭和47.9.30労働省令第39号）

（最終改正：令和5.12.27厚生労働省令第165号）

　昭和40年代に入り，各種化学物質等による健康障害の増加がみられた。そこで，化学物質等による中毒その他職場内外における各種疾病の発生及び環境汚染を予防するため，昭和46年4月，特定化学物質等障害予防規則が制定，公布され，昭和47年5月に施行された。

　昭和47年労働安全衛生法の制定に伴い，新たに創設された製造の許可及び流通段階における有害物の名称表示等の有害物対策規制とともに，従来の特定化学物質等障害予防規則の内容に検討を加え，労働者の健康障害の防止の充実を期することとし，新たな特定化学物質等障害予防規則として昭和47年9月公布され，同年10月1日から施行された。

　その後，社会的に大きな関心事となった職業がん等の職業性疾病の発生状況に鑑み，これらに対する予防措置をさらに充実させるため，昭和50年9月，同規則の一部が改正され，規制対象となる物質・業務等の拡大，コークス炉における作業等特殊な作業についての障害防止措置が定められ，同年10月から施行された。さらに，昭和63年9月に，作業環境測定の結果の評価及びそれに基づく措置が義務付けられた。

　石綿については，原則製造等が禁止とされ，他の特定化学物質と措置内容が異なるため，平成17年2月に新たに石綿障害予防規則が制定され，その中で石綿の取扱い等に係る措置が定められて，平成17年7月から施行された。

　平成17年11月の労働安全衛生法の改正で，特定化学物質等作業主任者技能講習から石綿関係の作業主任者技能講習を分離するとともに，特定化学物質等作業主任者技能講習と四アルキル鉛等作業主任者技能講習を統合して特定化学物質及び四アルキル鉛等作業主任者技能講習とし，また，規則の名称を特定化学物質障害予防規則として平成18年4月に施行された。さらに，平成20年3月から，ホルムアルデヒドが特定化学物質の第3類物質から第2類物質とされ，また，1・3-ブタジエン及び硫酸ジエチルを取り扱う作業についてこの規則で「特殊な作業等の管理」として規制の対象とされた。

　また，平成20年の法令改正では，ニッケル化合物，砒素及びその化合物が特定化学物質の「管理第2類物質」及び「特別管理物質」として指定されるとともに，燻蒸作業に係る措置の対象物質としてホルムアルデヒドが追加され平成21年4月から施行され，平成23年の法令改正で酸化プロピレン等4物質の健康障害防止措置が義務づけられ，平成23年4月1日から施行された。

平成24年4月には，多様な発散防止抑制措置の導入及び作業環境測定の評価結果等の労働者への周知等について改正が行われた。

令和2年3月には，特殊健康診断の項目の改正が行われた。

さらに，毎年の改正で平成24年10月エチルベンゼン等3物質，平成25年8月1・2－ジクロロプロパン，平成26年8月クロロホルム他9物質，平成27年9月ナフタレン及びリフラクトリーセラミックファイバー，平成28年11月オルト－トルイジン，平成29年4月三酸化二アンチモン，令和2年4月溶接ヒュームに関する規制が行われることとなった。

令和4年5月31日（厚生労働省令第91号）に，労働安全衛生規則及び有機溶剤中毒予防規則等の特別規則が改正され，新たな化学物質規制の制度（化学物質の自主的管理）が導入されることとなった（施行日は，令和5年4月1日又は令和6年4月1日（一部は公布日））。

この規則の構成は次のとおりである。また，この規則で規制されている特定化学物質障害予防措置等を次ページの表に示す。

第1章　総則（第1条―第2条の3）

第2章　製造等に係る措置（第3条―第8条）

第3章　用後処理（第9条―第12条の2）

第4章　漏えいの防止（第13条―第26条）

第5章　管理（第27条―第38条の4）

第5章の2　特殊な作業等の管理（第38条の5―第38条の21）

第6章　健康診断（第39条―第42条）

第7章　保護具（第43条―第45条）

第8章　製造許可等（第46条―第50条の2）

第9章　特定化学物質及び四アルキル鉛等作業主任者技能講習（第51条）

第10章　報告（第52条・第53条）

附　則

1　第1章　総則関係

（1）　事業者の責務（第1条）

化学物質による労働者のがん，皮膚炎，神経障害その他の健康障害を予防するため，使用する物質の毒性の確認，代替物の使用，作業方法の確立，関係施設の改善，作業環境の整備，健康管理の徹底その他必要な措置を講じ，もって，労働者の危険の防止の趣旨に反しない限りで，化学物質にばく露される労働者の人数並びに労働者がばく

左欄（1～8）は「製造禁止物質」、右欄（1～7）は「第一類物質」を示す。

法令	規制内容	1 黄りんマッチ	2 ベンジジン及びその塩	3 四-アミノジフェニル及びその塩	4 石綿（石綿分析用試料等を除く）	5 四-ニトロジフェニル及びその塩	6 ビス（クロロメチル）エーテル	7 ベータ-ナフチルアミン及びその塩	8 ベンゼンゴムのり	1 ジクロルベンジジン及びその塩	2 アルファ-ナフチルアミン及びその塩	3 塩素化ビフェニル（PCB）	4 オルト-トリジン及びその塩	5 ジアニシジン及びその塩	6 ベリリウム及びその化合物	7 ベンゾトリクロリド
区分（特定化学物質）	禁止物質	○	○	○	○	○	○	○	○							
	第1類物質									○	○	○	○	○	○	○
	第2類物質 特定第2類物質															
	第2類物質 特別有機溶剤等															
	第2類物質 オーラミン等															
	第2類物質 管理第2類物質															
	第3類物質															
	第3類物質等															
	特別管理物質									○	○		○	○	○	○
労働安全衛生法	55 製造等の禁止	○	○	○	○	○	○	○	○							
	56 製造の許可									○	○	○	○	○	○	○
	57～57の3 表示等・通知・リスクアセスメント									○	○	○	○	○	○	○
	59 労働衛生教育（雇入れ時）									○	○	○	○	○	○	○
	67 健康管理手帳　対象		○		○		○	○						○	○	○
	67 健康管理手帳　要件		3カ月		(注)6		3年	3カ月						3カ月	(注)4	3年
特定化学物質障害予防規則	3 第1類物質の取扱い設備									○	○	○	○	○	○	○
	4 特定第2類物質等の製造等に係る設備　密閉式															
	4 局排															
	4 プッシュプル															
	5 特定第2類物質又は管理第2類物質に係る設備　密閉式															
	5 局排															
	5 プッシュプル															
	7 局排の性能									制	制	0.01mg	制	制	0.001mg	0.05cm³
	9～12 用後処理装置の設置　除じん									○	○	○	○	○	○	○
	9～12 排ガス															
	9～12 排液															
	9～12 残さい物処理															
	12の2 ぼろ等の処理									○	○	○	○	○	○	○
	第4章 漏えいの防止															
	21 床の構造									○	○	○	○	○	○	○
	24 立入り禁止の措置									○	○	○	○	○	○	○
	25 容器等									○	○	○	○	○	○	○
	27 特定化学物質作業主任者の選任									○	○	○	○	○	○	○
	36 作業環境の測定　実施									○	○	○	○	○	○	○
	36 記録の保存									30	30	3	30	30	30	30
	36の2 作業環境測定の結果の評価　実施											○			○	○
	36の2 記録の保存											3			30	30
	36の2 管理濃度											0.01mg/m³			0.001mg/m³	0.05ppm
	37 休憩室									○	○	○	○	○	○	○
	38 洗浄設備									○	○	○	○	○	○	○
	38の2 喫煙等の禁止									○	○	○	○	○	○	○
	38の3 掲示									○	○		○	○	○	○
	38の4 作業記録									○	○		○	○	○	○
	第5章の2 特別規定															
	39・40 健康診断　雇入れ,定期		○	○		○	○	○		○	○	○	○	○	○*	○
	39・40 配転後		○			○	○	○		○	○		○	○	○	○
	39・40 記録の保存		5	5		5	5	5		30	30	5	30	30	30	30
	42 緊急診断									○	○	○	○	○	○	○
	53 記録の報告									○	○	○	○	○	○	○

※ 「特定化学物質障害予防規則」の各規定（令3～53）について、石綿（区分4）の欄は「石綿障害予防規則の規制による」。

（注）
1　「健康管理手帳」の「要件」の欄中の数字は，健康管理手帳の交付要件としての当該業務の従事期間を示す。
2　「局排の性能」の欄中，数字は「厚生労働大臣が定める値」（空気1m³当たりに占める重量，容積）を示し，「制」とあるのは「厚生労働大臣が定める値」で，ガス状の物質は制御風速0.5m/sec.，粒子状の物質は1.0m/sec. である。
3　「作業環境の測定」及び「健康診断」の「記録の保存」の欄中の数字は，保存年数を示す。
4　両肺野にベリリウムによるび慢性の結節性陰影があること。
5　定期健康診断の○印は6月以内ごとに1回行う。但し，＊は1年以内ごとに1回胸部エックス線直接撮影による検査を行うこと。

（第二類物質）	1	2	3	3の2	3の3	4	5	6	7	8	8の2	9	10	11	11の2	12	13	13の2	14	15	15の2	16	17	18	18の2	18の3	18の4
	アクリルアミド	アクリロニトリル	アルキル水銀化合物	インジウム化合物	エチルベンゼン	エチレンイミン	エチレンオキシド	塩化ビニル	塩素	オーラミン	オルト-トルイジン	オルト-フタロジニトリル	カドミウム及びその化合物	クロム酸及びその塩	クロロホルム	クロロメチルメチルエーテル	五酸化バナジウム	その他の無機化合物	コールタール	酸化プロピレン	三酸化二アンチモン	シアン化カリウム	シアン化水素	シアン化ナトリウム	四塩化炭素	1・4-ジオキサン	1・2-ジクロロエタン
		○	○			○	○	○	○		○					○			○			○		○			
				○											○										○	○	○
				○						○			○	○		○		○			○		○			
		○	○			○	○	○	○		○					○			○			○		○			
		○	○	○		○	○	○	○	○	○	○	○	○	○	○	○	○	○	○	○	○	○	○	○	○	○
		○	○	○		○	○	○	○	○	○	○	○	○	○	○	○	○	○	○	○	○	○	○	○	○	○
									4年			5年			4年				5年								
		○				○	○	○	○		○					○			○			○					
		○				○	○	○	○		○					○			○			○					
		○				○	○	○	○		○					○			○			○					
		○				○	○	○	○		○					○			○			○					
		○				○	○	○	○		○					○			○			○					
		○				○	○	○	○		○					○			○			○					
管理濃度	0.1 mg	2 cm³	0.01 mg	制	第38条の8により有機則の適用	0.05 cm³	1.8mg又は1cm³	2 cm³	0.5 cm³	制	1 cm³	0.01 mg	0.05 mg	0.05 mg	第38条の8により有機則の適用	制	0.03 mg	0.02 mg	0.2 mg	2 cm³	アンチモンとして0.1mg	3 mg	3 cm³	3 mg	第38条の8により有機則の適用		
	○		○				○				○								○			○		○			
			○																								
			○																								
		○	○			○	○	○	○		○					○			○			○		○			
		○	○			○	○	○	○		○					○			○			○		○			
		○	○			○	○	○	○		○					○			○			○		○			
		○	○			○	○	○	○		○			○					○						○	○	○
		○	有			○	○	○	○		○			有					○						有	有	有
	3	3	3	30		30	30	30	30	30	30	30	30	30	30	30	30	30	30	30	30	30	30	30			
	3	3	3	30		30	30	30	3	30	3	30	30	3	30	30	30	30	30	30	30	30	30	30			
	0.1 mg/m³	2 ppm	0.01 mg/m³		20 ppm	0.05 ppm	1 ppm	2 ppm	0.5 ppm		1 ppm	0.01 mg/m³	0.05 mg/m³	0.05 mg/m³	3 ppm		0.03 mg/m³	0.02 mg/m³	ベンゼン可溶性成分として0.2 mg/m³	2 ppm	アンチモンとして0.1 mg/m³	3 mg/m³	3 ppm	3 mg/m³	5 ppm	10 ppm	10 ppm
	○	○	○				○				○								○			○		○			
	○	○	○				○				○								○			○		○			
							○				○								○			○		○			
					有機則	○	有機則	○								有機則										有機則		
	○	○	○			○	※	○																			
	○	○	○			○	○	○															○				
	5	5	5	30		30	30	5	30	5	30	30	5	5	30	30	30	30	30	5	5	5	30	30			
	○	○	○	○		○	○	○	○	○	○	○	○	○	○	○	○	○	○	○	○	○	○	○	○	○	○

6 ①両肺野に石綿による不整形陰影があり，又は石綿による胸膜肥厚があること（これについては石綿を製造し，又は取り扱う業務以外の周辺業務の場合も含む。），②石綿等の製造作業，石綿等が使用されている保温材，耐火被覆材等の張付け，補修，除去の作業，石綿等の吹付けの作業又は石綿等が吹き付けられた建築物，工作物等の解体，破砕等の作業に1年以上従事した経験を有し，かつ初めて石綿等の粉じんにばく露した日から10年以上を経過していること，③石綿等を取り扱う作業（②の作業を除く。）に10年以上従事した経験を有していること，等のいずれかに該当すること。

法令	規制内容		19 3・3'-ジクロロ-4・4'-ジアミノジフェニルメタン	19の2 1・2-ジクロロプロパン	19の3 ジクロロメタン	19の4 ジメチル-2・2-ジクロロビニルホスフェイト	19の5 1・1-ジメチルヒドラジン	20 臭化メチル	21 重クロム酸及びその塩	22 水銀及びその無機化合物	22の2 スチレン	22の3 1・1・2・2-テトラクロロエタン	22の4 テトラクロロエチレン	22の5 トリクロロエチレン	23 トリレンジイソシアネート	23の2 ナフタレン	23の3 ニッケル化合物	24 ニッケルカルボニル	25 ニトログリコール	26 パラ-ジメチルアミノアゾベンゼン	27の2 砒素及びその化合物
区分（特定化学物質）	禁止物質																				
	第1類物質																				
	第2類物質	特定第2類物質	○			○	○	○							○			○			○
		特別有機溶剤等		○	○						○	○	○	○							
		オーラミン等																			
		管理第2類物質							○	○						○	○		○	○	
	第3類物質																				
	第3類物質等																				
	特別管理物質		○	○	○				○			○	○	○		○	○	○			○
労働安全衛生法	55	製造等の禁止																			
	56	製造の許可																			
	57～57の3	表示等・通知・リスクアセスメント	○	○	○	○	○	○	○	○	○	○	○	○	○	○	○	○	○	○	○
	59	労働衛生教育（雇入れ時）	○	○	○	○	○	○	○	○	○	○	○	○	○	○	○	○	○	○	○
	67	健康管理手帳　対象		○					○												○
		要件		(注)7					4年												5年
特定化学物質障害予防規則	3	第1類物質の取扱い設備																			
	4	特定第2類物質等の製造等に係る設備　密閉式	○	第38条の8により有機則の適用		○	○	○			第38条の8により有機則の適用				○	○	○	○			○
		局排	○			○	○	○							○	○	○	○			○
		プッシュブル	○			○	○	○							○	○	○	○			○
	5	特定第2類物質又は管理第2類物質に係る設備　密閉式	○			○	○	○	○	○					○	○	○	○	○	○	○
		局排	○			○	○	○	○	○					○	○	○	○	○	○	○
		プッシュブル	○			○	○	○	○	○					○	○	○	○	○	○	○
	7	局排の性能	0.005mg			0.1mg	0.01cm³	1cm³	0.05mg	0.025mg					0.005cm³	10cm³	0.1mg	0.007mg又は0.001cm³	0.05cm³	制	0.003mg
	9～12	用後処理装置の設置　除じん																			
		排ガス																			
		排液																			
		残さい物処理																			
	12の2	ぼろ等の処理	○			○	○	○	○	○					○	○	○	○			○
	第4章	漏えいの防止	○			○	○	○	○	○					○	○	○	○			○
	21	床の構造	○			○	○	○	○	○					○	○	○	○			○
	24	立入り禁止の措置	○	○		○	○	○	○	○					○	○	○	○			○
	25	容器等	○			○	○	○	○	○					○	○	○	○			○
	27	特定化学物質作業主任者の選任	○	有		○	○	○			有	有	有	有	○	○	○	○			○
	36	作業環境の測定　実施																			
		記録の保存	30	30	30	30	30	3	3	3	30	30	30	30	3	30	30	30	3		30
	36の2	作業環境測定の結果の評価　実施																			
		記録の保存	30	30	30	30	30	3	3	3	30	30	30	30	3	30	30	30	3		30
		管理濃度	0.005mg/m³	1ppm	50ppm	0.1mg/m³	0.01ppm	1ppm	0.05mg/m³	0.025mg/m³	20ppm	1ppm	25ppm	10ppm	0.005ppm	10ppm	0.1mg/m³	0.001ppm	0.05ppm		0.003mg/m³
	37	休憩室	○			○	○	○	○	○					○	○	○	○			○
	38	洗浄設備	○			○	○	○	○	○					○	○	○	○			○
	38の2	喫煙等の禁止	○			○	○	○	○	○					○	○	○	○			○
	38の3	掲示	○			○	○	○	○	○					○	○	○	○			○
	38の4	作業記録	○			○	○	○	○	○					○	○	○	○			○
	第5章の2	特別規定		有機則				○			有機則										
	39・40	健康診断　雇入れ，定期	○	○	○	○	○	○	○	○	○	○	○	○	○	○	○	○*	○	○	○
		配転後													○	○	○	○			○
		記録の保存	30	30	30	30	30	5	5	5	30	30	30	30	5	30	30	30	5	30	30
	42	緊急診断	○	○	○	○	○	○	○	○	○	○	○	○	○	○	○	○	○	○	○
	53	記録の報告																			

7　屋内作業場等における印刷機その他の設備の清掃の業務に2年以上従事した経験を有すること。

8　※のエチレンオキシド，ホルムアルデヒドについては，特化則健康診断は要しないが，安衛則第45条に基づき一般定期健康診断を6月以内ごとに1回行う必要がある。

9　エチルベンゼン，クロロホルム，四塩化炭素，1・4-ジオキサン，1・2-ジクロロエタン，ジクロロメタン，スチレン，1・1・2・2-テトラクロロエタン，テトラクロロエチレン，トリクロロエチレン，メチルイソブチルケトン，コバルト及びその無機化合物，酸化プロピレン，三酸化二アンチモン，1・2-ジクロロプロパン，ジメチル-2・2-ジクロロビニルホスフェイト，ナフタレン，リフラクトリーセラミックファイバーは，作業の種類によって適用除外の規定がある。

28 弗化水素	29 ベータープロピオラクトン	30 ベンゼン	31 ペンタクロルフェノール及びそのナトリウム塩	31の2 ホルムアルデヒド	32 マゼンタ	33 マンガン及びその化合物	33の2 メチルイソブチルケトン	34 沃化メチル	34の2 溶接ヒューム	34の3 リフラクトリーセラミックファイバー	35 硫化水素	36 硫酸ジメチル	（第三類物質）	1 アンモニア	2 一酸化炭素	3 塩化水素	4 硝酸	5 二酸化硫黄	6 フェノール	7 ホスゲン	8 硫酸	（その他）	アクロレイン	硫化ナトリウム	1・3-ブタジエン	1・4-ジクロロ-2-ブテン	硫酸ジエチル	1・3-プロパンスルトン
○	○	○						○			○																	
							○																					
			○			○			○	○																		
														○	○	○	○	○	○	○	○							
○	○	○									○			○	○	○	○	○	○	○	○							
	○	○							○																			
○	○	○	○	○	○	○	○	○	○	○	○	○		○	○	○	○	○	○	○	○		○	○	○	○	○	○
○	○	○	○	○	○	○	○	○	○	○	○	○		○	○	○	○	○	○	○	○		○	○	○	○	○	○
○	○	○	○	○				○			○																	◆
○	○	○	○	○				○			○																	
○	○	○		○				○			○																	
○	○	○	○	○		○		○			○														◆	◆	◆	
○	○	○	○	○		○			○		○														◆	◆	◆	
○	○	○		○		○			○		○														◆	◆	◆	
0.5 cm³	0.5 cm³	1 cm³	0.5 mg	0.1 cm³	制	0.05 mg	第38条の8により有機則の適用	2 cm³	全体換気	0.3本/cm³	1 cm³	0.1 cm³											制		0.005 cm³		制	
					○						○												○					
					○										○	○				○			○					
○	○	○	○	○		○		○			○			○	○	○	○	○	○	○	○							◆
○	○	○						○			○																	一部◆
○	○	○	○	○		○		○			○			○	○	○	○	○	○	○	○							◆
○	○	○	○	○		○		○			○			○	○	○	○	○	○	○	○							◆
○	○	○	○	○		○	有	○			○			○	○	○	○	○	○	○	○							◆
○	○	○						○			○																	
3	30	30	3	30	30	3	30	3		30	3	3																
3	30	30	3	30	30	3	30	3		30	3	3																
0.5 ppm	0.5 ppm	1 ppm	0.5 mg/m³	0.1 ppm		マンガンとして 0.05 mg/m³	20 ppm	2 ppm		0.3本/cm³	1 ppm	0.1 ppm																
○	○	○	○	○		○																						
○	○	○	○	○		○																						
				○		○	○																		◆	◆	◆	◆
				○		○	○																		◆	◆	◆	◆
						○	有機則																		◆	◆	◆	◆
○	○	○	○			※	○	○			○			○	○	○	○	○	○	○	○							
5	30	30	5	5	30	5	30	5		30	5	5																
○	○	○						○			○			○	○	○	○	○	○	○	○							
	○	○	○			○					○														◆	◆	◆	◆

10　「特定化学物質作業主任者の選任」欄の「有」は有機溶剤作業主任者技能講習修了者から選任。
11　◆は該当条文と同様の内容を特別規定（特化則第38条の17～第38条の19）で定めていることを示す。

露される期間及び程度を最小限度にするよう努めなければならない。

（2）　定義等（第2条）

特定化学物質障害予防規則の適用等を明らかにするため次のとおり定義されている（38〜41ページ参照）。

①　第1類物質とは，労働安全衛生法施行令（以下「令」という。）別表第3第1号に掲げる物をいう。

②　第2類物質とは，令別表第3第2号に掲げる物をいう。

③　特定第2類物質とは，第2類物質のうち，令別表第3第2号1，2，4から7まで，8の2，12，15，17，19，19の4，19の5，20，23，23の2，24，26，27，28から30まで，31の2，34，35及び36に掲げる物並びに別表第1第1号，第2号，第4号から第7号まで，第8号の2，第12号，第15号，第17号，第19号，第19号の4，第19号の5，第20号，第23号，第23号の2，第24号，第26号，第27号，第28号から第30号まで，第31号の2，第34号，第35号及び第36号に掲げる物をいう。

④　特別有機溶剤とは，第2類物質のうち，令別表第3第2号3の3，11の2，18の2から18の4まで，19の2，19の3，22の2から22の5まで及び33の2に掲げる物をいう。

⑤　特別有機溶剤等とは，特別有機溶剤並びに別表第1第3号の3，第11号の2，第18号の2から第18号の4まで，第19号の2，第19号の3，第22号の2から第22号の5まで，第33号の2及び第37号に掲げる物をいう。

⑥　オーラミン等とは，第2類物質のうち令別表第3第2号8及び32に掲げる物並びに別表第1第8号及び第32号に掲げる物をいう。

⑦　管理第2類物質とは，第2類物質のうち，特定第2類物質，特別有機溶剤等及びオーラミン等以外の物をいう。

⑧　第3類物質とは，令別表第3第3号に掲げる物をいう。

⑨　特定化学物質とは，第1類物質，第2類物質及び第3類物質をいう。

（3）　適用の除外（第2条の2・第2条の3）

以下のいずれかに該当する業務に労働者を従事させる場合は，当該業務について特定化学物質障害予防規則の適用除外となる。

①　次に掲げる業務以外の特別有機溶剤等を製造し，又は取り扱う業務

イ　クロロホルム等有機溶剤業務

ロ　エチルベンゼン塗装業務

ハ　1・2-ジクロロプロパン洗浄・払拭業務

②　コバルト等を触媒として取り扱う業務

③　酸化プロピレン等を，屋外において，タンク自動車等からタンクに，又は，タンクからタンク自動車，タンカー等に，それらの双方に直結できる構造のホースを用いて注入する業務

④　酸化プロピレン等を，貯蔵タンクから耐圧容器に，それらの双方に直結できる構造のホースを用いて注入する業務

⑤　三酸化二アンチモン等を製造し，又は取り扱う業務のうち，樹脂等により固形化された物を取り扱う業務

⑥　令別表第3第2号19の4ジメチル-2・2-ジクロロビニルホスフェイト（別名DDVP）に掲げる物又は別表第1第19号の4に掲げる物を製造し，又は取り扱う業務のうち，これらを成形し，加工し，又は包装する業務以外の業務

⑦　ナフタレン等を製造し，又は取り扱う業務のうち，次に掲げる業務

　イ　液体状のナフタレン等を製造し，又は取り扱う設備（密閉式の構造のものに限る。ロにおいて同じ。）からの試料の採取の業務

　ロ　液体状のナフタレン等を製造し，又は取り扱う設備から液体状のナフタレン等をタンク自動車等に注入する業務（直結できる構造のホースを用いて相互に接続する場合に限る。）

　ハ　液体状のナフタレン等を常温を超えない温度で取り扱う業務（イ及びロに掲げる業務を除く。）

⑧　リフラクトリーセラミックファイバー等を製造し，又は取り扱う業務のうち，バインダーにより固形化された物その他のリフラクトリーセラミックファイバー等の粉じんの発散を防止する処理が講じられた物を取り扱う業務（当該物の切断，穿孔，研磨等のリフラクトリーセラミックファイバー等の粉じんが発散するおそれのある業務を除く。）

⑨　特定化学物質（一部を除く）を製造又は取り扱う業務について，事業場における化学物質の管理について必要な知識・技能を有する化学物質管理専門家が専属で配置され必要な事項を管理し，過去3年間に特定化学物質による休業4日以上の死傷災害が発生していないなど，所定の事項に該当すると所轄都道府県労働局長が認定したとき

規則の対象物質

			特別管理物質（特化則第38条の3）
第1類物質		3．塩素化ビフェニル及びこれをその重量の1パーセントを超えて含有する製剤その他の物。	1．ジクロルベンジジン及びその塩並びにこれらをその重量の1パーセントを超えて含有する製剤その他の物。 2．アルファーナフチルアミン及びその塩並びにこれらをその重量の1パーセントを超えて含有する製剤その他の物。 4．オルトートリジン及びその塩並びにこれらをその重量の1パーセントを超えて含有する製剤その他の物。 5．ジアニシジン及びその塩並びにこれらをその重量の1パーセントを超えて含有する製剤その他の物。 6．ベリリウム及びその化合物並びにこれらをその重量の1パーセントを超えて含有する製剤その他の物（合金にあってはその重量の3パーセントを超えて含有するものに限る。） 7．ベンゾトリクロリド及びこれをその重量の0.5パーセントを超えて含有する製剤その他の物。
第2類物質	特定第2類物質	1．アクリルアミド及びこれを含有する製剤その他の物。ただし、アクリルアミドの含有量が重量の1パーセント以下のものを除く。 2．アクリロニトリル及びこれを含有する製剤その他の物。ただし、アクリロニトリルの含有量が重量の1パーセント以下のものを除く。 7．塩素及びこれを含有する製剤その他の物。ただし、塩素の含有量が重量の1パーセント以下のものを除く。 17．シアン化水素及びこれを含有する製剤その他の物。ただし、シアン化水素の含有量が重量の1パーセント以下のものを除く。 20．臭化メチル及びこれを含有する製剤その他の物。ただし、臭化メチルの含有量が重量の1パーセント以下のものを除く。 23．トリレンジイソシアネート及びこれを含有する製剤その他の物。ただし、トリレンジイソシアネートの含有量が重量の1パーセント以下のものを除く。 27．パラーニトロクロルベンゼン及びこれを含有する製剤その他の物。ただし、パラーニトロクロルベンゼンの含有量が重量の5パーセント以下のものを除く。 28．弗化水素及びこれを含有する製剤その他の物。ただし、弗化水素の含有量が重量の5パーセント以下のものを除く。 34．沃化メチル及びこれを含有する製剤その他の物。ただし、沃化メチルの含有量が重量の1パーセント以下のものを除く。 35．硫化水素及びこれを含有する製剤その他の物。ただし、硫化水素の含有量が重量の1パーセント以下のものを除く。 36．硫酸ジメチル及びこれを含有する製剤その他の物。ただし、硫酸ジメチルの含有量が重量の1パーセント以下のものを除く。	4．エチレンイミン及びこれを含有する製剤その他の物。ただし、エチレンイミンの含有量が重量の1パーセント以下のものを除く。 5．エチレンオキシド及びこれを含有する製剤その他の物。ただし、エテレンオキシドの含有量が重量の1パーセント以下のものを除く。 6．塩化ビニル及びこれを含有する製剤その他の物。ただし、塩化ビニルの含有量が重量の1パーセント以下のものを除く。 8の2．オルトートルイジンを含有する製剤その他の物。ただし、オルトートルイジンの含有量が重量の1パーセント以下のものを除く。 12．クロロメチルメチルエーテル及びこれを含有する製剤その他の物。ただし、クロロメチルメチルエーテルの含有量が重量の1パーセント以下のものを除く。 15．酸化プロピレン及びこれを含有する製剤その他の物。ただし、酸化プロピレンの含有量が重量の1パーセント以下のものを除く。 19．3・3'-ジクロロ-4・4'-ジアミノジフェニルメタン及びこれを含有する製剤その他の物。ただし、3・3'-ジクロロ-4・4'-ジアミノジフェニルメタンの含有量が重量の1パーセント以下のものを除く。 19の4．ジメチル-2・2-ジクロロビニルホスフェイト及びこれを含有する製剤その他の物。ただし、ジメチル-2・2-ジクロロビニルホスフェイトの含有量が重量の1パーセント以下のものを除く。 19の5．1・1-ジメチルヒドラジン及びこれを含有する製剤その他の物。ただし、1・1-ジメチルヒドラジンの含有量が重量の1パーセント以下のものを除く。これをその重量の0.1パーセント以上含有する製剤その他の物 23の2．ナフタレン及びこれを含有する製剤その他の物。ただし、ナフタレンの含有量が1パーセント以下のものを除く。 24．ニッケルカルボニル及びこれを含有する製剤その他の物。ただし、ニッケルカルボニルの含有量が重量の1パーセント以下のものを除く。 26．パラージメチルアミノアゾベンゼン及びこれを含有する製剤その他の物。ただし、

第2類物質			パラージメチルアミノアゾベンゼンの含有量が重量の1パーセント以下のものを除く。 29. ベータープロピオラクトン及びこれを含有する製剤その他の物。ただし、ベータープロピオラクトンの含有量が重量の1パーセント以下のものを除く。 30. ベンゼン及びこれを含有する製剤その他の物。ただし、ベンゼンの含有量が容量の1パーセント以下のものを除く。 31の2. ホルムアルデヒド及びこれを含有する製剤その他のもの。ただし、ホルムアルデヒドの含有量が容量の1パーセント以下のものを除く。
	特別有機溶剤等	37. エチルベンゼン、クロロホルム、四塩化炭素、1・4-ジオキサン、1・2-ジクロロエタン、1・2-ジクロロプロパン、ジクロロメタン、スチレン、1・1・2・2-テトラクロロエタン、テトラクロロエチレン、トリクロロエチレン、メチルイソブチルケトン又は有機溶剤を含有する製剤その他の物。ただし、次に掲げるものを除く。 イ 特化則別表第1の3の3、11の2、18の2から18の4まで、19の2、19の3、22の2から22の5まで又は33の2に掲げる物 ロ エチルベンゼン、クロロホルム、四塩化炭素、1・4-ジオキサン、1・2-ジクロロエタン、1・2-ジクロロプロパン、ジクロロメタン、スチレン、1・1・2・2-テトラクロロエタン、テトラクロロエチレン、トリクロロエチレン、メチルイソブチルケトン又は有機溶剤の含有量（これらの物が2以上含まれる場合には、それらの含有量の合計。）が重量の5パーセント以下のもの（イに掲げるものを除く。） ハ 有機則第1条第1項第2号に規定する有機溶剤含有物（イに掲げるものを除く。）	3の3. エチルベンゼン及びこれを含有する製剤その他の物。ただし、エチルベンゼンの含有量が重量の1パーセント以下のものを除く。 11の2. クロロホルム及びこれを含有する製剤その他の物。ただし、クロロホルムの含有量が重量の1パーセント以下のものを除く。 18の2. 四塩化炭素及びこれを含有する製剤その他の物。ただし、四塩化炭素の含有量が重量の1パーセント以下のものを除く。 18の3. 1・4-ジオキサン及びこれを含有する製剤その他の物。ただし、1・4-ジオキサンの含有量が重量の1パーセント以下のものを除く。 18の4. 1・2-ジクロロエタン及びこれを含有する製剤その他の物。ただし、1・2-ジクロロエタンの含有量が重量の1パーセント以下のものを除く。 19の2. 1・2-ジクロロプロパン及びこれを含有する製剤その他の物。ただし、1・2-ジクロロプロパンの含有量が重量の1パーセント以下のものを除く。 19の3. ジクロロメタン及びこれを含有する製剤その他の物。ただし、ジクロロメタンの含有量が重量の1パーセント以下のものを除く。 22の2. スチレン及びこれを含有する製剤その他の物。ただし、スチレンの含有量が重量の1パーセント以下のものを除く。 22の3. 1・1・2・2-テトラクロロエタン及びこれを含有する製剤その他の物。ただし、1・1・2・2-テトラクロロエタンの含有量が重量の1パーセント以下のものを除く。 22の4. テトラクロロエチレン及びこれを含有する製剤その他の物。ただし、テトラクロロエチレンの含有量が重量の1パーセント以下のものを除く。 22の5. トリクロロエチレン及びこれを含有する製剤その他の物。ただし、トリクロロエチレンの含有量が重量の1パーセント以下のものを除く。 33の2. メチルイソブチルケトン及びこれを含有する製剤その他の物。ただし、メチルイソブチルケトンの含有量が重量の1パーセント以下のものを除く。
	オーラミン等		8. オーラミン及びこれを含有する製剤その他の物。ただし、オーラミンの含有量が重量の1パーセント以下のものを除く。 32. マゼンタ及びこれを含有する製剤その他の物。ただし、マゼンタの含有量が重量の1パーセント以下のものを除く。

| 第2類物質 | 管理第2類物質 | 3．アルキル水銀化合物及びこれを含有する製剤その他の物。ただし，アルキル水銀化合物の含有量が重量の1パーセント以下のものを除く。
9．オルトーフタロジニトリル及びこれを含有する製剤その他の物。ただし，オルトーフタロジニトリルの含有量が重量の1パーセント以下のものを除く。
10．カドミウム及びその化合物並びにこれらを含有する製剤その他の物。ただし，カドミウム又はその化合物の含有量が重量の1パーセント以下のものを除く。
13．五酸化バナジウム及びこれを含有する製剤その他の物。ただし，五酸化バナジウムの含有量が重量の1パーセント以下のものを除く。
16．シアン化カリウム及びこれを含有する製剤その他の物。ただし，シアン化カリウムの含有量が重量の5パーセント以下のものを除く。
18．シアン化ナトリウム及びこれを含有する製剤その他の物。ただし，シアン化ナトリウムの含有量が重量の5パーセント以下のものを除く。
22．水銀及びその無機化合物（硫化水銀を除く。以下同じ。）並びにこれらを含有する製剤その他の物。ただし，水銀又はその無機化合物の含有量が重量の1パーセント以下のものを除く。
25．ニトログリコール及びこれを含有する製剤その他の物。ただし，ニトログリコールの含有量が重量の1パーセント以下のものを除く。
31．ペンタクロルフェノール（別名PCP）及びそのナトリウム塩及びこれらを含有する製剤その他の物。ただし，ペンタクロルフェノール又はそのナトリウム塩の含有量が重量の1パーセント以下のものを除く。
33．マンガン及びその化合物並びにこれらを含有する製剤その他の物。ただし，マンガン又はその化合物の含有量が重量の1パーセント以下のものを除く。
34の2．溶接ヒューム及びこれを含有する製剤その他の物。ただし，溶接ヒュームの含有量が重量の1パーセント以下のものを除く。 | 3の2．インジウム化合物及びこれを含有する製剤その他の物。ただし，インジウム化合物の含有量が重量の1パーセント以下のものを除く。
11．クロム酸及びその塩並びにこれらを含有する製剤その他の物。ただし，クロム酸又はその塩の含有量が重量の1パーセント以下のものを除く。
13の2．コバルト及びその無機化合物並びにこれらを含有する製剤その他の物。ただし，コバルト又はその無機化合物の含有量が重量の1パーセント以下のものを除く。
14．コールタール及びこれを含有する製剤その他の物。ただし，コールタールの含有量が重量の5パーセント以下のものを除く。
15の2．三酸化二アンチモンを含有する製剤その他の物。ただし，三酸化二アンチモンの含有量が重量の1パーセント以下のものを除く。
21．重クロム酸及びその塩並びにこれらを含有する製剤その他の物。ただし，重クロム酸又はその塩の含有量が重量の1パーセント以下のものを除く。
23の3．ニッケル化合物（ニッケルカルボニルを除き，粉状の物に限る。以下同じ。）及びこれを含有する製剤その他の物。ただし，ニッケル化合物の含有量が重量の1パーセント以下のものを除く。
27の2．砒素及びその化合物（アルシン及び砒化ガリウムを除く。以下同じ。）並びにこれらを含有する製剤その他の物。ただし砒素又はその化合物の含有量が重量の1パーセント以下のものを除く。
34の3．リフラクトリーセラミックファイバー及びこれを含有する製剤その他の物。ただし，リフラクトリーセラミックファイバーの含有量が重量の1パーセント以下のものを除く。 |
| 第3類物質 | | 1．アンモニア及びこれを含有する製剤その他の物。ただし，アンモニアの含有量が重量の1パーセント以下のものを除く。
2．一酸化炭素及びこれを含有する製剤その他の物。ただし，一酸化炭素の含有量が重量の1パーセント以下のものを除く。
3．塩化水素及びこれを含有する製剤その他の物。ただし，塩化水素の含有量が重量の1パーセント以下のものを除く。
4．硝酸及びこれを含有する製剤その他の物。ただし，硝酸の含有量が重量の1パーセント以下のものを除く。
5．二酸化硫黄及びこれを含有する製剤その他の物。ただし，二酸化硫黄の含有量が重量の1パーセント以下のものを除く。
6．フェノール及びこれを含有する製剤その他の物。ただし，フェノールの含有量が重量の5パーセント以下のものを除く。
7．ホスゲン及びこれを含有する製剤その他の物。ただし，ホスゲンの含有量が重量の1パーセント以下のものを除く。 | |

第3類物質	8. 硫酸及びこれを含有する製剤その他の物。ただし、硫酸の含有量が重量の1パーセント以下のものを除く。	

2 第2章 製造等に係る措置関係

第1類物質又は第2類物質の製造，取扱い等についての施設上の措置等が定められており，その概要は次のとおりである。所定の業務又は作業の一部を請負人に請け負わせるときは，当該請負人に対し，それぞれ必要な事項についての周知又は配慮が求められる。

（1） 第1類物質の取扱いに係る設備（第3条）

第1類物質の取扱いに係る設備について次の定めによらなければならない。

① 塩素化ビフェニルを取り扱う作業場所に局所排気装置を設けた場合を除き，第1類物質を容器に入れ，容器から取り出し，又は反応槽等へ投入する作業を行うときは，当該作業場所に，第1類物質のガス，蒸気若しくは粉じんの発散源を密閉する設備，囲い式フードの局所排気装置又はプッシュプル型換気装置を設けること。

② ベリリウムを加工する作業を行うときは，当該作業場所に，ベリリウムの粉じんの発散源を密閉する設備，局所排気装置又はプッシュプル型換気装置を設けること。

（2） 第2類物質の製造等に係る設備（第4条―第6条の3）

第2類物質の製造等に係る設備について次の定めによらなければならない。

① 特定第2類物質等を製造する設備については，密閉式の構造のものとすること。

② 粉状のものを湿潤な状態で取り扱うときを除き，製造する特定第2類物質等を労働者に取り扱わせるときは，隔離室での遠隔操作によること。

③ 製造する特定第2類物質等を計量し，容器に入れ，又は袋詰めする作業を行う場合において，①，②によることが著しく困難であるときは，作業を特定第2類物質等が作業者の身体に直接接触しない方法により行い，かつ，当該作業を行う場所に囲い式フードの局所排気装置又はプッシュプル型換気装置を設けること。

④ 臭化メチル等を取り扱うとき，及びベンゼンを溶剤として取り扱う場合を除き，特定第2類物質又は管理第2類物質のガス，蒸気若しくは粉じんが発散する屋内作業場については，当該物質のガス，蒸気若しくは粉じんの発散源を密閉する設備又は局所排気装置又はプッシュプル型換気装置を設けること。

⑤ ④の密閉設備，局所排気装置若しくはプッシュプル型換気装置を設けることが困難なとき又は臨時の作業を行うときは，全体換気装置を設け，又は当該物質を湿潤な状態にする等労働者の健康障害を予防するため必要な措置を講じること。

⑥ 屋内作業場の空気中における第2類物質のガス，蒸気又は粉じんの濃度が常態

として有害な程度になるおそれがないと所轄労働基準監督署長が認定したときは，適用しないこと。

また，発散防止抑制措置を講ずることにより，作業場の作業環境測定の結果が第1管理区分となるときは，所轄労働基準監督署長の許可を受けて，局所排気装置等を設けないことができる。

その際，当該許可を受けるため，第2類物質の濃度の測定を行うときは，所定の措置を講じた上で，局所排気装置等を設けないことができる。

（3）　局所排気装置等の要件（第7条）

局所排気装置については，次に定めるところに適合するものとしなければならない。また，プッシュプル型換気装置については次の②〜⑤に定めるところに適合するものとしなければならない。

① 　フードは，第1類物質又は第2類物質のガス，蒸気又は粉じんの発散源ごとに設けられ，外付け式又はレシーバー式のフードにあっては，当該発散源にできるだけ近い位置に設けられていること。

② 　ダクトは，長さができるだけ短く，ベンドの数ができるだけ少なく，適当な箇所にそうじ口が設けられている等そうじしやすい構造のものであること。

③ 　吸引されたガス，蒸気又は粉じんによる爆発のおそれがなく，かつ，ファンの腐食のおそれがないときを除き，除じん装置又は排ガス処理装置を付設する局所排気装置又はプッシュプル型換気装置のファンは，除じん又は排ガス処理をした後の空気が通る位置に設けられていること。

④ 　排気口は，屋外に設けられていること。

⑤ 　厚生労働大臣が定める性能を有するものであること。

（4）　局所排気装置等の稼働（第8条）

局所排気装置又はプッシュプル型換気装置については，第1類物質又は第2類物質に係る作業が行われている間，厚生労働大臣が定める要件を満たすように稼働させなければならない。

3　第3章　用後処理関係

特定化学物質を含有する排気，排液等についての除じん，排ガス処理，排液処理等について定められており，その概要は次のとおりである。所定の業務の一部を請負人に請け負わせるときは，当該請負人に対し，それぞれ必要な事項についての周知が求められる。

（1）　除じん（第9条）

第2類物質の粉じんを含有する気体を排出する製造設備の排気筒又は第1類物質若しくは第2類物質の粉じんを含有する気体を排出する局所排気装置又はプッシュプル型換気装置には，下表の粉じんの粒径に応じて有効な方式の除じん装置を設け有効に稼働させなければならない。

粉じんの粒径 （単位　マイクロメートル）	除じん方式
5未満	ろ過除じん方式 電気除じん方式
5以上20未満	スクラバによる除じん方式 ろ過除じん方式 電気除じん方式
20以上	マルチサイクロン（処理風量が毎分20立方メートル以内ごとに1つのサイクロンを設けたものをいう。）による除じん方式 スクラバによる除じん方式 ろ過除じん方式 電気除じん方式

備考　この表における粉じんの粒径は，重量法で測定した粒径分布において最大頻度を示す粒径をいう。

（2）　排ガス処理（第10条）

アクロレイン，弗化水素，硫化水素，硫酸ジメチルのガス又は蒸気を排出する製造設備の排気筒，局所排気装置又はプッシュプル型換気装置には，下表のとおりその種類に応じて有効な方式の排ガス処理装置を設けなければならない。

物	処理方式
アクロレイン	吸収方式 直接燃焼方式
弗化水素	吸収方式 吸着方式
硫化水素	吸収方式 酸化・還元方式
硫酸ジメチル	吸収方式 直接燃焼方式

（3） 排液処理（第11条）

アルキル水銀化合物，塩酸，硝酸，シアン化カリウム，シアン化ナトリウム，ペンタクロルフェノール及びそのナトリウム塩，硫酸，硫化ナトリウムを含む排液は，下表のとおりその種類に応じて有効な方式の排液処理装置を設け有効に稼働しなければならない。

物	処理方式
アルキル水銀化合物（アルキル基がメチル基又はエチル基である物に限る。以下同じ。）	酸化・還元方式
塩酸	中和方式
硝酸	中和方式
シアン化カリウム	酸化・還元方式 活性汚泥方式
シアン化ナトリウム	酸化・還元方式 活性汚泥方式
ペンタクロルフェノール（別名 PCP）及びそのナトリウム塩	凝集沈でん方式
硫酸	中和方式
硫化ナトリウム	酸化・還元方式

また，排液処理装置又は当該装置に通じる排水溝若しくはピットにおいて塩酸等を含有する排液とシアン化カリウム等又は硫化ナトリウムを含有する排液が混合することにより，シアン化水素，硫化水素が発生するおそれがあるときは，排液が混合しないような構造のものとしなければならない。

（4） 残さい物処理（第12条）

アルキル水銀化合物を含有する残さい物については，除毒した後でなければ，廃棄してはならない。

（5） ぼろ等の処理（第12条の２）

特定化学物質により汚染されたぼろ，紙くず等については，蓋又は栓をした不浸透性の容器に納めておく等の措置を講じなければならない。

4　第4章　漏えいの防止関係

特定化学設備（特定第２類物質又は第３類物質の製造，取扱い等をするための定置式の設備）からの特定第２類物質又は第３類物質（第３類物質等）の漏えいによる急

性中毒等の障害の予防措置が定められており，その概要は次のとおりである。

（1） 特定化学設備（第13条—第20条）

特定化学設備について次の定めによらなければならない。

① 第3類物質等の接触部分の腐食を防ぐ措置を講ずること。

② 接合部からの漏えいを防止するための措置を講ずること。

③ バルブ，押ボタン等には，開閉方向の表示，色分け，形状の区分等を行うこと。ただし，色分けのみによるものであってはならない。

④ バルブ等は，耐久性のある材料で造り，しばしば開放し，又は取り外すことのあるストレーナ等と近接した特定化学設備との間に二重に設けること。

⑤ 送給を誤ることによる漏えいを防止するため，原材料その他の物の種類等必要な事項を表示すること。

⑥ 設置建屋に避難用出入口，避難用階段等をそれぞれ2以上の出入口を設けること。

⑦ 発熱反応が行われる反応槽等で第3類物質等が大量に漏えいするおそれのあるもの（管理特定化学設備）については，異常化学反応等の発生を早期に把握するために，必要な温度計，圧力計等の計測装置を設けること。

⑧ 第3類物質等を100リットル以上取り扱う作業場を含む設置作業場に警報用器具，監視人の設置，除害設備等を備えること。

⑨ 管理特定化学設備については，異常化学反応等による第3類物質等の大量の漏えいを防止するため，原材料の送給をしゃ断し，又は製品等を放出するための装置等，当該異常化学反応等に対処するための装置を設けること。この場合，製品等を放出するための装置は，密閉式の構造のものとし，又は安全に処理することができる構造等とすること。

⑩ 管理特定化学設備等の設備，附属設備等に使用する動力源については，直ちに使用できる予備動力源を備え，バルブ，コック，スイッチ等については，施錠，色分け，形状の区分等を行うこと。ただし，色分けのみによるものであってはならない。

⑪ 漏えいを防ぐために所定の事項についての作業の要領を定め，これにより作業を行うこと。

（2） 床（第21条）

第1類物質を取り扱う作業場，オーラミン等又は管理第2類物質を製造し，又は取り扱う作業場及び特定化学設備を設置する屋内作業場の床を不浸透性の材料で造らなければならない。

（3） 特定化学物質が滞留するおそれのある設備の改造等の作業（第22条）

特定化学物質を製造し，取り扱い，若しくは貯蔵する設備又はし尿，パルプ液等特定化学物質を発生させる物を入れたタンク等で，特定化学物質が滞留するおそれのあるものの改造，修理，清掃等で，これらの設備を分解する作業又はこれらの設備の内部に立ち入る作業を行うときは，第２種酸素欠乏危険作業等に該当するものを除き，次の措置を講じなければならない。上記作業の一部を請負人に請け負わせるときは，当該請負人に対し，所定の措置を講ずること等についての周知又は配慮が求められる。

① 作業の方法及び順序を決定し，あらかじめ，これを作業に従事する労働者に周知させること。

② 特定化学物質による労働者の健康障害の予防について必要な知識を有する者のうちから指揮者を選任し，その者に当該作業を指揮させること。

③ 作業を行う設備から特定化学物質を確実に排出し，かつ，当該設備に接続しているすべての配管から作業箇所に特定化学物質が流入しないようバルブ，コック等を二重に閉止し，又はバルブ，コック等を閉止するとともに閉止板等を施すこと。

④ 閉止したバルブ，コック等又は閉止板等には，施錠をし，これらを開放してはならない旨を見やすい箇所に表示し，又は監視人を置くこと。

⑤ 作業を行う設備の開口部で，特定化学物質が当該設備に流入するおそれのないものをすべて開放すること。

⑥ 換気装置により，作業を行う設備の内部を十分に換気すること。

⑦ 測定その他の方法により，作業を行う設備内部について，特定化学物質により労働者が健康障害を受けるおそれのないことを確認すること。

⑧ ③により施した閉止板等を取り外す場合に特定化学物質が流出するおそれのあるときは，あらかじめ，当該閉止板等とそれに最も近接したバルブ，コック等との間の特定化学物質の有無を確認し，必要な措置を講ずること。

⑨ 非常の場合に，直ちに，作業を行う設備の内部の労働者を退避させるための器具その他の設備を備えること。

⑩ 作業に従事する労働者に不浸透性の保護衣，保護手袋，保護長靴，呼吸用保護具等必要な保護具を使用させること。

（4） 設備の溶断等により特定化学物質を発生させるおそれのある作業（第22条の2）

特定化学物質を製造し，取り扱い，若しくは貯蔵する設備等で（3）を除く設備で

溶断，研磨等により特定化学物質が発生するおそれのあるものの改造，修理，清掃等で，これらの設備を分解する作業又はこれらの設備の内部に立ち入る作業を行うときは，第2種酸素欠乏危険作業等に該当するものを除き，（3）の①，②，⑤，⑥，⑨，⑩の措置を講じなければならない。上記作業の一部を請負人に請け負わせる請負人に対しても，所定の措置を講ずること等についての周知又は配慮が求められる。

（5） その他（第23条―第26条）

次の事項を行わなければならない。

① 第3類物質等が漏えいした場合において労働者が健康障害を受けるおそれのあるときは，労働者を作業場等から退避させること。

② 第1類物質又は第2類物質などの製造，取扱い作業場には，関係者以外の者の立入りを禁止し，これを見やすい箇所に表示すること。

③ 特定化学物質を運搬し，貯蔵するときは，堅固な容器，確実な包装のものとし，所要の表示をすること。また，これらの物質又はその空容器，使用ずみ包装は適切に保管すること。

④ 特定化学設備設置作業場では，救護組織の確立，その組織の訓練等に努力すること。

⑤ 特別有機溶剤等を屋内に貯蔵するときは，その貯蔵場所に，関係労働者以外の労働者がその貯蔵場所に立ち入ることを防ぐ設備，有機溶剤の蒸気を屋外に排出する設備を設けること。

5 第5章 管理関係

特定化学物質の製造等の作業の管理，作業環境測定などが必要であり，これについての規定の概要は次のとおりである。

（1） 特定化学物質作業主任者等の選任（第27条）

試験研究のための取扱いを除き，特定化学物質を製造し，又は取り扱う作業には，特定化学物質及び四アルキル鉛等作業主任者技能講習修了者（特別有機溶剤業務に係る作業にあっては，有機溶剤作業主任者技能講習）のうちから特定化学物質作業主任者を選任しなければならない。

なお，金属をアーク溶接する作業，アークを用いて金属を溶断し，又はガウジングする作業その他の溶接ヒュームを製造し，又は取り扱う作業（以下「金属アーク溶接等作業」という。）については，講習科目を金属アーク溶接等作業に係るものに限定した特定化学物質及び四アルキル鉛等作業主任者技能講習（「金属アーク溶接等作業主任者限定技能講習」という。）を修了した者のうちから，金属アーク溶接等作業主

任者を選任することができる。

（2）　特定化学物質作業主任者等の職務（第28条）

特定化学物質作業主任者に次の事項を行わせなければならない。

① 作業に従事する労働者が特定化学物質により汚染され，又はこれらを吸入しないように，作業の方法を決定し，労働者を指揮すること。

② 局所排気装置，プッシュプル型換気装置，除じん装置，排ガス処理装置，排液処理装置その他労働者が健康障害を受けることを予防するための装置を1月を超えない期間ごとに点検すること。

③ 保護具の使用状況を監視すること。

④ タンク内の内部において，特別有機溶剤業務に労働者が従事するときは，有機溶剤中毒予防規則第26条に定める措置が講じられていることを確認すること。

（3）　金属アーク溶接等作業主任者の職務（第28条の2）

金属アーク溶接等作業主任者に次の事項を行わせなければならない。

① 作業に従事する労働者が溶接ヒュームにより汚染され，又はこれを吸入しないように，作業の方法を決定し，労働者を指揮すること。

② 全体換気装置その他労働者が健康障害を受けることを予防するための装置を1月を超えない期間ごとに点検すること。

③ 保護具の使用状況を監視すること。

（4）　定期自主検査（第29条―第32条・第35条）

定期自主検査について次の定めによらなければならない。また，自主検査の結果，異常を認めた場合は，直ちに，補修等の措置を講じなければならない。

① 局所排気装置，プッシュプル型換気装置，除じん装置，排ガス処理装置及び排液処理装置については，1年以内ごとに1回，定期的に，それぞれ所定の事項について自主検査を行い，その結果を記録し，3年間保存すること。

　ただし，1年を超える期間使用しない当該装置の当該使用しない期間においてはこの限りでないが，事業者はその使用を再び開始する際に自主検査を行わなければならない。

② 特定化学設備又はその附属設備については，2年以内ごとに1回，定期的に，それぞれに所定の事項について自主検査を行い，その結果を記録し，3年間保存すること。

　ただし，2年を超える期間使用しない特定化学設備又はその附属設備の当該使用しない期間においてはこの限りでないが，事業者はその使用を再び開始する際に自主検査を行わなければならない。

（5）　点検（第33条―第35条）

　局所排気装置，プッシュプル型換気装置，除じん装置，排ガス処理装置，排液処理装置及び特定化学設備又はその附属設備をはじめて使用するとき，分解して改造若しくは修理を行ったとき等は，（2）の定期自主検査の項目について点検を行い，その結果を記録し，3年間保存しなければならない。また，異常を認めた場合は，直ちに補修等の措置を講じなければならない。

（6）　測定及び記録（第36条）

　コークス炉上，コークス炉に接してコークス製造の作業を行う場合の作業場を含む第1類物質及び第2類物質である特定化学物質を製造し，又は取り扱う屋内作業場については，6月以内ごとに1回，定期に，特定化学物質の空気中における濃度の測定を実施し，所定の事項について記録し，これを3年間，又は一定の物質については30年間保存しなければならない。

（7）　測定結果の評価（第36条の2）

　第1類物質及び第2類物質のうち，一定の物に係る屋内作業場について，作業環境測定を行ったときは，その都度，速やかに作業環境評価基準に従って，作業環境の管理状態に応じ，第1管理区分，第2管理区分又は第3管理区分に区分することにより当該測定の結果の評価を行い，所定の事項を記録し，3年間，又は一定の物質については30年間保存しなければならない。

（8）　評価の結果に基づく措置（第36条の3・第36条の4）

①　評価の結果，第3管理区分に区分された場所については，直ちに，施設，設備，作業工程又は作業方法の点検を行い，その結果に基づき，施設又は設備の設置又は整備，作業工程又は作業方法の改善その他作業環境を改善するため必要な措置を講じ，当該場所の管理区分が第1管理区分又は第2管理区分となるようにし，その効果を確認するため，当該特定化学物質の濃度を測定し，及びその結果の評価を行わなければならない。

②　評価の結果，第2管理区分に区分された場所については，施設，設備，作業工程又は作業方法の点検を行い，その結果に基づき，施設又は設備の設置又は整備，作業工程又は作業方法の改善その他作業環境を改善するため必要な措置を講ずるよう努めなければならない。

③　第2管理区分又は第3管理区分である場合に，作業環境を改善するために講ずる措置及び作業環境の評価結果（管理区分）を，常時各作業場の見やすい場所に掲示する等により，労働者に周知させなければならない。

④　評価の結果，第3管理区分に区分された場所については，必要な能力を有する

作業環境管理専門家の意見を聴くとともに，直ちに，第1管理区分又は第2管理区分とするために必要な措置を講じなければならない。また，第1管理区分又は第2管理区分と評価されるまでの間においても必要な措置を講じるとともに，遅滞なく，第3管理区分措置状況届を所轄労働基準監督署長に提出しなければならない。

（9）　その他（第37条─第38条の4）

①　第1類物質又は第2類物質の製造，取扱い作業に労働者を従事させるときは，作業場以外の場所に休憩室を設けるとともに，作業場内で労働者が喫煙し，又は飲食することを禁止し，この旨を表示しなければならない。また，適切な洗浄設備を備え，労働者の身体が第1類物質又は第2類物質により汚染されたときは，速やかに労働者に身体を洗浄させ，汚染を除去させなければならない。

②　特定化学物質を製造し，又は取り扱う作業場には，所定の事項を見やすい箇所に掲示しなければならない。

③　特別管理物質を製造し，又は取り扱う作業場において常時作業に従事する労働者について，1月を超えない期間ごとに所定の事項を記録し，これを30年間保存しなければならない。

6　第5章の2　特殊な作業等の管理関係

塩素化ビフェニル，インジウム化合物，特別有機溶剤，エチレンオキシド，コバルト，コークス炉，三酸化二アンチモン，燻蒸作業，ニトログリコール及びベンゼン等に係る措置が定められており，その概要は次のとおりである。なお，塩化ビフェニル等を取り扱う作業の一部を請負人に請け負わせるときは，当該請負人に対し，所定の事項についての周知又は配慮が求められる。

（1）　塩素化ビフェニル等に係る措置（第38条の5・第38条の6）

塩素化ビフェニル等を取り扱う作業を行うときは，次に定めるところによらなければならない。

①　作業開始前に，塩素化ビフェニル等が入っている容器の状態及び容器が置いてある場所の塩素化ビフェニル等による汚染の有無を点検し，異常を認めたときは，当該容器を補修し，漏れた塩素化ビフェニル等をふき取る等必要な措置を講ずること。

②　塩素化ビフェニル等を容器に入れ，又は容器から取り出すときは，塩素化ビフェニル等が漏れないよう，容器の注入口又は排気口に直結できる構造の器具を用いて行うこと。

③　塩素化ビフェニル等の運搬，貯蔵等のために使用した容器で，塩素化ビフェニル等が付着しているものについては，容器の見やすい箇所にその旨を表示しなければならない。

（2）　インジウム化合物等に関する措置（第38条の7）

インジウム化合物等を製造し，又は取り扱う作業を行うときは，次に定めるところによらなければならない。

①　作業場の床等は，水洗等によって容易に清掃できる構造のものとし，水洗する等粉じんの飛散しない方法によって，毎日1回以上清掃すること。

②　作業環境測定の結果に応じて，労働者に有効な呼吸用保護具を使用させること。

③　作業に使用した器具，工具，呼吸用保護具について，付着したインジウム化合物等を除去した後でなければ作業場外に持ち出さないこと。

（3）　特別有機溶剤等に係る措置（第38条の8）

特別有機溶剤業務を行うときは，有機溶剤中毒予防規則第1章から第3章まで，第4章（第19条及び第19条の2を除く。）及び第7章の規定を準用する。

（4）　エチレンオキシド等に係る措置（第38条の10）

エチレンオキシド等を用いて滅菌作業を行う場合で，次に定めるところによるときは，局所排気装置又はプッシュプル型換気装置を設けることを要しない。

①　労働者が中に立ち入ることができない構造の滅菌器を用いること。

②　滅菌器には，エアレーションを行う設備を設けること。

③　滅菌器の内部にエチレンオキシド等を充塡する作業を開始する前に，滅菌器の扉等が閉じていることを点検すること。

④　エチレンオキシド等が充塡された滅菌器の扉等を開く前に労働者が行うエアレーションの手順を定め，これにより作業を行うこと。

⑤　滅菌作業を行う屋内作業場については，十分な通気を行うため，全体換気装置の設置その他必要な措置を講ずること。

（5）　コバルト等に係る措置（第38条の11）

コバルト等を製造し，又は取り扱う作業を行うときは，当該作業を行う作業場の床等は，水洗等によって容易に清掃できる構造のものとし，水洗する等粉じんの発散しない方法によって，毎日1回以上清掃しなければならない。

（6）　コークス炉に係る措置（第38条の12）

コークス炉上において又はコークス炉に接してコークス製造の作業を行うときは，次に定めるところによらなければならない。

① コークス炉の石炭送入装置，コークス押出装置，コークスを消火車に誘導する装置又は消火車については，これらの運転室の内部にコークス炉発散物が流入しない構造のものとすること。

② コークス炉の石炭等の送入口及びコークス炉からコークスが押し出される場所に，コークス炉発散物を密閉する設備，局所排気装置又はプッシュプル型換気装置を設けること。

③ ②の局所排気装置若しくはプッシュプル型換気装置又は消火車に積み込まれたコークスの消火をするための設備には，スクラバによる除じん方式又はろ過除じん方式による除じん装置等を設けること。

④ コークス炉に石炭等を送入するときのコークス炉の内部の圧力を減少させるため，上昇管部に必要な設備を設ける等の措置を講ずること。

⑤ 上昇管と上昇管のふた板との接合部からコークス炉発散物が漏えいすることを防止するため，上昇管と上昇管のふた板との接合面を密接させる等の措置を講ずること。

⑥ コークス炉に石炭等を送入する場合における送入口のふたの開閉は，労働者がコークス炉発散物により汚染されることを防止するため，隔離室での遠隔操作によること。

⑦ コークス炉上において，又はコークス炉に接して行うコークス製造の作業に関し，所定の事項に関し，労働者がコークス炉発散物により汚染されることを防止するために必要な作業規程を定め，これにより作業を行うこと。

（7） 三酸化二アンチモン等に係る措置（第38条の13）

三酸化二アンチモン等を製造し，又は取り扱う作業に労働者を従事させるときは，次に定めるところによらなければならない。

① 作業場の床等は，水洗等によって容易に掃除できる構造のものとし，水洗する等粉じんの飛散しない方法によって，毎日1回以上掃除すること。

② 作業に使用した器具，工具，呼吸用保護具等について，付着した三酸化二アンチモン等を除去した後でなければ作業場外に持ち出さないこと。

③ 三酸化二アンチモンの発散する屋内作業場では，原則として，密閉化，局所排気装置又はプッシュプル型換気装置の設置等を行うこと。ただし，製造炉等のかき落としや湯出しの作業については，下記の対策をすべて講じれば，適用が除外される。

・全体換気装置を設置・稼働させ，他の作業場所への発散を十分に抑制する。

・かき落としや湯出し作業者に，有効な呼吸用保護具及び作業衣又は保護衣を使

用させる。

・かき落としや湯出しの作業者以外はその作業場所を立入禁止にし，その旨表示する（有効な呼吸用保護具及び作業衣又は保護衣を使用させた者を除く。）。

（8）　燻蒸作業に係る措置（第38条の14）

臭化メチル等を用いて行う燻蒸作業を行うときは，次に定めるところによらなければならない。

① 　燻蒸に伴う倉庫，コンテナー，船倉等の燻蒸する場所における空気中のエチレンオキシド，酸化プロピレン，シアン化水素，臭化メチル又はホルムアルデヒドの濃度の測定は，当該倉庫，コンテナー，船倉等の燻蒸する場所の外から行うことができるようにすること。

② 　投薬作業は，倉庫，コンテナー，船倉等の燻蒸しようとする場所の外から行うこと。

③ 　倉庫，コンテナー，船倉等の燻蒸中の場所からの臭化メチル等の漏えいの有無を点検し，異常を認めたときは，直ちに目張りの補修その他必要な措置を講ずること。

④ 　倉庫，コンテナー，船倉等の燻蒸中の場所には，労働者が立ち入ることを禁止し，かつ，その旨を見やすい箇所に表示すること。ただし，燻蒸の効果を確認する場合において，送気マスク，空気呼吸器，隔離式防毒マスク又は防毒機能を有する電動ファン付き呼吸用保護具を使用し，かつ，監視人を置いたときは，燻蒸中の場所に立ち入らせることができること。

⑤ 　倉庫，コンテナー，船倉等の燻蒸中の場所のとびら，ハッチボード等を開放するときは，臭化メチル等による労働者の汚染を防止するため，風向を確認する等必要な措置を講ずること。

⑥ 　倉庫燻蒸作業，コンテナー燻蒸作業，天幕燻蒸作業，サイロ燻蒸作業，はしけ燻蒸作業及び本船燻蒸作業について必要な措置が定められているので，それぞれの燻蒸作業を行うときはその定めるところによること。

⑦ 　倉庫，コンテナー，船倉等の臭化メチル等を用いて燻蒸した場所又は当該場所に隣接する居住室等において燻蒸作業以外に労働者を従事させようとするときは，倉庫，コンテナー，船倉等の燻蒸した場所又は当該場所に隣接する居住室等における空気中のエチレンオキシド，酸化プロピレン，シアン化水素，臭化メチル又はホルムアルデヒドの濃度を測定し，測定の結果，測定に係る場所における空気中のこれら物質の濃度が次の表に掲げる値を超えるときは，当該場所に労働者を立ち入らせないこと。

物	値
エチレンオキシド	2ミリグラム又は1立方センチメートル
酸化プロピレン	5ミリグラム又は2立方センチメートル
シアン化水素	3ミリグラム又は3立方センチメートル
臭化メチル	4ミリグラム又は1立方センチメートル
ホルムアルデヒド	0.1ミリグラム又は0.1立方センチメートル

備考　この表の値は，温度25度，1気圧の空気1立方メートル当たりに占める当該物の重量又は容積を示す。

（9）　ニトログリコールに係る措置（第38条の15）

ダイナマイトを製造する作業を行うときは，次に定めるところによらなければならない。

①　薬（ニトログリコールとニトログリセリンとを硝化綿に含浸させた物及び当該含浸させた物と充填剤等とを混合させた物）を圧伸包装し，又は填薬する場合は，ニトログリコールの配合率が所定の値以下である薬を用いること。

②　硝化，洗浄，配合等を行う作業場におけるニトログリコール及び薬の温度は，所定の値以下とすること。

③　手作業により填薬する場合には，作業場の床等に薬がこぼれたときは，速やかに，あらかじめ指名した者に掃除させること。

④　ニトログリコール又は薬が付着している器具は，使用しないときは，ニトログリコールの蒸気が漏れないように蓋又は栓をした堅固な容器に納めておき，通風がよい一定の場所に置くこと。

（10）　ベンゼン等に係る措置（第38条の16）

ベンゼン等を溶剤として取り扱う設備を密閉式の構造のものとし，又は当該作業を作業中の労働者の身体にベンゼン等が直接接触しない方法により行わせ，かつ，当該作業を行う場所に囲い式フードの局所排気装置又はプッシュプル型換気装置を設けたときでなければ，ベンゼン等を溶剤として取り扱う作業を行ってはならない。

（11）　1・3-ブタジエンに係る作業（第38条の17）

1・3-ブタジエン（その重量の1パーセントを超えて含有する製剤等）等を製造し，若しくは取り扱う設備から試料を採取し又は当該設備の保守点検を行う作業を行うときは，①ガスの発散源を密閉する設備，局所排気装置又はプッシュプル型換気装置を設置すること，②作業場所の見やすい箇所に注意事項等について掲示すること，③作業記録を取り30年間保存すること等の措置を講ずる必要がある。

(12) 硫酸ジエチルに係る作業（第38条の18）

硫酸ジエチル（その重量の1パーセントを超えて含有する製剤等）を触媒として取り扱う作業を行うときは，①ガスの発散源を密閉する設備，局所排気装置又はプッシュプル型換気装置を設置すること，②作業場所の見やすい箇所に注意事項等について掲示すること，③作業記録を取り30年間保存すること等の措置を講ずる必要がある。

(13) 1・3-プロパンスルトンに係る作業（第38条の19）

1・3-プロパンスルトン（その重量の1パーセントを超えて含有する製剤等）を製造し，又は取り扱う作業について，その設備を密閉式の構造とする等の措置を講ずる必要がある。また労働者は，事業者から保護具の使用を命じられたときは，これを使用しなければならない。

(14) リフラクトリーセラミックファイバー等に係る措置（第38条の20）

リフラクトリーセラミックファイバー等を製造し，又は取り扱う作業を行うときは，①作業場の床等は，水洗等によって容易に掃除できる構造のものとし，水洗する等粉じんの飛散しない方法によって毎日1回以上掃除すること，②一定の作業に従事するときは，作業場所をそれ以外の作業を行う作業場所から隔離すること，③有効な呼吸用保護具及び作業衣又は保護衣を使用すること等の措置が必要である。

(15) 金属アーク溶接等作業に係る措置（第38条の21）

金属アーク溶接等作業を行うときは，次に定めるところによらなければならない。

① 金属アーク溶接等作業を行う屋内作業場については，全体換気装置による換気の実施又はこれと同等以上の措置を講じること。

② 金属アーク溶接等作業を継続して行う屋内作業場において，新たな金属アーク溶接等作業の方法を採用，又は変更するときは，あらかじめ，労働者の身体に装着する試料採取機器等を用いて行う測定により，当該作業場について，空気中の溶接ヒュームの濃度を測定し，その結果に応じて，換気装置の風量の増加その他必要な措置を講じること。また，測定を行ったときは，その都度記録し，これを当該測定に係る金属アーク溶接等作業の方法を用いなくなった日から起算して3年を経過する日まで保存すること。

③ 作業場所が屋内又は屋外であることにかかわらず，有効な呼吸用保護具を使用すること。また，面体を有する呼吸用保護具を使用するときは，1年以内ごとに1回，定期に，当該呼吸用保護具が適切に装着されていることを厚生労働大臣の定める方法により確認（フィットテスト）し，その結果を記録し，これを3年間保存すること。

④ 金属アーク溶接等作業を行う屋内作業場の床等を，水洗等によって容易に掃除

できる構造のものとし，水洗等粉じんの飛散しない方法によって，毎日１回以上掃除すること。

7　第6章　健康診断関係

（1）　健康診断（第39条・第40条）

第１類物質又は第２類物質の製造又は取扱いの作業及び製造禁止物質を試験研究のため製造又は使用する業務に常時従事する労働者に対し，雇入れ時，配置替えして就業させる際及びその後定期に（６月ごと，一部は１年ごと）一定項目の検診又は検査による健康診断を行わなければならない。また，過去においてその事業場で，ベンジジン，ベーター-ナフチルアミン及びビス（クロロメチル）エーテル並びに特別管理物質の取扱い作業に従事した在職労働者に対し定期に一定項目の検診又は検査による健康診断を行わなければならない。

なお，健康診断の結果を記録し，これを５年間（特別管理物質に係る健康診断の結果の記録は30年間）保存しなければならない。

上記の特定化学物質に係る業務が行われる場所について，連続した直近の３回の作業環境測定の評価結果が第１管理区分で，かつ，連続した直近の３回の上記健康診断結果で新たに異常所見が認められなかった労働者については，１年以内ごとに１回，定期に健康診断を行えば足りる。ただし，直近の健康診断実施後に作業方法を変更(軽微なものを除く。）した場合は除かれる。

（2）　健康診断の結果についての医師からの意見聴取（第40条の２）

特定化学物質健康診断の結果に基づく法第66条の４の規定による医師からの意見聴取は，次に定めるところにより行わなければならない。

なお，事業者は，医師から，意見聴取を行う上で必要となる労働者の業務に関する情報を求められたときは，速やかに，これを提供しなければならない。

① 　特定化学物質健康診断が行われた日（法第66条第５項ただし書の場合にあっては，当該労働者が健康診断の結果を証明する書面を事業者に提出した日）から３月以内に行うこと。

② 　聴取した医師の意見を特定化学物質健康診断個人票に記載すること。

（3）　健康診断の結果の通知（第40条の３）

健康診断を行ったときは，当該労働者に対し，遅滞なく，健康診断の結果を通知しなければならない。

（4）　健康診断結果報告（第41条）

定期の健康診断を行ったときは，遅滞なく，特定化学物質健康診断結果報告書を所

轄労働基準監督署長に提出しなければならない。

（5）　特定有機溶剤混合物に係る健康診断（第41条の２）

特定有機溶剤混合物に係る業務（6（3）において準用する有機溶剤中毒予防規則第3条第1項の場合における同項の業務を除く。）については，有機溶剤中毒予防規則第29条（第1項，第3項，第4項及び第6項を除く。）から第30条の3まで及び第31条の規定を準用する。

（6）　緊急診断（第42条）

特定化学物質が漏えいした場合で，労働者がこれらに汚染され，吸入したときは，医師による診察又は処置を受けさせなけれけばならない。特定化学物質を製造又は取り扱う作業の一部を請け負わせた請負人に対しても，同様の状況となった場合は，医師による診察又は処置を受ける必要がある旨の周知が求められる。

8　第7章　保護具関係（第43条—第45条）

特定化学物質の製造等の業務においての保護具等の備付け等については，次によらなければならない。

① 　ガス，蒸気又は粉じんを吸入することによる労働者の健康障害を防止するため，必要な呼吸用保護具を備えること。

② 　皮膚障害又は経皮吸収を防ぐために，不浸透性の保護衣等及び塗布剤を備えること。また事業者は，これらのおそれのある物質の取扱い作業では労働者に保護眼鏡，不浸透性の保護衣，保護手袋，保護長靴等を使用させなければならず，また労働者は，これを使用しなければならない。

③ 　これらの保護具は必要な数量を備え，有効かつ清潔に保持すること。

9　第8章　製造許可等関係

（1）　禁止物質の製造等に係る基準（石綿等に係るものを除く）（第47条）

黄りんマッチ，ベンジジン，4-アミノジフェニル，4-ニトロジフェニル，ビス（クロロメチル）エーテル，ベーター-ナフチルアミン，ベンゼンゴムのりの禁止物質を特例によって試験研究で製造などを行う場合には，設備を密閉構造とするほか，設備の設置場所の床を水洗によって容易にそうじできる構造とすること，従事者は必要な知識をもつこと，容器は堅固なものとし，見やすい箇所に成分の表示をすること，一定の場所に保管すること，取扱いには適当な保護手袋等を用いること，関係者以外立入禁止とすること等が定められている。

（2） 製造許可の基準（第50条・第50条の2）

特定化学物質のうち第1類物質を製造しようとする場合の，厚生労働大臣の定める製造許可基準は，次のとおりである。

① 製造許可を要するジクロルベンジジン等（第1類物質のうちベリリウム等を除いたもの）を，試験研究以外のために製造する場合には，取扱い場所を他と隔離することなどのほか，設備を密閉構造とすること，反応槽やコンデンサー，ふるい分け機，真空ろ過機などを適切な構造とすること，粉状物質の取扱いなどは局所排気装置又はプッシュプル型換気装置を設けるなどの方法によること，排気筒には除じん装置を設けること，排液は適切に処理すること，サンプリングは適切な方法によること，取扱いには作業衣や保護手袋等を用いること等が定められている。

② 製造許可を要するベリリウム等を，試験研究以外のために製造する場合には，焼結し，又は煆焼する設備と他を隔離することなどのほか，設備を密閉構造とすること，所要の場所等に局所排気装置又はプッシュプル型換気装置を設けること，粉状のベリリウムの取扱いは遠隔操作とすること，作業規程を定め，これにより作業を行うこと，取扱いには作業衣や保護手袋等を用いること等が定められている。

③ 製造許可を要するジクロルベンジジン等，ベリリウム等を試験研究のため製造する場合には，設備を密閉構造とするほか，床を水洗によって容易に掃除できる構造とすること，従事者は必要な知識をもつこと，取扱いなどには適切な保護手袋等を用いること等が定められている。

10 第9章 特定化学物質及び四アルキル鉛等作業主任者技能講習関係（第51条）

特定化学物質及び四アルキル鉛等作業主任者技能講習は，都道府県労働局長又はその登録する登録教習機関が行い，特定化学物質及び四アルキル鉛等に係る次の科目について行う。

① 健康障害及びその予防措置に関する知識
② 作業環境の改善方法に関する知識
③ 保護具に関する知識
④ 関係法令

11 第10章 報告関係（第53条）

特別管理物質を製造又は取り扱う事業を廃止しようとするとき，作業環境測定及び作業の記録，特定化学物質健康診断個人票又はこれらの写しを添えて，所轄労働基準

監督署長に提出するものとする。

6　高気圧作業安全衛生規則

（昭和47.9.30労働省令第40号）

（最終改正：令和4.4.15厚生労働省令第82号）

　潜函工法その他の圧気工法に携わる労働者には，恐ろしい減圧症などの高気圧障害を起こす危険性があり，これを防止するため，昭和36年に高気圧障害防止規則が制定され，具体的な予防措置が定められ，漸次その成果をあげた。

　その後，昭和47年に労働安全衛生法が制定されたことを機に，高気圧障害防止規則が全面的に改正され，昭和47年に施行されたが，その後の高気圧作業による労働災害の発生状況から同規則を改正して高気圧作業安全衛生規則と改称し，昭和52年4月に施行された。また，高圧室内業務を特別教育を行うべき業務とする改正が行われ，昭和55年12月に施行された。その後，減圧速度の規定を見直すとともに，呼吸用ガスとして窒素及びヘリウムを含む混合ガス等の使用，酸素減圧の実施等の技術の進展等があったことから，これに対応する改正が行われ，平成27年4月に施行された。

　また，高圧室内業務における火傷等の防止に関する規制の見直しと，潜水士免許等の資格を取得できる者の範囲の見直しが行われ，平成30年2月に施行された。

　この規則の構成は，次のとおりである。また，この規則で規制されている高気圧障害防止措置等を次ページの表に示す。

第1章　総則（第1条・第1条の2）

第2章　設備

　第1節　高圧室内業務の設備（第2条—第7条の4）

　第2節　潜水業務の設備（第8条・第9条）

第3章　業務管理

　第1節　作業主任者等（第10条—第12条）

　第2節　高圧室内業務の管理（第12条の2—第26条）

　第3節　潜水業務の管理（第27条—第37条）

第4章　健康診断及び病者の就業禁止（第38条—第41条）

第5章　再圧室（第42条—第46条）

第6章　免許

　第1節　高圧室内作業主任者免許（第47条—第51条）

　第2節　潜水士免許（第52条—第55条）

附　則

項目	条文	高圧室内作業 大気圧を超える気圧下	高圧室内作業 ゲージ圧0.1MPa以上の気圧下	潜水器を用いる潜水業務 水中	潜水器を用いる潜水業務 水深10m以上の場所
事業者の責務	1	○		○	
定義	1の2	○		○	
作業室の気積	2	○			
気こう室の床面積及び気積	3	○			
送気管の配管等	4	○			
空気清浄装置	5	○			
排気管	6	○			
圧力計	7		○※1		
異常温度の自動警報装置	7の2	○			
のぞき窓等	7の3	○			
避難用具等	7の4	○			
空気槽	8			○	
空気清浄装置等	9			○	
作業主任者	10	○			
特別の教育	11	○			
潜水士免許	12			○	
作業計画	12の2		○		○
立入禁止	13	○			
加圧の速度	14	○			
ガス分圧の制限	15	○		○	
酸素ばく露量の抑制	16	○		○	
有害ガスの抑制	17	○			
減圧の速度等	18	○		○	
減圧の特例等	19	○			
減圧時の措置	20	○			
作業の状況の記録等	20の2		○		○
連絡	21	○			
設備の点検及び修理	22	○			
使用開始時の点検	22の2	○			
事故が発生した場合の措置	23	○			
排気沈下の場合の措置	24	○			
発破を行った場合の措置	25	○			
火傷等の防止	25の2	○←※2			
刃口の下方の掘下げの制限	25の3	○			
高圧室内作業主任者の携行器具	26		○		
作業計画等の準用	27			△	△
送気量及び送気圧	28			○	
ボンベからの給気を受けて行う潜水業務	29			○	
圧力調整器	30			○	
浮上の特例等	32			○	
さがり綱	33			○	
設備等の点検及び修理	34			○	
連絡員	36			○	
潜水業務における携行物等	37			○	
健康診断	38	○		○	
健康診断の結果	39	○		○	
医師からの意見聴取	39の2	○		○	
健康診断の結果の通知	39の3	○		○	
健康診断結果報告	40	○		○	
病者の就業禁止	41	○		○	
再圧室の設置	42			○	○
立入禁止	43			○	○
再圧室の使用	44			○	○
再圧室の点検	45			○	○
危険物等の持込禁止	46			○	○
圧気工法による作業を行う仕事の届出	安衛則 89, 90	○			

（注）　△印（27条）は，12条の2および20条の2の規定（水深10m以上の場所における潜水業務に限る。）並びに15条，16条および18条の規定（潜水作業者）についての準用規定である。
　　　　※1　第6項についてのみ，ゲージ圧0.1MPa以上の気圧下に限る。
　　　　※2　内部の気体が酸素，窒素又はヘリウムである場所について酸素分圧の一定条件のもと，溶接作業可。

1　第1章　総則関係

（1）　事業者の責務（第1条）

　事業者は，労働者の危険又は高気圧障害その他の健康障害を防止するため，作業方法の確立，作業環境の整備その他必要な措置を講ずるよう努めなければならないことを定めている。

（2）　定義（第1条の2）

　高気圧作業安全衛生規則の適用等を明らかにするため，次のとおり定義されている。

① 高気圧障害とは，高気圧による減圧症，酸素，窒素又は炭酸ガスによる中毒その他の高気圧による健康障害をいう。

② 高圧室内業務とは，潜函工法その他の圧気工法により，大気圧を超える気圧下の作業室又はシャフト内部において行う作業である高圧室内作業に係る業務をいう。

③ 潜水業務とは，潜水器を用い，かつ，空気圧縮機若しくは手押しポンプによる送気又はボンベからの給気を受けて水中において行う業務をいう。

④ その他作業室，気こう室及び不活性ガスについて定義されている。

2　第2章　設備関係

　高気圧業務を行う設備については，それぞれの業務に応じた設備の要件が定められているが，その概要は次のとおりである。

（1）　高圧室内業務の設備（第2条—第7条の4）

　作業室の気積を高圧室内業務に従事している労働者1人について，4立方メートル以上としなければならないこと，気こう室の床面積及び気積を，1人について，それぞれ0.3平方メートル以上，0.6立方メートル以上としなければならないことを定めている。また，作業室又は気こう室について，送気管，空気清浄装置，排気管，圧力計（携帯式圧力計の携行を含む。），自記記録圧力計（気こう室のみ），異常温度の自動警報装置及びのぞき窓の設置（気こう室のみ）並びに避難用具の備付けを規定している。

（2）　潜水業務の設備について（第8条・第9条）

　空気圧縮機により送気する場合の予備空気槽の設置並びに予備空気槽の空気の圧力及び内容積の要件を定めている。また，空気清浄装置，圧力計及び流量計の設置について規定している。

3　第3章　業務管理関係

高気圧障害を防止するためには，日常の作業について適正な管理が必要であり，これについての要件が定められているが，その概要は次のとおりである。高圧室内業務の一部を請負人に請け負わせるときは，当該請負人に対し，所定の事項についての周知又は配慮が求められる。

（1）　高圧室内作業主任者（第10条・第10条の2）

高圧室内業務を行う場合には，高圧室内作業主任者免許を受けた者のうちから，作業室ごとに高圧室内作業主任者を選任し，次の事項を行わせなければならない。

① 作業の方法を決定し，作業者を直接指揮すること。

② 酸素，炭酸ガス及び一酸化炭素，メタンガス，硫化水素等の有害ガスの濃度を測定するための測定器具を点検すること。

③ 作業室への入室，退室の際に作業者の人数を点検すること。

④ 送気調節係員，加減圧係員と連絡を取り作業室内の気圧の調節及び気こう室における加減圧を適正に行うこと。

⑤ 作業者が健康に異常を生じたときは，必要な措置を講ずること。

（2）　特別の教育（第11条）

次の業務に就く労働者に対し，所定の事項について特別の教育を行わなければならない。

① 作業室及び気こう室へ送気するための空気圧縮機を運転する業務

② 作業室への送気の調節を行うためのバルブ又はコックを操作する業務

③ 気こう室への送気又は気こう室からの排気の調節を行うためのバルブ又はコックを操作する業務

④ 潜水作業者への送気の調節を行うためのバルブ又はコックを操作する業務

⑤ 再圧室を操作する業務

⑥ 高圧室内業務

（3）　潜水士（第12条）

潜水士免許を受けた者でなければ，潜水業務に就かせてはならない。

（4）　高圧室内業務の管理（第12条の2—第26条）

減圧症その他の健康障害及び危険を防止するため次のように規制している。

① 高圧室内業務を行うときは，あらかじめ，送気する気体の成分組成，加圧を開始する時から減圧を開始する時までの時間，高圧室内業務における最高の圧力，加圧及び減圧の速度，減圧を停止する圧力及び当該圧力下において減圧を停止する時間を示した作業計画を定め，当該作業計画により作業を行うこと。

② 必要のある者以外の者が気こう室及び作業室に立ち入ることを禁止し，その旨を見やすい場所に掲示すること。

③ 酸素，窒素又は炭酸ガスがそれぞれ定められた分圧の範囲に収まるように，作業室又は気こう室への送気，換気その他の必要な措置を講じること。

④ 酸素ばく露量が所定の値を超えないよう作業室及び気こう室への送気等の措置を講じること。

⑤ 気こう室における減圧の速度は毎分0.08メガパスカル以下とし，厚生労働大臣が定める減圧方法（平成26年厚生労働省告示第457号）によることとするが，事故発生時には減圧の特例が認められていること。

⑥ 減圧を終了した者には減圧が終了した時から14時間は重激な業務に従事させてはならないこと。

⑦ 気こう室において，床面の照度を20ルクス以上とし，温度が10度以下である場合には，毛布その他の適当な保温用具を使用させること。

減圧に要する時間を周知し，それが1時間を超える場合には，高圧室内作業者に椅子その他の休息用具を使用させること。

⑧ 高圧室内業務を行う都度，作業の状況等を記録し，5年間保存すること。

⑨ 潜函等の内部と外部との通話装置の設置及び連絡員の配置を行うこと。

⑩ 送排気設備等は，定期的に，送気設備は使用開始時等に，点検し，修理等の措置を講じること。

⑪ 事故が発生した場合，排気沈下の場合は退避等の措置を講じること。

⑫ 高圧室内作業主任者に，携帯式の圧力計，懐中電灯，酸素，炭酸ガス及び有害ガスの濃度を測定するための測定器具，非常の場合の信号用器具を携行させること。

（5） 潜水業務の管理（第27条—第37条）

減圧症を防止するための作業計画等を次のように規制している。

① 作業計画，ガス分圧，酸素ばく露量の制限，浮上の速度等，作業の状況の記録等については，基本的には高圧室内業務の規制を準用していること。

② 空気圧縮機又は手押しポンプによる送気量を毎分60リットル以上とすること。

③ ②にかかわらず，圧力調整器を使用する場合は，その水深の圧力下において毎分40リットル以上の送気を行うことができる空気圧縮機を使用し，かつ，送気圧をその水深の圧力に0.7メガパスカルを加えた値以上とすること。

④ ボンベからの給気を受けて行う潜水業務（アクアラング等）では，ボンベの給気能力を潜水者に知らせ，監視員をおき，またそのボンベの圧力が1メガパスカ

ル以上のときは2段以上の減圧方式による圧力調整器を使用させること。

⑤ 浮上のためのさがり綱を備え，使用させること。

⑥ 潜水前及び定期的に，潜水業務に応じて，所定の潜水器具を点検し，修理その他必要な措置を講ずること。

⑦ 空気圧縮機若しくは手押ポンプにより送気して行う潜水業務又はボンベ（潜水作業者に携行させたボンベを除く。）からの給気を受けて行う潜水業務を行うときは，潜水業務従事者と連絡するための者を，潜水業務従事者2人以下ごとに1人置き，所定の事項を行わせること。

⑧ 空気圧縮機若しくは手押ポンプにより送気して行う潜水業務又はボンベからの給気を受けて行う潜水業務を行うときは，潜水作業者に，信号索，水中時計，水深計及び鋭利な刃物を携行させること。また，潜水業務従事者に携行させたボンベからの給気を受けて行う潜水業務を行うときは，潜水業務従事者に，水中時計，水深計及び鋭利な刃物を携行させるほか救命胴衣又は浮力調整具を着用させること。

4 第4章 健康診断及び病者の就業禁止関係

（1） 健康診断（第38条・第39条）

高圧室内業務又は潜水業務に常時従事する労働者に対し，その雇入れの際，当該業務への配置替えの際及び当該業務についた後6月以内ごとに1回，定期に，次の項目について，医師による健康診断を行い，その記録を作成し，5年間保存しなければならない。

① 既往歴及び高気圧業務歴の調査

② 関節，腰若しくは下肢の痛み，耳鳴り等の自覚症状又は他覚症状の有無の検査

③ 四肢の運動機能の検査

④ 鼓膜及び聴力の検査

⑤ 血圧の測定並びに尿中の糖及び蛋白の有無の検査

⑥ 肺活量の測定

ここに定められている項目についての健康診断の結果，医師が必要と認めた者については，次の項目について，医師による健康診断を追加して行わなければならない。

① 作業条件調査

② 肺換気機能検査

③ 心電図検査

④ 関節部のエックス線直接撮影による検査

（2）　健康診断の結果についての医師からの意見聴取（第39条の２）

高気圧業務健康診断の結果に基づく法第66条の４の規定による医師からの意見聴取は，次に定めるところにより行わなければならない。

なお，事業者は，医師から，意見聴取を行う上で必要となる労働者の業務に関する情報を求められたときは，速やかに，これを提供しなければならない。

① 高気圧業務健康診断が行われた日（法第66条第５項ただし書の場合にあつては，当該労働者が健康診断の結果を証明する書面を事業者に提出した日）から３月以内に行うこと。

② 聴取した医師の意見を高気圧業務健康診断個人票に記載すること。

（3）　健康診断の結果の通知（第39条の３）

健康診断を行ったときは，当該労働者に対し，遅滞なく，健康診断の結果を通知しなければならない。

（4）　健康診断結果報告（第40条）

定期の健康診断を行ったときは，遅滞なく，高気圧業務健康診断結果報告書を所轄労働基準監督署長に提出しなければならない。

（5）　病者の就業禁止（第41条）

減圧症，その他の高気圧障害又はそれらの後遺症にかかっている労働者は，医師が必要と認める期間，高気圧業務の就業を禁止しなければならない。高圧室内業務請負人又は潜水業務請負人等が上記症状にかかっているときは，医師が必要と認める期間，高気圧業務への就業禁止についての周知が求められる。

5　第５章　再圧室関係（第42条―第46条）

再圧室の設置を義務づけ，再圧室の規格，その操作，使用時の記録等について規定している。

6　第６章　免許関係（第47条―第55条）

高圧室内作業主任者，潜水士の免許は，各々，高圧室内作業主任者免許試験，潜水士免許試験に合格した者（高圧室内作業主任者については，高圧室内業務に２年以上従事した者）及び厚生労働大臣が定める者（免許を受けた者に相当する資格を外国において有し，同等以上の能力を有すると認められる者）に対して，都道府県労働局長が与える（高圧室内作業主任者については20歳未満の者，潜水士については18歳未満の者に対しては，免許は与えられない。）。

⑦ 電離放射線障害防止規則

（昭和47.9.30労働省令第41号）

（最終改正：令和4.4.15厚生労働省令第82号）

　放射線や放射性物質は，医療，工業，エネルギー源等に広く活用され，多くの利益をもたらすが，一方で，放射線は人に種々の障害や悪い影響をもたらす面がある。

　労働者の放射線による障害を防止し，これが正しく利用されることを目的とし昭和34年に電離放射線障害防止規則が制定されたが，この規則はその後の知見の進歩に即し何回かの改正が行われた。昭和63年10月には，放射線審議会に採用された国際放射線防護委員会（ICRP）の1977年勧告を踏まえて，本規則の大幅な改正が行われた。改正規則では，放射線による人体への影響を確率的影響（発がん，遺伝的影響）と非確率的影響（白内障，皮ふ障害等）に分け，それぞれ適切な被ばく管理を行うという考えが導入された。また，平成13年3月には，国際放射線防護委員会（ICRP）の1990年勧告及びその他の国際基準等を踏まえて本規則の改正が行われた。改正規則では，用語，職業被ばく限度，作業場所の線量基準及び健康診断とその結果の記録の保存等を変更することとなった。平成17年6月には，放射性物質の定義に国際原子力機関（IAEA）等が提唱した放射性同位元素ごとの数量及び濃度の数値基準（国際免除レベル）の取入れ等の改正が行われた。

　平成25年4月には，平成23年3月11日に発生した東日本大震災に伴う東京電力福島第一原子力発電所の事故により放出された放射性物質で汚染された廃棄物及び土壌の処分の業務が本格的に実施される見込みとなり，当該業務に従事する労働者の放射線障害を防止するための改正が行われた。

　また，平成27年8月には，仮に原子力緊急事態が発生した場合などに備え，緊急作業に係る事故の状況により，被ばく限度を250ミリシーベルトを超えない範囲で厚生労働大臣が別に定めることができるとする「特例緊急被ばく限度の設定」とそれに伴う所要の改正が行われた。

　さらに，令和2年4月には，放射線業務従事者の眼の水晶体に受ける等価線量の限度を，5年間につき100ミリシーベルト及び1年間につき50ミリシーベルトを超えないように引き下げなどの改正が行われた。

　この規則の構成は，次のとおりであり，また，この規則で規制されている電離放射線障害防止措置等を次ページの表に示す。

第1章　総則（第1条・第2条）
第2章　管理区域並びに線量の限度及び測定（第3条―第9条）

項目	条文	1号 エックス線装置の使用又はエックス線の発生を伴う当該装置の検査の業務（医療用）	1号（工業用等）	2号 サイクロトロン、ベータトロンその他の荷電粒子を加速する装置の使用又は電離放射線の発生を伴う当該装置の検査の業務	3号 エックス線管若しくはケノトロンのガス抜き又はエックス線の発生を伴うこれらの検査の業務	4号 放射性物質を装備している機器の取扱いの業務	ガンマ線透過写真撮影の業務	5号 放射性物質又はこれによって汚染された物若しくは荷電粒子を加速する装置から発生した電離放射線によって汚染された物の取扱いの業務	加工施設、再処理施設、使用済燃料等取扱施設、使用施設等における核燃料物質等取扱業務	原子炉施設における核燃料物質等取扱業務	物等処分廃棄業務	事故由来廃棄物等処分業務	6号 原子炉の運転の業務	7号 坑内における核原料物質の掘採の業務	準用規定 注4
放射線障害防止の基本原則	1	○	○	○	○	○	○	○	○	○	○	○	○	○	
定義等	2	○	○	○	○	○	○	○	○	○	○	○	○	○	
管理区域の明示等	3	○	○	○	○	○	○	○	○	○	○	○	○	○	○
施設等における線量の限度	3の2	○	○	○	○	○	○	○	○	○	○	○	○	○	
放射線業務従事者の被ばく限度（実効線量）	4	○	○	○	○	○	○	○	○	○	○	○	○	○	
〃（等価線量）	5	○	○	○	○	○	○	○	○	○	○	○	○	○	
〃（妊娠中）	6	○	○	○	○	○	○	○	○	○	○	○	○	○	
緊急作業時における被ばく限度	7	○	○	○	○	○	○	○	○	○	○	○	○	○	
特例緊急被ばく限度	7の2							○					○		
〃	7の3							○					○		
線量の測定	8	○	○	○	○	○	○	○	○	○	○	○	○	○	
線量の測定結果の確認，記録，30年保存，通知等	9	○	○	○	○	○	○	○	○	○	○	○	○	○	
照射筒等の使用	10	○													
ろ過板の使用	11	○													
間接撮影時の措置	12	○	○												
透視時の措置	13	○	○												
標識の掲示	14			○		○	○								
放射線装置室	15	○	○	○	○										○
警報装置等の設置	17	○	○	○	○										
線源付近の立入禁止	18	○	○			○	○								○
透過写真の撮影時の措置等	18の2	○	○				○								
放射線源の取出し等	18の3						○								
〃	18の4						○								
定期自主検査	18の5						○								
〃	18の6						○								
定期自主検査の記録	18の7						○								
点検	18の8						○								
補修等	18の9						○								
放射線源の収納	18の10					○	○								
放射線源の点検等	19					○	○								
放射性物質取扱作業室	22							○	○	○			○		○
放射性物質取扱作業室の構造等	23							○	○	○			○		
空気中の放射性物質の濃度	24													○	
〃	25									○	○注1	○			
飛来防止設備等の設置	26							○	○	○			○		

（注）　1　第41条の9の規定による準用。条文によっては「放射性物質」を「事故由来廃棄物等」に，「放射性物質取扱作業室」を「事故由来廃棄物等取扱施設」に読み替える等の読み替え規定あり。

各「号」の対象業務（政令別表第2）の内容：

- **1号**　エックス線装置の使用又はエックス線の発生を伴う当該装置の検査の業務（医療用／工業用等）
- **2号**　サイクロトロン、ベータトロンその他の荷電粒子を加速する装置の使用又は電離放射線の発生を伴う当該装置の検査の業務
- **3号**　エックス線管若しくはケノトロンのガス抜き又はこれらの検査の業務でエックス線の発生を伴うもの
- **4号**　機器の取扱いの業務で放射性物質を装備しているもの
- **5号**　写真撮影の業務（ガンマ線透過）／放射性物質又はこれによって汚染された物の取扱いの業務／荷電粒子を加速する装置から発生した電離放射線によって汚染された物の取扱いの業務（汚染）／加工施設、再処理施設、使用済燃料等における核燃料物質等取扱業務／原子炉施設における核燃料物質、使用済燃料等取扱業務／事故由来物等処分廃棄業務
- **6号**　原子炉の運転の業務
- **7号**　坑内における核原料物質の掘採の業務
- **準用規定**（注4）

項目	条文	1号 医療用	1号 工業用等	2号	3号	4号	5号 写真撮影（ガンマ線透過）	5号 放射性物質又はこれによって汚染された物の取扱い	5号 汚染（荷電粒子加速装置由来）	5号 加工施設等における核燃料物質等取扱業務	5号 原子炉施設における核燃料物質等取扱業務	5号 事故由来物等処分廃棄業務	6号 原子炉の運転の業務	7号 坑内における核原料物質の掘採の業務	準用規定 注4
放射性物質取扱用具	27							○		○	○	○注1			
放射性物質がこぼれたとき等の措置	28							○		○	○	○注2			
放射性物質取扱作業室内の汚染検査等	29							○		○	○	○注1			
汚染除去用具等の汚染検査	30							○		○	○	○注1			
退去者の汚染検査	31							○		○	○	○注2			○
持出し物品の汚染検査	32							○		○	○	○注2			○
貯蔵施設	33							○		○	○	○注1			
排気または排液の施設	34							○		○	○	○注2			
焼却炉	35							○		○	○	○注2			
保管廃棄施設	36							○		○	○	○注2			
容器	37							○		○	○	○注3			
呼吸用保護具	38							○		○	○	○注1			
保護衣類，履物等	39							○		○	○	○注1			
作業衣	40							○		○	○	○			
保護具等の汚染除去	41							○		○	○	○注1			
喫煙等の禁止	41の2							○		○	○	○注1			
事故由来廃棄物等処分事業場の境界の明示	41の3											○			
事故由来廃棄物等取扱施設	41の4											○			
事故由来廃棄物等取扱施設の構造等	41の5											○注3			
破砕等設備	41の6											○			
ベルトコンベア等の運搬設備	41の7											○			
埋立施設	41の8											○			
保護衣類等	41の8の2											○			
準用（読替え規定）	41の9											注1			○
除染特別地域等における特例	41の10											注2,3			
加工施設等における作業規程	41の11									○					
原子炉施設における作業規程	41の12										○				
事故由来廃棄物等の処分の業務に係る作業における作業規程	41の13											○			
事故由来廃棄物等の処分の業務に係る作業の届出	41の14											○			
事故時の退避	42	○	○	○	○	○	○	○	○	○	○	○	○		
事故に関する報告	43	○	○	○	○	○	○	○	○	○	○	○	○		
診察等	44	○	○	○	○	○	○	○	○	○	○	○	○		
事故に関する測定及び記録	45	○	○	○	○	○	○	○	○	○	○	○	○		
エックス線作業主任者の選任	46		○		○										

（注）　2　第41条の10第2項により，除染特別地域等において事故由来廃棄物等の処分の業務を行う場合の特例あり。

項　目	条文	1号 エックス線装置の使用又はエックス線の発生を伴う当該装置の検査の業務（医療用）	1号（工業用等）	2号 サイクロトロン、ベータトロンその他の荷電粒子を加速する装置の使用又は電離放射線の発生を伴う当該装置の検査の業務の発装	3号 エックス線管若しくはケノトロンのガス抜き又はエックス線の発生を伴うこれらの検査の業務	4号 機器の放射性物質を装備している取扱いの業務	4号 ガンマ線透過写真撮影の業務	5号 放射性物質又はこれによって汚染された物若しくは電離放射線によって汚染された物の取扱いの業務	5号 加工施設、再処理施設、使用施設等における核燃料物質等取扱業務	5号 原子炉施設における核燃料物質、使用済燃料物取扱業務	5号 物等処分来廃業務	5号 事故由来廃棄物等処分業務	6号 原子炉の運転の業務	7号 坑内における核原料物質の掘採の業務	準用規定注4
エックス線作業主任者の職務	47		○		○										
ガンマ線透過写真撮影作業主任者の選任	52の2						○								
ガンマ線透過写真撮影作業主任者の職務	52の3						○								
透過写真撮影作業者の特別の教育	52の5		○				○								
加工施設において核燃料物質等を取り扱う業務に係る特別の教育	52の6								○						
原子炉施設において核燃料物質等を取り扱う業務に係る特別の教育	52の7									○			△		
事故由来廃棄物等の処分の業務に係る特別の教育	52の8											○			
特例緊急作業に係る特別教育	52の9										○	○			
作業環境測定を行うべき作業場	53	○	○	○	○	○	○	○	○	○	○	○	○	○	
線量当量率等の測定等	54	○	○	○	○	○	○	○	○	○	○	○	○	○	
放射性物質の濃度の測定	55							○	○	○	○	○			
健康診断の実施	56	○	○	○	○	○	○	○	○	○	○	○	○	○	
〃	56の2	○	○	○	○	○	○	○	○	○	○	○	○	○	
〃	56の3	○	○	○	○	○	○	○	○	○	○	○	○	○	
健康診断の結果の記録, 30年保存	57	○	○	○	○	○	○	○	○	○	○	○	○	○	
健康診断の結果についての医師からの意見聴取	57の2	○	○	○	○	○	○	○	○	○	○	○	○	○	
健康診断の結果の通知	57の3	○	○	○	○	○	○	○	○	○	○	○	○	○	
健康診断結果報告	58	○	○	○	○	○	○	○	○	○	○	○	○	○	
健康診断等に基づく措置	59	○	○	○	○	○	○	○	○	○	○	○	○	○	
指定緊急作業従事者等に係る記録等の提出	59の2	○	○	○	○	○	○	○	○	○	○	○	○	○	○
緊急作業実施状況報告	59の3	○	○	○	○	○	○	○	○	○	○	○	○	○	
測定器の備付け	60	○	○	○	○	○	○	○	○	○	○	○	○	○	
透過写真撮影用ガンマ線照射装置による作業の届出	61						○								
記録等の引渡し	61の2	○	○	○	○	○	○	○	○	○	○	○	○	○	
調整	61の3	○	○	○	○	○	○	○	○	○	○	○	○	○	
配置替えの際の健康診断みなし規定	61の4	○	○	○	○	○	○	○	○	○	○	○	○	○	

（注）　3　第41条の10第1項により、除染特別地域等における除去土壌の埋立てにおいて、第41条の10第1項の要件に該当する場合は、第41条の9において準用する第37条（第4項を除く）及び第41条の5の規定は適用されない。

（注）　4　第62条の規定により、放射線業務を行う事業場内において、放射線業務以外の業務を行う事業の事業者及び労働者に準用するもの。

第3章　外部放射線の防護（第10条—第21条）

第4章　汚染の防止

　第1節　放射性物質（事故由来放射性物質を除く。）に係る汚染の防止（第22条—第41条の2）

　第2節　事故由来放射性物質に係る汚染の防止（第41条の3—第41条の10）

第4章の2　特別な作業の管理（第41条の11—第41条の14）

第5章　緊急措置（第42条—第45条）

第6章　エックス線作業主任者及びガンマ線透過写真撮影作業主任者（第46条—第52条の4の5）

第6章の2　特別の教育（第52条の5—第52条の9）

第7章　作業環境測定（第53条—第55条）

第8章　健康診断（第56条—第59条）

第9章　指定緊急作業等従事者等に係る記録等の提出等（第59条の2・第59条の3）

第10章　雑則（第60条—第62条）

附　則

1　第1章　総則関係

（1）　放射線障害防止の基本原則（第1条）

事業者は，労働者が電離放射線を受けることをできるだけ少なくするように努めなければならない。

（2）　定義（第2条）

①　電離放射線とは，次の粒子線又は電磁波をいう。

　　㋑アルファ線，重陽子線及び陽子線，㋺ベータ線及び電子線，㋩中性子線，㊁ガンマ線及びエックス線

②　放射性物質とは，放射性同位元素，その化合物及びこれらの含有物で，次のいずれかに該当するものをいう。

　イ　放射性同位元素が1種類であり，かつ，別表第1の第1欄に掲げるものであるものにあっては，同欄に掲げる放射性同位元素の種類に応じ，同表の第2欄に掲げる数量及び第3欄に掲げる濃度を超えるもの

　ロ　放射性同位元素が1種類であり，かつ，別表第2の第1欄に掲げるものであるものにあっては，同欄に掲げる放射性同位元素の種類に応じ，同表の第2欄に掲げる数量を超えるもの。ただし，その濃度が74ベクレル毎グラム以下の固体のもの及び密封されたものでその数量が3.7メガベクレル以下のものを除

別表第1 （一部抜粋）

第　1　欄		第　2　欄	第　3　欄
放射性同位元素の種類		数　量 （Bq）	濃　度 （Bq/g）
核　　種	化　学　形　等		
^{3}H		1×10^9	1×10^6
^{7}Be		1×10^7	1×10^3
⋮		⋮	⋮

別表第2

第　1　欄	第　2　欄
放射性同位元素の種類	数量（Bq）
Th	3.7×10^6
U	3.7×10^6
Pu	3.7×10^3（ただし，^{243}Pu，^{245}Pu 及び^{246}Puにあっては，3.7×10^5）

　　く。

　ハ　放射性同位元素が2種類以上であり，かつ，そのいずれもが別表第1の第1
　　欄に掲げるものであるものにあっては，次のいずれにも該当するもの

　　㋑　別表第1の第1欄に掲げる放射性同位元素のそれぞれの数量の同表の第2
　　　欄に掲げる数量に対する割合の和が1を超えるもの

　　㋺　別表第1の第1欄に掲げる放射性同位元素のそれぞれの濃度の同表の第3
　　　欄に掲げる濃度に対する割合の和が1を超えるもの

　ニ　放射性同位元素が2種類以上であり，かつ，前号に掲げるもの以外のものに
　　あっては，別表第1の第1欄又は別表第2の第1欄に掲げる放射性同位元素の
　　それぞれの数量の別表第1の第2欄又は別表第2の第2欄に掲げる数量に対す
　　る割合の和が1を超えるもの。ただし，その濃度が74ベクレル毎グラム以下の
　　固体のもの及び密封されたもので数量が3.7メガベクレル以下のものを除く。

③　放射線業務は労働安全衛生法施行令別表第2に規定されている（38ページ参
　　照）。

2　第2章　管理区域並びに線量の限度及び測定関係

放射線業務を行うときは，電離放射線による被ばくの管理，管理区域の設定等の措置が必要であり，その概要は次のとおりである。当該業務の一部を請負人に請け負わせるときは，当該請負人に対し，所定の事項についての周知が求められる。

（1）　管理区域の明示等（第3条）

外部放射線による実効線量（1cm線量当量により算定）と空気中の放射性物質による実効線量との合計が3月間につき1.3ミリシーベルトを超えるおそれのある区域等は管理区域として標識をもって明示しなければならない。また，管理区域の中には必要ある者以外の者を立ち入らせてはならない。

（2）　施設等における線量の限度（第3条の2）

放射線装置室，放射性物質取扱作業室，貯蔵施設，保管廃棄施設，事故由来廃棄物等取扱施設，埋立施設について，労働者が常時立ち入る場所における外部放射線による実効線量と空気中の放射性物質による実効線量との合計を1週間につき1ミリシーベルト以下にしなければならない。

（3）　放射線業務従事者の被ばく限度（第4条・第5条・第6条）

放射線業務従事者が受ける線量については，次によらなければならない。

①　実効線量の限度

　　5年間につき100ミリシーベルト，かつ，1年間につき50ミリシーベルト

②　等価線量の限度

　　眼の水晶体について　　　5年間につき100ミリシーベルト及び1年間につき50ミリシーベルト

　　皮膚について　　　1年間につき500ミリシーベルト

③　妊娠可能な女性の実効線量の限度

　　3月間につき5ミリシーベルト

④　妊娠と診断された女性の線量の限度（妊娠と診断されたときから出産までの間）

　　内部被ばくによる実効線量　　　1ミリシーベルト

　　腹部表面に受ける等価線量　　　2ミリシーベルト

（4）　緊急作業時における被ばく限度（第7条）

緊急作業に従事する労働者は，前記（3）の①②の限度を超えて放射線業務を行わせることができるが次に定める値を超えてはならない。

①　実効線量　　　100ミリシーベルト

②　眼の水晶体に受ける等価線量　　　300ミリシーベルト

③　皮膚に受ける等価線量　　　1シーベルト

（5） 特例緊急被ばく限度（第7条の2・第7条の3）

厚生労働大臣は，緊急作業に係る事故の状況その他の事情を勘案し，実効線量について，前記（4）の規定によることが困難であると認めるときは，250ミリシーベルトを超えない範囲で，緊急作業に従事する間に受ける実効線量の限度の値（特例緊急被ばく限度）を別に定めることができる。

事業者は，原子力災害対策特別措置法に定める原子力防災要員以外の者については，特例緊急作業に従事させてはならず，その緊急作業に従事する間に受ける実効線量は，その特例緊急被ばく限度を超えないようにしなければならない。

（6） 線量の測定（第8条）

放射線業務従事者，緊急作業に従事する労働者及び管理区域に一時的に立ち入る労働者の線量当量を測定しなければならない。

測定は，放射線測定器を次の場所に装着して行う。

① 男性又は妊娠する可能性がないと診断された女性は胸部，その他の女性は腹部

② 頭・頸部，胸・上腕部及び腹・大腿部のうち最も多く放射線にさらされるおそれのある部位

③ 最も多く放射線にさらされるおそれのある部位が頭・頸部，胸・上腕部及び腹・大腿部以外の部位であるときは当該最も多く放射線にさらされるおそれのある部位

放射性物質の吸入摂取又は経口摂取があったときは速やかに内部被ばくを測定すること。

（7） 線量の測定結果の確認・記録等（第9条）

1日の外部被ばくが1ミリシーベルトを超えるおそれのある労働者については，測定結果を毎日確認しなければならない。

測定等の結果は次の線量を記録し，これを30年間保管しなければならない。

① 男性又は妊娠する可能性がないと診断された女性の実効線量の3月ごと，1年ごと及び5年ごとの合計

② 男性又は妊娠する可能性がないと診断された女性（5年間において，実効線量が1年間につき20ミリシーベルトを超えたことのないものに限り，次号に掲げるものを除く。）の実効線量の3月ごと及び1年ごとの合計

③ 男性又は妊娠する可能性がないと診断された女性（緊急作業に従事するものに限る。）の実効線量の1月ごと，1年ごと及び5年ごとの合計

④ 妊娠可能な女性の実効線量の1月ごと，3月ごと及び1年ごとの合計

⑤ 人体の組織別の等価線量の3月ごと及び1年ごとの合計（眼の水晶体に受けた

等価線量にあっては，３月ごと，１年ごと及び５年ごとの合計）

⑥ 妊娠中の女性の内部被ばくによる実効線量及び腹部表面に受ける等価線量の１月ごと及び妊娠中の合計

3 第3章 外部放射線の防護関係

外部放射線を防護するための要件が定められているが，その概要は次のとおりである。放射線業務の一部を請負人に請け負わせるときは，当該請負人に対し，所定の事項についての周知が求められる。

（1） 照射筒等（第10条）

特定エックス線装置の使用の目的が妨げられない限り，厚生労働大臣が定める規格を具備した照射筒又はしぼりを用いなければならない。

（2） ろ過板（第11条）

特定エックス線装置を使用するときは，作業の性質上軟線を利用しなければならない場合等を除き，ろ過板を用いなければならない。

（3） 間接撮影時の措置（第12条）

特定エックス線装置を用いて間接撮影を行うときは，電離則第12条第２項の場合を除き，次の措置を講じなければならない。

① 利用するエックス線管焦点受像器間距離において，エックス線照射野が受像面を超えないようにすること。

② 胸部集検用間接撮影エックス線装置，工業用等の特定エックス線装置については，受像器の一次防護遮へい体は，装置の接触可能表面から10センチメートルの距離における自由空気中の空気カーマが１回の照射につき1.0マイクログレイ以下になるようにすること。

③ 胸部集検用間接撮影エックス線装置及び工業用等の特定エックス線装置については，被照射体の周囲には，箱状の遮へい物を設け，その遮へい物から10センチメートルの距離における空気カーマが１回の照射につき1.0マイクログレイ以下になるようにすること。

（4） 透視時の措置（第13条）

特定エックス線装置を用いて透視を行うときは，電離則第13条第２項の場合を除き，次の措置を講じなければならない。

① 透視の作業に従事する労働者が，作業位置で，エックス線の発生を止め，又はこれを遮へいすることができる設備を設けること。

② 定格管電流の２倍以上の電流がエックス線管に通じたときに，直ちに，エック

ス線管回路を開放位にする自動装置を設けること。

③　利用するエックス線管焦点受像器間距離において，エックス線照射野が受像面を超えないようにすること。

④　利用線錐^{すい}中の受像器を通過したエックス線の空気中の空気カーマ率が，医療用の特定エックス線装置については利用線錐^{すい}中の受像器の接触可能表面から10センチメートルの距離において150マイクログレイ毎時以下，工業用等の特定エックス線装置についてはエックス線管の焦点から1メートルの距離において17.4マイクログレイ毎時以下になるようにすること。

⑤　透視時の最大照射野を3.0センチメートル超える部分を通過したエックス線の空気カーマ率が，医療用の特定エックス線装置については当該部分の接触可能表面から10センチメートルの距離において150マイクログレイ毎時以下，工業用等の特定エックス線装置についてはエックス線管の焦点から1メートルの距離において17.4マイクログレイ毎時以下になるようにすること。

⑥　被照射体の周囲には，利用線錐^{すい}以外のエックス線を有効に遮へいするための適当な設備を備えること。

（5）　標識の掲示（第14条）

放射性物質を装備している機器等には，機器の種類，放射性物質に含まれた放射性同位元素の種類等を，サイクロトロン等には放射線の種類等を明記した標識を掲示しなければならない。

（6）　放射線装置室（第15条）

エックス線装置，ガンマ線照射装置等は原則として放射線装置室内に設置しなければならない。ただし，その外側における1センチメートル線量当量率が20マイクロシーベルト毎時を超えないように遮へいした構造のものを設置する場合，又はこれらを放射線装置室内に設置することが，著しく使用の目的を妨げ，若しくは，作業の性質上使用が困難な場合には，この限りでない。

（7）　警報装置等（第17条）

放射性物質を装備している機器のうち，一定のものについては，自動警報装置を備え付けなければならない。また，一定の放射線装置室の出入口にはインターロックを設けなければならない。

（8）　立入禁止（第18条）

放射線装置室以外の場所で工業用等のエックス線装置又は放射性物質を装備している機器を使用する場合は，原則としてエックス線管の焦点又は放射線源及び被照射体から5メートル以内の場所を立入禁止区域とし，標識により明示しなければならな

い。医療用のエックス線装置を同様に使用する場合は，２メートル以内の場所を立入禁止にしなければならない。

（９） 透過写真の撮影時の措置等（第18条の２）

特定エックス線装置又は透過写真撮影用ガンマ線照射装置を放射線装置室以外の場所で使用するときは，放射線を，作業従事者が立ち入らない方向に照射し，又は遮へいする措置を講じなければならない。

（10） 放射線源の取出し等（第18条の３・第18条の４）

透過写真撮影用ガンマ線照射装置を使用するときは，次に定めるところによらなければならない。

① 放射線源送出し装置（操作器，操作管及び伝送管により構成され，放射線源を線源容器から繰り出し，及び線源容器に収納する装置をいう。）を用いなければ線源容器から放射線源を取り出してはならないこと。

② 放射線装置室内で使用するときは，放射線源送出し装置以外の遠隔操作装置を用いて線源容器から放射線源を取り出すことができること。

③ 放射線源送出し装置を有するものを使用するときは，次に定めるところによること。

　イ 伝送管の移動は，放射線源を線源容器に確実に収納し，かつ，シャッターを有する線源容器にあっては当該シャッターを閉鎖した後行うこと。

　ロ 利用線錐の放射角が当該装置の使用の目的を達するために必要な角度を超えないようにし，利用線錐以外のガンマ線の空気カーマ率をできるだけ小さくするためのコリメーター等を用いること。

（11） 定期自主検査（第18条の５―第18条の７）

透過写真撮影用ガンマ線照射装置については，１月以内ごとに１回（線源容器の遮へい能力の異常の有無にあっては６月以内ごとに１回）定期的に，次の事項について自主検査を行い，その結果を記録し，３年間保存しなければならない。

① 線源容器のシャッター及びこれを開閉するための装置の異常の有無

② 放射線源のホルダーの固定装置の異常の有無

③ 放射線源送出し装置を有するものにあっては，当該装置と線源容器との接続部の異常の有無

④ 放射線源送出し装置又は放射線源の位置を調整する遠隔操作装置を有するものにあっては，当該装置の異常の有無

⑤ 線源容器の遮へい能力の異常の有無

（12）　点検（第18条の8）

透過写真撮影用ガンマ線照射装置を初めて使用するとき，当該装置を分解して改造若しくは修理を行ったとき，又は当該装置に使用する放射線源を交換したときは，定期自主検査の事項について点検を行わなければならない。

（13）　補修等（第18条の9）

定期自主検査又は点検を行った場合において，異常を認めたときは，直ちに補修その他の措置を講じなければならない。

（14）　放射線源の収納（第18条の10）

事故が発生した場合において，放射線源を線源容器その他の容器に収納する作業に労働者を従事させるときは，遮へい物を設ける等の措置を講じ，鉗子等を使用させることにより当該作業に従事する労働者と放射線源との間に適当な距離を設けなければならない。

（15）　放射線源の点検等（第19条）

放射性物質を装備している機器を移動させて使用したときは，使用後直ちに及びその日の作業終了後機器を格納する際に，放射線源が紛失，漏れ，こぼれていないか，線源容器に収納されているか等について点検し，これらについて事故があったときは，必要な措置を講じなければならない。

4　第4章　汚染の防止関係

放射性物質等による汚染を防止するための措置が定められているが，その概要は次のとおりである。放射線業務の一部を請負人に請け負わせるときは，当該請負人に対し，所定の事項についての周知が求められる。

（1）　放射性物質取扱作業室（第22条・第23条）

密封されていない放射性物質は，原則として専用の室で取り扱わなければならない。なお，この放射性物質取扱作業室については，汚染防止の見地から，材料及び構造が規制されている。

（2）　空気中の放射性物質の濃度（第24条・第25条）

放射性物質取扱作業室において放射性物質のガス，蒸気又は粉じんの発散するおそれのある作業を行う場合には，局所排気装置，密閉設備を設けることにより空気中の放射性物質の濃度を厚生労働大臣が定める限度以下としなければならない。放射性物質取扱作業室以外の場所は，この限度の10分の1以下としなければならない。

（3）　取扱い上の規制（第26条・第27条）

放射性物質取扱いに関しては，ほかに飛来防止板，専用の用具の使用表示等を行わ

なければならない。

（4） 放射性物質がこぼれたとき等の措置（第28条）

放射性物質がこぼれたときは，その区域を標識によって明示するとともに，汚染を一定の限度以下になるまで除去しなければならない。

（5） 放射性物質取扱作業室内の汚染検査等（第29条—第32条）

放射性物質取扱作業室内については1月以内ごとに，汚染除去用具については使用の都度に，作業室よりの退去者については退去の際に，作業室より持ち出す物品については持出しの際に，汚染の検査を行い，所定限度以下になるまで汚染を除去しなければならない。

（6） その他の施設（第33条—第36条）

貯蔵施設，排気又は排液の施設，保管廃棄施設，焼却炉についてこれらの施設の構造，設備等が規定されている。

（7） 容器（第37条）

放射性物質の保管，保管廃棄，貯蔵又は放射性物質や汚染物の運搬，廃棄のときの一時ためおきの場合は，原則として容器を用いなければならない。また，その構造，表示すべき事項が定められている。

（8） 保護具等（第38条—第41条）

保護具等について，次のとおり定められている。

① 汚染の除去や緊急作業等に従事させる場合であって，汚染された空気を吸入するおそれのあるときは，その汚染の程度に応じて，防じんマスク，防毒マスク，ホースマスク，酸素呼吸器等を備え付け，使用させること。

② 身体が汚染されるおそれのある作業については，汚染を防止するために有効な保護衣類，保護手袋，履物等を備え付け，使用させること。

③ 放射性物質取扱作業室に専用の作業衣を備え付け，使用させること。

④ 使用された保護具等で放射性物質により汚染されたものは，洗浄等により汚染を除去しなければ，労働者に使用させてはならないこと。

（9） 喫煙等の禁止（第41条の2）

放射性物質を吸入摂取し，又は経口摂取するおそれのある作業場で，作業従事者が喫煙し，飲食することを禁止し，その旨を表示しなければならない。

（10） 事故由来廃棄物等処分事業場の境界の明示（第41条の3）

事故由来廃棄物等の処分事業者は，当該業務を行う事業場の境界を標識によって明示しなければならない。

(11)　事故由来廃棄物等取扱施設（第41条の４）

処分事業者は，密封されていない事故由来廃棄物等を取り扱う作業を行うときは，専用の作業施設を設け，その施設内で行わなければならない。

(12)　事故由来廃棄物等取扱施設の構造等（第41条の５）

事故由来廃棄物等取扱施設について，次のとおり定められている。

①　内部の壁，床その他汚染のおそれがある部分

・気体又は液体が浸透しにくく，かつ，腐食しにくい材料で作られていること。

・表面が平滑に仕上げられていること。

・突起，くぼみ及び隙間の少ない構造であること。

・液体による汚染のおそれがある場合には，液体が漏れるおそれのない構造であること。

②　粉じんによる汚染のおそれがあるときは，粉じんの飛散を抑制する措置を講じなければならない。

③　出入口に二重扉を設ける等，汚染の広がりを防止するための措置を講じなければならない。

(13)　破砕等設備（第41条の６）

事故由来廃棄物等取扱施設の外において，事故由来廃棄物等又は汚染物の破砕，選別，圧縮又は濃縮等を行うときは，次の各号に掲げる場合に応じ，それぞれ当該各号に定めるところに適合する設備を用いて行わなければならない。

①　気体による汚染のおそれがある場合　気体が漏れるおそれのない構造であり，かつ，腐食し，及び気体が浸透しにくい材料を用いた設備

②　液体による汚染のおそれがある場合　液体が漏れるおそれのない構造であり，かつ，腐食し，及び液体が浸透しにくい材料を用いた設備

③　粉じんによる汚染のおそれがある場合　粉じんが飛散するおそれのない設備

(14)　ベルトコンベア等の運搬設備（第41条の７）

事故由来廃棄物等取扱施設の外において，事故由来廃棄物等又は汚染物を運搬するときは，次の各号に掲げる場合に応じ，それぞれ当該各号に定めるところに適合する設備を用いて行わなければならない。

①　気体による汚染のおそれがある場合　気体が漏れるおそれのない構造であり，かつ，腐食し，及び気体が浸透しにくい材料を用いた設備

②　液体による汚染のおそれがある場合　液体が漏れるおそれのない構造であり，かつ，腐食し，及び液体が浸透しにくい材料を用いた設備

③　粉じんによる汚染のおそれがある場合　粉じんが飛散するおそれのない設備

（15）　埋立施設（第41条の8）

　処分事業者は，事故由来廃棄物等又は汚染物を埋め立てるときは，外部と区画された構造であり，かつ，扉，蓋等外部に通ずる部分に，鍵その他の閉鎖のための設備又は器具を設けた埋立施設において行わなければならない。

（16）　保護衣類等（第41条の8の2）

　処分事業者は，事故由来廃棄物等を取り扱うことにより，これらの飛沫又は粉末が飛来するおそれがあるときは，汚染防止のために有効な保護衣類，手袋又は履物を備え，作業に従事する労働者に使用させなければならない。

5　第4章の2　特別な作業の管理関係

　核燃料物質等を取り扱う特別な作業の管理に関する措置が定められているが，その概要は次のとおりである。放射線業務の一部を請負人に請け負わせるときは，当該請負人に対し，所定の事項についての周知が求められる。

（1）　加工施設等における作業規程（第41条の11）

　事業者は，加工施設等において核燃料物質等を取り扱う作業を行うときは，作業規程を定め，これにより作業を行うとともに，当該規程を関係労働者に周知させなければならないものとすること。

（2）　原子炉施設における作業規程（第41条の12）

　事業者は，原子炉施設において核燃料物質等を取り扱う作業を行うときは，作業規程を定め，これにより作業を行うとともに，当該規程を関係労働者に周知させなければならないものとすること。

（3）　事故由来廃棄物等の処分の業務に係る作業における作業規程（第41条の13）

　事業者は，事故由来廃棄物等の処分の業務に係る作業を行うときは，作業規程を定め，これにより作業を行うとともに，当該規程を関係労働者に周知させなければならない。

（4）　事故由来廃棄物等の処分の業務に係る作業の届出（第41条の14）

　事業者は，事故由来廃棄物等の処分の業務に係る作業を行うときは，あらかじめ，届書を所轄労働基準監督署長に提出しなければならない。

6　第5章　緊急措置関係

　放射線業務における緊急措置に関する措置が定められているが，その概要は次のとおりである。放射線業務の一部を請負人に請け負わせるときは，当該請負人に対し，所定の事項についての周知が求められる。

（1） 退避等（第42条・第43条）

事故により実効線量が15ミリシーベルトを超える被ばくが生ずるような場合には，作業従事者を直ちにその場所から退避させ，その区域を標識で明示し，緊急作業に従事させる者以外の者の立入りは禁止しなければならない。

なお，事故が発生した場合は，速やかに，所轄労働基準監督署長にその旨報告しなければならない。

（2） 診察等（第44条）

事故の現場にいあわせた者，放射性物質を飲み込んだ者等は医師の診察又は処置を受けさせなければならない。なお，このような医師の診察又は処置を受けさせなければならない労働者がいる時は，速やかに，その旨を所轄労働基準監督署長に報告しなければならない。

（3） 事故に関する測定及び記録（第45条）

事故が発生したときは，その事故の状況等について記録し，労働者についてはその事故等により受けた実効線量，目の水晶体及び皮膚の等価線量を記録し，これを5年間保存しておかなければならない。

7 第6章 エックス線作業主任者及びガンマ線透過写真撮影作業主任者関係

エックス線作業主任者，ガンマ線透過写真撮影作業主任者の選任，職務について次のとおり定められている。

（1） エックス線作業主任者の選任及び職務（第46条・第47条）

医療用又は定格管電圧1,000キロボルト以上のエックス線を発生させる装置を除くエックス線装置の使用又はエックス線管，若しくはケノトロンのエックス線の発生を伴うガス抜き等の業務を行う場合は，管理区域ごとに，都道府県労働局長が免許を与えたエックス線作業主任者を選任し，次の職務を行わせなければならない。

① 管理区域等の標識が規定に適合して設けられるよう措置すること。
② 照射筒，ろ過板等が適切に使用されるよう措置すること。
③ 3の（3），（4）及び（9）に掲げる措置を講ずること。
④ 放射線業務従事者の受ける線量をできるだけ少なくするよう照射条件を調整すること。
⑤ その他所要の措置

（2） ガンマ線透過写真撮影作業主任者の選任及び職務（第52条の2・第52条の3）

ガンマ線照射装置を用いて透過写真の撮影の作業を行う場合は，管理区域ごとに，

都道府県労働局長が免許を与えたガンマ線透過写真撮影作業主任者を選任し，次の職務を行わせなければならない。

① 管理区域等の標識が規定に適合して設けられるよう措置すること。

② 作業の開始前に，放射線源送出し装置又は放射線源の位置を調整する遠隔操作装置の機能の点検を行うこと。

③ 伝送管の移動及び放射線源の取出しが適切に行われているかどうかについて確認すること。

④ 照射開始前及び照射中に，立入禁止の場所に労働者が立ち入っていないことを確認すること。

⑤ 放射線測定器の装着等について点検すること。

⑥ 3の(10)の措置を講ずること。

⑦ 放射線業務従事者の受ける線量ができるだけ少なくなるように照射条件等を調整すること。

⑧ 作業中，放射線測定器を用いて放射線源の位置，遮へいの状況等について点検すること。

⑨ 放射線源を点検すること。

⑩ その他所要の措置

8 第6章の2 特別の教育関係

（1） 透過写真撮影業務に係る特別の教育（第52条の5）

エックス線装置又はガンマ線照射装置を用いて行う透過写真の撮影の業務に労働者を就かせるときは，その労働者に対し，作業方法，装置の構造及び取扱い方法，電離放射線の生体に与える影響，関係法令等について特別の教育を行わなければならない。

（2） 加工施設等において核燃料物質等を取り扱う業務に係る特別の教育（第52条の6）

加工施設等において核燃料物質等を取り扱う業務に労働者を就かせるときは，その労働者に対し，核燃料物質等に関する知識，加工施設等における作業の方法に関する知識，電離放射線の生体に与える影響，関係法令等について特別の教育を行わなければならない。

（3） 原子炉施設において核燃料物質等を取り扱う業務に係る特別の教育（第52条の7）

原子炉施設において核燃料物質等を取り扱う業務に労働者を就かせるときは，その労働者に対し，核燃料物質等に関する知識，原子炉施設における作業の方法に関する

知識，電離放射線の生体に与える影響，関係法令等について特別の教育を行わなければならない。

（４）　事故由来廃棄物等の処分の業務に係る特別の教育（第52条の８）

事故由来廃棄物等の処分の業務に労働者を就かせるときは，その労働者に対し，事故由来廃棄物等に関する知識，事故由来廃棄物等の処分の業務に係る作業の方法に関する知識，事故由来廃棄物等の処分の業務に係る作業に使用する設備の構造及び取扱いの方法に関する知識，電離放射線の生体に与える影響及び被ばく線量の管理の方法に関する知識，関係法令等について，特別の教育を行わなければならない。

（５）　特例緊急作業に係る特別の教育（第52条の９）

特例緊急作業に係る業務に原子力防災要員等を就かせるときは，その労働者に対し，特例緊急作業の方法に関する知識，特例緊急作業で使用する施設及び設備の構造及び取扱いの方法に関する知識，電離放射線の生体に与える影響，健康管理の方法及び被ばく線量の管理の方法に関する知識，関係法令等について，特別の教育を行わなければならない。

9　第7章　作業環境測定関係

（１）　作業環境測定を行うべき作業場（第53条）

作業環境測定を行うべき作業場については，次のとおりと定められている。

① 　放射線業務を行う作業場のうち管理区域に該当する部分

② 　放射性物質取扱作業室

③ 　事故由来廃棄物等取扱施設

④ 　労働安全衛生法施行令別表第２第７号（坑内における核原料物質（原子力基本法（昭和30年法律第186号）第３条第３号に規定する核原料物質をいう。）の掘採の業務）に掲げる業務を行う作業場

（２）　線量当量率等の測定等（第54条）

管理区域については，１月以内（放射線装置を固定して使用する場合において使用の方法及び遮へい物の位置が一定しているとき，又は3.7ギガベクレル以下の放射性物質を装備している機器を使用するときは，６月以内）ごとに１回，定期に，外部放射線による線量当量率又は線量当量の測定を実施し，次の事項について記録し，５年間保存するとともに事業者は，その結果を見やすい場所に掲示する等の方法によって，管理区域に立ち入る者に周知させなければならない。

① 　測定日時

② 　測定方法

③　放射線測定器の種類，型式及び性能

④　測定箇所

⑤　測定条件

⑥　測定結果

⑦　測定を実施した者の氏名

⑧　測定結果に基づいて実施した措置の概要

（3）　放射性物質の濃度の測定（第55条）

放射性物質取扱作業室，坑内における核原料物質の掘採を行う場所では，空気中の放射性物質の濃度について1月以内ごとに，定期に測定を実施し，前記事項について記録し，5年間保存しなければならない。

10　第8章　健康診断関係

（1）　健康診断（第56条・第56条の2・第56条の3・第57条関係）

①　放射線業務に常時従事する労働者で管理区域に立ち入るものについては，次の項目について雇入れの際又はその業務に配置替えの際及びその後6月以内ごとに1回定期的に健康診断を行い，その結果を記録し，30年間保存しなければならない。

　　イ　被ばく歴の有無の調査及びその評価

　　ロ　白血球数及び白血球百分率の検査

　　ハ　赤血球数の検査及び血色素量又はヘマトクリット値の検査

　　ニ　白内障に関する眼の検査

　　ホ　皮膚の検査

②　雇入れ又は配置替えの際に行う健康診断では，使用する線源の種類等に応じて①のニについては省略できる。

③　定期的に行う健康診断では，①のロ，ハ，ニ，ホについては，医師が必要でないと認めるときは，全部又は一部を省略できる。

④　定期的に行う健康診断では，①のロ，ハ，ニ，ホについては，過去1年間の実効線量が5ミリシーベルトを超えず，かつ，今後1年間に受ける実効線量が5ミリシーベルトを超えるおそれがない場合で，医師が必要と認めないときは，行うことを要しない。

⑤　緊急作業に係る業務に従事する放射線業務従事者に対し，事業者は，その業務に配置替えの後1月以内ごとに1回，定期に，及び当該業務から他の業務に配置替えの際又は当該労働者が離職する際，次の項目について医師による健康診断を行い，その結果に基づき緊急時電離放射線健康診断個人票を作成し，これを30年

間保存しなければならない。

イ　自覚症状及び他覚症状の有無の検査

ロ　白血球数及び白血球百分率の検査

ハ　赤血球数の検査及び血色素量又はヘマトクリット値の検査

ニ　甲状腺刺激ホルモン，遊離トリヨードサイロニン及び遊離サイロキシンの検査

ホ　白内障に関する眼の検査

ヘ　皮膚の検査

　定期に行わなければならないものについては，医師が必要でないと認めるときは，ロからへについては全部又は一部を省略することができる。事業者は，この健康診断の際に，労働者が前回の健康診断後に受けた線量を医師に示さなければならない。

（２）　健康診断の結果についての医師からの意見聴取（第57条の２）

電離放射線健康診断，緊急時電離放射線健康診断の結果に基づく法第66条の４の規定による医師からの意見聴取は，次に定めるところにより行わなければならない。

なお，事業者は，医師から，意見聴取を行う上で必要となる労働者の業務に関する情報を求められたときは，速やかに，これを提供しなければならない。

①　健康診断が行われた日（法第66条第５項ただし書の場合にあっては，当該労働者が健康診断の結果を証明する書面を事業者に提出した日）から電離放射線健康診断については３月以内に，緊急時電離放射線健康診断については速やかに行うこと。

②　聴取した医師の意見を電離放射線健康診断，緊急時電離放射線健康診断個人票に記載すること。

（３）　健康診断の結果の通知（第57条の３）

健康診断を行ったときは，当該労働者に対し，遅滞なく，健康診断の結果を通知しなければならない。

（４）　健康診断結果報告（第58条）

定期の健康診断を行ったときは，遅滞なく，電離放射線健康診断結果報告書又は緊急時電離放射線健康診断結果報告書を所轄労働基準監督署長に提出しなければならない。

（５）　健康診断等に基づく措置（第59条）

健康診断の結果，放射線による障害が生じていたり，又は放射線による障害を受けている疑いがあったり，そのおそれのある者については，就業する場所又は業務の転換，被ばく時間の短縮，作業方法の変更等健康の保持に必要な措置を講じなければならない。

11 第9章 指定緊急作業等従事者等に係る記録等の提出等

(1) 指定緊急作業等従事者等に係る記録等の提出（第59条の2）

　事業者は，指定緊急作業等（緊急作業又は特例緊急作業）に従事し，又は従事したことのある労働者について，当該労働者が指定緊急作業等又は放射線業務に従事する期間に受けた健康診断に係る結果の記録を作成したときは，遅滞なく，その写しを，厚生労働大臣に提出しなければならない。

(2) 緊急作業実施状況報告書（第59条の3）

　事業者は，緊急作業に従事する労働者について，①その緊急作業で受けた外部被ばくによる線量が1年間につき50ミリシーベルトを超えるものについて，及び②実効線量について，各々その線量の区分ごとの人数が記載された緊急作業実施状況報告書を作成し，書面又は，電磁的方法にかかる記録媒体により厚生労働大臣に提出しなければならない。

12 第10章 雑則関係

(1) 放射線測定器の備付け（第60条）

放射線測定器を備え付けるか又は容易に利用できる措置を講じなければならない。

(2) 透過写真撮影用ガンマ線照射装置による作業の届出（第61条）

　透過写真撮影用ガンマ線照射装置を自己の事業場以外の場所で使用して作業を行う場合は，届書に管理区域を示す図面及びその付近の見取図を添えて，所轄労働基準監督署長に提出しなければならない。

(3) 記録等の引渡し（第61条の2）

　線量の測定結果の記録を作成し保存する事業者又は電離放射線健康診断個人票又は緊急時電離放射線健康診断個人票を作成し保存する事業者は，事業を廃止しようとするときは当該記録又は当該個人票を厚生労働大臣が指定する機関（平成22年厚生労働省告示第35号により公益財団法人放射線影響協会が指定されている。）に引き渡す。

(4) 準用（第62条）

　放射線業務を行う事業場内において放射線業務以外の業務を行う事業者及びその使用する労働者について，この規則の一部が適用されることが定められている。

8　東日本大震災により生じた放射性物質により汚染された土壌等を除染するための業務等に係る電離放射線障害防止規則

（平成23.12.22厚生労働省令第152号）
（最終改正：令和4.4.15厚生労働省令第82号）

　平成23年3月11日に発生した東日本大震災に伴う原子力発電所の事故により放出された放射性物質の除染作業及び廃棄物の処理等については，「平成23年3月11日に発生した東北地方太平洋沖地震に伴う原子力発電所の事故により放出された放射性物質による環境の汚染への対処に関する特別措置法」（平成23年法律第110号）により実施されるが，同法に基づく除染等の作業に従事する労働者の放射線障害を防止するため，除染等業務に従事する労働者に対して必要な防護措置が実施される必要があることから，従来の電離放射線障害防止規則とは別に，新たに「東日本大震災により生じた放射性物質により汚染された土壌等を除染するための業務等に係る電離放射線障害防止規則」（以下「除染電離則」という。）が制定された。

　除染電離則は，平成24年6月に大幅に改正され，除染等業務に特定汚染土壌等取扱業務が追加されたほか，新たに特定線量下業務が規定された。

　令和4年4月に除染電離則の一部が改正され，除染等業務の一部を請負人に請け負わせるときは，当該請負人に対し，所定の事項について周知する規定が令和5年4月1日より施行された。

　この規則の構成は，次のとおりであり，また，この規則の対象業務を次のページに示す。

第1章　総則（第1条・第2条）
第2章　除染等業務における電離放射線障害の防止
　第1節　線量の限度及び測定（第3条―第6条）
　第2節　除染等業務の実施に関する措置（第7条―第11条）
　第3節　汚染の防止（第12条―第18条）
　第4節　特別の教育（第19条）
　第5節　健康診断（第20条―第25条）
第3章　特定線量下業務における電離放射線障害の防止
　第1節　線量の限度及び測定（第25条の2―第25条の5）
　第2節　特定線量下業務の実施に関する措置（第25条の6・第25条の7）
　第3節　特別の教育（第25条の8）
　第4節　被ばく歴の調査（第25条の9）

条文 除染電離則	規制内容	対象業務	除染等業務		特定汚染土壌等取扱業務		特定線量下業務
			土壌等の除染等の業務	廃棄物収集等業務	2.5μSv/h 超	2.5μSv/h 以下	
3条	被ばく限度		○	○	○	○	
4条	妊娠と診断された女性の被ばく限度		○	○	○	○	
5条	線量の測定	外部被ばく線量測定	○	○	○	△（注1）	
		内部被ばく線量測定・検査	○（注2）	○（注2）	○（注2）		
6条	線量の測定結果の確認，記録等	1 mSv/日超のおそれ　毎日確認	○	○	○		
		算定・記録・30年間保存	○	○	○	△（注1）	
		従事者に通知	○	○	○	△（注1）	
7条	事前調査	事前調査・結果の記録			○（注3）	○（注3）	
		結果の概要を労働者に明示			○（注3）	○（注3）	
8条	作業計画	作業計画の策定	○	○	○		
		関係労働者に周知	○	○	○		
9条	作業の指揮者		○	○	○		
10条	作業の届出（2.5μSv/h 超）		○		○		
11条	医師の診察又は処置，所轄監督署長への報告		○	○	○		○
12条	粉じんの発散を抑制するための措置		○（注4）	○（注4）			
13条	容器の使用等			○			
14条	退出者の汚染検査		○	○	○	○	
15条	持出し物品の汚染検査		○	○	○	○	
16条	保護具		○（注5）	○（注5）	○（注5）	○（注5）	
17条	保護具の汚染除去		○	○	○	○	
18条	喫煙等の禁止，労働者への明示		○	○	○	○	
19条	除染等業務に係る特別の教育		○	○	○	○	
20条	健康診断		○（注6）	○（注6）	○（注6）		
21条	健康診断の結果の記録，30年間保存		○	○	○		
22条	健康診断の結果についての医師からの意見聴取		○	○	○		
23条	健康診断の結果の通知		○	○	○		
24条	健康診断結果報告		○	○	○		
25条	健康診断等に基づく措置		○	○	○		
25条の2	特定線量下業務従事者の被ばく限度						○
25条の3	妊娠と診断された女性の被ばく限度						○
25条の4	線量の測定（外部被ばくによる線量測定）						○
25条の5	線量の測定結果の確認，記録等	1 mSv/日超のおそれ　毎日確認					○
		算定・記録・30年間保存					○
		従事者に通知					○
25条の6	事前調査	事前調査・結果の記録					（注3）
		結果の概要を労働者に明示					（注3）
25条の7	医師の診察又は処置，所轄監督署長への報告						○
25条の8	特定線量下業務に係る特別の教育						○
25条の9	被ばく歴の調査・記録・30年保存						○
26条	放射線測定器の備え付け		○	○	○	○	○
27条	事業廃止の際の被ばく線量の記録の引渡し		○	○	○	△（注1）	○
	離職の際又は事業廃止の際の従事者への記録の写しの交付		○	○	○	△（注1）	○
28条	事業廃止の際の健康診断個人票の引渡し		○	○	○		
	離職の際又は事業廃止の際の従事者への健康診断個人票の写しの交付		○	○	○		
29条	調整（被ばく線量のみなし規定）		○	○	○	△（注1）	
30条	調整（健康診断のみなし規定）		○（注6）	○（注6）	○（注6）		

（注1）　平均空間線量率が2.5μSv/h以下の場所においてのみ特定汚染土壌等取扱業務に従事する者は不要。2.5μSv/h以下のみならず，2.5μSv/hを超える場所においても業務が見込まれる者には，2.5μSv/h以下の場所においても措置が必要。
（注2）　平均空間線量率が2.5μSv/hを超える場所において，次により測定又は検査を行う。
　　　　（平成23年厚生労働省告示第468号）

	50万 Bq/kgを超える汚染土壌等（高濃度汚染土壌等）	高濃度汚染土壌等以外
粉じんの濃度が10mg/m³を超える作業（高濃度粉じん作業）	3月に1回の内部被ばく測定	スクリーニング検査
高濃度粉じん作業以外の作業	スクリーニング検査	スクリーニング検査（突発的に高い粉じんにばく露された場合に限る。）

（注3）　作業開始前及び同一の場所で継続して作業中，2週間につき一度
（注4）　高濃度汚染土壌等又は高濃度粉じん作業の場合
（注5）　次の保護具を使用（平成23年厚生労働省告示第468号）

	50万 Bq/kgを超える汚染土壌等（高濃度汚染土壌等）	高濃度汚染土壌等以外
粉じんの濃度が10mg/m³を超える作業（高濃度粉じん作業）	粒子捕集効率が95％以上の防じんマスク，全身化学防護服，長袖の衣服ならびに不浸透性の保護手袋（綿手袋と二重）及び長靴	粒子捕集効率が80％以上の防じんマスク，長袖の衣服，保護手袋及び不浸透性の長靴
高濃度粉じん作業以外の作業	粒子捕集効率が80％以上の防じんマスク，長袖の衣服並びに不浸透性の保護手袋（綿手袋と二重）及び長靴	粒子捕集効率が80％以上の防じんマスク（※），長袖の衣服，保護手袋及び不浸透性の長靴

　　　　　　※草木や腐葉土等を取り扱う作業の場合は，サージカルマスク等でも可
（注6）　除染電離則による健康診断のほか，特定業務従事者健康診断（安衛則第45条：6月以内ごとに1回の一般定期健康診断）の対象。

283

第4章　雑則（第26条―第30条）

附　則

1　第1章　総則関係

（1）　基本原則（第1条）

除染特別地域等において労働者が受ける電離放射線をできるだけ少なくするよう努めなければならない。

（2）　定義（第2条）

① 「除染特別地域等」とは，放射性物質汚染対処特措法第25条第1項に規定する除染特別地域又は同法第32条第1項に規定する汚染状況重点調査地域をいう。

② 「特定汚染土壌等」とは，汚染土壌等であって，当該汚染土壌等に含まれる事故由来放射性物質のうち厚生労働大臣が定める方法によって求めるセシウム134及びセシウム137の放射能濃度の値が1万ベクレル毎キログラムを超えるものをいう。

③ 「特定汚染土壌等取扱業務」とは，除染特別地域等内において②の特定汚染土壌等を取り扱う業務（土壌等の除染等の業務及び廃棄物収集等業務を除く。）をいう。

④ 「除染等業務」とは，土壌等の除染等の業務，廃棄物収集等業務及び特定汚染土壌等取扱業務をいう。

⑤ 「除染等業務従事者」とは，④の業務に従事する労働者をいう。

⑥ 「特定線量下業務」とは，除染特別地域等内における平均空間線量率が2.5マイクロシーベルト毎時を超える場所において事業者が行う除染等業務以外の業務をいう。

⑦ 「特定線量下業務従事者」とは，⑥の業務に従事する労働者をいう。

2　第2章　除染等業務における電離放射線障害の防止

（1）　線量の限度及び測定（第3条―第6条）

① 除染等業務従事者の被ばく限度（第3条・第4条）

除染等業務従事者の受ける線量が5年間で100ミリシーベルト，かつ，1年間で50ミリシーベルトを超えないようにしなければならない。ただし，女性の除染等業務従事者（妊娠する可能性がないと診断されたものを除く。）は，3月間で5ミリシーベルトを超えないようにしなければならない。

また，妊娠と診断された女性の除染等業務従事者は，妊娠と診断されたときか

ら出産までの間につき，内部被ばくによる実効線量については1ミリシーベルト，腹部表面に受ける等価線量については2ミリシーベルトを超えないようにしなければならない。

② 線量の測定（第5条）

事業者は，除染等業務従事者(特定汚染土壌等取扱業務に従事する労働者にあっては，平均空間線量率が2.5マイクロシーベルト毎時以下の場所においてのみ特定汚染土壌等取扱業務に従事する者を除く。) が除染等作業により受ける外部被ばくによる線量を測定しなければならない。

その場合，外部被ばくによる線量の測定は，1センチメートル線量当量について行うものとし，男性又は妊娠する可能性がないと診断された女性は胸部に，その他の女性は腹部に放射線測定器を装着させて行わせなければならない。

また，除染等業務従事者が除染特別地域等内（平均空間線量率が2.5マイクロシーベルト毎時を超える場所に限る。）における除染等作業により受ける内部被ばくによる線量の測定又は内部被ばくに係る検査を所定の方法により行わなければならない。

③ 線量の測定結果の確認，記録等（第6条）

1日における外部被ばくによる線量が1センチメートル線量当量について1ミリシーベルトを超えるおそれのある除染等業務従事者については，外部被ばくによる線量の測定の結果を毎日確認しなければならない。

また，除染等業務従事者の線量を，遅滞なく，厚生労働大臣が定める方法によって算定し，記録し，これを30年間保存しなければならない。ただし，5年間保存した後，厚生労働大臣が指定する機関（公益財団法人放射線影響協会）に引き渡す場合は，この限りでない。

（2） 除染等業務の実施に関する措置（第7条—第11条）

① 事前調査（第7条）

除染等業務（特定汚染土壌等取扱業務を除く。）作業前にあらかじめ除染等作業を行う場所の平均空間線量率等を調査し，その結果を記録しておかなければならない。また，その調査が終了した年月日並びに調査の方法及び結果の概要を当該労働者に明示しなければならない。

特定汚染土壌等取扱業務を行うときは，当該業務の開始前及び開始後2週間ごとに，当該業務を行う場所について平均空間線量率等を調査し，その結果を記録しておかなければならない。また，当該作業の開始前及び開始後2週間ごとに，その調査が終了した年月日並びに調査の方法及び結果の概要を当該労働者に明示

しなければならない。

② 作業計画（第8条）

　　除染等業務（特定汚染土壌等取扱業務については平均空間線量率が2.5マイクロシーベルト毎時以下の場所におけるものを除く。）作業前に作業方法，線量測定方法，被ばく低減措置等について作業計画を策定し，関係労働者に周知しなければならない。

③ 作業指揮者（第9条）

　　作業指揮者を選任し，②の作業計画に基づく指揮等を行わせなければならない。

④ 作業の届出（第10条）

　　平均空間線量率が2.5マイクロシーベルト毎時を超える場所で土壌の除染等の業務又は特定汚染土壌等取扱業務を行うときは，あらかじめ所轄労働基準監督署長に作業の届出を提出しなければならない（元方事業者に限る。）。

⑤ 診察等（第11条）

　　被ばく限度の基準を超えた場合などは速やかに医師の診察等を受けさせるとともに，所轄労働基準監督署長に報告しなければならない。

（3）　汚染の防止（第12条—第18条）

① 粉じんの発散を抑制するための措置（第12条）

　　粉じんを抑制するため，汚染土壌等又は除去土壌若しくは汚染廃棄物を湿潤な状態にする等の措置を講じなければならない。

② 廃棄物収集等業務を行う際の容器の使用等（第13条）

　　汚染土壌等又は除去土壌若しくは汚染廃棄物を保管等をするときは，原則として一定の基準を満たした容器に入れ，必要な表示等をしなければならない。

③ 退出者の汚染検査（第14条）

　　除染等業務の作業場又はその近隣に汚染検査場所を設け，業務従事者が作業場から退出するときは，身体及び装具について汚染状態を検査し，一定基準以上汚染されている場合は洗身等をしなければならない。また，一定基準以上汚染されている物品を持ち出してはならない。

④ 持出し物品の汚染検査（第15条）

　　除染等業務が行われる作業場から持ち出す物品については，汚染検査場所にて，その汚染を検査しなければならない。

　　その際，その検査により当該物品が40ベクレル毎平方センチメートルを超えて汚染されていると認められるときは，その物品を持ち出してはならない。

⑤　保護具・保護衣等（第16条・第17条）

　　イ　労働者が作業を行う際には，保護具及び保護衣を使用させなければならない。

　　ロ　保護具等が汚染されている場合，一定基準以下まで汚染を除去しなければ労働者に使用させてはならない。

⑥　喫煙等の防止（第18条）

　　放射性物質を吸入するおそれのある作業場では，飲食・喫煙を禁止しなければならない。

（4）　特別の教育（第19条）

除染等業務に就く労働者に対し，作業方法，機械等の取扱い，電離放射線の生体への影響，関係法令等の特別教育を実施しなければならない。

（5）　健康診断（第20条—第25条）

①　除染等業務に従事する労働者に対し，雇入れ又は配置換えの際及びその後6か月に1回定期に被ばく歴の有無等についての健康診断を実施しなければならない。ただし，定期に行う健康診断について医師が不要と認めるときは，検査項目を省略できる。

②　健康診断の結果に基づき健康診断個人票を作成し，30年間保存しなければならない。ただし，5年間保存した後，厚生労働大臣が指定する機関（公益財団法人放射線影響協会）に引き渡す場合は，この限りでない。

③　健康診断の結果について医師の意見を聴き，健康診断個人票に当該意見を記載しなければならない。

④　事業者は，医師から，意見聴取を行う上で必要となる労働者の業務に関する情報を求められたときは，速やかに，これを提供しなければならない。

（6）　健康診断結果報告（第23条・第24条）

健康診断の結果を労働者に対し，遅滞なく，通知するとともに，健康診断結果報告書を所轄労働基準監督署長に提出しなければならない。

（7）　健康診断等に基づく措置（第25条）

健康診断の結果，放射線障害が生じている，又はそのおそれがある等の者について，当該障害又はおそれ等がなくなるまで，就業する業務の転換等健康の保持に必要な措置を講じなければならない。

3　第3章　特定線量下業務における電離放射線障害の防止

（1）　線量の限度及び測定（第25条の２―第25条の５）

①　線量の測定（第25条の２・第25条の３）

　　特定線量下業務従事者の受ける実効線量が５年間で100ミリシーベルト，かつ１年間で50ミリシーベルトを超えないようにしなければならないこと。ただし，女性（妊娠する可能性がないと診断されたものを除く。）の特定線量下業務従事者は，３月間で５ミリシーベルトを超えないようにしなければならない。

　　なお，妊娠と診断された女性の特定線量下業務従事者は，妊娠と診断されたときから出産までの間につき，腹部表面に受ける等価線量については２ミリシーベルトを超えないようにしなければならない。

②　線量の測定（第25条の４）

　　特定線量下業務従事者が特定線量下業務により受ける外部被ばくによる線量の測定を，１センチメートル線量当量について行わなければならない。

　　その場合，男性又は妊娠する可能性がないと診断された女性は胸部に，その他の女性は腹部に放射線測定器を装着させて行わなければならない。

③　線量の測定結果の確認，記録等（第25条の５）

　　１日における外部被ばくによる線量が１センチメートル線量当量について１ミリシーベルトを超えるおそれのある特定線量下業務従事者については，外部被ばくによる線量の測定の結果を毎日確認しなければならない。

　　また，特定線量下業務従事者の線量を，遅滞なく，厚生労働大臣が定める方法によって算定し，記録し，これを30年間保存しなければならない。ただし，５年間保存した後，厚生労働大臣が指定する機関（公益財団法人放射線影響協会）に引き渡す場合は，この限りでない。

（2）　特定線量下業務の実施に関する措置（第25条の６・第25条の７）

①　事前調査等（第25条の６）

　　特定線量下業務を行うときは，当該業務の開始前及び開始後２週間ごとに，特定線量下業務を行う場所について，当該場所の平均空間線量率を調査し，その結果を記録しておかなければならない。

　　また，当該作業の開始前及び開始後２週間ごとに，その調査が終了した年月日並びに調査の方法及び結果の概要を当該労働者に明示しなければならない。

②　診察等（第25条の７）

　　特定線量下業務従事者が被ばく限度を超えて被ばくした場合などは，速やかに医師の診察等を受けさせるとともに，所轄労働基準監督署長に報告しなければな

らない。

（3） 特別の教育（第25条の8）

特定線量下業務従事者に対し，

① 電離放射線の生体に与える影響及び被ばく線量の管理の方法に関する知識

② 放射線測定の方法等に関する知識

③ 関係法令

について特別の教育を実施しなければならない。

（4） 被ばく歴の調査（第25条の9）

特定線量下業務従事者の雇入れ又は当該業務への配置換えの際，被ばく歴の有無の調査を行い，これを記録し，30年間保存しなければならない（5年間保存した後厚生労働大臣が指定する機関（公益財団法人放射線影響協会）に引き渡すとき又は労働者が離職した場合で当該労働者の記録を厚生労働大臣が指定する機関（公益財団法人放射線影響協会）に引き渡すときはこの限りでない。）。

4 第4章 雑則

（1） 放射線測定器の備付け（第26条）

事業者は，原則として，この省令で規定する義務遂行のために必要な放射線測定器を備えなければならない。

（2） 記録の引渡し等（第27条・第28条）

① 事業者は，事業を廃止しようとするときは，線量測定結果の記録及び健康診断個人票を厚生労働大臣が指定する機関（公益財団法人放射線影響協会）に引き渡し，当該労働者にその写しを交付しなければならない。

② 除染等電離放射線健康診断個人票を作成し，保存する事業者は，労働者が離職するときは，当該労働者にその写しを交付しなければならない。

（3） 調整（第29条・第30条）

① 除染等業務従事者又は特定線量下業務従事者が原子力施設等における放射線業務等で受ける又は受けた線量については，除染等作業又は特定線量下作業で受けた線量とみなす。

② 除染等業務に配置替えとなる直前に電離則の放射線業務に従事し，かつ，管理区域に立ち入る労働者であった者が直近に受けた電離放射線健康診断については，第20条の規定による配置替えの際の健康診断とみなす。

⑨ 酸素欠乏症等防止規則

（昭和47.9.30労働省令第42号）

（最終改正：令和4.4.15厚生労働省令第82号）

　酸素欠乏危険作業は，土木，建築工事をはじめとして，化学工業，食料品製造業，清掃業など広く行われているが，これらの作業に当たって，酸素欠乏危険場所としての認識が不十分であったため，換気，測定等の措置が行われず，また作業管理面の不適正などによって，酸素欠乏症の発生が相次ぎ，これを防止することを目的として，昭和46年に酸素欠乏症防止規則が制定されたが，昭和47年の労働安全衛生法の施行に伴い，酸素欠乏危険場所の範囲，酸素欠乏危険作業主任者，特別教育等に関する規制について整備するよう全面的見直しを行い，同年10月から施行された。

　その後，酸素欠乏症防止対策の対象としていた清掃業等の作業現場等において，有機物が微生物により分解されて生ずる硫化水素による中毒の災害が多発していることにかんがみ，現行の酸素欠乏症の防止の措置のほか，新たに硫化水素中毒の防止の措置を講ずべきこととし，同時に，酸素欠乏症防止対策を強化するため改正し，その名称が酸素欠乏症等防止規則と改められた。

　この規則の構成は，次のとおりである。また，この規則で規制されている酸素欠乏症等の防止措置等を次ページの表に示す。

第1章　総則（第1条・第2条）

第2章　一般的防止措置（第3条—第17条）

第3章　特殊な作業における防止措置（第18条—第25条の2）

第4章　酸素欠乏危険作業主任者技能講習及び酸素欠乏・硫化水素危険作業主任者技能講習（第26条—第28条）

第5章　雑則（第29条）

附　則

1　第1章　総則関係

（1）　事業者の責務（第1条）

　酸素欠乏症等を防止するため，作業方法の確立，作業環境の整備その他必要な措置を講ずるよう努めなければならない。

（2）　定義等（第2条）

①　酸素欠乏等とは，空気中の酸素の濃度が18パーセント未満である状態又は空気中の硫化水素の濃度が100万分の10を超える状態をいう。

酸素欠乏危険場所における防止措置の内容

防止措置の内容	酸欠則条文	1 特殊な地層に接し又は通ずる井戸等の内部	2 長期間使用されていない井戸等の内部	3 ケーブル等を収容するための暗きょ等の内部	3の2 雨水等が滞留している暗きょ等の内部	3の3 海水が滞留している熱交換器等の内部	4 相当期間密閉されていた鋼製のボイラー等の内部	5 石炭等空気中の酸素を吸収する物質を入れてある貯蔵施設の内部	6 乾性油のペイントで内部が塗装された地下室等通風不十分な施設の内部	7 穀物の貯蔵、果菜の熟成等に使用しているサイロ等の内部	8 しょう油等発酵する物を入れてあるタンク等の内部	9 し尿、パルプ液等腐敗分解しやすい物質を入れてあるタンク等の内部	10 ドライアイスを使用している冷蔵庫、冷凍庫、船倉等の内部	11 窒素等不活性の気体を入れてあり、又は入れたことのある施設の内部
酸素の濃度の測定	3	○	○	○	○	○	○	○	○	○	○	○	○	○
硫化水素の濃度の測定	3					○						○		
測定器具の備付け	4	○	○	○	○	○	○	○	○	○	○	○	○	○
換気（酸素濃度18％以上に）	5	○	○	○	○	○	○	○	○	○	○	○	○	○
換気（硫化水素濃度10ppm以下に）	5					○						○		
保護具の使用等	5の2	○	○	○	○	○	○	○	○	○	○	○	○	○
要求性能墜落制止用器具等	6	○	○	○	○	○	○	○	○	○	○	○	○	○
保護具等の点検	7	○	○	○	○	○	○	○	○	○	○	○	○	○
人員の点検	8	○	○	○	○	○	○	○	○	○	○	○	○	○
関係者以外の立入禁止	9	○	○	○	○	○	○	○	○	○	○	○	○	○
近接する作業場所との連絡	10	○	○	○	○	○	○	○	○	○	○	○	○	○
作業主任者の選任	11	○	○	○	○	○	○	○	○	○	○	○	○	○
特別の教育	12	○	○	○	○	○	○	○	○	○	○	○	○	○
監視人等	13	○	○	○	○	○	○	○	○	○	○	○	○	○
緊急時の退避	14	○	○	○	○	○	○	○	○	○	○	○	○	○
避難・救出用具の備付け等	15	○	○	○	○	○	○	○	○	○	○	○	○	○
救出作業時の空気呼吸器の使用	16	○	○	○	○	○	○	○	○	○	○	○	○	○
診察及び処置	17	○	○	○	○	○	○	○	○	○	○	○	○	○
事故等の報告	29	○	○	○	○	○	○	○	○	○	○	○	○	○

酸素欠乏症等防止措置

項　　　　目	酸欠則条文	規　制　事　項	備　　考
一般的防止措置	1．作業環境測定等	3 / 4	1．作業開始前に第1種酸素欠乏危険作業に係る作業場にあっては，酸素濃度，第2種酸素欠乏危険作業に係る作業場にあっては，酸素濃度及び硫化水素濃度の測定並びに所定の事項を記録，3年間保存 2．測定器具の備付け又は容易に利用できる措置	酸素欠乏危険場所
	2．換気	5	1．第1種酸素欠乏危険作業に係る場所にあっては，酸素濃度を18%以上に，第2種酸素欠乏危険作業に係る場所にあっては，酸素濃度を18%以上かつ硫化水素濃度を10ppm以下に保つよう換気 2．一定の作業で換気できないときは，空気呼吸器等を使用して作業 3．換気に純酸素は禁止	爆発，酸化等防止のため換気できない場合等
	3．保護具等	5の2 / 6 / 7	1．空気呼吸器等の備付け 2．命綱の備付け及び使用，取付設備の設置 3．作業開始前に点検	転落のおそれのあるとき 空気呼吸器，はしご，繊維ロープ等
	4．人員の点検等	8 / 9	1．入場，退場の際に人員点検 2．関係者以外の立入禁止措置	酸素欠乏危険場所又は隣接場所
	5．連絡	10	近接作業との連絡	近接作業により酸素欠乏等のおそれのあるとき
	6．作業主任者等	11	1．第1種酸素危険作業にあっては，酸素欠乏危険作業主任者技能講習又は酸素欠乏・硫化水素危険作業主任者技能講習を修了した者のうちから，第2種酸素欠乏危険作業にあっては酸素欠乏・硫化水素危険作業主任者技能講習を修了した者のうちから作業主任者を選任 2．作業主任者は労働者の指揮等所定の事項を実施 3．酸素欠乏危険作業には監視人の配置等	酸素欠乏危険作業主任者の実施事項 1．作業方法決定 2．労働者の指揮 3．第1種酸素欠乏危険作業にあっては酸素濃度，第2種酸素欠乏危険作業にあっては酸素濃度及び硫化水素濃度の測定 4．測定器具，換気装置，保護具等の点検
	7．特別の教育	12	酸素欠乏危険作業に従事する労働者に特別の教育の実施	教育科目 1．第1種酸素欠乏危険作業に従事する労働者に対しては酸素欠乏の原因，第2種酸素欠乏危険作業に従事する労働者に対しては酸素欠乏等の原因 2．第1種酸素欠乏危険作業に従事する労働者に対しては酸素欠乏症の症状，第2種酸素欠乏危険作業に従事する労働者に対しては，酸素欠乏症等の症状 3．空気呼吸器等の使用方法 4．退避及び救急そ生方法 5．その他必要な事項
	8．異常の場合の処置	13 / 14 / 15 / 16 / 17	1．作業中止 2．労働者の退避，特に指名した者以外の立入禁止 3．避難用具等の備え 4．救出作業者は空気呼吸器着用 5．被害者は医師の診察，処置	労働者が酸素欠乏症等にかかったとき所轄労働基準監督署長に報告
特殊な作業における防止措置	1．ガス突出の防止	18	1．ボーリング等 2．ガスの処理 3．掘削の時期，順序の適正化	メタン，炭酸ガスの有無の調査
	2．消火設備	19	1．転倒防止，ハンドル容易作動防止 2．みだりに作動させることの禁止	炭酸ガス消火器等

項　　　　　目	酸欠則条文	規　　制　　事　　項	備　　　　考
３．冷蔵室等	20	出入口の扉，ふたを １．締まらないような措置 ２．内部から容易に開く措置 ３．通報，警報装置	冷蔵室等の内部で作業する場合
４．溶接 （アルゴン，炭酸ガス溶接）	21	１．酸素濃度を18％以上に換気 ２．労働者に空気呼吸器等を使用	タンク，ボイラーの内部等通風が不十分な場所
５．ガス漏出防止 ［窒素，炭酸ガス等の気体を送給する配管］	22	１．バルブ，コックを閉止，閉止板 ２．施錠，開放禁止の表示 ３．バルブ，コック，操作スイッチ等に表示	ボイラー，タンク，反応塔，船倉等の内部 不活性気体の名称，開閉方向
６．ガス排出の措置	22の2	安全弁等から排出される不活性気体の滞留防止の措置	通風，換気が不十分な場所
７．空気稀薄化防止	23	出入口のふた，扉が締まらない措置	同上
８．ガス配管工事	23の2	１．ガスの遮断 ２．酸素濃度を18％以上に換気又は空気呼吸器等を使用	同上
９．圧気工法による掘削	24	１．計画の届出 ２．一定の地層の場合は酸欠空気の漏出の有無の調査	圧気工法作業摘要書（高圧則） 漏出の場合 １．関係者に通知 ２．防止の方法の教示 ３．立入禁止の措置
10．地下室 ［一定の地層に接しているか，井戸等により接続しているもの］	25	１．酸素欠乏空気の漏出箇所の閉そく ２．酸素欠乏空気の外部への放出	
11．設備の改造等	25の2	１．作業方法，順序の決定及びこれらを労働者へ周知 ２．指揮者の選任 ３．硫化水素の排出，バルブ，コック等の閉止，施錠等 ４．硫化水素濃度の測定，換気等	し尿等腐敗，分解しやすい物質を入れてあり若しくは入れたことのあるポンプ等の設備の分解作業

(左欄縦書き：特殊な作業における防止措置)

②　酸素欠乏症等とは，酸素欠乏の空気を吸入することにより生ずる症状が認められる状態，又は硫化水素の濃度が100万分の10を超える空気を吸入することにより生ずる症状が認められる状態をいう。

③　酸素欠乏危険作業とは，労働安全衛生法施行令別表第6（43～44ページ参照）に掲げる酸素欠乏危険場所における作業をいい，そのうち，第3号の3，第9号又は第12号に掲げる酸素欠乏危険場所（第12号については定めていない。）における作業を第2種酸素欠乏危険作業といい，それ以外の作業を第1種酸素欠乏危険作業という。

2　第2章　一般的防止措置関係

酸素欠乏危険作業における一般的防止措置が定められているが，その概要は次のとおりである。当該作業の一部を請負人に請け負わせるときは，当該請負人に対し，所定の事項についての周知が求められる。

（1）　作業環境測定等（第3条）

作業の開始前に，第1種酸素欠乏危険作業にあっては空気中の酸素濃度を，第2種

酸素欠乏危険作業にあっては空気中の酸素濃度及び硫化水素濃度を測定し，所定の事項を記録し，3年間保存しなければならない。

（2）　測定器具（第4条）

酸素及び硫化水素の濃度の測定を行うため必要な測定器具を備え，又は容易に利用できるような措置を講じておかなければならない。

（3）　換気等（第5条・第5条の2）

第1種酸素欠乏危険作業にあっては作業場所の空気中の酸素濃度を18パーセント以上に，第2種酸素欠乏危険作業にあっては作業場所の空気中の酸素濃度を18パーセント以上に，かつ，硫化水素の濃度を10ppm 以下に保つよう換気しなければならない。この場合，純酸素を使用してはならない。ただし，爆発，酸化等を防止するため換気することができない場合又は作業の性質上換気することが著しく困難な場合で，同時に就業する労働者の人数と同数以上の空気呼吸器等を備え，労働者にこれを使用させたときは，上記の措置は講じなくてもよい。

（4）　要求性能墜落制止用器具等（第6条）

酸素欠乏症等にかかって転落のおそれがある場合は，要求性能墜落制止用器具等を安全に取り付けるための設備等を設け，要求性能墜落制止用器具等を使用させなければならない。

（5）　保護具等の点検（第7条）

空気呼吸器等，要求性能墜落制止用器具等を使用させるときは，作業の開始前に空気呼吸器等，要求性能墜落制止用器具等を点検し，異常を認めたときは，直ちに補修し，又は取り替えなければならない。

（6）　人員の点検（第8条）

労働者を酸素欠乏危険作業を行う場所に入場させ，及び退場させるときに，人員を点検しなければならない。

（7）　立入禁止（第9条）

酸素欠乏危険場所又はこれに隣接する場所で作業を行うときは，酸素欠乏危険作業に従事する者以外の者がその酸素欠乏危険場所に立ち入ることを禁止し，かつ，その旨を見やすい箇所に表示しなければならない。

（8）　連絡（第10条）

近接する作業場で行われる作業による酸素欠乏等のおそれがあるときは，その作業場との間の連絡を保たなければならない。

（9）　作業主任者（第11条）

第1種酸素欠乏危険作業にあっては酸素欠乏危険作業主任者技能講習又は酸素欠

乏・硫化水素危険作業主任者技能講習を修了した者のうちから，第2種酸素欠乏危険作業にあっては酸素欠乏・硫化水素危険作業主任者技能講習を修了した者のうちから作業主任者を選任し，次の事項を行わせなければならない。

①　酸素欠乏等の空気を吸入しないように，作業方法を決定し，労働者を指揮すること。

②　作業の開始前等に第1種酸素欠乏危険作業にあっては作業を行う場所の空気中の酸素濃度を，第2種酸素欠乏危険作業にあっては空気中の酸素濃度及び硫化水素濃度を測定すること。

③　測定器具，換気装置，空気呼吸器等の器具又は設備を点検すること。

④　空気呼吸器等の使用状況を監視すること。

(10)　特別の教育（第12条）

第1種酸素欠乏危険作業に労働者を従事させるときは酸素欠乏症の防止に関する科目について，第2種酸素欠乏危険作業に労働者を従事させるときは酸素欠乏症等の防止に関する科目について特別の教育を行わなければならない（教育科目：293ページ）。

(11)　監視人等（第13条）

常時作業の状況を監視し，異常があったときに直ちにその旨を酸素欠乏危険作業主任者及びその他の関係者に通報する者を置く等異常を早期に把握するために必要な措置を講じなければならない。

(12)　退避等（第14条）

酸素欠乏危険作業を行う場所において酸素欠乏等のおそれが生じたときは，直ちに作業を中止し，労働者をその場所から退避させ，酸素欠乏等のおそれがないことを確認するまでの間，その場所に特に指名した者以外の者が立ち入ることを禁止し，かつ，その旨を見やすい箇所に表示しなければならない。

(13)　避難用具等（第15条）

空気呼吸器等，はしご，繊維ロープ等非常の場合に労働者を避難させ，又は救出するため必要な用具を備え，作業の開始前に点検，補修等をしなければならない。

(14)　救出時の空気呼吸器等の使用（第16条）

酸素欠乏症等にかかった作業従事者を酸素欠乏等の場所において救出する作業に労働者を従事させるときは，空気呼吸器等を使用させなければならない。

(15)　診察及び処置（第17条）

酸素欠乏症等にかかった労働者に，直ちに，医師の診察又は処置を受けさせなければならない。

3　第3章　特殊な作業における防止措置関係

　酸素欠乏危険作業のうち特殊な作業における防止措置が定められているが，その概要は次のとおりである。当該作業の一部を請負人に請け負わせるときは，当該請負人に対し，所定の事項についての周知が求められる。

（1）　ボーリング等（第18条）

　ずい道その他坑を掘削する作業に労働者を従事させる場合で，メタン又は炭酸ガスの突出により労働者が酸素欠乏症にかかるおそれのあるときは，あらかじめ，作業を行う場所及びその周辺について，メタン又は炭酸ガスの有無及び状態をボーリングその他適当な方法により調査し，その結果に基づいて，メタン又は炭酸ガスの処理の方法並びに掘削の時期及び順序を定め，それにより作業を行わなければならない。

（2）　消火設備等に係る措置（第19条）

　地下室，機関室，船倉その他通風が不十分な場所に備える消火器又は消火設備で炭酸ガスを使用するものについては，次の措置を講じなければならない。

①　誤って接触したことにより，容易に転倒し，又はハンドルが容易に作動しないようにすること。

②　みだりに作動させることを禁止し，かつその旨を見やすい箇所に表示すること。

（3）　冷蔵室等に係る措置（第20条）

　冷蔵室，冷凍室，むろその他密閉して使用する施設又は設備の内部における作業に労働者を従事させる場合は，施設若しくは設備の出入口の扉若しくは蓋が内部から容易に開くことができる構造のものである場合又は施設若しくは設備の内部に通報装置若しくは警報装置が設けられている場合以外は，労働者が作業に従事する間，施設又は設備の出入口の扉又は蓋が締まらないような措置を講じなければならない。

（4）　溶接に係る措置（第21条）

　タンク，ボイラー又は反応塔の内部その他通風が不十分な場所において，アルゴン，炭酸ガス又はヘリウムを使用して行う溶接の作業に労働者を従事させるときは，次のいずれかの措置を講じなければならない。

①　作業場所の空気中の酸素濃度を18パーセント以上に保つように換気すること。

②　労働者に空気呼吸器等を使用させること。

（5）　ガス漏出防止措置（第22条）

　ボイラー，タンク，反応塔，船倉等の内部で不活性気体を送給する配管があるところにおける作業に労働者を従事させるときは，次の措置を講じなければならない。

①　バルブ，コックを閉止し，又は閉止板を施すこと。

② 閉止したバルブ，コック又は施した閉止板には施錠し，これらを開放してはならない旨を見やすい箇所に表示すること。

また，不活性気体を送給する配管のバルブ，コック又はこれらを操作するためのスイッチ，押しボタン等については，これらの誤操作による不活性気体の漏出を防止するため，配管内の不活性気体の名称及び開閉の方向を表示しなければならない。

（6） ガス排出に係る措置（第22条の2）

タンク，反応塔等の容器の安全弁等から排出される不活性気体が流入するおそれがあり，かつ，通風又は換気が不十分である場所における作業に労働者を従事させるときは，安全弁等から排出される不活性気体を直接外部へ放出することができる設備を設ける等不活性気体が滞留することを防止するための措置を講じなければならない。

（7） 空気の稀薄化の防止（第23条）

内部の空気を吸引する配管に通ずるタンク，反応塔その他密閉して使用する施設又は設備の内部における作業に労働者を従事させるときは，労働者が作業に従事する間，施設又は設備の出入口の蓋又は扉が締まらないような措置を講じなければならない。

（8） ガス配管工事に係る措置（第23条の2）

地下室又は溝の内部その他通風が不十分な場所において，メタン，エタン，プロパン若しくはブタンを主成分とするガス又はこれらに空気を混入したガスを送給する配管を取り外し，又は取り付ける作業に労働者を従事させるときは，次の措置を講じなければならない。

① 配管を取り外し，又は取り付ける箇所にこれらのガスが流入しないように確実に遮断すること。

② 作業を行う場所の空気中の酸素の濃度を18パーセント以上に保つように換気し，又は労働者に空気呼吸器等を使用させること。

（9） 圧気工法に係る措置（第24条）

令別表第6第1号イ若しくはロの地層が存在する箇所又はこれに隣接する箇所において圧気工法による作業を行うときは，酸素欠乏の空気が漏出するおそれのある井戸又は配管について，空気の漏出の有無，その程度及びその空気中の酸素濃度を調査し，酸素欠乏空気が漏出しているときは，その旨を関係者に通知し，酸素欠乏症の発生を防止するための方法を教示し，その場所への立入りを禁止する等必要な措置を講じなければならない。

（10） 地下室等に係る措置（第25条）

令別表第6第1号イ若しくはロに掲げる地層に接し，又はその地層に通ずる井戸若

しくは配管が設けられている地下室，ピット等の内部における作業に労働者を従事させるときは，酸素欠乏の空気が漏出するおそれのある箇所を閉そくし，酸素欠乏の空気を直接外部へ放出することができる設備を設ける等酸素欠乏の空気が作業を行う場所に流入することを防止するための措置を講じなければならない。

(11) 設備の改造等の作業（第25条の2）

し尿，腐泥，汚水，パルプ液その他腐敗し，若しくは分解しやすい物質を入れてあり，若しくは入れたことのあるポンプ若しくは配管等又はこれらに附属する設備の改造，修理，清掃等を行う場合において，これらの設備を分解する作業に労働者を従事させるときは，次の措置を講じなければならない。

① 作業の方法及び順序を決定し，あらかじめ，これらを作業に従事する労働者に周知させること。

② 硫化水素中毒の防止について必要な知識を有する者のうちから指揮者を選任し，その者に当該作業を指揮させること。

③ 作業を行う設備から硫化水素を確実に排出し，かつ，当該設備に接続しているすべての配管から当該設備に硫化水素が流入しないようバルブ，コック等を確実に閉止すること。閉止したバルブ，コック等には，施錠をし，これらを開放してはならない旨を見やすい箇所に表示し，又は監視人を置くこと。

④ 作業を行う設備の周辺における硫化水素の濃度の測定を行い，労働者が硫化水素中毒にかかるおそれがあるときは，換気その他必要な措置を講ずること。

4 第4章 酸素欠乏危険作業主任者技能講習及び酸素欠乏・硫化水素危険作業主任者技能講習関係（第26条・第27条）

酸素欠乏危険作業主任者技能講習，酸素欠乏・硫化水素危険作業主任者技能講習については，学科講習及び実技講習を行うこと並びに各々の科目が定められている。

5 第5章 雑則関係

事故等の報告について（第29条）

労働者が酸素欠乏症等にかかったとき，又は圧気工法による作業時の調査の結果酸素欠乏の空気が漏出しているときは，遅滞なく，その旨を作業を行う場所を管轄する労働基準監督署長に報告しなければならない。

10 粉じん障害防止規則

（昭和54.4.25労働省令第18号）
（最終改正：令和5.4.24厚生労働省令第70号）

じん肺は，古くからある代表的な職業性疾病の１つとして恐れられてきたが，粉じんの発散形態が産業により千差万別であり，さらに，堆積粉じんによる二次発じんや，また，粉じんの種類，形状等が多岐にわたっていることなどにより，その防止対策は複雑であり，総合的な対応を必要とするものであることから，粉じん作業場の環境対策を強化し，じん肺など粉じんによる疾病を防止するため，粉じん障害防止規則が昭和54年４月25日公布され，同年10月１日（規則中「第２章」「第３章」及び「第４章（第23条及び第24条を除く。）」の規定は，昭和55年10月１日）から施行された。

なお，この規則は，じん肺法と相まって，じん肺の予防から健康管理までを１つの体系としている。

その後，粉じん作業の見直しを数回行い，さらに，昭和63年９月には，作業環境測定の結果の評価及びそれに基づく措置が義務付けられた。

令和４年５月31日（厚生労働省令第91号）に，労働安全衛生規則及び有機溶剤中毒予防規則等の特別規則が改正され，新たな化学物質規制の制度（化学物質の自主的管理）が導入されることとなった（施行日は，令和５年４月１日又は令和６年４月１日（一部は公布日））。

この規則の構成は，次のとおりであり，また，この規則が規制されている粉じん障害防止措置等を次ページの表に示す。

第１章　総則（第１条―第３条の２）

第２章　設備等の基準（第４条―第10条）

第３章　設備の性能等（第11条―第16条）

第４章　管理（第17条―第24条の２）

第５章　作業環境測定（第25条―第26条の４）

第６章　保護具（第27条）

附　　則

1　第1章　総則関係

（1）事業者の責務（第1条）

粉じんにさらされる労働者の健康障害を防止するため，①設備，作業工程又は作業方法の改善，作業環境の整備等の必要な措置，②健康診断の実施，就業場所の変更，

粉じん障害防止措置

注：下表の「機・湿式型衝撃式削岩機」「湿潤な状態に保つための設備」「密閉する設備」「局所排気装置」「プッシュプル型換気装置」の5欄は「いずれかの措置」として一括りである。

粉じん作業	機・湿式型衝撃式削岩機	湿潤な状態に保つための設備	密閉する設備	局所排気装置	プッシュプル型換気装置	全体換気装置	換気装置	粉じん濃度の測定	除じん装置	特別の教育	休憩設備	掲示	清掃	作業環境測定及び評価（注）2	呼吸用保護具（注）3	計画の届出
粉じん則条文	4					5	6・6の2	6の3	10	22	23	23の2	24	26・26の2	27	安衛則
特定粉じん作業（規則別表第二）　屋内		△	△	○	△				△	○	○	○	○	○		△
特定粉じん作業（規則別表第二）　坑内	△	○	△						○	○	○	○				
特定粉じん作業以外の粉じん作業 — 呼吸用保護具を使用すべき作業（規則別表第三）　坑外　屋内						○				○	○		○		○	
〃　坑外　屋外										○	○				○	
〃　坑内							○	○		○	○				○	
〃　内等　タンク										○	○				○	
特定粉じん作業以外の粉じん作業 — その他の作業　坑外　屋内						○				○	○		○			
〃　坑外　屋外										○	○					
〃　坑内							○	○		○	○					

（注）　1　△印は，一部のものについて規制があることを示す。
　　　　2　呼吸用保護具を使用すべき作業の中で，所定の作業については防じん機能を有する電動ファン付き呼吸用保護具等を使用するよう定められている。
　　　　3　計画の届出は，△印以外にも場合により適用になることがある。

作業の転換，作業時間の短縮その他健康管理のための適切な措置を講ずるよう努めなければならない。

（2）　定義等（第2条）

　粉じん作業は，別表第1（310ページ）に掲げる作業のいずれかに該当するものをいうが，都道府県労働局長がこの省令に規定する措置を講ずる必要がないと認定した作業を除く。また，特定粉じん作業は，粉じん作業のうち，粉じん発生源が別表第2

（311ページ）に掲げる特定粉じん発生源であるものをいう。

（3）　設備による注水又は注油をする場合の特例（第3条・第3条の2）

設備による注水又は注油をしながら行う場合で，次に掲げる作業については，第2章以降の具体的規定は適用されない。

① 　別表第1第3号に掲げる作業のうち，坑内の，鉱物等をふるいわける場所における作業

② 　別表第1第6号に掲げる作業

③ 　別表第1第7号に掲げる作業のうち，研ま材を用いて動力により，岩石，鉱物若しくは金属を研まし，若しくははり取りし，又は金属を裁断する場所における作業

④ 　別表第1第8号に掲げる作業のうち，次に掲げる作業

イ　 鉱物等又は炭素原料を動力によりふるいわける場所における作業

ロ　 屋外の，鉱物等又は炭素原料を動力により破砕し，又は粉砕する場所における作業

⑤ 　別表第1第15号に掲げる作業のうち，砂を再生する場所における作業

⑥ 　①〜⑤の作業を除く特定粉じん作業について，事業場における粉じんに係る管理ついて必要な知識・技能を有する化学物質管理専門家が専属で配置され必要な事項を管理し，過去3年間に特定粉じん作業による休業4日以上の死傷災害が発生していないなど，所定の事項に該当すると所轄都道府県労働局長が認定したときは，この規則の適用が除外される。

2　第2章　設備等の基準関係

粉じん作業における設備等に係る必要な防止措置が定められているが，その概要は次のとおりである。なお，当該作業の一部を請負人に請け負わせるときは，当該請負人に対し，所定の事項についての周知が求められる。

（1）　特定粉じん発生源に係る措置（第4条・第7条—第9条）

特定粉じん発生源における粉じんの発散を防止するため，特定粉じん発生源ごとに，それぞれ次表のいずれかの措置又はこれと同等以上の措置を講じなければならない。

ただし，次のいずれかに該当する場合には，上記の措置は講じなくてもよい。

① 　臨時の粉じん作業を行う場合等

次のいずれかに該当する場合であって，その作業に従事する労働者に有効な呼吸用保護具（別表第3第1号の2又は第2号の2に掲げる作業を行う場合にあっ

特定粉じん発生源	措　　　置
1　別表第2第1号に掲げる箇所（衝撃式削岩機を用いて掘削する箇所に限る。）	衝撃式削岩機を湿式型とすること。
2　別表第2第1号，第3号及び第4号に掲げる箇所（別表第2第1号に掲げる箇所にあっては衝撃式削岩機を用いて掘削する箇所を除く。）	湿潤な状態に保つための設備を設置すること。
3　別表第2第2号に掲げる箇所	1　密閉する設備を設置すること。 2　湿潤な状態に保つための設備を設置すること。
4　別表第2第5号，第7号及び第13号に掲げる箇所（別表第2第7号に掲げる箇所にあっては，研削盤，ドラムサンダー等の回転体を有する機械を用いて岩石，鉱物若しくは金属を研磨し，若しくはばり取りし，又は金属を裁断する箇所を除く。）	1　局所排気装置を設置すること。 2　プッシュプル型換気装置を設置すること。 3　湿潤な状態に保つための設備を設置すること。
5　別表第2第6号，第8号及び第14号に掲げる箇所（別表第2第8号に掲げる箇所にあっては，アルミニウムはくを破砕し，粉砕し，又はふるいわける箇所に，同表第14号に掲げる箇所にあっては，砂を再生する箇所に限る。）	1　密閉する設備を設置すること。 2　局所排気装置を設置すること。
6　別表第2第7号に掲げる箇所（研削盤，ドラムサンダー等の回転体を有する機械を用いて岩石，鉱物若しくは金属を研磨し，若しくはばり取りし，又は金属を裁断する箇所に限る。）	1　局所排気装置を設置すること。 2　湿潤な状態に保つための設備を設置すること。
7　別表第2第8号に掲げる箇所（アルミニウムはくを破砕し，粉砕し，又はふるいわける箇所を除く。）	1　密閉する設備を設置すること。 2　局所排気装置を設置すること。 3　湿潤な状態に保つための設備を設置すること。
8　別表第2第9号及び第12号に掲げる箇所	1　局所排気装置を設置すること。 2　プッシュプル型換気装置を設置すること。
9　別表第2第10号及び第11号に掲げる箇所	1　密閉する設備を設置すること。 2　局所排気装置を設置すること。 3　プッシュプル型換気装置を設置すること。 4　湿潤な状態に保つための設備を設置すること。
10　別表第2第14号及び第15号に掲げる箇所（別表第2第14号に掲げる箇所にあっては，砂を再生する箇所を除く。）	1　密閉する設備を設置すること。 2　局所排気装置を設置すること。 3　プッシュプル型換気装置を設置すること。

ては，防じん機能を有する電動ファン付き呼吸用保護具又は防毒機能を有する電動ファン付き呼吸用保護具であって防じん機能を有するものに限る。）を使用させたとき。

　イ　臨時の特定粉じん作業を行う場合

　ロ　同一の特定粉じん発生源に係る特定粉じん作業を行う期間が短い場合

ハ　同一の特定粉じん発生源に係る特定粉じん作業を行う時間が短い場合

② 研削といし等を用いて特定粉じん作業を行う場合

次のいずれかに該当する場合であって，その作業に従事する労働者に有効な呼吸用保護具を使用させたとき。この場合において，屋内作業場にあっては全体換気装置による換気を，坑内作業場にあっては換気装置による換気を実施しなければならない。

イ　使用前の直径が300mm 未満の研削といしを用いて特定粉じん作業を行う場合

ロ　破砕又は粉砕の最大能力が毎時20kg 未満の破砕機又は粉砕機を用いて特定粉じん作業を行う場合

ハ　ふるい面積が700cm²未満のふるいわけ機を用いて特定粉じん作業を行う場合

ニ　内容積が18L 未満の混合機を用いて特定粉じん作業を行う場合

③ 作業場の構造等により設備等を設けることが困難な場合

作業場の構造，作業の性質等により措置を講じることが著しく困難であると所轄労働基準監督署長が認定したとき。この場合において，その作業に従事する労働者に有効な呼吸用保護具を使用させ，屋内作業場にあっては全体換気装置による換気を，坑内作業場にあっては換気装置による換気を実施しなければならない。

（2）　換気の実施等（第5条―第7条）

特定粉じん作業以外の粉じん作業を行う屋内作業場については，全体換気装置による換気の実施又はこれと同等以上の措置を，また，特定粉じん作業以外の粉じん作業を行う坑内作業場については，換気装置による換気の実施又はこれと同等以上の措置を講じなければならない。

ずい道等の内部において，ずい道等の建設の作業を行う場合における粉じん作業を行う坑内作業場については，換気装置による換気の実施又はこれと同等以上の措置を講じ，また，当該作業場について半月以内ごとに1回，定期に，切羽に近接する場所の空気中の粉じんの濃度を測定し，その結果を評価しなければならない（ずい道等の長さが短いことなどにより測定が著しく困難な場合は除く）。さらに，当該測定の結果に応じて，換気装置の風量の増加その他必要な措置を講じ，その結果を確認するため，当該作業場の切羽に近接する場所の空気中の粉じんの濃度を測定し，測定記録を7年間保存しなければならない。なお，当該測定を行うときは，当該作業場における粉じん中の遊離けい酸の含有率を測定しなければならない。

ただし，次のいずれかに該当する場合であって，その作業に従事する労働者に有効

な呼吸用保護具（別表第3第1号の2又は第2号の2に掲げる作業に労働者を従事させる場合にあっては防じん機能を有する電動ファン付き呼吸用保護具又は防毒機能を有する電動ファン付き呼吸用保護具であって防じん機能を有するものに限る。）を使用させたときは，上記の措置は講じなくてもよい。

① 臨時の粉じん作業であって，特定粉じん作業以外のものを行う場合

② 同一の作業場において特定粉じん作業以外の粉じん作業を行う期間が短い場合

③ 同一の作業場において特定粉じん作業以外の粉じん作業を行う時間が短い場合

（3）　除じん装置の設置（第10条）

第4条の規定により設ける局所排気装置のうち，別表第2第6号から第9号まで，第14号及び第15号に掲げる特定粉じん発生源（別表第2第7号に掲げる特定粉じん発生源にあっては，一事業場当たり10以上の特定粉じん発生源を有する場合に限る。）に係るものには，除じん装置を設けなければならない。

また，事業者は，第4条の規定により設けるプッシュプル型換気装置のうち，別表第2第7号，第9号，第14号及び第15号に掲げる特定粉じん発生源（別表第2第7号に掲げる特定粉じん発生源にあっては，一事業場当たり10以上の特定粉じん発生源（前三条の規定により，第4条の規定が適用されない特定粉じん作業に係る特定粉じん発生源を除く。）を有する場合に限る。）に係るものには，除じん装置を設けなければならない。

3　第3章　設備の性能等関係

粉じん作業における設備の性能等に係る必要な防止措置が定められているが，その概要は次のとおりである。当該作業の一部を請負人に請け負わせるときは，当該請負人に対し，所定の事項についての周知が求められる。

（1）　局所排気装置等の要件（第11条）

局所排気装置については，次の要件に適合するものとしなければならない。

① フードは，粉じんの発生源ごとに設けられ，外付け式フードにあっては，発生源にできるだけ近い位置に設けられていること。

② ダクトは，長さができるだけ短く，ベンドの数ができるだけ少なく，適当な箇所に掃除口が設けられている等掃除しやすい構造のものであること。

③ 前条の規定により除じん装置を付設する局所排気装置の排風機は，吸引された粉じんによる爆発のおそれがなく，ファンの腐食又は摩耗のおそれがないとき以外は，除じんをした後の空気が通る位置に設けられていること。

④ 移動式の局所排気装置又は別表第2第7号に掲げる特定粉じん発生源に設ける

　　局所排気装置であって，ろ過除じん方式又は電気除じん方式による除じん装置を
　　付設したもの以外は，排出口は，屋外に設けられていること。
　⑤　厚生労働大臣が定める制御風速を満たしていること。
　また，事業者は，第4条又は第27条第1項ただし書きの規定により設けるプッシュ
プル型換気装置については，次に定めるところに適合するものとしなければならない。
　①　ダクトは，長さができるだけ短く，ベンドの数ができるだけ少なく，かつ，適
　　当な箇所に掃除口が設けられている等掃除しやすい構造のものであること。
　②　前条の規定により除じん装置を付設するプッシュプル型換気装置の排風機は，
　　除じんをした後の空気が通る位置に設けられていること。ただし，吸引された粉
　　じんによる爆発のおそれがなく，かつ，ファンの腐食又は摩耗のおそれがないと
　　きは，この限りでない。
　③　排出口は，屋外に設けられていること。ただし，別表第2第7号に掲げる特定
　　粉じん発生源に設けるプッシュプル型換気装置であって，ろ過除じん方式又は電
　　気除じん方式による除じん装置を付設したものにあっては，この限りでない。
　④　厚生労働大臣が定める要件を具備していること。

（2）　局所排気装置等の稼働（第12条）

　局所排気装置については，粉じん作業が行われている間，厚生労働大臣が定める要
件を満たすように稼働させなければならない。またこの規定は，第4条又は第27条第
1項ただし書の規定により設けるプッシュプル型換気装置について準用する。

（3）　除じん（第13条）

　除じん装置については，粉じんの種類に応じ，それぞれ次表のいずれかの除じん方
式又はこれらと同等以上の性能を有する除じん方式による除じん装置とし，必要に応
じ，粒径の大きい粉じんを除去するための前置き除じん装置を設けなければならない。

粉じんの種類	除じん方式
ヒューム	ろ過除じん方式 電気除じん方式
ヒューム以外の粉じん	サイクロンによる除じん方式 スクラバによる除じん方式 ろ過除じん方式 電気除じん方式

（4）　除じん装置の稼働（第14条）

　除じん装置については，除じん装置に係る局所排気装置又はプッシュプル型換気装

置が稼働している間，有効に稼働しなければならない。

（5）　湿式型の衝撃式削岩機の給水（第15条）

湿式型の衝撃式削岩機については，特定粉じん作業が行われている間，有効に給水を行わなければならない。

（6）　湿潤な状態に保つための設備による湿潤化（第16条）

粉じんの発散源を湿潤な状態に保つための設備により，粉じん作業が行われている間，その粉じん発生源を湿潤な状態に保たなければならない。

4　第4章　管理関係

粉じん作業における管理的事項に係る必要な防止措置が定められているが，その概要は次のとおりである。当該作業の一部を請負人に請け負わせるときは，当該請負人に対し，所定の事項についての周知が求められる。

（1）　局所排気装置等の定期自主検査（第17条・第18条）

局所排気装置，プッシュプル型換気装置及び除じん装置については，1年以上使用しない場合を除いて，1年に1回以上定期的に一定の事項について自主検査を行い，所定事項について記録し，これを3年間保存しなければならない。また，1年以上使用しない場合については，使用再開の際に，同様に，自主検査，所定事項の記録，その保存を行わなければならない。

（2）　点検（第19条・第20条）

局所排気装置，プッシュプル型換気装置又は除じん装置をはじめて使用するとき，又は分解して改造若しくは修理を行ったときは，一定の事項について点検を行い，所定事項を記録し，これを3年間保存しなければならない。

（3）　補修等（第21条）

定期自主検査又は点検を行った場合において，異常を認めたときは，直ちに補修その他の措置を講じなければならない。

（4）　特別の教育（第22条）

常時特定粉じん作業に係る業務に労働者を就かせるときは，粉じんの発散防止及び作業場の換気の方法，作業場の管理，呼吸用保護具の使用方法，粉じんに係る疾病及び健康管理，関係法令について労働者に対する特別の教育を行わなければならない。

（5）　休憩設備（第23条）

坑内等特殊な作業場で，これによることができないやむを得ない事由があるとき以外は，粉じん作業に労働者を従事させるときは，粉じん作業を行う作業場以外の場所に休憩設備を設置し，労働者が作業衣等に付着した粉じんを除去することのできる用

具を備え付けなければならない。

（6）　掲示（第23条の2）

　粉じん作業に労働者を従事させるときは，粉じん作業を行う作業場である旨や粉じんにより生ずるおそれのある疾病の種類及びその症状等，また所定の場合にあっては，有効な呼吸用保護具を使用しなければならない旨及び使用すべき呼吸用保護具等，所定の事項を見やすい箇所に掲示しなければならない。

（7）　清掃の実施（第24条）

　粉じん作業を行う屋内の作業場所については，毎日1回以上，清掃を行わなければならない。また，粉じん作業を行う屋内作業場の床，設備等及び休憩設備が設けられている場所の床等については，たい積した粉じんを除去するため，1月以内ごとに1回，定期に，真空掃除機を用いて，又は水洗いする等粉じんの飛散しない方法によって清掃を行わなければならない。

（8）　発破終了後の措置（第24条の2）

　ずい道等の内部において，ずい道等の建設の作業のうち発破の作業を行ったときは，発破による粉じんが適当に薄められた後でなければ，当該箇所に労働者を近寄らせてはならない。

5　第5章　作業環境測定関係

（1）　粉じん濃度の測定等（第25条・第26条）

　常時特定粉じん作業が行われる屋内作業場については，6月以内ごとに1回，定期に，空気中の粉じん濃度を測定し，また，土石，岩石及び鉱物に係る特定粉じん作業を行う場合には，粉じん中の遊離けい酸の含有率を測定し，所定事項を記録し，これを7年間保存しなければならない。

（2）　測定結果の評価（第26条の2）

　作業環境測定を行ったときは，作業環境評価基準に従って，作業環境の管理の状態に応じ，第1管理区分，第2管理区分又は第3管理区分に区分することにより測定の結果の評価を行い，所定事項を記録し，これを7年間保存しなければならない。

（3）　評価の結果に基づく措置（第26条の3―第26条の4）

　評価の結果第3管理区分に区分された場所については，直ちに施設，設備，作業工程又は作業方法の点検を行い，その結果に基づき，施設又は設備の設置又は整備，作業工程又は作業方法の改善その他作業環境を改善するため必要な措置を講じ，管理区分が第1管理区分又は第2管理区分となるようにし，その改善効果を確認するため，その場所について粉じん濃度を測定し，及びその結果の評価を行わなければならな

い。また，労働者に有効な呼吸用保護具を使用させるほか，健康診断の実施その他労働者の健康の保持を図るため必要な措置を講じなければならない。

第2管理区分に区分された場所については，施設，設備，作業工程又は作業方法の点検を行い，その結果に基づき，施設又は設備の設置又は整備，作業工程又は作業方法の改善その他作業環境を改善するため必要な措置を講ずるよう努めなければならない。第3管理区分における粉じん作業の一部を請負人に請け負わせるときは，当該請負人に対し，必要な呼吸用保護具の使用についての周知が求められる。

評価の結果第3管理区分に区分された場所については，必要な能力を有する作業環境管理専門家の意見を聴くとともに，直ちに，第1管理区分又は第2管理区分とするために必要な措置を講じなければならない。また，第1管理区分又は第2管理区分と評価されるまでの間においても必要な措置を講じるとともに，遅滞なく，第3管理区分措置状況届を所轄労働基準監督署長に提出しなければならない。

6 第6章 保護具関係
呼吸用保護具の使用について（第27条）

別表第3（312ページ）に掲げる作業に労働者を従事させる場合には，有効な呼吸用保護具（別表第3第5号に掲げる作業にあっては，送気マスク又は空気呼吸器に限る。）を使用させなければならない。ただし，粉じんの発生源を密閉する設備，局所排気装置又はプッシュプル型換気装置の設置，粉じんの発生源を湿潤な状態に保つための設備の設置等の措置であって，当該作業に係る粉じんの発散を防止するために有効なものを講じたときは，その必要はない。

なお，別表第3第1号の2，第2号の2又は第3号の2に掲げる作業に労働者を従事させる場合（第7条第1項各号又は第2項各号に該当する場合を除く。）にあっては，2（2）の測定の結果に応じて，労働者に検定に合格した防じん機能を有する電動ファン付き呼吸用保護具又は防毒機能を有する電動ファン付き呼吸用保護具であって防じん機能を有するものを使用させなければならない。上記粉じん作業の一部を請負人に請け負わせるときは，当該請負人に対し，必要な呼吸用保護具の使用についての周知が求められる。

別表第1　（第2条，第3条関係）

1　鉱物等（湿潤な土石を除く。）を掘削する場所における作業（次号に掲げる作業を除く。）。ただし，次に掲げる作業を除く。

　　イ　坑外の，鉱物等を湿式により試錐する場所における作業

　　ロ　屋外の，鉱物等を動力又は発破によらないで掘削する場所における作業

1の2　ずい道等の内部の，ずい道等の建設の作業のうち，鉱物等を掘削する場所における作業

2　鉱物等（湿潤なものを除く。）を積載した車の荷台を覆し，又は傾けることにより鉱物等（湿潤なものを除く。）を積み卸す場所における作業（次号，第3号の2，第9号又は第18号に掲げる作業を除く。）

3　坑内の，鉱物等を破砕し，粉砕し，ふるい分け，積み込み，又は積み卸す場所における作業（次号に掲げる作業を除く。）。ただし，次に掲げる作業を除く。

　　イ　湿潤な鉱物等を積み込み，又は積み卸す場所における作業

　　ロ　水の中で破砕し，粉砕し，又はふるい分ける場所における作業

3の2　ずい道等の内部の，ずい道等の建設の作業のうち，鉱物等を積み込み，又は積み卸す場所における作業

4　坑内において鉱物等（湿潤なものを除く。）を運搬する作業。ただし，鉱物等を積載した車を牽引する機関車を運転する作業を除く。

5　坑内の，鉱物等（湿潤なものを除く。）を充てんし，又は岩粉を散布する場所における作業（次号に掲げる作業を除く。）

5の2　ずい道等の内部の，ずい道等の建設の作業のうち，コンクリート等を吹き付ける場所における作業

5の3　坑内であつて，第1号から第3号の2まで又は前二号に規定する場所に近接する場所において，粉じんが付着し，又は堆積した機械設備又は電気設備を移設し，撤去し，点検し，又は補修する作業

6　岩石又は鉱物を裁断し，彫り，又は仕上げする場所における作業（第13号に掲げる作業を除く。）。ただし，火炎を用いて裁断し，又は仕上げする場所における作業を除く。

7　研磨材の吹き付けにより研磨し，又は研磨材を用いて動力により，岩石，鉱物若しくは金属を研磨し，若しくはばり取りし，若しくは金属を裁断する場所における作業（前号に掲げる作業を除く。）

8　鉱物等，炭素原料又はアルミニウムはくを動力により破砕し，粉砕し，又はふるい分ける場所における作業（第3号，第15号又は第19号に掲げる作業を除く。）。ただし，水又は油の中で動力により破砕し，粉砕し，又はふるいわける場所における作業を除く。

9　セメント，フライアッシュ又は粉状の鉱石，炭素原料若しくは炭素製品を乾燥し，袋詰めし，積み込み，又は積み卸す場所における作業（第3号，第3号の2，第16号又は第18号に掲げる作業を除く。）

10　粉状のアルミニウム又は酸化チタンを袋詰めする場所における作業

11　粉状の鉱石又は炭素原料を原料又は材料として使用する物を製造し，又は加工する工程において，粉状の鉱石，炭素原料又はこれらを含む物を混合し，混入し，又は散布する場所における作業（次号から第14号までに掲げる作業を除く。）

12　ガラス又はほうろうを製造する工程において，原料を混合する場所における作業又は原料若しくは調合物を溶解炉に投げ入れる作業。ただし，水の中で原料を混合する場所における作業を除く。

13　陶磁器，耐火物，けい藻土製品又は研磨材を製造する工程において，原料を混合し，若しくは成形し，原料若しくは半製品を乾燥し，半製品を台車に積み込み，若しくは半製品若しくは製品を台車から積み卸し，仕上げし，若しくは荷造りする場所における作業又は窯の内部に立ち入る作業。ただし，次に掲げる作業を除く。

　　イ　陶磁器を製造する工程において，原料を流し込み成形し，半製品を生仕上げし，又は製品を荷造りする場所における作業

　　ロ　水の中で原料を混合する場所における作業
14　炭素製品を製造する工程において，炭素原料を混合し，若しくは成形し，半製品を炉詰めし，又は半製品若しくは製品を炉出しし，若しくは仕上げする場所における作業。ただし，水の中で原料を混合する場所における作業を除く。
15　砂型を用いて鋳物を製造する工程において，砂型を造型し，砂型を壊し，砂落としし，砂を再生し，砂を混練し，又は鋳ばり等を削り取る場所における作業（第7号に掲げる作業を除く。）。ただし，水の中で砂を再生する場所における作業を除く。
16　鉱物等（湿潤なものを除く。）を運搬する船舶の船倉内で鉱物等（湿潤なものを除く。）をかき落とし，若しくはかき集める作業又はこれらの作業に伴い清掃を行う作業（水洗する等粉じんの飛散しない方法によって行うものを除く。）
17　金属その他無機物を製錬し，又は溶融する工程において，土石又は鉱物を開放炉に投げ入れ，焼結し，湯出しし，又は鋳込みする場所における作業。ただし，転炉から湯出しし，又は金型に鋳込みする場所における作業を除く。
18　粉状の鉱物を燃焼する工程又は金属その他無機物を製錬し，若しくは溶融する工程において，炉，煙道，煙突等に付着し，若しくは堆積した鉱さい又は灰をかき落とし，かき集め，積み込み，積み卸し，又は容器に入れる場所における作業
19　耐火物を用いて窯，炉等を築造し，若しくは修理し，又は耐火物を用いた窯，炉等を解体し，若しくは破砕する作業
20　屋内，坑内又はタンク，船舶，管，車両等の内部において，金属を溶断し，又はアークを用いてガウジングする作業
20の2　金属をアーク溶接する作業
　21　金属を溶射する場所における作業
22　染土の付着した藺草を庫入れし，庫出しし，選別調整し，又は製織する場所における作業
23　長大ずい道（じん肺法施行規則（昭和35年労働省令第6号）別表第23号の長大ずい道をいう。別表第3第17号において同じ。）の内部の，ホッパー車からバラストを取り卸し，又はマルチプルタイタンパーにより道床を突き固める場所における作業

別表第2　（第2条，第4条，第10条，第11条関係）

1　別表第1第1号又は第1号の2に掲げる作業に係る粉じん発生源のうち，坑内の，鉱物等を動力により掘削する箇所
2　別表第1第3号に掲げる作業に係る粉じん発生源のうち，鉱物等を動力（手持式動力工具によるものを除く。）により破砕し，粉砕し，又はふるい分ける箇所
3　別表第1第3号又は第3号の2に掲げる作業に係る粉じん発生源のうち，鉱物等をずり積機等車両系建設機械により積み込み，又は積み卸す箇所
4　別表第1第3号又は第3号の2に掲げる作業に係る粉じん発生源のうち，鉱物等をコンベヤー（ポータブルコンベヤーを除く。以下この号において同じ。）へ積み込み，又はコンベヤーから積み卸す箇所（前号に掲げる箇所を除く。）
5　別表第1第6号に掲げる作業に係る粉じん発生源のうち，屋内の，岩石又は鉱物を動力（手持式又は可搬式動力工具によるものを除く。）により裁断し，彫り，又は仕上げする箇所
6　別表第1第6号又は第7号に掲げる作業に係る粉じん発生源のうち，屋内の，研磨材の吹き付けにより，研磨し，又は岩石若しくは鉱物を彫る箇所
7　別表第1第7号に掲げる作業に係る粉じん発生源のうち，屋内の，研磨材を用いて動力（手持式又は可搬式動力工具によるものを除く。）により，岩石，鉱物若しくは金属を研磨し，若しくはばり取りし，又は金属を裁断する箇所
8　別表第1第8号に掲げる作業に係る粉じん発生源のうち，屋内の，鉱物等，炭素原料又はアルミ

ニウムはくを動力（手持式動力工具によるものを除く。）により破砕し，粉砕し，又はふるい分ける箇所

9　別表第1第9号又は第10号に掲げる作業に係る粉じん発生源のうち，屋内の，セメント，フライアッシュ又は粉状の鉱石，炭素原料，炭素製品，アルミニウム若しくは酸化チタンを袋詰めする箇所

10　別表第1第11号に掲げる作業に係る粉じん発生源のうち，屋内の，粉状の鉱石，炭素原料又はこれらを含む物を混合し，混入し，又は散布する箇所

11　別表第1第12号から第14号までに掲げる作業に係る粉じん発生源のうち，屋内の，原料を混合する箇所

12　別表第1第13号に掲げる作業に係る粉じん発生源のうち，耐火レンガ又はタイルを製造する工程において，屋内の，原料（湿潤なものを除く。）を動力により成形する箇所

13　別表第1第13号又は第14号に掲げる作業に係る粉じん発生源のうち，屋内の，半製品又は製品を動力（手持式動力工具によるものを除く。）により仕上げる箇所

14　別表第1第15号に掲げる作業に係る粉じん発生源のうち，屋内の，型ばらし装置を用いて砂型を壊し，若しくは砂落としし，又は動力（手持式動力工具によるものを除く。）により砂を再生し，砂を混練し，若しくは鋳ばり等を削り取る箇所

15　別表第1第21号に掲げる作業に係る粉じん発生源のうち，屋内の，手持式溶射機を用いないで金属を溶射する箇所

別表第3　（第7条，第27条関係）

1　別表第1第1号に掲げる作業のうち，坑外において，衝撃式削岩機を用いて掘削する作業

1の2　別表第1第1号の2に掲げる作業のうち，動力を用いて掘削する場所における作業

2　別表第1第2号から第3号の2までに掲げる作業のうち，屋内又は坑内の，鉱物等を積載した車の荷台を覆し，又は傾けることにより鉱物等を積み卸す場所における作業（次号に掲げる作業を除く。）

2の2　別表第1第3号の2に掲げる作業のうち，動力を用いて鉱物等を積み込み，又は積み卸す場所における作業

3　別表第1第5号に掲げる作業

3の2　別表第1第5号の2に掲げる作業

3の3　別表第1第5号の3に掲げる作業

4　別表第1第6号に掲げる作業のうち，手持式又は可搬式動力工具を用いて岩石又は鉱物を裁断し，彫り，又は仕上げする作業

5　別表第1第6号又は第7号に掲げる作業のうち，屋外の，研磨材の吹き付けにより，研磨し，又は岩石若しくは鉱物を彫る場所における作業

6　別表第1第7号に掲げる作業のうち，屋内，坑内又はタンク，船舶，管，車両等の内部において，手持式又は可搬式動力工具（研磨材を用いたものに限る。次号において同じ。）を用いて，岩石，鉱物若しくは金属を研磨し，若しくはばり取りし，又は金属を裁断する作業

6の2　別表第1第7号に掲げる作業のうち，屋外において，手持式又は可搬式動力工具を用いて岩石又は鉱物を研磨し，又はばり取りする作業

7　別表第1第3号又は第8号に掲げる作業のうち，手持式動力工具を用いて，鉱物等を破砕し，又は粉砕する作業

7の2　別表第1第8号に掲げる作業のうち，屋内又は坑内において，手持式動力工具を用いて，炭素原料又はアルミニウムはくを破砕し，又は粉砕する作業

8　別表第1第9号に掲げる作業のうち，セメント，フライアッシュ又は粉状の鉱石，炭素原料若しくは炭素製品を乾燥するため乾燥設備の内部に立ち入る作業又は屋内において，これらの物を積み込み，若しくは積み卸す作業

9 別表第1第13号に掲げる作業のうち，原料若しくは半製品を乾燥するため，乾燥設備の内部に立ち入る作業又は窯の内部に立ち入る作業

10 別表第1第14号に掲げる作業のうち，半製品を炉詰めし，又は半製品若しくは製品を炉出しするため，炉の内部に立ち入る作業

11 別表第1第15号に掲げる作業のうち，砂型を造型し，型ばらし装置を用いないで，砂型を壊し，若しくは砂落としし，動力によらないで砂を再生し，又は手持式動力工具を用いて鋳ばり等を削り取る作業

12 別表第1第16号に掲げる作業

12の2 別表第1第17号に掲げる作業のうち，土石又は鉱物を開放炉に投げ入れる作業

13 別表第1第18号に掲げる作業のうち，炉，煙道，煙突等に付着し，若しくは堆積した鉱さい又は灰をかき落とし，かき集め，積み込み，積み卸し，又は容器に入れる作業

14 別表第1第19号から第20号の2までに掲げる作業

15 別表第1第21号に掲げる作業のうち，手持式溶射機を用いて金属を溶射する作業

16 別表第1第22号に掲げる作業のうち，染土の付着した藺草を庫入れし，又は庫出しする作業

17 別表第1第23号に掲げる作業のうち，長大ずい道の内部において，ホッパー車からバラストを取り卸し，又はマルチプルタイタンパーにより道床を突き固める作業

11 石綿障害予防規則

（平成17.2.24厚生労働省令第21号）
（最終改正：令和5.8.29厚生労働省令第105号）

　石綿は，不燃・耐熱性，熱・電気絶縁性，耐摩耗性などその優れた特性から，建材やブレーキ等の摩擦材，保温・断熱材，化学工場等で使用されるシール材など多岐にわたる用途に使用され，特に昭和40年代から昭和60年代の初め頃にかけて年間約20～30万トンもの大量の石綿が輸入され，その多くが建材に使用されていた。

　しかしながら，石綿の職業ばく露により肺がん，中皮腫，石綿肺等の重篤な健康障害をもたらすことが明らかになったことから，昭和46年4月に特定化学物質等障害予防規則が制定され，石綿による健康障害予防対策の充実が図られてきた。

　平成16年10月に施行された改正労働安全衛生法施行令により，石綿を含有する建材や摩擦材，接着剤の製造等が禁止され，新たに使用される石綿含有製品の大部分が削減されたところであるが，上述の石綿が大量に建材に使用された時代に作られた建築物の解体が，20～30年後にピークを迎えるとみられていた。

　このため，以後の石綿ばく露防止対策は，建築物の解体作業など既に使用されている石綿を除去する場面におけるものが中心となり，他の特定化学物質とは措置の内容が大幅に異なることから，石綿ばく露防止対策等の充実を図った単独の規則として，石綿障害予防規則が平成17年7月1日より施行された。また，平成17年の労働安全衛生法の改正で，特定化学物質等作業主任者技能講習から分離・独立し，石綿作業主任者技能講習として，平成18年4月より施行された。また，石綿障害予防規則施行後に明らかとなった作業の実態に係る知見を踏まえ，平成18年8月にその改正が行われ，同年9月より施行された。平成21年3月の改正では，石綿の事前調査の結果の掲示や負圧除じん装置（集じん・排気装置）の設置等の内容が新たに盛り込まれ（同年4月施行），鋼製の船舶の解体等の作業に係る措置について追加された（同年7月施行）。平成26年3月の改正では，石綿を含む保温材，耐火被覆材等の損傷等により発散した粉じんへのばく露防止措置等が定められ，同年6月より施行された。

　さらに，約10年後にピークが見込まれる，石綿が用いられている建築物の解体工事に備えて，解体前の事前調査や分析等に使用する試料を確保する必要が生じたことから，施行令を改正して，石綿分析用試料に限って製造，使用等を厚生労働大臣が許可できることとなり，これに係る対策として，石綿障害予防規則を平成30年4月に改正し，設備，測定，健康診断等の規定が整備され，同年6月に施行された。

　令和2年7月の改正では，事前調査の義務付け，工事開始前の労働基準監督署への

届出，除去工事終了後に隔離を解く前に資格者による取り残しがないことの目視による確認の義務付け，作業の実施状況等の写真等による記録の義務付け等が新たに盛り込まれた（施行は，同年10月，令和3年4月，令和4年4月，令和5年10月の4段階）。令和5年1月の改正では，工作物に対しても資格者による調査が義務付けられた（令和8年1月施行）。

令和4年5月31日（厚生労働省令第91号）に，労働安全衛生規則及び有機溶剤中毒予防規則等の特別規則が改正され，新たな化学物質規制の制度（化学物質の自主的管理）が導入されることとなった（施行日は，令和5年4月1日又は令和6年4月1日（一部は公布日））。

この規則の構成は次のとおりであり，この規則の対象作業と規制項目の関係を次ページの表に示す。

第1章　総則（第1条・第2条）

第2章　石綿等を取り扱う業務等に係る措置

　第1節　解体等の業務に係る措置（第3条—第9条）

　第2節　労働者が石綿等の粉じんにばく露するおそれがある建築物等における業務に係る措置（第10条）

　第3節　石綿等を取り扱う業務に係るその他の措置（第11条—第15条）

第3章　設備の性能等（第16条—第18条）

第4章　管理（第19条—第35条の2）

第5章　測定（第36条—第39条）

第6章　健康診断（第40条—第43条）

第7章　保護具（第44条—第46条）

第8章　製造等（第46条の2—第48条の4）

第8章の2　石綿作業主任者技能講習（第48条の5）

第9章　報告（第49条・第50条）

附　則

1　第1章　総則関係

（1）　事業者の責務（第1条）

石綿による労働者の肺がん，中皮腫その他の健康障害を予防するため，作業方法の確立，関係施設の改善，作業環境の整備，健康管理の徹底その他必要な措置を講じ，労働者の危険の防止の趣旨に反しない限りで，石綿にばく露される労働者の人数並びに労働者がばく露される期間及び程度を最小限度にするよう努めなければならない。

　また，石綿を含有する製品の使用状況等を把握し，当該製品を計画的に石綿を含有しない製品に代替するよう努めなければならない。

（工事開始前まで）

条文 石綿則	規制内容	工事の種類	すべての解体・改修工事		
			建築物	工作物	船舶
3	事前調査の実施，記録の3年保存		○	○	○
3	事前調査に関する資格者要件		○	○※5	○
4	作業計画の作成（石綿含有建材がある場合）		○	○	○
4の2	事前調査結果等の報告（工事開始前まで）		○※1	○※2	○※4
（安衛則90）	計画の届出（工事開始の14日前まで）		○※3	○※3	○※3

(注)　※1　床面積80m²以上の解体工事又は請負金額100万円以上の改修工事に限る
　　　※2　請負金額100万円以上の特定の工作物の解体工事又は改修工事に限る
　　　※3　吹付石綿等（レベル1建材）又は石綿含有保温材等（レベル2建材）がある場合に限る
　　　　　建設業・土石採取業以外の事業者にあっては，作業の届出（工事開始前まで）が適用
　　　※4　総トン数が20トン以上の船舶に係る解体工事又は改修工事に限る
　　　※5　事前調査に関する資格者要件（石綿則第3条）については，令和8年1月1日から施行

（工事開始後（石綿含有建材を扱う作業に限る））

石綿則条文	主な規制内容	吹付石綿、保温材等の除去等	けい酸カルシウム板第1種の破砕等	仕上塗材の電動工具による除去	スレート板等の成形品の除去
3	事前調査結果の作業場への備え付け，掲示	○	○	○	○
19・20	石綿作業主任者の選任・職務実施	○	○	○	○
27	作業者に対する特別教育の実施	○	○	○	○
6	作業場所の隔離	○	○	○	
6	隔離空間の負圧維持・点検・解除前の除去完了確認	○			
13	作業時に建材を湿潤な状態にする	○	○	○	○
14	呼吸用保護具，保護衣等の使用	○	○	○	○
15	関係者以外の立入禁止・表示	○	○	○	○
34	石綿作業場であることの掲示	○	○	○	○
35	作業者ごとの作業の記録・40年保存	○	○	○	○
35の2	作業実施状況の写真等による記録・3年保存	○	○	○	○
40〜43	作業者に対する石綿健康診断の実施	○	○	○	○

（2）　定義（第2条）

　石綿障害予防規則において「石綿等」とは，労働安全衛生法施行令第6条第23号に規定する石綿等をいい，石綿及びこれをその重量の0.1パーセントを超えて含有する物をいう。

　「所轄労働基準監督署長」とは，事業場の所在地を管轄する労働基準監督署長をいい，「切断等」とは，切断，破砕，穿孔，研磨等をいう。

　また，「石綿分析用試料等」とは，施行令第6条第23号に規定する石綿分析用試料等をいう。

　※　「石綿」とは，繊維状を呈しているアクチノライト，アモサイト，アンソフィライト，クリソタイル，クロシドライト及びトレモライトをいう。

2　第2章　石綿等を取り扱う業務等に係る措置関係

　石綿等を取り扱う各種業務等に係る措置が定められているが，その概要は次のとおりである。当該業務の一部を請負人に請け負わせるときは，当該請負人に対し，所定の事項についての周知又は配慮が求められる。

（1）　解体等の業務に係る措置（第3条―第9条）

　石綿等の解体等の業務に係る措置について定められており，その概要は次のとおりである。

① 　建築物，工作物又は船舶（鋼製のもの。）の解体又は改修（封じ込め又は囲い込みを含む。）の作業（以下「解体等の作業」という。）を行うときは，石綿による労働者の健康障害を防止するため，あらかじめ，当該建築物，工作物又は船舶（それぞれ解体等の作業に係る部分に限る。以下「解体等対象建築物等」という。）について，全ての材料について次に掲げる方法により石綿等の使用の有無を調査しなければならない（以下「事前調査」という。）。

　イ　設計図書等の文書（電磁的記録を含む。）を確認する方法。ただし，設計図書等の文書が存在しないときは，この限りでない。

　ロ　目視により確認する方法。ただし，解体等対象建築物等の構造上目視により確認することが困難な材料については，この限りでない。

　　また，事前調査を行ったにもかかわらず，当該解体等対象建築物等について石綿等の使用の有無が明らかとならなかったときは，石綿等の使用の有無について，分析調査を行わなければならない。ただし，当該解体等対象建築物等について石綿等が使用されているものとみなして労働安全衛生法及びこれに基づく命令に規定する措置を講ずるときは，この限りでない。

　事前調査等を行ったときは，その結果に基づき，所定の事項の記録を作成し，これを事前調査を終了した日から3年間保存するものとする。

　さらに，解体等の作業を行う作業場には，調査終了日，事前調査を行った部分，石綿等の使用の有無及び石綿等が使用されていないと判断した根拠，について，労働者が見やすい箇所に掲示しなければならない。

② 　石綿使用建築物等解体等作業を行うときは，石綿による労働者の健康障害を防止するため，あらかじめ，次の事項が示された作業計画を定め，作業計画により行わなければならないとともに，労働者に周知させなければならない。

　イ　石綿使用建築物等解体等作業の方法及び順序

　ロ　石綿等の粉じんの発散を防止し，又は抑制する方法

　ハ　石綿使用建築物等解体等作業を行う労働者への石綿等の粉じんのばく露を防止する方法

　また，一定規模以上の建築物および工作物の解体・改修工事については事前調査結果等を所轄労働基準監督署長に報告しなければならない。

③ 　事業者は，次に掲げる作業を行うときは，あらかじめ，様式第1号の2による届書に当該作業に係る解体等対象建築物等の概要を示す図面を添えて，所轄労働基準監督署長に提出しなければならない。労働安全衛生法第88条第3項の規定による届出をする場合にあっては，適用しない。

　イ　解体等対象建築物等に吹き付けられている石綿等の除去，封じ込め又は囲い込みの作業

　ロ　解体等対象建築物等に張り付けられている石綿含有保温材等の除去，封じ込め又は囲い込みの作業

④ 　③イ，ロの作業（囲い込みの作業にあっては，石綿等の切断等の作業を伴うもの及び石綿含有保温材等の切断等の作業を伴うものに限る。）を行うときは，次に掲げる適切な石綿等の除去等に係る措置を講じなければならない。ただし，当該措置と同等以上の効果を有する措置を講じたときは，この限りでない。

　イ　石綿等の除去等を行う作業場所を，それ以外の作業を行う作業場所から隔離すること。

　ロ　石綿等の除去等を行う作業場所にろ過集じん方式の集じん・排気装置を設け，排気を行うこと。

　ハ　石綿等の除去等を行う作業場所の出入口に前室，洗身室及び更衣室を設置すること。

　ニ　石綿等の除去等を行う作業場所及び前号の前室を負圧に保つこと。

　　ホ　隔離を行った作業場所において初めて作業を行う場合には，作業を開始した
　　　後速やかに，ろ過集じん方式の集じん・排気装置の排気口からの石綿等の粉じ
　　　んの漏えいの有無を点検すること。
　　ヘ　ろ過集じん方式の集じん・排気装置に変更を加えたときは，排気口からの石
　　　綿等の粉じんの漏えいの有無を点検すること。
　　ト　その日の作業を開始前及び作業を中断したときは，前室が負圧に保たれてい
　　　ることを点検すること。
　　　また，隔離を行ったときは，石綿等の粉じんを処理するとともに，吹き付けら
　　れた石綿等又は張り付けられた石綿含有保温材等を除去した部分を湿潤化し，石
　　綿等に関する知識を有する者が当該石綿等又は石綿含有保温材等の除去が完了し
　　たことを確認した後でなければ，隔離を解いてはならない。

⑤　石綿含有成形品を建築物，工作物又は船舶から除去する作業においては，切断
　等以外の方法により作業を実施しなければならない。ただし，切断等以外の方法
　により作業を実施することが技術上困難なときは，この限りでない。やむを得ず
　切断等の方法により除去する作業を行うときは，作業場所のビニールシート等に
　よる隔離，作業中は石綿含有成形品を常時湿潤な状態に保つこと。また，除じん
　性能を有する電動工具を使用することその他の石綿等の粉じんの発散を防止する
　措置を講ずることも求められる。

⑥　石綿含有仕上げ塗材を電動工具を使用して除去する作業を行うときは，作業場
　所の隔離，作業中は石綿含有仕上げ塗材を常時湿潤な状態に保つこと。また，除
　じん性能を有する電動工具を使用することその他の石綿等の粉じんの発散を防止
　する措置を講ずることも求められる。

⑦　③イの作業（石綿等の切断等の作業を伴うものを除き，囲い込みの作業に限
　る。），③ロの作業（石綿含有保温材等の切断等の作業を伴うものを除き，除去又
　は囲い込みの作業に限る。）に労働者を従事させるときは，当該作業場所に当該
　作業に従事する労働者以外の者（第14条に規定する措置が講じられた者を除く。）
　が立ち入ることを禁止し，かつ，その旨を見やすい箇所に表示しなければならな
　い。
　　また，特定元方事業者（法第15条第1項の特定元方事業者）は，その労働者及
　び関係請負人（法第15条第1項の関係請負人）の労働者の作業が，前項各号に掲
　げる作業と同一の場所で行われるときは，当該作業の開始前までに，関係請負人
　に当該作業の実施について通知するとともに，作業の時間帯の調整等必要な措置
　を講じなければならない。

⑧ 解体等の作業を行う仕事の発注者（注文者のうち，その仕事を他の者から請け負わないで注文している者）は，当該仕事の請負人に対し，当該仕事に係る解体等対象建築物等における石綿等の使用状況等を通知するよう努めなければならない。

⑨ 解体等の作業を行う仕事の注文者は，事前調査等，当該事前調査等の結果を踏まえた当該作業等の方法，費用又は工期等について，法及びこれに基づく命令の規定の遵守を妨げるおそれのある条件を付さないように配慮しなければならない。

（2） 労働者が石綿等の粉じんにばく露するおそれがある建築物等における業務に係る措置（第10条）

労働者が石綿等の粉じんにばく露するおそれがある建築物等における業務に係る措置について，次の定めによらなければならない。

① 労働者を就業させる建築物若しくは船舶又はそれらに設置された工作物（②，④に規定するものを除く。）に吹き付けられた石綿等又は張り付けられた石綿含有保温材等が損傷，劣化等により石綿等の粉じんを発散させ，及び労働者がその粉じんにばく露するおそれがあるときは，当該石綿等又は石綿含有保温材等の除去，封じ込め，囲い込み等の措置を講じなければならない。

② 労働者を臨時に就業させる建築物若しくは船舶又はそれらに設置された工作物（④に規定するものを除く。）に吹き付けられた石綿等又は張り付けられた石綿含有保温材等が損傷，劣化等により石綿等の粉じんを発散させ，及び労働者がその粉じんにばく露するおそれがあるときは，労働者に呼吸用保護具及び作業衣又は保護衣を使用させなければならない。

③ 労働者は，事業者から②の保護具等の使用を命じられたときは，これを使用しなければならない。

④ 建築物貸与者は，当該建築物の貸与を受けた2以上の事業者が共用する廊下の壁等に吹き付けられた石綿等又は張り付けられた石綿含有保温材等が損傷，劣化等によりその粉じんを発散させ，及び労働者がその粉じんにばく露するおそれがあるときは，①に規定する措置を講じなければならない。

（3） 石綿等を取り扱う業務に係るその他の措置（第12条—第15条）

石綿等を取り扱う業務に係るその他の措置について定められており，その概要は次のとおりである。

① 石綿等の粉じんが発散する屋内作業場については，当該粉じんの発散源を密閉する設備，局所排気装置又はプッシュプル型換気装置を設けなければならない。

ただし，当該粉じんの発散源を密閉する設備，局所排気装置若しくはプッシュプル型換気装置の設置が著しく困難なとき，又は臨時の作業を行うときは，全体換気装置を設け，又は当該石綿等を湿潤な状態にする等労働者の健康障害を予防するため必要な措置を講じなければならない。

② 次のいずれかに掲げる作業に労働者を従事させるときは，石綿等を湿潤な状態のものとしなければならない。ただし，石綿等を湿潤な状態のものとすることが著しく困難なときは，除じん性能を有する電動工具の使用その他の石綿等の粉じんの発散を防止する措置を講ずるように努めなければならない。

イ　石綿等の切断等の作業

ロ　石綿等を塗布し，注入し，又は張り付けた物の解体等の作業

ハ　粉状の石綿等を容器に入れ，又は容器から取り出す作業

ニ　粉状の石綿等を混合する作業

ホ　上記イ〜ニ，石綿等の切断等の作業等において発散した石綿等の粉じんの掃除の作業

　また，石綿等の切断等の作業等を行う場所に，石綿等の切りくず等を入れるためのふたのある容器を備えなければならない。

③ 石綿等の切断等の作業等に労働者を従事させるときは，当該労働者に呼吸用保護具（隔離の措置を講じた作業場所における，吹き付けられた石綿等の除去の作業に労働者を従事させる場合には，防じん機能を有する電動ファン付き呼吸用保護具若しくは防毒機能を有する電動ファン付き呼吸用保護具であって防じん機能を有するもの又はこれと同等以上の性能を有する空気呼吸器，酸素呼吸器若しくは送気マスクを使用させることが必要である。）及び作業衣等を使用させなければならない。

④ 石綿等を取り扱い（試験研究のため使用する場合を含む。以下同じ。），若しくは試験研究のため製造する作業場又は石綿分析用試料等を製造する作業場には，関係者以外の者が立ち入ることを禁止し，かつ，その旨を見やすい箇所に表示しなければならない。

3　第3章　設備の性能等関係

（1）　局所排気装置等の要件（第16条）

局所排気装置については，次に定めるところに適合するものとしなければならない。また，プッシュプル型換気装置については，②〜④に定めるところに適合するものとしなければならない。

① フードは，石綿等の粉じんの発散源ごとに設けられ，かつ，外付け式又はレシーバー式のフードにあっては，当該発散源にできるだけ近い位置に設けられていること。

② ダクトは，長さができるだけ短く，ベンドの数ができるだけ少なく，かつ，適当な箇所に掃除口が設けられている等掃除しやすい構造のものであること。

③ 排気口は，屋外に設けられていること。ただし，石綿の分析の作業に労働者を従事させる場合において，排気口からの石綿等の粉じんの排出を防止するための措置を講じたときは，この限りでない。

④ 厚生労働大臣が定める性能を有するものであること。

（2）局所排気装置等の稼働（第17条）

局所排気装置又はプッシュプル型換気装置については，石綿等に係る作業が行われている間，厚生労働大臣が定める要件を満たすように稼働させなければならない。また，当該装置を稼働させるときは，バッフルを設けて換気を妨害する気流を排除する等当該装置を有効に稼働させるため必要な措置を講じなければならない。

（3）除じん（第18条）

除じん装置について次の定めによらなければならない。

① 石綿等の粉じんを含有する気体を排出する製造設備の排気筒又は局所排気装置若しくはプッシュプル型換気装置には，次表のとおり粉じんの粒径に応じ，いずれかの除じん方式による除じん装置又はこれらと同等以上の性能を有する除じん装置を設けなければならない。

② ①の除じん装置には，必要に応じ，粒径の大きい粉じんを除去するための前置き除じん装置を設けなければならない。

③ ①及び②の除じん装置を有効に稼働させなければならない。

粉じんの粒径 （単位　マイクロメートル）	除じん方式
5未満	ろ過除じん方式 電気除じん方式
5以上20未満	スクラバによる除じん方式 ろ過除じん方式 電気除じん方式
20以上	マルチサイクロン（処理風量が毎分20立方メートル以内ごとに1つのサイクロンを設けたものをいう。）による除じん方式 スクラバによる除じん方式

ろ過除じん方式
電気除じん方式

　備考　この表における粉じんの粒径は，重量法で測定した粒径分布において最大頻度を
　　　示す粒径をいう。

4　第4章　管理関係

（1）　石綿作業主任者の選任及び職務（第19条―第20条）

　令第6条第23号に掲げる作業については，石綿作業主任者技能講習を修了した者の
うちから，石綿作業主任者を選任し，次の事項を行わせなければならない。

　①　作業に従事する労働者が石綿等の粉じんにより汚染され，又はこれらを吸入し
　　ないように，作業の方法を決定し，労働者を指揮すること。

　②　局所排気装置，プッシュプル型換気装置，除じん装置その他労働者が健康障害
　　を受けることを予防するための装置を1月を超えない期間ごとに点検すること。

　③　保護具の使用状況を監視すること。

（2）　定期自主検査（第21条―第23条・第26条）

　局所排気装置，プッシュプル型換気装置及び除じん装置（石綿等に係るものに限
る。）については，1年以内ごとに1回，定期に，それぞれ所定の事項について自主
検査を行い，その結果を記録し，3年間保存すること。また，異常を認めた場合は，
直ちに補修等の措置を講じなければならない。

（3）　点検（第24条―第26条）

　局所排気装置，プッシュプル型換気装置及び除じん装置（石綿等に係るものに限
る。）を初めて使用するとき，又は分解して改造若しくは修理を行ったときは，（2）
の定期自主検査の項目について点検を行い，その結果を記録し，3年間保存すること。
また，異常を認めた場合は，直ちに補修等の措置を講じなければならない。

（4）　特別の教育（第27条）

　石綿使用建築物等解体等作業に係る業務に労働者を就かせるときは，当該労働者に
対し，次の科目について，当該業務に関する衛生のための特別の教育を行わなければ
ならない。

　①　石綿の有害性

　②　石綿等の使用状況

　③　石綿等の粉じんの発散を抑制するための措置

　④　保護具の使用方法

　⑤　その他石綿等のばく露の防止に関し必要な事項

（5） 休憩室等各種施設等の管理（第28条―第35条の2）

休憩室等各種施設等の管理について次の定めによらなければならない。

① 石綿等を常時取り扱い，若しくは試験研究のため製造する作業場又は石綿分析用試料等を製造する作業場以外の場所に休憩室を設けること。また，入口には足部に付着した物を除去するための設備を設けるとともに，衣服用ブラシを備えて作業衣等に付着した物を除去すること。

② 石綿等を常時取り扱い，若しくは試験研究のため製造する作業場又は石綿分析用試料等を製造する作業場及び休憩室の床は，水洗等によって容易に掃除できる構造のものとし，毎日1回以上，掃除を行うこと。

③ 石綿等を取り扱い，若しくは試験研究のため製造する作業又は石綿分析用試料等を製造する作業に労働者を従事させるときは，洗眼，洗身又はうがいの設備，更衣設備及び洗濯のための設備を設けること。

④ 石綿等を運搬し，又は貯蔵するときは，当該石綿等の粉じんが発散するおそれがないように，堅固な容器を使用し，又は確実な包装をすること。また，容器又は包装の見やすい箇所に石綿等が入っていること及び取扱い上の注意事項を表示して，当該石綿等の粉じんが発散しないよう一定の場所を定めて保管すること。

⑤ 作業に使用した器具，工具，足場等について，付着した物を除去した後でなければ作業場外に持ち出してはならない（廃棄のため，容器等に梱包した場合を除く。）。

⑥ 石綿等を取り扱い，若しくは試験研究のため製造する作業場又は石綿分析用試料等を製造する作業場で作業従事者が喫煙し，又は飲食することを禁止し，かつ，その旨を当該作業場の見やすい箇所に表示すること。

⑦ 石綿等を取り扱い，若しくは試験研究のため製造する作業場又は石綿分析用試料等を製造する作業場には，次の事項を見やすい箇所に掲示すること。

　イ　石綿等を取り扱い，若しくは試験研究のため製造する作業場又は石綿分析用試料等を製造する作業場である旨

　ロ　石綿により生ずるおそれのある疾病の種類及びその症状

　ハ　石綿等の取扱い上の注意事項

　ニ　当該作業場において保護具等を使用しなければならない旨及び使用すべき保護具等

⑧ 石綿等の取扱い若しくは試験研究のための製造又は石綿分析用試料等の製造に伴い石綿等の粉じんを発散する場所において常時作業に従事する労働者について，1月を超えない期間ごとに次の事項を記録し，これを当該労働者が当該事業場において常時当該作業に従事しないこととなった日から40年間保存するものと

する。

イ　労働者の氏名

ロ　石綿等を取り扱い，若しくは試験研究のため製造する作業又は石綿分析用試料等を製造する作業に従事した労働者にあっては，従事した作業の概要，当該作業に従事した期間，石綿使用建築物等解体等作業に係る事前調査（及び分析調査）の結果の概要並びに⑨の記録の概要

ハ　周辺作業従事者にあっては，当該場所において他の労働者が従事した石綿等を取り扱い，若しくは試験研究のため製造する作業又は石綿分析用試料等を製造する作業の概要及び当該周辺作業従事者が周辺作業に従事した期間，当該場所において他の労働者が従事した石綿使用建築物等解体等作業に係る事前調査及び分析調査の結果の概要，⑨の記録の概要並びに保護具等の使用状況

ニ　石綿等の粉じんにより著しく汚染される事態が生じたときは，その概要及び事業者が講じた応急の措置の概要

⑨　石綿使用建築物等解体等作業を行ったときは，当該石綿使用建築物等解体等作業に係る作業計画に従って石綿使用建築物等解体等作業を行わせたことについて，写真その他実施状況を確認できる方法により記録を作成するとともに，次の事項を記録し，これらを当該石綿使用建築物等解体等作業を終了した日から3年間保存するものとする。

イ　当該石綿使用建築物等解体等作業に従事した労働者の氏名及び当該労働者ごとの当該石綿使用建築物等解体等作業に従事した期間

ロ　周辺作業従事者の氏名及び当該周辺作業従事者ごとの周辺作業に従事した期間

5　第5章　測定関係

（1）　測定（第36条）

石綿等を取り扱い，又は試験研究のため製造する屋内作業場については，6月以内ごとに1回，定期に，石綿の空気中における濃度を測定し，所定の事項を記録し，これを40年間保存しなければならない。

（2）　測定結果の評価（第37条）

(1)の作業環境測定を行ったときは，その都度，速やかに，作業環境評価基準に従って，作業環境の管理の状態に応じ，第1管理区分，第2管理区分又は第3管理区分に区分することにより当該測定の結果の評価を行い，所定の事項を記録し，40年間保存しなければならない。

（3）　評価の結果に基づく措置（第38条・第39条）

①　評価の結果，第3管理区分に区分された場所については，直ちに，施設，設備，作業工程又は作業方法の点検を行い，その結果に基づき，施設又は設備の設置又は整備，作業工程又は作業方法の改善その他作業環境を改善するため必要な措置を講じ，管理区分が第1管理区分又は第2管理区分となるようにし，その効果を確認するため，石綿の濃度を測定し，及びその結果の評価を行わなければならない。

また，評価の記録とそれに基づく措置等を，各作業場の見やすい場所に掲示又は備え付けるなどの方法で労働者に周知させなければならない。

②　評価の結果，第2管理区分に区分された場所については，施設，設備，作業工程又は作業方法の点検を行い，その結果に基づき，施設又は設備の設置又は整備，作業工程又は作業方法の改善その他作業環境を改善するため必要な措置を講ずるよう努めなければならない。

また，評価の記録とそれに基づく措置を，各作業場の見やすい場所に掲示又は備え付けるなどの方法で労働者に周知させなければならない。

6　第6章　健康診断関係

（1）　健康診断（第40条・第41条）

①　石綿等の取扱い若しくは試験研究のための製造又は石綿分析用試料等の製造に伴い石綿の粉じんを発散する場所における業務に常時従事する労働者に対し，雇入れ又は当該業務への配置替えの際及びその後6月以内ごとに1回，定期に，所定の項目について健康診断を行わなければならない。また，過去においてその事業場で石綿等取扱い作業又は取扱いに伴い石綿の粉じんを発散する場所における業務に従事した在籍労働者に対し，6月以内ごとに1回，定期に，所定の項目について健康診断を行わなければならない。

②　①の健康診断の結果に基づき，石綿健康診断個人票を作成し，これを当該労働者が当該事業場において常時当該業務に従事しないこととなった日から40年間保存しなければならない。

（2）　健康診断の結果についての医師からの意見聴取（第42条）

石綿健康診断の結果に基づく労働安全衛生法第66条の4の規定による医師からの意見聴取は，次に定めるところにより行わなければならない。

なお，事業者は，医師から，意見聴取を行う上で必要となる労働者の業務に関する情報を求められたときは，速やかにこれを提供しなければならない。

① 意見聴取は，石綿健康診断が行われた日（労働安全衛生法第66条第5項ただし
書の場合にあっては，当該労働者が健康診断の結果を証明する書面を事業者に提
出した日）から3月以内に行うこと。

② 聴取した医師の意見を石綿健康診断個人票に記載すること。

（3）　健康診断の結果の通知（第42条の2）

健康診断を行ったときは，当該労働者に対し，遅滞なく，健康診断の結果を通知し
なければならない。

（4）　健康診断結果報告（第43条）

定期の健康診断を行ったときは，遅滞なく，石綿健康診断結果報告書を所轄労働基
準監督署長に提出しなければならない。

7　第7章　保護具関係（第44条—第46条）

石綿等を取り扱い，若しくは試験研究のため製造する作業場又は石綿分析用試料等
を製造する作業場における保護具等の備付け等については，次によらなければならな
い。

① 石綿等の粉じんを吸入することによる労働者の健康障害を予防するため必要な
呼吸用保護具を備えること。

② これらの呼吸用保護具は，必要な数量を備え，有効かつ清潔に保持すること。

③ 使用された保護具等は，他の衣服等から隔離して保管し，付着した物を除去し
た後でなければ作業場外に持ち出してはならない（廃棄のため，容器等に梱包し
た場合を除く。）。

8　第8章　製造等関係（第46条の2～第48の4）

石綿等を製造又は使用しようとする場合の厚生労働大臣の定める製造許可基準は，
次のとおりである。

① 設備は，密閉式の構造のものとすること。

② 床は，水洗によって容易に掃除できる構造のものとすること。

③ 従事者は，健康障害の予防に関する知識を有する者であること。

④ 石綿等を入れる容器については，当該石綿等の粉じんが発散するおそれがない
ように堅固なものとし，かつ，当該容器の見やすい箇所に，当該石綿等が入って
いる旨を表示すること。

⑤ 石綿等の保管については，一定の場所を定め，かつ，その旨を見やすい箇所に
表示すること。

⑥ 石綿等を製造し，又は使用する者は，保護前掛及び保護手袋を使用すること。

⑦ 石綿等を製造する設備を設置する場所には，当該石綿等の製造作業中関係者以外の者が立ち入ることを禁止し，かつ，その旨を見やすい箇所に表示すること。

9 第8章の2 石綿作業主任者技能講習関係 （第48条の5）

石綿作業主任者技能講習は，都道府県労働局長又はその登録する登録教習機関が行い，石綿に係る次の科目について行う。

① 石綿障害及びその予防措置に関する知識

② 作業環境の改善方法に関する知識

③ 保護具に関する知識

④ 関係法令

10 第9章 報告関係 （第49条・第50条）

① 石綿等を取り扱い，若しくは試験研究のため製造する事業者又は石綿分析用試料等を製造する事業者は，事業を廃止しようとするときは，石綿関係記録等報告書に作業及び作業環境測定の記録，石綿健康診断個人票又はこれらの写しを添えて，所轄労働基準監督署長に提出するものとする。

② 製品を製造し，又は輸入した事業者は，当該製品が石綿をその重量の0.1パーセントを超えて含有していることを知った場合には，遅滞なく，次に掲げる事項について，所轄労働基準監督署長に報告しなければならない。

イ 製品の名称及び型式

ロ 製造した者の氏名又は名称

ハ 製造し，又は輸入した製品の数量

ニ 譲渡し，又は提供した製品の数量及び譲渡先又は提供先

ホ 製品の使用に伴う健康障害の発生及び拡大を防止するために行う措置

12 事務所衛生基準規則

（昭和47.9.30労働省令第43号）

（最終改正：令和4.3.1厚生労働省令第29号）

　建築技術の著しい進歩等によって，建築物の大型化や気密化が進められるとともに，その数は増加の一途をたどっている。

　以前は建築物内の衛生環境については，労働安全衛生規則において，工事現場，事務所などの別を問わず一括してその基準が定められていたが，これでは事務所における衛生の確保が十分でないことから，事務所の衛生状態の改善を図るためこの規則が制定されたものである。

　令和3年12月には，社会状況の変化に合わせて照度の基準，便所の設備等の項目が改正された。

　この規則の構成は，次のとおりである。また，この中に規制されている事務所の衛生基準を次ページ以下の表に示す。

　第1章　総則（第1条）

　第2章　事務室の環境管理（第2条—第12条）

　第3章　清潔（第13条—第18条）

　第4章　休養（第19条—第22条）

　第5章　救急用具（第23条）

　附　則

1　第1章　総則関係

(1)　適用（第1条）

　この規則は，事務所（建築物又はその一部で，タイプライターその他の事務用機器を使用して行う作業を含む事務作業に従事する労働者が主として使用するもの）について適用し，事務所における衛生基準については，これに附属する食堂及び炊事場を除き労働安全衛生規則第3編の規定は，適用しない。

2　第2章　事務室の環境管理関係

　事務室の空気，照明及び騒音について環境条件，関係設備の維持管理などが定められており，その概要は次のとおりである。

(1)　気積（第2条）

　室の容積（気積）は，設備の占める容積及び床面から4メートルを超える高さにあ

事務所の衛生基準一覧

項　目			事務所則	基　準	備　考
事務室の環境の管理	空気環境	気積	2	10m³/人以上とすること	定員により計算すること
		窓その他の開口部	3①	最大開放部分の面積が床面積の20分の1以上とすること	20分の1未満のとき換気設備を設けること
		室内空気の環境基準　一酸化炭素	3②	50ppm以下とすること	検知管等により測定すること
		室内空気の環境基準　二酸化炭素		5,000ppm以下　〃	〃
		温度　10℃以下のとき	4①	暖房等の措置を行うこと	
		温度　冷房実施のとき	4②	外気温より著しく低くしないこと	
		空気調和設備または機械換気設備　浮遊粉じん（約10マイクロメートル以下）	5①	0.15mg/m³以下とすること	デジタル粉じん計，ろ紙じんあい計等により測定すること
		空気調和設備または機械換気設備　一酸化炭素		10ppm以下　〃	検知管等により測定すること
		空気調和設備または機械換気設備　二酸化炭素		1,000ppm以下　〃	
		空気調和設備または機械換気設備　ホルムアルデヒド		0.1mg/m³以下　〃	2・4-ジニトロフェニルヒドラジン捕集-高速液体クロマトグラフ法，4-アミノ-3-ヒドラジノ-5-メルカプト-1・2・4-トリアゾール法により測定すること
		気流	5②	0.5m/s以下　〃	0.2m/s以上の測定可能な風速計により測定すること
		空気調和設備　室温	5③	18℃以上28℃以下となるように努めること	0.5度目盛の温度計により測定すること
		空気調和設備　相対湿度		40％以上70％以下　〃	0.5度目盛の乾湿球の湿度計（アウグスト乾湿計，アスマン通風乾湿計）
		作業環境測定（中央管理方式の空気調和設備を設けている場合）	7	室温，外気温，相対湿度，一酸化炭素，二酸化炭素について2月以内ごとに1回，定期に行うこと ただし，室温および湿度については，1年間，基準を満たし，かつ，今後1年間もその状況が継続すると見込まれる場合は，春（3～5月）または秋（9～11月），夏（6～8月），冬（12～2月）の年3回の測定とすることができる	測定結果を記録し，3年間保存すること
		ホルムアルデヒド	7の2	室の建築，大規模の修繕，大規模の模様替を行った場合は，当該室の使用を開始した日以後最初に到来する6月から9月までの期間に1回，測定すること	2・4-ジニトロフェニルヒドラジン捕集-高速液体クロマトグラフ法，4-アミノ-3-ヒドラジノ-5-メルカプト-1・2・4-トリアゾール法により測定すること
	燃焼器具	室又は箇所の換気	6①	排気筒，換気扇，その他の換気設備を設けること	
		器具の点検	6②	異常の有無の点検を毎日行うこと	
		室又は箇所の空気の環境基準　一酸化炭素	6③	50ppm以下とすること	検知管等により測定すること
		室又は箇所の空気の環境基準　二酸化炭素		5,000ppm以下　〃	〃
管理	空気調和設備	冷却塔　水質	9の2	水道法第4条に規定する水質基準に適合させること	
		冷却塔　点検		使用開始時，使用を開始した後，1月以内ごとに1回，定期に行うこと	冷却水についても同様に点検を行うこと 点検の結果，必要に応じて清掃，換水を行うこと （1月を超える期間使用しない冷却塔に係る当該使用しない期間は該当しない。）
		冷却塔　清掃		1年以内ごとに1回，定期に行うこと	冷却水の水管についても同様に清掃を行うこと

項　　目			事務所則	基　　準	備　　考
事務室の環境管理	空気調和設備	加湿装置	水質	9の2	水道法第4条に規定する水質基準に適合させるための措置をとること	
			点検		使用開始時，使用を開始した後，1月以内ごとに1回，定期に行うこと	点検の結果，必要に応じて清掃を行うこと（1月を超える期間使用しない加湿装置に係る当該使用しない期間は，該当しない。）
			清掃		1年以内ごとに1回，定期に行うこと	
		空気調和設備の排水受け	点検		使用開始時，使用を開始した後，1月以内ごとに1回，定期に行うこと	点検の結果，必要に応じて清掃を行うこと（1月を超える期間使用しない排水受けに係る当該使用しない期間は，該当しない。）
	機械による換気のための設備の点検			9	初めて使用するとき，分解して改造，修理したときおよび2月以内ごとに1回定期的に行うこと	結果を記録し，3年間保存すること
	採光・照明	照度	一般的な事務作業	10	300ルクス以上	
			付随的な事務作業		150ルクス以上	
		採光・照明の方法			①明暗の対照を少なくすること（局所照明と全般照明を併用）	局所照明に対する全般照明の比は約10分の1以上が望ましい
					②まぶしさをなくすこと	光源と眼とを結ぶ線と視線とがなす角度は30度以上が望ましい
		照明設備の点検			6月以内ごとに1回，定期に行うこと	
	騒音等の伝ぱの防止	タイプライター等の事務用機器を，5台以上集中して作業を行わせる場合		12	①作業室を専用室とすること	
					②専用室はしゃ音及び吸音の機能をもつ天井および隔壁とすること	
清潔	給水	水質基準		13	水道法第4条に規定する水質基準に適合すること	地方公共団体等の行う検査によること
		給水せんにおける水に含まれる残留塩素	通常		遊離残留塩素の場合0.1ppm以上とすること	
					結合残留塩素の場合0.4ppm　〃	
			汚染等の場合		遊離残留塩素の場合0.2ppm　〃	
					結合残留塩素の場合1.5ppm　〃	
	排水設備			14	汚水の漏出防止のための補修およびそうじを行うこと	
	清掃等の実施	大掃除		15	6月以内ごとに1回，定期に，統一的に行うこと	
		ねずみ、昆虫等	発生場所，生息場所，侵入経路，被害の状況の調査		6月以内ごとに1回，定期に，統一的に行うこと	調査の結果に基づいて，ねずみ，昆虫等の発生を防止するため必要な措置を講じること
			殺そ剤，殺虫剤		医薬品，医療機器等の品質，有効性及び安全性の確保等に関する法律の承認を受けた医薬品または医薬部外品を用いること	
	廃棄物			16	労働者は，廃棄物を一定の場所に棄てること	
清潔	便所	区別		17	男性用と女性用に分けること	同時に就業する労働者の数が常時10人以内の場合は，特例として男女の区別のない独立個室型の便所でも可
		男性用大便所			同時に就業する男性労働者の数が60人以内の場合，1個以上とすること60人を超える60人又はその端数を増すごとに1を加えた数	独立個室型の便所を設ける場合は，算定基準とする労働者数について，独立個室型1個につき，男女それぞれ10人ずつを減じることができる
		男性用小便所			同時に就業する男性労働者の数が30人以内の場合，1個以上とすること30人を超える30人又はその端数を増すごとに1を加えた数	

	項　　目		事務所則	基　準	備　考
清潔	便所	女性用便所	17	同時に就業する女性労働者の数が20人以内の場合，1個以上とすること 20人を超える20人又はその端数を増すごとに1を加えた数	
		便池		汚物が土中に浸透しない構造とすること	
		手洗い設備		流出する清浄な水を十分に供給すること	
		独立個室型の便所	17の2	四方を壁等で囲まれた1個の便房により構成される便所であること	男性用・女性用便所の設置基準に反映できること
	洗面		18	洗面設備を設けること	
	被服汚染の作業			更衣設備を設けること	
	被服湿潤の作業			被服の乾燥設備を設けること	
休養	休憩		19	休憩の設備を設けるよう努めること	
	夜間の睡眠，仮眠		20	睡眠または仮眠の設備を設けること	男性用，女性用に区別すること 寝具等必要な用品を備え，かつ，疾病感染を予防する措置を講ずること
	50人以上又は女性30人以上		21	が床することのできる休養室または休養所を設けるこ	男性用，女性用に区別すること
	持続的立業		22	いすを備え付けること	
救急用具の備え付け			23	負傷者の手当に必要な用具，材料を備えること	備え付け場所および使用方法を周知すること 救急用具等を常時清潔に保つこと

る空間を除き，労働者1人当たり，10立方メートル以上としなければならない。

（2）　換気（第3条）

換気が十分に行われる性能を有する設備を設けた場合を除き，窓その他外気に向かって直接開放することのできる開口部の面積を床面積の20分の1以上としなければならない。

また，室内の一酸化炭素及び二酸化炭素の含有率はそれぞれ100万分の50以下及び100万分の5,000以下としなければならない。

（3）　温度（第4条）

室の気温が10度以下の場合は，暖房等を行い，また冷房する場合は，電子計算機等を設置している室において作業者に保温のための衣類を着用させた場合を除いて，外気温より著しく低くしてはならない。

（4）　空気調和設備等による調整（第5条）

空気調和設備又は機械換気設備を設けている場合は，次に適合するように，設備を調整しなければならない。

①　空気吹出口の浮遊粉じん量は，0.15ミリグラム毎立方メートル以下であること。

②　空気吹出口の一酸化炭素の含有率は，原則として100万分の10以下であること。

③　空気吹出口の二酸化炭素の含有率は，100万分の1,000以下であること。

④　室の中央部で測ったホルムアルデヒドの量は，0.1ミリグラム毎立方メートル

以下であること。

⑤ 室内の気流は，0.5メートル毎秒以下とすること。

⑥ 空気調和設備を設けている場合は，室内の気温は，18度以上28度以下になるように努めること。

⑦ 空気調和設備を設けている場合は，室内の相対湿度は，40パーセント以上70パーセント以下になるように努めること。

（5） 燃焼器具（第6条）

燃焼器具については，次のとおり定められている。

① 事業者は，湯沸器，石油ストーブ，ガスこんろ等の燃焼器具（発熱量が著しく少ないものを除く。以下同じ。）を使用する室又は箇所には，排気筒，換気扇その他の換気のための設備を設けなければならない。

② 事業者は，燃焼器具を使用するときは，毎日，当該器具の異常の有無を点検しなければならない。

（6） 作業環境測定（第7条）

中央管理方式の空気調和設備を設けている建築物内の事務室については，2月以内ごとに1回定期的に，所定の測定器を使用して一酸化炭素及び二酸化炭素の含有率，室温及び外気温，相対湿度について測定し，所定の事項について記録し，これを3年間保存しなければならない。ただし，測定を行おうとする日の属する前年1年間において，当該室の気温が17度以上28度以下，相対湿度が40パーセント以上70パーセント以下である状況が継続し，かつ，測定を行おうとする日の属する1年間においても，当該状況が継続しないおそれがない場合は，室温及び外気温，相対湿度については，3〜5月（又は9〜11月），6〜8月，12〜2月の期間ごとに1回の測定で可。

（7） ホルムアルデヒドの測定時期（第7条の2）

室の建築，大規模の修繕，大規模の模様替を行ったとき（以下「建築等」）は，当該建築等を完了し，当該室の使用を開始した日以後最初に到来する6月から9月までの期間に1回，測定すること。

（8） 測定方法（第8条）

第2章（第7条を除く。）で規定されている浮遊粉じん，一酸化炭素，二酸化炭素，気温，相対湿度，気流及びホルムアルデヒドの量の測定方法については，測定器，測定時期及び測定位置が規定されている。

（9） 点検等（第9条・第9条の2）

機械による換気のための設備について，はじめて使用するとき，分解して改造又は修理を行ったとき，及び2月以内ごとに1回，定期に，異常の有無を点検し，その結

果を記録して，これを３年間保存しなければならない。空気調和設備を設けている場合は，病原体によって室の内部の空気が汚染されることを防止するため，次の措置を講じなければならない。

①　冷却塔及び加湿装置に供給する水を水道法第４条に規定する水質基準に適合させるため必要な措置

②　冷却塔及び冷却水，加湿装置及び空気調和設備内の排水受けについて，使用開始時，使用開始後１月以内ごとに１回，定期に点検し，必要に応じ，清掃，換水等を行うこと。（１月を超える期間使用しない場合は，当該使用しない期間は該当しない。）

③　冷却塔，冷却水の水管及び加湿装置の清掃を１年以内ごとに１回，定期に行うこと。

(10)　照度等（第10条）

作業面の照度は次表のとおりとし，採光及び照明は明暗の対照が著しくなく，かつ，まぶしさを生じさせない方法によらなければならない。また，照明設備は６月以内ごとに定期点検しなければならない。

作 業 の 区 分	基　　　　準
一般的な事務作業	300ルクス以上
付随的な事務作業	150ルクス以上

(11)　騒音及び振動の防止（第11条・第12条）

室内の労働者に有害な影響を及ぼすおそれのある騒音又は振動については，隔壁を設ける等その伝ぱを防止するため必要な措置を講ずるようにしなければならない。

タイプライター等を５台以上集中して使用する場合は，遮音及び吸音の機能をもつ天井及び壁で区画された専用の作業室を設けなければならない。

３　第3章　清潔関係（第13条—第18条）

飲用水その他飲料の供給，給水の水質基準及び管理方法，排水の管理方法，定期的な大掃除及びねずみ，こん虫等の防除，便所の設置基準，洗面設備，更衣設備，被服乾燥設備の設置等について定めている。

４　第4章　休養関係（第19条—第22条）

休憩の設備，労働者に睡眠又は仮眠を与える必要がある場合等の睡眠又は仮眠の設備，病弱者等に使用させる休養室等の設置及び立業に従事する労働者のためのいすの

備付けについて定めている。

5　第5章　救急用具関係（第23条）

負傷者の手当に必要な救急用具を備え付ける等の措置をすることが定められている。

⑬　機械等検定規則等

1　機械等検定規則（昭和47年労働省令第45号）

（昭和47. 9. 30労働省令第45号）

（最終改正：令和5. 3. 27厚生労働省令第29号）

　この規則は，労働安全衛生法の個別検定及び型式検定に係る規定に基づいて定められた厚生労働省令である。

　型式検定を受けるべき機械等で労働衛生関係のものは，防じんマスク，防毒マスク及び電動ファン付き呼吸用保護具である。検定は製造者，輸入者が厚生労働大臣に対し申請することによって行われる。

　検定に合格した防じんマスク，防毒マスク及び電動ファン付き呼吸用保護具には，検定合格標章（下図参照）がつけられる。

厚生労働省の検定に合格した保護具に付される標章の例

① 吸気補助具付き防じんマスク以外の防じんマスク，防毒マスク及び電動ファン付き呼吸用保護具用

② 吸気補助具が分離できる吸気補助具付き防じんマスクの吸気補助具，防じんマスク若しくは電動ファン付き呼吸用保護具のろ過材，防毒マスクの吸収缶（防じん機能を有する防毒マスクに具備されるものであって，ろ過材が分離できるものにあっては，ろ過材を分離した吸収缶及びろ過材）又は電動ファンが分離できる電動ファン付き呼吸用保護具の電動ファン用）

（縁の幅：0.1mm以上1mm以下）

（正方形
　縁の幅：0.1mm以上1mm以下）

2　防じんマスクの規格

（昭和63. 3. 30労働省告示第19号）

（最終改正：令和5. 3. 27厚生労働省告示第88号）

　この規格は，労働安全衛生法の譲渡の制限等の規定に基づいて定められた厚生労働省告示で，型式検定の検定対象品目である防じんマスクの規格を定めたものである。

　機械等検定規則の改正により，呼気補助具付き防じんマスクが，防じんマスクに位置付けられたことに伴い，性能確保に必要な改正がなされている（平成30年5月施行）。

（1）　防じんマスクの種類及び形状

種　　　類			形　　　　　　　状
取替え式防じんマスク	吸気補助具付き防じんマスク	隔離式防じんマスク	吸気補助具，ろ過材，連結管，吸気弁，面体，排気弁及びしめひもからなり，かつ，ろ過材によって粉じんをろ過した清浄空気を吸気補助具の補助により連結管を通して吸気弁から吸入し，呼気は排気弁から外気中に排出するもの
		直結式防じんマスク	吸気補助具，ろ過材，吸気弁，面体，排気弁及びしめひもからなり，かつ，ろ過材によって粉じんをろ過した清浄空気を吸気補助具の補助により吸気弁から吸入し，呼気は排気弁から外気中に排出するもの
	吸気補助具付き防じんマスク以外のもの	隔離式防じんマスク	ろ過材，連結管，吸気弁，面体，排気弁及びしめひもからなり，かつ，ろ過材によって粉じんをろ過した清浄空気を連結管を通して吸気弁から吸入し，呼気は排気弁から外気中に排出するもの
		直結式防じんマスク	ろ過材，吸気弁，面体，排気弁及びしめひもからなり，かつ，ろ過材によって粉じんをろ過した清浄空気を吸気弁から吸入し，呼気は排気弁から外気中に排出するもの
使い捨て式防じんマスク			一体となったろ過材及び面体並びにしめひもからなり，かつ，ろ過材によって粉じんをろ過した清浄空気を吸入し，呼気はろ過材（排気弁を有するものにあっては排気弁を含む。）から外気中に排出するもの

（2）　防じんマスクの構造等

防じんマスクの材料，各部の強度，構造，各部の構造について定めている。

（3）　防じんマスクの性能について

性能＼種類	取替え式防じんマスク			使い捨て式防じんマスク	
粒子捕集効率試験（％）	試験粒子が塩化ナトリウムの場合			試験粒子が塩化ナトリウムの場合	
	RS 1		80.0以上	DS 1	80.0以上
	RS 2		95.0以上	DS 2	95.0以上
	RS 3		99.9以上	DS 3	99.9以上
	試験粒子がフタル酸ジオクチルの場合			試験粒子がフタル酸ジオクチルの場合	
	RL 1		80.0以上	DL 1	80.0以上
	RL 2		95.0以上	DL 2	95.0以上
	RL 3		99.9以上	DL 3	99.9以上
吸気抵抗試験（パスカル）	吸気補助具付き防じんマスク	吸気補助具付き防じんマスク以外のもの		DS 1，DL 1	60以下 ただし，排気弁を有しないものにあっては45以下
	160以下	RS1，RL1	70以下		
		RS2，RL2	80以下	DS 2，DL 2	70以下 ただし，排気弁を有しないものにあっては50以下

			RS3, RL3	160以下	DS3，DL3	150以下 ただし，排気弁を有しないものにあっては100以下
排気抵抗試験（パスカル）	吸気補助具付き防じんマスク	吸気補助具付き防じんマスク以外のもの			DS 1，DL 1	60以下 ただし，排気弁を有しないものにあっては45以下
	80以下	RS1, RL1		70以下		
		RS2, RL2		70以下	DS 2，DL 2	70以下 ただし，排気弁を有しないものにあっては50以下
		RS3, RL3		80以下	DS3，DL3	80以下 ただし，排気弁を有しないものにあっては100以下

（注）「R」とは取替え式防じんマスクを，「D」とは使い捨て式防じんマスクを意味し，「S」とは試験粒子が塩化ナトリウムであること，「L」とはフタル酸ジオクチル粒子であることを意味する。

「1」とは粒子捕集効率が80.0％以上であること，「2」とは粒子捕集効率が95.0％以上であること，「3」とは粒子捕集効率が99.9％以上であることを意味する。

（4） 表示等

防じんマスクは，見やすい箇所に次の事項が表示されているものでなければならない。

① 製造者名

② 製造年月

③ 型式の名称

④ 使用限度時間（使い捨て式防じんマスクに限る。）

（5） 添付書類について

防じんマスクを譲渡又は貸与する場合に，必ず次の事項を記載した印刷物が添付されていなければならない。

① 使用の範囲

② 使用上の注意事項

③ 吸気抵抗上昇値

④ 騒音の程度（吸気補助具付き防じんマスクに限る。）

⑤ 漏れ率（使い捨て式防じんマスクに限る。）

⑥ ぬれ抵抗値（使い捨て式防じんマスクに限る。）

⑦ 着用者自身がその顔面と面体との密着性の良否を容易に検査する方法

3　防毒マスクの規格

（平成2.9.26労働省告示第68号）

（最終改正：令和5.3.27厚生労働省告示第88号）

この規格は，型式検定の検定対象品目である防毒マスクの規格を定めたものである。

（1）　適用範囲

ガス若しくは蒸気又はこれらのものと混在する粉じんを吸入することによって人体に害を及ぼすおそれのある場所で使用する防毒マスクのうち，次のものに適用する。ただし，酸素濃度が18パーセントに満たない場所又はガス若しくは蒸気の濃度が2パーセント（アンモニアについては3パーセント）を超える場所で使用するものについては適用しない。

区　　　分	有　害　物　質
ハロゲンガス用防毒マスク	ハロゲンのガス又は蒸気
有機ガス用防毒マスク	有機化合物のガス又は蒸気
一酸化炭素用防毒マスク	一酸化炭素
アンモニア用防毒マスク	アンモニア
亜硫酸ガス用防毒マスク	亜硫酸ガス

（2）　防毒マスクの構造及び性能

構造については，重量，死積，視野等が定められている。性能については，気密試験，通気抵抗試験，作動気密試験，二酸化炭素濃度上昇値試験のほか，それぞれのマスクに対応する試験ガスを用いて除毒能力試験を行って，一定の条件に適合するものでなければならない。

（3）　防毒マスクの種類，形状，使用の範囲

防じん機能を有するものと有しないものに区分されており，防じん機能を有する防毒マスクにあっては，その性能によりS1，S2，S3，L1，L2，及びL3に区分されている。

種　　　類	形状及び使用の範囲
隔離式防毒マスク	吸収缶，連結管，吸気弁，面体，排気弁及びしめひもからなり，かつ，吸収缶によってガス又は蒸気をろ過した清浄空気を連結管を通して吸気弁から吸入し，呼気は排気弁から外気中に排出するものであって，ガス又は蒸気の濃度が2パーセント（アンモニアにあっては，3パーセント）以下の大気中で使用するもの
直結式防毒マスク	吸収缶，吸気弁，面体，排気弁及びしめひもからなり，かつ，吸

	収缶によってガス又は蒸気をろ過した清浄空気を吸気弁から吸入し，呼気は排気弁から外気中に排出するものであって，ガス又は蒸気の濃度が1パーセント（アンモニアにあっては1.5パーセント）以下の大気中で使用するもの
直結式小型防毒マスク	吸収缶，吸気弁，面体，排気弁及びしめひもからなり，かつ，吸収缶によってガス又は蒸気をろ過した清浄空気を吸気弁から吸入し，呼気は排気弁から外気中に排出するものであって，ガス又は蒸気の濃度が0.1パーセント以下の大気中で使用する非緊急用のもの

（4）　表示等

防毒マスクにはその使用説明書が，吸収缶には，製造者名，製造年月日，破過曲線図及び使用時間記録カードが添付されなければならない。

また，吸収缶には，次の表のとおり，対象ガスの種類に応じて色分け及び色分け以外の方法で表示することが決まっている。

種　　　類	色
ハロゲンガス用	灰／黒
有　機　ガ　ス　用	黒
一　酸　化　炭　素　用	赤
ア　ン　モ　ニ　ア　用	緑
亜　硫　酸　ガ　ス　用	黄　赤

備考　防じん機能を有する防毒マスクにあっては，吸収缶のろ過材がある部分に白線を入れる。

例：ハロゲンガス用吸収缶

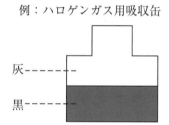

4 電動ファン付き呼吸用保護具の規格

（平成26.11.28厚生労働省告示第455号）

（最終改正：令和5.3.27厚生労働省告示第88号）

この規格は，型式検定の検定対象品目である電動ファン付き呼吸用保護具の規格を定めたものである。

（1） 適用範囲

粉じん又はガス若しくは蒸気（これらのものと混在する粉じんを含む。）を吸入することにより人体に害を及ぼすおそれがある場所において使用する電動ファン付き呼吸用保護具のうち，次のものに適用する。ただし，酸素濃度が18パーセントに満たない場所又はガス若しくは蒸気の濃度が2パーセント（アンモニアについては3パーセント）を超える場所において使用するものについては適用しない。

区分	有害物質
防じん機能を有する電動ファン付き呼吸用保護具	粉じん
ハロゲンガス用の防毒機能を有する電動ファン付き呼吸用保護具	ハロゲンガス又は蒸気
有機ガス用の防毒機能を有する電動ファン付き呼吸用保護具	有機化合物のガス又は蒸気
アンモニア用の防毒機能を有する電動ファン付き呼吸用保護具	アンモニア
亜硫酸ガス用の防毒機能を有する電動ファン付き呼吸用保護具	亜硫酸ガス

（2） 電動ファン付き呼吸用保護具の種類及び形状

種　類		形　　　状
面体形	隔離式	電動ファン，ろ過材又は吸収缶，連結管，面体，排気弁及びしめひもからなり，かつ，ろ過材又は吸収缶によって粉じん又はガス若しくは蒸気をろ過した清浄空気を電動ファンにより連結管を通して面体内に送気し，呼気は排気弁から外気中に排出するもの
	直結式	電動ファン，ろ過材又は吸収缶，面体，排気弁及びしめひもからなり，かつ，ろ過材又は吸収缶によって粉じん又はガス若しくは蒸気をろ過した清浄空気を電動ファンにより面体内に送気し，呼気は排気弁から外気中に排出するもの
ルーズフィット形	隔離式	電動ファン，ろ過材又は吸収缶及び連結管並びにフード又はフェイスシールドからなり，かつ，ろ過材又は吸収缶によって粉じん又はガス若しくは蒸気をろ過した清浄空気を電動ファンにより連結管を通してフード内又はフェイスシールド内に送気するもの
	直結式	電動ファン及びろ過材又は吸収缶並びにフード又はフェイスシールドからなり，かつ，ろ過材又は吸収缶によって粉じん又はガス若しくは蒸気をろ過した清浄空気を電動ファンによりフード内又はフェイスシールド内に送気するもの

（3） 電動ファン付き呼吸用保護具の構造等

電動ファン付き呼吸用保護具の材料，各部の強度，構造，各部の構造について定めている。

（4） 電動ファン付き呼吸用保護具の性能について

ろ過材の性能による区分 粒子捕集効率試験（％）		漏れ率にかかる性能による区分 漏れ率試験（％）		電動ファンの性能による区分 呼吸模擬装置の作動条件	
試験粒子が 塩化ナトリウムの場合		S 級	0.1以下	通常風量形	1.5±0.075L/回 20回/分
PS1	95.0以上				
PS2	99.0以上	A 級	1.0以下	大風量形	1.6±0.08L/回 25回/分
PS3	99.97以上				
試験粒子が フタル酸ジオクチルの場合		B 級	5.0以下	※呼吸波形：正弦波	
PL1	95.0以上				
PL2	99.0以上				
PL3	99.97以上				

（5）　表示等

電動ファン付き呼吸用保護具は，見やすい箇所に次に定める事項が表示されているものでなければならない。

① 製造者名

② 製造年月

③ 型式の名称

吸収缶（防毒機能を有する電動ファン付き呼吸用保護具であって防じん機能を有するものに具備されるもののうち，ろ過材が分離できるものにあっては，ろ過材を分離した吸収缶及びろ過材）は，その見やすい箇所に製造者名及び製造年月日が表示されているものでなければならない。

電動ファン付き呼吸用保護具は，譲渡又は貸与される場合には，次に掲げる事項を記載した印刷物が，添付されたものでなければならない（⑤～⑧については防毒機能を有する電動ファン付き呼吸用保護具について適用される。）。

① 使用の範囲

② 使用上の注意事項

③ 公称稼働時間

④ 着用者自身がその顔面と面体との密着性の良否を容易に検査する方法

⑤ 取り付けることができる吸収缶の種類，型式の名称及び型式検定合格番号

⑥ 備え付けられている警報装置の説明

⑦ 除毒能力試験の試験流量

⑧ 警報装置の警報の確認方法の説明

吸収缶は，次に掲げる事項を記載した印刷物が添付されたものでなければならない。

① 型式の名称

② 使用の範囲

③ 使用上の注意事項

④ 破過曲線図

⑤ 使用時間記録カード

吸収缶は，次の表の左欄に掲げる種類に応じて，それぞれ同表の右欄に掲げる色により外部の側面が色分けされるとともに，色分け以外の方法によってその種類が表示されたものでなければならない。

種類	色
ハロゲンガス用の防毒機能を有する電動ファン付き呼吸用保護具	灰色及び黒色（二層に分けること）
有機ガス用の防毒機能を有する電動ファン付き呼吸用保護具	黒色
アンモニア用の防毒機能を有する電動ファン付き呼吸用保護具	緑色
亜硫酸ガス用の防毒機能を有する電動ファン付き呼吸用保護具	黄赤色

備考　防毒機能を有する電動ファン付き呼吸用保護具であって防じん機能を有するものにあっては，吸収缶のろ過材がある部分に白線を入れる。

3　じん肺法及び同法施行規則

（昭和35.3.31法律第30号，最終改正：平成30.7.6法律第71号）
（昭和35.3.31労働省令第6号，最終改正：令和2.12.25厚生労働省令第208号）

　粉じんを長い間吸入し続けると，肺に生じた線維増殖性変化を主体とし，これに気道の慢性炎症性変化，気腫性変化を伴った疾病にかかり，息切れ，せき，たん等の症状を呈するとともに肺の機能が低下する。このような疾病を「じん肺」という。じん肺は，肺結核その他の合併症と密接な関連を有している。

　本法は，じん肺についての予防及び健康管理を図ることを目的として，昭和35年3月31日に制定され，同年4月1日から施行されたものである。その後，産業活動の進展に伴う粉じん作業従事労働者数の増加，作業環境の変化等によるじん肺発生状況の変化，医学の進歩等が見られたことにより，本法が大幅に改正され，昭和53年3月31日から施行される等の改正が行われている。

　じん肺法及び同法施行規則の構成は，次のとおりである。

（1）　じん肺法

第1章　総則（第1条—第6条）

第2章　健康管理

　第1節　じん肺健康診断の実施（第7条—第11条）

　第2節　じん肺管理区分の決定等（第12条—第20条）

　第3節　健康管理のための措置（第20条の2—第23条）

第3章　削除

第4章　政府の援助等（第32条—第35条）

第5章　雑則（第35条の2—第44条の2）

第6章　罰則（第45条・第46条）

附　則

（2）　じん肺法施行規則

第1章　総則（第1条—第8条）

第2章　健康管理（第9条—第29条）

第3章　削除

第4章　雑則（第33条—第38条）

附　則

1 第1章 総則関係

(1) 目的（法第1条）

じん肺に関し，適正な予防及び健康管理その他必要な措置を講ずることにより，労働者の健康の保持その他福祉の増進に寄与することを目的とする。

(2) 定義（法第2条，則第1条・第2条）

① じん肺とは，粉じんを吸入することによって肺に生じた線維増殖性変化を主体とする疾病をいう。

② 合併症とは，じん肺と合併した肺結核その他のじん肺の進展経過に応じてじん肺と密接な関係があると認められる疾病をいい，じん肺管理区分が管理2又は管理3と決定された者に係るじん肺と合併した次に掲げる疾病をいうものとされている。

　イ　肺結核

　ロ　結核性胸膜炎

　ハ　続発性気管支炎

　ニ　続発性気管支拡張症

　ホ　続発性気胸

　ヘ　原発性肺がん

③ 粉じん作業とは，作業に従事する労働者がじん肺にかかるおそれがあると認められる作業をいい，次の表のとおりである。

　　　　　　　　　　　　　粉　じ　ん　作　業

1　土石，岩石又は鉱物（以下「鉱物等」という。）（湿潤な土石を除く。）を掘削する場所における作業（次号に掲げる作業を除く。）。ただし，次に掲げる作業を除く。
　イ　坑外の，鉱物等を湿式により試錐する場所における作業
　ロ　屋外の，鉱物等を動力又は発破によらないで掘削する場所における作業

1の2　ずい道等（ずい道及びたて坑以外の坑（採石法（昭和25年法律第291号）第2条に規定する岩石の採取のためのものを除く。）をいう。以下同じ。）の内部の，ずい道等の建設の作業のうち，鉱物等を掘削する場所における作業

2　鉱物等（湿潤なものを除く。）を積載した車の荷台を覆し，又は傾けることにより鉱物等（湿潤なものを除く。）を積み卸す場所における作業（次号，第3号の2，第9号又は第18号に掲げる作業を除く。）

3　坑内の，鉱物等を破砕し，粉砕し，ふるい分け，積み込み，又は積み卸す場所における作業（次号に掲げる作業を除く。）。ただし，次に掲げる作業を除く。
　イ　湿潤な鉱物等を積み込み，又は積み卸す場所における作業
　ロ　水の中で破砕し，粉砕し，又はふるい分ける場所における作業
　ハ　設備による注水をしながらふるい分ける場所における作業

3の2　ずい道等の内部の，ずい道等の建設の作業のうち，鉱物等を積み込み，又は積み卸す場所における作業

4　坑内において鉱物等（湿潤なものを除く。）を運搬する作業。ただし，鉱物等を積載した車を牽引する機関車を運転する作業を除く。

5　坑内の，鉱物等（湿潤なものを除く。）を充てんし，又は岩粉を散布する場所における作業（次号に掲げる作業を除く。）

5の2　ずい道等の内部の，ずい道等の建設の作業のうち，コンクリート等を吹き付ける場所における作業

5の3　坑内であって，第1号から第3号の2まで又は前二号に規定する場所に近接する場所において，粉じんが付着し，又は堆積した機械設備又は電気設備を移設し，撤去し，点検し，又は補修する作業

6　岩石又は鉱物を裁断し，彫り，又は仕上げする場所における作業（第13号に掲げる作業を除く。）。ただし，次に掲げる作業を除く。
　イ　火炎を用いて裁断し，又は仕上げする場所における作業
　ロ　設備による注水又は注油をしながら，裁断し，彫り，又は仕上げする場所における作業

7　研磨材の吹き付けにより研磨し，又は研磨材を用いて動力により，岩石，鉱物若しくは金属を研磨し，若しくははばり取りし，若しくは金属を裁断する場所における作業（前号に掲げる作業を除く。）。ただし，設備による注水又は注油をしながら，研磨材を用いて動力により，岩石，鉱物若しくは金属を研磨し，若しくははばり取りし，又は金属を裁断する場所における作業を除く。

8　鉱物等，炭素を主成分とする原料（以下「炭素原料」という。）又はアルミニウムはくを動力により破砕し，粉砕し，又はふるい分ける場所における作業（第3号，第15号又は第19号に掲げる作業を除く。）。ただし，次に掲げる作業を除く。
　イ　水又は油の中で動力により破砕し，粉砕し，又はふるい分ける場所における作業
　ロ　設備による注水又は注油をしながら，鉱物等又は炭素原料を動力によりふるい分ける場所における作業
　ハ　屋外の，設備による注水又は注油をしながら，鉱物等又は炭素原料を動力により破砕し，又は粉砕する場所における作業

9　セメント，フライアッシュ又は粉状の鉱石，炭素原料若しくは炭素製品を乾燥し，袋詰めし，積み込み，又は積み卸す場所における作業（第3号，第3号の2，第16号又は第18号に掲げる作業を除く。）

10　粉状のアルミニウム又は酸化チタンを袋詰めする場所における作業

11　粉状の鉱石又は炭素原料を原料又は材料として使用する物を製造し，又は加工する工程において，粉状の鉱石，炭素原料又はこれらを含む物を混合し，混入し，又は散布する場所における作業（次号から第14号までに掲げる作業を除く。）

12　ガラス又はほうろうを製造する工程において，原料を混合する場所における作業又は原料若しくは調合物を溶解炉に投げ入れる作業。ただし，水の中で原料を混合する場所における作業を除く。

13　陶磁器，耐火物，けい藻土製品又は研磨材を製造する工程において，原料を混合し，若しくは成形し，原料若しくは半製品を乾燥し，半製品を台車に積み込み，若しくは半製品若しくは製品を台車から積み卸し，仕上げし，若しくは荷造りする場所における作業又は窯の内部に立ち入る作業。ただし，次に掲げる作業を除く。
　イ　陶磁器を製造する工程において，原料を流し込み成形し，半製品を生仕上げし，又は製品を荷造りする場所における作業

ロ　水の中で原料を混合する場所における作業

14　炭素製品を製造する工程において，炭素原料を混合し，若しくは成形し，半製品を炉詰めし，又は半製品若しくは製品を炉出しし，若しくは仕上げする場所における作業。ただし，水の中で原料を混合する場所における作業を除く。

15　砂型を用いて鋳物を製造する工程において，砂型を造型し，砂型を壊し，砂落としし，砂を再生し，砂を混練し，又は鋳ばり等を削り取る場所における作業（第7号に掲げる作業を除く。）。ただし，設備による注水若しくは注油をしながら，又は水若しくは油の中で，砂を再生する場所における作業を除く。

16　鉱物等（湿潤なものを除く。）を運搬する船舶の船倉内で鉱物等（湿潤なものを除く。）をかき落とし，若しくはかき集める作業又はこれらの作業に伴い清掃を行う作業（水洗する等粉じんの飛散しない方法によつて行うものを除く。）

17　金属その他無機物を製錬し，又は溶融する工程において，土石又は鉱物を開放炉に投げ入れ，焼結し，湯出しし，又は鋳込みする場所における作業。ただし，転炉から湯出しし，又は金型に鋳込みする場所における作業を除く。

18　粉状の鉱物を燃焼する工程又は金属その他無機物を製錬し，若しくは溶融する工程において，炉，煙道，煙突等に付着し，若しくは堆積した鉱さい又は灰をかき落とし，かき集め，積み込み，積み卸し，又は容器に入れる場所における作業

19　耐火物を用いて窯，炉等を築造し，若しくは修理し，又は耐火物を用いた窯，炉等を解体し，若しくは破砕する作業

20　屋内，坑内又はタンク，船舶，管，車両等の内部において，金属を溶断し，又はアークを用いてガウジングする作業

20の2　金属をアーク溶接する作業

21　金属を溶射する場所における作業

22　染土の付着した藺草を庫入れし，庫出しし，選別調整し，又は製織する場所における作業

23　長大ずい道（著しく長いずい道であって，厚生労働大臣が指定するものをいう。）の内部の，ホッパー車からバラストを取り卸し，又はマルチプルタイタンパーにより道床を突き固める場所における作業

24　石綿を解きほぐし，合剤し，紡績し，紡織し，吹き付けし，積み込み，若しくは積み卸し，又は石綿製品を積層し，縫い合わせ，切断し，研磨し，仕上げし，若しくは包装する場所における作業

（3）　じん肺健康診断（法第3条，則第4条—第8条）

じん肺健康診断は次の方法によって行うものとする。

① 　粉じん作業についての職歴の調査

② 　エックス線写真（直接撮影による胸部全域のエックス線写真）による検査

③ 　胸部に関する臨床検査

④ 　肺機能検査

⑤ 　結核精密検査

⑥ 　肺結核以外の合併症に関する検査

じん肺健康診断は，次の図のような流れで実施されるものである。

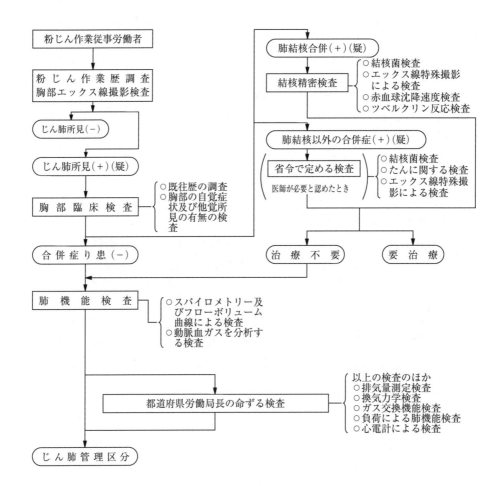

（4）　エックス線写真の像及びじん肺管理区分（法第4条）

エックス線写真の像の区分は，次のように定められている。

型	エックス線写真の像
第 1 型	両肺野にじん肺による粒状影又は不整形陰影が少数あり，かつ，大陰影がないと認められるもの
第 2 型	両肺野にじん肺による粒状影又は不整形陰影が多数あり，かつ，大陰影がないと認められるもの
第 3 型	両肺野にじん肺による粒状影又は不整形陰影が極めて多数あり，かつ，大陰影がないと認められるもの
第 4 型	大陰影があると認められるもの

じん肺管理区分は，次のように定められており，これにより健康管理を行う。

じん肺管理区分		じん肺健康診断の結果
管 理 1		じん肺の所見がないと認められるもの
管 理 2		エックス線写真の像が第1型で，じん肺による著しい肺機能の障害がないと認められるもの
管理3	イ	エックス線写真の像が第2型で，じん肺による著しい肺機能の障害がないと認められるもの
	ロ	エックス線写真の像が第3型又は第4型（大陰影の大きさが一側の肺野の3分の1以下のものに限る。）で，じん肺による著しい肺機能の障害がないと認められるもの
管 理 4		1　エックス線写真の像が第4型（大陰影の大きさが一側の肺野の3分の1を超えるものに限る。）と認められるもの 2　エックス線写真の像が第1型，第2型，第3型又は第4型（大陰影の大きさが一側の肺野の3分の1以下のものに限る。）で，じん肺による著しい肺機能の障害があると認められるもの

（5）　予防（法第5条）

じん肺の予防に関し，労働安全衛生法及び鉱山保安法の規定によるほか，粉じんの発散の防止及び抑制，保護具の使用その他について適切な措置を講ずるように努めなければならない。

（6）　教育（法第6条）

労働安全衛生法及び鉱山保安法の規定によるほか，常時粉じん作業に従事する労働者に対してじん肺に関する予防及び健康管理のために必要な教育を行わなければならない。

2　第2章　健康管理関係

第1節　じん肺健康診断の実施

（1）　就業時健康診断（法第7条，則第9条）

新たに常時粉じん作業に従事することとなった労働者に対してじん肺健康診断を行わなければならない。ただし，就業前に粉じん作業に従事したことのない者及び次のいずれかに該当する労働者については，就業時健康診断の実施が免除されている。

就業前に受けたじん肺健康診断と就業日との期間	当該じん肺健康診断の結果決定されたじん肺管理区分
1年以内	1，2，3イ
6月以内	3ロ

（2）　定期健康診断（法第8条）

対象労働者及び頻度について，次のように定められている。

粉じん作業従事との関連	じん肺管理区分	頻度
常時粉じん作業に従事	1	3年以内
	2，3	1年以内
常時粉じん作業に従事したことがあり現に非粉じん作業に従事	2	3年以内
	3	1年以内

（3）　定期外健康診断（法第9条，則第11条）

次のような場合には，じん肺健康診断を行わなければならない。

①　常時粉じん作業に従事する労働者が，労働安全衛生法に基づく健康診断において，じん肺の所見があり，又はじん肺にかかっている疑いがあると診断されたとき。

②　合併症により1年を超えて療養した後に，休業又は療養を要しないと診断されたとき。

③　合併症により1年を超えて療養した労働者が，医師により療養を要しなくなったと診断されたとき（法第9条第1項第2号に該当する場合を除く。）。

④　常時粉じん作業に従事させたことのある労働者で，現に粉じん作業以外の作業に常時従事しているもののうち，じん肺管理区分が管理2である労働者が，労働安全衛生規則（昭和47年労働省令第32号）第44条又は第45条の健康診断（同令第44条第1項第4号に掲げる項目に係るものに限る。）において，肺がんにかかっている疑いがないと診断されたとき以外のとき。

（4） 離職時健康診断（法第９条の２，則第12条）

　１年を超えて使用された労働者で，次に掲げる一定の要件に該当するものが，離職の際に，じん肺健康診断を行うように求めたときに行わなければならない。

粉じん作業従事との関連	じん肺管理区分	直前のじん肺健康診断から離職までの期間
常時粉じん作業に従事	1	1年6月以上
	2，3	6月以上
常時粉じん作業に従事したことがあり，現に非粉じん作業に従事	2，3	6月以上

（5） 労働安全衛生法の健康診断との関係（法第10条）

　じん肺健康診断を行った場合においては，その限度において，労働安全衛生法に基づく健康診断を行わなくてもよい。

（6） 受診義務（法第11条）

　関係労働者は正当な理由がある場合及び事業者が指定した医師の行うじん肺健康診断を受けることを希望しない場合において，他の医師の行うじん肺健康診断を受け，エックス線写真及びじん肺健康診断の結果を証明する書面を事業者に提出したときを除き，事業者が行うじん肺健康診断を受けなければならない。

（7） じん肺健康診断の結果の通知（則第22条の２）

　事業者は，じん肺健康診断を行った労働者に対し，遅滞なく，健康診断の結果を通知しなければならない。

第2節　じん肺管理区分の決定等

（1） 事業者によるエックス線写真等の提出（法第12条）

　じん肺健康診断を行ったとき，じん肺の所見があると診断された労働者について，エックス線写真及びじん肺健康診断の結果を証明する書面を都道府県労働局長に提出しなければならない。

（2） じん肺管理区分の決定手続等（法第13条）

　じん肺健康診断の結果，じん肺の所見がないと診断された者のじん肺管理区分は，管理1とする。また，じん肺健康診断の結果，じん肺の所見があると診断された者について，（1）の提出を受けた都道府県労働局長は，地方じん肺診査医の診断又は審査により，じん肺管理区分を決定する。

（3）　通知（法第14条）

　都道府県労働局長は，（2）の決定をしたときは，事業者に通知しなければならない。また，都道府県労働局長からじん肺管理区分の決定の通知を受けた事業者は，当該労働者（離職した者を含む。）に一定の書面によりこれを通知するとともに，通知した旨を記載した書面を3年間保存しなければならない。

（4）　随時申請（法第15条・第16条）

　事業者がじん肺法の規定に基づいて実施するじん肺健康診断のほかに，常時粉じん作業に従事する労働者若しくは常時粉じん作業に従事する労働者であった者又は事業者は，いつでもじん肺健康診断を受けて，又はこれを行い，都道府県労働局長に対してじん肺管理区分の決定をすべきことを申請することができる。

（5）　エックス線写真等の提出命令（法第16条の2）

　都道府県労働局長は，常時粉じん作業に従事する労働者又は常時粉じん作業に従事する労働者であった者について，適正なじん肺管理区分を決定するため必要があると認めるときは，事業者に対して，エックス線写真及びじん肺健康診断の結果を証明する書面を提出すべきことを命ずることができる。

（6）　記録の作成及び保存（法第17条）

　事業者は，じん肺健康診断を行ったときはその記録を作成し，エックス線写真とともに7年間保存しなければならない。

（7）　不服申立て（法第18条・第19条）

　都道府県労働局長のじん肺管理区分の決定についての審査請求における審査請求書には，行政不服審査法に規定する事項のほか，決定を受けた者の氏名及び住所等を記載し，その決定に係るエックス線写真その他の物件及び証拠となる物件を添附しなければならない。

　審査請求の裁決は，中央じん肺診査医の診断又は審査に基づいて行い，決定を取り消す旨の裁決をするときは，厚生労働大臣は，裁決で，労働者又は労働者であった者についてじん肺管理区分を決定するものとする。

第3節　健康管理のための措置

（1）　事業者の責務（法第20条の2）

　じん肺健康診断の結果，労働者の健康を保持するため必要があると認めるときは，その労働者の実情を考慮して，就業上適切な措置を講ずるように努めるとともに，適切な保健指導を受けることができるための配慮をするように努めなければならない。

（2） 粉じんにさらされる程度を低減させるための措置（法第20条の3）

じん肺管理区分が管理2又は管理3イと決定された労働者については，粉じんにさらされる量を減らして，じん肺の進展を防止するために，同じ粉じん作業であっても粉じん濃度がより低い作業場所への配置，粉じん作業に従事する作業時間の短縮その他適切な措置を講ずるように努めなければならない。

（3） 作業の転換（法第21条）

じん肺管理区分が管理3イである労働者が常時粉じん作業に従事しているときには，都道府県労働局長は事業者に対してその労働者を粉じん作業以外の作業に従事させるべきことを勧奨することができる。

事業者は，この勧奨を受けたとき，又はじん肺管理区分が管理3ロである労働者が常時粉じん作業に従事しているときには，その労働者を粉じん作業以外の作業に常時従事させるよう努めなければならない。

常時粉じん作業に従事しているじん肺管理区分が管理3ロの労働者について，その労働者の健康保持のため必要と認められる場合には，都道府県労働局長は地方じん肺診査医の意見に基づいて事業者にその労働者を粉じん作業以外の作業に従事させるよう指示できる。

（4） 転換手当（法第22条，則第29条）

じん肺管理区分が管理3である次の表に掲げる労働者が，作業転換等により常時粉じん作業に従事しなくなったときは，事業者はその者に対して7日以内に，平均賃金の一定の日数分に相当する額の転換手当を支払わなければならない。ただし，労働契約の期間が満了したことにより離職したときその他一定の場合は除かれる。

転換手当の支払いの対象となる者	転換手当の額
作業転換の勧奨を受けた労働者又は管理3ロである労働者（作業転換の指示を受けた労働者を除く。）	30日分
作業転換の指示を受けた労働者	60日分

（5） 作業転換のための教育訓練（法第22条の2）

事業者は，じん肺管理区分が管理3である労働者を粉じん作業以外の作業に常時従事させるために必要があるときは，その者に対して，作業の転換のための教育訓練を行うように努めなければならない。

（6） 療養（法第23条）

じん肺管理区分が管理4と決定された者及びじん肺管理区分が管理2又は管理3で合併症にかかっていると認められる者は，療養を要するとされている。

（2）から（5）のじん肺管理区分に応じた健康管理のための措置の概要は次の図のとおりである。

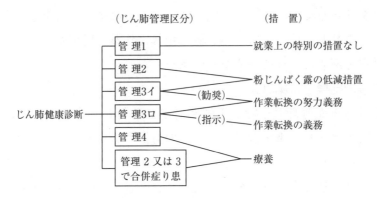

（じん肺管理区分）　　　　　（措　置）

管 理1 ――――――――――――就業上の特別の措置なし

管 理2 ――――――――――――粉じんばく露の低減措置

管 理3イ ―――（勧奨）――――作業転換の努力義務

じん肺健康診断―― 管 理3ロ ―――（指示）――――作業転換の義務

管 理4

管理 2 又は 3
で合併症り患 ――――――療養

3　第4章　政府の援助等関係（法第32条―第35条）

じん肺に関する予防及び健康管理に関する技術的援助の実施，事業者が行うじん肺の予防に関する措置について必要な技術的援助を行わせるための粉じん対策指導委員の設置等を定めている。

4　作業環境測定法（抄）

（昭和50.5.1法律第28号）
（最終改正：令和4.6.17法律第68号）

　作業環境測定法は，適正な作業環境を確保し，もって職場における労働者の健康を保持するため，作業環境測定士の資格及び作業環境測定機関等について定めたもので，昭和50年5月1日に制定されたものである。

　この法律の構成は，次のとおりである。

1　第1章　総則関係

（1）　目的（第1条）

　労働安全衛生法と相まって，作業環境の測定に関し作業環境測定士の資格及び作業環境測定機関等について必要な事項を定めることにより，適正な作業環境を確保し，職場における労働者の健康を保持することを目的とする。

（2）　定義（第2条）

①　作業環境測定とは，作業環境の実態を把握するため空気環境その他の作業環境について行うデザイン，サンプリング及び分析（解析を含む。）をいう。

②　指定作業場とは，有害な業務を行う屋内作業場その他の作業場で，次の作業場をいう。

　イ　土石，岩石，鉱物，金属又は炭素の粉じんを著しく発散する屋内作業場のうち，一定のもの

ロ　放射性物質取扱作業室

ハ　特定化学物質（第1類物質又は第2類物質）を製造し，又は取り扱う屋内作業場（一定のものを除く。），石綿等を取り扱い，又は試験研究のため製造する屋内作業場及びコークス炉上において若しくはコークス炉に接してコークス製造を行う作業場

ニ　一定の鉛業務を行う屋内作業場

ホ　有機溶剤（第1種有機溶剤又は第2種有機溶剤）を製造し，又は取り扱う業務のうち一定のものを行う屋内作業場

③　作業環境測定士とは，第1種作業環境測定士及び第2種作業環境測定士をいう。

④　第1種作業環境測定士とは，厚生労働大臣又は指定登録機関の登録を受け，指定作業場について作業環境測定の業務を行うほか，第1種作業環境測定士の名称を用いて指定作業場以外の事業場における作業環境測定の業務を行う者をいう。

⑤　第2種作業環境測定士とは，厚生労働大臣又は指定登録機関の登録を受け，指定作業場についてデザイン，サンプリング及び簡易測定機器を用いて行う分析（解析を含む。）の業務を行うほか，第2種作業環境測定士の名称を用いて指定作業場以外の事業場における作業環境測定の業務を行う者をいう。

⑥　作業環境測定機関とは，厚生労働大臣又は都道府県労働局長の登録を受け，他人の求めに応じて，事業場における作業環境測定を行うことを業とする者をいう。

（3）　作業環境測定の実施（第3条─第4条）

事業者は，指定作業場について作業環境測定を行うときは，

①　簡易測定機器以外の機器を用いて行う分析（解析を含む。）はその指定作業場の種類について登録を受けている第1種作業環境測定士に実施させること。

②　①に規定する分析以外の作業環境測定は，作業環境測定士に実施させること。

事業者は，その使用する作業環境測定士による作業環境測定を行うことができないときは，

①　簡易測定機器以外の機器を用いて行う分析は，その指定作業場の種類について登録を受けている作業環境測定機関又はその指定作業場の種類について厚生労働大臣の指定を受けている指定測定機関に委託すること。

②　①に規定する分析以外の作業環境測定は，作業環境測定機関又は指定測定機関に委託すること。

2 第2章 作業環境測定士等関係 （第5条―第32条の2）

作業環境測定士は，作業環境測定士試験に合格し，かつ，一定の講習を修了した者等であって，かつ，作業環境測定士名簿に所定事項についての登録を受けた者でなければならず，これに関する各種手続が定められている。また，作業環境測定士試験，講習，登録を行う機関として，それぞれ，指定試験機関，登録講習機関，指定登録機関を設け，その要件等を定めている。

3 第3章 作業環境測定機関関係 （第33条―第37条）

作業環境測定機関は，作業環境測定機関名簿に所定事項についての登録を受けなければならず，これに関する各種手続が定められている。また，作業環境測定士及び作業環境測定機関を社員として設立できる日本作業環境測定協会について規定している。

付　　　録

1 安全衛生管理組織

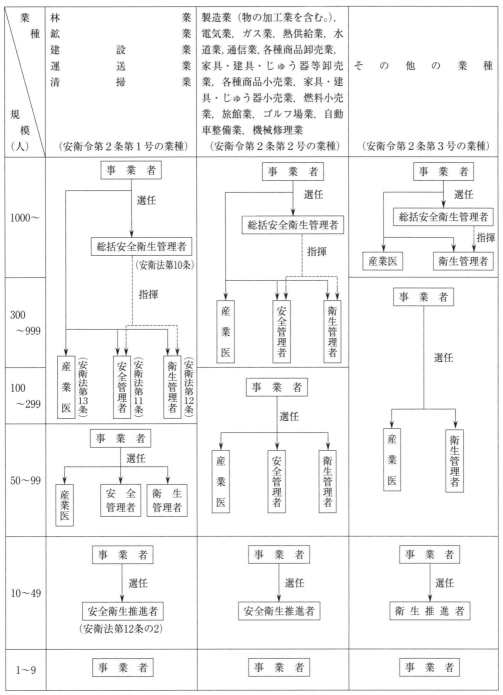

規模 (人)	林業 鉱業 建設業 運送業 清掃業 (安衛令第2条第1号の業種)	製造業（物の加工業を含む。）, 電気業, ガス業, 熱供給業, 水道業, 通信業, 各種商品卸売業, 家具・建具・じゅう器等卸売業, 各種商品小売業, 家具・建具・じゅう器小売業, 燃料小売業, 旅館業, ゴルフ場業, 自動車整備業, 機械修理業 (安衛令第2条第2号の業種)	その他の業種 (安衛令第2条第3号の業種)
1000～	事業者 →選任→ 総括安全衛生管理者（安衛法第10条） →指揮→	事業者 →選任→ 総括安全衛生管理者 →指揮→ 産業医／安全管理者／衛生管理者	事業者 →選任→ 総括安全衛生管理者 →指揮→ 産業医／衛生管理者
300～999	産業医（安衛法第13条）／安全管理者（安衛法第11条）／衛生管理者（安衛法第12条）		事業者 →選任→ 産業医／衛生管理者
100～299		事業者 →選任→ 産業医／安全管理者／衛生管理者	
50～99	事業者 →選任→ 産業医／安全管理者／衛生管理者		
10～49	事業者 →選任→ 安全衛生推進者（安衛法第12条の2）	事業者 →選任→ 安全衛生推進者	事業者 →選任→ 衛生推進者
1～9	事業者	事業者	事業者

(注) 安衛則第7条第1項第3号により，農林畜水産業，鉱業，建設業，製造業（物の加工業を含む。），電気業，ガス業，水道業，熱供給業，運送業，自動車整備業，機械修理業，医療業及び清掃業については，第二種衛生管理者免許を有する者を衛生管理者として選任することはできない。

2　衛生管理者等の選任・設置数

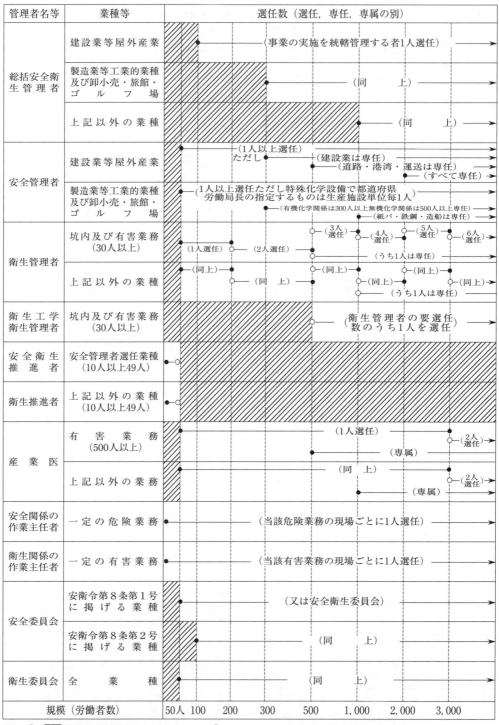

3　労働衛生関係届出・申請等

①　労働安全衛生規則関係

報告・届出・申請の種類	どのようなときに必要か	提出期限	提出先	備考
総括安全衛生管理者選任報告（様式第3号）	令第2条に該当する事業場で総括安全衛生管理者を選任したとき（令第2条に該当した日から14日以内に選任する）。	選任後遅滞なく	所轄労働基準監督署長（以下「所轄署長」という。）	安衛則2
衛生管理者選任報告（様式第3号）	令第4条に該当する事業場で衛生管理者を選任したとき（令第4条に該当した日から14日以内に選任する）。	選任後遅滞なく	所轄署長	安衛則7
産業医選任報告（様式第3号）	令第5条に該当する事業者で産業医を選任したとき（令第5条に該当した日から14日以内に選任する）。	選任後遅滞なく	所轄署長	安衛則13
新規化学物質製造・輸入届（様式第4号の3）	新規化学物質を製造し，又は輸入しようとするとき。	事前	厚生労働大臣	安衛則34の4
確認申請書（様式第4号の4）	一の事業場における新規化学物質の1年間の製造量又は輸入量が100キログラム以下である旨の厚生労働大臣の確認を受けようとするとき等。	事前	厚生労働大臣	安衛則34の5・34の8・34の10
定期健康診断結果報告書（様式第6号）	常時50人以上の労働者を使用する事業者が定期健康診断を実施したとき。	実施後遅滞なく	所轄署長	安衛則52
心理的な負担の程度を把握するための検査結果等報告書（様式第6号の3）	常時50人以上の労働者を使用する事業者が，1年以内ごと1回，定期に，心理的な負担の程度を把握するための検査等を実施したとき。	事業年度の終了後など事業場ごとに設定	所轄署長	安衛則52の21
健康管理手帳交付申請書（様式第7号）	がんその他重度の健康障害を生ずるおそれのある業務に従事し，一定の要件に該当する者が健康管理手帳の交付を受けようとするとき。	提出期限は定めてなく要件に該当した後であれば申請できる	所轄都道府県労働局長（以下「所轄局長」という。）（離職の後に要件に該当した者にあつては住所地を管轄する都道府県労働局長）	安衛則53
健康管理手帳書替・再交付申請書（様式第10号）	健康管理手帳所持者が①手帳を滅失し，又は損傷したとき，②氏名又は住所を変更したとき。	①はその時点で，②は変更後30日以内に	申請者の住所地を管轄する都道府県労働局長	安衛則58・59
免許・免許証再交付・免許証書替・免許更新申請書（様式第12号）	①免許を受けようとするとき，②免許証所持者が免許証を滅失し，若しくは損傷したとき，又は氏名を変更するとき。	①免許試験合格者は合格後遅滞なく，その他の者はその時点，②その時点	①免許試験合格者は指定試験機関の事務所の所在地を管轄する都道府県労働局長，その他の者は，住所地を管轄する都道府県労働局長，②免許証の交付を受けた都道府県労働局長又は住所地を管轄する都道府県労働局長	安衛則66の3・67
各種免許試験受験申請書（様式第14号）	各種免許試験（安衛則第69条）を受けようとするとき。		都道府県労働局長又は指定試験機関	安衛則71

報告・届出・申請の種類	どのようなときに必要か	提出期限	提出先	備考
各種技能講習・運転実技教習受講申込書（様式第15号）	各種技能講習や実技教習を受講しようとするとき。		登録教習機関	安衛則75・80
各種技能講習修了証再交付・書替・修了証明書交付申込書（様式第18号）	技能講習修了証の交付を受けた者で①修了証を滅失し，又は損傷したとき，②氏名を変更したとき。	①，②ともその時点で	修了証の交付を受けた都道府県労働局長又は登録教習機関	安衛則82
機械等設置・移転・変更届（様式第20号）	①特定の規模，業種の事業場で建設物，機械等を設置，移転，変更しようとするとき，②特定の機械等を設置，移転，変更しようとするとき。	工事を開始する日の30日前までに	所轄署長	安衛則86
機械等設置・移転・変更届（様式第20号）	有機則第5条若しくは第6条の有機溶剤の蒸気の発散源を密閉する設備，若しくは全体換気設備で，移動式以外のものを設置し，移転し，又は変更しようとするとき。	工事を開始する日の30日前までに	所轄署長	安衛則86
様式第20号に加えて，局所排気装置摘要書（様式第25号）を添付する。	有機則第5条若しくは第6条の有機溶剤の局所排気装置で移動式以外のものを設置し，移転し，又は変更しようとするとき。	工事を開始する日の30日前までに	所轄署長	安衛則86
様式第20号に加えて，プッシュプル型換気装置摘要書（様式第26号）を添付する。	有機則第5条若しくは第6条の有機溶剤のプッシュプル型換気装置で移動式以外のものを設置し，移転し，又は変更しようとするとき。	工事を開始する日の30日前までに	所轄署長	安衛則86
機械等設置・移転・変更届（様式第20号）	鉛則第2条，第5条から第15条まで及び第17条から第20条までに規定する鉛等又は焼結鉱等の粉じんの発散源を密閉する設備を設置し，移転し，又は変更しようとするとき。	工事を開始する日の30日前までに	所轄署長	安衛則86
様式第20号に加えて，局所排気装置摘要書（様式第25号）を添付する。	鉛則第2条，第5条から第15条まで及び第17条から第20条までに規定する鉛等又は焼結鉱等の粉じんの局所排気装置を設置し，移転し，又は変更しようとするとき。	工事を開始する日の30日前までに	所轄署長	安衛則86
様式第20号に加えて，プッシュプル型換気装置摘要書（様式第26号）を添付する。	鉛則第2条，第5条から第15条まで及び第17条から第20条までに規定する鉛等又は焼結鉱等の粉じんのプッシュプル型換気装置を設置し，移転し，又は変更しようとするとき。	工事を開始する日の30日前までに	所轄署長	安衛則86
機械等設置・移転・変更届（様式第20号）	四アルキル鉛をガソリンに混入する業務に用いる機械又は装置を設置し，移転し，又は変更しようとするとき。	工事を開始する日の30日前までに	所轄署長	安衛則86
機械等設置・移転・変更届（様式第20号）	特化則第2条に掲げる第1類物質又は特定第2類物質等を製造する設備を設置し，移転し，又は変更しようとするとき。	工事を開始する日の30日前までに	所轄署長	安衛則86
様式第20号に加えて局所排気装置摘要書（様式第25号）を添付する。	上記設備に局所排気装置が設置されている場合。	工事を開始する日の30日前までに	所轄署長	安衛則86
様式第20号に加えてプッシュプル型換気装置摘要書（様式第26号）を添付する。	上記設備にプッシュプル型換気装置が設置されている場合。	工事を開始する日の30日前までに	所轄署長	安衛則86

報告・届出・ 申請の種類	どのようなときに必要か	提出期限	提出先	備考
機械等設置・移転・変更届（様式第20号）	特定化学設備及びその附属設備を設置し，移転し，又は変更しようとするとき。	工事を開始する日の30日前までに	所轄署長	安衛則86
様式第20号に加えて局所排気装置摘要書（様式 第25号）を添付する。	上記設備に局所排気装置が設置されている場合。	工事を開始する日の30日前までに	所轄署長	安衛則86
様式第20号に加えてプッシュプル型換気装置摘要書（様式第26号）を添付する。	上記設備にプッシュプル型換気装置が設置されている場合。	工事を開始する日の30日前までに	所轄署長	安衛則86
機械等設置・移転・変更届（様式第20号）	特定第2類物質又は管理第2類物質のガス，蒸気又は粉じんが発散する屋内作業場に設ける発散源を密閉する設備又は全体換気装置を設置し，移転し，又は変更しようとするとき。	工事を開始する日の30日前までに	所轄署長	安衛則86
様式第20号に加えて局所排気装置摘要書（様式第25号）を添付する。	特定第2類物質又は管理第2類物質のガス，蒸気又は粉じんが発散する屋内作業場に設ける局所排気装置を設置し，移転し，変更しようとするとき。	工事を開始する日の30日前までに	所轄署長	安衛則86
様式第20号に加えてプッシュプル型換気装置摘要書（様式第26号）を添付する。	特定第2類物質又は管理第2類物質のガス，蒸気又は粉じんが発散する屋内作業場に設けるプッシュプル型換気装置を設置し，移転し，変更しようとするとき。	工事を開始する日の30日前までに	所轄署長	安衛則86
機械等設置・移転・変更届（様式第20号）	アクロレインに係る特化則第10条に定める排ガス処理装置を設置し，移転し，変更しようとするとき。	工事を開始する日の30日前までに	所轄署長	安衛則86
様式第20号に加えて局所排気装置摘要書（様式 第25号）を添付する。	上記設備に局所排気装置が設置されている場合。	工事を開始する日の30日前までに	所轄署長	安衛則86
様式第20号に加えてプッシュプル型換気装置摘要書（様式第26号）を添付する。	上記設備にプッシュプル型換気装置が設置されている場合。	工事を開始する日の30日前までに	所轄署長	安衛則86
機械等設置・移転・変更届（様式第20号）	特化則第11条に定める排液処理装置を設置し，移転し，変更しようとするとき。	工事を開始する日の30日前までに	所轄署長	安衛則86
様式第20号に加えて局所排気装置摘要書（様式 第25号）を添付する。	上記設備に局所排気装置が設置されている場合。	工事を開始する日の30日前までに	所轄署長	安衛則86
様式第20号に加えてプッシュプル型換気装置摘要書（様式第26号）を添付する。	上記設備にプッシュプル型換気装置が設置されている場合。	工事を開始する日の30日前までに	所轄署長	安衛則86
機械等設置・移転・変更届（様式第20号）	特化則第38条の17に掲げる1・3-ブタジエン等のガスの発散源を密閉する設備又は全体換気装置を設置し，移転し，又は変更しようとするとき。	工事を開始する日の30日前までに	所轄署長	安衛則86
様式第20号に加えて局所排気装置摘要書（様式第25条）	特化則第38条の17に掲げる1・3-ブタジエン等のガスの局所排気装置を設置し，移転し，又は変更しようとするとき。	工事を開始する日の30日前までに	所轄署長	安衛則86

報告・届出・申請の種類	どのようなときに必要か	提出期限	提出先	備考
様式第20号に加えてプッシュプル型換気装置摘要書（様式第26号）	特化則第38条の17に掲げる1・3-ブタジエン等のガスのプッシュプル型換気装置を設置し，移転し，又は変更しようとするとき。	工事を開始する日の30日前までに	所轄署長	安衛則86
機械等設置・移転・変更届（様式第20号）	特化則第38条の18に掲げる硫酸ジエチル等の蒸気の発散源を密閉する設備又は全体換気装置を設置し，移転し，又は変更しようとするとき。	工事を開始する日の30日前までに	所轄署長	安衛則86
様式第20号に加えて局所排気装置摘要書（様式第25条）	特化則第38条の18に掲げる硫酸ジエチル等の蒸気の局所排気装置を設置し，移転し，又は変更しようとするとき。	工事を開始する日の30日前までに	所轄署長	安衛則86
様式第20号に加えてプッシュプル型換気装置摘要書（様式第26号）	特化則第38条の18に掲げる硫酸ジエチル等の蒸気のプッシュプル型換気装置を設置し，移転し，又は変更しようとするとき。	工事を開始する日の30日前までに	所轄署長	安衛則86
機械等設置・移転・変更届（様式第20号）	特化則第38条の19の1・3-プロパンスルトン等を製造し，又は取り扱う設備	工事を開始する日の30日前までに	所轄署長	安衛則86
様式第20号に加えて放射線装置摘要書（様式第27号）を添付する。	電離則第15条第1項の放射線装置を設置し，移転し，変更しようとするとき。	工事を開始する日の30日前までに	所轄署長	安衛則86
機械等設置・移転・変更届（様式第20号）	事務所則第5条の空気調和設備又は機械換気設備で中央管理方式のものを設置し，移転し，変更しようとするとき。	工事を開始する日の30日前までに	所轄署長	安衛則86
機械等設置・移転・変更届（様式第20号）	粉じん則で定める特定粉じん発生源のうち，同規則別表第2第6号及び第8号に掲げる発生源を有する機械又は設備並びに同表第14号の型ばらし装置を設置し，移転し，変更しようとするとき。	工事を開始する日の30日前までに	所轄署長	安衛則86
様式第20号に加えて局所排気装置摘要書（様式第25号）を添付する。	粉じん則第4条又は第27条第1項ただし書の規定による局所排気装置を設置し，移転し，変更しようとするとき。	工事を開始する日の30日前までに	所轄署長	安衛則86
様式第20号に加えてプッシュプル型換気装置摘要書（様式第26号）を添付する。	粉じん則第4条又は第27条第1項ただし書の規定によるプッシュプル型換気装置を設置し，移転し，変更しようとするとき。	工事を開始する日の30日前までに	所轄署長	安衛則86
機械等設置・移転・変更届（様式第20号）	石綿等の粉じんが発散する屋内作業場に設ける発散源を密閉する設備又は全体換気装置を設置し，移転し，又は変更しようとするとき。	工事を開始する日の30日前までに	所轄署長	安衛則86
様式第20号に加えて局所排気装置摘要書（様式第25号）を添付する。	石綿等の粉じんが発散する屋内作業場に設ける局所排気装置を設置し，移転し，又は変更しようとするとき。	工事を開始する日の30日前までに	所轄署長	安衛則86
様式第20号に加えてプッシュプル型換気装置摘要書（様式第26号）を添付する。	石綿等の粉じんが発散する屋内作業場に設けるプッシュプル型換気装置を設置し，移転し，又は変更しようとするとき。	工事を開始する日の30日前までに	所轄署長	安衛則86
建設工事・土石採取計画届（様式第21号）	建設業又は土石採取業で一定の作業を開始しようとするとき。	①開始の日の30日前までに②開始の日の14日前までに	①厚生労働大臣②所轄署長	安衛則91・92

報告・届出・申請の種類	どのようなときに必要か	提出期限	提出先	備考
建設工事・土石採取計画届（様式第21号）に加えて圧気工法作業摘要書（様式第21号の2）を添付する。	上記の仕事を圧気工法により行う場合。	①開始の日の30日前までに ②開始の日の14日前までに	①厚生労働大臣 ②所轄署長	安衛則91
労働者死傷病報告（様式第23号）	労働者が労働災害その他就業中，又は事業場内，附属建設物内で負傷，窒息又は急性中毒により死亡し，又は休業（4日以上）したとき。	死亡，休業したとき遅滞なく	所轄署長	安衛則97
労働者死傷病報告（様式第24号）	上記の場合で，休業日数が4日未満のとき。	1〜3月分は4月末日，4〜6月分は7月末日，7〜9月分は10月末日，10〜12月分は翌年1月末日までに	所轄署長	安衛則97

令：労働安全衛生法施行令　安衛則：労働安全衛生規則

② 有機溶剤中毒予防規則関係

報告・届出・申請の種類	どのようなときに必要か	提出期限	提出先	備考
有機溶剤中毒予防規則一部適用除外認定申請書(様式第1号)	有機則第1条第1項第6号ハからルまでの業務に労働者を従事させる場合で，有機則第3条第1項の各号の一に該当するとき。	左の条件に該当して，適用除外を受けようとするとき	所轄署長	有機則1・3・4
有機溶剤中毒予防規則適用除外認定申請書(様式第1号の2)	有機則第4条の2第1項各号に該当するとき	左の条件に該当して，適用除外を受けようとするとき	所轄署長	有機則4の2
局所排気装置設置等特例許可申請書（様式第2号）	有機溶剤の蒸気の発散面が広いため，有機溶剤の蒸気の発散源を密閉する設備又は局所排気装置の設置が困難なときで，これらの設備を設けないことについて許可を受けようとするとき。	その時点	所轄署長	有機則13
局所排気装置特例稼働許可申請書（様式第2号の2）	有機則第18条の3第1項の要件の下，局所排気装置を特例制御風速で稼働させようとするとき。	その時点	所轄署長	有機則18の3
有機溶剤等健康診断結果報告書（様式第3号の2）	健康診断（定期のものに限る）を行ったとき。	実施後遅滞なく	所轄署長	有機則30の3
有機溶剤等健康診断特例許可申請書（様式第4号）	有機溶剤業務に従事させる労働者に対し，上記健康診断を3年以上実施し，その間新たに有機溶剤による異常所見があると認められる労働者が発見されなかった場合で，以後健康診断の実施，記録保存を行わないことについて許可を受けようとするとき。	その時点	所轄署長	有機則31

有機則：有機溶剤中毒予防規則

③　鉛中毒予防規則関係

報告・届出・申請の種類	どのようなときに必要か	提出期限	提出先	備考
鉛業務一部適用除外認定申請書（様式第1号）	鉛則第2条に定める業務であって鉛則の一部適用除外の認定を受けようとするとき。	その時点	所轄署長	鉛則2・4
鉛中毒予防規則適用除外認定申請書（様式第1号の2）	鉛則第3条の2第1項各号に該当するとき	左の条件に該当して，適用除外を受けようとするとき	所轄署長	鉛則3の2
鉛健康診断結果報告書（様式第3号）	健康診断（定期のものに限る）を行ったとき。	実施後遅滞なく	所轄署長	鉛則55

鉛則：鉛中毒予防規則

④　四アルキル鉛中毒予防規則関係

報告・届出・申請の種類	どのようなときに必要か	提出期限	提出先	備考
四アルキル鉛健康診断結果報告書（様式第3号）	健康診断（定期のものに限る）を行ったとき。	実施後遅滞なく	所轄署長	四アルキル則24

四アルキル則：四アルキル鉛中毒予防規則

⑤　特定化学物質障害予防規則関係

報告・届出・申請の種類	どのようなときに必要か	提出期限	提出先	備考
特定化学物質障害予防規則適用除外認定申請書（様式第1号）	特化則第2条の3第1項各号に該当するとき	左の条件に該当して，適用除外を受けようとするとき	所轄署長	特化則2の3
特定化学物質障害予防規則一部適用除外認定申請書（様式第1号の2）	第2類物質のガス，蒸気又は粉じんが発散する屋内作業場について，その濃度が常態として有害な程度になるおそれがないとして，適用除外の認定を受けようとするとき。	その時点	所轄署長	特化則6
特定化学物質健康診断結果報告書（様式第3号）	健康診断（定期のものに限る）を行ったとき。	実施後遅滞なく	所轄署長	特化則41
製造等禁止物質製造・輸入・使用許可申請書（様式第4号）	黄りんマッチ，ベンジジンその他令第16条に定める物質（石綿等に係るものを除く。）を試験，研究のため製造し，輸入し，又は使用しようとするとき。	事前	所轄署長を経由し所轄局長	特化則46
特定化学物質製造許可申請書（様式第5号）	ジクロルベンジジンその他令別表第3第1号に定める第1類物質の製造許可を受けようとするとき。	事前	所轄署長を経由して厚生労働大臣	特化則48・49
摘要書（様式第6号）	上記の製造許可を受けようとするときは，この摘要書を添付して申請する。	事前	所轄署長を経由して厚生労働大臣	特化則49
特定化学物質製造許可証再交付・書替申請書（様式第8号）	製造許可証の交付を受けた者で，①許可証を滅失し，又は損傷したとき，②氏名（法人ではその名称）を変更したとき。	その時点	所轄署長を経由して厚生労働大臣	特化則49
特別管理物質等関係記録等報告書（様式第11号）	特別管理物質を製造し，又は取り扱う事業者が，事業を廃止しようとするとき。	その時点	所轄署長	特化則38の17・38の18・53

特化則：特定化学物質障害予防規則

⑥　高気圧作業安全衛生規則関係

報告・届出・申請の種類	どのようなときに必要か	提出期限	提出先	備考
高気圧業務健康診断結果報告書（様式第2号）	健康診断（定期のものに限る）を実施したとき。	実施後遅滞なく	所轄署長	高圧則40

高圧則：高気圧作業安全衛生規則

⑦　電離放射線障害防止規則関係

報告・届出・申請の種類	どのようなときに必要か	提出期限	提出先	備考
電離放射線健康診断結果報告書(様式第2号)又は緊急時電離放射線健康診断結果報告書（様式第2号の2）	健康診断（定期のものに限る）を行ったとき。	実施後遅滞なく	所轄署長	電離則58
ガンマ線透過写真撮影作業届（様式第6号）	透過写真撮影用ガンマ線照射装置を自己の事業場以外の場所で使用して作業を行うとき。	あらかじめ	所轄署長	電離則61

電離則：電離放射線障害防止規則

⑧　粉じん障害防止規則関係

報告・届出・申請の種類	どのようなときに必要か	提出期限	提出先	備考
粉じん作業非該当認定申請書（様式第1号）	当該作業場における粉じんの発散の程度及び作業の工程その他からみて，粉じん則に規定する措置を講ずる必要がない旨の認定を受けようとするとき。	その時点	所轄署長を経由して所轄局長	粉じん則2
粉じん障害防止規則一部適用除外認定申請書（様式第2号）	作業場の構造等により設備等を設けることが困難な場合の適用除外認定を受けようとするとき。	その時点	所轄署長	粉じん則9

粉じん則：粉じん障害防止規則

⑨　石綿障害予防規則関係

報告・届出・申請の種類	どのようなときに必要か	提出期限	提出先	備考
事前調査結果等報告（様式第1号）	次のいずれかの工事を行おうとするとき。 1　床面積80平方メートル以上の建築物の解体工事 2　請負代金が100万円以上の建築物の改修工事 3　請負代金が100万円以上の所定の工作物の解体工事又は改修工事 4　総トン数20トン以上の船舶の解体工事又は改修工事	事前	所轄署長	石綿則4の2
建築物解体等作業届（様式第1号の2）	石綿等が使用されている耐火性能を有する被覆材等が張り付けられた建築物又は工作物の解体等で，石綿等の粉じんを著しく発散するおそれがある作業，石綿等の封じ込め又は囲い込みの作業，これらに類する作業を行うとき（法第88条第3項の規定による届出を行うときを除く）。	事前	所轄署長	石綿則5

報告・届出・申請の種類	どのようなときに必要か	提出期限	提出先	備考
石綿健康診断結果報告書（様式第3号）	健康診断（定期のものに限る）を行ったとき。	実施後遅滞なく	所轄署長	石綿則43
石綿分析用試料等製造・輸入・使用届（様式第3号の2）	石綿分析用試料等を製造し，輸入し，又は使用しようとするとき。	事前	所轄署長	石綿則46の3
石綿等製造・輸入・使用許可申請書（様式第4号）	石綿等を製造し，輸入し，又は使用しようとするとき。	事前	所轄署長を経由し所轄局長	石綿則47
石綿分析用試料等製造許可申請書（様式第5号の2）	石綿分析用試料等の製造の許可を受けようとするとき。	事前	所轄署長を経由し厚生労働大臣	石綿則48の3
石綿関係記録等報告書（様式第6号）	石綿等を取り扱い，又は試験研究のため製造する事業者が，事業を廃止しようとするとき。	その時点	所轄署長	石綿則49

石綿則：石綿障害予防規則

⑩　作業環境測定法施行規則関係

報告・届出・申請の種類	どのようなときに必要か	提出期限	提出先	備考
作業環境測定士登録申請書（様式第1号）	作業環境測定士となる資格を有する者が作業環境測定士の登録を受けるとき。	その時点	申請者の住所地を管轄する都道府県労働局長を経由して厚生労働大臣	測定則7
作業環境測定機関登録申請書（様式第16号）	作業環境測定機関の登録を受けるとき。	その時点	事務所の所在地を管轄する都道府県労働局長又は厚生労働大臣	測定則53

測定則：作業環境測定法施行規則

⑪　じん肺法施行規則関係

報告・届出・申請の種類	どのようなときに必要か	提出期限	提出先	備考
エックス線写真等の提出書（様式第2号）	じん肺健康診断等を行い，じん肺の所見があると診断されたとき。	健診実施後遅滞なく	所轄局長	じん肺則13
じん肺健康診断結果証明書（様式第3号）	じん肺の所見があると診断された労働者について，エックス線写真を提出するとき又は随時申請をするとき，この証明書を添付する。	随時申請は随時，それ以外は，健診実施後遅滞なく	所轄局長（過去に，労働者であった者は，住所地の所轄局長）	じん肺則13・20・22
じん肺管理区分決定申請書（様式第6号）	随時申請をするとき。	随時	所轄局長（過去に，労働者であった者は，住所地の所轄局長）	じん肺則20
じん肺健康管理実施状況報告（様式第8号）	毎年の12月31日現在におけるじん肺に関する健康管理の実施状況を報告する。	翌年2月末日	所轄署長を経由して所轄局長	じん肺則37

じん肺則：じん肺法施行規則

4　特殊健康診断一覧

①　法令に基づく特殊健康診断

No.	業　務	健　康　診　断　項　目	法　規
1	じん肺にかかるおそれのある作業（粉じん作業）	①粉じん作業についての職歴の調査及びエックス線写真（直接撮影による胸部全域）による検査 ②胸部に関する臨床検査 ③肺機能検査 　※②，③の検査は①の結果じん肺の所見があるか，又はその疑いのある者について行う。 ④結核精密検査 　※①，②の結果じん肺の有所見者のうち肺結核を合併しているか，又はその疑いのある者について行う。 ⑤肺結核以外の合併症に関する検査 　※①，②の結果じん肺の有所見者のうち肺結核以外の合併症の疑いの者について行う。	じん肺法 第3条
2	エックス線その他の電離放射線にさらされる業務（放射線業務）	①被ばく歴の有無（被ばく歴を有する者については，作業場所，内容及び期間，放射線障害の有無，自覚症状の有無その他放射線による被ばくに関する事項）の調査及びその評価 ②白血球数及び白血球百分率の検査 ③赤血球数及び血色素量又はヘマトクリット値の検査 ④白内障に関する眼の検査 ⑤皮膚の検査	電離放射線障害防止規則 第56条
3	屋内作業場等（第3種有機溶剤等にあっては，タンク等の内部に限る。）において有機溶剤を製造し，又は取り扱う業務（有機溶剤業務）	①業務の経歴の調査 ②作業条件の簡易な調査 ③有機溶剤による健康障害の既往歴並びに自覚症状及び他覚症状の既往歴の調査，下表の右欄に掲げる項目（尿中の有機溶剤の代謝物の量の検査に限る。）についての既往の検査結果の調査並びに下表の右欄（尿中の有機溶剤の代謝物の量の検査を除く。）及び貧血検査，肝機能検査，腎機能検査，神経学的検査についての既往の異常所見の有無の調査 ④有機溶剤による自覚症状又は他覚症状と通常認められる症状の有無の検査	有機溶剤中毒予防規則 第29条 別表
(1)	1　エチレングリコールモノエチルエーテル（別名セロソルブ） 2　エチレングリコールモノエチルエーテルアセテート（別名セロソルブアセテート） 3　エチレングリコールモノ－ノルマル－ブチルエーテル（別名ブチルセロソルブ） 4　エチレングリコールモノメチルエーテル（別名メチルセロソルブ） 5　前各号に掲げる有機溶剤のいずれかをその重量の5パーセントを超えて含有する物	血色素量及び赤血球数の検査	
(2)	1　オルトージクロルベンゼン 2　クレゾール 3　クロルベンゼン	血清グルタミックオキサロアセチックトランスアミナーゼ（GOT），血清グルタミックピルビックトランスアミナーゼ（GPT）及び血清ガンマーグルタミルトランスペプチダーゼ（γ-GTP）の検査（以下「肝機能検査」という。）	

No.	業　　務	健　康　診　断　項　目	法　規
	4　1・2-ジクロルエチレン（別名二塩化アセチレン） 5　前各号に掲げる有機溶剤のいずれかをその重量の5パーセントを超えて含有する物		
(3)	1　キシレン 2　前号に掲げる有機溶剤をその重量の5パーセントを超えて含有する物	尿中のメチル馬尿酸の量の検査	
(4)	1　N・N-ジメチルホルムアミド 2　前号に掲げる有機溶剤をその重量の5パーセントを超えて含有する物	①肝機能検査 ②尿中の N-メチルホルムアミドの量の検査	
(5)	1　1・1・1-トリクロルエタン 2　前号に掲げる有機溶剤をその重量の5パーセントを超えて含有する物	尿中のトリクロル酢酸又は総三塩化物の量の検査	
(6)	1　トルエン 2　前号に掲げる有機溶剤をその重量の5パーセントを超えて含有する物	尿中の馬尿酸の量の検査	
(7)	1　二硫化炭素 2　前号に掲げる有機溶剤をその重量の5パーセントを超えて含有する物	眼底検査	
(8)	1　ノルマルヘキサン 2　前号に掲げる有機溶剤をその重量の5パーセントを超えて含有する物	尿中の2・5-ヘキサンジオンの量の検査	
		（医師が必要と認めるときに実施する項目） ①作業条件の調査 ②貧血検査 ③肝機能検査 ④腎機能検査 ⑤神経学的検査	
4	四アルキル鉛の製造，混入，取り扱いの業務又はそのガス，蒸気を発散する場所における業務（四アルキル鉛等業務）	①業務の経歴の調査 ②作業条件の簡易な調査 ③四アルキル鉛による自覚症状及び他覚症状の既往歴の有無の検査並びに⑤及び⑥に掲げる項目についての既往の検査結果の調査 ④いらいら，不眠，悪夢，食欲不振，顔面蒼白，倦怠感，盗汗，頭痛，振顫，四肢の腱反射亢進，悪心，嘔吐，腹痛，不安，興奮，記憶障害その他の神経症状又は精神症状の自覚症状又は他覚症状の有無の検査 ⑤血液中の鉛の量の検査 ⑥尿中のデルタアミノレブリン酸の量の検査	四アルキル鉛中毒予防規則第22条
		（医師が必要と認めるときに実施する項目） ①作業条件の調査 ②貧血検査 ③赤血球中のプロトポルフィリンの量の検査 ④神経学的検査	

No.	業　　務	健　康　診　断　項　目		法　　規
5	鉛等を取り扱う業務又はその蒸気，粉じんを発散する場所における業務（鉛業務）	①業務の経歴の調査 ②作業条件の簡易な調査 ③鉛による自覚症状及び他覚症状の既往歴の有無の調査並びに⑤及び⑥に掲げる項目についての既往の検査結果の調査 ④鉛による自覚症状又は他覚症状と通常認められる症状の有無の検査 ⑤血液中の鉛の量の検査 ⑥尿中のデルタアミノレブリン酸の量の検査		鉛中毒予防規則第53条
		（医師が必要と認めるときに実施する項目） ①作業条件の調査 ②貧血検査 ③赤血球中のプロトポルフィリンの量の検査 ④神経学的検査		
6	高圧室内作業及び潜水業務	①既往歴及び高気圧業務歴の調査 ②関節，腰若しくは下肢の痛み，耳鳴り等の自覚症状又は他覚症状の有無の検査 ③四肢の運動機能の検査 ④鼓膜及び聴力の検査 ⑤血圧の測定並びに尿中の糖及び蛋白の有無の検査 ⑥肺活量の測定		高気圧作業安全衛生規則第38条
		（医師が必要と認めるときに実施する項目） ①作業条件調査 ②肺換気機能検査 ③心電図検査 ④関節部のエックス線直接撮影による検査		

No.	業　　務	第1次健康診断項目	第2次健康診断項目	法　　規
7	ベンジジン及びその塩（これらの物をその重量の1パーセントを超えて含有する製剤その他の物を含む。）を製造し，又は取り扱う業務	①業務の経歴の調査（当該業務に常時従事する労働者に対して行う健康診断におけるものに限る。） ②作業条件の簡易な調査（当該業務に常時従事する労働者に対して行う健康診断におけるものに限る。） ③ベンジジン及びその塩による血尿，頻尿，排尿痛等の他覚症状又は自覚症状の既往歴の有無の検査 ④血尿，頻尿，排尿痛等の他覚症状又は自覚症状の有無の検査 ⑤皮膚炎等の皮膚所見の有無の検査（当該業務に常時従事する労働者に対して行う健康診断におけるものに限る。） ⑥尿中の潜血検査 ⑦医師が必要と認める場合は，尿沈渣検鏡の検査又は尿沈渣のパパニコラ法による細胞診の検査	①作業条件の調査（当該業務に常時従事する労働者に対して行う健康診断におけるものに限る。） ②医師が必要と認める場合は，膀胱鏡検査又は腹部の超音波による検査，尿路造影検査等の画像検査	特定化学物質障害予防規則第39条別表3別表4
8	ビス（クロロメチル）エーテル（これをその重量の1パーセントを超えて含有する製剤その他の物を含む。）を製造し，又は取り扱う業務	①業務の経歴の調査（当該業務に常時従事する労働者に対して行う健康診断におけるものに限る。） ②作業条件の簡易な調査（当該業務に常時従事する労働者に対して行う健康診断における	①作業条件の調査（当該業務に常時従事する労働者に対して行う健康診断におけるものに限る。） ②医師が必要と認める場合は，胸部の特殊なエックス線撮影による検査，喀痰の細胞診又	

No.	業　　　務	第1次健康診断項目	第2次健康診断項目	法　　規
		ものに限る。） ③ビス（クロロメチル）エーテルによるせき，たん，胸痛，体重減少等の他覚症状又は自覚症状の既往歴の有無の検査 ④せき，たん，胸痛，体重減少等の他覚症状又は自覚症状の有無の検査 ⑤当該業務に3年以上従事した経験を有する場合は，胸部のエックス線直接撮影による検査	は気管支鏡検査	
9	ベーターナフチルアミン及びその塩（これらの物をその重量の1パーセントを超えて含有する製剤その他の物を含む。）を製造し，又は取り扱う業務	①業務の経歴の調査（当該業務に常時従事する労働者に対して行う健康診断におけるものに限る。） ②作業条件の簡易な調査（当該業務に常時従事する労働者に対して行う健康診断におけるものに限る。） ③ベーターナフチルアミン及びその塩による頭痛，悪心，めまい，昏迷，呼吸器の刺激症状，眼の刺激症状，顔面蒼白，チアノーゼ，運動失調，尿の着色，血尿，頻尿，排尿痛等の他覚症状又は自覚症状の既往歴の有無の検査 ④頭痛，悪心，めまい，昏迷，呼吸器の刺激症状，眼の刺激症状，顔面蒼白，チアノーゼ，運動失調，尿の着色，血尿，頻尿，排尿痛等の他覚症状又は自覚症状の有無の検査 ⑤皮膚炎等の皮膚所見の有無の検査（当該業務に常時従事する労働者に対して行う健康診断におけるものに限る。） ⑥尿中の潜血検査 ⑦医師が必要と認める場合は，尿沈渣検鏡の検査又は尿沈渣のパパニコラ法による細胞診の検査	①作業条件の調査（当該業務に常時従事する労働者に対して行う健康診断におけるものに限る。） ②医師が必要と認める場合は，膀胱鏡検査，腹部の超音波による検査，尿路造影検査等の画像検査又は赤血球数，網状赤血球数，メトヘモグロビンの量等の赤血球系の血液検査（赤血球数，網状赤血球数，メトヘモグロビンの量等の赤血球系の血液検査にあっては，当該業務に常時従事する労働者に対して行う健康診断におけるものに限る。）	
10	ジクロルベンジジン及びその塩（これらの物をその重量の1パーセントを超えて含有する製剤その他の物を含む。）を製造し，又は取り扱う業務	①業務の経歴の調査（当該業務に常時従事する労働者に対して行う健康診断におけるものに限る。） ②作業条件の簡易な調査（当該業務に常時従事する労働者に対して行う健康診断におけるものに限る。） ③ジクロルベンジジン及びその塩による頭痛，めまい，せき，呼吸器の刺激症状，咽頭痛，血尿，頻尿，排尿痛等の他覚症状又は自覚症状の既往歴の有無の検査 ④頭痛，めまい，せき，呼吸器	①作業条件の調査（当該業務に常時従事する労働者に対して行う健康診断におけるものに限る。） ②医師が必要と認める場合は，膀胱鏡検査又は腹部の超音波による検査，尿路造影検査等の画像検査	

No.	業　　　務	第1次健康診断項目	第2次健康診断項目	法　　規
		の刺激症状，咽頭痛，血尿，頻尿，排尿痛等の他覚症状又は自覚症状の有無の検査 ⑤皮膚炎等の皮膚所見の有無の検査（当該業務に常時従事する労働者に対して行う健康診断におけるものに限る。） ⑥尿中の潜血検査 ⑦医師が必要と認める場合は，尿沈渣検鏡の検査又は尿沈渣のパパニコラ法による細胞診の検査		
11	アルファーナフチルアミン及びその塩（これらの物をその重量の1パーセントを超えて含有する製剤その他の物を含む。）を製造し，又は取り扱う業務	①業務の経歴の調査（当該業務に常時従事する労働者に対して行う健康診断におけるものに限る。） ②作業条件の簡易な調査（当該業務に常時従事する労働者に対して行う健康診断におけるものに限る。） ③アルファーナフチルアミン及びその塩による頭痛，悪心，めまい，昏迷，倦怠感，呼吸器の刺激症状，眼の刺激症状，顔面蒼白，チアノーゼ，運動失調，尿の着色，血尿，頻尿，排尿痛等の他覚症状又は自覚症状の既往歴の有無の検査 ④頭痛，悪心，めまい，昏迷，倦怠感，呼吸器の刺激症状，眼の刺激症状，顔面蒼白，チアノーゼ，運動失調，尿の着色，血尿，頻尿，排尿痛等の他覚症状又は自覚症状の有無の検査 ⑤皮膚炎等の皮膚所見の有無の検査（当該業務に常時従事する労働者に対して行う健康診断におけるものに限る。） ⑥尿中の潜血検査 ⑦医師が必要と認める場合は，尿沈渣検鏡の検査又は尿沈渣のパパニコラ法による細胞診の検査	①作業条件の調査（当該業務に常時従事する労働者に対して行う健康診断におけるものに限る。） ②医師が必要と認める場合は，膀胱鏡検査，腹部の超音波による検査，尿路造影検査等の画像検査又は赤血球数，網状赤血球数，メトヘモグロビンの量等の赤血球系の血液検査（赤血球数，網状赤血球数，メトヘモグロビンの量等の赤血球系の血液検査にあっては，当該業務に常時従事する労働者に対して行う健康診断におけるものに限る。）	
12	塩素化ビフェニル等を製造し，又は取り扱う業務	①業務の経歴の調査 ②作業条件の簡易な調査 ③塩素化ビフェニルによる皮膚症状，肝障害等の既往歴の有無の検査 ④食欲不振，脱力感等の他覚症状又は自覚症状の有無の検査 ⑤毛嚢性痤瘡，皮膚の黒変等の皮膚所見の有無の検査	①作業条件の調査 ②赤血球数等の赤血球系の血液検査 ③白血球数の検査 ④肝機能検査	
13	オルトートリジン及びその塩（これらの物をその重量の1パーセントを超えて含有する製剤その他の	①業務の経歴の調査（当該業務に常時従事する労働者に対して行う健康診断におけるもの	①作業条件の調査（当該業務に常時従事する労働者に対して行う健康診断におけるものに	

No.	業　　務	第1次健康診断項目	第2次健康診断項目	法　　規
	物を含む。）を製造し，又は取り扱う業務	に限る。） ②作業条件の簡易な調査（当該業務に常時従事する労働者に対して行う健康診断におけるものに限る。） ③オルト-トリジン及びその塩による眼の刺激症状，血尿，頻尿，排尿痛等の他覚症状又は自覚症状の既往歴の有無の検査 ④眼の刺激症状，血尿，頻尿，排尿痛等の他覚症状又は自覚症状の有無の検査 ⑤尿中の潜血検査 ⑥医師が必要と認める場合は，尿沈渣検鏡の検査又は尿沈渣のパパニコラ法による細胞診の検査	限る。） ②医師が必要と認める場合は，膀胱鏡検査又は腹部の超音波による検査，尿路造影検査等の画像検査	
14	ジアニシジン及びその塩（これらの物をその重量の1パーセントを超えて含有する製剤その他の物を含む。）を製造し，又は取り扱う業務	①業務の経歴の調査（当該業務に常時従事する労働者に対して行う健康診断におけるものに限る。） ②作業条件の簡易な調査（当該業務に常時従事する労働者に対して行う健康診断におけるものに限る。） ③ジアニシジン及びその塩による皮膚の刺激症状，粘膜刺激症状，血尿，頻尿，排尿痛等の他覚症状又は自覚症状の既往歴の有無の検査 ④皮膚の刺激症状，粘膜刺激症状，血尿，頻尿，排尿痛等の他覚症状又は自覚症状の有無の検査 ⑤皮膚炎等の皮膚所見の有無の検査（当該業務に常時従事する労働者に対して行う健康診断におけるものに限る。） ⑥尿中の潜血検査 ⑦医師が必要と認める場合は，尿沈渣検鏡の検査又は尿沈渣のパパニコラ法による細胞診の検査	①作業条件の調査（当該業務に常時従事する労働者に対して行う健康診断におけるものに限る。） ②医師が必要と認める場合は，膀胱鏡検査又は腹部の超音波による検査，尿路造影検査等の画像検査	
15	ベリリウム等を製造し，又は取り扱う業務	①業務の経歴の調査（当該業務に常時従事する労働者に対して行う健康診断におけるものに限る。） ②作業条件の簡易な調査（当該業務に常時従事する労働者に対して行う健康診断におけるものに限る。） ③ベリリウム又はその化合物による呼吸器症状，アレルギー症状等の既往歴の有無の検査 ④乾性せき，たん，咽頭痛，喉のいらいら，胸痛，胸部不安感，息切れ，動悸，息苦しさ，	①作業条件の調査（当該業務に常時従事する労働者に対して行う健康診断におけるものに限る。） ②胸部理学的検査 ③肺換気機能検査 ④医師が必要と認める場合は，肺拡散機能検査，心電図検査，尿中若しくは血液中のベリリウムの量の測定，皮膚貼布試験又はヘマトクリット値の測定	

376

No.	業　　務	第1次健康診断項目	第2次健康診断項目	法　　規
		倦怠感，食欲不振，体重減少等の他覚症状又は自覚症状の有無の検査 ⑤皮膚炎等の皮膚所見の有無の検査 ⑥肺活量の測定 －－－－－－－－－－ 胸部のエックス線直接撮影による検査		
16	ベンゾトリクロリド（これをその重量の0.5パーセントを超えて含有する製剤その他の物を含む。）を製造し，又は取り扱う業務	①業務の経歴の調査（当該業務に常時従事する労働者に対して行う健康診断におけるものに限る。） ②作業条件の簡易な調査（当該業務に常時従事する労働者に対して行う健康診断におけるものに限る。） ③ベンゾトリクロリドによるせき，たん，胸痛，鼻汁，鼻出血，嗅覚脱失，副鼻腔炎，鼻ポリープ等の他覚症状又は自覚症状の既往歴の有無の検査 ④せき，たん，胸痛，鼻汁，鼻出血，嗅覚脱失，副鼻腔炎，鼻ポリープ，頸部等のリンパ節の肥大等の他覚症状又は自覚症状の有無の検査 ⑤ゆうぜい，色素沈着等の皮膚所見の有無の検査 ⑥令第23条第9号の業務に3年以上従事した経験を有する場合は，胸部のエックス線直接撮影による検査	①作業条件の調査（当該業務に常時従事する労働者に対して行う健康診断におけるものに限る。） ②医師が必要と認める場合は，特殊なエックス線撮影による検査，喀痰の細胞診，気管支鏡検査，頭部のエックス線撮影等による検査，血液検査（血液像を含む。），リンパ節の病理組織学的検査又は皮膚の病理組織学的検査	
17	アクリルアミド（これをその重量の1パーセントを超えて含有する製剤その他の物を含む。）を製造し，又は取り扱う業務	①業務の経歴の調査 ②作業条件の簡易な調査 ③アクリルアミドによる手足のしびれ，歩行障害，発汗異常等の他覚症状又は自覚症状の既往歴の有無の検査 ④手足のしびれ，歩行障害，発汗異常等の他覚症状又は自覚症状の有無の検査 ⑤皮膚炎等の皮膚所見の有無の検査	①作業条件の調査 ②末梢神経に関する神経学的検査	
18	アクリロニトリル（これをその重量の1パーセントを超えて含有する製剤その他の物を含む。）を製造し，又は取り扱う業務	①業務の経歴の調査 ②作業条件の簡易な調査 ③アクリロニトリルによる頭重，頭痛，上気道刺激症状，全身倦怠感，易疲労感，悪心，嘔吐，鼻出血等の他覚症状又は自覚症状の既往歴の有無の検査 ④頭重，頭痛，上気道刺激症状，全身倦怠感，易疲労感，悪心，嘔吐，鼻出血等の他覚症状又は自覚症状の有無の検査	①作業条件の調査 ②血漿コリンエステラーゼ活性値の測定 ③肝機能検査	

No.	業　　　務	第1次健康診断項目	第2次健康診断項目	法　規
19	アルキル水銀化合物（これをその重量の1パーセントを超えて含有する製剤その他の物を含む。）を製造し，又は取り扱う業務	①業務の経歴の調査 ②作業条件の簡易な調査 ③アルキル水銀化合物による頭重，頭痛，口唇又は四肢の知覚異常，関節痛，不眠，嗜眠，抑鬱感，不安感，歩行失調，手指の振戦，体重減少等の他覚症状又は自覚症状の既往歴の有無の検査 ④頭重，頭痛，口唇又は四肢の知覚異常，関節痛，不眠，歩行失調，手指の振戦，体重減少等の他覚症状又は自覚症状の有無の検査 ⑤皮膚炎等の皮膚所見の有無の検査	①作業条件の調査 ②血液中及び尿中の水銀の量の測定 ③視野狭窄の有無の検査 ④聴力の検査 ⑤知覚異常，ロンベルグ症候，括抗運動反復不能症候等の神経学的検査 ⑥神経学的異常所見のある場合で，医師が必要と認めるときは，筋電図検査又は脳波検査	
20	インジウム化合物（これをその重量の1パーセントを超えて含有する製剤その他の物を含む。）を製造し，又は取り扱う業務	①業務の経歴の調査（当該業務に常時従事する労働者に対して行う健康診断におけるものに限る。） ②作業条件の簡易な調査（当該業務に常時従事する労働者に対して行う健康診断におけるものに限る。） ③インジウム化合物によるせき，たん，息切れ等の他覚症状又は自覚症状の既往歴の有無の検査 ④せき，たん，息切れ等の他覚症状又は自覚症状の有無の検査 ⑤血清インジウムの量の測定 ⑥血清シアル化糖鎖抗原 KL-6 の量の測定 ⑦胸部のエックス線直接撮影又は特殊なエックス線撮影による検査（雇入れ又は当該業務への配置替えの際に行う健康診断におけるものに限る。）	①作業条件の調査（当該業務に常時従事する労働者に対して行う健康診断におけるものに限る。） ②医師が必要と認める場合は，胸部のエックス線直接撮影若しくは特殊なエックス線撮影による検査（雇入れ又は当該業務への配置替えの際に行う健康診断におけるものを除く。），血清サーファクタントプロテインD（血清 SP-D）の検査等の血液化学検査，肺機能検査，喀痰の細胞診又は気管支鏡検査	
21	エチルベンゼン（これをその重量の1パーセントを超えて含有する製剤その他の物を含む。）を製造し，又は取り扱う業務	①業務の経歴の調査（当該業務に常時従事する労働者に対して行う健康診断におけるものに限る。） ②作業条件の簡易な調査（当該業務に常時従事する労働者に対して行う健康診断におけるものに限る。） ③エチルベンゼンによる眼の痛み，発赤，せき，咽頭痛，鼻腔刺激症状，頭痛，倦怠感等の他覚症状又は自覚症状の既往歴の有無の検査 ④眼の痛み，発赤，せき，咽頭痛，鼻腔刺激症状，頭痛，倦怠感等の他覚症状又は自覚症状の有無の検査 ⑤尿中のマンデル酸の量の測定	①作業条件の調査（当該業務に常時従事する労働者に対して行う健康診断におけるものに限る。） ②医師が必要と認める場合は，神経学的検査，肝機能検査又は腎機能検査	

No.	業　　　務	第１次健康診断項目	第２次健康診断項目	法　　規
		（当該業務に常時従事する労働者に対して行う健康診断におけるものに限る。）		
22	エチレンイミン（これをその重量の１パーセントを超えて含有する製剤その他の物を含む。）を製造し，又は取り扱う業務	①業務の経歴の調査（当該業務に常時従事する労働者に対して行う健康診断におけるものに限る。） ②作業条件の簡易な調査（当該業務に常時従事する労働者に対して行う健康診断におけるものに限る。） ③エチレンイミンによる頭痛，せき，たん，胸痛，嘔吐，粘膜刺激症状等の他覚症状又は自覚症状の既往歴の有無の検査 ④頭痛，せき，たん，胸痛，嘔吐，粘膜刺激症状等の他覚症状又は自覚症状の有無の検査 ⑤皮膚炎等の皮膚所見の有無の検査	①作業条件の調査（当該業務に常時従事する労働者に対して行う健康診断におけるものに限る。） ②骨髄性細胞の算定 ③医師が必要と認める場合は，胸部のエックス線直接撮影若しくは特殊なエックス線撮影による検査，喀痰の細胞診，気管支鏡検査又は腎機能検査	
23	塩化ビニル（これをその重量の１パーセントを超えて含有する製剤その他の物を含む。）を製造し，又は取り扱う業務	①業務の経歴の調査（当該業務に常時従事する労働者に対して行う健康診断におけるものに限る。） ②作業条件の簡易な調査（当該業務に常時従事する労働者に対して行う健康診断におけるものに限る。） ③塩化ビニルによる全身倦怠感，易疲労感，食欲不振，不定の上腹部症状，黄疸，黒色便，手指の蒼白，疼痛又は知覚異常等の他覚症状又は自覚症状の既往歴及び肝疾患の既往歴の有無の検査 ④頭痛，めまい，耳鳴り，全身倦怠感，易疲労感，不定の上腹部症状，黄疸，黒色便，手指の疼痛又は知覚異常等の他覚症状又は自覚症状の有無の検査 ⑤肝又は脾の腫大の有無の検査 ⑥血清ビリルビン，血清グルタミックオキサロアセチックトランスアミナーゼ（GOT），血清グルタミックピルビックトランスアミナーゼ（GPT），アルカリホスファターゼ等の肝機能検査 ⑦当該業務に10年以上従事した経験を有する場合は，胸部のエックス線直接撮影による検査	①作業条件の調査（当該業務に常時従事する労働者に対して行う健康診断におけるものに限る。） ②肝又は脾の腫大を認める場合は，血小板数，ガンマーグルタミルトランスペプチダーゼ（γ-GTP）及びクンケル反応(ZTT)の検査 ③医師が必要と認める場合は，ジアノグリーン法（ICG）の検査，血清乳酸脱水素酵素（LDH）の検査，血清脂質等の検査，特殊なエックス線撮影による検査，肝若しくは脾のシンチグラムによる検査又は中枢神経系の神経学的検査	
24	塩素（これをその重量の１パーセントを超えて含有する製剤その他の物を含む。）を製造し，又は取	①業務の経歴の調査 ②作業条件の簡易な調査 ③塩素による呼吸器症状，眼の	①作業条件の調査 ②胸部理学的検査又は胸部のエックス線直接撮影による検	

No.	業　　務	第１次健康診断項目	第２次健康診断項目	法　　規
	り扱う業務	症状等の既往歴の有無の検査 ④せき，たん，上気道刺激症状，流涙，角膜の異常，視力障害，歯の変化等の他覚症状又は自覚症状の有無の検査	査 ③呼吸器に係る他覚症状又は自覚症状がある場合は，肺換気機能検査	
25	オーラミン（これをその重量の1パーセントを超えて含有する製剤その他の物を含む。）を製造し，又は取り扱う業務	①業務の経歴の調査（当該業務に常時従事する労働者に対して行う健康診断におけるものに限る。） ②作業条件の簡易な調査（当該業務に常時従事する労働者に対して行う健康診断におけるものに限る。） ③オーラミンによる血尿，頻尿，排尿痛等の他覚症状又は自覚症状の既往歴の有無の検査 ④血尿，頻尿，排尿痛等の他覚症状又は自覚症状の有無の検査 ⑤尿中の潜血検査 ⑥医師が必要と認める場合は，尿沈渣検鏡の検査又は尿沈渣のパパニコラ法による細胞診の検査	①作業条件の調査（当該業務に常時従事する労働者に対して行う健康診断におけるものに限る。） ②医師が必要と認める場合は，膀胱鏡検査又は腹部の超音波による検査，尿路造影検査等の画像検査	
26	オルトートルイジン（これをその重量の1パーセントを超えて含有する製剤その他の物を含む。）を製造し，又は取り扱う業務	①業務の経歴の調査（当該業務に常時従事する労働者に対して行う健康診断におけるものに限る。） ②作業条件の簡易な調査（当該業務に常時従事する労働者に対して行う健康診断におけるものに限る。） ③オルトートルイジンによる頭重，頭痛，めまい，疲労感，倦怠感，顔面蒼白，チアノーゼ，心悸亢進，尿の着色，血尿，頻尿，排尿痛等の他覚症状又は自覚症状の既往歴の有無の検査（頭重，頭痛，めまい，疲労感，倦怠感，顔面蒼白，チアノーゼ，心悸亢進，尿の着色等の急性の疾患に係る症状にあっては，当該業務に常時従事する労働者に対して行う健康診断におけるものに限る。） ④頭重，頭痛，めまい，疲労感，倦怠感，顔面蒼白，チアノーゼ，心悸亢進，尿の着色，血尿，頻尿，排尿痛等の他覚症状又は自覚症状の有無の検査（頭重，頭痛，めまい，疲労感，倦怠感，顔面蒼白，チアノーゼ，心悸亢進，尿の着色等の急性の疾患に係る症状にあっては，当該業務に常時従事する労働者に対して行う健	①作業条件の調査（当該業務に常時従事する労働者に対して行う健康診断におけるものに限る。） ②医師が必要と認める場合は，膀胱鏡検査，腹部の超音波による検査，尿路造影検査等の画像検査又は赤血球数，網状赤血球数，メトヘモグロビンの量等の赤血球系の血液検査（赤血球数，網状赤血球数，メトヘモグロビンの量等の赤血球系の血液検査にあっては，当該業務に常時従事する労働者に対して行う健康診断におけるものに限る。）	

No.	業　　　務	第1次健康診断項目	第2次健康診断項目	法　　規
		康診断におけるものに限る。） ⑤尿中の潜血検査 ⑥医師が必要と認める場合は，尿中のオルトートルイジンの量の測定，尿沈渣検鏡の検査又は尿沈渣のパパニコラ法による細胞診の検査（尿中のオルトートルイジンの量の測定にあっては，当該業務に常時従事する労働者に対して行う健康診断におけるものに限る。）		
27	オルト-フタロジニトリル（これをその重量の1パーセントを超えて含有する製剤その他の物を含む。）を製造し，又は取り扱う業務	①業務の経歴の調査 ②作業条件の簡易な調査 ③てんかん発作の既往歴の有無の検査 ④頭重，頭痛，もの忘れ，不眠，倦怠感，悪心，食欲不振，顔面蒼白，手指の振戦等の他覚症状又は自覚症状の有無の検査	①作業条件の調査 ②赤血球数等の赤血球系の血液検査 ③てんかん様発作等の脳神経系の異常所見が認められる場合は，脳波検査 ④胃腸症状がある場合で，医師が必要と認めるときは，肝機能検査又は尿中のフタル酸の量の測定	
28	カドミウム又はその化合物（これらの物をその重量の1パーセントを超えて含有する製剤その他の物を含む。）を製造し，又は取り扱う業務	①業務の経歴の調査 ②作業条件の簡易な調査 ③カドミウム又はその化合物によるせき，たん，喉のいらいら，鼻粘膜の異常，息切れ，食欲不振，悪心，嘔吐，反復性の腹痛又は下痢，体重減少等の他覚症状又は自覚症状の既往歴の有無の検査 ④せき，たん，のどのいらいら，鼻粘膜の異常，息切れ，食欲不振，悪心，嘔吐，反復性の腹痛又は下痢，体重減少等の他覚症状又は自覚症状の有無の検査 ⑤血液中のカドミウムの量の測定 ⑥尿中のベータ2-ミクログロブリンの量の測定	①作業条件の調査 ②医師が必要と認める場合は，尿中のカドミウムの量の測定，尿中のアルファ1-ミクログロブリンの量若しくはN-アセチルグルコサミニターゼの量の測定，腎機能検査，胸部エックス線直接撮影若しくは特殊なエックス線撮影による検査又は喀痰の細胞診 ③呼吸器に係る他覚症状又は自覚症状がある場合は，肺換気機能検査	
29	クロム酸等を製造し，又は取り扱う業務	①業務の経歴の調査（当該業務に常時従事する労働者に対して行う健康診断におけるものに限る。） ②作業条件の簡易な調査（当該業務に常時従事する労働者に対して行う健康診断におけるものに限る。） ③クロム酸若しくは重クロム酸又はこれらの塩によるせき，たん，胸痛，鼻腔の異常，皮膚症状等の他覚症状又は自覚症状の既往歴の有無の検査 ④せき，たん，胸痛等の他覚症状又は自覚症状の有無の検査 ⑤鼻粘膜の異常，鼻中隔穿孔等	①作業条件の調査（当該業務に常時従事する労働者に対して行う健康診断におけるものに限る。） ②医師が必要と認める場合は，エックス線直接撮影若しくは特殊なエックス線撮影による検査，喀痰の細胞診，気管支鏡検査又は皮膚の病理学的検査	

No.	業　　　務	第1次健康診断項目	第2次健康診断項目	法　　規
		の鼻腔の所見の有無の検査 ⑥皮膚炎，潰瘍等の皮膚所見の有無の検査 ⑦令第23条第4号の業務に4年以上従事した経験を有する場合は，胸部のエックス線直接撮影による検査		
30	クロロホルム（これをその重量の1パーセントを超えて含有する製剤その他の物を含む。）を製造し，又は取り扱う業務	①業務の経歴の調査 ②作業条件の簡易な調査 ③クロロホルムによる頭重，頭痛，めまい，食欲不振，悪心，嘔吐，知覚異常，眼の刺激症状，上気道刺激症状，皮膚又は粘膜の異常等の他覚症状又は自覚症状の既往歴の有無の検査 ④頭重，頭痛，めまい，食欲不振，悪心，嘔吐，知覚異常，眼の刺激症状，上気道刺激症状，皮膚又は粘膜の異常等の他覚症状又は自覚症状の有無の検査 ⑤血清グルタミックオキサロアセチックトランスアミナーゼ（GOT），血清グルタミックピルビックトランスアミナーゼ（GPT）及び血清ガンマーグルタミルトランスペプチダーゼ（γ-GTP）の検査	①作業条件の調査 ②医師が必要と認める場合は，神経学的検査，肝機能検査(血清グルタミックオキサロアセチックトランスアミナーゼ（GOT），血清グルタミックピルビックトランスアミナーゼ（GPT）及び血清ガンマーグルタミルトランスペプチダーゼ（γ-GTP）の検査を除く。）又は腎機能検査	
31	クロロメチルメチルエーテル（これをその重量の1パーセントを超えて含有する製剤その他の物を含む。）を製造し，又は取り扱う業務	①業務の経歴の調査（当該業務に常時従事する労働者に対して行う健康診断におけるものに限る。） ②作業条件の簡易な調査（当該業務に常時従事する労働者に対して行う健康診断におけるものに限る。） ③クロロメチルメチルエーテルによるせき，たん，胸痛，体重減少等の他覚症状又は自覚症状の既往歴の有無の検査 ④せき，たん，胸痛，体重減少等の他覚症状又は自覚症状の有無の検査 ⑤胸部のエックス線直接撮影による検査	①作業条件の調査（当該業務に常時従事する労働者に対して行う健康診断におけるものに限る。） ②医師が必要と認める場合は，胸部の特殊なエックス線撮影による検査，喀痰の細胞診又は気管支鏡検査	
32	五酸化バナジウム（これをその重量の1パーセントを超えて含有する製剤その他の物を含む。）を製造し，又は取り扱う業務	①業務の経歴の調査 ②作業条件の簡易な調査 ③五酸化バナジウムによる呼吸器症状等の他覚症状又は自覚症状の既往歴の有無の検査 ④せき，たん，胸痛，呼吸困難，手指の振戦，皮膚の蒼白，舌の緑着色，指端の手掌部の角化等の他覚症状又は自覚症状の有無の検査 ⑤肺活量の測定 ⑥血圧の測定	①作業条件の調査 ②視力の検査 ③胸部理学的検査又は胸部のエックス線直接撮影による検査 ④医師が必要と認める場合は，肺換気機能検査，血清コレステロール若しくは血清トリグリセライドの測定又は尿中のバナジウムの量の測定	

No.	業　　務	第1次健康診断項目	第2次健康診断項目	法　　規
33	コバルト又はその無機化合物（これらの物をその重量の1パーセントを超えて含有する製剤その他の物を含む。）を製造し，又は取り扱う業務	①業務の経歴の調査（当該業務に常時従事する労働者に対して行う健康診断におけるものに限る。） ②作業条件の簡易な調査（当該業務に常時従事する労働者に対して行う健康診断におけるものに限る。） ③コバルト又はその無機化合物によるせき，息苦しさ，息切れ，喘鳴，皮膚炎等の他覚症状又は自覚症状の既往歴の有無の検査 ④せき，息苦しさ，息切れ，喘鳴，皮膚炎等の他覚症状又は自覚症状の有無の検査	①作業条件の調査（当該業務に常時従事する労働者に対して行う健康診断におけるものに限る。） ②尿中のコバルトの量の測定 ③医師が必要と認める場合は，胸部のエックス線直接撮影若しくは特殊なエックス線撮影による検査，肺機能検査，心電図検査又は皮膚貼布試験	
34	コールタール（これをその重量の5パーセントを超えて含有する製剤その他の物を含む。）を製造し，又は取り扱う業務	①業務の経歴の調査（当該業務に常時従事する労働者に対して行う健康診断におけるものに限る。） ②作業条件の簡易な調査（当該業務に常時従事する労働者に対して行う健康診断におけるものに限る。） ③コールタールによる胃腸症状，呼吸器症状，皮膚症状等の既往歴の有無の検査 ④食欲不振，せき，たん，眼の痛み等の他覚症状又は自覚症状の有無の検査 ⑤露出部分の皮膚炎，にきび様変化，黒皮症，いぼ，潰瘍，ガス斑等の皮膚所見の有無の検査 ⑥令第23条第6号の業務に5年以上従事した経験を有する場合は，胸部のエックス線直接撮影による検査	①作業条件の調査（当該業務に常時従事する労働者に対して行う健康診断におけるものに限る。） ②医師が必要と認める場合は，胸部のエックス線直接撮影若しくは特殊なエックス線撮影による検査，喀痰の細胞診，気管支鏡検査又は皮膚の病理学的検査	
35	酸化プロピレン（これをその重量の1パーセントを超えて含有する製剤その他の物を含む。）を製造し，又は取り扱う業務	①業務の経歴の調査（当該業務に常時従事する労働者に対して行う健康診断におけるものに限る。） ②作業条件の簡易な調査（当該業務に常時従事する労働者に対して行う健康診断におけるものに限る。） ③酸化プロピレンによる眼の痛み，せき，咽頭痛，皮膚の刺激等の他覚症状又は自覚症状の既往歴の有無の検査 ④眼の痛み，せき，咽頭痛等の他覚症状又は自覚症状の有無の検査 ⑤皮膚炎等の皮膚所見の有無の検査	①作業条件の調査（当該業務に常時従事する労働者に対して行う健康診断におけるものに限る。） ②医師が必要と認める場合には，上気道の病理学的検査又は耳鼻科学的検査	
36	三酸化二アンチモン（これをその重量の1パーセントを超えて含有する製剤その他の物を含む。）を	①業務の経歴の調査（当該業務に常時従事する労働者に対して行う健康診断におけるもの	①作業条件の調査（当該業務に常時従事する労働者に対して行う健康診断におけるものに	

No.	業　　務	第1次健康診断項目	第2次健康診断項目	法　　規
	製造し，又は取り扱う業務	に限る。） ②作業条件の簡易な調査（当該業務に常時従事する労働者に対して行う健康診断におけるものに限る。） ③三酸化二アンチモンによるせき，たん，頭痛，嘔吐，腹痛，下痢，アンチモン皮疹等の皮膚症状等の他覚症状又は自覚症状の既往歴の有無の検査（頭痛，嘔吐，腹痛，下痢，アンチモン皮疹等の皮膚症状等の急性の疾患に係る症状にあっては，当該業務に常時従事する労働者に対して行う健康診断におけるものに限る。） ④せき，たん，頭痛，嘔吐，腹痛，下痢，アンチモン皮疹等の皮膚症状等の他覚症状又は自覚症状の有無の検査（頭痛，嘔吐，腹痛，下痢，アンチモン皮疹等の皮膚症状等の急性の疾患に係る症状にあっては，当該業務に常時従事する労働者に対して行う健康診断におけるものに限る。） ⑤医師が必要と認める場合は，尿中のアンチモンの量の測定又は心電図検査（尿中のアンチモンの量の測定にあっては，当該業務に常時従事する労働者に対して行う健康診断におけるものに限る。）	限る。） ②医師が必要と認める場合は，胸部のエックス線直接撮影若しくは特殊なエックス線撮影による検査，喀痰の細胞診又は気管支鏡検査	
37	次の物を製造し，又は取り扱う業務 1　シアン化カリウム 2　シアン化水素 3　シアン化ナトリウム 4　第1号又は第3号に掲げる物をその重量の5パーセントを超えて含有する製剤その他の物 5　第2号に掲げる物をその重量の1パーセントを超えて含有する製剤その他の物	①業務の経歴の調査 ②作業条件の調査 ③シアン化カリウム，シアン化水素又はシアン化ナトリウムによる頭重，頭痛，疲労感，倦怠感，結膜充血，異味，胃腸症状等の他覚症状又は自覚症状の既往歴の有無の検査 ④頭重，頭痛，疲労感，倦怠感，結膜充血，異味，胃腸症状等の他覚症状又は自覚症状の有無の検査		
38	四塩化炭素（これをその重量の1パーセントを超えて含有する製剤その他の物を含む。）を製造し，又は取り扱う業務	①業務の経歴の調査 ②作業条件の簡易な調査 ③四塩化炭素による頭重，頭痛，めまい，食欲不振，悪心，嘔吐，眼の刺激症状，皮膚の刺激症状，皮膚又は粘膜の異常等の他覚症状又は自覚症状の既往歴の有無の検査 ④頭重，頭痛，めまい，食欲不振，悪心，嘔吐，眼の刺激症状，皮膚の刺激症状，皮膚又	①作業条件の調査 ②医師が必要と認める場合は，腹部の超音波による検査等の画像検査，CA19-9等の血液中の腫瘍マーカーの検査，神経学的検査，肝機能検査（血清グルタミックオキサロアセチックトランスアミナーゼ（GOT），血清グルタミックピルビックトランスアミナーゼ（GPT）及び血清ガンマー	

No.	業　　務	第1次健康診断項目	第2次健康診断項目	法　　規
		は粘膜の異常等の他覚症状又は自覚症状の有無の検査 ⑤皮膚炎等の皮膚所見の有無の検査 ⑥血清グルタミックオキサロアセチックトランスアミナーゼ（GOT），血清グルタミックピルビックトランスアミナーゼ（GPT）及び血清ガンマ－グルタミルトランスペプチダーゼ（γ-GTP）の検査	グルタミルトランスペプチダーゼ（γ-GTP）の検査を除く。）又は腎機能検査	
39	1・4-ジオキサン（これをその重量の1パーセントを超えて含有する製剤その他の物を含む。）を製造し，又は取り扱う業務	①業務の経歴の調査 ②作業条件の簡易な調査 ③1・4-ジオキサンによる頭重，頭痛，めまい，悪心，嘔吐，けいれん，眼の刺激症状，皮膚又は粘膜の異常等の他覚症状又は自覚症状の既往歴の有無の検査 ④頭重，頭痛，めまい，悪心，嘔吐，けいれん，眼の刺激症状，皮膚又は粘膜の異常等の他覚症状又は自覚症状の有無の検査 ⑤血清グルタミックオキサロアセチックトランスアミナーゼ（GOT），血清グルタミックピルビックトランスアミナーゼ（GPT）及び血清ガンマ－グルタミルトランスペプチダーゼ（γ-GTP）の検査	①作業条件の調査 ②医師が必要と認める場合は，神経学的検査，肝機能検査（血清グルタミックオキサロアセチックトランスアミナーゼ（GOT），血清グルタミックピルビックトランスアミナーゼ（GPT）及び血清ガンマ－グルタミルトランスペプチダーゼ（γ-GTP）の検査を除く。）又は腎機能検査	
40	1・2-ジクロロエタン（これをその重量の1パーセントを超えて含有する製剤その他の物を含む。）を製造し，又は取り扱う業務	①業務の経歴の調査 ②作業条件の簡易な調査 ③1・2-ジクロロエタンによる頭重，頭痛，めまい，悪心，嘔吐，傾眠，眼の刺激症状，上気道刺激症状，皮膚又は粘膜の異常等の他覚症状又は自覚症状の既往歴の有無の検査 ④頭重，頭痛，めまい，悪心，嘔吐，傾眠，眼の刺激症状，上気道刺激症状，皮膚又は粘膜の異常等の他覚症状又は自覚症状の有無の検査 ⑤皮膚炎等の皮膚所見の有無の検査 ⑥血清グルタミックオキサロアセチックトランスアミナーゼ（GOT），血清グルタミックピルビックトランスアミナーゼ（GPT）及び血清ガンマ－グルタミルトランスペプチダーゼ（γ-GTP）の検査	①作業条件の調査 ②医師が必要と認める場合は，腹部の超音波による検査等の画像検査，CA19-9等の血液中の腫瘍マーカーの検査，神経学的検査，肝機能検査（血清グルタミックオキサロアセチックトランスアミナーゼ（GOT），血清グルタミックピルビックトランスアミナーゼ（GPT）及び血清ガンマ－グルタミルトランスペプチダーゼ（γ-GTP）の検査を除く。）又は腎機能検査	
41	3・3'-ジクロロ-4・4'-ジアミノジフェニルメタン（これをその重量の1パーセントを超えて含有する製剤その他の物を含む。）を製造し，又は取り扱う業務	①業務の経歴の調査（当該業務に常時従事する労働者に対して行う健康診断におけるものに限る。） ②作業条件の簡易な調査（当該	①作業条件の調査（当該業務に常時従事する労働者に対して行う健康診断におけるものに限る。） ②医師が必要と認める場合は，	

No.	業　　　務	第1次健康診断項目	第2次健康診断項目	法　　規
		業務に常時従事する労働者に対して行う健康診断におけるものに限る。) ③3・3'－ジクロロ－4・4'－ジアミノジフェニルメタンによる上腹部の異常感, 倦怠感, せき, たん, 胸痛, 血尿, 頻尿, 排尿痛等の他覚症状又は自覚症状の既往歴の有無の検査 ④上腹部の異常感, 倦怠感, せき, たん, 胸痛, 血尿, 頻尿, 排尿痛等の他覚症状又は自覚症状の有無の検査 ⑤尿中の潜血検査 ⑥医師が必要と認める場合は, 尿中の3・3'－ジクロロ－4・4'－ジアミノジフェニルメタンの量の測定, 尿沈渣検鏡の検査, 尿沈渣のパパニコラ法による細胞診の検査, 肝機能検査又は腎機能検査（尿中の3・3'－ジクロロ－4・4'－ジアミノジフェニルメタンの量の測定にあっては, 当該業務に常時従事する労働者に対して行う健康診断におけるものに限る。)	膀胱鏡検査, 腹部の超音波による検査, 尿路造影検査等の画像検査, 胸部のエックス線直接撮影若しくは特殊なエックス線撮影による検査, 喀痰の細胞診又は気管支鏡検査	
42	1・2－ジクロロプロパン（これをその重量の1パーセントを超えて含有する製剤その他の物を含む。)を製造し, 又は取り扱う業務	①業務の経歴の調査（当該業務に常時従事する労働者に対して行う健康診断におけるものに限る。) ②作業条件の簡易な調査（当該業務に常時従事する労働者に対して行う健康診断におけるものに限る。) ③1・2－ジクロロプロパンによる眼の痛み, 発赤, せき, 咽頭痛, 鼻腔刺激症状, 皮膚炎, 悪心, 嘔吐, 黄疸, 体重減少, 上腹部痛等の他覚症状又は自覚症状の既往歴の有無の検査（眼の痛み, 発赤, せき等の急性の疾患に係る症状にあっては, 当該業務に常時従事する労働者に対して行う健康診断におけるものに限る。) ④眼の痛み, 発赤, せき, 咽頭痛, 鼻腔刺激症状, 皮膚炎, 悪心, 嘔吐, 黄疸, 体重減少, 上腹部痛等の他覚症状又は自覚症状の有無の検査（眼の痛み, 発赤, せき等の急性の疾患に係る症状にあっては, 当該業務に常時従事する労働者に対して行う健康診断におけるものに限る。) ⑤血清総ビリルビン, 血清グルタミックオキサロアセチック	①作業条件の調査（当該業務に常時従事する労働者に対して行う健康診断におけるものに限る。) ②医師が必要と認める場合は, 腹部の超音波による検査等の画像検査, CA19-9等の血液中の腫瘍マーカーの検査, 赤血球数等の赤血球系の血液検査又は血清間接ビリルビンの検査（赤血球系の血液検査及び血清間接ビリルビンの検査にあっては, 当該業務に常時従事する労働者に対して行う健康診断におけるものに限る。)	

No.	業　　務	第1次健康診断項目	第2次健康診断項目	法　　規
		トランスアミナーゼ（GOT），血清グルタミックピルビックトランスアミナーゼ（GPT），ガンマーグルタミルトランスペプチダーゼ（γ-GTP）及びアルカリホスファターゼの検査		
43	ジクロロメタン（これをその重量の1パーセントを超えて含有する製剤その他の物を含む。）を製造し，又は取り扱う業務	①業務の経歴の調査（当該業務に常時従事する労働者に対して行う健康診断におけるものに限る。） ②作業条件の簡易な調査（当該業務に常時従事する労働者に対して行う健康診断におけるものに限る。） ③ジクロロメタンによる集中力の低下，頭重，頭痛，めまい，易疲労感，倦怠感，悪心，嘔吐，黄疸，体重減少，上腹部痛等の他覚症状又は自覚症状の既往歴の有無の検査（集中力の低下，頭重，頭痛等の急性の疾患に係る症状にあっては，当該業務に常時従事する労働者に対して行う健康診断におけるものに限る。） ④集中力の低下，頭重，頭痛，めまい，易疲労感，倦怠感，悪心，嘔吐，黄疸，体重減少，上腹部痛等の他覚症状又は自覚症状の有無の検査（集中力の低下，頭重，頭痛等の急性の疾患に係る症状にあっては，当該業務に常時従事する労働者に対して行う健康診断におけるものに限る。） ⑤血清総ビリルビン，血清グルタミックオキサロアセチックトランスアミナーゼ（GOT），血清グルタミックピルビックトランスアミナーゼ（GPT），血清ガンマーグルタミルトランスペプチダーゼ（γ-GTP）及びアルカリホスファターゼの検査	①作業条件の調査（当該業務に常時従事する労働者に対して行う健康診断におけるものに限る。） ②医師が必要と認める場合は，腹部の超音波による検査等の画像検査，CA19-9等の血液中の腫瘍マーカーの検査，血液中のカルボキシヘモグロビンの量の測定又は呼気中の一酸化炭素の量の測定（血液中のカルボキシヘモグロビンの量の測定及び呼気中の一酸化炭素の量の測定にあっては，当該業務に常時従事する労働者に対して行う健康診断におけるものに限る。）	
44	ジメチル-2・2-ジクロロビニルホスフェイト（これをその重量の1パーセントを超えて含有する製剤その他の物を含む。）を製造し，又は取り扱う業務	①業務の経歴の調査（当該業務に常時従事する労働者に対して行う健康診断におけるものに限る。） ②作業条件の簡易な調査（当該業務に常時従事する労働者に対して行う健康診断におけるものに限る。） ③ジメチル-2・2-ジクロロビニルホスフェイトによる皮膚炎，縮瞳，流涙，唾液分泌過多，めまい，筋線維束れん縮，悪心，下痢等の他覚症状又は	①作業条件の調査（当該業務に常時従事する労働者に対して行う健康診断におけるものに限る。） ②赤血球コリンエステラーゼ活性値の測定（当該業務に常時従事する労働者に対して行う健康診断におけるものに限る。） ③肝機能検査（当該業務に常時従事する労働者に対して行う健康診断におけるものに限る。）	

No.	業　　務	第1次健康診断項目	第2次健康診断項目	法　　規
		自覚症状の既往歴の有無の検査（皮膚炎，縮瞳，流涙等の急性の疾患に係る症状にあっては，当該業務に常時従事する労働者に対して行う健康診断におけるものに限る。） ④皮膚炎，縮瞳，流涙，唾液分泌過多，めまい，筋線維束れん縮，悪心，下痢等の他覚症状又は自覚症状の有無の検査（皮膚炎，縮瞳，流涙等の急性の疾患に係る症状にあっては，当該業務に常時従事する労働者に対して行う健康診断におけるものに限る。） ⑤血清コリンエステラーゼ活性値の測定（当該業務に常時従事する労働者に対して行う健康診断におけるものに限る。）	④白血球数及び白血球分画の検査 ⑤神経学的検査（当該業務に常時従事する労働者に対して行う健康診断におけるものに限る。）	
45	1・1－ジメチルヒドラジン（これをその重量の1パーセントを超えて含有する製剤その他の物を含む。）を製造し，又は取り扱う業務	①業務の経歴の調査（当該業務に常時従事する労働者に対して行う健康診断におけるものに限る。） ②作業条件の簡易な調査（当該業務に常時従事する労働者に対して行う健康診断におけるものに限る。） ③1・1－ジメチルヒドラジンによる眼の痛み，せき，咽頭痛等の他覚症状又は自覚症状の既往歴の有無の検査 ④眼の痛み，せき，咽頭痛等の他覚症状又は自覚症状の有無の検査	①作業条件の調査（当該業務に常時従事する労働者に対して行う健康診断におけるものに限る。） ②肝機能検査	
46	臭化メチル（これをその重量の1パーセントを超えて含有する製剤その他の物を含む。）を製造し，又は取り扱う業務	①業務の経歴の調査 ②作業条件の簡易な調査 ③臭化メチルによる頭重，頭痛，めまい，流涙，鼻炎，咽喉痛，せき，食欲不振，悪心，嘔吐，腹痛，下痢，四肢のしびれ，視力低下，記憶力低下，発語障害，腱反射亢進，歩行困難等の他覚症状又は自覚症状の既往歴の有無の検査 ④頭重，頭痛，めまい，食欲不振，四肢のしびれ，視力低下，記憶力低下，発語障害，腱反射亢進，歩行困難等の他覚症状又は自覚症状の有無の検査 ⑤皮膚所見の有無の検査	①作業条件の調査 ②医師が必要と認める場合は，運動機能の検査，視力の精密検査及び視野の検査又は脳波検査	
47	水銀又はその無機化合物（これらの物をその重量の1パーセントを超えて含有する製剤その他の物を含む。）を製造し，又は取り扱う業務	①業務の経歴の調査 ②作業条件の簡易な調査 ③水銀又はその無機化合物による頭痛，不眠，手指の振戦，乏尿，多尿，歯肉炎，口内炎等の他覚症状又は自覚症状の	①作業条件の調査 ②神経学的検査 ③尿中の水銀の量の測定及び尿沈渣検鏡の検査	

No.	業　　務	第1次健康診断項目	第2次健康診断項目	法　　規
		既往歴の有無の検査 ④頭痛, 不眠, 手指の振戦, 乏尿, 多尿, 歯肉炎, 口内炎等の他覚症状又は自覚症状の有無の検査 ⑤尿中の潜血及び蛋血の有無の検査		
48	スチレン（これをその重量の1パーセントを超えて含有する製剤その他の物を含む。）を製造し, 又は取り扱う業務	①業務の経歴の調査 ②作業条件の簡易な調査 ③スチレンによる頭重, 頭痛, めまい, 悪心, 嘔吐, 眼の刺激症状, 皮膚又は粘膜の異常, 頸部等のリンパ節の腫大の有無等の他覚症状又は自覚症状の既往歴の有無の検査 ④頭重, 頭痛, めまい, 悪心, 嘔吐, 眼の刺激症状, 皮膚又は粘膜の異常, 頸部等のリンパ節の腫大の有無等の他覚症状又は自覚症状の有無の検査 ⑤尿中のマンデル酸及びフェニルグリオキシル酸の総量の測定 ⑥白血球数及び白血球分画の検査 ⑦血清グルタミックオキサロアセチックトランスアミナーゼ（GOT）, 血清グルタミックピルビックトランスアミナーゼ（GPT）及び血清ガンマーグルタミルトランスペプチダーゼ（γ-GTP）の検査	①作業条件の調査 ②医師が必要と認める場合は, 血液像その他の血液に関する精密検査, 聴力低下の検査等の耳鼻科学的検査, 色覚検査等の眼科学的検査, 神経学的検査, 肝機能検査（血清グルタミックオキサロアセチックトランスアミナーゼ（GOT）, 血清グルタミックピルビックトランスアミナーゼ（GPT）及び血清ガンマーグルタミルトランスペプチダーゼ（γ-GTP）の検査を除く。）, 特殊なエックス線撮影による検査又は核磁気共鳴画像診断装置による画像検査	
49	1・1・2・2-テトラクロロエタン(これをその重量の1パーセントを超えて含有する製剤その他の物を含む。）を製造し, 又は取り扱う業務	①業務の経歴の調査 ②作業条件の簡易な調査 ③1・1・2・2-テトラクロロエタンによる頭重, 頭痛, めまい, 悪心, 嘔吐, 上気道刺激症状, 皮膚又は粘膜の異常等の他覚症状又は自覚症状の既往歴の有無の検査 ④頭重, 頭痛, めまい, 悪心, 嘔吐, 上気道刺激症状, 皮膚又は粘膜の異常等の他覚症状又は自覚症状の有無の検査 ⑤皮膚炎等の皮膚所見の有無の検査 ⑥血清グルタミックオキサロアセチックトランスアミナーゼ（GOT）, 血清グルタミックピルビックトランスアミナーゼ（GPT）及び血清ガンマーグルタミルトランスペプチダーゼ（γ-GTP）の検査	①作業条件の調査 ②医師が必要と認める場合は, 白血球数及び白血球分画の検査, 神経学的検査, 赤血球数等の赤血球系の血液検査又は肝機能検査（血清グルタミックオキサロアセチックトランスアミナーゼ（GOT）, 血清グルタミックピルビックトランスアミナーゼ（GPT）及び血清ガンマーグルタミルトランスペプチダーゼ（γ-GTP）の検査を除く。）	
50	テトラクロロエチレン（これをその重量の1パーセントを超えて含有する製剤その他の物を含む。）を製造し, 又は取り扱う業務	①業務の経歴の調査 ②作業条件の簡易な調査 ③テトラクロロエチレンによる頭重, 頭痛, めまい, 悪心, 嘔吐, 傾眠, 振顫, 知覚異常,	①作業条件の調査 ②医師が必要と認める場合は, 尿沈渣検鏡の検査, 尿沈渣のパパニコラ法による細胞診の検査, 膀胱鏡検査, 腹部の超	

No.	業　　務	第1次健康診断項目	第2次健康診断項目	法　規
		眼の刺激症状，上気道刺激症状，皮膚又は粘膜の異常等の他覚症状又は自覚症状の既往歴の有無の検査 ④頭重，頭痛，めまい，悪心，嘔吐，傾眠，振顫，知覚異常，眼の刺激症状，上気道刺激症状，皮膚又は粘膜の異常等の他覚症状又は自覚症状の有無の検査 ⑤皮膚炎等の皮膚所見の有無の検査 ⑥尿中のトリクロル酢酸又は総三塩化物の量の測定 ⑦血清グルタミックオキサロアセチックトランスアミナーゼ（GOT），血清グルタミックピルビックトランスアミナーゼ（GPT）及び血清ガンマーグルタミルトランスペプチダーゼ（γ-GTP）の検査 ⑧尿中の潜血検査	音波による検査，尿路造影検査等の画像検査，神経学的検査，肝機能検査（血清グルタミックオキサロアセチックトランスアミナーゼ（GOT），血清グルタミックピルビックトランスアミナーゼ（GPT）及び血清ガンマーグルタミルトランスペプチダーゼ（γ-GTP）の検査を除く。）又は腎機能検査	
51	トリクロロエチレン（これをその重量の1パーセントを超えて含有する製剤その他の物を含む。）を製造し，又は取り扱う業務	①業務の経歴の調査 ②作業条件の簡易な調査 ③トリクロロエチレンによる頭重，頭痛，めまい，悪心，嘔吐，傾眠，振顫，知覚異常，皮膚又は粘膜の異常，頸部等のリンパ節の腫大の有無等の他覚症状又は自覚症状の既往歴の有無の検査 ④頭重，頭痛，めまい，悪心，嘔吐，傾眠，振顫，知覚異常，皮膚又は粘膜の異常，頸部等のリンパ節の腫大の有無等の他覚症状又は自覚症状の有無の検査 ⑤皮膚炎等の皮膚所見の有無の検査 ⑥尿中のトリクロル酢酸又は総三塩化物の量の測定 ⑦血清グルタミックオキサロアセチックトランスアミナーゼ（GOT），血清グルタミックピルビックトランスアミナーゼ（GPT）及び血清ガンマーグルタミルトランスペプチダーゼ（γ-GTP）の検査 ⑧医師が必要と認める場合は，尿中の潜血検査又は腹部の超音波による検査，尿路造影検査等の画像検査	①作業条件の調査 ②医師が必要と認める場合は，白血球数及び白血球分画の検査，血液像その他の血液に関する精密検査，CA19-9等の血液中の腫瘍マーカーの検査，神経学的検査，肝機能検査（血清グルタミックオキサロアセチックトランスアミナーゼ（GOT），血清グルタミックピルビックトランスアミナーゼ（GPT）及び血清ガンマーグルタミルトランスペプチダーゼ（γ-GTP）の検査を除く。），腎機能検査，特殊なエックス線撮影による検査又は核磁気共鳴画像診断装置による画像検査	
52	トリレンジイソシアネート（これをその重量の1パーセントを超えて含有する製剤その他の物を含む。）を製造し，又は取り扱う業務	①業務の経歴の調査 ②作業条件の簡易な調査 ③トリレンジイソシアネートによる頭重，頭痛，眼の痛み，鼻の痛み，咽頭痛，咽頭部異和感，せき，たん，胸部圧迫	①作業条件の調査 ②呼吸器に係る他覚症状又は自覚症状のある場合は，胸部理学的検査，胸部のエックス線直接撮影による検査又は閉塞性呼吸機能検査	

No.	業　　　務	第1次健康診断項目	第2次健康診断項目	法　　規
		感，息切れ，胸痛，呼吸困難，全身倦怠感，眼，鼻又は咽頭の粘膜の炎症，体重減少，アレルギー性喘息等の他覚症状又は自覚症状の既往歴の有無の検査	③医師が必要と認める場合は，肝機能検査，腎機能検査又はアレルギー反応の検査	
		④頭重，頭痛，眼の痛み，鼻の痛み，咽頭痛，咽頭部異和感，せき，たん，胸部圧迫感，息切れ，胸痛，呼吸困難，全身倦怠感，眼，鼻又は咽頭の粘膜の炎症，体重減少，アレルギー性喘息等の他覚症状又は自覚症状の有無の検査		
		⑤皮膚炎等の皮膚所見の有無の検査		
53	ナフタレン（これをその重量の1パーセントを超えて含有する製剤その他の物を含む。）を製造し，又は取り扱う業務	①業務の経歴の調査（当該業務に常時従事する労働者に対して行う健康診断におけるものに限る。）	①作業条件の調査（当該業務に常時従事する労働者に対して行う健康診断におけるものに限る。）	
		②作業条件の簡易な調査（当該業務に常時従事する労働者に対して行う健康診断におけるものに限る。）	②医師が必要と認める場合は，尿中のヘモグロビンの有無の検査，尿中の1-ナフトール及び2-ナフトールの量の測定，視力検査等の眼科検査，赤血球数等の赤血球系の血液検査又は血清間接ビリルビンの検査（尿中のヘモグロビンの有無の検査，尿中の1-ナフトール及び2-ナフトールの量の測定，赤血球数等の赤血球系の血液検査並びに血清間接ビリルビンの検査にあっては，当該業務に常時従事する労働者に対して行う健康診断におけるものに限る。）	
		③ナフタレンによる眼の痛み，流涙，眼のかすみ，羞明，視力低下，せき，たん，咽頭痛，頭痛，食欲不振，悪心，嘔吐，皮膚の刺激等の他覚症状又は自覚症状の既往歴の有無の検査（眼の痛み，流涙，せき，たん，咽頭痛，頭痛，食欲不振，悪心，嘔吐，皮膚の刺激等の急性の疾患に係る症状にあっては，当該業務に常時従事する労働者に対して行う健康診断におけるものに限る。）		
		④眼の痛み，流涙，眼のかすみ，羞明，視力低下，せき，たん，咽頭痛，頭痛，食欲不振，悪心，嘔吐等の他覚症状又は自覚症状の有無の検査（眼の痛み，流涙，せき，たん，咽頭痛，頭痛，食欲不振，悪心，嘔吐等の急性の疾患に係る症状にあっては，当該業務に常時従事する労働者に対して行う健康診断におけるものに限る。）		
		⑤皮膚炎等の皮膚所見の有無の検査（当該業務に常時従事する労働者に対して行う健康診断におけるものに限る。）		
		⑥尿中の潜血検査（当該業務に常時従事する労働者に対して行う健康診断におけるものに限る。）		

No.	業　　　務	第1次健康診断項目	第2次健康診断項目	法　　規
54	ニッケル化合物（これをその重量の1パーセントを超えて含有する製剤その他の物を含む。）を製造し，又は取り扱う業務	①業務の経歴の調査（当該業務に常時従事する労働者に対して行う健康診断におけるものに限る。） ②作業条件の簡易な調査（当該業務に常時従事する労働者に対して行う健康診断におけるものに限る。） ③ニッケル化合物による皮膚，気道等に係る他覚症状又は自覚症状の既往歴の有無の検査 ④皮膚，気道等に係る他覚症状又は自覚症状の有無の検査 ⑤皮膚炎等の皮膚所見の有無の検査	①作業条件の調査（当該業務に常時従事する労働者に対して行う健康診断におけるものに限る。） ②医師が必要と認める場合は，尿中のニッケルの量の測定，胸部のエックス線直接撮影若しくは特殊なエックス線撮影による検査，喀痰の細胞診，皮膚貼布試験，皮膚の病理学的検査，血液免疫学的検査，腎尿細管機能検査又は鼻腔の耳鼻科学的検査	
55	ニッケルカルボニル（これをその重量の1パーセントを超えて含有する製剤その他の物を含む。）を製造し，又は取り扱う業務	①業務の経歴の調査（当該業務に常時従事する労働者に対して行う健康診断におけるものに限る。） ②作業条件の簡易な調査（当該業務に常時従事する労働者に対して行う健康診断におけるものに限る。） ③ニッケルカルボニルによる頭痛，めまい，悪心，嘔吐，せき，胸痛，呼吸困難，皮膚掻痒感，鼻粘膜の異常等の他覚症状又は自覚症状の既往歴の有無の検査 ④頭痛，めまい，悪心，嘔吐，せき，胸痛，呼吸困難，皮膚掻痒感，鼻粘膜の異常等の他覚症状又は自覚症状の有無の検査 -------- 胸部のエックス線直接撮影による検査	①作業条件の調査（当該業務に常時従事する労働者に対して行う健康診断におけるものに限る。） ②肺換気機能検査 ③胸部理学的検査 ④医師が必要と認める場合は，尿中又は血液中のニッケルの量の測定	
56	ニトログリコール（これをその重量の1パーセントを超えて含有する製剤その他の物を含む。）を製造し，又は取り扱う業務	①業務の経歴の調査 ②作業条件の簡易な調査 ③ニトログリコールによる頭痛，胸部異和感，心臓症状，四肢末端のしびれ感，冷感，神経痛，脱力感等の他覚症状又は自覚症状の既往歴の有無の検査 ④頭重，頭痛，肩こり，胸部異和感，心臓症状，四肢末端のしびれ感，冷感，神経痛，脱力感，胃腸症状等の他覚症状又は自覚症状の有無の検査 ⑤血圧の測定 ⑥赤血球数等の赤血球系の血液検査	①作業条件の調査 ②尿中又は血液中のニトログリコールの量の測定 ③心電図検査 ④医師が必要と認める場合は，自律神経機能検査（薬物によるものを除く。），肝機能検査又は循環機能検査	
57	パラ－ジメチルアミノアゾベンゼン（これをその重量の1パーセントを超えて含有する製剤その他の物を含む。）を製造し，又は取り扱う業務	①業務の経歴の調査（当該業務に常時従事する労働者に対して行う健康診断におけるものに限る。） ②作業条件の簡易な調査（当該	①作業条件の調査（当該業務に常時従事する労働者に対して行う健康診断におけるものに限る。） ②医師が必要と認める場合は，	

No.	業 務	第1次健康診断項目	第2次健康診断項目	法 規
		業務に常時従事する労働者に対して行う健康診断におけるものに限る。） ③パラ－ジメチルアミノアゾベンゼンによるせき，咽頭痛，喘鳴，呼吸器の刺激症状，眼の刺激症状，血尿，頻尿，排尿痛等の他覚症状又は自覚症状の既往歴の有無の検査 ④せき，咽頭痛，喘鳴，呼吸器の刺激症状，眼の刺激症状，血尿，頻尿，排尿痛等の他覚症状又は自覚症状の有無の検査 ⑤皮膚炎等の皮膚所見の有無の検査（当該業務に常時従事する労働者に対して行う健康診断におけるものに限る。） ⑥尿中の潜血検査 ⑦医師が必要と認める場合は，尿沈渣検鏡の検査又は尿沈渣のパパニコラ法による細胞診の検査	膀胱鏡検査又は腹部の超音波による検査，尿路造影検査等の画像検査	
58	パラ－ニトロクロルベンゼン（これをその重量の5パーセントを超えて含有する製剤その他の物を含む。）を製造し，又は取り扱う業務	①業務の経歴の調査 ②作業条件の簡易な調査 ③パラ－ニトロクロルベンゼンによる頭重，頭痛，めまい，倦怠感，疲労感，顔面蒼白，チアノーゼ，貧血，心悸亢進，尿の着色等の他覚症状又は自覚症状の既往歴の有無の検査 ④頭重，頭痛，めまい，倦怠感，疲労感，顔面蒼白，チアノーゼ，貧血，心悸亢進，尿の着色等の他覚症状又は自覚症状の有無の検査	①作業条件の調査 ②赤血球数，網状赤血球数，メトヘモグロビン量，ハインツ小体の有無等の赤血球系の血液検査 ③尿中の潜血検査 ④肝機能検査 ⑤神経学的検査 ⑥医師が必要と認める場合は，尿中のアニリン若しくはパラ－アミノフェノールの量の測定又は血液中のニトロソアミン及びヒドロキシアミン，アミノフェノール，キノソイミン等の代謝物の量の測定	
59	砒素又はその化合物（これらの物をその重量の1パーセントを超えて含有する製剤その他の物を含む。）を製し，又は取り扱う業務	①業務の経歴の調査（当該業務に常時従事する労働者に対して行う健康診断におけるものに限る。） ②作業条件の簡易な調査（当該業務に常時従事する労働者に対して行う健康診断におけるものに限る。） ③砒素又はその化合物による鼻粘膜の異常，呼吸器症状，口内炎，下痢，便秘，体重減少，知覚異常等の他覚症状又は自覚症状の既往歴の有無の検査 ④せき，たん，食欲不振，体重減少，知覚異常等の他覚症状又は自覚症状の有無の検査 ⑤鼻粘膜の異常，鼻中隔穿孔等の鼻腔の所見の有無の検査 ⑥皮膚炎，色素沈着，色素脱失，角化等の皮膚所見の有無の検	①作業条件の調査（当該業務に常時従事する労働者に対して行う健康診断におけるものに限る。） ②医師が必要と認める場合は，胸部のエックス線直接撮影若しくは特殊なエックス線撮影による検査，尿中の砒素化合物（砒酸，亜砒酸及びメチルアルソン酸に限る。）の量の測定，肝機能検査，赤血球系の血液検査，喀痰の細胞診，気管支鏡検査又は皮膚の病理学的検査	

No.	業　　務	第1次健康診断項目	第2次健康診断項目	法　規
		査 ⑦令第23条第5号の業務に5年以上従事した経験を有する場合は，胸部のエックス線直接撮影による検査		
60	弗化水素（これをその重量の5パーセントを超えて含有する製剤その他の物を含む。）を製造し，又は取り扱う業務	①業務の経歴の調査 ②作業条件の簡易な調査 ③弗化水素による呼吸器症状，眼の症状等の他覚症状又は自覚症状の既往歴の有無の検査 ④眼，鼻又は口腔の粘膜の炎症，歯牙の変色等の他覚症状又は自覚症状の有無の検査 ⑤皮膚炎等の皮膚所見の有無の検査	①作業条件の調査 ②胸部理学的検査又は胸部のエックス線直接撮影による検査 ③赤血球数等の赤血球系の血液検査 ④医師が必要と認める場合は，出血時間測定，長管骨のエックス線撮影による検査，尿中の弗素の量の測定又は血液中の酸性ホスファターゼ若しくはカルシウムの量の測定	
61	ベーターブロピオラクトン（これをその重量の1パーセントを超えて含有する製剤その他の物を含む。）を製造し，又は取り扱う業務	①業務の経歴の調査（当該業務に常時従事する労働者に対して行う健康診断におけるものに限る。） ②作業条件の簡易な調査（当該業務に常時従事する労働者に対して行う健康診断におけるものに限る。） ③ベーターブロピオラクトンによるせき，たん，胸痛，体重減少等の他覚症状又は自覚症状の既往歴の有無の検査 ④せき，たん，胸痛，体重減少等の他覚症状又は自覚症状の有無の検査 ⑤露出部分の皮膚炎等の皮膚所見の有無の検査 ⑥胸部のエックス線直接撮影による検査	①作業条件の調査（当該業務に常時従事する労働者に対して行う健康診断におけるものに限る。） ②医師が必要と認める場合は，胸部の特殊なエックス線撮影による検査，喀痰の細胞診，気管支鏡検査又は皮膚の病理学的検査	
62	ベンゼン等を製造し，又は取り扱う業務	①業務の経歴の調査（当該業務に常時従事する労働者に対して行う健康診断におけるものに限る。） ②作業条件の簡易な調査（当該業務に常時従事する労働者に対して行う健康診断におけるものに限る。） ③ベンゼンによる頭重，頭痛，めまい，心悸亢進，倦怠感，四肢のしびれ，食欲不振，出血傾向等の他覚症状又は自覚症状の既往歴の有無の検査 ④頭重，頭痛，めまい，心悸亢進，倦怠感，四肢のしびれ，食欲不振等の他覚症状又は自覚症状の有無の検査 ⑤赤血球数等の赤血球系の血液検査 ⑥白血球数の検査	①作業条件の調査（当該業務に常時従事する労働者に対して行う健康診断におけるものに限る。） ②血液像その他の血液に関する精密検査 ③神経学的検査	

No.	業　　務	第1次健康診断項目	第2次健康診断項目	法　　規
63	ペンタクロルフェノール（別名 PCP）又はそのナトリウム塩（これらの物をその重量の1パーセントを超えて含有する製剤その他の物を含む。）を製造し，又は取り扱う業務	①業務の経歴の調査 ②作業条件の簡易な調査 ③ペンタクロルフェノール又はそのナトリウム塩によるせき，たん，咽頭痛，のどのいらいら，頭痛，めまい，易疲労感，倦怠感，食欲不振等の胃腸症状，甘味嗜好，多汗，発熱，心悸亢進，眼の痛み，皮膚掻痒感等の他覚症状又は自覚症状の既往歴の有無の検査 ④せき，たん，咽頭痛，のどのいらいら，頭痛，めまい，易疲労感，倦怠感，食欲不振等の胃腸症状，甘味嗜好，多汗，眼の痛み，皮膚掻痒感等の他覚症状又は自覚症状の有無の検査 ⑤皮膚炎等の皮膚所見の有無の検査 ⑥血圧の測定 ⑦尿中の糖の有無の検査	①作業条件の調査 ②呼吸器に係る他覚症状又は自覚症状がある場合は，胸部理学的検査及び胸部のエックス線直接撮影による検査 ③肝機能検査 ④白血球数の検査 ⑤医師が必要と認める場合は，尿中のペンタクロルフェノールの量の測定	
64	マゼンタ（これをその重量の1パーセントを超えて含有する製剤その他の物を含む。）を製造し，又は取り扱う業務	①業務の経歴の調査（当該業務に常時従事する労働者に対して行う健康診断におけるものに限る。） ②作業条件の簡易な調査（当該業務に常時従事する労働者に対して行う健康診断におけるものに限る。） ③マゼンタによる血尿，頻尿，排尿痛等の他覚症状又は自覚症状の既往歴の有無の検査 ④血尿，頻尿，排尿痛等の他覚症状又は自覚症状の有無の検査 ⑤尿中の潜血検査 ⑥医師が必要と認める場合は，尿沈渣検鏡の検査又は尿沈渣のパパニコラ法による細胞診の検査	①作業条件の調査（当該業務に常時従事する労働者に対して行う健康診断におけるものに限る。） ②医師が必要と認める場合は，膀胱鏡検査又は腹部の超音波による検査，尿路造影検査等の画像検査	
65	マンガン又はその化合物（これらの物をその重量の1パーセントを超えて含有する製剤その他の物を含む。）を製造し，又は取り扱う業務	①業務の経歴の調査 ②作業条件の簡易な調査 ③マンガン又はその化合物によるせき，たん，仮面様顔貌，膏顔，流涎，発汗異常，手指の振戦，書字拙劣，歩行障害，不随意性運動障害，発語異常等のパーキンソン症候群様症状の既往歴の有無の検査 ④せき，たん，仮面様顔貌，膏顔，流涎，発汗異常，手指の振戦，書字拙劣，歩行障害，不随意性運動障害，発語異常等のパーキンソン症候群様症状の有無の検査 ⑤握力の測定	①作業条件の調査 ②呼吸器に係る他覚症状又は自覚症状がある場合は，胸部理学的検査及び胸部のエックス線直接撮影による検査 ③パーキンソン症候群様症状に関する神経学的検査 ④医師が必要と認める場合は，尿中又は血液中のマンガンの量の測定	

No.	業　　務	第1次健康診断項目	第2次健康診断項目	法　　規
66	メチルイソブチルケトン（これをその重量の1パーセントを超えて含有する製剤その他の物を含む。）を製造し，又は取り扱う業務	①業務の経歴の調査 ②作業条件の簡易な調査 ③メチルイソブチルケトンによる頭重，頭痛，めまい，悪心，嘔吐，眼の刺激症状，上気道刺激症状，皮膚又は粘膜の異常等の他覚症状又は自覚症状の既往歴の有無の検査 ④頭重，頭痛，めまい，悪心，嘔吐，眼の刺激症状，上気道刺激症状，皮膚又は粘膜の異常等の他覚症状又は自覚症状の有無の検査 ⑤医師が必要と認める場合は，尿中のメチルイソブチルケトンの量の測定	①作業条件の調査 ②医師が必要と認める場合は，神経学的検査又は腎機能検査	
67	沃化メチル（これをその重量の1パーセントを超えて含有する製剤その他の物を含む。）を製造し，又は取り扱う業務	①業務の経歴の調査 ②作業条件の簡易な調査 ③沃化メチルによる頭重，めまい，眠気，悪心，嘔吐，倦怠感，目のかすみ等の他覚症状又は自覚症状の既往歴の有無の検査 ④頭重，めまい，眠気，悪心，嘔吐，倦怠感，目のかすみ等の他覚症状又は自覚症状の有無の検査 ⑤皮膚炎等の皮膚所見の有無の検査	①作業条件の調査 ②医師が必要と認める場合は，視覚検査，運動神経機能検査又は神経学的検査	
68	溶接ヒューム（これをその重量の1パーセントを超えて含有する製剤その他の物を含む。）を製造し，又は取り扱う業務	①業務の経歴の調査 ②作業条件の簡易な調査 ③溶接ヒュームによるせき，たん，仮面様顔貌，膏顔，流涎，発汗異常，手指の振顫，書字拙劣，歩行障害，不随意性運動障害，発語異常等のパーキンソン症候群様症状の既往歴の有無の検査 ④せき，たん，仮面様顔貌，膏顔，流涎，発汗異常，手指の振顫，書字拙劣，歩行障害，不随意性運動障害，発語異常等のパーキンソン症候群様症状の有無の検査 ⑤握力の測定	①作業条件の調査 ②呼吸器に係る他覚症状又は自覚症状がある場合は，胸部理学的検査及び胸部のエックス線直接撮影による検査 ③パーキンソン症候群様症状に関する神経学的検査 ④医師が必要と認める場合は，尿中又は血液中のマンガンの量の測定	
69	リフラクトリーセラミックファイバー（これをその重量の1パーセントを超えて含有する製剤その他の物を含む。）を製造し，又は取り扱う業務	①業務の経歴の調査（当該業務に常時従事する労働者に対して行う健康診断におけるものに限る。） ②作業条件の簡易な調査（当該業務に常時従事する労働者に対して行う健康診断におけるものに限る。） ③喫煙歴及び喫煙習慣の状況に係る調査 ④リフラクトリーセラミックファイバーによるせき，たん，息切れ，呼吸困難，胸痛，	①作業条件の調査（当該業務に常時従事する労働者に対して行う健康診断におけるものに限る。） ②医師が必要と認める場合は，特殊なエックス線撮影による検査，肺機能検査，血清シアル化糖鎖抗原KL-6の量の測定若しくは血清サーファクタントプロテインD（血清SP-D）の検査等の血液生化学検査，喀痰の細胞診又は気管支鏡検査	

No.	業　　務	第1次健康診断項目	第2次健康診断項目	法　　規
		呼吸音の異常，眼の痛み，皮膚の刺激等についての他覚症状又は自覚症状の既往歴の有無の検査（眼の痛み，皮膚の刺激等の急性の疾患に係る症状にあっては，当該業務に常時従事する労働者に対して行う健康診断におけるものに限る。） ⑤せき，たん，息切れ，呼吸困難，胸痛，呼吸音の異常，眼の痛み等についての他覚症状又は自覚症状の有無の検査（眼の痛み等の急性の疾患に係る症状にあっては，当該業務に常時従事する労働者に対して行う健康診断におけるものに限る。） ⑥皮膚炎等の皮膚所見の有無の検査（当該業務に常時従事する労働者に対して行う健康診断におけるものに限る。） ⑦胸部のエックス線直接撮影による検査		
70	硫化水素（これをその重量の1パーセントを超えて含有する製剤その他の物を含む。）を製造し，又は取り扱う業務	①業務の経歴の調査 ②作業条件の簡易な調査 ③硫化水素による呼吸器症状，眼の症状等の他覚症状又は自覚症状の既往歴の有無の検査 ④頭痛，不眠，易疲労感，めまい，易興奮性，悪心，せき，上気道刺激症状，胃腸症状，結膜及び角膜の異常，歯牙の変化等の他覚症状又は自覚症状の有無の検査	①作業条件の調査 ②胸部理学的検査又は胸部のエックス線直接撮影による検査	
71	硫酸ジメチル（これをその重量の1パーセントを超えて含有する製剤その他の物を含む。）を製造し，又は取り扱う業務	①業務の経歴の調査 ②作業条件の簡易な調査 ③硫酸ジメチルによる呼吸器症状，眼の症状，皮膚症状等の他覚症状又は自覚症状の既往歴の有無の検査 ④せき，たん，嗄声，流涙，結膜及び角膜の異常，脱力感，胃腸症状等の他覚症状又は自覚症状の有無の検査 ⑤皮膚炎等の皮膚所見の有無の検査 ⑥尿中の蛋白の有無の検査	①作業条件の調査 ②胸部理学的検査又は胸部のエックス線直接撮影による検査 ③医師が必要と認める場合は，腎機能検査又は肺換気機能検査	
72	4-アミノジフェニル及びその塩（これらの物をその重量の1パーセントを超えて含有する製剤その他の物を含む。）を試験研究のために製造し，又は使用する業務	①業務の経歴の調査 ②作業条件の簡易な調査 ③4-アミノジフェニル及びその塩による頭痛，めまい，眠気，倦怠感，呼吸器の刺激症状，疲労感，顔面蒼白，チアノーゼ，運動失調，尿の着色，血尿，頻尿，排尿痛等の他覚症状又は自覚症状の既往歴の	①作業条件の調査 ②医師が必要と認める場合は，膀胱鏡検査，腹部の超音波による検査，尿路造影検査等の画像検査又は赤血球数，網状赤血球数，メトヘモグロビンの量等の赤血球系の血液検査	

No.	業　　　務	第1次健康診断項目	第2次健康診断項目	法　　規
		有無の検査 ④頭痛，めまい，眠気，倦怠感，呼吸器の刺激症状，疲労感，顔面蒼白，チアノーゼ，運動失調，尿の着色，血尿，頻尿，排尿痛等の他覚症状又は自覚症状の有無の検査 ⑤尿中の潜血検査 ⑥医師が必要と認める場合は，尿沈渣検鏡の検査又は尿沈渣のパパニコラ法による細胞診の検査		
73	4-ニトロジフェニル及びその塩（これらの物をその重量の1パーセントを超えて含有する製剤その他の物を含む。）を試験研究のために製造し，又は使用する業務	①業務の経歴の調査 ②作業条件の簡易な調査 ③4-ニトロジフェニル及びその塩による頭痛，めまい，眠気，倦怠感，呼吸器の刺激症状，眼の刺激症状，疲労感，顔面蒼白，チアノーゼ，運動失調，尿の着色，血尿，頻尿，排尿痛等の他覚症状又は自覚症状の既往歴の有無の検査 ④頭痛，めまい，眠気，倦怠感，呼吸器の刺激症状，眼の刺激症状，疲労感，顔面蒼白，チアノーゼ，運動失調，尿の着色，血尿，頻尿，排尿痛等の他覚症状又は自覚症状の有無の検査 ⑤尿中の潜血検査 ⑥医師が必要と認める場合は，尿沈渣検鏡の検査又は尿沈渣のパパニコラ法による細胞診の検査	①作業条件の調査 ②医師が必要と認める場合は，膀胱鏡検査，腹部の超音波による検査，尿路造影検査等の画像検査又は赤血球数，網状赤血球数，メトヘモグロビンの量等の赤血球系の血液検査	
74	石綿（これをその重量の0.1パーセントを超えて含有する製剤その他の物を含む。）の取扱い，若しくは試験研究のため製造又は石綿分析用試料等の製造に伴い石綿の粉じんを発散する場所における業務	①業務の経歴の調査 ②石綿によるせき，たん，息切れ，胸痛等の他覚症状又は自覚症状の既往歴の有無の検査 ③せき，たん，息切れ，胸痛等の他覚症状又は自覚症状の有無の検査 ④胸部のエックス線直接撮影による検査	①作業条件の調査 ②胸部のエックス線直接撮影による検査の結果，異常な陰影（石綿肺による線維増殖性の変化によるものを除く。）がある場合で，医師が必要と認めるときは，特殊なエックス線撮影による検査，喀痰の細胞診又は気管支鏡検査	石綿障害予防規則第40条

（注）特化則には，含有率によって適用が異なる場合があるため，上記表には主要なものの概要を記載している。

②　行政指導されている特殊健康診断

対　象	検　査　項　目		通　達
	第1次健康診断	第2次健康診断	
紫外線，赤外線にさらされる業務	眼の障害		昭31.5.8 基発第308号
黄りんを取り扱う業務，又はりんの化合物のガス，蒸気若しくは粉じんを発散する場所における業務	顎骨の変化		
有機りん剤を取り扱う業務又はガス，蒸気若しくは粉じんを発散する場所における業務	①血清コリンエステラーゼ活性値 ②多汗，縮瞳，眼瞼及び顔面の筋せん維性攣縮		
亜硫酸ガスを発散する場所における業務	①歯牙の変化 ②消化器系の障害		
二硫化炭素を取り扱う業務又は，そのガスを発散する場所における業務（有機溶剤業務に係るものを除く。）	①頭重，頭痛，不眠，めまい，焦そう感，下肢の倦怠又はしびれ感，食欲不振等胃の異常症状，眼のいたみ，神経痛等の自覚症状の有無 ②ロンベルグ症候，足クローヌス又は手指の振せんの有無 ③全血比重，血色素量ヘマトクリット値又は赤血球数 ④尿中のウロビリノーゲン，蛋白及び糖の有無	①点状角膜炎の有無（眼の症状を訴えた者に限る） ②糖尿病性初期網膜症に酷似した眼底の微細動脈瘤又は点状出血の検査 ③尿沈渣若しくは濃縮試験又はPSP試験による腎機能検査（尿中蛋白陽性者に限る） ④上記のほか，必要に応じ，労災認定基準に掲げる検査	
ベンゼンのニトロアミド化合物を取り扱う業務又はそれらのガス，蒸気若しくは粉じんを発散する場所における業務	①血液比重 ②尿中ウロビリノーゲン，コプロポルフィリン及び糖 ③チアノーゼ		
脂肪族の塩化又は臭化炭化水素（有機溶剤として法規に規定されているものを除く。）を取り扱う業務，又はそれらのガス，蒸気若しくは粉じんを発散する場所における業務	頭痛，めまい，階段が昇りにくい，手のしびれ，眼がかすむ，複視，物忘れ，悪心，嘔吐，歩行失調，発語異常，手指の振せん，間代性けいれん，てんかん様発作，皮膚の変化等の自他覚症状の有無	①職歴調査 ②視覚視野検査，運動神経検査，精神障害検査等の精神神経症状の検査 ③その他医師の必要と認める検査	
砒素又はその化合物（アルシン又は砒化ガリウムに限る。）を取り扱う業務，又はそのガス，蒸気若しくは粉じんを発散する場所における業務	①鼻炎，鼻潰瘍，鼻中隔穿孔等 ②皮膚の障害 ③血液比重 ④尿中のウロビリノーゲン		
フェニル水銀化合物を取り扱う業務又はそのガス，蒸気若しくは粉じんを発散する場所における業務	①口内炎，手指の振せん，不眠，頭重，精神不安定感 ②皮膚の変化 ③体重測定 ④尿中たん白	①職歴調査 ②尿中の水銀量検査 ③腎臓機能検査 ④神経精神医学的検査	
アルキル水銀化合物（アルキル基がメチル基又はエチル基であるものを除く。）を取り扱う業務又はそのガス，蒸気若しくは粉じんを発散する場所における業務	①口唇，四肢部の知覚異常，頭重，頭痛，関節痛，睡眠異常，よくうつ感，不安感，歩行失調 ②皮膚の変化 ③体重測定	①職歴調査 ②尿中の水銀量検査 ③視野の検査 ④聴力の検査 ⑤神経精神医学的検査 ⑥筋電図及び脳波検査	
クロルナフタリンを取り扱う業務又はそのガス，蒸気若しくは粉じんを発散する場所における業務	①顔面，耳朶，頸部，胸部，背部等のクロルアクネの有無 ②尿中ウロビリノーゲン	①職歴調査 ②血液中のクロル量検査 ③肝臓機能検査	昭40.5.12 基発第513号

対　　象	検　査　項　目		通　　達
	第1次健康診断	第2次健康診断	
沃素を取り扱う業務又はそのガス，蒸気若しくは粉じんを発散する場所における業務	①流涙，眼痛，結膜充血，咳嗽，鼻汁過多，咽頭痛，鼻炎，頭痛，めまい ②皮膚の変化 ③心悸亢進，甲状腺肥大，眼球突出，手指の振せん，発汗，体重減少，神経系の一時的興奮等バセドウ氏病様所見の有無	①職歴調査 ②甲状腺機能検査	
米杉，ネズコ，リョウブ又はラワンの粉じん等を発散する場所における業務	①咽頭痛，咽頭部違和感，咳嗽喀痰，喘鳴，息切れ，夜間における呼吸困難等の自覚症状の有無 ②前回の健康診断又は診察以後における気管支ぜん息様発作の発生状況についての問視診 ③眼，鼻，咽喉の粘膜のアレルギー性炎症等についての検査 ④胸部の理学的検査 ⑤接触性皮ふ炎，湿疹による皮ふの変化	職歴及び作業調査のほかに次の各号について医師が必要と認めた項目 ①胸部エックス線直接撮影 ②肺換気機能検査 ③喀痰及び血液中の好酸球数の検査 ④木材エキスによる皮内反応検査	昭45.1.7 基発第2号
超音波溶着機を取り扱う業務	①不快感，頭痛，耳鳴，耳内痛，吐気，めまい等の自覚症状の有無 ②思考障害，自律神経症状等の精神神経症状の有無 ③手指等の皮膚の障害の有無 ④聴力		昭46.4.17 基発第326号
メチレンジフェニルイソシアネート（M.D.I.）を取り扱う業務又はこのガス若しくは蒸気を発散する場所における業務	①頭重，頭痛，眼痛，鼻痛，咽頭痛，咽頭部違和感，咳嗽，喀痰，胸部圧迫感，いき切れ，胸痛，呼吸困難，全身倦怠，体重減少，眼・鼻・咽喉の粘膜の炎症 ②皮ふの変化 ③胸部理学的検査	①職歴調査 ②現症に関する問診，視診 ③胸部理学的検査 ④狭窄性換気機能検査 ⑤他の胸部慢性疾患が疑わしい場合は胸部エックス線直接撮影 ⑥その他医師の必要と認める（肝機能，腎機能等）検査	昭31.5.8 基発第308号 昭40.5.12 基発第513号
フェザーミル等飼肥料製造工程における業務	作業中又は作業終了後，激しい頭痛，眼痛及び咳並びに皮ふの炎症等の症状を呈した場合には，直ちに医師の診断及び処置を受けさせること		昭45.5.8 基発第360号
クロルプロマジン等フェノチアジン系薬剤を取り扱う業務	関係労働者に皮ふ障害がみられた場合には，すみやかに医師の診断及び処置を受けさせること		昭45.12.12 基発第889号
都市ガス配管工事業務（一酸化炭素）	①　就業前・定期健康診断 　都市ガス配管工事に労働者を新たに就業させる場合には，就業前に健康診断を実施させるよう指導すること 　なお，定期健康診断の際には，特に物忘れ，不眠，疲労，頭痛，めまい，視野の狭さく，その他の神経症状等一酸化炭素中毒を疑わしめる症状の有無及び程度についても診断させるよう指導すること ②　随時診断 　物忘れ，不眠，疲労，頭痛，めまい等の症状を訴える労働者については，職業歴，既往中毒歴等を明らかにした文書を添え，労災病院又は一酸化炭素中毒に関して経験のある医師による診断を受けさせるよう指導すること ③　緊急時の措置（急性中毒者の措置） 　急性中毒にかかった者はすみやかに医師の診断を受けさせるよう指導すること		昭40.12.8 基発第1598号

対　　　象	検　査　項　目		通　　達
	第1次健康診断	第2次健康診断	
地下駐車場における業務（排気ガス）	作業中，排気ガスによると思われる頭痛，めまい，はき気等の症状を訴える者については，すみやかに医師による診断を受けさせること 　この場合，医師に作業環境の実態及び本人の職業歴，既往症等をできる限り詳細に伝えること		昭46.3.18 基発第223号
チェーンソー等使用による身体に著しい振動を与える業務	①職歴調査 ②自覚症状調査 ③視診，触診 　爪の変化，指の変形，皮ふの異常，骨・関節の変形・異常，上肢の運動機能の異常及び運動痛，筋萎縮，筋・神経そうの圧痛等，触覚の異常，腱反射の異常など ④運動機能検査 　瞬発握力及び5回法による維持握力 ⑤血圧検査 ⑥末梢神経機能検査 　常温下における手指の皮ふ温及び爪圧迫テスト ⑦末梢神経機能検査 　常温下における手指等の痛覚及び振動覚 注：1.以上の結果，振動によると思われる症状が認められ，かつ，医師が必要と認める者について第2次健康診断を行うこと（なお，第1次健康診断に引き続いて実施することが望ましい） 　　2.雇入れの際，当該業務への配置替えの際及び6月以内ごとに1回，定期に医師により行うこと	①末梢循環機能検査 　常温下及び冷却負荷における手指の皮膚温及び爪圧迫テスト ②末梢神経機能検査 　常温下及び冷却負荷における手指等の痛覚及び振動覚 ③運動機能検査 　1）60%法による維持握力 　2）つまみ力 　3）タッピング 　以上の結果，医師が特に必要と認めた者については，次の項目のうち医師が必要と認める事項を行うこと ①末梢循環機能検査 　冷却負荷における指尖容積脈波 ②末梢神経機能検査 　手背等の温覚及び冷覚 ③心電図検査 ④エックス線検査 ⑤オージオメーターによる聴力検査	昭48.10.18 基発第597号 昭50.10.12 基発第610号 平21.7.10 基発0710 第1号
チェーンソー等以外の振動工具（さく岩機，チッピングハンマー，スインググラインダー等）の取扱いの業務	①職歴等の調査 　㈭使用工具の種類等 　　工具の種類，型式及び振動に関係する仕様（毎分ストローク数，ピストンのストローク，研削といしの直径，毎分回転数，出力，重量，防振措置の有無等） 　㈺作業の状況 　　a作業方法の具体的内容 　　b経験年数及び取扱い時間（1連続取扱い時間，最近1月間における1日の最長取扱い時間及び平均取扱い時間並びに1月の取扱い日数等） 　㈬その他 　　保護具の使用状況，職場の温熱環境等 ②問診 　㈭手指のレイノー現象，手指のこわばり，しびれ・いたみ等の異常，上肢のいたみ・しび	①末梢循環機能検査 　常温及び冷却負荷における手指の爪圧迫テスト及び皮膚温 ②末梢神経機能検査 　常温及び冷却負荷における手指等の痛覚及び振動覚 ③筋力検査 　㈭5回法又は60%法による維持握力 　㈺つまみ力 　以上の結果医師が特に必要と認めた者については，次の項目のうち医師が必要と認める事項を行う。 ①末梢循環機能検査 　常温又は冷却負荷における指尖容積脈波 ②末梢神経機能検査 　常温又は冷却負荷における手指の温痛覚及び冷痛覚 ③筋運動検査 　タッピング	昭49.1.28 基発第45号 昭50.10.20 基発第609号 昭50.10.20 基発第610号 平21.7.10 基発0710 第2号

401

対　　　　　象	検　査　項　目		通　　達
	第1次健康診断	第2次健康診断	
	れ等の異常，手指，上肢の触覚・温冷覚・痛覚等の感覚の異常，手指，上肢等の筋力及び運動機能の異常その他の症状の有無・程度・範囲等 ㋺不眠・めまい・頭痛等の症状の有無 ㈨既往症の有無 ③視診，触診 　爪の異常，指及び手の皮ふ・骨又は関節の異常，上肢の運動機能の異常及び骨又は関節の異常並びに運動痛，筋萎縮，筋，神経そうの圧痛等並びに触覚，腱反射の異常等 ④握力検査 ⑤血圧検査 ⑥末梢循環機能検査 　常温における手指の爪圧迫テスト及び皮膚温 ⑦末梢神経機能検査 　常温における手指等の痛覚及び振動覚 ⑧手関節肘関節のエックス線検査 　（雇入れの際又は当該業務への配置替えの際に限る。） 注：1.雇入れの際，当該業務への配置替えの際及び，下記(1)の業務については，6カ月（うち1回は冬期），下記(1)以外の業務については，1年（冬期）以内ごとに1回，定期に医師により行うこと。 記 (1)　レッグ式さく岩機，チッピングハンマー，リベッティングハンマー，コーキングハンマー，ピックハンマー，ハンドハンマー，ベビーハンマー，コンクリートブレーカー，スケーリングハンマー，サンドランマー等の工具を取扱う業務。 (2)　エンジンカッター等の内燃機関を内蔵する工具（チェーンソー，ブッシュクリーナー及びアースオーガーを除く。）を取り扱う業務。 (3)　携帯用のタイタンパー及び皮はぎ機を取り扱う業務。 (4)　携帯用研削盤，スイング研削盤，その他手で保持し，又は支えて操作する型式の研削盤（使用する研削といしの直径（製造時におけるものをいう。以下同じ）	④心電図又は負荷心電図 ⑤手関節又は肘関節のエックス線検査 　各種症状の状況，前回の健康診断の所見等よりみて，特にこの検査が必要必要とされる場合に限る。	

対　　　象	検　査　項　目		通　　達
	第1次健康診断	第2次健康診断	
	が150mmを超えるものに限る。）を用いて金属，又は石材等を研削し，又は切断する業務。 (5) 卓上用研削盤又は床上用研削盤（使用する研削といしの直径が150mmを超えるものに限る。）を用いて鋳物のばり取り，又は溶接部のはつりをする業務。		
金銭登録の業務	①業務歴，既往歴等の調査 ②問診 　肩こり，背痛，腕痛，頸部の張り，手のしびれ，手指の痛み，手の脱力感等の継続する自覚症状の有無 ③視診，触診 　(イ)せき柱の変形と可動性の異常の有無，棘突起の圧痛・叩打痛の有無 　(ロ)指，手，腕の運動機能の異常及び運動痛の有無 　(ハ)筋，腱，関節（頸，肩，背，手，指等）の圧痛，硬結及び腫張の有無 　(ニ)腕神経そうの圧痛及び上肢末梢循環障害の有無 　(ホ)上肢の知覚異常，筋，腱反射の異常の有無 ④握力の測定 ⑤視機能検査 注：1.上記の健康診断の結果医師が必要と認める者については，必要な検査を追加して行うこと。 　　2.雇入れの際，当該業務への配置替えの際及びその後6月以内ごとに1回，定期に，医師による健康診断を行うこと。		昭48.3.30 基発第188号 改正 昭48.12.22 基発第717号
重量物取扱い作業，介護・看護作業等腰部に著しい負担のかかる作業	①配置前の健康診断 　配置前の労働者の健康状態を把握し，その後の健康管理の基礎資料とするため，配置前の健康診断の項目は，次のとおりとすること。 　(イ)既往歴（腰痛に関する病歴及びその経過）及び業務歴の調査 　(ロ)自覚症状（腰痛，下肢痛，下肢筋力減退，知覚障害等）の有無の検査 　(ハ)脊柱の検査：姿勢異常，脊柱の変形，脊柱の可動性及び疼痛，腰背筋の緊張及び圧痛，脊椎棘突起の圧痛等の検査 　(ニ)神経学的検査：神経伸展試験，深部腱反射，知覚検査，筋萎縮等の検査 　(ホ)脊柱機能検査：クラウス・ウェーバーテスト又はその変法（腹筋力，背筋力等の機能のテスト） 　なお，医師が必要と認める者については，画像診断と運動機能テスト等を行うこと。 ②定期健康診断 　(イ)定期に行う腰痛の健康診断の項目は，次のとおりとすること。 　　a　既往歴（腰痛に関する病歴及びその経過）及び業務歴の調査 　　b　自覚症状（腰痛，下肢痛，下肢筋力減退，知覚障害等）の有無の検査 　(ロ)(イ)の健康診断の結果，医師が必要と認める者については，次の項目についての健康診断を追加して行うこと。 　　a　脊柱の検査：姿勢異常，脊柱の変形，脊柱の可動性及び疼痛，腰背筋の緊張及び圧痛，脊椎棘突起の圧痛等の検査 　　b　神経学的検査：神経伸展試験，深部腱反射，知覚検査，徒手筋力テスト，筋萎縮等の検査 　なお，医師が必要と認める者については，画像診断と運動機能テスト等を行うこと。		平25.6.18 基発0618 第1号 改正 令2.8.28 基発0828 第1号

対　　　　　象	検　査　項　目		通　　　達
	第1次健康診断	第2次健康診断	
引金付工具を取り扱う作業	①業務歴，既往歴等の調査 ②問診 　肩こり，背痛，腕痛，頸部の張り，手のしびれ，手指の痛み，こわばり，はれ及びしこり，手の脱力感，指の弾発現象等の継続する自覚症状の有無 ③視診，触診 　(イ)せき柱の変形と可動性の異常の有無，棘（きょく）突起の圧痛，叩打痛の有無 　(ロ)指，手，腕の運動機能の異常及び運動痛の有無 　(ハ)指の弾発現象，軋音（あつ）の有無 　(ニ)筋，腱，関節（頸，肩，背，手，指等）の圧痛，硬結及び腫張の有無 　(ホ)腕神経そうの圧痛及び上肢末梢循環障害の有無 　(ヘ)上肢の知覚異常，筋，腱反射の異常の有無 ④握力の測定 ⑤視機能検査 注：1. 上記の健康診断の結果医師が必要と認める者については，必要な検査を追加して行うこと。 　　2. 雇入れの際，当該業務への配置替えの際及びその後6月以内ごとに1回，定期に，医師による健康診断を行うこと。		昭50.2.19 基発第94号
キーパンチャーの業務	①配置前の健康診断 　キーパンチャーについては，配置前に性向検査，上肢，せき柱の形態及び機能検査，指機能検査，視機能検査，聴力検査等を行なう必要があること。 ②定期の健康診断 　定期の健康診断の際には，配置前の検査の結果の推移を観察することが必要であること。		昭39.9.22 基発第1106号
情報機器作業	①配置前健康診断 　新たに情報機器作業を行うこととなった作業者（再配置の者を含む。）の配置前の健康状態を把握し，その後の健康管理を適正に進めるため，次の項目について必要な調査又は検査を実施すること。 　(イ)業務歴の調査 　(ロ)既往歴の調査 　(ハ)自覚症状の有無の調査 　　a眼疲労を主とする視器に関する症状 　　b上肢，頸肩腕部及び腰背部を主とする筋骨格系の症状 　　cストレスに関する症状 　(ニ)眼科学的検査 　　a視力検査 　　　(a)遠見視力の検査 　　　(b)近見視力の検査 　　b屈折検査 　　c自覚症状により目の疲労を訴える者に対しては，眼位検査，調節機能検査 　(ホ)筋骨格系に関する検査 　　a上肢の運動機能，圧痛点等の検査 　　bその他医師が必要と認める検査 ②定期健康診断 　情報機器作業を行う作業者の配置後の健康状態を定期的に把握し，継続的な健康管理を適正に進めるため，1年以内ごとに1回，定期に，次の項目について必要な調査又は検査を実施すること。 　(イ)業務歴の調査 　(ロ)既往歴の調査 　(ハ)自覚症状の有無の調査 　　a眼疲労を主とする視器に関する症状 　　b上肢，頸肩腕部及び腰背部を主とする筋骨格系の症状 　　cストレスに関する症状		令1.7.12 基発 第0712第3号 改正 令3.12.1 基発 1201第7号

<table>
<tr><th rowspan="2">対　　　象</th><th colspan="2">検　査　項　目</th><th rowspan="2">通　　達</th></tr>
<tr><th>第１次健康診断</th><th>第２次健康診断</th></tr>
<tr><td></td><td colspan="2">(ニ)眼科学的検査
a 視力検査
(a)遠見視力の検査
(b)近見視力の検査
(c)40歳以上の者に対しては，調節機能検査及び医師の判断により眼位検査。ただし，(ハ)自覚症状の有無の調査において特に異常が認められず，(ニ)a(a)遠見視力又は(ニ)a(b)近見視力がいずれも，片眼視力（裸眼又は矯正）で両眼とも0.5以上が保持されている者については，省略して差し支えない。
b その他医師が必要と認める検査
(ホ)筋骨格系に関する検査
a 上肢の運動機能，圧痛点等の検査
b その他医師が必要と認める検査</td><td></td></tr>
<tr><td>著しい騒音を発生する屋内作業場などにおける騒音作業</td><td>①雇入時等健康診断
(イ)既往歴・業務歴の調査
(ロ)自他覚症状の有無の検査
(ハ)オージオメータによる選別聴力検査
(ニ)その他医師が必要と認める検査
②定期健康診断
(イ)既往歴・業務歴の調査
(ロ)自他覚症状の有無の検査
(ハ)オージオメータによる選別聴力検査</td><td>①オージオメータによる気導純音聴力検査
②その他医師が必要とする検査</td><td>令5.4.20
基発0420
第２号</td></tr>
<tr><td>レーザー機器を取り扱う業務又はレーザー光線にさらされるおそれのある業務</td><td colspan="2">雇入れ又は配置替えの際に視力検査に併せて前眼部（角膜，水晶体）検査を行うこと。</td><td>昭61.1.27
基発第39号
平17.3.25
基発
第325002号</td></tr>
</table>

5　派遣中の労働者に関する派遣元・派遣先の責任分担

（「労働者派遣事業関係業務取扱要領（令和5年4月）」より）

①　労働基準法

派　遣　元	派　遣　先
均等待遇	均等待遇
男女同一賃金の原則	
強制労働の禁止	強制労働の禁止
	公民権行使の保障
労働契約	
賃金	
1か月単位の変形労働時間制，フレックスタイム制，1年単位の変形労働時間制の協定の締結・届出，時間外・休日労働の協定の締結・届出，事業場外労働に関する協定の締結・届出，専門業務型裁量労働制に関する協定の締結・届出	労働時間，休憩，休日
時間外・休日，深夜の割増賃金	
年次有給休暇	
最低年齢	
年少者の証明書	
	労働時間及び休日（年少者）
	深夜業（年少者）
	危険有害業務の就業制限（年少者及び妊産婦等）
	坑内労働の禁止（年少者）
	坑内業務の就業制限（妊産婦等）
帰郷旅費（年少者）	
産前産後の休業	
	産前産後の時間外，休日，深夜業
	育児時間
	生理日の就業が著しく困難な女性に対する措置
徒弟の弊害の排除	徒弟の弊害の排除
職業訓練に関する特例	
災害補償	
就業規則	
寄宿舎	
申告を理由とする不利益取扱禁止	申告を理由とする不利益取扱禁止
国の援助義務	国の援助義務
法令規則の周知義務	法令規則の周知義務（就業規則を除く）
労働者名簿	
賃金台帳	
記録の保存	記録の保存
報告の義務	報告の義務

②　労働安全衛生法

派　遣　元	派　遣　先
職場における安全衛生を確保する事業者の責務	職場における安全衛生を確保する事業者の責務
事業者等の実施する労働災害の防止に関する措置に協力する労働者の責務	事業者等の実施する労働災害の防止に関する措置に協力する労働者の責務
労働災害防止計画の実施に係る厚生労働大臣の勧告等	労働災害防止計画の実施に係る厚生労働大臣の勧告等
総括安全衛生管理者の選任等	総括安全衛生管理者の選任等
	安全管理者の選任等

派　遣　元	派　遣　先
衛生管理者の選任等	衛生管理者の選任等
安全衛生推進者の選任等	安全衛生推進者の選任等
産業医の選任等	産業医の選任等
	作業主任者の選任等
	統括安全衛生責任者の選任等
	元方安全衛生管理者の選任等
	店社安全衛生管理者の選任等
	安全委員会
衛生委員会	衛生委員会
安全管理者等に対する教育等	安全管理者等に対する教育等
	労働者の危険又は健康障害を防止するための措置
	事業者の講ずべき措置
	労働者の遵守すべき事項
	事業者の行うべき調査等
	元方事業者の講ずべき措置
	特定元方事業者の講ずべき措置
	定期自主検査
	化学物質の有害性の調査
安全衛生教育（雇入れ時，作業内容変更時）	安全衛生教育（作業内容変更時，危険有害業務就業時）
	職長教育
危険有害業務従事者に対する教育	危険有害業務従事者に対する教育
	就業制限
中高年齢者等についての配慮	中高年齢者等についての配慮
事業者が行う安全衛生教育に対する国の援助	事業者が行う安全衛生教育に対する国の援助
	作業環境測定
	作業環境測定の結果の評価等
	作業の管理
	作業時間の制限
健康診断（一般健康診断等，当該健康診断結果についての意見聴取）	健康診断（有害な業務に係る健康診断等，当該健康診断結果についての意見聴取）
健康診断（健康診断実施後の作業転換等の措置）	健康診断（健康診断実施後の作業転換等の措置）
健康診断の結果通知	
医師等による保健指導	
	労働時間の状況の把握
医師による面接指導等	
心理的な負担の程度を把握するための検査等（検査の実施，結果の通知，医師による面接指導，当該検査結果の意見聴取，作業転換等の措置）	
	病者の就業禁止
	受動喫煙の防止
健康教育等	健康教育等
体育活動等についての便宜供与等	体育活動等についての便宜供与等
	快適な職場環境の形成のための措置
	安全衛生改善計画等
	機械等の設置，移転に係る計画の届出，審査等
申告を理由とする不利益取扱禁止	申告を理由とする不利益取扱禁止
	使用停止命令等
報告等	報告等
法令の周知	法令の周知
書類の保存等	書類の保存等
事業者が行う安全衛生施設の整備等に対する国の援助	事業者が行う安全衛生施設の整備等に対する国の援助
疫学的調査等	疫学的調査等

※ストレスチェック及び面接指導等は派遣元が実施。

③　じん肺法

派　　遣　　元	派　　遣　　先
	事業者及び労働者のじん肺の予防に関する適切な措置を講ずる責務
	じん肺の予防及び健康管理に関する教育
	じん肺健康診断の実施*
	じん肺管理区分の決定等*
じん肺健康診断の結果に基づく事業者の責務	じん肺健康診断の結果に基づく事業者の責務
粉じんにさらされる程度を軽減させるための措置	粉じんにさらされる程度を軽減させるための措置
作業の転換	作業の転換
転換手当	
作業転換のための教育訓練	作業転換のための教育訓練
政府の技術的援助等	政府の技術的援助等
	法令の周知*
申告を理由とする不利益取扱禁止	申告を理由とする不利益取扱禁止
報告	報告

(注)　*の規定は，粉じん作業に係る事業場への派遣が終了した後は派遣元に適用する。

④　作業環境測定法

派　　遣　　元	派　　遣　　先
	作業環境測定士又は作業環境測定機関による作業環境測定の実施

⑤　雇用の分野における男女の均等な機会及び待遇の確保等に関する法律

派　　遣　　元	派　　遣　　先
妊娠・出産等を理由とする解雇その他不利益取扱いの禁止	妊娠・出産等を理由とする不利益取扱いの禁止
職場における性的な言動に起因する問題に関する雇用管理上の措置	職場における性的な言動に起因する問題に関する雇用管理上及び指揮命令上の措置
職場における性的な言動に起因する問題に関する事業主の責務	職場における性的な言動に起因する問題に関する事業主の責務
職場における妊娠，出産等に関する言動に起因する問題に関する雇用管理上の措置	職場における妊娠，出産等に関する言動に起因する問題に関する雇用管理上及び指揮命令上の措置
職場における妊娠，出産等に関する言動に起因する問題に関する事業主の責務	職場における妊娠，出産等に関する言動に起因する問題に関する事業主の責務
妊娠中及び出産後の健康管理に関する措置	妊娠中及び出産後の健康管理に関する措置

⑥　育児休業，介護休業等育児又は家族介護を行う労働者の福祉に関する法律

派　　遣　　元	派　　遣　　先
育児休業（出生時育児休業含む），介護休業，子の看護休暇，介護休暇，所定外労働の制限，時間外労働の制限，深夜業の制限，本人又は配偶者の妊娠・出産等の申出，出生時育児休業期間中の就業可能日等の申出を行わなかったこと等，所定労働時間の短縮措置等を理由とする解雇その他不利益取扱いの禁止	育児休業（出生時育児休業含む），介護休業，子の看護休暇，介護休暇，所定外労働の制限，時間外労働の制限，深夜業の制限，本人又は配偶者の妊娠・出産等の申出，出生時育児休業期間中の就業可能日等の申出を行わなかったこと等，所定労働時間の短縮措置等を理由とする不利益取扱いの禁止
職場における育児休業，介護休業等に関する言動に起因する問題に関する雇用管理上の措置	職場における育児休業，介護休業等に関する言動に起因する問題に関する雇用管理上及び指揮命令上の措置
職場における育児休業，介護休業等に関する言動に起因する問題に関する事業主の責務	職場における育児休業，介護休業等に関する言動に起因する問題に関する事業主の責務

⑦　労働施策総合推進法

派　　遣　　元	派　　遣　　先
職場における優越的な関係を背景とした言動に起因する問題に関する雇用管理上の措置	職場における優越的な関係を背景とした言動に起因する問題に関する雇用管理上及び指揮命令上の措置
職場における優越的な関係を背景とした言動に起因する問題に関する事業主の責務	職場における優越的な関係を背景とした言動に起因する問題に関する事業主の責務

Ⅱ　労働基準法

労働基準法

（昭和22.4.7法律第49号）
（最終改正：令和4.6.17法律第68号）

１　制定の趣旨及び改正の経緯

　日本国憲法では，第27条第２項において「賃金，就業時間，休息その他の勤労条件に関する基準は，法律でこれを定める」と，さらに，第25条第１項において，「すべて国民は，健康で文化的な最低限度の生活を営む権利を有する」と規定しているが，契約自由の原則の中で，経済的弱者である労働者が，低賃金，長時間労働という劣悪な労働条件を甘受する結果となることなく，労働者に健康で文化的な生活を保障するため，国家が労働条件の基準を定めて，使用者が労働条件をそれ以下に引き下げないように規制を加えることとし，昭和22年，労働基準法が制定された。

　その後，昭和34年の最低賃金法の制定，昭和47年の労働安全衛生法の制定に伴い，それぞれ関係の規定が削除された。また，昭和62年には，法定労働時間の短縮，フレックスタイム制等の導入，年次有給休暇制度の改善等を内容とする改正が行われ，昭和63年から施行された。

　平成９年の男女雇用機会均等法の改正に伴い，満18歳以上の女性の時間外・休日労働，深夜業の規制の規定を削除し，平成11年から施行された。

　平成10年には，労働契約期間の上限の延長，主要な労働条件について書面による明示，１か月単位の変形労働時間制・１年単位の変形労働時間制の要件変更，年次有給休暇の付与日数の引上げ，新たな裁量労働制の創設等を内容とする改正が行われ，一部を除いて平成11年４月から施行された。

　平成15年には，労働契約期間の上限の延長，解雇に係る規定の整備（平成19年12月改正で「労働契約法」へ移設）及び裁量労働制の見直しを中心とする改正が行われ，平成16年１月から施行された。

　平成20年には，時間外労働の法定割増賃金率の引き上げ，割増賃金の支払いに代えて有給の休暇を付与，年次有給休暇を時間単位で取得等の改正が行われ，平成22年４月から施行された。

　また，「働き方改革を推進するための関係法律の整備に関する法律」（平成30年法律第71号）の公布により労働基準法が改正された（平成30年７月６日）。これにより，時間外労働の罰則付き上限規制，フレックスタイム制の清算期間見直し，年次有給休

暇の確実付与等を内容とする改正が行われた（平成31年4月1日施行）。

　令和2年には，賃金請求権の消滅時効期間や，賃金台帳などの記録の保存期間，解雇予告手当などの付加金の請求期間を，それぞれ5年に延長する改正が行われた（令和2年4月1日施行，経過措置あり）。

② 労働基準法の概要

1　第1章　総則関係

（1）　労働条件の原則

> （労働条件の原則）
> 第1条　労働条件は，労働者が人たるに値する生活を営むための必要を充たすべきものでなければならない。
> ②　この法律で定める労働条件の基準は最低のものであるから，労働関係の当事者は，この基準を理由として労働条件を低下させてはならないことはもとより，その向上を図るように努めなければならない。

（2）　労働条件の決定

> （労働条件の決定）
> 第2条　労働条件は，労働者と使用者が，対等の立場において決定すべきものである。
> ②　労働者及び使用者は，労働協約，就業規則及び労働契約を遵守し，誠実に各々その義務を履行しなければならない。

（3）　均等待遇

> （均等待遇）
> 第3条　使用者は，労働者の国籍，信条又は社会的身分を理由として，賃金，労働時間その他の労働条件について，差別的取扱をしてはならない。

（4）　男女同一賃金の原則

> （男女同一賃金の原則）
> 第4条　使用者は，労働者が女性であることを理由として，賃金について，男性と差別的取扱いをしてはならない。

（5） 強制労働の禁止

（強制労働の禁止）

第5条　使用者は，暴行，脅迫，監禁その他精神又は身体の自由を不当に拘束する手段によつて，労働者の意思に反して労働を強制してはならない。

（6） 中間搾取の排除

（中間搾取の排除）

第6条　何人も，法律に基いて許される場合の外，業として他人の就業に介入して利益を得てはならない。

（7） 公民権行使の保障

（公民権行使の保障）

第7条　使用者は，労働者が労働時間中に，選挙権その他公民としての権利を行使し，又は公の職務を執行するために必要な時間を請求した場合においては，拒んではならない。但し，権利の行使又は公の職務の執行に妨げがない限り，請求された時刻を変更することができる。

第8条　削除

（8） 労働者の定義

（定義）

第9条　この法律で「労働者」とは，職業の種類を問わず，事業又は事務所（以下「事業」という。）に使用される者で，賃金を支払われる者をいう。

（9） 使用者の定義

第10条　この法律で使用者とは，事業主又は事業の経営担当者その他その事業の労働者に関する事項について，事業主のために行為をするすべての者をいう。

（10）　賃金の定義

> 第11条　この法律で賃金とは，賃金，給料，手当，賞与その他名称の如何を問わず，労働の対償として使用者が労働者に支払うすべてのものをいう。

（11）　平均賃金

> 第12条　この法律で平均賃金とは，これを算定すべき事由の発生した日以前３箇月間にその労働者に対し支払われた賃金の総額を，その期間の総日数で除した金額をいう。ただし，その金額は，次の各号の１によつて計算した金額を下つてはならない。
> 　１　賃金が，労働した日若しくは時間によつて算定され，又は出来高払制その他の請負制によつて定められた場合においては，賃金の総額をその期間中に労働した日数で除した金額の100分の60
> 　２　賃金の一部が，月，週その他一定の期間によつて定められた場合においては，その部分の総額をその期間の総日数で除した金額と前号の金額の合算額
> ②　前項の期間は，賃金締切日がある場合においては，直前の賃金締切日から起算する。
> ③　前二項に規定する期間中に，次の各号のいずれかに該当する期間がある場合においては，その日数及びその期間中の賃金は，前二項の期間及び賃金の総額から控除する。
> 　１　業務上負傷し，又は疾病にかかり療養のために休業した期間
> 　２　産前産後の女性が第65条の規定によつて休業した期間
> 　３　使用者の責めに帰すべき事由によつて休業した期間
> 　４　育児休業，介護休業等育児又は家族介護を行う労働者の福祉に関する法律（平成３年法律第76号）第２条第１号に規定する育児休業又は同条第２号に規定する介護休業（同法第61条第３項（同条第６項において準用する場合を含む。）に規定する介護をするための休業を含む。第39条第10項において同じ。）をした期間
> 　５　試みの使用期間
> ④　第１項の賃金の総額には，臨時に支払われた賃金及び３箇月を超える期間ごとに支払われる賃金並びに通貨以外のもので支払われた賃金で一定の範囲に属しないものは算入しない。
> ⑤　賃金が通貨以外のもので支払われる場合，第１項の賃金の総額に算入すべきものの範囲及び評価に関し必要な事項は，厚生労働省令で定める。
> ⑥　雇入後３箇月に満たない者については，第１項の期間は，雇入後の期間とする。
> ⑦　日日雇い入れられる者については，その従事する事業又は職業について，厚生労働大臣の定める金額を平均賃金とする。
> ⑧　第１項乃至第６項によつて算定し得ない場合の平均賃金は，厚生労働大臣の定めるところによる。

2　第2章　労働契約関係

（1）　本法違反の契約

（この法律違反の契約）

第13条　この法律で定める基準に達しない労働条件を定める労働契約は，その部分については無効とする。この場合において，無効となつた部分は，この法律で定める基準による。

（2）　契約期間等

（契約期間等）

第14条　労働契約は，期間の定めのないものを除き，一定の事業の完了に必要な期間を定めるもののほかは，3年（次の各号のいずれかに該当する労働契約にあつては，5年）を超える期間について締結してはならない。

　1　専門的な知識，技術又は経験（以下この号及び第41条の2第1項第1号において「専門的知識等」という。）であつて高度のものとして厚生労働大臣が定める基準に該当する専門的知識等を有する労働者（当該高度の専門的知識等を必要とする業務に就く者に限る。）との間に締結される労働契約

　2　満60歳以上の労働者との間に締結される労働契約（前号に掲げる労働契約を除く。）

②　厚生労働大臣は，期間の定めのある労働契約の締結時及び当該労働契約の期間の満了時において労働者と使用者との間に紛争が生ずることを未然に防止するため，使用者が講ずべき労働契約の期間の満了に係る通知に関する事項その他必要な事項についての基準を定めることができる。

③　行政官庁は，前項の基準に関し，期間の定めのある労働契約を締結する使用者に対し，必要な助言及び指導を行うことができる。

（3）　労働条件の明示

（労働条件の明示）

第15条　使用者は，労働契約の締結に際し，労働者に対して賃金，労働時間その他の労働条件を明示しなければならない。この場合において，賃金及び労働時間に関する事項その他の厚生労働省令で定める事項については，厚生労働省令で定める方法により明示しなければならない。

②　前項の規定によつて明示された労働条件が事実と相違する場合においては，労働者は，即時に労働契約を解除することができる。

③　前項の場合，就業のために住居を変更した労働者が，契約解除の日から14日以内

に帰郷する場合においては，使用者は，必要な旅費を負担しなければならない。

-----労　基　則-----

〔労働条件〕

第5条　使用者が法第15条第1項前段の規定により労働者に対して明示しなければならない労働条件は，次に掲げるものとする。ただし，第1号の2に掲げる事項については期間の定めのある労働契約（以下この条において「有期労働契約」という。）であつて当該労働契約の期間の満了後に当該労働契約を更新する場合があるものの締結の場合に限り，第4号の2から第11号までに掲げる事項については使用者がこれらに関する定めをしない場合においては，この限りでない。

1　労働契約の期間に関する事項

1の2　有期労働契約を更新する場合の基準に関する事項（通算契約期間（労働契約法（平成19年法律第128号）第18条第1項に規定する通算契約期間をいう。）又は有期労働契約の更新回数に上限の定めがある場合には当該上限を含む。）

1の3　就業の場所及び従事すべき業務に関する事項（就業の場所及び従事すべき業務の変更の範囲を含む）

2　始業及び終業の時刻，所定労働時間を超える労働の有無，休憩時間，休日，休暇並びに労働者を二組以上に分けて就業させる場合における就業時転換に関する事項

3　賃金（退職手当及び第5号に規定する賃金を除く。以下この号において同じ。）の決定，計算及び支払の方法，賃金の締切り及び支払の時期並びに昇給に関する事項

4　退職に関する事項（解雇の事由を含む。）

4の2　退職手当の定めが適用される労働者の範囲，退職手当の決定，計算及び支払の方法並びに退職手当の支払の時期に関する事項

5　臨時に支払われる賃金（退職手当を除く。），賞与及び第8条各号に掲げる賃金並びに最低賃金額に関する事項

6　労働者に負担させるべき食費，作業用品その他に関する事項

7　安全及び衛生に関する事項

8　職業訓練に関する事項

9　災害補償及び業務外の傷病扶助に関する事項

10　表彰及び制裁に関する事項

11　休職に関する事項

②　使用者は，法第15条第1項前段の規定により労働者に対して明示しなければならない労働条件を事実と異なるものとしてはならない。

③　法第15条第1項後段の厚生労働省令で定める事項は，第1項第1号から第4号までに掲げる事項（昇給に関する事項を除く。）とする。

④　法第15条第１項後段の厚生労働省令で定める方法は，労働者に対する前項に規定する事項が明らかとなる書面の交付とする。ただし，当該労働者が同項に規定する事項が明らかとなる次のいずれかの方法によることを希望した場合には，当該方法とすることができる。

１　ファクシミリを利用してする送信の方法

２　電子メールその他のその受信をする者を特定して情報を伝達するために用いられる電気通信（電気通信事業法（昭和59年法律第86号）第２条第１号に規定する電気通信をいう。以下この号において「電子メール等」という。）の送信の方法（当該労働者が当該電子メール等の記録を出力することにより書面を作成することができるものに限る。）

⑤　その契約期間内に労働者が労働契約法第18条第１項の適用を受ける期間の　定めのない労働契約の締結の申込み（以下「労働契約法第18条第１項の無期転換申込み」という。）をすることができることとなる有期労働契約の締結の場合においては，使用者が法第15条第１項前段の規定により労働者に対して明示しなければならない労働条件は，第１項に規定するもののほか，労働契約法第18条第１項の無期転換申込みに関する事項並びに当該申込みに係る期間の定めのない労働契約の内容である労働条件のうち第１項第１号及び第１号の３から第11号までに掲げる事項とする。ただし，当該申込みに係る期間の定めのない労働契約の内容である労働条件のうち同項第４号の２から第11号までに掲げる事項については，使用者がこれらに関する定めをしない場合においては，この限りでない。

⑥　その契約期間内に労働者が労働契約法第18条第１項の無期転換申込みをすることができることとなる有期労働契約の締結の場合においては，法第15条第１項後段の厚生労働省令で定める事項は，第３項に規定するもののほか，労働契約法第18条第１項の無期転換申込みに関する事項並びに当該申込みに係る期間の定めのない労働契約の内容である労働条件のうち第１項第１号及び第１号の３から第４号までに掲げる事項（昇給に関する事項を除く。）とする。

（4）　賠償予定の禁止

（賠償予定の禁止）

第16条　使用者は，労働契約の不履行について違約金を定め，又は損害賠償額を予定する契約をしてはならない。

（5） 前借金相殺の禁止

（前借金相殺の禁止）
第17条　使用者は，前借金その他労働することを条件とする前貸の債権と賃金を相殺してはならない。

（6） 強制貯金

（強制貯金）
第18条　使用者は，労働契約に附随して貯蓄の契約をさせ，又は貯蓄金を管理する契約をしてはならない。

②　使用者は，労働者の貯蓄金をその委託を受けて管理しようとする場合においては，当該事業場に，労働者の過半数で組織する労働組合があるときはその労働組合，労働者の過半数で組織する労働組合がないときは労働者の過半数を代表する者との書面による協定をし，これを行政官庁に届け出なければならない。

③　使用者は，労働者の貯蓄金をその委託を受けて管理する場合においては，貯蓄金の管理に関する規程を定め，これを労働者に周知させるため作業場に備え付ける等の措置をとらなければならない。

④　使用者は，労働者の貯蓄金をその委託を受けて管理する場合において，貯蓄金の管理が労働者の預金の受入であるときは，利子をつけなければならない。この場合において，その利子が，金融機関の受け入れる預金の利率を考慮して厚生労働省令で定める利率による利子を下るときは，その厚生労働省令で定める利率による利子をつけたものとみなす。

⑤　使用者は，労働者の貯蓄金をその委託を受けて管理する場合において，労働者がその返還を請求したときは，遅滞なく，これを返還しなければならない。

⑥　使用者が前項の規定に違反した場合において，当該貯蓄金の管理を継続することが労働者の利益を著しく害すると認められるときは，行政官庁は，使用者に対して，その必要な限度の範囲内で，当該貯蓄金の管理を中止すべきことを命ずることができる。

⑦　前項の規定により貯蓄金の管理を中止すべきことを命ぜられた使用者は，遅滞なく，その管理に係る貯蓄金を労働者に返還しなければならない。

（7） 解雇制限

（解雇制限）
第19条　使用者は，労働者が業務上負傷し，又は疾病にかかり療養のために休業する

期間及びその後30日間並びに産前産後の女性が第65条の規定によつて休業する期間及びその後30日間は，解雇してはならない。ただし，使用者が第81条の規定によつて打切補償を支払う場合又は天災事変その他やむを得ない事由のために事業の継続が不可能となつた場合においては，この限りでない。

② 前項但書後段の場合においては，その事由について行政官庁の認定を受けなければならない。

（8） 解雇の予告

（解雇の予告）

第20条 使用者は，労働者を解雇しようとする場合においては，少くとも30日前にその予告をしなければならない。30日前に予告をしない使用者は，30日分以上の平均賃金を支払わなければならない。但し，天災事変その他やむを得ない事由のために事業の継続が不可能となつた場合又は労働者の責に帰すべき事由に基いて解雇する場合においては，この限りでない。

② 前項の予告の日数は，1日について平均賃金を支払つた場合においては，その日数を短縮することができる。

③ 前条第2項の規定は，第1項但書の場合にこれを準用する。

（9） 解雇予告の特例

第21条 前条の規定は，左〈編注・下〉の各号の1に該当する労働者については適用しない。但し，第1号に該当する者が1箇月を超えて引き続き使用されるに至つた場合，第2号若しくは第3号に該当する者が所定の期間を超えて引き続き使用されるに至つた場合又は第4号に該当する者が14日を超えて引き続き使用されるに至つた場合においては，この限りでない。

1 日日雇い入れられる者
2 2箇月以内の期間を定めて使用される者
3 季節的業務に4箇月以内の期間を定めて使用される者
4 試の使用期間中の者

（10） 退職時等の証明

（退職時等の証明）

第22条 労働者が，退職の場合において，使用期間，業務の種類，その事業における地位，賃金又は退職の事由（退職の事由が解雇の場合にあつては，その理由を含む。）について証明書を請求した場合においては，使用者は，遅滞なくこれを交付しなけ

ればならない。

② 労働者が，第20条第1項の解雇の予告がされた日から退職の日までの間において，当該解雇の理由について証明書を請求した場合においては，使用者は，遅滞なくこれを交付しなければならない。ただし，解雇の予告がされた日以後に労働者が当該解雇以外の事由により退職した場合においては，使用者は，当該退職の日以後，これを交付することを要しない。

③ 前二項の証明書には，労働者の請求しない事項を記入してはならない。

④ 使用者は，あらかじめ第三者と謀り，労働者の就業を妨げることを目的として，労働者の国籍，信条，社会的身分若しくは労働組合運動に関する通信をし，又は第1項及び第2項の証明書に秘密の記号を記入してはならない。

(11) 金品の返還

（金品の返還）

第23条 使用者は，労働者の死亡又は退職の場合において，権利者の請求があつた場合においては，7日以内に賃金を支払い，積立金，保証金，貯蓄金その他名称の如何を問わず，労働者の権利に属する金品を返還しなければならない。

② 前項の賃金又は金品に関して争がある場合においては，使用者は，異議のない部分を，同項の期間中に支払い，又は返還しなければならない。

3 第3章 賃金関係

(1) 賃金の支払

（賃金の支払）

第24条 賃金は，通貨で，直接労働者に，その全額を支払わなければならない。ただし，法令若しくは労働協約に別段の定めがある場合又は厚生労働省令で定める賃金について確実な支払の方法で厚生労働省令で定めるものによる場合においては，通貨以外のもので支払い，また，法令に別段の定めがある場合又は当該事業場の労働者の過半数で組織する労働組合があるときはその労働組合，労働者の過半数で組織する労働組合がないときは労働者の過半数を代表する者との書面による協定がある場合においては，賃金の一部を控除して支払うことができる。

② 賃金は，毎月1回以上，一定の期日を定めて支払わなければならない。ただし，臨時に支払われる賃金，賞与その他これに準ずるもので厚生労働省令で定める賃金（第89条において「臨時の賃金等」という。）については，この限りでない。

（2）　非常時払

> （非常時払）
> 第25条　使用者は，労働者が出産，疾病，災害その他厚生労働省令で定める非常の場合の費用に充てるために請求する場合においては，支払期日前であつても，既往の労働に対する賃金を支払わなければならない。

> ─労　基　則─
> 〔非常時払〕
> 第9条　法第25条に規定する非常の場合は，次に掲げるものとする。
> 1　労働者の収入によつて生計を維持する者が出産し，疾病にかかり，又は災害をうけた場合
> 2　労働者又はその収入によつて生計を維持する者が結婚し，又は死亡した場合
> 3　労働者又はその収入によつて生計を維持する者がやむを得ない事由により1週間以上にわたつて帰郷する場合

（3）　休業手当

> （休業手当）
> 第26条　使用者の責に帰すべき事由による休業の場合においては，使用者は，休業期間中当該労働者に，その平均賃金の100分の60以上の手当を支払わなければならない。

（4）　出来高払制の保障給

> （出来高払制の保障給）
> 第27条　出来高払制その他の請負制で使用する労働者については，使用者は，労働時間に応じ一定額の賃金の保障をしなければならない。

（5）　最低賃金

> （最低賃金）
> 第28条　賃金の最低基準に関しては，最低賃金法（昭和34年法律第137号）の定めるところによる。
> 第29条から第31条まで　削除

4 第4章 労働時間，休憩，休日及び年次有給休暇関係

（1） 労働時間

（労働時間）

第32条　使用者は，労働者に，休憩時間を除き１週間について40時間を超えて，労働させてはならない。

②　使用者は，１週間の各日については，労働者に，休憩時間を除き１日について８時間を超えて，労働させてはならない。

（2） １箇月単位の変形労働時間制

第32条の２　使用者は，当該事業場に，労働者の過半数で組織する労働組合がある場合においてはその労働組合，労働者の過半数で組織する労働組合がない場合においては労働者の過半数を代表する者との書面による協定により，又は就業規則その他これに準ずるものにより，１箇月以内の一定の期間を平均し１週間当たりの労働時間が前条第１項の労働時間を超えない定めをしたときは，同条の規定にかかわらず，その定めにより，特定された週において同項の労働時間又は特定された日において同条第２項の労働時間を超えて，労働させることができる。

②　使用者は，厚生労働省令で定めるところにより，前項の協定を行政官庁に届け出なければならない。

（3） フレックスタイム制

第32条の３　使用者は，就業規則その他これに準ずるものにより，その労働者に係る始業及び終業の時刻をその労働者の決定に委ねることとした労働者については，当該事業場の労働者の過半数で組織する労働組合がある場合においてはその労働組合，労働者の過半数で組織する労働組合がない場合においては労働者の過半数を代表する者との書面による協定により，次に掲げる事項を定めたときは，その協定で第２号の清算期間として定められた期間を平均し１週間当たりの労働時間が第32条第１項の労働時間を超えない範囲内において，同条の規定にかかわらず，１週間において同項の労働時間又は１日において同条第２項の労働時間を超えて，労働させることができる。

1　この項の規定による労働時間により労働させることができることとされる労働者の範囲

2　清算期間（その期間を平均し１週間当たりの労働時間が第32条第１項の労働時間を超えない範囲内において労働させる期間をいい，３箇月以内の期間に限るものとする。以下この条及び次条において同じ。）

　3　清算期間における総労働時間

　4　その他厚生労働省令で定める事項

②　清算期間が1箇月を超えるものである場合における前項の規定の適用については，同項各号列記以外の部分中「労働時間を超えない」とあるのは「労働時間を超えず，かつ，当該清算期間をその開始の日以後1箇月ごとに区分した各期間（最後に1箇月未満の期間を生じたときは，当該期間。以下この項において同じ。）ごとに当該各期間を平均し1週間当たりの労働時間が50時間を超えない」と，「同項」とあるのは「同条第1項」とする。

③　1週間の所定労働日数が5日の労働者について第1項の規定により労働させる場合における同項の規定の適用については，同項各号列記以外の部分（前項の規定により読み替えて適用する場合を含む。）中「第32条第1項の労働時間」とあるのは「第32条第1項の労働時間（当該事業場の労働者の過半数で組織する労働組合がある場合においてはその労働組合，労働者の過半数で組織する労働組合がない場合においては労働者の過半数を代表する者との書面による協定により，労働時間の限度について，当該清算期間における所定労働日数を同条第2項の労働時間に乗じて得た時間とする旨を定めたときは，当該清算期間における日数を7で除して得た数をもつてその時間を除して得た時間）」と，「同項」とあるのは「同条第一項」とする。

④　前条第2項の規定は，第1項各号に掲げる事項を定めた協定について準用する。ただし，清算期間が1箇月以内のものであるときは，この限りでない。

第32条の3の2　使用者が，清算期間が1箇月を超えるものであるときの当該清算期間中の前条第1項の規定により労働させた期間が当該清算期間より短い労働者について，当該労働させた期間を平均し1週間当たり40時間を超えて労働させた場合においては，その超えた時間（第33条又は第36条第1項の規定により延長し，又は休日に労働させた時間を除く。）の労働については，第37条の規定の例により割増賃金を支払わなければならない。

-----労　基　則-----

〔フレックスタイム制の労使協定で定める事項〕

第12条の3　法第32条の3第1項（同条第2項及び第3項の規定により読み替えて適用する場合を含む。以下この条において同じ。）第4号の厚生労働省令で定める事項は，次に掲げるものとする。

　1　標準となる1日の労働時間

　2　労働者が労働しなければならない時間帯を定める場合には，その時間帯の開始及び終了の時刻

　3　労働者がその選択により労働することができる時間帯に制限を設ける場合には，その時間帯の開始及び終了の時刻

　4　法第32条の3第1項第2号の清算期間が1箇月を超えるものである場合にあつ

ては，同項の協定（労働協約による場合を除き，労使委員会の決議及び労働時間
等設定改善委員会の決議を含む。）の有効期間の定め

② 法第第32条の３第４項において準用する法第32条の２第２項の規定による届出
は，様式第３号の３により，所轄労働基準監督署長にしなければならない。

（4） １年単位の変形労働時間制

第32条の４　使用者は，当該事業場に，労働者の過半数で組織する労働組合がある場
合においてはその労働組合，労働者の過半数で組織する労働組合がない場合におい
ては労働者の過半数を代表する者との書面による協定により，次に掲げる事項を定
めたときは，第32条の規定にかかわらず，その協定で第２号の対象期間として定め
られた期間を平均し１週間当たりの労働時間が40時間を超えない範囲内において，
当該協定（次項の規定による定めをした場合においては，その定めを含む。）で定め
るところにより，特定された週において同条第１項の労働時間又は特定された日に
おいて同条第２項の労働時間を超えて，労働させることができる。

1　この条の規定による労働時間により労働させることができることとされる労働
者の範囲

2　対象期間（その期間を平均し１週間当たりの労働時間が40時間を超えない範囲
内において労働させる期間をいい，１箇月を超え１年以内の期間に限るものとす
る。以下この条及び次条において同じ。）

3　特定期間（対象期間中の特に業務が繁忙な期間をいう。第３項において同じ。）

4　対象期間における労働日及び当該労働日ごとの労働時間（対象期間を１箇月以
上の期間ごとに区分することとした場合においては，当該区分による各期間のう
ち当該対象期間の初日の属する期間（以下この条において「最初の期間」という。）
における労働日及び当該労働日ごとの労働時間並びに当該最初の期間を除く各期
間における労働日数及び総労働時間）

5　その他厚生労働省令で定める事項

② 使用者は，前項の協定で同項第４号の区分をし当該区分による各期間のうち最初
の期間を除く各期間における労働日数及び総労働時間を定めたときは，当該各期間
の初日の少なくとも30日前に，当該事業場に，労働者の過半数で組織する労働組合
がある場合においてはその労働組合，労働者の過半数で組織する労働組合がない場
合においては労働者の過半数を代表する者の同意を得て，厚生労働省令で定めると
ころにより，当該労働日数を超えない範囲内において当該各期間における労働日及
び当該総労働時間を超えない範囲内において当該各期間における労働日ごとの労働
時間を定めなければならない。

③ 厚生労働大臣は，労働政策審議会の意見を聴いて，厚生労働省令で，対象期間に
おける労働日数の限度並びに１日及び１週間の労働時間の限度並びに対象期間（第
１項の協定で特定期間として定められた期間を除く。）及び同項の協定で特定期間と

して定められた期間における連続して労働させる日数の限度を定めることができる。

④　第32条の2第2項の規定は，第1項の協定について準用する。

第32条の4の2　使用者が，対象期間中の前条の規定により労働させた期間が当該対象期間より短い労働者について，当該労働させた期間を平均し1週間当たり40時間を超えて労働させた場合においては，その超えた時間（第33条又は第36条第1項の規定により延長し，又は休日に労働させた時間を除く。）の労働については，第37条の規定の例により割増賃金を支払わなければならない。

労　基　則

〔労働時間の限度等〕

第12条の4　法第32条の4第1項の協定（労働協約による場合を除き，労使委員会の決議及び労働時間等設定改善委員会の決議を含む。）において定める同項第5号の厚生労働省令で定める事項は，有効期間の定めとする。

②　使用者は，法第32条の4第2項の規定による定めは，書面により行わなければならない。

③　法第32条の4第3項の厚生労働省令で定める労働日数の限度は，同条第1項第2号の対象期間（以下この条において「対象期間」という。）が3箇月を超える場合は対象期間について1年当たり280日とする。ただし，対象期間が3箇月を超える場合において，当該対象期間の初日の前1年以内の日を含む3箇月を超える期間を対象期間として定める法第32条の4第1項の協定（労使委員会の決議及び労働時間等設定改善委員会の決議を含む。）（複数ある場合においては直近の協定（労使委員会の決議及び労働時間等設定改善委員会の決議を含む。）。以下この項において「旧協定」という。）があつた場合において，1日の労働時間のうち最も長いものが旧協定の定める1日の労働時間のうち最も長いもの若しくは9時間のいずれか長い時間を超え，又は1週間の労働時間のうち最も長いものが旧協定の定める1週間の労働時間のうち最も長いもの若しくは48時間のいずれか長い時間を超えるときは，旧協定の定める対象期間について1年当たりの労働日数から1日を減じた日数又は280日のいずれか少ない日数とする。

④　法第32条の4第3項の厚生労働省令で定める1日の労働時間の限度は10時間とし，1週間の労働時間の限度は52時間とする。この場合において，対象期間が3箇月を超えるときは，次の各号のいずれにも適合しなければならない。

　1　対象期間において，その労働時間が48時間を超える週が連続する場合の週数が3以下であること。

　2　対象期間をその初日から3箇月ごとに区分した各期間（3箇月未満の期間を生じたときは，当該期間）において，その労働時間が48時間を超える週の初日の数が3以下であること。

⑤　法第32条の4第3項の厚生労働省令で定める対象期間における連続して労働させる日数の限度は6日とし，同条第1項の協定（労使委員会の決議及び労働時間等設

定改善委員会の決議を含む。）で特定期間として定められた期間における連続して労働させる日数の限度は１週間に１日の休日が確保できる日数とする。

⑥　法第32条の４第４項において準用する法第32条の２第２項の規定による届出は，様式第４号により，所轄労働基準監督署長にしなければならない。

（5）　１週間単位の非定型的変形労働時間制

第32条の５　使用者は，日ごとの業務に著しい繁閑の差が生ずることが多く，かつ，これを予測した上で就業規則その他これに準ずるものにより各日の労働時間を特定することが困難であると認められる厚生労働省令で定める事業であつて，常時使用する労働者の数が厚生労働省令で定める数未満のものに従事する労働者については，当該事業場に，労働者の過半数で組織する労働組合がある場合においてはその労働組合，労働者の過半数で組織する労働組合がない場合においては労働者の過半数を代表する者との書面による協定があるときは，第32条第２項の規定にかかわらず，１日について10時間まで労働させることができる。

②　使用者は，前項の規定により労働者に労働させる場合においては，厚生労働省令で定めるところにより，当該労働させる１週間の各日の労働時間を，あらかじめ，当該労働者に通知しなければならない。

③　第32条の２第２項の規定は，第１項の協定について準用する。

-----労　基　則-----

〔１週間単位の非定型的変形労働時間制の対象事業等〕

第12条の５　法第32条の５第１項の厚生労働省令で定める事業は，小売業，旅館，料理店及び飲食店の事業とする。

②　法第32条の５第１項の厚生労働省令で定める数は，30人とする。

③　法第32条の５第２項の規定による１週間の各日の労働時間の通知は，少なくとも，当該１週間の開始する前に，書面により行わなければならない。ただし，緊急でやむを得ない事由がある場合には，使用者は，あらかじめ通知した労働時間を変更しようとする日の前日までに書面により当該労働者に通知することにより，当該あらかじめ通知した労働時間を変更することができる。

④　法第32条の５第３項において準用する法第32条の２第２項の規定による届出は，様式第５号により，所轄労働基準監督署長にしなければならない。

⑤　使用者は法第32条の５の規定により労働者に労働させる場合において，１週間の各日の労働時間を定めるに当たつては，労働者の意思を尊重するよう努めなければならない。

第12条の６　使用者は，法第32条の２，第32条の４又は第32条の５の規定により労働者に労働させる場合には，育児を行う者，老人等の介護を行う者，職業訓練又は教

育を受ける者その他特別の配慮を要する者については，これらの者が育児等に必要な時間を確保できるような配慮をしなければならない。

（6） 災害時等の時間外及び休日労働

（災害等による臨時の必要がある場合の時間外労働等）

第33条　災害その他避けることのできない事由によつて，臨時の必要がある場合においては，使用者は，行政官庁の許可を受けて，その必要の限度において第32条から前条まで若しくは第40条の労働時間を延長し，又は第35条の休日に労働させることができる。ただし，事態急迫のために行政官庁の許可を受ける暇がない場合においては，事後に遅滞なく届け出なければならない。

② 前項ただし書の規定による届出があつた場合において，行政官庁がその労働時間の延長又は休日の労働を不適当と認めるときは，その後にその時間に相当する休憩又は休日を与えるべきことを，命ずることができる。

③ 公務のために臨時の必要がある場合においては，第1項の規定にかかわらず，官公署の事業（別表第1に掲げる事業を除く。）に従事する国家公務員及び地方公務員については，第32条から前条まで若しくは第40条の労働時間を延長し，又は第35条の休日に労働させることができる。

（7） 休憩

（休憩）

第34条　使用者は，労働時間が6時間を超える場合においては少くとも45分，8時間を超える場合においては少くとも1時間の休憩時間を労働時間の途中に与えなければならない。

② 前項の休憩時間は，一斉に与えなければならない。ただし，当該事業場に，労働者の過半数で組織する労働組合がある場合においてはその労働組合，労働者の過半数で組織する労働組合がない場合においては労働者の過半数を代表する者との書面による協定があるときは，この限りでない。

③ 使用者は，第1項の休憩時間を自由に利用させなければならない。

（8） 休日

（休日）

第35条　使用者は，労働者に対して，毎週少くとも1回の休日を与えなければならない。

② 前項の規定は，4週間を通じ4日以上の休日を与える使用者については適用しな

い。

（9）　時間外及び休日の労働

（時間外及び休日の労働）

第36条　使用者は，当該事業場に，労働者の過半数で組織する労働組合がある場合においてはその労働組合，労働者の過半数で組織する労働組合がない場合においては労働者の過半数を代表する者との書面による協定をし，厚生労働省令で定めるところによりこれを行政官庁に届け出た場合においては，第32条から第32条の５まで若しくは第40条の労働時間（以下この条において「労働時間」という。）又は前条の休日（以下この条において「休日」という。）に関する規定にかかわらず，その協定で定めるところによつて労働時間を延長し，又は休日に労働させることができる。

②　前項の協定においては，次に掲げる事項を定めるものとする。

　１　この条の規定により労働時間を延長し，又は休日に労働させることができることとされる労働者の範囲

　２　対象期間（この条の規定により労働時間を延長し，又は休日に労働させることができる期間をいい，１年間に限るものとする。第４号及び第６項第３号において同じ。）

　３　労働時間を延長し，又は休日に労働させることができる場合

　４　対象期間における１日，１箇月及び１年のそれぞれの期間について労働時間を延長して労働させることができる時間又は労働させることができる休日の日数

　５　労働時間の延長及び休日の労働を適正なものとするために必要な事項として厚生労働省令で定める事項

③　前項第４号の労働時間を延長して労働させることができる時間は，当該事業場の業務量，時間外労働の動向その他の事情を考慮して通常予見される時間外労働の範囲内において，限度時間を超えない時間に限る。

④　前項の限度時間は，１箇月について45時間及び１年について360時間（第32条の４第１項第２号の対象期間として３箇月を超える期間を定めて同条の規定により労働させる場合にあつては，１箇月について42時間及び１年について320時間）とする。

⑤　第１項の協定においては，第２項各号に掲げるもののほか，当該事業場における通常予見することのできない業務量の大幅な増加等に伴い臨時的に第３項の限度時間を超えて労働させる必要がある場合において，１箇月について労働時間を延長して労働させ，及び休日において労働させることができる時間（第２項第４号に関して協定した時間を含め100時間未満の範囲内に限る。）並びに１年について労働時間を延長して労働させることができる時間（同号に関して協定した時間を含め720時間を超えない範囲内に限る。）を定めることができる。この場合において，第１項の協定に，併せて第２項第２号の対象期間において労働時間を延長して労働させる時間

が1箇月について45時間（第32条の４第１項第２号の対象期間として３箇月を超える期間を定めて同条の規定により労働させる場合にあつては，１箇月について42時間）を超えることができる月数（１年について６箇月以内に限る。）を定めなければならない。

⑥　使用者は，第１項の協定で定めるところによつて労働時間を延長して労働させ，又は休日において労働させる場合であつても，次の各号に掲げる時間について，当該各号に定める要件を満たすものとしなければならない。

　１　坑内労働その他厚生労働省令で定める健康上特に有害な業務について，１日について労働時間を延長して労働させた時間　２時間を超えないこと。

　２　１箇月について労働時間を延長して労働させ，及び休日において労働させた時間　100時間未満であること。

　３　対象期間の初日から１箇月ごとに区分した各期間に当該各期間の直前の１箇月，２箇月，３箇月，４箇月及び５箇月の期間を加えたそれぞれの期間における労働時間を延長して労働させ，及び休日において労働させた時間の１箇月当たりの平均時間　80時間を超えないこと。

⑦　厚生労働大臣は，労働時間の延長及び休日の労働を適正なものとするため，第１項の協定で定める労働時間の延長及び休日の労働について留意すべき事項，当該労働時間の延長に係る割増賃金の率その他の必要な事項について，労働者の健康，福祉，時間外労働の動向その他の事情を考慮して指針を定めることができる。

⑧　第１項の協定をする使用者及び労働組合又は労働者の過半数を代表する者は，当該協定で労働時間の延長及び休日の労働を定めるに当たり，当該協定の内容が前項の指針に適合したものとなるようにしなければならない。

⑨　行政官庁は，第７項の指針に関し，第１項の協定をする使用者及び労働組合又は労働者の過半数を代表する者に対し，必要な助言及び指導を行うことができる。

⑩　前項の助言及び指導を行うに当たつては，労働者の健康が確保されるよう特に配慮しなければならない。

⑪　第３項から第５項まで及び第６項（第２号及び第３号に係る部分に限る。）の規定は，新たな技術，商品又は役務の研究開発に係る業務については適用しない。

- - - - 労　基　則 -

〔時間外及び休日労働の協定〕

第16条　法第36条第１項の規定による届出は，様式第９号（同条第５項に規定する事項に関する定めをする場合にあつては，様式第９号の２）により，所轄労働基準監督署長にしなければならない。

②　前項の規定にかかわらず，法第36条第11項に規定する業務についての同条第１項の規定による届出は，様式第９号の３により，所轄労働基準監督署長にしなければならない。

③　法第36条第1項の協定（労使委員会の決議及び労働時間等設定改善委員会の決議を含む。以下この項において同じ。）を更新しようとするときは，使用者は，その旨の協定を所轄労働基準監督署長に届け出ることによつて，前二項の届出に代えることができる。

第17条　法第36条第2項第5号の厚生労働省令で定める事項は，次に掲げるものとする。ただし，第4号から第7号までの事項については，同条第1項の協定に同条第5項に規定する事項に関する定めをしない場合においては，この限りではない。

1　法第36条第1項の協定（労働協約による場合を除く。）の有効期間の定め

2　法第36条第2項第4号の1年の起算日

3　法第36条第6項第2号及び第3号に定める要件を満たすこと。

4　法第36条第3項の限度時間（以下この項において「限度時間」という。）を超えて労働させることができる場合

5　限度時間を超えて労働させる労働者に対する健康及び福祉を確保するための措置

6　限度時間を超えた労働に係る割増賃金の率

7　限度時間を超えて労働させる場合における手続

②　使用者は，前項第5号に掲げる措置の実施状況に関する記録を同項第1号の有効期間中及び当該有効期間の満了後5年間保存しなければならない。

③　前項の規定は，労使委員会の決議及び労働時間等設定改善委員会の決議について準用する。

〔労働時間延長の制限業務〕

第18条　法第36条第6項第1号の厚生労働省令で定める健康上特に有害な業務は，次に掲げるものとする。

1　多量の高熱物体を取り扱う業務及び著しく暑熱な場所における業務

2　多量の低温物体を取り扱う業務及び著しく寒冷な場所における業務

3　ラジウム放射線，エックス線その他の有害放射線にさらされる業務

4　土石，獣毛等のじんあい又は粉末を著しく飛散する場所における業務

5　異常気圧下における業務

6　削岩機，鋲打機等の使用によつて身体に著しい振動を与える業務

7　重量物の取扱い等重激なる業務

8　ボイラー製造等強烈な騒音を発する場所における業務

9　鉛，水銀，クロム，砒素，黄りん，弗素，塩素，塩酸，硝酸，亜硫酸，硫酸，一酸化炭素，二硫化炭素，青酸，ベンゼン，アニリン，その他これに準ずる有害物の粉じん，蒸気又はガスを発散する場所における業務

10　前各号のほか，厚生労働大臣の指定する業務

(10) 時間外，休日及び深夜の割増賃金

（時間外，休日及び深夜の割増賃金）

第37条　使用者が，第33条又は前条第1項の規定により労働時間を延長し，又は休日に労働させた場合においては，その時間又はその日の労働については，通常の労働時間又は労働日の賃金の計算額の2割5分以上5割以下の範囲内でそれぞれ政令で定める率以上の率で計算した割増賃金を支払わなければならない。ただし，当該延長して労働させた時間が1箇月について60時間を超えた場合においては，その超えた時間の労働については，通常の労働時間の賃金の計算額の5割以上の率で計算した割増賃金を支払わなければならない。

②　前項の政令は，労働者の福祉，時間外又は休日の労働の動向その他の事情を考慮して定めるものとする。

③　使用者が，当該事業場に，労働者の過半数で組織する労働組合があるときはその労働組合，労働者の過半数で組織する労働組合がないときは労働者の過半数を代表する者との書面による協定により，第1項ただし書の規定により割増賃金を支払うべき労働者に対して，当該割増賃金の支払に代えて，通常の労働時間の賃金が支払われる休暇（第39条の規定による有給休暇を除く。）を厚生労働省令で定めるところにより与えることを定めた場合において，当該労働者が当該休暇を取得したときは，当該労働者の同項ただし書に規定する時間を超えた時間の労働のうち当該取得した休暇に対応するものとして厚生労働省令で定める時間の労働については，同項ただし書の規定による割増賃金を支払うことを要しない。

④　使用者が，午後10時から午前5時まで（厚生労働大臣が必要であると認める場合においては，その定める地域又は期間については午後11時から午前6時まで）の間において労働させた場合においては，その時間の労働については，通常の労働時間の賃金の計算額の2割5分以上の率で計算した割増賃金を支払わなければならない。

⑤　第1項及び前項の割増賃金の基礎となる賃金には，家族手当，通勤手当その他厚生労働省令で定める賃金は算入しない。

---割増賃金政令---

労働基準法第37条第1項の政令で定める率は，同法第33条又は第36条第1項の規定により延長した労働時間の労働については2割5分とし，これらの規定により労働させた休日の労働については3割5分とする。

--- 労 基 則 --

〔法第37条第3項の協定〕

第19条の2　使用者は，法第37条第3項の協定（労使委員会の決議，労働時間等設定改善委員会の決議及び労働時間等設定改善法第7条の2に規定する労働時間等設定改善企業委員会の決議を含む。）をする場合には，次に掲げる事項について，協定しなければならない。

　　1　法第37条第3項の休暇（以下「代替休暇」という。）として与えることができる時間の時間数の算定方法

　　2　代替休暇の単位（1日又は半日（代替休暇以外の通常の労働時間の賃金が支払われる休暇と合わせて与えることができる旨を定めた場合においては，当該休暇と合わせた1日又は半日を含む。）とする。）

　　3　代替休暇を与えることができる期間（法第33条又は法第36条第1項の規定によつて延長して労働させた時間が1箇月について60時間を超えた当該1箇月の末日の翌日から2箇月以内とする。）

②　前項第1号の算定方法は，法第33条又は法第36条第1項の規定によつて1箇月について60時間を超えて延長して労働させた時間の時間数に，労働者が代替休暇を取得しなかつた場合に当該時間の労働について法第37条第1項ただし書の規定により支払うこととされている割増賃金の率と，労働者が代替休暇を取得した場合に当該時間の労働について同項本文の規定により支払うこととされている割増賃金の率との差に相当する率（次項において「換算率」という。）を乗じるものとする。

③　法第37条第3項の厚生労働省令で定める時間は，取得した代替休暇の時間数を換算率で除して得た時間数の時間とする。

〔深夜業の割増賃金〕

第20条　法第33条又は法第36条第1項の規定によつて延長した労働時間が午後10時から午前5時（厚生労働大臣が必要であると認める場合は，その定める地域又は期間については午後11時から午前6時）までの間に及ぶ場合においては，使用者はその時間の労働については，第19条第1項各号の金額にその労働時間数を乗じた金額の5割以上（その時間の労働のうち，1箇月について60時間を超える労働時間の延長に係るものについては，7割5分以上）の率で計算した割増賃金を支払わなければならない。

②　法第33条又は法第36条第1項の規定による休日の労働時間が午後10時から午前5時（厚生労働大臣が必要であると認める場合は，その定める地域又は期間については午後11時から午前6時）までの間に及ぶ場合においては，使用者はその時間の労働については，前条第1項各号の金額にその労働時間数を乗じた金額の6割以上の率で計算した割増賃金を支払わなければならない。

〔割増賃金の基礎となる賃金に算入しない賃金〕

第21条　法第37条第5項の規定によつて，家族手当及び通勤手当のほか，次に掲げる賃金は，同条第1項及び第4項の割増賃金の基礎となる賃金には算入しない。

1　別居手当
2　子女教育手当
3　住宅手当
4　臨時に支払われた賃金
5　1箇月を超える期間ごとに支払われる賃金

(11)　時間計算

（時間計算）
第38条　労働時間は，事業場を異にする場合においても，労働時間に関する規定の適用については通算する。
②　坑内労働については，労働者が坑口に入つた時刻から坑口を出た時刻までの時間を，休憩時間を含め労働時間とみなす。但し，この場合においては，第34条第2項及び第3項の休憩に関する規定は適用しない。

(12)　みなし労働時間制（事業場外での業務）

第38条の2　労働者が労働時間の全部又は一部について事業場外で業務に従事した場合において，労働時間を算定し難いときは，所定労働時間労働したものとみなす。ただし，当該業務を遂行するためには通常所定労働時間を超えて労働することが必要となる場合においては，当該業務に関しては，厚生労働省令で定めるところにより，当該業務の遂行に通常必要とされる時間労働したものとみなす。
②　前項ただし書の場合において，当該業務に関し，当該事業場に，労働者の過半数で組織する労働組合があるときはその労働組合，労働者の過半数で組織する労働組合がないときは労働者の過半数を代表する者との書面による協定があるときは，その協定で定める時間を同項ただし書の当該業務の遂行に通常必要とされる時間とする。
③　使用者は，厚生労働省令で定めるところにより，前項の協定を行政官庁に届け出なければならない。

(12-2)　みなし労働時間制（専門業務型裁量労働制）

第38条の3　使用者が，当該事業場に，労働者の過半数で組織する労働組合があるときはその労働組合，労働者の過半数で組織する労働組合がないときは労働者の過半数を代表する者との書面による協定により，次に掲げる事項を定めた場合において，労働者を第1号に掲げる業務に就かせたときは，当該労働者は，厚生労働省令で定めるところにより，第2号に掲げる時間労働したものとみなす。

1　業務の性質上その遂行の方法を大幅に当該業務に従事する労働者の裁量にゆだねる必要があるため，当該業務の遂行の手段及び時間配分の決定等に関し使用者が具体的な指示をすることが困難なものとして厚生労働省令で定める業務のうち，労働者に就かせることとする業務（以下この条において「対象業務」という。）

2　対象業務に従事する労働者の労働時間として算定される時間

3　対象業務の遂行の手段及び時間配分の決定等に関し，当該対象業務に従事する労働者に対し使用者が具体的な指示をしないこと。

4　対象業務に従事する労働者の労働時間の状況に応じた当該労働者の健康及び福祉を確保するための措置を当該協定で定めるところにより使用者が講ずること。

5　対象業務に従事する労働者からの苦情の処理に関する措置を当該協定で定めるところにより使用者が講ずること。

6　前各号に掲げるもののほか，厚生労働省令で定める事項

②　前条第3項の規定は，前項の協定について準用する。

----労　基　則---------------------------------------

〔裁量労働の時間計算〕

第24条の2の2　法第38条の3第1項の規定は，法第4章の労働時間に関する規定の適用に係る労働時間の算定について適用する。

②　法第38条の3第1項第1号の厚生労働省令で定める業務は，次のとおりとする。

1　新商品若しくは新技術の研究開発又は人文科学若しくは自然科学に関する研究の業務

2　情報処理システム（電子計算機を使用して行う情報処理を目的として複数の要素が組み合わされた体系であつてプログラムの設計の基本となるものをいう。）の分析又は設計の業務

3　新聞若しくは出版の事業における記事の取材若しくは編集の業務又は放送法（昭和25年法律第132号）第2条第28号に規定する放送番組（以下「放送番組」という。）の制作のための取材若しくは編集の業務

4　衣服，室内装飾，工業製品，広告等の新たなデザインの考案の業務

5　放送番組，映画等の制作の事業におけるプロデューサー又はディレクターの業務

6　前各号のほか，厚生労働大臣の指定する業務

③　法第38条の3第1項第6号の厚生労働省令で定める事項は，次に掲げるものとする。

1　使用者は，法第38条の3第1項の規定により労働者を同項第1号に掲げる業務に就かせたときは同項第2号に掲げる時間労働したものとみなすことについて当該労働者の同意を得なければならないこと及び当該同意をしなかつた当該労働者に対して解雇その他不利益な取扱いをしてはならないこと。

　２　前号の同意の撤回に関する手続

　３　法第38条の３第１項に規定する協定（労働協約による場合を除き，労使委員会の決議及び労働時間等設定改善委員会の決議を含む。）の有効期間の定め

　４　使用者は，次に掲げる事項に関する労働者ごとの記録を前号の有効期間中及び当該有効期間の満了後５年間保存すること。

　　イ　法第38条の３第１項第４号に規定する労働者の労働時間の状況並びに当該労働者の健康及び福祉を確保するための措置の実施状況

　　ロ　法第38条の３第１項第５号に規定する労働者からの苦情の処理に関する措置の実施状況

　　ハ　第１号の同意及びその撤回

④　法第38条の３第２項において準用する法第38条の２第３項の規定による届出は，様式第13号により，所轄労働基準監督署長にしなければならない。

第24条の２の２の２　使用者は，前条第３項第４号イからハまでに掲げる事項に関する労働者ごとの記録を作成し，同項第３号の有効期間中及び当該有効期間の満了後５年間保存しなければならない。

（12－３）　みなし労働時間制（企画業務型裁量労働制）

第38条の４　賃金，労働時間その他の当該事業場における労働条件に関する事項を調査審議し，事業主に対し当該事項について意見を述べることを目的とする委員会（使用者及び当該事業場の労働者を代表する者を構成員とするものに限る。）が設置された事業場において，当該委員会がその委員の５分の４以上の多数による議決により次に掲げる事項に関する決議をし，かつ，使用者が，厚生労働省令で定めるところにより当該決議を行政官庁に届け出た場合において，第２号に掲げる労働者の範囲に属する労働者を当該事業場における第１号に掲げる業務に就かせたときは，当該労働者は，厚生労働省令で定めるところにより，第３号に掲げる時間労働したものとみなす。

　１　事業の運営に関する事項についての企画，立案，調査及び分析の業務であつて，当該業務の性質上これを適切に遂行するにはその遂行の方法を大幅に労働者の裁量に委ねる必要があるため，当該業務の遂行の手段及び時間配分の決定等に関し使用者が具体的な指示をしないこととする業務（以下この条において「対象業務」という。）

　２　対象業務を適切に遂行するための知識，経験等を有する労働者であつて，当該対象業務に就かせたときは当該決議で定める時間労働したものとみなされることとなるものの範囲

　３　対象業務に従事する前号に掲げる労働者の範囲に属する労働者の労働時間として算定される時間

　　4　対象業務に従事する第2号に掲げる労働者の範囲に属する労働者の労働時間の状況に応じた当該労働者の健康及び福祉を確保するための措置を当該決議で定めるところにより使用者が講ずること。

　　5　対象業務に従事する第2号に掲げる労働者の範囲に属する労働者からの苦情の処理に関する措置を当該決議で定めるところにより使用者が講ずること。

　　6　使用者は，この項の規定により第2号に掲げる労働者の範囲に属する労働者を対象業務に就かせたときは第3号に掲げる時間労働したものとみなすことについて当該労働者の同意を得なければならないこと及び当該同意をしなかつた当該労働者に対して解雇その他不利益な取扱いをしてはならないこと。

　　7　前各号に掲げるもののほか，厚生労働省令で定める事項

②　前項の委員会は，次の各号に適合するものでなければならない。

　　1　当該委員会の委員の半数については，当該事業場に，労働者の過半数で組織する労働組合がある場合においてはその労働組合，労働者の過半数で組織する労働組合がない場合においては労働者の過半数を代表する者に厚生労働省令で定めるところにより任期を定めて指名されていること。

　　2　当該委員会の議事について，厚生労働省令で定めるところにより，議事録が作成され，かつ，保存されるとともに，当該事業場の労働者に対する周知が図られていること。

　　3　前二号に掲げるもののほか，厚生労働省令で定める要件

③　厚生労働大臣は，対象業務に従事する労働者の適正な労働条件の確保を図るために，労働政策審議会の意見を聴いて，第1項各号に掲げる事項その他同項の委員会が決議する事項について指針を定め，これを公表するものとする。

④　第1項の規定による届出をした使用者は，厚生労働省令で定めるところにより，定期的に，同項第4号に規定する措置の実施状況を行政官庁に報告しなければならない。

⑤　第1項の委員会においてその委員の5分の4以上の多数による議決により第32条の2第1項，第32条の3第1項，第32条の4第1項及び第2項，第32条の5第1項，第34条第2項ただし書，第36条第1項，第2項及び第5項，第37条第3項，第38条の2第2項，前条第1項並びに次条第4項，第6項及び第9項ただし書に規定する事項について決議が行われた場合における第32条の2第1項，第32条の3第1項，第32条の4第1項から第3項まで，第32条の5第1項，第34条第2項ただし書，第36条，第37条第3項，第38条の2第2項，前条第1項並びに次条第4項，第6項及び第9項ただし書の規定の適用については，第32条の2第1項中「協定」とあるのは「協定若しくは第38条の4第1項に規定する委員会の決議（第106条第1項を除き，以下「決議」という。）」と，第32条の3第1項，第32条の4第1項から第3項まで，第32条の5第1項，第34条第2項ただし書，第36条第2項及び第5項から第7項まで，第37条第3項，第38条の2第2項，前条第1項並びに次条第4項，第6項及び第9項ただし書中「協定」とあるのは「協定又は決議」と，第32条の4第2項中「同

意を得て」とあるのは「同意を得て，又は決議に基づき」と，第36条第1項中「届け出た場合」とあるのは「届け出た場合又は決議を行政官庁に届け出た場合」と，「その協定」とあるのは「その協定又は決議」と，同条第8項中「又は労働者の過半数を代表する者」とあるのは「若しくは労働者の過半数を代表する者又は同項の決議をする委員」と，「当該協定」とあるのは「当該協定又は当該決議」と，同条第9項中「又は労働者の過半数を代表する者」とあるのは「若しくは労働者の過半数を代表する者又は同項の決議をする委員」とする。

(13) 年次有給休暇

（年次有給休暇）

第39条　使用者は，その雇入れの日から起算して6箇月間継続勤務し全労働日の8割以上出勤した労働者に対して，継続し，又は分割した10労働日の有給休暇を与えなければならない。

② 使用者は，1年6箇月以上継続勤務した労働者に対しては，雇入れの日から起算して6箇月を超えて継続勤務する日（以下「6箇月経過日」という。）から起算した継続勤務年数1年ごとに，前項の日数に，次の表の上欄〈編注・左欄〉に掲げる6箇月経過日から起算した継続勤務年数の区分に応じ同表の下欄〈編注・右欄〉に掲げる労働日を加算した有給休暇を与えなければならない。ただし，継続勤務した期間を6箇月経過日から1年ごとに区分した各期間（最後に1年未満の期間を生じたときは，当該期間）の初日の前日の属する期間において出勤した日数が全労働日の8割未満である者に対しては，当該初日以後の1年間においては有給休暇を与えることを要しない。

6箇月経過日から起算した継続勤務年数	労働日
1年	1労働日
2年	2労働日
3年	4労働日
4年	6労働日
5年	8労働日
6年以上	10労働日

③ 次に掲げる労働者（1週間の所定労働時間が厚生労働省令で定める時間以上の者を除く。）の有給休暇の日数については，前二項の規定にかかわらず，これらの規定による有給休暇の日数を基準とし，通常の労働者の1週間の所定労働日数として厚生労働省令で定める日数（第1号において「通常の労働者の週所定労働日数」という。）と当該労働者の1週間の所定労働日数又は1週間当たりの平均所定労働日数との比率を考慮して厚生労働省令で定める日数とする。

1　1週間の所定労働日数が通常の労働者の週所定労働日数に比し相当程度少ない

　　ものとして厚生労働省令で定める日数以下の労働者

　2　週以外の期間によつて所定労働日数が定められている労働者については，１年間の所定労働日数が，前号の厚生労働省令で定める日数に１日を加えた日数を１週間の所定労働日数とする労働者の１年間の所定労働日数その他の事情を考慮して厚生労働省令で定める日数以下の労働者

④　使用者は，当該事業場に，労働者の過半数で組織する労働組合があるときはその労働組合，労働者の過半数で組織する労働組合がないときは労働者の過半数を代表する者との書面による協定により，次に掲げる事項を定めた場合において，第１号に掲げる労働者の範囲に属する労働者が有給休暇を時間を単位として請求したときは，前三項の規定による有給休暇の日数のうち第２号に掲げる日数については，これらの規定にかかわらず，当該協定で定めるところにより時間を単位として有給休暇を与えることができる。

　1　時間を単位として有給休暇を与えることができることとされる労働者の範囲

　2　時間を単位として与えることができることとされる有給休暇の日数（５日以内に限る。）

　3　その他厚生労働省令で定める事項

⑤　使用者は，前各項の規定による有給休暇を労働者の請求する時季に与えなければならない。ただし，請求された時季に有給休暇を与えることが事業の正常な運営を妨げる場合においては，他の時季にこれを与えることができる。

⑥　使用者は，当該事業場に，労働者の過半数で組織する労働組合がある場合においてはその労働組合，労働者の過半数で組織する労働組合がない場合においては労働者の過半数を代表する者との書面による協定により，第１項から第３項までの規定による有給休暇を与える時季に関する定めをしたときは，これらの規定による有給休暇の日数のうち５日を超える部分については，前項の規定にかかわらず，その定めにより有給休暇を与えることができる。

⑦　使用者は，第１項から第３項までの規定による有給休暇（これらの規定により使用者が与えなければならない有給休暇の日数が10労働日以上である労働者に係るものに限る。以下この項及び次項において同じ。）の日数のうち５日については，基準日（継続勤務した期間を６箇月経過日から１年ごとに区分した各期間（最後に１年未満の期間を生じたときは，当該期間）の初日をいう。以下この項において同じ。）から１年以内の期間に，労働者ごとにその時季を定めることにより与えなければならない。ただし，第１項から第３項までの規定による有給休暇を当該有給休暇に係る基準日より前の日から与えることとしたときは，厚生労働省令で定めるところにより，労働者ごとにその時季を定めることにより与えなければならない。

⑧　前項の規定にかかわらず，第５項又は第６項の規定により第１項から第３項までの規定による有給休暇を与えた場合においては，当該与えた有給休暇の日数（当該日数が５日を超える場合には，５日とする。）分については，時季を定めることによ

り与えることを要しない

⑨　使用者は，第１項から第３項までの規定による有給休暇の期間又は第４項の規定による有給休暇の時間については，就業規則その他これに準ずるもので定めるところにより，それぞれ，平均賃金若しくは所定労働時間労働した場合に支払われる通常の賃金又はこれらの額を基準として厚生労働省令で定めるところにより算定した額の賃金を支払わなければならない。ただし，当該事業場に，労働者の過半数で組織する労働組合がある場合においてはその労働組合，労働者の過半数で組織する労働組合がない場合においては労働者の過半数を代表する者との書面による協定により，その期間又はその時間について，それぞれ，健康保険法（大正11年法律第70号）第40条第１項に規定する標準報酬月額の30分の１に相当する金額（その金額に，５円未満の端数があるときは，これを切り捨て，５円以上10円未満の端数があるときは，これを10円に切り上げるものとする。）又は当該金額を基準として厚生労働省令で定めるところにより算定した金額を支払う旨を定めたときは，これによらなければならない。

⑩　労働者が業務上負傷し，又は疾病にかかり療養のために休業した期間及び育児休業，介護休業等育児又は家族介護を行う労働者の福祉に関する法律第２条第１号に規定する育児休業又は同条第２号に規定する介護休業をした期間並びに産前産後の女性が第65条の規定によつて休業した期間は，第１項及び第２項の規定の適用については，これを出勤したものとみなす。

----- 労　基　則 ------

〔所定労働日数が少ない労働者に対する年次有給休暇の比例付与〕

第24条の３　法第39条第３項の厚生労働省令で定める時間は，30時間とする。

②　法第39条第３項の通常の労働者の１週間の所定労働日数として厚生労働省令で定める日数は，5.2日とする。

③　法第39条第３項の通常の労働者の１週間の所定労働日数として厚生労働省令で定める日数と当該労働者の１週間の所定労働日数又は１週間当たりの平均所定労働日数との比率を考慮して厚生労働省令で定める日数は，同項第１号に掲げる労働者にあつては次の表の上欄〈編注・左欄〉の週所定労働日数の区分に応じ，同項第２号に掲げる労働者にあつては同表の中欄の１年間の所定労働日数の区分に応じて，それぞれ同表の下欄〈編注・右欄〉に雇入れの日から起算した継続勤務期間の区分ごとに定める日数とする。

週所定労働日数	1年間の所定労働日数	雇入れの日から起算した継続勤務期間						
		6箇月	1年6箇月	2年6箇月	3年6箇月	4年6箇月	5年6箇月	6年6箇月以上
4日	169日から216日まで	7日	8日	9日	10日	12日	13日	15日
3日	121日から168日まで	5日	6日	6日	8日	9日	10日	11日

2日	73日から 120日まで	3日	4日	4日	5日	6日	6日	7日
1日	48日から 72日まで	1日	2日	2日	2日	3日	3日	3日

④　法第39条第3項第1号の厚生労働省令で定める日数は，4日とする。

⑤　法第39条第3項第2号の厚生労働省令で定める日数は，216日とする。

〔法第39条第4項第3号の厚生労働省令で定める事項〕

第24条の4　法第39条第4項第3号の厚生労働省令で定める事項は，次に掲げるものとする。

　1　時間を単位として与えることができることとされる有給休暇1日の時間数（1日の所定労働時間数（日によつて所定労働時間数が異なる場合には，1年間における1日平均所定労働時間数。次号において同じ。）を下回らないものとする。）

　2　1時間以外の時間を単位として有給休暇を与えることとする場合には，その時間数（1日の所定労働時間数に満たないものとする。）

第24条の5　使用者は，法第39条第7項ただし書の規定により同条第1項から第3項までの規定による10労働日以上の有給休暇を与えることとしたときは，当該有給休暇の日数のうち5日については，基準日（同条第7項の基準日をいう。以下この条において同じ。）より前の日であつて，10労働日以上の有給休暇を与えることとした日（以下この条及び第24条の7において「第一基準日」という。）から1年以内の期間に，その時季を定めることにより与えなければならない。

②　前項の規定にかかわらず，使用者が法第39条第1項から第3項までの規定による10労働日以上の有給休暇を基準日又は第一基準日に与えることとし，かつ，当該基準日又は第一基準日から1年以内の特定の日（以下この条及び第24条の7において「第二基準日」という。）に新たに10労働日以上の有給休暇を与えることとしたときは，履行期間（基準日又は第一基準日を始期として，第二基準日から1年を経過する日を終期とする期間をいう。以下この条において同じ。）の月数を12で除した数に5を乗じた日数について，当該履行期間中に，その時季を定めることにより与えることができる。

③　第1項の期間又は前項の履行期間が経過した場合においては，その経過した日から1年ごとに区分した各期間（最後に1年未満の期間を生じたときは，当該期間）の初日を基準日とみなして法第39条第7項本文の規定を適用する。

④　使用者が法第39条第1項から第3項までの規定による有給休暇のうち10労働日未満の日数について基準日以前の日（以下この項において「特定日」という。）に与えることとした場合において，特定日が複数あるときは，当該10労働日未満の日数が合わせて10労働日以上になる日までの間の特定日のうち最も遅い日を第一基準日とみなして前三項の規定を適用する。この場合において，第一基準日とみなされた日より前に，同条第5項又は第6項の規定により与えた有給休暇の日数分については，

時季を定めることにより与えることを要しない。

第24条の6　使用者は，法第39条第7項の規定により労働者に有給休暇を時季を定めることにより与えるに当たつては，あらかじめ，同項の規定により当該有給休暇を与えることを当該労働者に明らかにした上で，その時季について当該労働者の意見を聴かなければならない。

②　使用者は，前項の規定により聴取した意見を尊重するよう努めなければならない。

第24条の7　使用者は，法第39条第5項から第7項までの規定により有給休暇を与えたときは，時季，日数及び基準日（第一基準日及び第二基準日を含む。）を労働者ごとに明らかにした書類（第55条の2において「年次有給休暇管理簿」という。）を作成し，当該有給休暇を与えた期間中及び当該期間の満了後3年間保存しなければならない。

(14) 労働時間及び休憩の特例

（労働時間及び休憩の特例）

第40条　別表第1第1号から第3号まで，第6号及び第7号に掲げる事業以外の事業で，公衆の不便を避けるために必要なものその他特殊の必要あるものについては，その必要避くべからざる限度で，第32条から第32条の5までの労働時間及び第34条の休憩に関する規定について，厚生労働省令で別段の定めをすることができる。

②　前項の規定による別段の定めは，この法律で定める基準に近いものであつて，労働者の健康及び福祉を害しないものでなければならない。

──労　基　則──

〔労働時間の特例〕

第25条の2　使用者は，法別表第1第8号，第10号（映画の製作の事業を除く。），第13号及び第14号に掲げる事業のうち常時10人未満の労働者を使用するものについては，法第32条の規定にかかわらず，1週間について44時間，1日について8時間まで労働させることができる。

（第2項から第4項まで　略）

(15) 労働時間等に関する規定の適用除外

（労働時間等に関する規定の適用除外）

第41条　この章，第6章及び第6章の2で定める労働時間，休憩及び休日に関する規定は，次の各号の一に該当する労働者については適用しない。

1　別表第1第6号（林業を除く。）又は第7号に掲げる事業に従事する者

2　事業の種類にかかわらず監督若しくは管理の地位にある者又は機密の事務を取

り扱う者

　3　監視又は断続的労働に従事する者で，使用者が行政官庁の許可を受けたもの

第41条の2　賃金，労働時間その他の当該事業場における労働条件に関する事項を調査審議し，事業主に対し当該事項について意見を述べることを目的とする委員会（使用者及び当該事業場の労働者を代表する者を構成員とするものに限る。）が設置された事業場において，当該委員会がその委員の5分の4以上の多数による議決により次に掲げる事項に関する決議をし，かつ，使用者が，厚生労働省令で定めるところにより当該決議を行政官庁に届け出た場合において，第2号に掲げる労働者の範囲に属する労働者（以下この項において「対象労働者」という。）であつて書面その他の厚生労働省令で定める方法によりその同意を得たものを当該事業場における第1号に掲げる業務に就かせたときは，この章で定める労働時間，休憩，休日及び深夜の割増賃金に関する規定は，対象労働者については適用しない。ただし，第3号から第5号までに規定する措置のいずれかを使用者が講じていない場合は，この限りでない。

　1　高度の専門的知識等を必要とし，その性質上従事した時間と従事して得た成果との関連性が通常高くないと認められるものとして厚生労働省令で定める業務のうち，労働者に就かせることとする業務（以下この項において「対象業務」という。）

　2　この項の規定により労働する期間において次のいずれにも該当する労働者であつて，対象業務に就かせようとするものの範囲

　　イ　使用者との間の書面その他の厚生労働省令で定める方法による合意に基づき職務が明確に定められていること。

　　ロ　労働契約により使用者から支払われると見込まれる賃金の額を1年間当たりの賃金の額に換算した額が基準年間平均給与額（厚生労働省において作成する毎月勤労統計における毎月きまつて支給する給与の額を基礎として厚生労働省令で定めるところにより算定した労働者一人当たりの給与の平均額をいう。）の3倍の額を相当程度上回る水準として厚生労働省令で定める額以上であること。

　3　対象業務に従事する対象労働者の健康管理を行うために当該対象労働者が事業場内にいた時間（この項の委員会が厚生労働省令で定める労働時間以外の時間を除くことを決議したときは，当該決議に係る時間を除いた時間）と事業場外において労働した時間との合計の時間（第5号ロ及びニ並びに第6号において「健康管理時間」という。）を把握する措置（厚生労働省令で定める方法に限る。）を当該決議で定めるところにより使用者が講ずること。

　4　対象業務に従事する対象労働者に対し，1年間を通じ104日以上，かつ，4週間を通じ4日以上の休日を当該決議及び就業規則その他これに準ずるもので定めるところにより使用者が与えること。

5　対象業務に従事する対象労働者に対し，次のいずれかに該当する措置を当該決議及び就業規則その他これに準ずるもので定めるところにより使用者が講ずること。

　イ　労働者ごとに始業から24時間を経過するまでに厚生労働省令で定める時間以上の継続した休息時間を確保し，かつ，第37条第4項に規定する時刻の間において労働させる回数を1箇月について厚生労働省令で定める回数以内とすること。

　ロ　健康管理時間を1箇月又は3箇月についてそれぞれ厚生労働省令で定める時間を超えない範囲内とすること。

　ハ　1年に1回以上の継続した2週間（労働者が請求した場合においては，1年に2回以上の継続した1週間）（使用者が当該期間において，第39条の規定による有給休暇を与えたときは，当該有給休暇を与えた日を除く。）について，休日を与えること。

　ニ　健康管理時間の状況その他の事項が労働者の健康の保持を考慮して厚生労働省令で定める要件に該当する労働者に健康診断（厚生労働省令で定める項目を含むものに限る。）を実施すること。

6　対象業務に従事する対象労働者の健康管理時間の状況に応じた当該対象労働者の健康及び福祉を確保するための措置であつて，当該対象労働者に対する有給休暇（第39条の規定による有給休暇を除く。）の付与，健康診断の実施その他の厚生労働省令で定める措置のうち当該決議で定めるものを使用者が講ずること。

7　対象労働者のこの項の規定による同意の撤回に関する手続

8　対象業務に従事する対象労働者からの苦情の処理に関する措置を当該決議で定めるところにより使用者が講ずること。

9　使用者は，この項の規定による同意をしなかつた対象労働者に対して解雇その他不利益な取扱いをしてはならないこと。

10　前各号に掲げるもののほか，厚生労働省令で定める事項

②　前項の規定による届出をした使用者は，厚生労働省令で定めるところにより，同項第4号から第6号までに規定する措置の実施状況を行政官庁に報告しなければならない。

③　第38条の4第2項，第3項及び第5項の規定は，第1項の委員会について準用する。

④　第1項の決議をする委員は，当該決議の内容が前項において準用する第38条の4第3項の指針に適合したものとなるようにしなければならない。

⑤　行政官庁は，第3項において準用する第38条の4第項の指針に関し，第1項の決議をする委員に対し，必要な助言及び指導を行うことができる。

5　第5章　安全及び衛生関係

第42条　労働者の安全及び衛生に関しては，労働安全衛生法（昭和47年法律第57号）の定めるところによる。

第43条から第55条まで　削除

6　第6章　年少者関係

（1）　最低年齢

（最低年齢）

第56条　使用者は，児童が満15歳に達した日以後の最初の3月31日が終了するまで，これを使用してはならない。

②　前項の規定にかかわらず，別表第1第1号から第5号までに掲げる事業以外の事業に係る職業で，児童の健康及び福祉に有害でなく，かつ，その労働が軽易なものについては，行政官庁の許可を受けて，満13歳以上の児童をその者の修学時間外に使用することができる。映画の製作又は演劇の事業については，満13歳に満たない児童についても，同様とする。

（2）　年少者の証明書

（年少者の証明書）

第57条　使用者は，満18才に満たない者について，その年齢を証明する戸籍証明書を事業場に備え付けなければならない。

②　使用者は，前条第2項の規定によつて使用する児童については，修学に差し支えないことを証明する学校長の証明書及び親権者又は後見人の同意書を事業場に備え付けなければならない。

（3）　未成年者の労働契約

（未成年者の労働契約）

第58条　親権者又は後見人は，未成年者に代つて労働契約を締結してはならない。

②　親権者若しくは後見人又は行政官庁は，労働契約が未成年者に不利であると認める場合においては，将来に向つてこれを解除することができる。

（4） 賃金の請求及び受取り

> 第59条　未成年者は，独立して賃金を請求することができる。親権者又は後見人は，未成年者の賃金を代つて受け取つてはならない。

（5） 労働時間及び休日

> （労働時間及び休日）
>
> 第60条　第32条の2から第32条の5まで，第36条，第40条及び第41条の2の規定は，満18歳に満たない者については，これを適用しない。
>
> ②　第56条第2項の規定によつて使用する児童についての第32条の規定の適用については，同条第1項中「1週間について40時間」とあるのは「，修学時間を通算して1週間について40時間」と，同条第2項中「1日について8時間」とあるのは「，修学時間を通算して1日について7時間」とする。
>
> ③　使用者は，第32条の規定にかかわらず，満15歳以上で満18歳に満たない者については，満18歳に達するまでの間（満15歳に達した日以後の最初の3月31日までの間を除く。），次に定めるところにより，労働させることができる。
>
> 　1　1週間の労働時間が第32条第1項の労働時間を超えない範囲内において，1週間のうち1日の労働時間を4時間以内に短縮する場合において，他の日の労働時間を10時間まで延長すること。
>
> 　2　1週間について48時間以下の範囲内で厚生労働省令で定める時間，1日について8時間を超えない範囲内において，第32条の2又は第32条の4及び第32条の4の2の規定の例により労働させること。

（6） 深夜業

> （深夜業）
>
> 第61条　使用者は，満18才に満たない者を午後10時から午前5時までの間において使用してはならない。ただし，交替制によつて使用する満16才以上の男性については，この限りでない。
>
> ②　厚生労働大臣は，必要であると認める場合においては，前項の時刻を，地域又は期間を限つて，午後11時及び午前6時とすることができる。
>
> ③　交替制によつて労働させる事業については，行政官庁の許可を受けて，第1項の規定にかかわらず午後10時30分まで労働させ，又は前項の規定にかかわらず午前5時30分から労働させることができる。
>
> ④　前三項の規定は，第33条第1項の規定によつて労働時間を延長し，若しくは休日

に労働させる場合又は別表第1第6号，第7号若しくは第13号に掲げる事業若しく
は電話交換の業務については，適用しない。

⑤　第1項及び第2項の時刻は，第56条第2項の規定によつて使用する児童について
は，第1項の時刻は，午後8時及び午前5時とし，第2項の時刻は，午後9時及び
午前6時とする。

（7）　危険有害業務の就業制限

（危険有害業務の就業制限）

第62条　使用者は，満18才に満たない者に，運転中の機械若しくは動力伝導装置の危
険な部分の掃除，注油，検査若しくは修繕をさせ，運転中の機械若しくは動力伝導
装置にベルト若しくはロープの取付け若しくは取りはずしをさせ，動力によるクレ
ーンの運転をさせ，その他厚生労働省令で定める危険な業務に就かせ，又は厚生労
働省令で定める重量物を取り扱う業務に就かせてはならない。

②　使用者は，満18才に満たない者を，毒劇薬，毒劇物その他有害な原料若しくは材
料又は爆発性，発火性若しくは引火性の原料若しくは材料を取り扱う業務，著しく
じんあい若しくは粉末を飛散し，若しくは有害ガス若しくは有害放射線を発散する
場所又は高温若しくは高圧の場所における業務その他安全，衛生又は福祉に有害な
場所における業務に就かせてはならない。

③　前項に規定する業務の範囲は，厚生労働省令で定める。

------ 年　少　則 ------

（重量物を取り扱う業務）

第7条　法第62条第1項の厚生労働省令で定める重量物を取り扱う業務は，次の表の
上欄〈編注・左欄〉に掲げる年齢及び性の区分に応じ，それぞれ同表の下欄〈編注
・右欄〉に掲げる重量以上の重量物を取り扱う業務とする。

年齢及び性		重量（単位　キログラム）	
		断続作業の場合	継続作業の場合
満16歳未満	女	12	8
	男	15	10
満16歳以上 満18歳未満	女	25	15
	男	30	20

（年少者の就業制限の業務の範囲）

第8条　法第62条第1項の厚生労働省令で定める危険な業務及び同条第2項の規定に
より満18歳に満たない者を就かせてはならない業務は，次の各号に掲げるものとす

る。ただし，第41号に掲げる業務は，保健師助産師看護師法（昭和23年法律第203号）により免許を受けた者及び同法による保健師，助産師，看護師又は准看護師の養成中の者については，この限りでない。

（第１号から第31号まで　略）

32　水銀，砒素，黄りん，弗化水素酸，塩酸，硝酸，シアン化水素，水酸化ナトリウム，水酸化カリウム，石炭酸その他これらに準ずる有害物を取り扱う業務

33　鉛，水銀，クロム，砒素，黄りん，弗素，塩素，シアン化水素，アニリンその他これらに準ずる有害物のガス，蒸気又は粉じんを発散する場所における業務

34　土石，獣毛等のじんあい又は粉末を著しく飛散する場所における業務

35　ラジウム放射線，エックス線その他の有害放射線にさらされる業務

36　多量の高熱物体を取り扱う業務及び著しく暑熱な場所における業務

37　多量の低温物体を取り扱う業務及び著しく寒冷な場所における業務

38　異常気圧下における業務

39　さく岩機，鋲打機等身体に著しい振動を与える機械器具を用いて行う業務

40　強烈な騒音を発する場所における業務

41　病原体によつて著しく汚染のおそれのある業務

（第42号から第46号まで　略）

（8）　坑内労働の禁止

（坑内労働の禁止）
第63条　使用者は，満18才に満たない者を坑内で労働させてはならない。

（9）　帰郷旅費

（帰郷旅費）
第64条　満18才に満たない者が解雇の日から14日以内に帰郷する場合においては，使用者は，必要な旅費を負担しなければならない。ただし，満18才に満たない者がその責めに帰すべき事由に基づいて解雇され，使用者がその事由について行政官庁の認定を受けたときは，この限りでない。

7　第６章の２　妊産婦等関係

（1）　坑内業務の就業制限

（坑内業務の就業制限）
第64条の２　使用者は，次の各号に掲げる女性を当該各号に定める業務に就かせては

ならない。

1　妊娠中の女性及び坑内で行われる業務に従事しない旨を使用者に申し出た産後
1年を経過しない女性　坑内で行われるすべての業務

2　前号に掲げる女性以外の満18歳以上の女性　坑内で行われる業務のうち人力に
より行われる掘削の業務その他の女性に有害な業務として厚生労働省令で定める
もの

------ 女　性　則 ------

（坑内業務の就業制限の範囲）

第1条　労働基準法（以下「法」という。）第64条の2第2号の厚生労働省令で定める
業務は次のとおりとする。

1　人力により行われる土石，岩石若しくは鉱物（以下「鉱物等」という。）の掘削
又は掘採の業務

2　動力により行われる鉱物等の掘削又は掘採の業務（遠隔操作により行うものを
除く。）

3　発破による鉱物等の掘削又は掘採の業務

4　ずり，資材等の運搬若しくは覆工のコンクリートの打設等鉱物等の掘削又は掘
採の業務に付随して行われる業務（鉱物等の掘削又は掘採に係る計画の作成，工
程管理，品質管理，安全管理，保安管理その他の技術上の管理の業務並びに鉱物
等の掘削又は掘採の業務に従事する者及び鉱物等の掘削又は掘採の業務に付随し
て行われる業務に従事する者の技術上の指導監督の業務を除く。）

（2）　危険有害業務の就業制限

（危険有害業務の就業制限）

第64条の3　使用者は，妊娠中の女性及び産後1年を経過しない女性（以下「妊産婦」
という。）を，重量物を取り扱う業務，有害ガスを発散する場所における業務その他
妊産婦の妊娠，出産，哺育等に有害な業務に就かせてはならない。

②　前項の規定は，同項に規定する業務のうち女性の妊娠又は出産に係る機能に有害
である業務につき，厚生労働省令で，妊産婦以外の女性に関して，準用することが
できる。

③　前二項に規定する業務の範囲及びこれらの規定によりこれらの業務に就かせては
ならない者の範囲は，厚生労働省令で定める。

------ 女　性　則 ------

（危険有害業務の就業制限の範囲等）

第2条　法第64条の3第1項の規定により妊娠中の女性を就かせてはならない業務

は，次のとおりとする。

1　次の表の上欄〈編注・左欄〉に掲げる年齢の区分に応じ，それぞれ同表の下欄〈編注・右欄〉に掲げる重量以上の重量物を取り扱う業務

年　　齢	重量（単位　キログラム）	
	断続作業の場合	継続作業の場合
満16歳未満	12	8
満16歳以上 満18歳未満	25	15
満18歳以上	30	20

（第2号から第17号まで　略）

18　次の各号に掲げる有害物を発散する場所の区分に応じ，それぞれ当該場所において行われる当該各号に定める業務

イ　塩素化ビフエニル（別名PCB），アクリルアミド，エチルベンゼン，エチレンイミン，エチレンオキシド，カドミウム化合物，クロム酸塩，五酸化バナジウム，水銀若しくはその無機化合物（硫化水銀を除く。），塩化ニツケル（Ⅱ）（粉状の物に限る。），スチレン，テトラクロロエチレン（別名パークロルエチレン），トリクロロエチレン，砒素化合物（アルシン及び砒化ガリウムを除く。），ベータープロピオラクトン，ペンタクロルフエノール（別名PCP）若しくはそのナトリウム塩又はマンガンを発散する場所　次に掲げる業務（スチレン，テトラクロロエチレン（別名パークロルエチレン）又はトリクロロエチレンを発散する場所において行われる業務にあつては(2)に限る。）

⑴　特定化学物質障害予防規則（昭和47年労働省令第39号）第22条第1項，第22条の2第1項又は第38条の14第1項第11号ハ若しくは第12号ただし書に規定する作業を行う業務であつて，当該作業に従事する労働者に呼吸用保護具を使用させる必要があるもの

⑵　⑴の業務以外の業務のうち，安衛令第21条第7号に掲げる作業場（石綿等を取り扱い，若しくは試験研究のため製造する屋内作業場若しくは石綿分析用試料等を製造する屋内作業場又はコークス炉上において若しくはコークス炉に接してコークス製造の作業を行う場合の当該作業場を除く。）であつて，特定化学物質障害予防規則第36条の2第1項の規定による評価の結果，第三管理区分に区分された場所における作業を行う業務

ロ　鉛及び安衛令別表第4第6号の鉛化合物を発散する場所　次に掲げる業務

⑴　鉛中毒予防規則（昭和47年労働省令第37号）第39条ただし書の規定により呼吸用保護具を使用させて行う臨時の作業を行う業務又は同令第58条第1項若しくは第2項に規定する業務若しくは同条第3項に規定する業務（同項に規定する業務にあつては，同令第3条各号に規定する業務及び同令第58条第

　　　　　３項ただし書の装置等を稼働させて行う同項の業務を除く。）
　　　⑵　⑴の業務以外の業務のうち，安衛令第21条第８号に掲げる作業場であつて，
　　　　鉛中毒予防規則第52条の２第１項の規定による評価の結果，第三管理区分に
　　　　区分された場所における業務
　　ハ　エチレングリコールモノエチルエーテル（別名セロソルブ），エチレングリコ
　　　　ールモノエチルエーテルアセテート（別名セロソルブアセテート），エチレング
　　　　リコールモノメチルエーテル（別名メチルセロソルブ），キシレン，N・N-ジメ
　　　　チルホルムアミド，スチレン，テトラクロロエチレン（別名パークロルエチレ
　　　　ン），トリクロロエチレン，トルエン，二硫化炭素，メタノール又はエチルベン
　　　　ゼンを発散する場所　次に掲げる業務
　　　⑴　有機溶剤中毒予防規則（昭和47年労働省令第36号）第32条第１項第１号若
　　　　しくは第２号又は第33条第１項第２号から第７号まで（特定化学物質障害予
　　　　防規則第38条の８においてこれらの規定を準用する場合を含む。）に規定する
　　　　業務（有機溶剤中毒予防規則第２条第１項（特定化学物質障害予防規則第38
　　　　条の８において準用する場合を含む。）の規定により，これらの規定が適用さ
　　　　れない場合における同項の業務を除く。）
　　　⑵　⑴の業務以外の業務のうち，安衛令第21条第７号又は第10号に掲げる作業
　　　　場であつて，有機溶剤中毒予防規則第28条の２第１項（特定化学物質障害予
　　　　防規則第36条の５において準用する場合を含む。）の規定による評価の結果，
　　　　第三管理区分に区分された場所における業務
　19　多量の高熱物体を取り扱う業務
　20　著しく暑熱な場所における業務
　21　多量の低温物体を取り扱う業務
　22　著しく寒冷な場所における業務
　23　異常気圧下における業務
　24　さく岩機，鋲打機等身体に著しい振動を与える機械器具を用いて行う業務
②　法第64条の３第１項の規定により産後１年を経過しない女性を就かせてはならな
　い業務は，前項第１号から第12号まで及び第15号から第24号までに掲げる業務とす
　る。ただし，同項第２号から第12号まで，第15号から第17号まで及び第19号から第
　23号までに掲げる業務については，産後１年を経過しない女性が当該業務に従事し
　ない旨を使用者に申し出た場合に限る。
第３条　法第64条の３第２項の規定により同条第１項の規定を準用する者は，妊娠中
　の女性及び産後１年を経過しない女性以外の女性とし，これらの者を就かせてはな
　らない業務は，前条第１項第１号及び第18号に掲げる業務とする。

（3） 産前産後の休業期間等

（産前産後）

第65条　使用者は，6週間（多胎妊娠の場合にあつては，14週間）以内に出産する予定の女性が休業を請求した場合においては，その者を就業させてはならない。

②　使用者は，産後8週間を経過しない女性を就業させてはならない。ただし，産後6週間を経過した女性が請求した場合において，その者について医師が支障がないと認めた業務に就かせることは，差し支えない。

③　使用者は，妊娠中の女性が請求した場合においては，他の軽易な業務に転換させなければならない。

（4） 妊産婦の保護

第66条　使用者は，妊産婦が請求した場合においては，第32条の2第1項，第32条の4第1項及び第32条の5第1項の規定にかかわらず，1週間について第32条第1項の労働時間，1日について同条第2項の労働時間を超えて労働させてはならない。

②　使用者は，妊産婦が請求した場合においては，第33条第1項及び第3項並びに第36条第1項の規定にかかわらず，時間外労働をさせてはならず，又は休日に労働させてはならない。

③　使用者は，妊産婦が請求した場合においては，深夜業をさせてはならない。

（5） 育児時間

（育児時間）

第67条　生後満1年に達しない生児を育てる女性は，第34条の休憩時間のほか，1日2回各々少なくとも30分，その生児を育てるための時間を請求することができる。

②　使用者は，前項の育児時間中は，その女性を使用してはならない。

（6） 生理日の就業が著しく困難な女性に対する措置

（生理日の就業が著しく困難な女性に対する措置）

第68条　使用者は，生理日の就業が著しく困難な女性が休暇を請求したときは，その者を生理日に就業させてはならない。

8　第7章　技能者の養成関係

（1）　徒弟の弊害排除

（徒弟の弊害排除）

第69条　使用者は，徒弟，見習，養成工その他名称の如何を問わず，技能の習得を目的とする者であることを理由として，労働者を酷使してはならない。

②　使用者は，技能の習得を目的とする労働者を家事その他技能の習得に関係のない作業に従事させてはならない。

（2）　職業訓練に関する特例

（職業訓練に関する特例）

第70条　職業能力開発促進法（昭和44年法律第64号）第24条第1項（同法第27条の2第2項において準用する場合を含む。）の認定を受けて行う職業訓練を受ける労働者について必要がある場合においては，その必要の限度で，第14条第1項の契約期間，第62条及び第64条の3の年少者及び妊産婦等の危険有害業務の就業制限，第63条の年少者の坑内労働の禁止並びに第64条の2の妊産婦等の坑内業務の就業制限に関する規定について，厚生労働省令で別段の定めをすることができる。ただし，第63条の年少者の坑内労働の禁止に関する規定については，満16歳に満たない者に関しては，この限りでない。

（3）　特例の許可

第71条　前条の規定に基いて発する厚生労働省令は，当該厚生労働省令によつて労働者を使用することについて行政官庁の許可を受けた使用者に使用される労働者以外の労働者については，適用しない。

（4）　職業訓練生の年次有給休暇

第72条　第70条の規定に基づく厚生労働省令の適用を受ける未成年者についての第39条の規定の適用については，同条の第1項中「10労働日」とあるのは「12労働日」と，同条第2項の表6年以上の項中「10労働日」とあるのは「8労働日」とする。

（5）　特例許可の取消し

第73条　第71条の規定による許可を受けた使用者が第70条の規定に基いて発する厚生

労働省令に違反した場合においては，行政官庁は，その許可を取り消すことができる。

第74条　削除

9　第8章　災害補償関係

（1）　療養補償

（療養補償）

第75条　労働者が業務上負傷し，又は疾病にかかつた場合においては，使用者は，その費用で必要な療養を行い，又は必要な療養の費用を負担しなければならない。

②　前項に規定する業務上の疾病及び療養の範囲は，厚生労働省令で定める。

------ 労　基　則 ------

〔業務上の疾病の範囲〕

第35条　法第75条第2項の規定による業務上の疾病は，別表第1の2に掲げる疾病とする。

〔業務上の疾病及び療養の範囲〕

第36条　法第75条第2項の規定による療養の範囲は，次に掲げるものにして，療養上相当と認められるものとする。

1　診察

2　薬剤又は治療材料の支給

3　処置，手術その他の治療

4　居宅における療養上の管理及びその療養に伴う世話その他の看護

5　病院又は診療所への入院及びその療養に伴う世話その他の看護

6　移送

〔診断〕

第37条　労働者が就業中又は事業場若しくは事業の附属建設物内で負傷し，疾病にかかり又は死亡した場合には，使用者は，遅滞なく医師に診断させなければならない。

別表第1の2（第35条関係）

①　業務上の負傷に起因する疾病

②　物理的因子による次に掲げる疾病

1　紫外線にさらされる業務による前眼部疾患又は皮膚疾患

2　赤外線にさらされる業務による網膜火傷，白内障等の眼疾患又は皮膚疾患

3　レーザー光線にさらされる業務による網膜火傷等の眼疾患又は皮膚疾患

4　マイクロ波にさらされる業務による白内障等の眼疾患

5　電離放射線にさらされる業務による急性放射線症，皮膚潰瘍等の放射線皮膚障害，白内障等の放射線眼疾患，放射線肺炎，再生不良性貧血等の造血器障害，骨壊死その他の放射線障害

6　高圧室内作業又は潜水作業に係る業務による潜函病又は潜水病

7　気圧の低い場所における業務による高山病又は航空減圧症

8　暑熱な場所における業務による熱中症

9　高熱物体を取り扱う業務による熱傷

10　寒冷な場所における業務又は低温物体を取り扱う業務による凍傷

11　著しい騒音を発する場所における業務による難聴等の耳の疾患

12　超音波にさらされる業務による手指等の組織壊死

13　1から12までに掲げるもののほか，これらの疾病に付随する疾病その他物理的因子にさらされる業務に起因することの明らかな疾病

③　身体に過度の負担のかかる作業態様に起因する次に掲げる疾病

1　重激な業務による筋肉，腱，骨若しくは関節の疾患又は内臓脱

2　重量物を取り扱う業務，腰部に過度の負担を与える不自然な作業姿勢により行う業務その他腰部に過度の負担のかかる業務による腰痛

3　さく岩機，鋲打ち機，チエーンソー等の機械器具の使用により身体に振動を与える業務による手指，前腕等の末梢循環障害，末梢神経障害又は運動器障害

4　電子計算機への入力を反復して行う業務その他上肢に過度の負担のかかる業務による後頭部，頸部，肩甲帯，上腕，前腕又は手指の運動器障害

5　1から4までに掲げるもののほか，これらの疾病に付随する疾病その他身体に過度の負担のかかる作業態様の業務に起因することの明らかな疾病

④　化学物質等による次に掲げる疾病

1　厚生労働大臣の指定する単体たる化学物質及び化合物（合金を含む。）にさらされる業務による疾病であつて，厚生労働大臣が定めるもの

2　弗素樹脂，塩化ビニル樹脂，アクリル樹脂等の合成樹脂の熱分解生成物にさらされる業務による眼粘膜の炎症又は気道粘膜の炎症等の呼吸器疾患

3　すす，鉱物油，うるし，テレビン油，タール，セメント，アミン系の樹脂硬化剤等にさらされる業務による皮膚疾患

4　蛋白分解酵素にさらされる業務による皮膚炎，結膜炎又は鼻炎，気管支喘息等の呼吸器疾患

5　木材の粉じん，獣毛のじんあい等を飛散する場所における業務又は抗生物質等にさらされる業務によるアレルギー性の鼻炎，気管支喘息等の呼吸器疾患

6　落綿等の粉じんを飛散する場所における業務による呼吸器疾患

7　石綿にさらされる業務による良性石綿胸水又はびまん性胸膜肥厚

8　空気中の酸素濃度の低い場所における業務による酸素欠乏症

9　1から8までに掲げるもののほか，これらの疾病に付随する疾病その他化学

物質等にさらされる業務に起因することの明らかな疾病

⑤　粉じんを飛散する場所における業務によるじん肺症又はじん肺法（昭和35年法律第30号）に規定するじん肺と合併したじん肺法施行規則（昭和35年労働省令第６号）第１条各号に掲げる疾病

⑥　細菌，ウイルス等の病原体による次に掲げる疾病

１　患者の診療若しくは看護の業務，介護の業務又は研究その他の目的で病原体を取り扱う業務による伝染性疾患

２　動物若しくはその死体，獣毛，革その他動物性の物又はぼろ等の古物を取り扱う業務によるブルセラ症，炭疽病等の伝染性疾患

３　湿潤地における業務によるワイル病等のレプトスピラ症

４　屋外における業務による恙虫病

５　１から４までに掲げるもののほか，これらの疾病に付随する疾病その他細菌，ウイルス等の病原体にさらされる業務に起因することの明らかな疾病

⑦　がん原性物質若しくはがん原性因子又はがん原性工程における業務による次に掲げる疾病

１　ベンジジンにさらされる業務による尿路系腫瘍

２　ベーターナフチルアミンにさらされる業務による尿路系腫瘍

３　４－アミノジフエニルにさらされる業務による尿路系腫瘍

４　４－ニトロジフエニルにさらされる業務による尿路系腫瘍

５　ビス（クロロメチル）エーテルにさらされる業務による肺がん

６　ベリリウムにさらされる業務による肺がん

７　ベンゾトリクロライドにさらされる業務による肺がん

８　石綿にさらされる業務による肺がん又は中皮腫

９　ベンゼンにさらされる業務による白血病

10　塩化ビニルにさらされる業務による肝血管肉腫又は肝細胞がん

11　3・3′－ジクロロ－4・4′ジアミノジフェニルメタンにさらされる業務による尿路系腫瘍

12　オルト－トルイジンにさらされる業務による膀胱がん

13　1・2－ジクロロプロパンにさらされる業務による胆管がん

14　ジクロロメタンにさらされる業務による胆管がん

15　電離放射線にさらされる業務による白血病，肺がん，皮膚がん，骨肉腫，甲状腺がん，多発性骨髄腫又は非ホジキンリンパ腫

16　オーラミンを製造する工程における業務による尿路系腫瘍

17　マゼンタを製造する工程における業務による尿路系腫瘍

18　コークス又は発生炉ガスを製造する工程における業務による肺がん

19　クロム酸塩又は重クロム酸塩を製造する工程における業務による肺がん又は上気道のがん

20　ニッケルの製錬又は精錬を行う工程における業務による肺がん又は上気道のがん

21　砒素を含有する鉱石を原料として金属の製錬若しくは精錬を行う工程又は無機砒素化合物を製造する工程における業務による肺がん又は皮膚がん

22　すす，鉱物油，タール，ピッチ，アスファルト又はパラフィンにさらされる業務による皮膚がん

23　1から22までに掲げるもののほか，これらの疾病に付随する疾病その他がん原性物質若しくはがん原性因子にさらされる業務又はがん原性工程における業務に起因することの明らかな疾病

⑧　長期間にわたる長時間の業務その他血管病変等を著しく増悪させる業務による脳出血，くも膜下出血，脳梗塞，高血圧性脳症，心筋梗塞，狭心症，心停止（心臓性突然死を含む。），重篤な心不全若しくは大動脈解離又はこれらの疾病に付随する疾病

⑨　人の生命にかかわる事故への遭遇その他心理的に過度の負担を与える事象を伴う業務による精神及び行動の障害又はこれに付随する疾病

⑩　前各号に掲げるもののほか，厚生労働大臣の指定する疾病

⑪　その他業務に起因することの明らかな疾病

（2）　休業補償

（休業補償）

第76条　労働者が前条の規定による療養のため，労働することができないために賃金を受けない場合においては，使用者は，労働者の療養中平均賃金の100分の60の休業補償を行わなければならない。

②　使用者は，前項の規定により休業補償を行つている労働者と同一の事業場における同種の労働者に対して所定労働時間労働した場合に支払われる通常の賃金の，1月から3月まで，4月から6月まで，7月から9月まで及び10月から12月までの各区分による期間（以下四半期という。）ごとの1箇月1人当り平均額（常時100人未満の労働者を使用する事業場については，厚生労働省において作成する毎月勤労統計における当該事業場の属する産業に係る毎月きまつて支給する給与の四半期の労働者1人当りの1箇月平均額。以下平均給与額という。）が，当該労働者が業務上負傷し，又は疾病にかかつた日の属する四半期における平均給与額の100分の120をこえ，又は100分の80を下るに至つた場合においては，使用者は，その上昇し又は低下した比率に応じて，その上昇し又は低下するに至つた四半期の次の次の四半期において，前項の規定により当該労働者に対して行つている休業補償の額を改訂し，その改訂をした四半期に属する最初の月から改訂された額により休業補償を行わなければならない。改訂後の休業補償の額の改訂についてもこれに準ずる。

③　前項の規定により難い場合における改訂の方法その他同項の規定による改訂について必要な事項は，厚生労働省令で定める。

（3）　障害補償

（障害補償）
第77条　労働者が業務上負傷し，又は疾病にかかり，治つた場合において，その身体に障害が存するときは，使用者は，その障害の程度に応じて，平均賃金に別表第2に定める日数を乗じて得た金額の障害補償を行わなければならない。

（4）　休業補償及び障害補償の例外

（休業補償及び障害補償の例外）
第78条　労働者が重大な過失によつて業務上負傷し，又は疾病にかかり，且つ使用者がその過失について行政官庁の認定を受けた場合においては，休業補償又は障害補償を行わなくてもよい。

（5）　遺族補償

（遺族補償）
第79条　労働者が業務上死亡した場合においては，使用者は，遺族に対して，平均賃金の1,000日分の遺族補償を行わなければならない。

（6）　葬祭料

（葬祭料）
第80条　労働者が業務上死亡した場合においては，使用者は，葬祭を行う者に対して，平均賃金の60日分の葬祭料を支払わなければならない。

（7）　打切補償

（打切補償）
第81条　第75条の規定によつて補償を受ける労働者が，療養開始後3年を経過しても負傷又は疾病がなおらない場合においては，使用者は，平均賃金の1,200日分の打切補償を行い，その後は法律の規定による補償を行わなくてもよい。

（8） 分割補償

> **（分割補償）**
> 第82条　使用者は，支払能力のあることを証明し，補償を受けるべき者の同意を得た場合においては，第77条又は第79条の規定による補償に替え，平均賃金に別表第3に定める日数を乗じて得た金額を，6年にわたり毎年補償することができる。

（9） 補償を受ける権利

> **（補償を受ける権利）**
> 第83条　補償を受ける権利は，労働者の退職によつて変更されることはない。
> ②　補償を受ける権利は，これを譲渡し，又は差し押えてはならない。

（10） 他の法律との関係

> **（他の法律との関係）**
> 第84条　この法律に規定する災害補償の事由について，労働者災害補償保険法（昭和22年法律第50号）又は厚生労働省令で指定する法令に基づいてこの法律の災害補償に相当する給付が行なわれるべきものである場合においては，使用者は，補償の責を免れる。
> ②　使用者は，この法律による補償を行つた場合においては，同一の事由については，その価額の限度において民法による損害賠償の責を免れる。

（11） 審査及び仲裁

> **（審査及び仲裁）**
> 第85条　業務上の負傷，疾病又は死亡の認定，療養の方法，補償金額の決定その他補償の実施に関して異議のある者は，行政官庁に対して，審査又は事件の仲裁を申し立てることができる。
> ②　行政官庁は，必要があると認める場合においては，職権で審査又は事件の仲裁をすることができる。
> ③　第1項の規定により審査若しくは仲裁の申立てがあつた事件又は前項の規定により行政官庁が審査若しくは仲裁を開始した事件について民事訴訟が提起されたときは，行政官庁は，当該事件については，審査又は仲裁をしない。
> ④　行政官庁は，審査又は仲裁のために必要であると認める場合においては，医師に診断又は検案をさせることができる。
> ⑤　第1項の規定による審査又は仲裁の申立て及び第2項の規定による審査又は仲裁

の開始は，時効の完成猶予及び更新に関しては，これを裁判上の請求とみなす。

(12)　第2次審査及び仲裁

第86条　前条の規定による審査及び仲裁の結果に不服のある者は，労働者災害補償保険審査官の審査又は仲裁を申し立てることができる。

②　前条第3項の規定は，前項の規定により審査又は仲裁の申立てがあつた場合に，これを準用する。

(13)　請負事業に関する例外

（請負事業に関する例外）

第87条　厚生労働省令で定める事業が数次の請負によつて行われる場合においては，災害補償については，その元請負人を使用者とみなす。

②　前項の場合，元請負人が書面による契約で下請負人に補償を引き受けさせた場合においては，その下請負人もまた使用者とする。但し，二以上の下請負人に，同一の事業について重複して補償を引き受けさせてはならない。

③　前項の場合，元請負人が補償の請求を受けた場合においては，補償を引き受けた下請負人に対して，まづ催告すべきことを請求することができる。ただし，その下請負人が破産手続開始の決定を受け，又は行方が知れない場合においては，この限りでない。

(14)　補償に関する細目

（補償に関する細目）

第88条　この章に定めるものの外，補償に関する細目は，厚生労働省令で定める。

10　第9章　就業規則関係
(1)　作成及び届出の義務

（作成及び届出の義務）

第89条　常時10人以上の労働者を使用する使用者は，次に掲げる事項について就業規則を作成し，行政官庁に届け出なければならない。次に掲げる事項を変更した場合においても，同様とする。

1　始業及び終業の時刻，休憩時間，休日，休暇並びに労働者を2組以上に分けて交替に就業させる場合においては就業時転換に関する事項

2　賃金（臨時の賃金等を除く。以下この号において同じ。）の決定，計算及び支払の方法，賃金の締切り及び支払の時期並びに昇給に関する事項

3　退職に関する事項（解雇の事由を含む。）

3の2　退職手当の定めをする場合においては，適用される労働者の範囲，退職手当の決定，計算及び支払の方法並びに退職手当の支払の時期に関する事項

4　臨時の賃金等（退職手当を除く。）及び最低賃金額の定めをする場合においては，これに関する事項

5　労働者に食費，作業用品その他の負担をさせる定めをする場合においては，これに関する事項

6　安全及び衛生に関する定めをする場合においては，これに関する事項

7　職業訓練に関する定めをする場合においては，これに関する事項

8　災害補償及び業務外の傷病扶助に関する定めをする場合においては，これに関する事項

9　表彰及び制裁の定めをする場合においては，その種類及び程度に関する事項

10　前各号に掲げるもののほか，当該事業場の労働者のすべてに適用される定めをする場合においては，これに関する事項

（2）　作成の手続

（作成の手続）
第90条　使用者は，就業規則の作成又は変更について，当該事業場に，労働者の過半数で組織する労働組合がある場合においてはその労働組合，労働者の過半数で組織する労働組合がない場合においては労働者の過半数を代表する者の意見を聴かなければならない。

②　使用者は，前条の規定により届出をなすについて，前項の意見を記した書面を添付しなければならない。

（3）　制裁規定の制限

（制裁規定の制限）
第91条　就業規則で，労働者に対して減給の制裁を定める場合においては，その減給は，1回の額が平均賃金の1日分の半額を超え，総額が1賃金支払期における賃金の総額の10分の1を超えてはならない。

（4）　法令及び労働協約との関係

（法令及び労働協約との関係）
第92条　就業規則は，法令又は当該事業場について適用される労働協約に反してはな

らない。

② 行政官庁は，法令又は労働協約に牴触する就業規則の変更を命ずることができる。

（5） 労働契約との関係

（労働契約との関係）

第93条 労働契約と就業規則との関係については，労働契約法（平成19年法律第128号）第12条の定めるところによる。

---- 労働契約法 ----

（就業規則違反の労働契約）

第12条 就業規則で定める基準に達しない労働条件を定める労働契約は，その部分については，無効とする。この場合において，無効となった部分は，就業規則で定める基準による。

11 第10章 寄宿舎関係
（1） 寄宿舎生活の自治

（寄宿舎生活の自治）

第94条 使用者は，事業の附属寄宿舎に寄宿する労働者の私生活の自由を侵してはならない。

② 使用者は，寮長，室長その他寄宿舎生活の自治に必要な役員の選任に干渉してはならない。

（2） 寄宿舎生活の秩序

（寄宿舎生活の秩序）

第95条 事業の附属寄宿舎に労働者を寄宿させる使用者は，左の事項について寄宿舎規則を作成し，行政官庁に届け出なければならない。これを変更した場合においても同様である。

1 起床，就寝，外出及び外泊に関する事項

2 行事に関する事項

3 食事に関する事項

4 安全及び衛生に関する事項

5 建設物及び設備の管理に関する事項

② 使用者は，前項第1号乃至第4号の事項に関する規定の作成又は変更については，寄宿舎に寄宿する労働者の過半数を代表する者の同意を得なければならない。

③ 使用者は，第1項の規定により届出をなすについて，前項の同意を証明する書面を添附しなければならない。

④ 使用者及び寄宿舎に寄宿する労働者は，寄宿舎規則を遵守しなければならない。

（3） 寄宿舎の設備及び安全衛生

（寄宿舎の設備及び安全衛生）

第96条 使用者は，事業の附属寄宿舎について，換気，採光，照明，保温，防湿，清潔，避難，定員の収容，就寝に必要な措置その他労働者の健康，風紀及び生命の保持に必要な措置を講じなければならない。

② 使用者が前項の規定によつて講ずべき措置の基準は，厚生労働省令で定める。〈編注・「種類別附属寄宿舎の衛生基準」は次ページ以降に掲載〉

（4） 監督上の行政措置

（監督上の行政措置）

第96条の2 使用者は，常時10人以上の労働者を就業させる事業，厚生労働省令で定める危険な事業又は衛生上有害な事業の附属寄宿舎を設置し，移転し，又は変更しようとする場合においては，前条の規定に基づいて発する厚生労働省令で定める危害防止等に関する基準に従い定めた計画を，工事着手14日前までに，行政官庁に届け出なければならない。

② 行政官庁は，労働者の安全及び衛生に必要であると認める場合においては，工事の着手を差し止め，又は計画の変更を命ずることができる。

（5） 使用停止命令等

第96条の3 労働者を就業させる事業の附属寄宿舎が，安全及び衛生に関し定められた基準に反する場合においては，行政官庁は，使用者に対して，その全部又は一部の使用の停止，変更その他必要な事項を命ずることができる。

② 前項の場合において行政官庁は，使用者に命じた事項について必要な事項を労働者に命ずることができる。

種類別附属寄宿舎の衛生基準

主要項目		事業附属寄宿舎規程		建設業附属寄宿舎規程
		第1種寄宿舎	第2種寄宿舎	
適用範囲		事業の完了時期が予定される建設業（労働基準法別表第1第3号に掲げる事業）いわゆる有期の建設業以外の事業の附属寄宿舎（第1条）		事業の完了時期が予定される建設業（労働基準法別表第1第3号に掲げる事業）の附属寄宿舎（第1条）
		労働者を6箇月以上の期間寄宿させる寄宿舎で，第2種以外のもの（第6条）	1. 労働者を6箇月未満の期間寄宿させる寄宿舎 2. 事業の完了時期が予定される農林業等（労働基準法別表第1第6号に掲げる事業等），いわゆる有期の事業において，その事業の完了期間まで労働者を寄宿させる仮設の寄宿舎（第37条）	
設置を避けるべき場所		1. 爆発性の物（火薬類を含む。），発火性の物，酸化性の物，引火性の物，可燃性のガス又は多量の易燃性の物を取り扱い，又は貯蔵する場所の附近 2. 窯炉を使用する作業場の附近 3. ガス，蒸気又は粉じんを発散して衛生上有害な作業場の附近 4. 騒音又は振動の著しい場所 5. なだれ又は土砂崩壊のおそれのある場所 6. 湿潤な場所又は出水時浸水のおそれのある場所 7. 伝染病患者を収容する建物及び病原体によって汚染のおそれの著しいものを取り扱う場所の附近（第7条）	1. 騒音又は振動の著しい場所 2. なだれ又は土砂崩壊のおそれのある場所 3. 湿潤な場所又は出水時浸水のおそれのある場所（第38条）	1. 爆発性の物（火薬類を含む。），発火性の物，酸化性の物，引火性の物，可燃性のガス又は多量の易燃性の物を取り扱い，又は貯蔵する場所の附近 2. ガス，蒸気又は粉じんを発散して衛生上有害な場所の附近 3. 騒音又は振動の著しい場所 4. なだれ又は土砂崩壊のおそれのある場所 5. 湿潤な場所又は出水時浸水のおそれのある場所（第6条）
寝室等	面積	1人について2.5m²以上（床の間，押入れの面積を除く。）（第19条）	1人について2.5m²以上（第39条）	1人について3.2m²以上（押入れ又はこれに代わる設備の面積を除く。）（第16条）
	1室の居住人員	16人以下（第19条）	50人以下（第39条）	6人以下（第16条）

主要項目		事業附属寄宿舎規程		建設業附属寄宿舎規程
		第1種寄宿舎	第2種寄宿舎	
寝	木造の床の高さ	45cm 以上（第19条）		45cm 以上（床下をコンクリート，たたき，その他これらに類する材料をおおう等防湿上有効な措置を講じた場合を除く。）（第16条）
	床の状態	寝台を設けない場合畳敷とすること（第19条）。		寝台を設けない場合畳敷とすること（第16条）。
	天　井	1. 小屋組みを露出しない構造とすること。 2. 高さ2.1m 以上（第19条）		1. 天井を設けること。 2. 高さ2.1m 以上（第16条）
	収納設備	1. 各室に寝具等の適当な収納設備を設けること（寝台を設けた場合には，寝台，寝具収納設備は除外。）。 2. 私有の身廻品収納設備は，個人別とすること（第19条）。	身廻品整頓整備として，押入れ，棚又はこれに代わる設備を設けること（第39条）。	各室に寝具身回品収納設備として押入れ，棚，又はこれらに代わる設備を設けること（寝台を設けた場合には寝具収納設備は除外。）（第16条）。
室	窓	1. 室面積の7分の1以上の有効採光面積を有する窓を設けること。 2. 外窓には，雨戸，障子又はガラス戸，及び窓掛を設けること。 3. 寝室と廊下との間は戸，障子，壁等で区画し，廊下の外部には，雨戸，又はガラス戸を設けること（第19条）。	1. 採光のため十分な面積を有する窓等を設けること。 2. 外窓には，雨戸又はガラス戸等を設けること（第39条）。	1. 床面積の7分の1以上の面積に相当する有効採光面積を有する窓を設けること。 2. 外窓には，雨戸又はガラス戸及び窓掛を設けること（第16条）。
等	照　明	4 m²につき10燭光以上の灯火を設けること（第19条）。		床面積10m²以内ごとに 白熱電球では 60W 以上 けい光ランプでは 20W 以上 の消費電力の照明設備を設けること（第16条）。
	防　蚊 防　寒	1. 防蚊のため，適当な措置を講ずること。 2. 防寒のため，適当な採暖の設備を設けること（第19条）。	防寒のため，適当な採暖の設備を設けること（第39条）。	1. 蚊を防ぐための措置を講ずること。 2. 防寒のための採暖の設備を設けること（第16条）。

主要項目		事業附属寄宿舎規程		建設業附属寄宿舎規程
		第1種寄宿舎	第2種寄宿舎	
寝台寝具等	寝 台寝 具	1. 各人専用の寝具を備えること。 2. ふとんのえり部及びまくらをおおうための白布ならびに敷布を備え，常に清潔にすること。 3. 労働者は，1，2のものにつき，清潔に努力し，使用者の清潔保持に協力すること（第20条）。		2段以上の寝台を設ける場合には 各段の寝台と寝台 との上下の間隔 最上段の寝台と天 井との間隔 は85cm以上とすること（第16条）。
	その 他	1. 就眠時間を異にする2組以上の労働者を同一の寝室に寄宿させないこと（交替の際睡眠を妨げないよう適当な方法を講じた場合を除く。）(第21条)。 2. 昼間睡眠を必要とする場合には，暗幕その他の適当な設備を設けること（第22条）。 3. 寝室の居住者の氏名定員を入口に掲示すること（第23条）。 4. 他の者と同室させることが不適当とされる伝染性疾病その他の疾病罹患者と他の者を同室させないこと（第32条）。 5. 伝染性の疾病にかかった者の使用した寝具その他のもの及び寝室は感染症の予防及び感染症の患者に対する医療に関する法律施行規則第14条及び第16条の規定による消毒後でなければ他の者に使用させないこと（第35条）。		1. 昼間睡眠を必要とする場合には，暗幕その他のしゃ光のための設備を設けること。 2. 寝室の居住者の氏名，定員を入口に掲示すること（第16条）。
食堂炊事場	食 堂 の設 置	常時30人以上の労働者を寄宿させるものには，食堂を設けること（寄宿舎に近接した位置に，労働安全衛生規則第629条の事業場の食堂がある場合を除く。）（第24条）。		

主要項目			事業附属寄宿舎規程		建設業附属寄宿舎規程
			第1種寄宿舎	第2種寄宿舎	
食堂・炊事場	設置上の要件	照明換気	十分であること（第25条）。		
		食器炊事用器具	1. しばしば消毒すること。 2. 清潔に保管する設備を設けること（第25条）。		1. 清潔に保持すること。 2. 保管設備を設けること（第17条）。
		こん虫ねずみ等の害の防止	はえその他のこん虫，ねずみ等の害を防ぐための措置を講ずること（第25条）。		はえ，ごきぶりその他のこん虫，ねずみ等の害を防ぐための措置を講ずること（第17条）。
		食卓いす	1. 食卓を設けること。 2. いすを設けること（座食の場合を除く。）（第25条）。		1. 同時に食事する者の数に応じ，食卓を設けること。 2. いすを設けること（座食の場合は除く。）（第17条）。
		暖房	食堂には，寒冷時に，適当な採暖の設備を設けること（第25条）。		食堂には，防寒のための採暖の設備を設けること（第17条）。
		床	炊事場の床は，洗浄及び排水に便利な構造とすること（第25条）。		床は，土のままとせず，板張り，コンクリート等清掃に便利な構造とすること（第17条）。
		その他	炊事従業員には，炊事専用の清潔な作業衣を着用させること（第25条）。		廃物，汚水の処理設備を設けること（第17条）。
飲用水等			1. 飲用水，炊事用水は地方公共団体の水道から供給されるものであること（地方公共団体等の行う水質検査に合格した水と同質の水を用いる場合は，除く。）（第25条の2）。	飲用，洗浄のため，清浄な水を十分に備えること（第39条）。	1. 飲用，洗浄のため，清浄な水を十分に備えること。 2. 水道法第3条第5号に規定する水道事業者の水道から供給されるものとすること（同法第4条の規定にもとづく水質基準に適合していることを確認した水と同質の水を用いる場合を除く。）（第18条）。
敷地の衛生			汚水，汚物は，寝室，食堂，炊事場から隔離された一定の場所において露出しないようにすること（第25条の2）。	衛生上共同の利益のため，汚水，汚物を処理するための適当な設備を設けること（第39条）。	雨水，汚水を排出し又は処理するための適当な下水管，下水溝，ためますその他これらに類する施設を設けること（第7条）。

主要項目		事業附属寄宿舎規程		建設業附属寄宿舎規程
		第1種寄宿舎	第2種寄宿舎	
浴場	設置	適当な浴場を設けること（他に利用しうる浴場がある場合を除く。）（第27条）。	入浴のための設備を設けること（他に利用しうる浴場がある場合を除く。）（第39条）。	浴場を設けること（他に利用しうる浴場がある場合を除く。）（第19条）。
	設置上の要件	1.脱衣場，浴室を男女別とすること（男，女のいずれか一方が著しく少数であり，かつ，男，女の入浴時間が異なる場合は例外。）。 2.浴室には清浄な水又は上り湯の設備を設けること。 3.浴場を適当な温度及び量に保つこと等清潔保持のため，必要な措置を講ずること（第27条）。		1.浴室は，寄宿する者の数が10人以内ごとに1人以上の者が同時に入浴しうる規模とすること。 2.浴室には，清浄な水又は上り湯を備えること。 3.浴場を適当な温度及び量に保つこと等清潔保持及び保温のため必要な措置を講ずること（第19条）。
便所	距離	寝室，食堂，炊事場から適当な距離に設けること（第28条）。		寝室，食堂，炊事場から適当な距離に設けること（第20条）。
	男女別	区別すること（第28条）。		
	便房の数	寄宿する労働者数により，次のとおりとすること。 100人以下の場合 　15人又はその端数ごとに1個とすること。 100人を超え500人以下の場合 　100人を超える20人又はその端数ごとに1個を増すこと。 500人を超える場合 　500人を超える25人又はその端数ごとに1個を増すこと（第28条）。		大便所の数は，寄宿する者の数が15人以内ごとに1個以上とすること（第20条）。
	便池	汚物が，土中に浸透しない構造とすること（第28条）。		汚物が土中に浸透しない構造とすること（第20条）。
	手洗設備	流出する水による設備を設けること（第28条）。		流出する水による設備を設けること（第20条）。

469

主要項目		事業附属寄宿舎規程		建設業附属寄宿舎規程
		第1種寄宿舎	第2種寄宿舎	
便　　　所	その他	1. 常に清潔を保持するため必要な措置を講ずること。 2. 下水道法第2条第7号に規定する処理区域内では，便所は，水洗便所とすること（汚水管が下水道法第2条第3号に規定する公共下水道で同条第5号に規定する終末処理場を有するものに連結されたものに限る）。 3. 排出汚物を下水道法第2条第5号に規定する終末処理場を有する公共下水道以外に放流しようとする場合には衛生上支障がない構造のし尿浄化槽を設けること（第28条）。 4. 共同の手拭を備えてはならないこと（第30条）。		常に清潔を保持するため必要な措置を講ずること（第20条）。
洗　面　所 洗　濯　場 物　干　場		1. 寄宿する労働者の数に応じ，適当かつ十分なものを設けること。 2. 伝染性眼疾患罹患者と他の者とが用いる洗面器とを区別すること（第29条）。 3. 洗面所には共同の手拭を備えてはならない（第30条）。		寄宿する者の数に応じて設けること（第22条）。
休　養　室		常時50人以上の労働者を寄宿させる場合には，寝台その他の者が床しうる設備を有するものを設けること（第33条）。		常時50人以上の者が寄宿する寄宿舎には，休養のための室を設けること（第23条）。
その他		1. 1回300食以上の給食を行う場合には，栄養士をおくこと（第26条）。 2. 寄宿する労働者について毎年2回以上次の検査を行うこと。 　1)体重測定による発育，		寄宿する者の数に応じ，くつ，雨具等を収納する設備を屋内に設けること（第21条）。

主要項目	事業附属寄宿舎規程		建設業附属寄宿舎規程
	第1種寄宿舎	第2種寄宿舎	
その他	栄養状態の検査 2)トラホームその他の伝染性眼疾患，かいせんその他の伝染性皮膚疾患の有無の検査（労働安全衛生法第66条第1項の健康診断を受けた場合には，その回数を減じてよい。)（第31条） 3.常時50人以上の労働者を寄宿させる場合には，衛生相談担当者を定めること（第34条）。		

12　第11章　監督機関関係

（1）　監督機関の職員等

（監督機関の職員等）

第97条　労働基準主管局（厚生労働省の内部部局として置かれる局で労働条件及び労働者の保護に関する事務を所掌するものをいう。以下同じ。），都道府県労働局及び労働基準監督署に労働基準監督官を置くほか，厚生労働省令で定める必要な職員を置くことができる。

②　労働基準主管局の局長（以下「労働基準主管局長」という。），都道府県労働局長及び労働基準監督署長は，労働基準監督官をもつてこれに充てる。

③　労働基準監督官の資格及び任免に関する事項は，政令で定める。

④　厚生労働省に，政令で定めるところにより，労働基準監督官分限審議会を置くことができる。

⑤　労働基準監督官を罷免するには，労働基準監督官分限審議会の同意を必要とする。

⑥　前二項に定めるもののほか，労働基準監督官分限審議会の組織及び運営に関し必要な事項は，政令で定める。

第98条　削除

（2）　労働基準主管局長等の権限

（労働基準主管局長等の権限）

第99条　労働基準主管局長は，厚生労働大臣の指揮監督を受けて，都道府県労働局長

を指揮監督し，労働基準に関する法令の制定改廃，労働基準監督官の任免教養，監督方法についての規程の制定及び調整，監督年報の作成並びに労働政策審議会及び労働基準監督官分限審議会に関する事項（労働政策審議会に関する事項については，労働条件及び労働者の保護に関するものに限る。）その他この法律の施行に関する事項をつかさどり，所属の職員を指揮監督する。

② 都道府県労働局長は，労働基準主管局長の指揮監督を受けて，管内の労働基準監督署長を指揮監督し，監督方法の調整に関する事項その他この法律の施行に関する事項をつかさどり，所属の職員を指揮監督する。

③ 労働基準監督署長は，都道府県労働局長の指揮監督を受けて，この法律に基く臨検，尋問，許可，認定，審査，仲裁その他この法律の実施に関する事項をつかさどり，所属の職員を指揮監督する。

④ 労働基準主管局長及び都道府県労働局長は，下級官庁の権限を自ら行い，又は所属の労働基準監督官をして行わせることができる。

（3） 女性主管局長の職務権限

（女性主管局長の権限）

第100条 厚生労働省の女性主管局長（厚生労働省の内部部局として置かれる局で女性労働者の特性に係る労働問題に関する事務を所掌するものの局長をいう。以下同じ。）は，厚生労働大臣の指揮監督を受けて，この法律中女性に特殊の規定の制定，改廃及び解釈に関する事項をつかさどり，その施行に関する事項については，労働基準主管局長及びその下級の官庁の長に勧告を行うとともに，労働基準主管局長が，その下級の官庁に対して行う指揮監督について援助を与える。

② 女性主管局長は，自ら又はその指定する所属官吏をして，女性に関し労働基準主管局若しくはその下級の官庁又はその所属官吏の行つた監督その他に関する文書を閲覧し，又は閲覧せしめることができる。

③ 第101条及び第105条の規定は，女性主管局長又はその指定する所属官吏が，この法律中女性に特殊の規定の施行に関して行う調査の場合に，これを準用する。

（4） 労働基準監督官の権限

（労働基準監督官の権限）

第101条 労働基準監督官は，事業場，寄宿舎その他の附属建設物に臨検し，帳簿及び書類の提出を求め，又は使用者若しくは労働者に対して尋問を行うことができる。

② 前項の場合において，労働基準監督官は，その身分を証明する証票を携帯しなければならない。

（5） 労働基準監督官の司法警察権

> 第102条　労働基準監督官は，この法律違反の罪について，刑事訴訟法に規定する司法警察官の職務を行う。

（6） 労働基準監督官の即時処分権

> 第103条　労働者を就業させる事業の附属寄宿舎が，安全及び衛生に関して定められた基準に反し，且つ労働者に急迫した危険がある場合においては，労働基準監督官は，第96条の３の規定による行政官庁の権限を即時に行うことができる。

（7） 監督機関に対する申告

> （監督機関に対する申告）
> 第104条　事業場に，この法律又はこの法律に基いて発する命令に違反する事実がある場合においては，労働者は，その事実を行政官庁又は労働基準監督官に申告することができる。
> ②　使用者は，前項の申告をしたことを理由として，労働者に対して解雇その他不利益な取扱をしてはならない。

（8） 報告等

> （報告等）
> 第104条の２　行政官庁は，この法律を施行するため必要があると認めるときは，厚生労働省令で定めるところにより，使用者又は労働者に対し，必要な事項を報告させ，又は出頭を命ずることができる。
> ②　労働基準監督官は，この法律を施行するため必要があると認めるときは，使用者又は労働者に対し，必要な事項を報告させ，又は出頭を命ずることができる。

------ 労　基　則 ------
〔報告事項〕
第57条　使用者は，次の各号の一に該当する場合においては，遅滞なく，第１号については様式23号の２により，第２号については労働安全衛生規則様式第22号により，第３号については労働安全衛生規則様式第23号により，それぞれの事実を所轄労働基準監督署長に報告しなければならない。
　1　事業を開始した場合
　2　事業の附属寄宿舎において火災若しくは爆発又は倒壊の事故が発生した場合

> 3 労働者が事業の附属寄宿舎内で負傷し，窒息し，又は急性中毒にかかり，死亡し又は休業した場合
>
> ② 前項第3号に掲げる場合において，休業の日数が4日に満たないときは，使用者は，同項の規定にかかわらず，労働安全衛生規則様式第24号により，1月から3月まで，4月から6月まで，7月から9月まで及び10月から12月までの期間における当該事実を毎年各各の期間における最後の月の翌月末日までに，所轄労働基準監督署長に報告しなければならない。
>
> ③ 法第18条第2項の規定により届け出た協定に基づき労働者の預金の受入れをする使用者は，毎年，3月31日以前1年間における預金の管理の状況を，4月30日までに，様式第24号により，所轄労働基準監督署長に報告しなければならない。
>
> 第58条 行政官庁は，法第104条の2第1項の規定により，使用者又は労働者に対し，必要な事項を報告させ，又は出頭を命ずるときは，次の事項を通知するものとする。
>
> 1 報告をさせ，又は出頭を命ずる理由
> 2 出頭を命ずる場合には，聴取しようとする事項

（9） 労働基準監督官の義務

> （労働基準監督官の義務）
> 第105条 労働基準監督官は，職務上知り得た秘密を漏してはならない。労働基準監督官を退官した後においても同様である。

13 第12章 雑則関係

（1） 国の援助義務

> （国の援助義務）
> 第105条の2 厚生労働大臣又は都道府県労働局長は，この法律の目的を達成するために，労働者及び使用者に対して資料の提供その他必要な援助をしなければならない。

（2） 法令等の周知義務

> （法令等の周知義務）
> 第106条 使用者は，この法律及びこれに基づく命令の要旨，就業規則，第18条第2項，第24条第1項ただし書，第32条の2第1項，第32条の3第1項，第32条の4第1項，第32条の5第1項，第34条第2項ただし書，第36条第1項，第37条第3項，第38条の2第2項，第38条の3第1項並びに第39条第4項，第6項及び第9項ただし書に規定する協定並びに第38条の4第1項及び同条第5項（第41条の2第3項において

準用する場合を含む。）並びに第41条の2第1項に規定する決議を，常時各作業場の見やすい場所へ掲示し，又は備え付けること，書面を交付することその他の厚生労働省令で定める方法によつて，労働者に周知させなければならない。

② 使用者は，この法律及びこの法律に基いて発する命令のうち，寄宿舎に関する規定及び寄宿舎規則を，寄宿舎の見易い場所に掲示し，又は備え付ける等の方法によつて，寄宿舎に寄宿する労働者に周知させなければならない。

労 基 則

〔法令等の周知方法〕

第52条の2 法第106条第1項の厚生労働省令で定める方法は，次に掲げる方法とする。

1 常時各作業場の見やすい場所へ掲示し，又は備え付けること。
2 書面を労働者に交付すること。
3 磁気テープ，磁気ディスクその他これらに準ずる物に記録し，かつ，各作業場に労働者が当該記録の内容を常時確認できる機器を設置すること。

（3） 労働者名簿

（労働者名簿）

第107条 使用者は，各事業場ごとに労働者名簿を，各労働者（日日雇い入れられる者を除く。）について調製し，労働者の氏名，生年月日，履歴その他厚生労働省令で定める事項を記入しなければならない。

② 前項の規定により記入すべき事項に変更があつた場合においては，遅滞なく訂正しなければならない。

（4） 賃金台帳

（賃金台帳）

第108条 使用者は，各事業場ごとに賃金台帳を調製し，賃金計算の基礎となる事項及び賃金の額その他厚生労働省令で定める事項を賃金支払の都度遅滞なく記入しなければならない。

（5） 記録の保存

（記録の保存）

第109条 使用者は，労働者名簿，賃金台帳及び雇入れ，解雇，災害補償，賃金その他労働関係に関する重要な書類を5年間保存しなければならない。

第110条　削除

（6）　無料証明

（無料証明）

第111条　労働者及び労働者になろうとする者は，その戸籍に関して戸籍事務を掌る者又はその代理者に対して，無料で証明を請求することができる。使用者が，労働者及び労働者になろうとする者の戸籍に関して証明を請求する場合においても同様である。

（7）　国及び公共団体についての適用

（国及び公共団体についての適用）

第112条　この法律及びこの法律に基いて発する命令は，国，都道府県，市町村その他これに準ずべきものについても適用あるものとする。

（8）　命令の制定

（命令の制定）

第113条　この法律に基いて発する命令は，その草案について，公聴会で労働者を代表する者，使用者を代表する者及び公益を代表する者の意見を聴いて，これを制定する。

（9）　付加金の支払

（付加金の支払）

第114条　裁判所は，第20条，第26条若しくは第37条の規定に違反した使用者又は第39条第9項の規定による賃金を支払わなかつた使用者に対して，労働者の請求により，これらの規定により使用者が支払わなければならない金額についての未払金のほか，これと同一額の付加金の支払を命ずることができる。ただし，この請求は，違反のあつた時から5年以内にしなければならない。

（10）　時効

（時効）

第115条　この法律の規定による賃金の請求権はこれを行使することができる時から5年間，この法律の規定による災害補償その他の請求権（賃金の請求権を除く。）はこ

れを行使できる時から2年間行わない場合においては，時効によつて消滅する。

(11) 経過措置

（経過措置）
第115条の2 この法律の規定に基づき命令を制定し，又は改廃するときは，その命令で，その制定又は改廃に伴い合理的に必要と判断される範囲内において，所要の経過措置（罰則に関する経過措置を含む。）を定めることができる。

(12) 適用除外

（適用除外）
第116条 第1条から第11条まで，次項，第117条から第119条まで及び第121条の規定を除き，この法律は，船員法（昭和22年法律第100号）第1条第1項に規定する船員については，適用しない。
② この法律は，同居の親族のみを使用する事業及び家事使用人については，適用しない。

14 第13章 罰則関係

第117条から第120条まで 省略

第121条 この法律の違反行為をした者が，当該事業の労働者に関する事項について，事業主のために行為した代理人，使用人その他の従業者である場合においては，事業主に対しても各本条の罰金刑を科する。ただし，事業主（事業主が法人である場合においてはその代表者，事業主が営業に関し成年者と同一の行為能力を有しない未成年者又は成年被後見人である場合においてはその法定代理人（法定代理人が法人であるときは，その代表者）を事業主とする。次項において同じ。）が違反の防止に必要な措置をした場合においては，この限りでない。
② 事業主が違反の計画を知りその防止に必要な措置を講じなかつた場合，違反行為を知り，その是正に必要な措置を講じなかつた場合又は違反を教唆した場合においては，事業主も行為者として罰する。

15　第14章　附則関係

第122条から第135条まで　省略

第136条　使用者は，第39条第1項から第4項までの規定による有給休暇を取得した労働者に対して，賃金の減額その他不利益な取扱いをしないようにしなければならない。

第137条　期間の定めのある労働契約（一定の事業の完了に必要な期間を定めるものを除き，その期間が1年を超えるものに限る。）を締結した労働者（第14条第1項各号に規定する労働者を除く。）は，労働基準法の一部を改正する法律（平成15年法律第104号）附則第3条に規定する措置が講じられるまでの間，民法第628条の規定にかかわらず，当該労働契約の期間の初日から1年を経過した日以後においては，その使用者に申し出ることにより，いつでも退職することができる。

第138条　削除

第139条　工作物の建設の事業（災害時における復旧及び復興の事業に限る。）その他これに関連する事業として厚生労働省令で定める事業に関する第36条の規定の適用については，当分の間，同条第5項中「時間（第2項第4号に関して協定した時間を含め100時間未満の範囲内に限る。）」とあるのは「時間」と，「同号」とあるのは「第2項第4号」とし，同条第6項（第2号及び第3号に係る部分に限る。）の規定は適用しない。

②　前項の規定にかかわらず，工作物の建設の事業その他これに関連する事業として厚生労働省令で定める事業については，令和6年3月31日（同日及びその翌日を含む期間を定めている第36条第1項の協定に関しては，当該協定に定める期間の初日から起算して1年を経過する日）までの間，同条第2項第4号中「1箇月及び」とあるのは，「1日を超え3箇月以内の範囲で前項の協定をする使用者及び労働組合若しくは労働者の過半数を代表する者が定める期間並びに」とし，同条第3項から第5項まで及び第6項（第2号及び第3号に係る部分に限る。）の規定は適用しない。

第140条　一般乗用旅客自動車運送事業（道路運送法（昭和26年法律第183号）第3条第1号ハに規定する一般乗用旅客自動車運送事業をいう。）の業務，貨物自動車運送事業（貨物自動車運送事業法（平成元年法律第83号）第2条第1項に規定する貨物自動車運送事業をいう。）の業務その他の自動車の運転の業務として厚生労働省令で定める業務に関する第36条の規定の適用については，当分の間，同条第5項中「時間（第2項第4号に関して協定した時間を含め100時間未満の範囲内に限る。）並びに1年について労働時間を延長して労働させることができる時間（同号に関して協定した時間を含め720時間を超えない範囲内に限る。）を定めることができる。この場合において，第1項の協定に，併せて第2項第2号の対象期間において労働時間を延長して労働させる時間が1箇月について45時間（第32条の4第1項第2号の対

象期間として3箇月を超える期間を定めて同条の規定により労働させる場合にあつては，1箇月について42時間）を超えることができる月数（1年について6箇月以内に限る。）を定めなければならない」とあるのは，「時間並びに1年について労働時間を延長して労働させることができる時間（第2項第4号に関して協定した時間を含め960時間を超えない範囲内に限る。）を定めることができる」とし，同条第6項（第2号及び第3号に係る部分に限る。）の規定は適用しない。

② 前項の規定にかかわらず，同項に規定する業務については，令和6年3月31日（同日及びその翌日を含む期間を定めている第36条第1項の協定に関しては，当該協定に定める期間の初日から起算して1年を経過する日）までの間，同条第2項第4号中「1箇月及び」とあるのは，「1日を超え3箇月以内の範囲で前項の協定をする使用者及び労働組合若しくは労働者の過半数を代表する者が定める期間並びに」とし，同条第3項から第5項まで及び第6項（第2号及び第3号に係る部分に限る。）の規定は適用しない。

第141条 医業に従事する医師（医療提供体制の確保に必要な者として厚生労働省令で定める者に限る。）に関する第36条の規定の適用については，当分の間，同条第2項第4号中「における1日，1箇月及び1年のそれぞれの期間について」とあるのは「における」とし，同条第3項中「限度時間」とあるのは「限度時間並びに労働者の健康及び福祉を勘案して厚生労働省令で定める時間」とし，同条第5項及び第6項（第2号及び第3号に係る部分に限る。）の規定は適用しない。

② 前項の場合において，第36条第1項の協定に，同条第2項各号に掲げるもののほか，当該事業場における通常予見することのできない業務量の大幅な増加等に伴い臨時的に前項の規定により読み替えて適用する同条第3項の厚生労働省令で定める時間を超えて労働させる必要がある場合において，同条第2項第4号に関して協定した時間を超えて労働させることができる時間（同号に関して協定した時間を含め，同条第5項に定める時間及び月数並びに労働者の健康及び福祉を勘案して厚生労働省令で定める時間を超えない範囲内に限る。）その他厚生労働省令で定める事項を定めることができる。

③ 使用者は，第1項の場合において，第36条第1項の協定で定めるところによつて労働時間を延長して労働させ，又は休日において労働させる場合であつても，同条第6項に定める要件並びに労働者の健康及び福祉を勘案して厚生労働省令で定める時間を超えて労働させてはならない。

④ 前三項の規定にかかわらず，医業に従事する医師については，令和6年3月31日（同日及びその翌日を含む期間を定めている第36条第1項の協定に関しては，当該協定に定める期間の初日から起算して1年を経過する日）までの間，同条第2項第4号中「1箇月及び」とあるのは，「1日を超え3箇月以内の範囲で前項の協定をする使用者及び労働組合若しくは労働者の過半数を代表する者が定める期間並びに」とし，同条第3項から第5項まで及び第6項（第2号及び第3号に係る部分に限る。）

の規定は適用しない。

⑤　第3項の規定に違反した者は，6月以下の拘禁刑又は30万円以下の罰金に処する。

第142条　鹿児島県及び沖縄県における砂糖を製造する事業に関する第36条の規定の適用については，令和6年3月31日（同日及びその翌日を含む期間を定めている同条第1項の協定に関しては，当該協定に定める期間の初日から起算して1年を経過する日）までの間，同条第5項中「時間（第2項第4号に関して協定した時間を含め100時間未満の範囲内に限る。）」とあるのは「時間」と，「同号」とあるのは「第2項第4号」とし，同条第6項（第2号及び第3号に係る部分に限る。）の規定は適用しない。

16　別表関係

別表第1　（第33条，第40条，第41条，第56条，第61条関係）

1　物の製造，改造，加工，修理，洗浄，選別，包装，装飾，仕上げ，販売のためにする仕立て，破壊若しくは解体又は材料の変造の事業（電気，ガス又は各種動力の発生，変更若しくは伝導の事業及び水道の事業を含む。）

2　鉱業，石切り業その他土石又は鉱物採取の事業

3　土木，建築その他工作物の建設，改造，保存，修理，変更，破壊，解体又はその準備の事業

4　道路，鉄道，軌道，索道，船舶又は航空機による旅客又は貨物の運送の事業

5　ドック，船舶，岸壁，波止場，停車場又は倉庫における貨物の取扱いの事業

6　土地の耕作若しくは開墾又は植物の栽植，栽培，採取若しくは伐採の事業その他農林の事業

7　動物の飼育又は水産動植物の採捕若しくは養殖の事業その他の畜産，養蚕又は水産の事業

8　物品の販売，配給，保管若しくは賃貸又は理容の事業

9　金融，保険，媒介，周旋，集金，案内又は広告の事業

10　映画の製作又は映写，演劇その他興行の事業

11　郵便，信書便又は電気通信の事業

12　教育，研究又は調査の事業

13　病者又は虚弱者の治療，看護その他保健衛生の事業

14　旅館，料理店，飲食店，接客業又は娯楽場の事業

15　焼却，清掃又はと畜場の事業

別表第2　身体障害等級及び災害補償表（第77条関係）

等級	災害補償
第　1　級	1340日分
第　2　級	1190日分
第　3　級	1050日分
第　4　級	920日分
第　5　級	790日分
第　6　級	670日分
第　7　級	560日分
第　8　級	450日分
第　9　級	350日分
第　10　級	270日分
第　11　級	200日分
第　12　級	140日分
第　13　級	90日分
第　14　級	50日分

別表第3　分割補償表（第82条関係）

種　別	等　級	災害補償
障害補償		
	第　1　級	240日分
	第　2　級	213日分
	第　3　級	188日分
	第　4　級	164日分
	第　5　級	142日分
	第　6　級	120日分
	第　7　級	100日分
	第　8　級	80日分
	第　9　級	63日分
	第　10　級	48日分
	第　11　級	36日分
	第　12　級	25日分
	第　13　級	16日分
	第　14　級	9日分
遺族補償		180日分

付録　女性労働基準規則による就業制限業務

就　業　制　限　業　務	妊　婦 （妊娠中の女性）	産　婦 〔産後1年を経 過しない女性〕	その他の女性
1　次の表の左欄に掲げる年齢の区分に応じ，それぞれ同表の右欄に掲げる重量以上の重量物を取り扱う業務 ［内表］年齢／重量（単位，キログラム）：断続作業の場合，継続作業の場合 満16歳未満　12　8 満16歳以上満18歳未満　25　15 満18歳以上　30　20	×	×	×
2　ボイラー（労働安全衛生法施行令第1条第3号に規定するボイラーをいう。以下において同じ。）の取扱いの業務	×	△	○
3　ボイラーの溶接の業務	×	△	○
4　つり上げ荷重が5トン以上のクレーン若しくはデリック又は制限荷重が5トン以上の揚貨装置の運転の業務	×	△	○
5　運転中の原動機又は原動機から中間軸までの動力伝導装置の掃除，給油，検査，修理又はベルトの掛換えの業務	×	△	○
6　クレーン，デリック又は揚貨装置の玉掛けの業務（2人以上の者によって行う玉掛けの業務における補助作業の業務を除く。）	×	△	○
7　動力により駆動される土木建築用機械又は船舶荷扱用機械の運転の業務	×	△	○
8　直径が25センチメートル以上の丸のこ盤（横切用丸のこ盤及び自動送り装置を有する丸のこ盤を除く。）又はのこ車の直径が75センチメートル以上の帯のこ盤（自動送り装置を有する帯のこ盤を除く。）に木材を送給する業務	×	△	○
9　操車場の構内における軌道車両の入換え，連結又は解放の業務	×	△	○
10　蒸気又は圧縮空気により駆動されるプレス機械又は鍛造機械を用いて行う金属加工の業務	×	△	○
11　動力により駆動されるプレス機械，シヤー等を用いて行う厚さが8ミリメートル以上の鋼板加工の業務	×	△	○
12　岩石又は鉱物の破砕機又は粉砕機に材料を送給する業務	×	△	○
13　土砂が崩壊するおそれのある場所又は深さが5メートル以上の地穴における業務	×	○	○
14　高さが5メートル以上の場所で，墜落により労働者が危害を受けるおそれのあるところにおける業務	×	○	○
15　足場の組立て，解体又は変更の業務（地上又は床上における補助作業の業務を除く。）	×	△	○
16　胸高直径が35センチメートル以上の立木の伐採の業務	×	△	○
17　機械集材装置，運材索道等を用いて行う木材の搬出の業務	×	△	○

就 業 制 限 業 務	妊 婦 (妊娠中の女性)	産 婦 [産後1年を経 過しない女性]	その他の女性
18　次の各号に掲げる有害物を発散する場所の区分に応じ，それぞれ当該場所において行われる当該各号に定める業務 　イ　塩素化ビフエニル（別名PCB），アクリルアミド，エチルベンゼン，エチレンイミン，エチレンオキシド，カドミウム化合物，クロム酸塩，五酸化バナジウム，水銀若しくはその無機化合物（硫化水銀を除く。），塩化ニツケル（Ⅱ）（粉状の物に限る。），スチレン，テトラクロロエチレン（別名パークロルエチレン），トリクロロエチレン，砒素化合物（アルシン及び砒化ガリウムを除く。），ベーターブロピオラクトン，ペンタクロルフエノール（別名PCP）若しくはそのナトリウム塩又はマンガンを発散する場所　次に掲げる業務（スチレン，テトラクロロエチレン（別名パークロルエチレン）又はトリクロロエチレンを発散する場所において行われる業務にあつては(2)に限る。） 　(1)　特定化学物質障害予防規則（昭和47年労働省令第39号）第22条第1項，第22条の2第1項又は第38条の14第1項第11号ハ若しくは第12号ただし書に規定する作業を行う業務であつて，当該作業に従事する労働者に呼吸用保護具を使用させる必要があるもの 　(2)　(1)の業務以外の業務のうち，安衛令第21条第7号に掲げる作業場（石綿等を取り扱い，若しくは試験研究のため製造する屋内作業場若しくは石綿分析用試料等を製造する屋内作業場又はコークス炉上において若しくはこれに接してコークス製造の作業を行う場合の当該作業場を除く。）であつて，特定化学物質障害予防規則第36条の2第1項の規定による評価の結果，第3管理区分に区分された場所における作業を行う業務 　ロ　鉛及び安衛令別表第4第6号の鉛化合物を発散する場所　次に掲げる業務 　(1)　鉛中毒予防規則（昭和47年労働省令第37号）第39条ただし書の規定により呼吸用保護具を使用させて行う臨時の作業を行う業務又は同令第58条第1項若しくは第2項に規定する業務若しくは同条第3項に規定する業務（同項に規定する業務にあつては，同令第3条各号に規定する業務及び同令第58条第3項ただし書の装置等を稼働させて行う同項の業務を除く。） 　(2)　(1)の業務以外の業務のうち，安衛令第21条第8号に掲げる作業場であつて，鉛中毒予防規則第52条の2第1項の規定による評価の結果，第3管理区分に区分された場所における業務 　ハ　エチレングリコールモノエチルエーテル（別名セロソルブ），エチレングリコールモノエチルエーテルアセテート（別名セロソルブアセテート），エチレングリコールモノメチルエーテル（別名メチルセロソルブ），キシレン，N・N-ジメチルホルムアミド，スチレン，テトラクロロエチレン（別名パークロルエチレン），トリクロロエチレン，トルエン，二硫化炭素，メタノール又はエチルベンゼンを発散する場所　次に掲げる業務 　(1)　有機溶剤中毒予防規則(昭和47年労働省令第36号)第32条第1項第1号若しくは第2号又は第33条第1項第2号から第7号まで（特定化学物質障害予防規則第38条の8においてこれらの規定を準用する場合を含む。）に規定する業務（有機溶剤中毒予防規則第2条第1項（特定化学物質障害予防規則第38条の8において準用する場合を含む。）の規定により，これらの規定が適用されない場合における同項の業務を除く。） 　(2)　(1)の業務以外の業務のうち，安衛令第21条第7号又は第10号に掲げる作業場であつて，有機溶剤中毒予防規則第28条の2第1項（特定化学物質障害予防規則第36条の5において準用する場合を含む。）の規定による評価の結果，第3管理区分に区分された場所における業務	×	×	×
19　多量の高熱物体を取り扱う業務	×	△	○
20　著しく暑熱な場所における業務	×	△	○
21　多量の低温物体を取り扱う業務	×	△	○
22　著しく寒冷な場所における業務	×	△	○
23　異常気圧下における業務	×	△	○
24　さく岩機，びよう打機等身体に著しい振動を与える機械器具を用いて行う業務	×	×	○

(注)1　×…就かせてはならない業務，△…申し出た場合就かせてはならない業務，○…就かせても差し支えない業務を示す。
　　2　坑内業務については，就業制限の定めがある。（労働基準法第64条の2，女性労働基準規則第1条）

参　　考

1 健康診断結果に基づき事業者が講ずべき措置に関する指針（抄）

平成 8. 10. 1 健康診断結果措置指針公示第 1 号
最終改正 平成29. 4. 14 健康診断結果措置指針公示第 9 号

1 趣旨

労働者が職業生活の全期間を通して健康で働くことができるようにするためには，事業者が労働者の健康状態を的確に把握し，その結果に基づき，医学的知見を踏まえて，労働者の健康管理を適切に講ずることが不可欠である。そのためには，事業者は，健康診断（労働安全衛生法第66条の 2 の規定に基づく深夜業に従事する労働者が自ら受けた健康診断（以下「自発的健診」という。）及び労働者災害補償保険法第26条第 2 項第 1 号の規定に基づく二次健康診断（以下「二次健康診断」という。）を含む。）の結果，異常の所見があると診断された労働者について，当該労働者の健康を保持するために必要な措置について聴取した医師又は歯科医師（以下「医師等」という。）の意見を十分勘案し，必要があると認めるときは，当該労働者の実情を考慮して，就業場所の変更，作業の転換，労働時間の短縮，深夜業の回数の減少，昼間勤務への転換等の措置を講ずるほか，作業環境測定の実施，施設又は設備の設置又は整備，当該医師等の意見の衛生委員会若しくは安全衛生委員会（以下「衛生委員会等」という。）又は労働時間等設定改善委員会（労働時間等の設定の改善に関する特別措置法第 7 条第 1 項に規定する労働時間等設定改善委員会をいう。）への報告その他の適切な措置を講ずる必要がある（以下，事業者が講ずる必要があるこれらの措置を「就業上の措置」という。）。

この指針は，健康診断の結果に基づく就業上の措置が，適切かつ有効に実施されるため，就業上の措置の決定・実施の手順に従って，健康診断の実施，健康診断の結果についての医師等からの意見の聴取，就業上の措置の決定，健康情報の適正な取扱い等についての留意事項を定めたものである。

2 就業上の措置の決定・実施の手順と留意事項

(1) 健康診断の実施

事業者は，労働安全衛生法第66条第 1 項から第 4 項までの規定に定めるところにより，労働者に対し医師等による健康診断を実施し，当該労働者ごとに診断区分（異常なし，要観察，要医療等の区分をいう。以下同じ。）に関する医師等の判定を受ける。

なお，健康診断の実施に当たっては，事業者は受診率が向上するよう労働者に対する周知及び指導に努める必要がある。また，産業医の選任義務のある事業場においては，事業者は，当該事業場の労働者の健康管理を担当する産業医に対して，健康診断の計画や実施上の注意等について助言を求めることが必要である。

(2) 二次健康診断の受診勧奨等

事業者は，労働安全衛生法第66条第 1 項の規定による健康診断又は当該健康診断に係る同条第 5 項ただし書の規定による健康診断（以下「一次健康診断」という。）における医師の診断の結果に基づき，二次健康診断の対象となる労働者を把握し，当該労働者に対して，二次健康診断の受診を勧奨するとともに，診断区分に関する医師の判定を受けた当該二次健康診断の結果を事業者に提出するよう働きかけることが適当である。

(3) 健康診断の結果についての医師等からの意見の聴取

事業者は，労働安全衛生法第66条の 4 の規定に基づき，健康診断の結果（当該健康診断の項目に異常の所見があると診断された労働者に係るものに限る。）について，医師等の意見を聴かなければならない。

イ 意見を聴く医師等

事業者は，産業医の選任義務のある事業場においては，産業医が労働者個人ごとの健康状態や作業内容，作業環境についてより詳細に把握しうる立場にあることから，産業医から意見を聴くことが適当である。

なお，産業医の選任義務のない事業場においては，労働者の健康管理等を行うのに必要な医学に関する知識を有する医師等から意見を聴くことが適当であり，こうした医師が労働者の健康管理等に関する相談等に応じる地域産業保健センターの活用を図ること等が適当である。

ロ 医師等に対する情報の提供

事業者は，適切に意見を聴くため，必要に応じ，意見を聴く医師等に対し，労働者に係る作業環境，労働時間，労働密度，深夜業の回数及び時間数，作業態様，作業負荷の状況，過去の健康診断の結果等に関する情報及び職場巡視の機会を提供し，また，健康診断の結果のみでは労働者の身体的又は精神的状態を判断するための情報が十分でない場合は，労働者との面接の機会を提供することが適当である。また，過去に実施された労働安全衛生法第66条の 8 ，第66条の 9 及び第66条の10第 3 項の規定に基づく医師による面接指導等の結果又は労働者から同意を得て事業者に提供された法第66条の10第 1 項の規定に基づく心理的な負担の程度を把握するための検査の結果に関する情報を提供すること

も考えられる。

なお，労働安全衛生規則（昭和47年労働省令第32号）第51条の２第３項等の規定に基づき，事業者は，医師等から，意見聴取を行う上で必要となる労働者の業務に関する情報を求められたときは，速やかに，これを提供する必要がある。

また，二次健康診断の結果について医師等の意見を聴取するに当たっては，意見を聴く医師等に対し，当該二次健康診断の前提となった一次健康診断の結果に関する情報を提供することが適当である。

ハ　意見の内容

事業者は，就業上の措置に関し，その必要性の有無，講ずべき措置の内容等に係る意見を医師等から聴く必要がある。

(イ)　就業区分及びその内容についての意見

当該労働者に係る就業区分及びその内容に関する医師等の判断を下記の区分（例）によって求める。

就　業　区　分		就業上の措置の内容
区　分	内　　容	
通常勤務	通常の勤務でよいもの	
就業制限	勤務に制限を加える必要のあるもの	勤務による負荷を軽減するため，労働時間の短縮，出張の制限，時間外労働の制限，労働負荷の制限，作業の転換，就業場所の変更，深夜業の回数の減少，昼間勤務への転換等の措置を講じる。
要休業	勤務を休む必要のあるもの	療養のため，休暇，休職等により一定期間勤務させない措置を講じる。

(ロ)　作業環境管理及び作業管理についての意見

健康診断の結果，作業環境管理及び作業管理を見直す必要がある場合には，作業環境測定の実施，施設又は設備の設置又は整備，作業方法の改善その他の適切な措置の必要性について意見を求める。

ニ　意見の聴取の方法と時期

事業者は，医師等に対し労働安全衛生規則等に基づく健康診断の個人票の様式中医師等の意見欄に，就業上の措置に関する意見を記入することを求めることとする。

意見の聴取は，速やかに行うことが望ましく，特に自発的健診及び二次健康診断に係る意見の聴取はできる限り迅速に行うことが適当である。

(4)　就業上の措置の決定等

イ　労働者からの意見の聴取等

事業者は，(3)の医師等の意見に基づいて，就業区分に応じた就業上の措置を決定する場合には，あらかじめ当該労働者の意見を聴き，十分な話合いを通じてその労働者の了解が得られるよう努めることが適当である。なお，必要に応じて，産業医の同席の下に労働者の意見を聴くことが適当である。

ロ　衛生委員会等への医師等の意見の報告等

事業者は，衛生委員会等の設置義務のある事業場又は労働時間等設定改善委員会を設置している事業場においては，必要に応じ，健康診断の結果に係る医師等の意見をこれらの委員会に報告することが適当である。

なお，この報告に当たっては，労働者のプライバシーに配慮し，労働者個人が特定されないよう医師等の意見を適宜集約し，又は加工する等の措置を講ずる必要がある。

また，事業者は，就業上の措置のうち，作業環境測定の実施，施設又は設備の設置又は整備，作業方法の改善その他の適切な措置を決定する場合には，衛生委員会等の設置義務のある事業場においては，必要に応じ，衛生委員会等を開催して調査審議することが適当である。

ハ　就業上の措置の実施に当たっての留意事項

(イ)　関係者間の連携等

事業者は，就業上の措置を実施し，又は当該措置の変更若しくは解除をしようとするに当たっては，医師等と他の産業保健スタッフとの連携はもちろんのこと，当該事業場の健康管理部門と人事労務管理部門との連携にも十分留意する必要がある。また，就業上の措置の実施に当たっては，特に労働者の勤務する職場の管理監督者の理解を得ることが不可欠であることから，プライバシーに配慮しつつ事業者は，当該管理監督者に対し，就業上の措置の目的，内容等について理解が得られるよう必要な説明を行うことが適当である。

また，労働者の健康状態を把握し，適切に評価するためには，健康診断の結果を総合的に考慮することが基本であり，例えば，平成19年の労働安全衛生規則の改正により新たに追加された腹囲等の項目もこの総合的考慮の対象とすることが適当と考えられる。しかし，この項目の追加によって，事業者に対して，従来と異なる責任が求められるものではない。

なお，就業上の措置を講じた後，健康状態の改善がみられた場合には，医師等の意見を聴いた上で，通常の勤務に戻す等適切な措置

を講ずる必要がある。
 (ロ) 健康診断結果を理由とした不利益な取扱いの防止

  健康診断の結果に基づく就業上の措置は，労働者の健康の確保を目的とするものであるため，事業者が，健康診断において把握した労働者の健康情報等に基づき，当該労働者の健康の確保に必要な範囲を超えて，当該労働者に対して不利益な取扱いを行うことはあってはならない。このため，以下に掲げる事業者による不利益な取扱いについては，一般的に合理的なものとはいえないため，事業者はこれらを行ってはならない。なお，不利益な取扱いの理由が以下に掲げる理由以外のものであったとしても，実質的に以下に掲げるものに該当するとみなされる場合には，当該不利益な取扱いについても，行ってはならない。

  ① 就業上の措置の実施に当たり，健康診断の結果に基づく必要な措置について医師の意見を聴取すること等の法令上求められる手順に従わず，不利益な取扱いを行うこと。

  ② 就業上の措置の実施に当たり，医師の意見とはその内容・程度が著しく異なる等医師の意見を勘案し必要と認められる範囲内となっていないもの又は労働者の実情が考慮されていないもの等の法令上求められる要件を満たさない内容の不利益な取扱いを行うこと。

  ③ 健康診断の結果を理由として，解雇，期間を定めて雇用される者について契約の更新をしない，退職勧奨，不当な動機・目的をもってなされたと判断されるような配置転換又は職位（役職）の変更，その他の労働契約法等の労働関係法令に違反する措置を行うこと

(5) その他の留意事項
 イ 健康診断結果の通知

  事業者は，労働者が自らの健康状態を把握し，自主的に健康管理が行えるよう，労働安全衛生法第66条の6の規定に基づき，健康診断を受けた労働者に対して，異常の所見の有無にかかわらず，遅滞なくその結果を通知しなければならない。

 ロ 保健指導
  事業者は，労働者の自主的な健康管理を促進

するため，労働安全衛生法第66条の7第1項の規定に基づき，一般健康診断の結果，特に健康の保持に努める必要があると認める労働者に対して，医師又は保健師による保健指導を受けさせるよう努めなければならない。

  深夜業に従事する労働者については，昼間業務に従事する者とは異なる生活様式を求められていることに配慮し，睡眠指導や食生活指導等を一層重視した保健指導を行うよう努めることが必要である。

 ハ 再検査又は精密検査の取扱い

  事業者は，就業上の措置を決定するに当たっては，できる限り詳しい情報に基づいて行うことが適当であることから，再検査又は精密検査を行う必要のある労働者に対して，当該再検査又は精密検査受診を勧奨するとともに，意見を聴く医師等に当該検査の結果を提出するよう働きかけることが適当である。

  なお，再検査又は精密検査は，診断の確定や症状の程度を明らかにするものであり，一律には事業者にその実施が義務付けられているものではないが，省令に基づく特殊健康診断として規定されているものについては，事業者にその実施が義務付けられているので留意する必要がある。

 ニ 健康情報の保護

  事業者は，雇用管理に関する個人情報の適正な取扱いを確保するために事業者が講ずべき措置に関する指針（平成16年厚生労働省告示第259号）に基づき，健康情報の保護に留意し，その適正な取扱いを確保する必要がある。

 ホ 健康診断結果の記録の保存

  事業者は，労働安全衛生法第66条の3及び第103条の規定に基づき，健康診断結果の記録を保存しなければならない。記録の保存には，書面による保存及び電磁的記録による保存があり，電磁的記録による保存を行う場合は，厚生労働省の所管する法令の規定に基づく民間事業者等が行う書面の保存等における情報通信の技術の利用に関する省令（平成17年厚生労働省令第44号）に基づき適切な保存を行う必要がある。

3 派遣労働者に対する健康診断に係る留意事項
 （略）

2　過重労働による健康障害防止のための総合対策（抄）

平成18.3.17　基発第0317008号

最終改正　令和2.4.1　基発0401第11号，雇均発0401第4号

　過重労働による健康障害防止のための総合対策は，平成17年11月の労働安全衛生法等の改正の趣旨を踏まえ，事業者が講ずべき措置（別添「過重労働による健康障害を防止するため事業者が講ずべき措置」をいう。）を定めるとともに，当該措置が適切に講じられるよう国が行う周知徹底，指導等の所要の措置をとりまとめたものであり，これらにより過重労働による健康障害を防止することを目的とするものである。

別添「過重労働による健康障害を防止するため事業者が講ずべき措置」

1　趣旨

　長時間にわたる過重な労働は疲労の蓄積をもたらす最も重要な要因と考えられ，さらには，脳・心臓疾患の発症との関連性が強いという医学的知見が得られている。働くことにより労働者が健康を損なうようなことはあってはならないものであり，当該医学的知見を踏まえると，労働者が疲労を回復することができないような長時間にわたる過重労働を排除していくとともに，労働者に疲労の蓄積を生じさせないようにするため，労働者の健康管理に係る措置を適切に実施することが重要である。

（中略）

　本措置は，このような背景を踏まえ，過重労働による労働者の健康障害を防止することを目的として，以下のとおり，事業者が講ずべき措置を定めたものである。

2　時間外・休日労働時間等の削減

⑴　時間外労働は本来臨時的な場合に行われるものであり，また，時間外・休日労働時間（休憩時間を除き1週間当たり40時間を超えて労働させた場合におけるその超えた時間をいう。以下同じ。）が1月当たり45時間を超えて長くなるほど，業務と脳・心臓疾患の発症との関連性が強まるとの医学的知見が得られている。このようなことを踏まえ，事業者は，労基法第36条の規定に基づく協定（以下「36協定」という。）の締結に当たっては，労働者の過半数で組織する労働組合又は労働者の過半数を代表する者とともにその内容が「労働基準法第36条第1項の協定で定める労働時間の延長及び休日の労働について留意すべき事項等に関する指針」（平成30年厚生労働省告示第323号）に適合したものとなるようにするものとする。

　　また，労基法第36条第3項に規定する限度時間（以下「限度時間」という。）を超えて時間外・休日労働をさせることができる場合をできる限り具体的に定めなければならず，「業務の都合上必要な場合」，「業務上やむを得ない場合」など恒常的な長時間労働を招くおそれがあるものを定めることは認められないことに留意するとともに，限度

時間を超え時間外・休日労働させることができる時間を限度時間にできる限り近づけるように協定するよう努めなければならないものとする。

　　さらに，1月当たり45時間を超えて時間外労働を行わせることが可能である場合であっても，事業者は，実際の時間外労働を1月当たり45時間以下とするよう努めるものとする。

　　加えて，事業者は，休日労働についても削減に努めるものとする。

⑵　事業者は，「労働時間の適正な把握のために使用者が講ずべき措置に関するガイドライン」（平成29年1月20日策定）に基づき，労働時間の適正な把握を行うものとする。

⑶　事業者は，労基法第41条の2第1項の規定により労働する労働者（以下「高度プロフェッショナル制度適用者」という。）を除き，裁量労働制の適用者や労基法第41条各号に掲げる労働者を含む全ての労働者について，安衛法第66条の8の3の規定により労働時間の状況を把握し，同法第66条の8第1項又は第66条の8の2第1項に基づく医師による面接指導を実施するなど健康確保のための責務があることなどに十分留意し，当該労働者に対し，過重労働とならないよう十分な注意喚起を行うなどの措置を講ずるよう努めるものとする。

⑷　事業者は，高度プロフェッショナル制度適用者に対して，労基法第41条の2第1項第3号に基づく健康管理時間の把握，同項第4号に基づく休日確保措置，同項第5号に基づく選択的措置（以下「選択的措置」という。）及び同項第6号に基づく健康・福祉確保措置（以下「健康・福祉確保措置」という。）を実施するものとする。

3　年次有給休暇の取得促進

　事業者は，労基法第39条第7項に基づき，年5日間の年次有給休暇について時季を指定し確実に取得させるとともに，年次有給休暇を取得しやすい職場環境づくり，同条第6項に基づく年次有給休暇の計画的付与制度の活用等により年次有給休暇の取得促進を図るものとする。

4　労働時間等の設定の改善

労働時間等の設定の改善に関する特別措置法（平成4年法律第90号。以下「労働時間等設定改善法」という。）第4条第1項に基づく，労働時間等設定改善指針（平成20年厚生労働省告示第108号。以下「改善指針」という。）においては，事業主及びその団体が労働時間等の設定の改善（労働時間，休日数，年次有給休暇を与える時季，深夜業の回数，終業から始業までの時間その他の労働時間等に関する事項について労働者の健康と生活に配慮するとともに多様な働き方に対応したものへと改善することをいう。）について適切に対処するために必要な事項を定めている。今般の働き方改革関連を推進するための関係法律の整備に関する法律の施行に伴い，改善指針が改正されたところであり，事業者は，過重労働による健康障害を防止する観点から，労働時間等設定改善法及び改善指針に留意しつつ，必要な措置を講じるよう努めるものとする。

特に，労働時間等設定改善法において努力義務として規定された勤務間インターバル制度は，労働者の生活時間や睡眠時間を確保するためのものであり，過重労働による健康障害の防止にも資することから，事業者はその導入に努めるものとする。

5　労働者の健康管理に係る措置の徹底

(1)　健康管理体制の整備，健康診断の実施等

ア　健康管理体制の整備

(ア)　事業者は，安衛法に基づき，産業医，衛生管理者，衛生推進者等を選任し，その者に事業場における健康管理に関する職務等を適切に行わせる等健康管理に関する体制を整備するものとする。

なお，常時使用する労働者が50人未満の事業場の場合には，産業保健総合支援センターの地域窓口（地域産業保健センター）の活用を図るものとする。

(イ)　事業者は，安衛法第13条の規定等に基づき，産業医に対し，以下の情報を提供するものとする。

なお，労働者数が50人未満の事業場であって，同法第13条の2の規定に基づき，労働者の健康管理等を行うのに必要な医学に関する知識を有する医師又は保健師（以下「医師等」という。）を選任した事業者は，以下の情報を医師等に提供するよう努めるものとする。

a　既に講じた健康診断実施後の措置，長時間労働者若しくは高度プロフェッショナル制度適用者に対する面接指導実施後の措置若しくは労働者の心理的な負担の程度を把握するための検査の結果に基づく面接指導実施後の措置又は講じようとする措置の内容に関する情報（これらの措置を講じない

場合にあっては，その旨及びその理由）

b　時間外・休日労働時間が1月当たり80時間を超えた労働者の氏名及び当該労働者に係る当該超えた時間に関する情報又は健康管理時間（労基法第41条の2第1項第3号の規定等に基づき，事業場内にいた時間と事業場外において労働した時間との合計の時間をいう。以下同じ。）が，1週間当たり40時間を超えた場合におけるその超えた時間について，1月当たり80時間を超えた高度プロフェッショナル制度適用者の氏名及び当該適用者に係る当該超えた時間に関する情報

c　a及びbに掲げるもののほか，労働者の作業環境，労働時間，作業態様，作業負荷の状況，深夜業等の回数・時間数などの労働者の業務に関する情報のうち，産業医が労働者の健康管理等を適切に行うために必要と認める情報

(ウ)　事業者は，安衛法第13条の規定等に基づき，労働者の健康管理等について産業医から勧告を受けたときは，当該勧告を受けた後遅滞なく，当該勧告の内容及び当該勧告を踏まえて講じた措置又は講じようとする措置の内容を，措置を講じない場合にあってはその旨及びその理由を衛生委員会又は安全衛生委員会（以下「衛生委員会等」という。）に報告しなければならないものとする。

(エ)　事業者は，安衛法第13条の3の規定等に基づき，産業医等が労働者からの健康相談に応じ，適切に対応するために必要な体制の整備を次のとおり実施するものとする。

a　事業者は，産業医の業務の具体的な内容，産業医に対する健康相談の申出の方法（健康相談の日時・場所等を含む。）及び産業医による労働者の心身の状態に関する情報の取扱いの方法について労働者に周知するものとする。

b　医師等を選任した事業者は，医師等の業務の具体的な内容，医師等による健康相談の申出の方法（健康相談の日時・場所等を含む。）及び医師等による労働者の心身の状態に関する情報の取扱いの方法について労働者に周知するよう努めるものとする。

(オ)　衛生委員会等における調査審議

事業者は，安衛法第18条の規定等に基づき，衛生委員会等を毎月1回以上開催するものとする。

また，衛生委員会等において，以下に掲げる長時間労働者等に対する面接指導及び労働者のメンタルヘルス対策に関する事項等につ

いて，調査審議するものとする。

　　なお，常時使用する労働者が50人未満の事業者においては，関係労働者の意見を聴くための機会を設ける等労働者の意見が反映されるよう努めるものとする。

　　＜長時間労働者等に対する面接指導等（医師による面接指導及び面接指導に準ずる措置をいう。以下同じ。）に係る事項＞（略）

　　＜メンタルヘルス対策に係る事項＞（略）

　　＜その他の事項＞（略）

イ　健康診断の実施

　(ア)　健康診断の実施

　　　事業者は，安衛法第66条から第66条の7までに基づき，健康診断，健康診断結果についての医師からの意見聴取，健康診断実施後の措置，保健指導等を確実に実施するものとする。特に，深夜業を含む業務に常時従事する労働者に対しては，6月以内ごとに1回の健康診断を実施しなければならないことに留意するものとする。なお，医師からの意見聴取の際には，事業者は労働時間等に関する情報を提供することが適当であること。

　(イ)　自発的健康診断制度の活用等

　　　事業者は，安衛法第66条の2に基づく深夜業に従事する労働者を対象とした自発的健康診断制度や，労働者災害補償保険法（昭和22年法律第50号）第26条に基づく血圧等一定の健康診断項目に異常の所見がある労働者を対象とした二次健康診断等給付制度の活用について，労働者への周知に努めるものとするとともに，労働者からこれらの制度を活用した健康診断の結果の提出があったときには，安衛法第66条の5に基づく事後措置についても講ずる必要があることについて留意するものとする。

ウ　健康教育等

　　事業者は，安衛法第69条に基づき，労働者の健康保持増進を図るための措置を継続的かつ計画的に実施するものとする。

(2)　長時間にわたる時間外・休日労働を行った労働者に対する面接指導等（高度プロフェッショナル制度適用者を除く。）

ア　労働時間の状況の把握（略）

イ　産業医及び労働者への労働時間に関する情報の通知（略）

ウ　面接指導等の実施等（略）

エ　面接指導等を実施するための手続等の整備（略）

オ　常時使用する労働者が50人未満の事業者の対応（略）

(3)　高度プロフェッショナル制度適用者に対する面接指導等

ア　健康管理時間の把握（略）

イ　産業医への健康管理時間に関する情報提供及び高度プロフェッショナル制度適用者への健康管理時間の開示（略）

ウ　面接指導の実施等（略）

エ　面接指導を実施するための手続等の整備（略）

オ　常時使用する労働者が50人未満の事業者の対応（略）

カ　選択的措置及び健康・福祉確保措置（略）

(4)　メンタルヘルス対策の実施

ア　メンタルヘルス対策の実施

　　「メンタルヘルス指針」に基づき，衛生委員会等における調査審議を通じて策定した「心の健康づくり計画」に基づき，事業者は，心の健康問題の特性を考慮しつつ，健康情報を含む労働者の個人情報の保護及び労働者の意思の尊重に留意しながら，労働者の心の健康の保持増進のための措置を実施するものとする。

　　具体的には，ストレスチェック制度の活用や職場環境等の改善を通じてメンタルヘルス不調を未然に防止する一次予防，メンタルヘルス不調を早期に発見し適切な措置を行う二次予防，メンタルヘルス不調となった労働者の職場復帰支援を行う三次予防に取り組むものとする。

　　また，教育研修，情報提供並びに「セルフケア」，「ラインによるケア」，「事業場内産業保健スタッフ等によるケア」及び「事業場外資源によるケア」の4つのメンタルヘルスケアが継続的かつ計画的に行われるようにするものとする。

イ　ストレスチェックの実施

　　安衛法第66条の10により，事業者は，常時使用する労働者に対して1年以内ごとに1回，ストレスチェックを実施し，申出のあった高ストレス者に対して医師による面接指導を行うとともに，就業上の措置について医師の意見を聴き，その意見を勘案して必要な措置を講じること（以上をまとめて「ストレスチェック制度」という。）が義務付けられている（常時使用する労働者が50人未満の事業者においては，努力義務）。このため，事業者は，「ストレスチェック指針」に基づき，ストレスチェック制度を適切に実施する必要がある。

　　なお，ストレスチェックの実施によって，過重労働が原因となったメンタルヘルス不調が認められ，就業上の措置が必要となる場合があり得る。このため，事業者は，上記(2)又は(3)の長時間労働者等を対象とした面接指導等の対応だけでなく，高ストレス者に対する面接指導の結果及び当該結果に基づく就業上の措置に係る医

師の意見も活用して，過重労働による健康障害
防止対策に取り組むこと。
(5)　過重労働による業務上の疾病を発生させた場合
の措置
　事業者は，過重労働による業務上の疾病を発生
させた場合には，産業医等の助言を受け，又は必
要に応じて労働衛生コンサルタントの活用を図り
ながら，次により原因の究明及び再発防止の徹底
を図るものとする。
　ア　原因の究明
　　労働時間の適正管理，労働時間及び勤務の不
　規則性，拘束時間の状況，出張業務の状況，交
　替制勤務・深夜勤務の状況，作業環境の状況，
　精神的緊張を伴う勤務の状況，健康診断及び面

接指導等の結果等について，多角的に原因の究
明を行うこと。
　イ　再発防止
　　上記アの結果に基づき，衛生委員会等の調査
　審議を踏まえ，上記2から5の(3)までの措置に
　則った再発防止対策を樹立し，その対策を適切
　に実施すること。
(6)　労働者の心身の状態に関する情報の取扱い
　安衛法第104条第3項の規定に基づく，健康情
報の適正な取扱い指針により，事業者は，事業場
における取扱規程を策定することによって，労働
者の心身の状態に関する情報を適正に管理するも
のとする。

3　労働者の心の健康の保持増進のための指針（概要）

平成18. 3. 31　労働者の健康の保持増進のための指針公示第3号
改正　平成27. 11. 30　労働者の健康の保持増進のための指針公示第6号

1　趣旨

　本指針は，労働安全衛生法（昭和47年法律第57号）第70条の2第1項の規定に基づき，同法第69条第1項の措置の適切かつ有効な実施を図るための指針として，事業場において事業者が講ずる労働者の心の健康の保持増進のための措置（以下「メンタルヘルスケア」という。）が適切かつ有効に実施されるよう，メンタルヘルスケアの原則的な実施方法について定めるものであり，事業者は，本指針に基づき，各事業場の実態に即した形で積極的に取り組むことが望ましい。

2　メンタルヘルスケアの基本的考え方

　職場に存在するストレス要因は，労働者自身の力だけでは取り除くことができないものもあることから，労働者の心の健康づくりを推進していくためには，職場環境の改善も含め，事業者によるメンタルヘルスケアの積極的推進が重要である。事業者は，自らがストレスチェック制度を含めた事業場におけるメンタルヘルスケアを積極的に推進することを表明するとともに，衛生委員会又は安全衛生委員会（以下「衛生委員会等」という。）において十分調査審議を行い，メンタルヘルスケアに関する事業場の現状とその問題点を明確にし，その問題点を解決する具体的な実施事項等についての基本的な計画（以下「心の健康づくり計画」という。）を策定・実施するとともに，ストレスチェック制度の実施方法等に関する規程を策定し，制度の円滑な実施を図る必要がある。また，心の健康づくり計画の実施に当たっては，ストレスチェック制度の活用や職場環境等の改善を通じて，メンタルヘルス不調を未然に防止する「一次予防」，メンタルヘルス不調を早期に発見し，適切な措置を行う「二次予防」及びメンタルヘルス不調となった労働者の職場復帰を支援等を行う「三次予防」が円滑に行われるようにする必要がある。これらの取組においては，教育研修，情報提供及び「セルフケア」，「ラインによるケア」，「事業場内産業保健スタッフ等によるケア」並びに「事業場外資源によるケア」の4つのメンタルヘルスケアが継続的かつ計画的に行われるようにすることが重要である。

　さらに，事業者は，メンタルヘルスケアを推進するに当たっては，心の健康問題の特性を考慮しつつ，健康情報を含む労働者の個人情報の保護及び労働者の意思の尊重に留意することが重要である。また，人事労務管理と密接に関係する要因によって影響を受けるため，人事労務管理と連携する必要がある。さらに，職場のストレス要因のみならず，家庭・個人生活等の職場外のストレス要因の影響を受けている場合も多いことなどにも留意する必要がある。

3　衛生委員会等における調査審議

　メンタルヘルスケアの推進に当たっては，労使，産業医，衛生管理者等で構成される衛生委員会等を活用することが効果的であり，労働安全衛生規則第22条において，衛生委員会の付議事項として「労働者の精神的健康の保持増進を図るための対策の樹立に関すること」が規定されている。4に掲げる心の健康づくり計画の策定はもとより，その実施体制の整備等の具体的な実施方策や個人情報の保護に関する規程等の策定等に当たっては，衛生委員会等において十分調査審議を行うことが必要である。

　また，ストレスチェック制度に関しては，心理的な負担の程度を把握するための検査及び面接指導の実施並びに面接指導結果に基づき事業者が講ずべき措置に関する指針（平成27年4月15日心理的な負担の程度を把握するための検査等指針公示第1号。以下「ストレスチェック指針」という。）により，衛生委員会等においてストレスチェックの実施方法等について調査審議を行い，その結果を踏まえてストレスチェック制度の実施に関する規程を定めることとされていることから，ストレスチェック制度に関する調査審議とメンタルヘルスケアに関する調査審議を関連付けて行うことが望ましい。

　なお，衛生委員会等の設置義務のない小規模事業場においても，労働者の意見が反映されるようにすることが必要である。

4　心の健康づくり計画

　メンタルヘルスケアは，中長期的視点に立って，継続的かつ計画的に行われるようにすることが重要である。このため，事業者は衛生委員会等において十分調査審議を行い，心の健康づくり計画を策定することが必要である。

　また，メンタルヘルスケアを効果的に推進するためには，心の健康づくり計画の中で，事業者自らが事業場におけるメンタルヘルスケアを積極的に推進することを表明するとともに，その実施体制を確立する必要があり，その実施においては，実施状況等を適切に評価し，評価結果に基づき必要な改善を行うことにより，メンタルヘルスケアの一層の充実・向上に努めることが望ましい。

　心の健康づくり計画で定めるべき事項は次に掲げるとおりである。

① 事業者がメンタルヘルスケアを積極的に推進する旨の表明に関すること。
② 事業場における心の健康づくりの体制の整備に関すること。
③ 事業場における問題点の把握及びメンタルヘルスケアの実施に関すること。
④ メンタルヘルスケアを行うために必要な人材の確保及び事業場外資源の活用に関すること。
⑤ 労働者の健康情報の保護に関すること。
⑥ 心の健康づくり計画の実施状況の評価及び計画の見直しに関すること。
⑦ その他労働者の心の健康づくりに必要な措置に関すること。

なお，ストレスチェック制度は，各事業場の実情に即して実施されるメンタルヘルスケアに関する一次予防から三次予防までの総合的な取組の中に位置付けることが重要であることから，心の健康づくり計画において，その位置付けを明確にすることが望ましい。また，ストレスチェック制度の実施に関する規程の策定を心の健康づくり計画の一部として行っても差し支えない。

5　4つのメンタルヘルスケアの推進

本指針においては，メンタルヘルスケアを4つのケアに分類している。
(1) セルフケア（労働者が自ら行うストレスへの気づきと対処）
・事業者は，労働者に対して，セルフケアに関する教育研修，情報提供を行うこと。
・事業者は，労働者自身が管理監督者や事業場内産業保健スタッフ等に自発的に相談しやすい環境を整備すること。
・ストレスへの気付きを促すためには，ストレスチェック制度によるストレスチェックの実施が重要であり，特別の理由がない限り，すべての労働者がストレスチェックを受けることが望ましいこと。さらに，ストレスへの気付きのためには，ストレスチェックとは別に，随時，セルフチェックを行う機会を提供することも効果的であること。
(2) ラインによるケア（管理監督者が行う職場環境等の改善と相談への対応）
・管理監督者は，作業環境，作業方法，労働時間等の職場環境等を評価して具体的な問題点を把握し，改善を図ること。
・管理監督者は，個々の労働者に過度な長時間労働，過重な疲労，心理的負荷，責任等が生じないようにする等の配慮を行うこと。
・管理監督者は，日常的に，労働者からの自発的な相談に対応するよう努めること。
・事業者は，管理監督者に対して，ラインによる

ケアに関する教育研修等を行うこと。
(3) 事業場内産業保健スタッフ等によるケア（産業医等による専門的ケア）
・事業者は，事業場内産業保健スタッフ等に対して，教育研修，知識修得等の機会の提供を図ること。
・事業者は，メンタルヘルスケアに関する方針を明示し，実施すべき事項を委嘱又は指示すること。
・事業者は，事業場内産業保健スタッフ等が，労働者の自発的相談やストレスチェック結果の通知を受けた労働者からの相談等を受けることができる制度及び体制を，それぞれの事業場内の実態に応じて整えること。
・事業者は，産業医等の助言，指導等を得ながら事業場のメンタルヘルスケアの推進の実務を担当する事業場内メンタルヘルス推進担当者を，事業場内産業保健スタッフ等の中から選任するよう努めること。ただし，事業場内メンタルヘルス推進担当者は，労働者のメンタルヘルスに関する個人情報を取り扱うことから，労働者について解雇，昇進又は異動に関して直接の権限を持つ監督的地位にある者（以下「人事権を有する者」という。）を選任することは適当でないこと。なお，ストレスチェック制度においては，労働安全衛生規則第52条の10第2項により，ストレスチェックを受ける労働者について人事権を有する者は，ストレスチェックの実施の事務に従事してはならないこととされていることに留意すること。
・一定規模以上の事業場にあっては，事業場内に又は企業内に，心の健康づくり専門スタッフや保健師等を確保し，活用することが望ましい。
(4) 事業場外資源によるケア
・事業者は，必要に応じ，それぞれの役割に応じた事業場外資源を活用することが望ましい。ただし，事業場外資源を活用する場合は，メンタルヘルスケアに関するサービスが適切に実施できる体制や，情報管理が適切に行われる体制が整備されているか等について，事前に確認することが望ましい。

6　メンタルヘルスケアの具体的進め方（略）

7　メンタルヘルスに関する個人情報の保護への配慮

健康情報を含む労働者の個人情報の保護に関しては，個人情報の保護に関する法律及び関連する指針等が定められており，個人情報を事業の用に供する個人情報取扱事業者に対して，個人情報の利用目的の公表や通知，目的外の取扱いの制限，安全管理措置，第三者提供の制限などを義務づけている。メンタルヘルス

ケアを進めるに当たっては，事業者は，これらの法令等を遵守し，労働者の健康情報の適正な取扱いに努めなければならない。

8　心の健康に関する情報を理由とした不利益な取扱いの防止

⑴　事業者による労働者に対する不利益取扱いの防止

　事業者が，メンタルヘルスケア等を通じて労働者の心の健康に関する情報を把握した場合において，その情報は当該労働者の健康確保に必要な範囲で利用されるべきものであり，事業者が，当該労働者の健康の確保に必要な範囲を超えて，当該労働者に対して不利益な取扱いを行うことはあってはならない。

　このため，労働者の心の健康に関する情報を理由として，以下に掲げる不利益な取扱いを行うことは，一般的に合理的なものとはいえないため，事業者はこれらを行ってはならない。なお，不利益な取扱いの理由が労働者の心の健康に関する情報以外のものであったとしても，実質的にこれに該当するとみなされる場合には，当該不利益な取扱いについても，行ってはならない。

①　解雇すること。

②　期間を定めて雇用される者について契約の更新をしないこと。

③　退職勧奨を行うこと。

④　不当な動機・目的をもってなされたと判断されるような配置転換又は職位（役職）の変更を命じること。

⑤　その他の労働契約法等の労働関係法令に違反する措置を講じること。

⑵　派遣先事業者による派遣労働者に対する不利益取扱いの防止

　次に掲げる派遣先事業者による派遣労働者に対する不利益な取扱いについては，一般的に合理的なものとはいえないため，派遣先事業者はこれを行ってはならない。なお，不利益な取扱いの理由がこれ以外のものであったとしても，実質的にこれに該当するとみなされる場合には，当該不利益な取扱いについても行ってはならない。

①　心の健康に関する情報を理由とする派遣労働者の就業上の措置について，派遣元事業者からその実施に協力するよう要請があったことを理由として，派遣先事業者が，当該派遣労働者の変更を求めること。

②　本人の同意を得て，派遣先事業者が派遣労働者の心の健康に関する情報を把握した場合において，これを理由として，医師の意見を勘案せず又は当該派遣労働者の実情を考慮せず，当該派遣労働者の変更を求めること。

9　小規模事業場におけるメンタルヘルスケアの取組の留意事項（略）

10　定義（略）

4　事業場における労働者の健康保持増進のための指針（抄）

昭和63.9.1　健康保持増進のための指針公示第1号
最終改正　令和5.3.31　健康保持増進のための指針公示第11号

1　趣旨

　労働者の心身の健康問題に対処するためには，早い段階から心身の両面について健康教育等の予防対策に取り組むことが重要であることから，事業場において，全ての労働者を対象として心身両面の総合的な健康の保持増進を図ることが必要である。なお，労働者の健康の保持増進を図ることは，労働生産性向上の観点からも重要である。

　また，事業場において健康教育等の労働者の健康の保持増進のための措置が適切かつ有効に実施されるためには，その具体的な実施方法が，事業場において確立していることが必要である。

　本指針は，労働安全衛生法（昭和47年法律第57号）第70条の2第1項の規定に基づき，同法第69条第1項の事業場において事業者が講ずるよう努めるべき労働者の健康の保持増進のための措置（以下「健康保持増進措置」という。）が適切かつ有効に実施されるため，当該措置の原則的な実施方法について定めたものである。事業者は，健康保持増進措置の実施に当たっては，本指針に基づき，事業場内の産業保健スタッフ等に加えて，積極的に労働衛生機関，中央労働災害防止協会，スポーツクラブ，医療保険者，地域の医師会や歯科医師会，地方公共団体又は産業保健総合支援センター等の事業場外資源を活用することで，効果的な取組を行うものとする。また，全ての措置の実施が困難な場合には，可能なものから実施する等，各事業場の実態に即した形で取り組むことが望ましい。

2　健康保持増進対策の基本的考え方

　近年，生活習慣病予備群に対する生活習慣への介入効果についての科学的根拠が国際的に蓄積され，生活習慣病予備群に対する効果的な介入プログラムが開発されてきた。さらに，メタボリックシンドロームの診断基準が示され，内臓脂肪の蓄積に着目した保健指導の重要性が明らかになっている。また，健康管理やメンタルヘルスケア等心身両面にわたる健康指導技術の開発も進み，多くの労働者を対象とした健康の保持増進活動が行えるようになってきた。

　また，労働者の健康の保持増進には，労働者が自主的，自発的に取り組むことが重要である。しかし，労働者の働く職場には労働者自身の力だけでは取り除くことができない疾病増悪要因，ストレス要因等が存在しているため，労働者の健康を保持増進していくためには，労働者の自助努力に加えて，事業者の行う健康管理の積極的推進が必要である。その健康管理も単に健康障害を防止するという観点のみならず，更に一歩

進んで，労働生活の全期間を通じて継続的かつ計画的に心身両面にわたる積極的な健康保持増進を目指したものでなければならず，生活習慣病の発症や重症化の予防のために保健事業を実施している医療保険者と連携したコラボヘルスの推進に積極的に取り組んでいく必要がある。

　労働者の健康の保持増進のための具体的措置としては，運動指導，メンタルヘルスケア，栄養指導，口腔保健指導，保健指導等があり，各事業場の実態に即して措置を実施していくことが必要である。

　さらに，事業者は，健康保持増進対策を推進するに当たって，次の事項に留意することが必要である。

① 健康保持増進対策における対象の考え方

　健康保持増進措置は，主に生活習慣上の課題を有する労働者の健康状態の改善を目指すために個々の労働者に対して実施するものと，事業場全体の健康状態の改善や健康保持増進に係る取組の活性化等，生活習慣上の課題の有無に関わらず労働者を集団として捉えて実施するものがある。事業者はそれぞれの措置の特徴を理解したうえで，これらの措置を効果的に組み合わせて健康保持増進対策に取り組むことが望ましい。

② 労働者の積極的な参加を促すための取組

　労働者の中には健康保持増進に関心を持たない者も一定数存在すると考えられることから，これらの労働者にも抵抗なく健康保持増進に取り組んでもらえるようにすることが重要である。加えて，労働者の行動が無意識のうちに変化する環境づくりやスポーツ等の楽しみながら参加できる仕組みづくり等に取り組むことも重要である。また，これらを通じて事業者は，労働者が健康保持増進に取り組む文化や風土を醸成していくことが望ましい。

③ 労働者の高齢化を見据えた取組

　労働者が高齢期を迎えても健康に働き続けるためには，心身両面の総合的な健康が維持されていることが必要であり，若年期からの運動の習慣化や，高年齢労働者を対象とした身体機能の維持向上のための取組等を通じて，加齢とともに筋力や認知機能等の心身の活力が低下するフレイルやロコモティブシンドロームの予防に取り組むことが重要である。健康保持増進措置を検討するに当たっては，このような視点を盛り込むことが望ましい。

　また，加齢に伴う筋力や認知機能等の低下は転倒等の労働災害リスクにつながることから，健康

状況の継続的な把握のもと，高年齢労働者の安全と健康確保のためのガイドライン（エイジフレンドリーガイドライン）（令和2年3月16日付け基安発0316第1号）に基づき対応することが重要である。

3　健康保持増進対策の推進に当たっての基本事項

事業者は，健康保持増進対策を中長期的視点に立って，継続的かつ計画的に行うため，以下の項目に沿って積極的に進めていく必要がある。

また，健康保持増進対策の推進に当たっては，事業者が労働者等の意見を聴きつつ事業場の実態に即した取組を行うため，労使，産業医，衛生管理者等で構成される衛生委員会等を活用して以下の項目に取り組むとともに，各項目の内容について関係者に周知することが必要である。

なお，衛生委員会等の設置義務のない小規模事業場においても，これらの実施に当たっては，労働者等の意見が反映されるようにすることが必要である。

加えて，健康保持増進対策の推進単位については，事業場単位だけでなく，企業単位で取り組むことも考えられる。

(1)　健康保持増進方針の表明

事業者は，健康保持増進方針を表明するものとする。健康保持増進方針は，事業場における労働者の健康の保持増進を図るための基本的な考え方を示すものであり，次の事項を含むものとする。

・事業者自らが事業場における健康保持増進を積極的に支援すること。
・労働者の健康の保持増進を図ること。
・労働者の協力の下に，健康保持増進対策を実施すること。
・健康保持増進措置を適切に実施すること。

(2)　推進体制の確立

事業者は，事業場内の健康保持増進対策を推進するため，その実施体制を確立するものとする(4(1)参照)。

(3)　課題の把握

事業者は，事業場における労働者の健康の保持増進に関する課題等を把握し，健康保持増進対策を推進するスタッフ等の専門的な知見も踏まえ，健康保持増進措置を検討するものとする。なお，課題の把握に当たっては，労働者の健康状態等が把握できる客観的な数値等を活用することが望ましい。

(4)　健康保持増進目標の設定

事業者は，健康保持増進方針に基づき，把握した課題や過去の目標の達成状況を踏まえ，健康保持増進目標を設定し，当該目標において一定期間に達成すべき到達点を明らかにする。

また，健康保持増進対策は，中長期的な視点に立っ

て，継続的かつ計画的に行われるようにする必要があることから，目標においても中長期的な指標を設定し，その達成のために計画を進めていくことが望ましい。

(5)　健康保持増進措置の決定

事業者は，表明した健康保持増進方針，把握した課題及び設定した健康保持増進目標を踏まえ，事業場の実情も踏まえつつ，健康保持増進措置を決定する。

(6)　健康保持増進計画の作成

事業者は，健康保持増進目標を達成するため，健康保持増進計画を作成するものとする。健康保持増進計画は各事業場における労働安全衛生に関する計画の中に位置付けることが望ましい。

健康保持増進計画は具体的な実施事項，日程等について定めるものであり，次の事項を含むものとする。

・健康保持増進措置の内容及び実施時期に関する事項
・健康保持増進計画の期間に関する事項
・健康保持増進計画の実施状況の評価及び計画の見直しに関する事項

(7)　健康保持増進計画の実施

事業者は，健康保持増進計画を適切かつ継続的に実施するものとする。また，健康保持増進計画を適切かつ継続的に実施するために必要な留意すべき事項を定めるものとする。

(8)　実施結果の評価

事業者は，事業場における健康保持増進対策を，継続的かつ計画的に推進していくため，当該対策の実施結果等を評価し，新たな目標や措置等に反映させることにより，今後の取組を見直すものとする。

4　健康保持増進対策の推進に当たって事業場ごとに定める事項

以下の項目は，健康保持増進対策の推進に当たって，効果的な推進体制を確立するための方法及び健康保持増進措置についての考え方を示したものである。事業者は，各事業場の実態に即した適切な体制の確立及び実施内容について，それぞれ以下の事項より選択し，実施するものとする。

(1)　体制の確立

事業者は，次に掲げるスタッフや事業場外資源等を活用し，健康保持増進対策の実施体制を整備し，確立する。

イ　事業場内の推進スタッフ

事業場における健康保持増進対策の推進に当たっては，事業場の実情に応じて，事業者が，労働衛生等の知識を有している産業医等，衛生管理者等，事業場内の保健師等の事業場内産業

保健スタッフ及び人事労務管理スタッフ等を活用し，各担当における役割を定めたうえで，事業場内における体制を構築する。

　また，例えば労働者に対して運動プログラムを作成し，運動実践を行うに当たっての指導を行うことができる者，労働者に対してメンタルヘルスケアを行うことができる者等の専門スタッフを養成し，活用することも有効である。なお，健康保持増進措置を効果的に実施する上で，これらのスタッフは，専門分野における十分な知識・技能と労働衛生等についての知識を有していることが必要である。このため，事業者は，これらのスタッフに研修機会を与える等の能力の向上に努める。

　ロ　事業場外資源

　　健康保持増進対策の推進体制を確立するため，事業場内のスタッフを活用することに加え，事業場が取り組む内容や求めるサービスに応じて，健康保持増進に関し専門的な知識を有する各種の事業場外資源を活用する。

　　事業場外資源を活用する場合は，健康保持増進対策に関するサービスが適切に実施できる体制や，情報管理が適切に行われる体制が整備されているか等について，事前に確認する。事業場外資源として考えられる機関等は以下のとおり。

　　・労働衛生機関，中央労働災害防止協会，スポーツクラブ等の健康保持増進に関する支援を行う機関
　　・医療保険者
　　・地域の医師会や歯科医師会，地方公共団体等の地域資源
　　・産業保健総合支援センター

(2)　健康保持増進措置の内容

　事業者は，次に掲げる健康保持増進措置の具体的項目を実施する。

　イ　健康指導

　　(イ)　労働者の健康状態の把握

　　　健康指導の実施に当たっては，健康診断や必要に応じて行う健康測定等により労働者の健康状態を把握し，その結果に基づいて実施する必要がある。

　　　健康測定とは，健康指導を行うために実施される調査，測定等のことをいい，疾病の早期発見に重点をおいた健康診断を活用しつつ，追加で生活状況調査や医学的検査等を実施するものである。

　　　筋力や認知機能等の低下に伴う転倒等の労働災害を防止するため，体力の状況を客観的に把握し，自らの身体機能の維持向上に取り組めるよう，具体的には以下の健康測定等を

実施することが考えられる。

　　・転倒等のリスクを確認する身体機能セルフチェック
　　・加齢による心身の衰えを確認するフレイルチェック
　　・移動機能を確認するロコモ度テスト

　　　なお，健康測定は，産業医等が中心となって行い，その結果に基づき各労働者の健康状態に応じた必要な指導を決定する。それに基づき，事業場内の推進スタッフ等が労働者に対して労働者自身の健康状況について理解を促すとともに，必要な健康指導を実施することが効果的である。

　　　また，データヘルスやコラボヘルス等の労働者の健康保持増進対策を推進するため，労働安全衛生法に基づく定期健康診断の結果の記録等，労働者の健康状態等が把握できる客観的な数値等を医療保険者に共有することが必要であり，そのデータを医療保険者と連携して，事業場内外の複数の集団間のデータと比較し，事業場における労働者の健康状態の改善や健康保持増進に係る取組の決定等に積極的に活用することが重要である。

　　(ロ)　健康指導の実施

　　　労働者の健康状態の把握を踏まえ実施される労働者に対する健康指導については，以下の項目を含むもの又は関係するものとする。また，事業者は，希望する労働者に対して個別に健康相談等を行うように努めることが必要である。

　　・労働者の生活状況，希望等が十分に考慮され，運動の種類及び内容が安全に楽しくかつ効果的に実践できるよう配慮された運動指導
　　・ストレスに対する気付きへの援助，リラクセーションの指導等のメンタルヘルスケア
　　・食習慣や食行動の改善に向けた栄養指導
　　・歯と口の健康づくりに向けた口腔保健指導
　　・勤務形態や生活習慣による健康上の問題を解決するために職場生活を通して行う，睡眠，喫煙，飲酒等に関する健康的な生活に向けた保健指導

　　　併せて，高年齢労働者に対しては，フレイルやロコモティブシンドロームの予防を意識した健康づくり活動を実施することが重要である。なお，(イ)に掲げるフレイルチェックの結果も踏まえ，市町村が提供する一般介護予防事業等を利用できる可能性があるため，当該高年齢労働者の居住する市町村や地域包括支援センターに相談することも可能である。

ロ　その他の健康保持増進措置

　　イに掲げるもののほか，健康教育，健康相談又は，健康保持増進に関する啓発活動や環境づくり等の内容も含むものとする。なお，その他の健康保持増進措置を実施するに当たっても労働者の健康状態を事前に把握し，取り組むことが有用である。

5　健康保持増進対策の推進における留意事項

(1) 客観的な数値の活用

　　事業場における健康保持増進の問題点についての正確な把握や達成すべき目標の明確化等が可能となることから，課題の把握や目標の設定等においては，労働者の健康状態等を客観的に把握できる数値を活用することが望ましい。数値については，例えば，定期健康診断結果や医療保険者から提供される事業場内外の複数の集団間の健康状態を比較したデータ等を活用することが考えられる。

(2) 「労働者の心の健康の保持増進のための指針」との関係

　　本指針のメンタルヘルスケアとは，積極的な健康づくりを目指す人を対象にしたものであって，その内容は，ストレスに対する気付きへの援助，リラクセーションの指導等であり，その実施に当たっては，労働者の心の健康の保持増進のための指針（平成18年３月31日健康保持増進のための指針公示第３号）を踏まえて，集団や労働者の状況に応じて適切に行われる必要がある。また，健康保持増進措置として，メンタルヘルスケアとともに，運動指導，保健指導等を含めた取組を実施する必要がある。

(3) 個人情報の保護への配慮

　　健康保持増進対策を進めるに当たっては，健康情報を含む労働者の個人情報の保護に配慮することが極めて重要である。

　　健康情報を含む労働者の個人情報の保護に関しては，個人情報の保護に関する法律（平成15年法律第57号）及び労働者の心身の状態に関する情報の適正な取扱いのために事業者が講ずべき措置に関する指針（平成30年９月７日労働者の心身の状態に関する情報の適正な取扱い指針公示第１号）等の関連する指針等が定められており，個人情報を事業の用に供する個人情報取扱事業者に対して，個人情報の利用目的の公表や通知，目的外の取扱いの制限，安全管理措置，第三者提供の制限等を義務づけている。また，個人情報取扱事業者以外の事業者であって健康情報を取り扱う者は，健康情報が特に適正な取扱いの厳格な実施を確保すべきものであることに十分留意し，その適正な取扱いの確保に努めることとされている。事業者

は，これらの法令等を遵守し，労働者の健康情報の適正な取扱いを図るものとする。

　　また，健康測定等健康保持増進の取組において，その実施の事務に従事した者が，労働者から取得した健康情報を利用するに当たっては，当該労働者の健康保持増進のために必要な範囲を超えて利用してはならないことに留意すること。事業者を含む第三者が，労働者本人の同意を得て健康情報を取得した場合であっても，これと同様であること。

　　なお，高齢者の医療の確保に関する法律（昭和57年法律第80号）第27条第３項及び第４項，健康保険法（大正11年法律第70号）第150条第２項及び第３項等の規定に基づき，医療保険者から定期健康診断に関する記録の写しの提供の求めがあった場合に，事業者は当該記録の写しを医療保険者に提供しなければならないこととされていることに留意が必要であり，当該規定に基づく提供は個人情報の保護に関する法律第27条第１項第１号に規定する「法令に基づく場合」に該当するため，第三者提供に係る本人の同意は不要である。

(4) 記録の保存

　　事業者は，健康保持増進措置の実施の事務に従事した者の中から，担当者を指名し，当該担当者に健康測定の結果，運動指導の内容等健康保持増進措置に関する記録を電磁的な方法で保存及び管理させることが適切である。

6　定義

　本指針において，以下に掲げる用語の意味は，それぞれ次に定めるところによる。

① 健康保持増進対策

　　労働安全衛生法第69条第１項の規定に基づく事業場において事業者が講ずるよう努めるべき労働者の健康の保持増進のための措置を継続的かつ計画的に講ずるための，方針の表明から計画の策定，実施，評価等の一連の取組全体をいう。

② 産業医等

　　産業医その他労働者の健康保持増進等を行うのに必要な知識を有する医師をいう。

③ 衛生管理者等

　　衛生管理者，衛生推進者及び安全衛生推進者をいう。

④ 事業場内産業保健スタッフ

　　産業医等，衛生管理者等及び事業場内の保健師等をいう。

⑤ 事業場外資源

　　事業場外で健康保持増進に関する支援を行う外部機関や地域資源及び専門家をいう。

⑥ 健康保持増進措置

　　労働安全衛生法第69条第１項の規定に基づく事

業場において事業者が講ずるよう努めるべき労働　　者の健康の保持増進のための措置をいう。

5　心理的な負担の程度を把握するための検査及び面接指導の実施並びに面接指導結果に基づき事業者が講ずべき措置に関する指針（抄）

平成27.4.15　心理的な負担の程度を把握するための検査等指針公示第1号
最終改正　平成30.8.22　心理的な負担の程度を把握するための検査等指針公示第3号

1　趣旨

近年，仕事や職業生活に関して強い不安，悩み又はストレスを感じている労働者が5割を超える状況にある中，事業場において，より積極的に心の健康の保持増進を図るため，「労働者の心の健康の保持増進のための指針」（平成18年3月31日付け健康保持増進のための指針公示第3号。以下「メンタルヘルス指針」という。）を公表し，事業場における労働者の心の健康の保持増進のための措置（以下「メンタルヘルスケア」という。）の実施を促進してきたところである。

しかし，仕事による強いストレスが原因で精神障害を発病し，労災認定される労働者が，平成18年度以降も増加傾向にあり，労働者のメンタルヘルス不調を未然に防止することが益々重要な課題となっている。

こうした背景を踏まえ，平成26年6月25日に公布された「労働安全衛生法の一部を改正する法律」（平成26年法律第82号）においては，心理的な負担の程度を把握するための検査（以下「ストレスチェック」という。）及びその結果に基づく面接指導の実施を事業者に義務付けること等を内容としたストレスチェック制度が新たに創設された。

また，この新たな制度の実施に当たっては，個人情報の保護に関する法律（平成15年法律第57号）の趣旨を踏まえ，特に労働者の健康に関する個人情報（以下「健康情報」という。）の適正な取扱いの確保を図る必要がある。

本指針は，労働安全衛生法（昭和47年法律第57号。以下「法」という。）第66条の10第7項の規定に基づき，ストレスチェック及び面接指導の結果に基づき事業者が講ずべき措置が適切かつ有効に実施されるため，ストレスチェック及び面接指導の具体的な実施方法又は面接指導の結果についての医師からの意見の聴取，就業上の措置の決定，健康情報の適正な取扱い並びに労働者に対する不利益な取扱いの禁止等について定めたものである。

2　ストレスチェック制度の基本的な考え方

事業場における事業者による労働者のメンタルヘルスケアは，取組の段階ごとに，労働者自身のストレスへの気付き及び対処の支援並びに職場環境の改善を通じて，メンタルヘルス不調となることを未然に防止する「一次予防」，メンタルヘルス不調を早期に発見し，適切な対応を行う「二次予防」及びメンタルヘルス不

調となった労働者の職場復帰を支援する「三次予防」に分けられる。

新たに創設されたストレスチェック制度は，これらの取組のうち，特にメンタルヘルス不調の未然防止の段階である一次予防を強化するため，定期的に労働者のストレスの状況について検査を行い，本人にその結果を通知して自らのストレスの状況について気付きを促し，個々の労働者のストレスを低減させるとともに，検査結果を集団ごとに集計・分析し，職場におけるストレス要因を評価し，職場環境の改善につなげることで，ストレスの要因そのものを低減するよう努めることを事業者に求めるものである。さらにその中で，ストレスの高い者を早期に発見し，医師による面接指導につなげることで，労働者のメンタルヘルス不調を未然に防止することを目的としている。

事業者は，メンタルヘルス指針に基づき各事業場の実態に即して実施される二次予防及び三次予防も含めた労働者のメンタルヘルスケアの総合的な取組の中に本制度を位置付け，メンタルヘルスケアに関する取組方針の決定，計画の作成，計画に基づく取組の実施，取組結果の評価及び評価結果に基づく改善の一連の取組を継続的かつ計画的に進めることが望ましい。

また，事業者は，ストレスチェック制度が，メンタルヘルス不調の未然防止だけでなく，従業員のストレス状況の改善及び働きやすい職場の実現を通じて生産性の向上にもつながるものであることに留意し，事業経営の一環として，積極的に本制度の活用を進めていくことが望ましい。

3　ストレスチェック制度の実施に当たっての留意事項

ストレスチェック制度を円滑に実施するためには，事業者，労働者及び産業保健スタッフ等の関係者が，次に掲げる事項を含め，制度の趣旨を正しく理解した上で，本指針に定める内容を踏まえ，衛生委員会又は安全衛生委員会（以下「衛生委員会等」という。）の場を活用し，互いに協力・連携しつつ，ストレスチェック制度をより効果的なものにするよう努力していくことが重要である。

①　ストレスチェックに関して，労働者に対して受検を義務付ける規定が置かれていないのは，メンタルヘルス不調で治療中のため受検の負担が大きい等の特別の理由がある労働者にまで受検を強要

する必要はないためであり，本制度を効果的なものとするためにも，全ての労働者がストレスチェックを受検することが望ましい。

② 面接指導は，ストレスチェックの結果，高ストレス者として選定され，面接指導を受ける必要があると実施者が認めた労働者に対して，医師が面接を行い，ストレスその他の心身及び勤務の状況等を確認することにより，当該労働者のメンタルヘルス不調のリスクを評価し，本人に指導を行うとともに，必要に応じて，事業者による適切な措置につなげるためのものである。このため，面接指導を受ける必要があると認められた労働者は，できるだけ申出を行い，医師による面接指導を受けることが望ましい。

③ ストレスチェック結果の集団ごとの集計・分析及びその結果を踏まえた必要な措置は，労働安全衛生規則（昭和47年労働省令第32号。以下「規則」という。）第52条の14の規定に基づく努力義務であるが，事業者は，職場環境におけるストレスの有無及びその原因を把握し，必要に応じて，職場環境の改善を行うことの重要性に留意し，できるだけ実施することが望ましい。

4 ストレスチェック制度の手順

ストレスチェック制度に基づく取組は，次に掲げる手順で実施するものとする。

ア 基本方針の表明

事業者は，法，規則及び本指針に基づき，ストレスチェック制度に関する基本方針を表明する。

イ ストレスチェック及び面接指導

① 衛生委員会等において，ストレスチェック制度の実施方法等について調査審議を行い，その結果を踏まえ，事業者がその事業場におけるストレスチェック制度の実施方法等を規程として定める。

② 事業者は，労働者に対して，医師，保健師又は厚生労働大臣が定める研修を修了した歯科医師，看護師，精神保健福祉士若しくは公認心理師（以下「医師等」という。）によるストレスチェックを行う。

③ 事業者は，ストレスチェックを受けた労働者に対して，当該ストレスチェックを実施した医師等（以下「実施者」という。）から，その結果を直接本人に通知させる。

④ ストレスチェック結果の通知を受けた労働者のうち，高ストレス者として選定され，面接指導を受ける必要があると実施者が認めた労働者から申出があった場合は，事業者は，当該労働者に対して，医師による面接指導を実施する。

⑤ 事業者は，面接指導を実施した医師から，就業上の措置に関する意見を聴取する。

⑥ 事業者は，医師の意見を勘案し，必要に応じて，適切な措置を講じる。

ウ 集団ごとの集計・分析

① 事業者は，実施者に，ストレスチェック結果を一定規模の集団ごとに集計・分析させる。

② 事業者は，集団ごとの集計・分析の結果を勘案し，必要に応じて，適切な措置を講じる。

5 衛生委員会等における調査審議 （略）
6 ストレスチェック制度の実施体制の整備 （略）
7 ストレスチェックの実施方法等 （略）
8 面接指導の実施方法等 （略）
9 ストレスチェック結果に基づく集団ごとの集計・分析及び職場環境の改善 （略）
10 労働者に対する不利益な取扱いの防止 （略）
11 ストレスチェック制度に関する労働者の健康情報の保護 （略）
12 その他の留意事項等 （略）
13 定義 （略）

6　労働者の心身の状態に関する情報の適正な取扱いのために事業者が講ずべき措置に関する指針（抄）

平成30年9月7日労働者の心身の状態に関する情報の適正な取扱い指針公示第1号
最終改正　令和4年3月31日労働者の心身の状態に関する情報の適正な取扱い指針公示第2号

1　趣旨・総論　（略）

2　心身の状態の情報の取扱いに関する原則

(1)　心身の状態の情報を取り扱う目的

事業者が心身の状態の情報を取り扱う目的は，労働者の健康確保措置の実施や事業者が負う民事上の安全配慮義務の履行であり，そのために必要な心身の状態の情報を適正に収集し，活用する必要がある。

一方，労働者の個人情報を保護する観点から，現行制度においては，事業者が心身の状態の情報を取り扱えるのは，労働安全衛生法令及びその他の法令に基づく場合や本人が同意している場合のほか，労働者の生命，身体の保護のために必要がある場合であって，本人の同意を得ることが困難であるとき等とされているので，上記の目的に即して，適正に取り扱われる必要がある。

(2)　取扱規程を定める目的

心身の状態の情報が，労働者の健康確保措置の実施や事業者が負う民事上の安全配慮義務の履行の目的の範囲内で適正に使用され，事業者による労働者の健康確保措置が十全に行われるよう，事業者は，当該事業場における取扱規程を定め，労使で共有することが必要である。

(3)　取扱規程に定めるべき事項

取扱規程に定めるべき事項は，具体的には以下のものが考えられる。

①　心身の状態の情報を取り扱う目的及び取扱方法

②　心身の状態の情報を取り扱う者及びその権限並びに取り扱う心身の状態の情報の範囲

③　心身の状態の情報を取り扱う目的等の通知方法及び本人同意の取得方法

④　心身の状態の情報の適正管理の方法

⑤　心身の状態の情報の開示，訂正等（追加及び削除を含む。以下同じ。）及び使用停止等（消去及び第三者への提供の停止を含む。以下同じ。）の方法

⑥　心身の状態の情報の第三者提供の方法

⑦　事業承継，組織変更に伴う心身の状態の情報の引継ぎに関する事項

⑧　心身の状態の情報の取扱いに関する苦情の処理

⑨　取扱規程の労働者への周知の方法

なお，②については，個々の事業場における心身の状態の情報を取り扱う目的や取り扱う体制等の状況に応じて，部署や職種ごとに，その権限及び取り扱う心身の状態の情報の範囲等を定めることが適切である。

(4)　取扱規程の策定の方法

事業者は，取扱規程の策定に当たっては，衛生委員会等を活用して労使関与の下で検討し，策定したものを労働者と共有することが必要である。この共有の方法については，就業規則その他の社内規程等により定め，当該文書を常時作業場の見やすい場所に掲示し，又は備え付ける，イントラネットに掲載を行う等の方法により周知することが考えられる。

なお，衛生委員会等を設置する義務がない常時50人未満の労働者を使用する事業場（以下「小規模事業場」という。）においては，事業者は，必要に応じて労働安全衛生規則（昭和47年労働省令第32号）第23条の2に定める関係労働者の意見を聴く機会を活用する等により，労働者の意見を聴いた上で取扱規程を策定し，労働者と共有することが必要である。

また，取扱規程を検討又は策定する単位については，当該企業及び事業場の実情を踏まえ，事業場単位ではなく，企業単位とすることも考えられる。

(5)　心身の状態の情報の適正な取扱いのための体制の整備

心身の状態の情報の取扱いに当たっては，情報を適切に管理するための組織面，技術面等での措置を講じることが必要である。

(9)の表の右欄に掲げる心身の状態の情報の取扱いの原則のうち，特に心身の状態の情報の加工に係るものについては，主に，医療職種を配置している事業場での実施を想定しているものである。

なお，健康診断の結果等の記録については，事業者の責任の下で，健康診断を実施した医療機関等と連携して加工や保存を行うことも考えられるが，その場合においても，取扱規程においてその取扱いを定めた上で，健康確保措置を講じるために必要な心身の状態の情報は，事業者等が把握し得る状態に置く等の対応が必要である。

(6)　心身の状態の情報の収集に際しての本人同意の取得

(9)の表の①及び②に分類される，労働安全衛生

504

法令において労働者本人の同意を得なくても収集することのできる心身の状態の情報であっても，取り扱う目的及び取扱方法等について，労働者に周知した上で収集することが必要である。また，(9)の表の②に分類される心身の状態の情報を事業者等が収集する際には，取り扱う目的及び取扱方法等について労働者の十分な理解を得ることが望ましく，取扱規程に定めた上で，例えば，健康診断の事業者等からの受診案内等にあらかじめ記載する等の方法により労働者に通知することが考えられる。さらに，(9)の表の③に分類される心身の状態の情報を事業者等が収集する際には，個人情報の保護に関する法律第20条第２項に基づき，労働者本人の同意を得なければならない。

(7)　取扱規程の運用

事業者は，取扱規程について，心身の状態の情報を取り扱う者等の関係者に教育しその運用が適切に行われるようにするとともに，適宜，その運用状況を確認し，取扱規程の見直し等の措置を行うことが必要である。

取扱規程の運用が適切に行われていないことが明らかになった場合は，事業者は労働者にその旨を説明するとともに，再発防止に取り組むことが必要である。

(8)　労働者に対する不利益な取扱いの防止

事業者は，心身の状態の情報の取扱いに労働者が同意しないことを理由として，又は，労働者の健康確保措置及び民事上の安全配慮義務の履行に必要な範囲を超えて，当該労働者に対して不利益な取扱いを行うことはあってはならない。

以下に掲げる不利益な取扱いを行うことは，一般的に合理的なものとはいえないので，事業者は，原則としてこれを行ってはならない。なお，不利益な取扱いの理由が以下に掲げるもの以外のものであったとしても，実質的に以下に掲げるものに該当する場合には，当該不利益な取扱いについても，行ってはならない。

①　心身の状態の情報に基づく就業上の措置の実施に当たり，例えば，健康診断後に医師の意見を聴取する等の労働安全衛生法令上求められる適切な手順に従わないなど，不利益な取扱いを行うこと。

②　心身の状態の情報に基づく就業上の措置の実施に当たり，当該措置の内容・程度が聴取した医師の意見と著しく異なる等，医師の意見を勘案し必要と認められる範囲内となっていないもの又は労働者の実情が考慮されていないもの等の労働安全衛生法令上求められる要件を満たさない内容の不利益な取扱いを行うこと。

③　心身の状態の情報の取扱いに労働者が同意しないことや心身の状態の情報の内容を理由とし

て，以下の措置を行うこと。

(a)　解雇すること

(b)　期間を定めて雇用される者について契約の更新をしないこと

(c)　退職勧奨を行うこと

(d)　不当な動機・目的をもってなされたと判断されるような配置転換又は職位（役職）の変更を命じること

(e)　その他労働契約法等の労働関係法令に違反する措置を講じること

(9)　心身の状態の情報の取扱いの原則（情報の性質による分類）

心身の状態の情報の取扱いを担当する者及びその権限並びに取り扱う心身の状態の情報の範囲等の，事業場における取扱いの原則について，労働安全衛生法令及び心身の状態の情報の取扱いに関する規定がある関係法令の整理を踏まえて分類すると，次（編注・次頁）の表のとおりとなる。

(10)　小規模事業場における取扱い

小規模事業場においては，産業保健業務従事者の配置が不十分である等，(9)の原則に基づいた十分な措置を講じるための体制を整備することが困難な場合にも，事業場の体制に応じて合理的な措置を講じることが必要である。

この場合，事業場ごとに心身の状態の情報の取扱いの目的の達成に必要な範囲で取扱規程を定めるとともに，特に，(9)の表の②に該当する心身の状態の情報の取扱いについては，衛生推進者を選任している場合は，衛生推進者に取り扱わせる方法や，取扱規程に基づき適切に取り扱うことを条件に，取り扱う心身の状態の情報を制限せずに事業者自らが直接取り扱う方法等が考えられる。

3　心身の状態の情報の適正管理

(1)　心身の状態の情報の適正管理のための規程

心身の状態の情報の適正管理のために事業者が講ずべき措置としては以下のものが挙げられる。これらの措置は個人情報の保護に関する法律において規定されているものであり，事業場ごとの実情を考慮して，適切に運用する必要がある。

①　心身の状態の情報を必要な範囲において正確・最新に保つための措置

②　心身の状態の情報の漏えい，滅失，改ざん等の防止のための措置（心身の状態の情報の取扱いに係る組織的体制の整備，正当な権限を有しない者からのアクセス防止のための措置等）

③　保管の必要がなくなった心身の状態の情報の適切な消去等

このため，心身の状態の情報の適正管理に係る措置については，これらの事項を踏まえ，事業場ごとに取扱規程に定める必要がある。

心身の状態の情報の分類	左欄の分類に該当する心身の状態の情報の例	心身の状態の情報の取扱いの原則
①　労働安全衛生法令に基づき事業者が直接取り扱うこととされており，労働安全衛生法令に定める義務を履行するために，事業者が必ず取り扱わなければならない心身の状態の情報	(a)　健康診断の受診・未受診の情報 (b)　長時間労働者による面接指導の申出の有無 (c)　ストレスチェックの結果，高ストレスと判定された者による面接指導の申出の有無 (d)　健康診断の事後措置について医師から聴取した意見 (e)　長時間労働者に対する面接指導の事後措置について医師から聴取した意見 (f)　ストレスチェックの結果，高ストレスと判定された者に対する面接指導の事後措置について医師から聴取した意見	全ての情報をその取扱いの目的の達成に必要な範囲を踏まえて，事業者等が取り扱う必要がある。 　ただし，それらに付随する健康診断の結果等の心身の状態の情報については，②の取扱いの原則に従って取り扱う必要がある。
②　労働安全衛生法令に基づき事業者が労働者本人の同意を得ずに収集することが可能であるが，事業場ごとの取扱規程により事業者等の内部における適正な取扱いを定めて運用することが適当である心身の状態の情報	(a)　健康診断の結果（法定の項目） (b)　健康診断の再検査の結果 （法定の項目と同一のものに限る。） (c)　長時間労働者に対する面接指導の結果 (d)　ストレスチェックの結果，高ストレスと判定された者に対する面接指導の結果	事業者等は，当該情報の取扱いの目的の達成に必要な範囲を踏まえて，取り扱うことが適切である。そのため，事業場の状況に応じて， ・情報を取り扱う者を制限する ・情報を加工する 等，事業者等の内部における適切な取扱いを取扱規程に定め，また，当該取扱いの目的及び方法等について労働者が十分に認識できるよう，丁寧な説明を行う等の当該取扱いに対する労働者の納得性を高める措置を講じた上で，取扱規程を運用する必要がある。
③　労働安全衛生法令において事業者が直接取り扱うことについて規定されていないため，あらかじめ労働者本人の同意を得ることが必要であり，事業場ごとの取扱規定により事業者等の内部における適正な取扱いを定めて運用することが必要である心身の状態の情報	(a)　健康診断の結果（法定外項目） (b)　保健指導の結果 (c)　健康診断の再検査の結果 （法定の項目と同一のものを除く。） (d)　健康診断の精密検査の結果 (e)　健康相談の結果 (f)　がん検診の結果 (g)　職場復帰のための面接指導の結果 (h)　治療と仕事の両立支援等のための医師の意見書 (i)　通院状況等疾病管理のための情報	個人情報の保護に関する法律に基づく適切な取扱いを確保するため，事業場ごとの取扱規程に則った対応を講じる必要がある。

※　高齢者の医療の確保に関する法律（昭和57年法律第80号。以下「高確法」という。）第27条第3項及び健康保険法（大正11年法律第70号）第150条第2項その他の医療保険各法の規定において，医療保険者は，事業者に対し，健康診断の結果（高確法第27条第3項の規定に基づく場合は，特定健康診査及び特定保健指導の実施に関する基準（平成19年厚生労働省令第157号。以下「実施基準」という。）第2条各号に掲げる項目に関する記録の写しに限り，また，健康保険法その他の医療保険各法の規定に基づく場合は，実施基準第2条各号に掲げる項目に関する記録の写しその他健康保険法第150条第1項等の規定により被保険者等の健康の保持増進のために必要な事業を行うに当たって医療保険者が必要と認める情報に限る。）の提供を求めることができることとされている。このため，事業者は，これらの規定に基づく医療保険者の求めに応じて健康診断の結果を提供する場合は，労働者本人の同意を得ずに提供することができる。

　③の心身の状態の情報について，「あらかじめ労働者本人の同意を得ることが必要」としているが，個人情報の保護に関する法律第20条第2項各号に該当する場合は，あらかじめ労働者本人の同意は不要である。また，労働者本人が自発的に事業者に提出した心身の状態の情報については，「あらかじめ労働者本人の同意」を得たものと解されるが，当該情報について事業者等が医療機関等に直接問い合わせる場合には，別途，労働者本人の同意を得る必要がある。

なお，特に心身の状態の情報の適正管理については，企業や事業場ごとの体制，整備等を個別に勘案し，その運用の一部又は全部を本社事業場において一括して行うことも考えられる。

(2)　心身の状態の情報の開示等

労働者が有する，本人に関する心身の状態の情報の開示や必要な訂正等，使用停止等を事業者に請求する権利についても，ほとんどの心身の状態の情報が，機密性が高い情報であることに鑑みて適切に対応する必要がある。

(3)　小規模事業場における留意事項

小規模事業者においては，「個人情報の保護に関する法律についてのガイドライン（通則編）」（平成28年個人情報保護委員会告示第6号）の「10（別添）講ずべき安全管理措置の内容」も参照しつつ，取り扱う心身の状態の情報の数量及び心身の状態の情報を取り扱う労働者数が一定程度にとどまること等を踏まえ，円滑にその義務を履行し得るような手法とすることが適当である。

4　定義

本指針において，以下に掲げる用語の意味は，それぞれ次に定めるところによる。

①　心身の状態の情報

事業場で取り扱う心身の状態の情報は，労働安全衛生法第66条第1項に基づく健康診断等の健康確保措置や任意に行う労働者の健康管理活動を通じて得た情報であり，このうち個人情報の保護に関する法律第2条第3項に規定する「要配慮個人情報」に該当するものについては，「雇用管理分野における個人情報のうち健康情報を取り扱うに当たっての留意事項について」（平成29年5月29日付け基発0529第3号）の「健康情報」と同義である。

なお，その分類は2(9)の表の左欄に，その例示は同表の中欄にそれぞれ掲げるとおりである。

②　心身の状態の情報の取扱い

心身の状態の情報に係る収集から保管，使用（第三者提供を含む。），消去までの一連の措置をいう。なお，本指針における「使用」は，個人情報の保護に関する法律における「利用」に該当する。

③　心身の状態の情報の適正管理

心身の状態の情報の「保管」のうち，事業者等が取り扱う心身の状態の情報の適正な管理に当たって事業者が講ずる措置をいう。

④　心身の状態の情報の加工

心身の状態の情報の他者への提供に当たり，提供する情報の内容を健康診断の結果等の記録自体ではなく，所見の有無や検査結果を踏まえた就業上の措置に係る医師の意見に置き換えるなど，心身の状態の情報の取扱いの目的の達成に必要な範囲内で使用されるように変換することをいう。

⑤　事業者等

労働安全衛生法に定める事業者（法人企業であれば当該法人，個人企業であれば事業経営主を指す。）に加え，事業者が行う労働者の健康確保措置の実施や事業者が負う民事上の安全配慮義務の履行のために，心身の状態の情報を取り扱う人事に関して直接の権限を持つ監督的地位にある者，産業保健業務従事者及び管理監督者等を含む。

なお，2(3)②における「心身の状態の情報を取り扱う者及びその権限並びに取り扱う心身の状態の情報の範囲」とは，これらの者ごとの権限等を指す。

⑥　医療職種

医師，保健師等，法律において，業務上知り得た人の秘密について守秘義務規定が設けられている職種をいう。

⑦　産業保健業務従事者

医療職種や衛生管理者その他の労働者の健康管理に関する業務に従事する者をいう。

MEMO

MEMO

MEMO

衛生管理（下）≪第1種用≫

平成22年3月10日	第1版第1刷発行
平成23年3月18日	第2版第1刷発行
平成24年2月29日	第3版第1刷発行
平成25年2月20日	第4版第1刷発行
平成26年2月26日	第5版第1刷発行
平成27年2月20日	第6版第1刷発行
平成28年2月15日	第7版第1刷発行
平成29年2月15日	第8版第1刷発行
平成30年2月15日	第9版第1刷発行
平成31年2月15日	第10版第1刷発行
令和2年2月21日	第11版第1刷発行
令和4年3月10日	第12版第1刷発行
令和5年2月28日	第13版第1刷発行
令和6年2月29日	第14版第1刷発行
令和6年8月26日	第2刷発行

編　　　者	中央労働災害防止協会
発　行　者	平　山　　剛
発　行　所	中央労働災害防止協会
	〒108-0023
	東京都港区芝浦3丁目17番12号
	吾妻ビル9階
	電話　販売　03(3452)6401
	編集　03(3452)6209
印刷・製本	新日本印刷株式会社
表紙デザイン	ア・ロゥデザイン

落丁・乱丁本はお取り替えいたします　　　　©JISHA 2024
ISBN978-4-8059-2126-5　C3060
中災防ホームページ　https://www.jisha.or.jp/

中災防の 関連図書

第1種 令和6年度版
衛生管理者
試験問題集
解答&解説

受験対策は最新版で!!

第1種 令和6年度版
衛生管理者試験問題集 解答&解説

平成31年前期～令和5年後期
過去10回分の問題を掲載
「衛生管理（上）（下）第1種用」テキスト準拠

中央労働災害防止協会

中央労働災害防止協会編
A5判　592ページ
定価　2,420円（本体2,200円＋税10%）

No. 23404
ISBN 978-4-8059-2142-5 C3060

＜内容＞
　衛生管理（上）（下）第1種用テキストに準拠した、第1種衛生管理者の免許試験対策用問題集。
　過去10回分の公表問題をテーマごとに整理し、解答にあたってのポイントを掲載。類問の出題に対応。各設問に解答と解説付き。出題傾向を的確に把握できます。

安全衛生図書のお申込み・お問合せは

中央労働災害防止協会 出版事業部
〒108-0023 東京都港区芝浦3丁目17番12号吾妻ビル9階
TEL 03-3452-6401　FAX 03-3452-2480 （共に受注専用）
中災防HP https://www.jisha.or.jp/